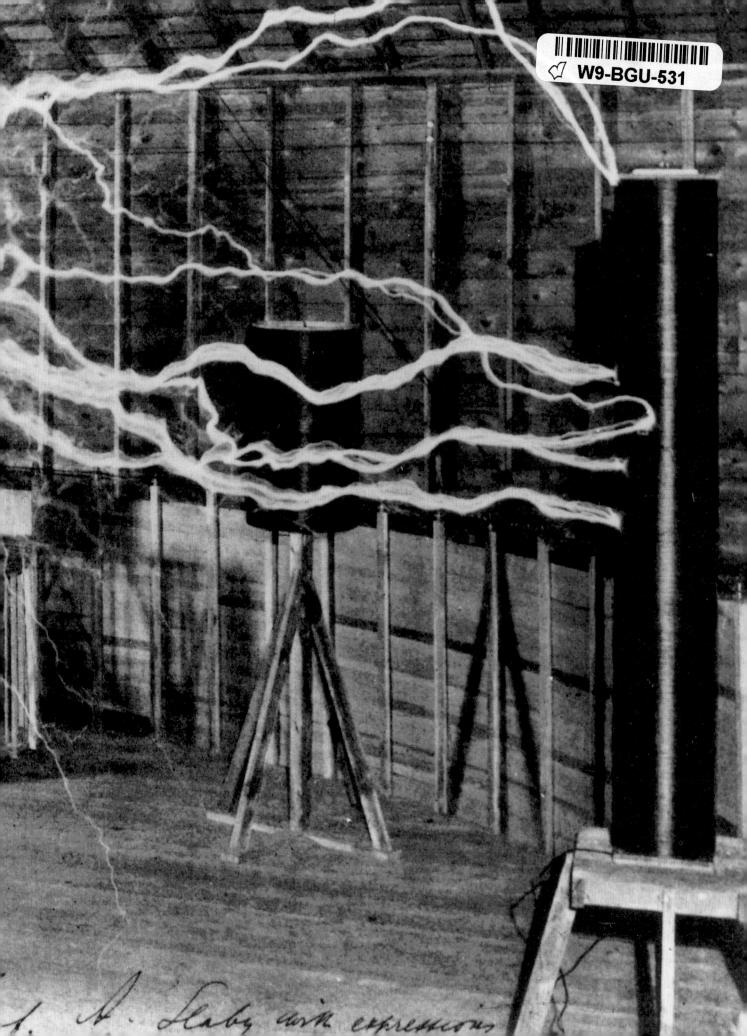

¿SABÍA USTED QUE...?

A buen recaudo. Un pez papagayo, de los mares tropicales, se dispone a descansar en su "bolsa de dormir", capullo protector hecho de moco secretado por él.

¿SABÍA
USTED QUE...?

NUEVAS MIRADAS A ESTE MUNDO LLENO DE HECHOS ASOMBROSOS Y RELATOS FASCINANTES

Reader's
Digest

Reader's Digest México, S.A. de C.V.
Departamento Editorial de Libros

Director: Gonzalo Ang

Editores: Sara Alatorre, Sara Giambruno, José López Andrade, Martha Mendoza, Irene Paiz, Arturo Ramos Pluma, Myriam Rudoy, Iván Vázquez

Auxiliares editoriales: Azucena Bautista, Silvia Estrada

Arte: Rafael Arenzana

Auxiliar de Arte: Adriana Rida

La obra original, *Did You Know?*, fue concebida por Reader's Digest, editada y desarrollada por Dorling Kindersley Limited conjuntamente con The Reader's Digest Association Limited, y traducida por Reader's Digest México, S.A. de C.V., con la colaboración de Ernesto Denot.

Reader's Digest México agradece a Juan de Dios Barajas, Jorge Blanco, Lorena Murillo y Manuel Salazar su colaboración en esta obra.

Índice

Capítulo 9:

MODOS DE VIAJAR

Capítulo 10:

MAESTROS DE SU ARTE

capítulo uno

LAS FRONTERAS DEL SABER

¿CUÁL ES EL LÍMITE del frío? Según la experiencia humana, la temperatura no tiene barreras: hoy el frío puede ser extremoso y mañana aún más. Sin embargo, los científicos saben que la temperatura —o sea la medida que indica la velocidad a la cual se desplazan las moléculas— sí desciende hasta un tope: –273°C (*página 34*), alcanzado el cual cesa todo movimiento. Éste es apenas uno de los principios básicos que rigen el funcionamiento de nuestro universo. El descubrimiento y la determinación de dichos principios apuntalan todo progreso científico.

MENTES GENIALES

La ciencia comenzó —y prosiguió— con las ideas más extrañas

ARISTÓTELES —el filósofo macedonio que radicó en Atenas en el siglo IV a.C.— es conocido como el "padre de la ciencia". Sus intereses abarcaron los mundos natural y humano, el arte, la metafísica y la ética, y creó un sistema para clasificar a los seres vivos, similar al que se emplea en la actualidad. Sin embargo, sus teorías a menudo adolecen de graves defectos.

Describió más de 500 especies animales y disecó unas 50. No obstante, creía que el cerebro enfriaba la sangre, que la carne generaba espontáneamente gusanos, que un cuerpo pesado caía más rápidamente que uno ligero y que el aire, en su intento por escapar de la Tierra, era el origen de los terremotos. Todos estos errores estuvieron basados tanto en la lógica y la observación como en un concepto muy equivocado de las propiedades físicas que rigen el mundo.

La teoría aristotélica sobre los terremotos, por ejemplo, surge de la creencia de que toda materia era resultado de la mezcla de tierra, agua, aire y fuego. Observó que la materia "terrestre" se sumergía en el agua y otros líquidos, que el aire burbujeaba a través de los líquidos y que el fuego se avivaba en el aire.

Aristóteles pensaba que cada elemento tenía un grado particular de "gravedad" o "ligereza". El fuego, que se eleva por el aire,

Preceptor de la realeza *Hacia 343 a.C., Aristóteles (derecha), entonces el más célebre filósofo y científico de Grecia, fue comisionado para preparar al joven Alejandro Magno como futuro rey de Macedonia.*

era el elemento más ligero; la tierra, el más pesado y de mayor gravedad. La gravedad aumentaba en el centro del planeta, que, a la vez, era el centro del cosmos. Para explicar cómo flotaban las estrellas sobre la Tierra propuso un quinto elemento: el éter, sin gravedad. Su mayor error fue menospreciar la idea de Demócrito relativa a que el cosmos estaba constituido de pequeñas partículas llamadas átomos.

La teoría sometida a prueba

Aristóteles llegó a esas conclusiones porque nunca se le ocurrió —ni a ningún otro griego de la antigüedad— comprobar una teoría mediante la experimentación. No fue sino hasta el siglo XVII, cuando Francis Bacon introdujo ese razonamiento, que los científicos admitieron una teoría sólo después de haberla comprobado con experimentos.

A Aristóteles se le llama el "padre de la ciencia" porque sentó el principio de que una teoría era válida sólo si derivaba lógicamente de la observación del mundo real. Y ése es el fundamento de toda ciencia.

Escritor prolífico *Aristóteles escribió cientos de libros de muchas ramas del saber. Por desgracia, pocas obras suyas han llegado hasta nosotros.*

LA OTRA CARA DE LA ALQUIMIA

¿Era la búsqueda del oro o de algo más sorprendente?

DURANTE SIGLOS, el sueño de los alquimistas medievales fue descubrir cómo transformar plomo y otros metales "base" en oro. Si ello parece mucha ambición, palidece ante la recompensa que esperaban obtener a cambio: la inmortalidad.

Su interés primario por el oro encontraba fundamento en la antigua idea de que todo cuanto nos rodea está compuesto por diferentes proporciones de sólo cuatro sustancias básicas: tierra, agua, aire y fuego. Los alquimistas creían en la posibilidad de ajustar por medios químicos las proporciones de los elementos que conformaban el plomo para que se convirtiera en oro. Todos sus experimentos estaban encaminados a encontrar la sustancia —por ellos denominada "piedra filosofal"— que, al ser agregada al plomo, efectuara la asombrosa transmutación.

Niveles de significado

Las descripciones de dichos experimentos están plagadas de oscuras metáforas que pueden interpretarse de muchas maneras. Por ejemplo, un texto dice: "Asciende de la tierra al cielo con la mayor sagacidad, y después desciende nuevamente a la tierra, y reúne el poder de las cosas superiores e inferiores..."

Esto podría interpretarse en el sentido de combinar ciertas sustancias químicas; pero también entenderse como la descripción de un proceso paralelo de purificación espiritual. A medida que avanzaban en sus experimentos, los alquimistas confiaban en refinar cada vez más los materiales "base" hasta obtener su esencia más pura: la piedra filosofal. Del mismo modo procederían para tratar de liberar el alma del cuerpo "base". Por consiguiente, el elixir que tuviera la propiedad de producir oro a partir de

plomo conferiría perfección e inmortalidad al propio alquimista, quien, una vez alcanzada esta condición divina, se volvería hermafrodita.

Interpretación de los signos En su constante afán por hallar la "piedra filosofal", dos alquimistas estudian el contenido de un matraz, empleado para destilar sustancias químicas.

GENIOS EXCÉNTRICOS

TANTO ISAAC NEWTON como Albert Einstein eran de carácter complejo y contradictorio. A pesar de su poderosa mente analítica y asombroso genio matemático, Newton sostuvo muchas creencias extrañas. Hacia el final de su vida se dedicó a la alquimia y la transmutación de los metales, esto es, cómo transformar plomo en oro. Redactó multitud de curiosos manuscritos referentes al fin del mundo y a las profecías de Daniel. Al fallecer Newton, sus amigos, desconcertados por el embarazoso hallazgo, mantuvieron ocultos los manuscritos durante años.

De niño, Albert Einstein fue de memoria frágil y mataba el tiempo armando rompecabezas y torres de naipes. Dejó de ir a la escuela a los 15; al año siguiente reprobó el examen de admisión del Instituto Politécnico de Zurich. Cuando finalmente logró ingresar, Einstein detestaba tanto estudiar que perdió todo interés en la ciencia durante un año entero, según declaró. Después de aprobar a duras penas los exámenes finales, trabajó como profesor y, más adelante, como examinador de patentes en Berna.

Principio nada prometedor para el más célebre científico del siglo XX. Sin embargo, tres años después de estar trabajando en Berna, Einstein alcanzó fama mundial por su teoría especial de la relatividad.

LA IMPORTANCIA DE LA MENTE

Los genios que pusieron en su sitio a los planetas

DOS CIENTÍFICOS, más que cualesquiera otros, han ejercido gran influencia en nuestra comprensión del universo: Isaac Newton y Albert Einstein. Ambos fueron matemáticos brillantes y manifestaron especial interés por el problema de la gravedad.

En 1687, Newton publicó *Principia Mathematica*. Ahí expuso por primera vez que la gravedad era una fuerza y que las leyes que la regían provocaban que las manzanas cayesen de los árboles y dictaban el curso de la Luna alrededor de la Tierra y de los planetas en torno al Sol. Para ello inventó una nueva matemática: el cálculo diferencial.

Primacía de Newton

Durante más de dos siglos nadie puso en duda las leyes del movimiento de Newton. Los científicos concebían el universo como una gran máquina, parecida a un mecanismo de relojería, en la que el movimiento de cada parte estaba directamente relacionado con el de las demás, hasta abarcar incluso el movimiento de cada átomo por separado. Esta máquina semejaría un barco que flotara sobre un suave y fluido río de tiempo. Y entonces llegó Einstein.

En 1905, la teoría especial de la relatividad propuso conceptos por entero diferentes a los de Newton, que en verdad parecían desafiar el sentido común y la vida diaria.

Todo es relativo

Mediante complejos cálculos matemáticos, Einstein demostró que el universo no es como un reloj, que las dimensiones de las cosas no son fijas y que aun el tiempo avanza a diferentes ritmos. Un suceso o un objeto cambia de aspecto si, asimismo, cambian las condiciones desde las cuales se observa.

Según Einstein, si una persona en la Tierra pudiera medir y pesar un cohete que viajara a la mitad de la velocidad de la luz, le parecería que tiene la mitad de largo y el doble de peso de lo que tendría para un astronauta que viajara en él. Desde la perspectiva de éste, sería la Tierra la que viaja y adopta una forma aovada, y, si la pesara, tendría para él el doble de peso que para el observador terrestre tiene. Además, para cada observador el reloj del otro parecería marchar aceleradamente.

Sin embargo, en la vida diaria estas diferencias son imperceptibles, y las leyes de Newton todavía son muy precisas. A su vez, las teorías de Einstein tienen validez tanto por lo que toca a la actividad de las partículas contenidas en el átomo como a la escala astronómica.

A partir de su descubrimiento de que ni el tiempo ni el espacio son cantidades absolutas, y que están íntimamente relacionados, Einstein propuso la teoría general de la relatividad. Publicada en 1916, contiene su más radical distanciamiento de Newton. Ahí, propone que la gravedad resulta de la "curvatura" del espacio y del tiempo que se produce cerca de cuerpos grandes (como estrellas y planetas) debido a su masa. Antes de cumplir 37 años, Einstein había descartado el concepto newtoniano del universo como simple pieza de maquinaria e incorporó razonamientos que permitieron descifrar algunos secretos tanto de la astronomía como del átomo.

Sencillo en el fondo *El gran científico Albert Einstein, aquí captado en su estudio poco antes de fallecer en 1955, prefirió llevar una vida tranquila y discreta.*

PREGUNTAS IMPOSIBLES

¿A qué suena una mano que aplaude?

UN DÍA, un maestro de budismo zen andaba de paseo por la ribera de un río cuando, de pronto, advirtió algo que debió ser una sorprendente visión milagrosa: uno de sus discípulos caminaba sobre las aguas.

"¿Qué haces?", exclamó el maestro. "Cruzo el río", contestó el discípulo. "Ven conmigo", ordenó el maestro zen. Y emprendieron una larga caminata a pleno sol, hasta que se encontraron con un barquero. Cuando se subieron al bote, el maestro dijo: "Ésta es la manera de cruzar un río."

Este breve relato es representativo del aparente absurdo de que está empapado el budismo zen, introducido en China por el monje hindú Bodhidharma en el año 520. De todos los artificios de que el hombre se ha valido para investigar qué hay realmente bajo la cara exterior de lo cotidiano, el zen parece el menos lógico y el menos científico. El objetivo de la escuela zen de budismo es ir más allá de las palabras y las ideas con el propósito de que la percepción original de Buda retorne a la vida y, a diferencia de la teoría, la verdadera iluminación pueda ser experimentada.

Aprender con el ejemplo

Un maestro zen no enseña a sus discípulos. Ellos sólo lo acompañan y tratan de descubrir el secreto de su serenidad y la espontaneidad con que actúa. Ese momento de iluminación se llama *satori*. No existe otra forma establecida de lograrlo, pero, cuando se alcanza, el discípulo sabe —no en su razón, sino en su intuición— y comprende.

Enigma

Quizás el aspecto más desconcertante del zen es el *koan*: un problema sin solución intelectual. Si existe una respuesta, ésta no tiene ninguna relación lógica con la pregunta. "¿Qué es Buda?", dice un *koan*, y la respuesta que el maestro zen considera mejor es: "Unas cuantas semillas de lino." Interrogado acerca de dónde vienen todos los Budas, un maestro contestó algo enigmáticamente: "La Montaña del Este camina sobre las aguas."

Algunos *koan* implican cosas lógicamente imposibles. "¿A qué suena una mano que aplaude?", por ejemplo, o "Cuando la mayoría se reduce a uno, ¿a qué se reduce el uno?", o incluso "Caminar mientras se monta en burro".

Filosofía subyacente

Pero tras la máscara de sinrazón del zen yace una filosofía profundamente sensata. Uno de los objetivos de esos acertijos es enseñar la inutilidad de emplear la lógica y el lenguaje para lograr algo tan inexpresable como la iluminación espiritual. Otro es alentar reacciones espontáneas y decididas ante los hechos, para que el adepto responda de modo instantáneo, intuitivo y más acorde con las circunstancias, y eluda la trampa del pensamiento abstracto. (Este aspecto condujo a los samurai, la casta guerrera de Japón, a adoptar esta disciplina, con efectos devastadores para sus enemigos.) Pero preguntar por qué el hecho de caminar sobre las aguas no es prueba de enormes poderes espirituales tal vez tenga sentido para provocar una respuesta totalmente confusa.

EL PROFETA CAPRICHOSO

Cómo un científico antiguo falló en demostrar un detalle

LOS ANTIGUOS griegos creían que el cosmos estaba compuesto por cuatro elementos: tierra, agua, aire y fuego. Pero Empédocles, el filósofo del siglo V que primero propuso esta teoría, tuvo otras ideas que tienen un carácter mucho más moderno.

Afirmaba que los cuatro elementos básicos estaban regidos por dos fuerzas fundamentales: amor y disputa. La primera combinaba los elementos, la segunda los separaba. Dichas combinaciones eran transitorias, pero los elementos y las dos fuerzas eran indestructibles. Esta esencia indestructible de la materia es un principio con el cual están de acuerdo los científicos del presente.

Empédocles creía que la historia del universo era una serie de ciclos dominados alternadamente por el amor y la discordia. Al principio imperó el amor, y tierra, agua, aire y fuego entraron en combinación. Después, la disputa los separó y los elementos se reacomodaron en combinaciones parciales, en sitios determinados. Volcanes y manantiales, por ejemplo, demuestran la presencia del fuego y el agua en la Tierra.

Cómo comenzó todo

La idea de Empédocles tiene paralelo con la teoría moderna de que el universo comenzó con una tremenda explosión o *Big Bang*, la cual sostiene que la energía se extenderá cuan lejos pueda, para después concentrarse y explotar de nuevo.

Según Empédocles, las primeras formas de vida sobre la Tierra fueron árboles. Sucedió mientras dominaba el amor. En su mundo recién creado, a los árboles se sumaron las primeras formas animales: una mescolanza de partes corpóreas —torsos sin cabeza, criaturas de innumerables manos, cuerpos de toro y cabezas de hombre—. Algunas eran simples miembros con vida autónoma. Estas formas extrañas se combinaron lo mejor que pudieron, y con el tiempo sólo sobrevivieron las formas más eficaces. Así, en este aspecto, Empédocles se anticipó a la teoría de la "sobrevivencia del más apto" de Darwin.

El cálculo final

Empédocles era de los que siempre llevan la contraria. Cuando el pueblo de Agrigento —una colonia griega en Sicilia, donde él nació a principios del siglo V a.C.— le ofreció la corona, estableció una democracia. Pero, al parecer estaba convencido de ser un dios.

Para demostrar que no era un simple mortal, Empédocles decidió desaparecer sin dejar rastro, como podría hacerlo un dios: que no se le viera padecer una muerte ordinaria. Con esta idea en mente, una noche se escabulló y se arrojó al cráter del Etna. El volcán se lo tragó, pero no le permitió alcanzar el carácter de dios: expulsó una de sus sandalias. Sus amigos la encontraron al pie del volcán a la mañana siguiente.

¿SABÍA USTED QUE...?

NO TODOS consideran un honor el premio Nobel. En 1958, Boris Pasternak fue obligado por el gobierno soviético a rechazar el premio de literatura. Dicho gobierno se opuso nuevamente cuando se le ofreció el premio a Alexandr Solzhenitsin en 1970. Éste lo aceptó y, cuatro años después, fue exiliado de su patria.

PREMIOS RELUCIENTES

El extraño trasfondo del más grande honor mundial

RESULTA IRÓNICO que el hombre que probablemente trajo al mundo más destrucción que ningún otro haya dedicado la fortuna que amasó de esa manera a la promoción de la paz. Este hombre fue Alfred Nobel, inventor de la dinamita y fundador del premio que lleva su apellido.

Nobel nació en Estocolmo en 1833, y de joven viajó alrededor del mundo. Cuando regresó a Suecia en 1863, comenzó a experimentar con la fabricación de nitroglicerina, un líquido explosivo altamente inestable. Un día, su laboratorio estalló: fallecieron su hermano menor y cuatro trabajadores. Nobel se entregó para trabajar bajo jurisdicción policial. Finalmente, encontró que la nitroglicerina podía manipularse sin peligro con un cuerpo absorbente como el sílice, vaciándola en cartuchos.

Éxito mundial

El invento de Nobel —al que llamó "dinamita"— fue un gran éxito comercial. Montó 93 fábricas en todo el mundo; para 1896, año en que murió, producían 66 500 toneladas del explosivo anuales.

Medalla por excelencia Además del premio en efectivo (unos 400 000 dólares en 1988), quienes obtienen el premio Nobel reciben una medalla (diseñada por Erik Lindberg en 1902) que ostenta el retrato de Nobel y la caracterización humana de la naturaleza y la ciencia.

A Nobel le preocupaba el mantenimiento de la paz mundial, y en su testamento estipuló que la mayor parte de su fortuna debía proveer una renta que sería "distribuida anualmente en calidad de premios a quienes durante el año precedente hubieran realizado el mayor beneficio a la humanidad".

Transcurrieron cuatro años de amargas disputas sobre la interpretación del testamento antes de que se estableciera la Fundación Nobel. Cada año debían otorgarse cinco premios (un sexto, el de economía, fue agregado en 1969) con las sugerencias de cuatro instituciones: la Real Academia sueca de Ciencias (para física, química y economía), el Real Instituto Médico Quirúrgico Karolin (para fisiología y medicina), la Academia sueca (para literatura) y el Comité Nobel noruego (para la paz).

Resultados imprevistos

A pesar de los propósitos de promover la paz, el premio Nobel ha provocado mucho rencor, competencia y envidia. Se sabe de científicos que han aplazado o acelerado la publicación de sus trabajos con el fin de ser candidatos en cierto año para un galardón. Desde el principio, los premios de literatura y ciencias han sido dados a obras genuinamente originales que en realidad han contribuido a la comprensión internacional; pero, qué tanto han promovido la paz entre las naciones, es discutible.

Lo más irónico de todo es que el público en general parece tener mucho más interés en estos premios y en la controversia que frecuentemente los rodea que en el de la paz. Al igual que otros antes que él, Alfred Nobel encontró casi imposible cambiar las condiciones del mundo.

¿SABÍA USTED QUE...?

UNA FAMILIA obtuvo una serie de premios Nobel. Marie y Pierre Curie se hicieron acreedores al premio de física en 1903, y Marie también obtuvo el de química en 1911. Después, su hija Irène y el esposo de ésta, Frédéric Joliot-Curie, recibieron el premio de química en 1935.

UN SACRIFICIO POR LA CIENCIA

FRANCIS BACON, quien se autonombró "portavoz de la nueva época", fue el primero en insistir en que las ideas científicas debían verificarse experimentalmente antes de ser aceptadas.

A principios de 1626, Bacon, a sus 65 años, emprendió un viaje en diligencia con el doctor Witherborne rumbo a la colina Highgate, en las afueras de Londres. Los dos amigos discutían acerca de cómo se podrían conservar los alimentos en el hielo. Al ver la cúspide de la colina cubierta de nieve, Bacon propuso un experimento. Le compró un pollo a una mujer que vivía por ahí y le pidió que lo matara y se lo entregara limpio. Él le ayudó a rellenarlo con nieve.

Todo esto tomó tiempo, y Bacon se enfrió tanto con la nieve que empezó a tiritar violentamente. Al poco rato estaba tan enfermo que no pudo continuar el viaje. Lo llevaron a una casa cercana, propiedad de su amigo el conde de Arundel.

Tuvo la mala fortuna de que ahí le dieran una cama húmeda; el enfriamiento se volvió bronquitis. Murió el 9 de abril. "En cuanto al experimento", escribió en su última carta, "fue un rotundo éxito."

PEQUEÑOS ORÍGENES

Misterios en miniatura en los confines de la vida

¿QUÉ HACE vivir a un ser vivo? ¿Cuál es la fuerza motora que anima a una rana o a una papa, pero está ausente en una piedra?

Los seres vivos respiran, se nutren, transforman alimento en energía, excretan, crecen, se reproducen y reaccionan a estímulos. No obstante, esta definición haría pensar a un extraterrestre que llegara a la Tierra que la principal forma viviente del planeta es el automóvil. Los coches parecieran no crecer; pero, hasta cierto punto, respiran, comen, transforman combustible en energía, excretan, se mueven y responden a estímulos provocados por el conductor. Y están bien adaptados a su ambiente.

Sin embargo, las máquinas no tienen vida. Los coches no se pueden reproducir: no tienen forma de crear ejemplares de sí mismos como, en cambio, lo hacen plantas y animales; sin seres humanos que los produzcan, pronto se extinguirían.

¿Dónde está realmente la frontera entre la vida y la no vida? Los virus son organismos que parecen existir en ese límite: carecen del núcleo celular que en seres vivos más complejos es el regulador y la fuente

Claros signos de vida *La posibilidad de desplazarse a altas velocidades y de generar luz propia para viajar en la oscuridad hace de los automóviles los objetos móviles más notorios sobre la faz de la Tierra.*

de la reproducción. Para crear ejemplares de sí mismos dependen de otras formas de vida. Proliferan en cuanto invaden células vivas, las ocupan y se valen de su ácido nucleico para reproducirse. Al marcharse los nuevos virus para infectar nuevas células, destruyen la célula huésped.

Muchos parásitos dependen de un cuerpo huésped para vivir y reproducirse. En el caso de los virus, esta dependencia es absoluta: si se les extirpa de los tejidos vivos, no muestran signos de vida. Se vuelven moléculas inertes acomodadas en forma de cristales. Unos científicos de la Universidad de California combinaron las sustancias químicas adecuadas y crearon material viral artificial. Al introducirlo en células vivas adquirió vida y se valió de éstas para crecer y reproducirse.

Las sustancias empleadas fueron moléculas de proteína y ácido nucleico, componentes básicos de los seres vivos. Pero nadie puede explicar qué hace a dichas sustancias adquirir vida. Aún no sabemos qué es ni de dónde proviene la "fuerza vital".

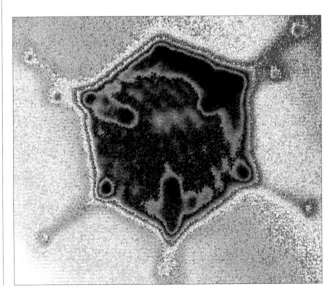

Vida en su mínima expresión *Esta gráfica de computadora muestra un virus de la gripe, el cual tiene un centro de ácido nucleico con una capa de proteína dentro de una membrana flexible como la pared de una célula. Otros virus son aún más sencillos y carecen de envoltura externa.*

VARIEDAD DE TAMAÑOS

¿Cuánto miden los animales?

Quince docenas en una Un huevo de Aepyornis *proporcionaría a 180 personas el equivalente a un huevo de gallina por individuo.*

EL MAMÍFERO viviente más pequeño es la musaraña etrusca; el ave más diminuta, el colibrí abejorro (*Mellisuga helenae*). Cada uno pesa 2 g. Estas criaturas se encuentran en el límite de la miniaturización en animales de sangre caliente. Los animales de este tipo pierden calor a través de la piel. Debido a que son tan pequeños, su piel abarca un área tan grande en proporción a su tamaño, que casi todo el calor que generan se pierde.

Los animales de sangre fría pueden ser mucho más pequeños, pues la temperatura de su cuerpo depende del ambiente y no necesitan conservar el calor. El vertebrado (criatura con columna vertebral) más diminuto es el gobio enano, un pez que mide 8 mm de largo, tiene el ancho de un lápiz y pesa 4 mg. Ningún pescador podría jactarse de ninguna hazaña con gobios. Los insectos pueden ser aún más diminutos; el más pequeño es el *Mymaridae*, de 0.21 mm de largo.

Todos estos seres están compuestos por numerosas células; en cambio, las primeras formas de vida, los protozoarios, por una sola. Si 50 000 millones es el promedio de células del cuerpo humano, es razonable que un protozoario sea de tamaño microscópico; no obstante ciertas especies, hoy extintas, medían 2.5 cm de ancho, y otras, que aún viven, alcanzan 1.5 cm de diámetro.

Todos los huevos, no importa el tamaño, son unicelulares. Los de ciertas aves y reptiles extintos eran enormes. El de mayor tamaño que se ha descubierto es el del *Aepyornis* o pájaro elefante, que vivió entre 2 000 000 y 10 000 a.C. en la isla de Madagascar: medía 37.5 cm.

¿SABÍA USTED QUE...?

LA BACTERIA Bacillus subtilis *puede reproducirse cada 20 minutos. Como para ello le basta partirse en dos, en condiciones óptimas una sola célula puede generar 16 millones de la misma especie en sólo ocho horas.*

✳ ✳ ✳

MUCHAS BACTERIAS que viven en el cuerpo humano se reproducen mejor en condiciones de calor y humedad. Darse un baño o una ducha calientes puede eliminar innumerables bacterias muertas, pero también estimula a las restantes a aumentar su índice de producción arriba de 20 veces.

ANIMALES INVISIBLES

LA MICROBIOLOGÍA, el estudio de las formas vivientes invisibles a simple vista, se hizo posible en la segunda mitad del siglo XVI, cuando el óptico holandés Antonie de Leeuwenhoek construyó un microscopio de 280 aumentos, permitiendo a la gente ver protozoarios unicelulares y células de sangre humana, levadura y bacterias. Nadie supo qué hacer con muchos de estos "animálculos"; las bacterias, por ejemplo, permanecieron como objetos inexplicables por casi 200 años.

Las bacterias son las más diminutas formas animales capaces de existir independientemente. Incluso las más grandes son la décima parte menores en tamaño que un glóbulo rojo humano, que ya de por sí mide 0.08 mm de ancho. Las más pequeñas de todas son 14 000 veces menores que una célula sanguínea.

Escabulléndose

Sin embargo, estos microorganismos resultan gigantescos si se les compara con los virus, los cuales necesitan una célula huésped para vivir y reproducirse. A principios de siglo se les conocía como "agentes filtrables" porque eran capaces de atravesar por un tipo de filtro tan fino que impedía el paso de una bacteria. El virus de la gripe mide la sexta parte de la bacteria más pequeña. El virus del mosaico del tabaco, que decolora las hojas de esa planta, es 100 veces más pequeño que la menor de las bacterias; de los virus conocidos, el más diminuto —que causa una enfermedad en las papas— es 2 500 veces menor. Sólo son "visibles" con poderosos microscopios electrónicos.

Entre las bacterias y los virus, por tamaño y complejidad, hay un tercer grupo de organismos —conocidos como rickettsias— entre los que se encuentran agentes de enfermedades como el tifus. Se les clasifica junto con los virus porque utilizan las células de otros seres vivos para reproducirse. Su descubridor, Howard T. Ricketts, estudiaba el tifus en la ciudad de México, en 1907, cuando contrajo la enfermedad y murió. Las rickettsias más grandes se pueden ver al microscopio óptico, y son 10 veces mayores que la menor de las bacterias. Esto no las convierte en monstruos: miden sólo unos 0.00006 mm de ancho, lo bastante pequeñas para que 9 500 de ellas quepan en un cabello.

No somos invisibles *Bacterias de forma cilíndrica (teñidas para su observación) sobre la cabeza de un alfiler.*

EL CALDO CÓSMICO
¿Cómo se originó la vida sobre la Tierra?

SEGÚN el libro del Génesis, "Vio Dios cuanto había hecho, y todo estaba muy bien". Para la gente de sólida fe religiosa, el origen de la vida sobre la Tierra no representa ningún problema. En cambio, aunque la mayoría de los científicos rechazan la descripción bíblica de la Creación, no han podido ofrecer una explicación alternativa convincente de cómo fue ese inicio.

Si, como lo sugieren muchas teorías, la vida comenzó espontáneamente, el proceso de creación podría estar sucediendo aún hoy. La forma de vida más simple que conocemos son los virus, y se descubren continuamente nuevas clases; pero, como tal vez son trozos sueltos de material genético que escapó de células de otros seres vivos, pueden no ser los mejores candidatos al primer viso de vida.

Otra teoría dice que materia y vida han existido siempre juntas, que la segunda surgió en alguna forma desde antes del *Big Bang*, enorme explosión de energía de la que nació el universo. Aunque ésta es una idea difícil de sustentar, muchos científicos afirman que, antes del *Big Bang*, la materia estaba condensada en un espacio mínimo. A las altísimas temperaturas y presiones creadas por esta densa concentración, ninguna forma de vida hubiese sobrevivido.

Combinaciones al azar

En la Tierra (y quizás en planetas de otros sistemas solares) la vida pudo haber surgido como consecuencia de reacciones químicas aleatorias. Hay pruebas que sustentan lo anterior. Los aminoácidos, que componen las proteínas básicas para la vida, pueden producirse en el laboratorio si se aplican descargas eléctricas —iluminación artificial— a una mezcla de metano, hidrógeno, amoniaco y vapor de agua. En los años 50, en la Universidad Estatal de Florida se obtuvieron 13 aminoácidos distintos a partir de mezclas similares de gases, con calor a 1 000°C como fuente de energía, en vez de electricidad.

Los científicos creían que el metano y el amoniaco eran compuestos importantes de la atmósfera primigenia de la Tierra. Ahora, muchos piensan que consistía sobre todo en bióxido de carbono, nitrógeno y agua, con cantidades menores de hidrógeno y monóxido de carbono. Recientemente, unos investigadores japoneses bombardearon con protones (partículas atómicas de energía positiva) una mezcla de monóxido de carbono, agua y nitrógeno, para simular las radiaciones emitidas por las llamas solares, que son oleadas de intensa energía en la superficie solar. Se produjeron aminoácidos en grandes cantidades y también ácidos nucleicos, los cuales permiten la reproducción de una célula.

Así, los ingredientes orgánicos básicos para la vida bien pudieron generarse dentro de la densa y caldosa neblina de gases que rodeaba la Tierra virgen. Pero aún estamos lejos de descubrir cómo dichas sustancias, si Dios no proveyó "el aliento de vida", pudieron organizarse en seres vivos.

Fuerzas de la creación Rayos, radiación cósmica y meteoritos intervinieron en el origen de las moléculas orgánicas que, al mezclarse, formaron los primeros seres vivos sobre la Tierra.

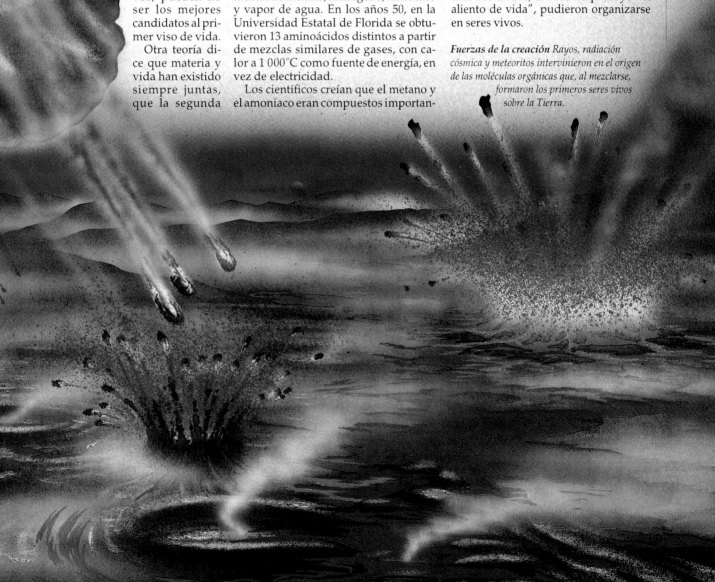

VIDA DE ALGUNA OTRA PARTE

¿Es la vida sobre la Tierra casi tan antigua como el planeta? La Tierra tiene unos 4 500 millones de años y los fósiles más antiguos encontrados por geólogos tienen sólo 3 100 millones de años. Pero estos fósiles han sido identificados como los restos de bacterias y algas verde-azules, microorganismos bastante complejos que deben haber requerido cientos de miles de años para evolucionar. Eso significa que sus ancestros evolutivos tuvieron que sobrevivir al increíble calor del planeta recién nacido, en una atmósfera carente de oxígeno. ¿En realidad evolucionaron sobre la Tierra o existe alguna otra explicación?

En los últimos 20 años, los astrónomos han descubierto que hay muchas moléculas orgánicas entre la materia esparcida en el espacio interestelar. Según el astrónomo inglés Fred Hoyle, los aminoácidos componentes de las proteínas de las células vivas, e incluso los virus, viajan por el espacio en cometas y meteoritos. Al llegar a un planeta de óptimas condiciones pueden evolucionar hacia nuevas formas. Quizá el origen de los primeros fósiles esté en otro sitio del cosmos.

Fuente de vida Aminoácidos como estos cristales de arginina (muy amplificados) pudieron haber caído a la Tierra en un meteorito.

VIDA RUDA
La vida sigue su curso en las condiciones más asombrosas

Los seres vivos habitan en los sitios más insólitos. Se han encontrado bacterias en pozos de agua casi hirviendo en el Parque Nacional de Yellowstone (EUA); otras pueden vivir y reproducirse a temperaturas por encima del punto de ebullición del agua. Una especie de algas crece en ácido sulfúrico concentrado y caliente.

En el otro extremo de la escala, existen microorganismos resistentes a temperaturas menores a las de congelación. Pequeños invertebrados, conocidos como tardígrados, muestran una extraordinaria tolerancia al frío. Lanzados al espacio, fueron sometidos a –272°C, un grado arriba del cero absoluto, que es la temperatura más baja posible. Al descongelarlos, volvieron indemnes a la vida. Los científicos han sumergido estos seres, que miden sólo 1 mm de largo, en hidrógeno puro, ácido carbónico, nitrógeno, helio y sulfuro de hidrógeno. En cada caso parecían haber muerto, pèro revivieron con unas gotas de agua.

Hay bacterias resistentes a los intensos haces de neutrones en los reactores nucleares. Pero la mayoría de los microorganismos son vulnerables a la luz ultravioleta. Otros mueren con sólo recibir la luz solar.

Bacterias y esporas de hongos viven en la estratosfera casi sin aire y con un frío glacial. Hay aves que vuelan a alturas de 9 000 m, y se han encontrado arañas saltarinas a 6 700 m en el Everest. En las profundidades del océano habitan peces, crustáceos y otros seres en la total oscuridad. Hechos para resistir presiones cientos de veces mayores a la del nivel del mar, explotarían si se los llevara a la superficie.

Otras formas de vida

Dada la adaptabilidad de estos organismos, no hay razón para que no pudiera haber vida en otros planetas, la cual depende en la Tierra de compuestos de carbono; pero el silicio, un elemento muy resistente, puede reemplazar al carbono en muchas moléculas. Se afirma que los organismos basados en el silicio se adaptarían mejor al calor o al frío extremos de otros planetas.

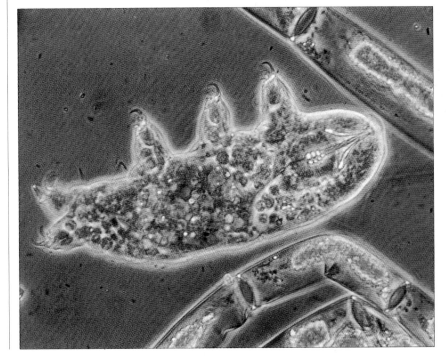

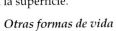

Casi indestructibles Los científicos han enviado minúsculos tardígrados al espacio, los han congelado, deshidratado y empapado en sustancias químicas... y los microscópicos seres siempre han sobrevivido.

LA VERDADERA EVA

Los científicos investigan a la madre de la humanidad

TAL COMO se asienta en el libro del Génesis, los seres humanos bien pueden descender de una sola mujer ancestral. Ésa es la conclusión de un grupo de genetistas de la Universidad de California en Berkeley. Ellos dicen, empero, que la madre de la humanidad no era la única mujer existente sobre la Tierra en esa época. Pero es de ella de quien desciende la especie *Homo sapiens*.

La clave está en el ADN, uno de los complejos ácidos del núcleo de las células de todo ser vivo. El ADN regula los cromosomas que, se piensa, determinan las cualidades físicas que heredamos. Al dividirse las células reproductoras para producir óvulos y esperma, la mitad del ADN de cada progenitor se pierde y la otra mitad se combina de nuevo en un solo bloque de cromosomas. Esto explica las variaciones físicas normales entre generaciones. Pero a veces un error de copiado —una mutación— da origen a una característica nueva en la familia.

Una línea materna pura

No sólo el núcleo de una célula contiene ADN. Las mitocondrias, pequeños cuerpos que nadan libremente y que controlan aspectos de nuestro metabolismo (medio por el cual el alimento se convierte en energía y tejido vivo), se heredan a través de su propio ADN, aparte de los cromosomas del núcleo. Para los investigadores de Berkeley, el hecho decisivo fue que las mitocondrias se heredan únicamente de la madre: durante la reproducción no se mezclan con las mitocondrias masculinas. Por lo tanto, las mitocondrias de una criatura serán idénticas a las maternas, salvo que haya una mutación al azar en el ADN.

Se clasificaron las diferencias conocidas en el ADN de mitocondrias de cinco grupos

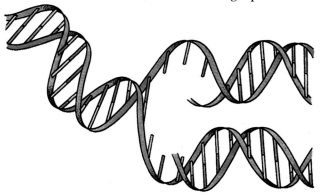

Edén africano *La historia del Génesis está en parte confirmada por los genetistas. Todo ser humano viviente puede ser descendiente de una mujer africana, aunque eso no implica que ella haya sido la primera mujer.*

raciales y geográficos de África, Asia, Europa, Australia y Nueva Guinea. Tras rastrear las mutaciones comunes a dos o más grupos y las de uno solo, se trazó un árbol del hombre moderno. Los bioquímicos tienen una idea aproximada de la frecuencia de las mutaciones, y así pueden estimar dónde y cuándo ocurren. El árbol los remitió a una mujer que vivió en África entre 140 000 y 290 000 años atrás: una desconocida Eva africana.

El laberinto de la herencia *La doble estructura helicoidal del ADN permite la duplicación de instrucciones codificadas al dividirse el núcleo de cada célula. El código está contenido en la secuencia de las cuatro sustancias químicas que forman los "travesaños" de la espiral del ADN.*

EL SAPO QUE CAUSÓ UN SUICIDIO

Cómo llegó a la desesperación un polémico biólogo

LOS SAPOS poseen curiosos hábitos de apareamiento. La mayoría lo hacen en el agua: el macho se adhiere a la hembra, por semanas si es necesario, hasta que ella produce los huevecillos que él fertiliza. Para sostenerse durante el apareamiento sobre la resbaladiza piel, el macho desarrolla en cada extremidad un cojinete oscuro provisto de espinas.

El sapo partero es distinto: se aparea sobre tierra. Y por ello los machos no desarrollan "cojinetes nupciales". Pero, en 1909, el biólogo austriaco Paul Kammerer declaró haber criado varias generaciones de estos sapos a los que sí se les habían crecido tales cojinetes.

Kammerer los mantuvo en un ambiente cuyas condiciones los obligaron a aparearse en el agua. Para adaptarse a tales condiciones, el macho descendiente de estos sapos parteros desarrolló cojinetes nupciales imperfectos, los cuales estuvieron totalmente desarrollados en la siguiente generación.

El trabajo de Kammerer hizo furor entre sus colegas. Parecía confirmar la teoría, ya abandonada, expuesta 100 años antes por el naturalista Jean Baptiste Lamarck, quien afirmaba que las adaptaciones físicas de los animales al ambiente eran susceptibles de transmitirse a su progenie. Si así fuera, los callos que se le forman a un carpintero aparecerían en las manos de sus hijos. Los genetistas modernos, por más que investigan, no dan con los mecanismos físicos que transmitan dichas adaptaciones. Los sapos parteros de Kammerer parecían haber logrado lo imposible.

Prueba entintada

Algunos científicos enfurecieron con la afirmación de Kammerer e iniciaron un mordaz ataque que duró años. Finalmente, en 1926, uno de ellos visitó Viena y disecó uno de los polémicos sapos. Las espinosas cerdas del animal preservado —ejemplar único, pues los demás se habían perdido durante la Primera Guerra Mundial— se habían quebrado por la continua manipulación; pero faltaba lo peor: encontró que la mancha en la piel del sapo se debía a una inyección de tinta india. No había indicio de que el animal hubiese tenido jamás cojinetes nupciales.

Kammerer admitió pesaroso la presencia de tinta, pero negó saber nada sobre el fraude. Varios años antes, el mismo sapo había sido examinado por dos grupos independientes de cien-

Excepcional A diferencia de otros sapos, los llamados parteros, que habitan en Europa Occidental, se aparean en tierra y no en el agua, y carecen de "cojinetes nupciales".

tíficos. Ambos habían visto las almohadillas, sin haber advertido signo alguno de tinta inyectada.

Semanas después de publicada la noticia de la alteración, Kammerer, de 46 años, se quitó la vida. ¿Había falsificado sus resultados? Si bien ningún otro científico ha repetido esos experimentos con éxito, él no dio a sus sapos la importancia que otros sí les concedieron. Él sugirió que los cojinetes nupciales eran producto de un "retroceso" genético a una época anterior a que los sapos parteros evolucionaran a aparearse en tierra.

Nadie sabe hoy quién inyectó la tinta en la piel del sapo. Kammerer tenía una sólida reputación, por su rectitud. El responsable pudo haber sido un asistente ansioso de acicalar al maltrecho sapo; o quizá uno de sus críticos, en un intento de sabotear las pruebas que quedaban de los experimentos.

Poco antes de morir, Kammerer estaba sin dinero y enredado en una tortuosa aventura de amor. La idea de que alguien pudo haberse sentido tan amenazado por su trabajo que echó a perder el espécimen para desacreditarlo pudo haber sido, sencillamente, el golpe de gracia para el biólogo austriaco.

¿SABÍA USTED QUE...?

EL SAPO partero lleva ese nombre por la forma en que el macho asegura el sano alumbramiento de las crías: primero fertiliza los huevecillos depositados bajo la hembra y después los envuelve alrededor de sus extremidades posteriores. Durante varias semanas los carga consigo a donde vaya; los mantiene húmedos y a salvo de los depredadores. Cuando están a punto, el macho sumerge las patas en una charca y "pare" los renacuajos dentro del agua.

¿CÓMO SE ALIMENTA EL RABIHORCADO?

LA TEORÍA de Darwin sobre la "selección natural" dice que las especies desarrollarán adaptaciones especializadas según el ambiente donde vivan. Pero el mundo natural presenta muchas excepciones a esta tendencia. Los rabihorcados, por ejemplo, son aves de los mares tropicales cuyas plumas, patas y alas son inadecuadas para una forma de vida acuática.

Sus plumas no son impermeables, por lo que no pueden nadar ni zambullirse para pescar sin quedarse varados. Como sus patas sólo son parcialmente palmeadas, serían incapaces de chapotear si tuvieran que posarse en el agua. Para que funcionen sus ligeras y largas alas, de poco más de 2 m de envergadura, necesitan una corriente de aire bajo las mismas. Si estas aves trataran de reemprender el vuelo después de haberse posado sobre el océano, batirían inútilmente sus alas contra las olas.

También en tierra las alas de los rabihorcados son un estorbo; pero éstos construyen sus nidos sobre rocas altas o en la cima de los árboles, desde donde se lanzan a su verdadero elemento: el aire. Ahí son capaces de suspenderse por horas. Viven de acosar a otras aves marinas: las obligan a regurgitar su alimento; con asombrosa destreza, atrapan lo que aquéllas arrojan antes de que llegue al agua. Además, pueden pescar cerca de la superficie del mar, sobre todo, peces voladores.

Hay muchas formas de ganarse la vida en el mar, y los rabihorcados practican un antiguo método muy familiar a la gente de mar: la piratería. Cuando es difícil conseguir alimento es lógico dejar que otros lo hagan por uno. Si se

Bucanero Un bello rabihorcado emprende un viaje de piratería aérea. Los machos lucen su rojo cuello abolsado durante el cortejo nupcial.

les compara con otras aves marinas, el rabihorcado parecería mal adaptado. Pero como pirata, ninguno se le iguala: se alimenta de pescado, sin mojarse siquiera las patas o las alas.

¡CUIDADO CON EL RATÓN PATENTADO!
Un futuro de animales y plantas hechos a la medida

EN ABRIL de 1988, la Oficina de Marcas y Patentes de EUA otorgó una patente para un ratón, a solicitud de la Universidad de Harvard. El ratón tenía un gene causante del cáncer de pecho. Hasta ese entonces, ningún animal de investigación había sido patentado. Para decidirse a sentar este precedente, los examinadores tardaron más de cuatro años en aprobar la solicitud.

Los anteriores intentos de patentar animales con alteraciones genéticas no habían encontrado eco porque las técnicas empleadas no eran nuevas. Pero poco después de otorgársela a Harvard, la Universidad de Adelaide solicitó una patente australiana para un cerdo de rápido crecimiento.

Éstos son sólo dos productos de la ingeniería genética, una joven ciencia que podría acarrear amplios beneficios a la investigación, con enorme potencial comercial en agricultura. Pero, ¿en qué difiere de la reproducción selectiva tradicional la forma en que los ingenieros genéticos alteran la naturaleza de plantas y animales?

La forma y las funciones de los seres vivos están controladas por el ADN, que actúa a través de los genes (partes de los cromosomas dentro del núcleo celular). Los genes, solos o en serie, determinan, por ejemplo, si un animal tendrá ojos

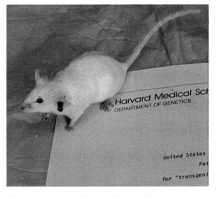

Nuestro propio diseño Este ratón, producto de la ingeniería genética, fue patentado por la Universidad de Harvard.

azules o una planta flores rojas. Este carácter se transmite de una generación a otra. La tarea de la ingeniería genética es identificar cuáles genes producen el carácter que se intenta reproducir, copiarlos y después trasplantarlos a tejido vivo.

Ésta es una labor desalentadora. En una célula, cada par de cromosomas contiene entre 10 000 y 90 000 genes. Su papel específico en el control del crecimiento de un organismo, su bioquímica y comportamiento apenas se empiezan a comprender, y cada planta o animal

posee un conjunto propio. Sólo cuando se cuenta con la suficiente información de un organismo determinado es que el trabajo de un ingeniero en genética resulta relativamente sencillo.

Una vez identificados, hay que transferir los genes. Una forma de hacerlo es alterar ciertas bacterias para que cuando ataquen a las células del organismo elegido dejen atrás nuevos genes. Otra, es disparar al interior de la célula diminutas "balas" de tungsteno cubiertas con genes nuevos o, mediante el empleo de electricidad, perforarle agujeros a través de los cuales los biólogos alimenten los genes. Y no hay garantía, después de todo, de que los nuevos genes serán "aceptados" como parte de la célula, o de que surtirán el efecto deseado.

Pero ha habido logros fascinantes en ingeniería genética. Por ejemplo, en Edimburgo, Escocia, un rebaño de ovejas produce ahora leche que contiene sustancias coagulantes que antes sólo se encontraban en la sangre humana. Se pueden extraer de la leche y emplearlas para curar hemofílicos, cuya sangre es de difícil coagulación.

También han comenzado a surgir plantas "sobre diseño". Actualmente, los botánicos hablan de producir granos de café sin cafeína e, incluso, hojas de tabaco sin nicotina.

ANIMALES DE ALTURA
Cómo adquirió la jirafa el cuello largo

¿POR QUÉ LAS JIRAFAS tienen cuellos largos? Tarde o temprano, casi cualquier discusión sobre evolución señalará el cuello de la jirafa como un ejemplo específico sobre el cual centrar el debate. Ha sido tema favorito de polémicas biológicas desde principios del siglo XIX. Todavía provoca confusión debido a que mucha gente encuentra la explicación de Darwin, que actualmente se incluye en los libros de texto, más difícil de aceptar que la versión expuesta por el naturalista francés Jean Baptiste Lamarck.

Casualidad afortunada

Los biólogos modernos combinan la teoría de la selección natural de Charles Darwin con la genética del siglo XX y dicen que el cambio evolutivo se debe a mínimas y azarosas variaciones en el ADN —secuencia de sustancias químicas que contiene instrucciones codificadas para el desarrollo de todo ser vivo—. Una jirafa, por una mutación circunstancial en su material genético, pudo nacer con cuello muy largo. Así estaría mejor equipada que sus parientes de cuello corto para comer las hojas de la copa de los árboles. Al conseguir alimento con mayor éxito, viviría más que otras jirafas y, por lo tanto, tendría más crías, muchas de las cuales heredarían cuellos largos similares. Las de cuello corto, sin esta ventaja, a la larga se extinguirían.

Lo que muchos encuentran inaceptable de esta explicación es que se confía en la pura casualidad. Según la teoría del transformismo, que Lamarck expuso en 1809 (medio siglo antes de que Darwin publicara *El origen de las especies*), la evolución estaba dirigida por cierta fuerza que impulsaba a las criaturas a perfeccionar su propia configuración para enfrentarse al medio.

Automejoramiento

En el caso de las jirafas, Lamarck opinaba que las de cuello corto empezaron a llegar a lo más alto de los árboles porque las especies rivales ya se habían comido las hojas inferiores. Así fue que alargaron esta parte de su cuerpo. La siguiente generación de jirafas heredó cuellos un poco más largos, y las subsiguientes los tuvieron cada vez de mayor longitud; los estiraron más, y continuaron el proceso de alargamiento hasta que nacieron jirafas con cuellos tan largos que no necesitaron estirarse para comer. En breve, los atributos físicos adquiridos por los

Un largo descenso Como la jirafa desarrolló piernas largas, el cuello debió desarrollársele también, en más o menos la misma proporción, para que pudiera bajar la cabeza para beber.

padres podrían transmitirse a la siguiente generación.

Ahora se recuerda a Lamarck, sobre todo, por sugerir que "esta herencia de caracteres adquiridos" era el mecanismo del cambio evolutivo, teoría que resulta un anatema para los actuales darwinianos ortodoxos.

En la época de Darwin, los biólogos no tenían idea de la verdadera naturaleza de los genes y del proceso que origina la variedad entre individuos. La química de la herencia aún no se comprendía. El mismo Darwin consideró el uso y desuso de miembros y órganos como una de las muchas posibles fuentes de variación dentro del conjunto de plantas y animales. Aunque vio en la selección natural el agente definitivo del cambio evolutivo, no consideró la teoría de Lamarck como una herejía inaceptable, tal como lo hacen los biólogos de nuestros días.

La razón por la que las jirafas desarrollaron cuellos largos guarda, de hecho, más relación con la sed que con el hambre. Como les es difícil doblar las patas, necesitan cuellos largos porque, de no tenerlos, tendrían que arrodillarse para alcanzar el agua.

Rumiantes de altura Las jirafas comen fuera del alcance de la competencia. En la parte inferior del árbol, un impala se alza sobre las patas traseras para obtener una ventaja similar.

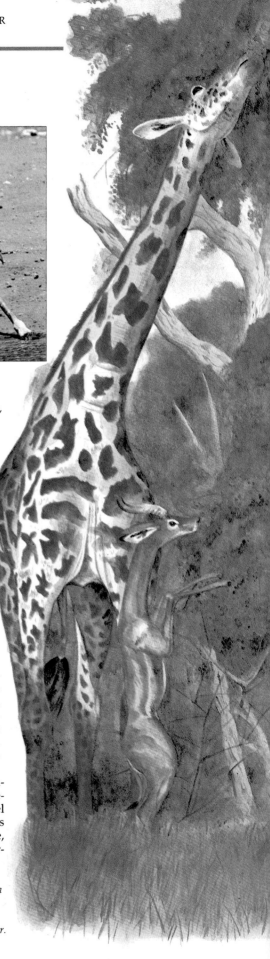

MANTO DE VIDA

¿Qué mantiene a la atmósfera pegada a la Tierra?

SIN AIRE, éste sería un mundo sin vida. Lo mínimo, además de luz solar, que plantas y animales necesitan para sobrevivir es oxígeno y agua. Ambos forman parte de la atmósfera; y ésta debe la continuidad de su existencia a la gravedad.

El aire se compone de moléculas de gas que se mueven a alta velocidad. La fuerza de gravedad terrestre es tal que nada que viaje a menos de 40 000 km/h puede escapar de ella. Por fortuna, las moléculas del aire distan mucho de moverse a esa velocidad; por eso el campo gravitacional de la Tierra retiene a la atmósfera. Algunos astrónomos creen que la Luna alguna vez tuvo atmósfera, pero ésta se dispersó en el espacio, dado que la fuerza de gravedad lunar equivale a sólo una sexta parte de la terrestre.

Un lugar en el Sol

La singular ubicación de la Tierra en el sistema solar fomenta el desarrollo de la vida. Los primeros seres vivos complejos sobre el planeta fueron plantas, las cuales requieren de luz solar para vivir y reproducirse.

Las plantas emiten oxígeno. Sólo en una atmósfera con oxígeno los animales terrestres —sobre todo los mamíferos— pudieron haberse desarrollado hasta llegar a ser como los conocemos actualmente. Si la Tierra estuviera más cerca del Sol, la elevación de la temperatura haría a las moléculas de oxígeno moverse más rápidamente, y podrían fugarse; si quedara mucho más lejos, sería demasiado fría para la evolución de la vida.

Capas del manto Hasta hace poco han empezado a comprender los científicos la naturaleza de las diferentes capas de la atmósfera. A finales del siglo XIX, iniciaron el envío de globos aerostáticos no tripulados a la atmósfera más baja, equipados con barómetros y termómetros. Descubrieron que mientras la presión disminuye uniformemente con la altura, las variaciones de temperatura son más complejas. Los científicos han dividido la atmósfera en capas, tomando como base estas variaciones de temperatura. En la troposfera y la mesosfera la temperatura disminuye con la altura, mientras que en la estratosfera y la termosfera aumenta. Desde el advenimiento de la tecnología del cohete y el satélite, en la década de 1940, los científicos han podido recabar información sobre la atmósfera superior.

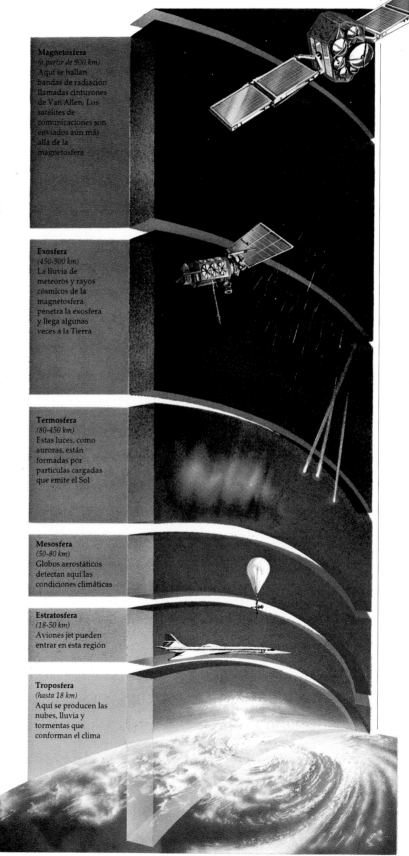

Magnetosfera
(a partir de 900 km)
Aquí se hallan bandas de radiación llamadas cinturones de Van Allen. Los satélites de comunicaciones son enviados aún más allá de la magnetosfera

Exosfera
(450-900 km)
La lluvia de meteoros y rayos cósmicos de la magnetosfera penetra la exosfera y llega algunas veces a la Tierra

Termosfera
(80-450 km)
Estas luces, como auroras, están formadas por partículas cargadas que emite el Sol

Mesosfera
(50-80 km)
Globos aerostáticos detectan aquí las condiciones climáticas

Estratosfera
(18-50 km)
Aviones jet pueden entrar en esta región

Troposfera
(hasta 18 km)
Aquí se producen las nubes, lluvia y tormentas que conforman el clima

LLEGANDO A LAS ALTURAS

EN LA DÉCADA de 1860, a petición de la British Association, el meteorólogo inglés James Glaisher realizó una serie de ascensos en globo aerostático para explorar la estratosfera. El 5 de septiembre de 1862, junto con su piloto Henry Coxwell, se elevó hasta alcanzar la marca de 8 840 m, casi la altura del Everest. Pero el globo no se detuvo ahí, continuó elevándose hasta que, por la falta de oxígeno en la enrarecida atmósfera, Glaisher quedó inconsciente.

Por su parte, Coxwell estaba tan débil que sólo pudo hacer descender el globo cuando se valió de sus dientes para abrir la válvula de control. Posteriormente los dos aeronautas estimaron en 11 300 m la máxima altura a que habían subido. Ésta era, por supuesto, la mayor altitud a la que había logrado llegar persona alguna en aquella época.

Esta marca fue rota en 1931, cuando un físico suizo, el profesor Auguste Piccard, alcanzó los 16 201 m a bordo de un globo aerostático con cabina cerrada, la primera empleada en vuelo. La última marca de ascenso en este tipo de transporte pertenece al comandante Malcolm D. Ross y al ex

Peligro en las alturas *A más de 11 000 m de altura, el piloto Coxwell salvó a Glaisher de morir por asfixia.*

capitán de corbeta Victor Prather, de la Marina de EUA, quienes llegaron a una altura de 34 668 m sobre el Golfo de México, en 1961.

EL SECRETO DE LA VIDA

Cómo ayuda un rayo a las plantas a crecer... y a más

UN SIMPLE RELÁMPAGO puede descargar suficiente energía eléctrica para hacer que los gases de oxígeno y nitrógeno del aire se mezclen para formar óxido nítrico, que se disuelve en agua de lluvia y llega al suelo en forma de ácido nítrico.

Las plantas necesitan nitrógeno, y pocas pueden obtenerlo directamente del aire. Parte del suministro es provisto por la acción electroquímica de los rayos.

Quizá los rayos ejercieron una influencia mucho mayor en el origen de la vida. A principios de los 50, el químico Harold Urey y sus discípulos de la Universidad de Chicago simularon el efecto de relampaguear una mezcla de los gases que se cree componían la atmósfera primitiva de la Tierra. Como resultado obtuvieron —entre otras sustancias— aminoácidos, los cuales constituyen las moléculas de proteína de todo ser animal y vegetal. Tal vez, hace millones de años, la vida en la Tierra se desarrolló a partir de la ráfaga de un rayo.

Chispa de vida *Las descargas de los relámpagos son bien conocidas por su poder destructivo. Sin embargo, se cree que ciertos bloques esenciales de la materia viviente se formaron originalmente por la energía eléctrica de los relámpagos.*

EL CALOR QUE CONGELA

Sucede en el borde del espacio

A MEDIDA que ascendemos por la atmósfera terrestre, la temperatura no disminuye de forma constante al aproximarse al espacio exterior. Al principio lo hace a un ritmo de 1°C cada 150 m, hasta alcanzar un promedio de –65°C a 18 km. Pero ahí, donde comienzan la estratosfera y la capa de ozono, la luz ultravioleta del Sol transforma el oxígeno en ozono. Esta reacción química produce calor y, por lo tanto, la temperatura se eleva otra vez paulatinamente, hasta alcanzar –3°C a una distancia de 50 km de la superficie de la Tierra.

Ahí terminan la estratosfera y la capa de ozono. Más allá, el aire es tan ligero que el efecto del calentamiento ultravioleta es insignificante, y progresivamente se va enfriando hasta los 80 km, donde la temperatura baja a –90°C.

Pero en la ionosfera, que se inicia ahí y se extiende hasta 300 km, sucede un efecto muy extraño. Rayos ultravioleta de pequeña longitud de onda y rayos X provenientes del Sol penetran las moléculas de gas y despojan a los átomos de sus electrones. Las moléculas restantes, llamadas iones, se mueven muy rápidamente y, en consecuencia, se calientan demasiado.

La temperatura de iones individuales puede llegar a 5 000 o 10 000°C. Pero estas partículas increíblemente calientes son tan escasas y se hallan tan alejadas unas de otras que un astronauta se congelaría al instante si anduviera sin su traje en este "calor".

EL ALCALDE MAGO

El empresario que aprovechó el poder de la atmósfera

E N 1654, Otto von Guericke adquirió reputación como mago entre la gente de Magdeburgo, Alemania, donde era alcalde.

Von Guericke era ingeniero y estaba interesado en el avance de las investigaciones sobre la naturaleza de la atmósfera. Decidió demostrar el poder de la presión atmosférica probando su efecto en un recipiente del que se hubiera sacado el aire; en otras palabras, uno que encerrara vacío. Así que construyó una bomba de vacío, basado en los principios de la bomba de agua, sólo que en vez de desplazar el líquido, removía aire.

Von Guericke tenía una fuerte veta histriónica, y supo sacarle provecho: demostró el poder de su bomba, y también el de la atmósfera, por medio de algunos trucos espectaculares. El que le dio reputación como mago fue uno que presentó en Magdeburgo ante el emperador Fernando III y su corte.

Von Guericke había construido dos hemisferios de cobre, de 51 cm de diámetro, cada uno con una pestaña terminada con tal precisión que, al lubricarlos y embonarlos, formaban una esfera hermética. Vació el aire de la esfera, enganchó un grupo de ocho caballos a cada hemisferio y trató de separarlos; pero le resultó imposible. Sin embargo, en cuanto dejó entrar otra vez el aire en la esfera, los hemisferios se separaron sin ninguna dificultad.

En otra demostración, vació de aire un gran cilindro vertical provisto con un pistón. Cincuenta hombres sostuvieron cuerdas atadas al pistón por poleas y, al salir el aire del cilindro, el pistón se hundió y los 50 hombres quedaron suspendidos en el aire.

Veinte años después, la gente de Magdeburgo se asombró nuevamente con los poderes mágicos de Von Guericke, cuando éste construyó un barómetro de agua a un lado de su casa. Era un tubo de latón de 9 m de alto, con una parte de vidrio sellada en la punta. Si el clima era agradable, a través del vidrio podía verse flotar en el agua la diminuta figura de un hombre, la cual se hundía si había presagios de tormenta.

Poder de pistón *En 1654, Otto von Guericke fue capaz de alzar a 50 hombres con su recién inventada bomba de aire, al producir un vacío impenetrable. Muchos creyeron que Von Guericke debía de ser mago para lograr esas hazañas espectaculares.*

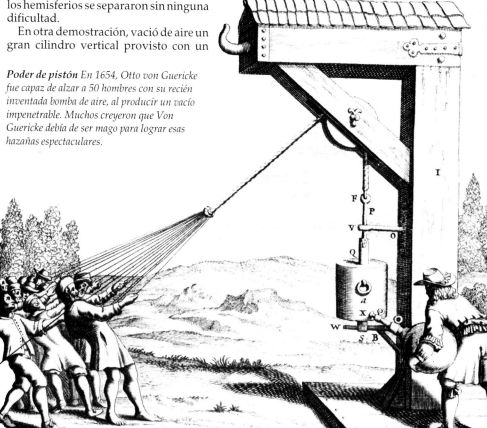

UN SUEÑO INALCANZABLE

La inútil búsqueda del movimiento perpetuo

CUALQUIER MÁQUINA, no importa su tamaño o uso, requiere de una fuente de energía para funcionar: combustible, electricidad, luz solar o cualquiera otra. Por siglos, los inventores han tratado de fabricar una máquina que, tras un impulso inicial, recicle su propia energía para autoimpulsarse. Norias y molinos de viento que giran sin cesar y relojes que no se detienen han sido construidos en la búsqueda de una máquina de movimiento perpetuo.

Esta búsqueda, sin embargo, está condenada al fracaso, pues si tal máquina se inventara, desafiaría el funcionamiento mismo del universo. Según las leyes de la termodinámica, cuando una forma de energía (agua corriente) se transforma en otra (una rueda en movimiento), parte de esa energía se pierde en forma de calor o fricción. La máquina que deje de recibir energía, se detendrá.

El hombre casi ha alcanzado el movimiento perpetuo al poner sondas espaciales en órbita solar. Por no haber fricción en el espacio, éstas giran indefinidamente, "sujetas" por la gravedad solar. Pero ni este movimiento es perpetuo: cesará en cuanto se extinga el Sol.

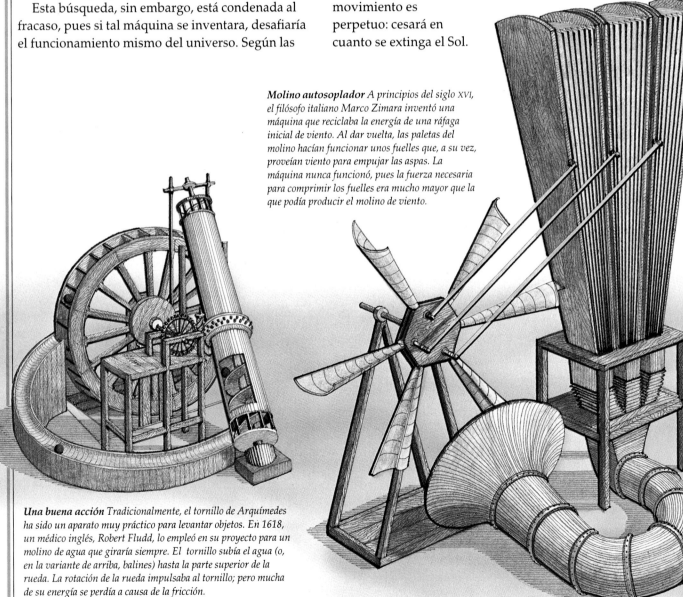

Molino autosoplador *A principios del siglo XVI, el filósofo italiano Marco Zimara inventó una máquina que reciclaba la energía de una ráfaga inicial de viento. Al dar vuelta, las paletas del molino hacían funcionar unos fuelles que, a su vez, proveían viento para empujar las aspas. La máquina nunca funcionó, pues la fuerza necesaria para comprimir los fuelles era mucho mayor que la que podía producir el molino de viento.*

Una buena acción *Tradicionalmente, el tornillo de Arquímedes ha sido un aparato muy práctico para levantar objetos. En 1618, un médico inglés, Robert Fludd, lo empleó en su proyecto para un molino de agua que giraría siempre. El tornillo subía el agua (o, en la variante de arriba, balines) hasta la parte superior de la rueda. La rotación de la rueda impulsaba al tornillo; pero mucha de su energía se perdía a causa de la fricción.*

FRAUDE EN MOVIMIENTO

E N LA DÉCADA DE 1850, un ingeniero de Connecticut inventó una máquina de movimiento perpetuo. Al girar la rueda mayor, las pesas de sus radios mudaban de posición y provocaban un desequilibrio que la movía, y hacía girar el volante. En realidad, era un mecanismo de aire comprimido el que hacía girar ambas ruedas.

Máquina meteorológica
Durante la década de 1760, un relojero inglés, James Cox, fabricó un reloj que parecía ser una máquina de movimiento perpetuo. Dentro tenía una columna de mercurio, como en un barómetro, que subía o bajaba con los cambios en la presión atmosférica; estos movimientos empujaban una palanca que accionaba las pesas impulsoras del mecanismo del péndulo. Hoy, el reloj, que no funciona más, está en el Museo Victoria y Alberto, en Londres. No se le puede considerar una máquina de movimiento perpetuo, porque en vez de reciclar su propia energía, depende de la del exterior: las fuerzas meteorológicas que modifican sin cesar la presión atmosférica.

columna de mercurio

Atracción constante El uso de una magnetita —imán natural de hierro— para producir movimiento perpetuo fue propuesto en 1648 por el obispo de Chester en Inglaterra. Una poderosa magnetita ubicada en la cima de un pilar atraería una bola de metal, vía una pendiente. Cerca de la cima, se suponía que la bola debía caer por un hoyo, resbalar y comenzar su ruta otra vez. Pero la fuerza de atracción del imán era tal que la bola, en vez de caer, continuaba hacia él.

magnetita

bola de metal

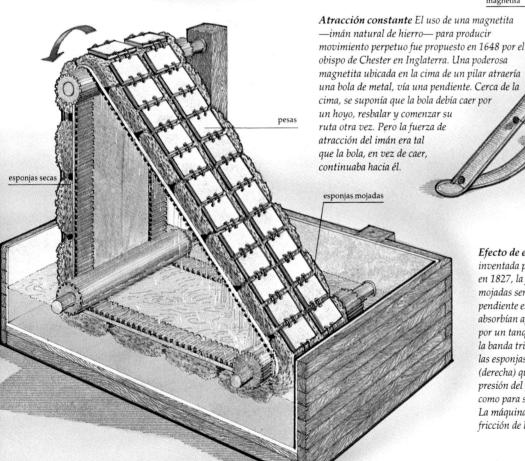

pesas

esponjas secas

esponjas mojadas

Efecto de exprimidor En la máquina inventada por el inglés William Congreve en 1827, la fuerza de gravedad en esponjas mojadas servía para subir por una pendiente esponjas secas. Éstas (izquierda) absorbían agua por acción capilar al pasar por un tanque y sumergirse, haciendo que la banda triangular se moviera. Cuando las esponjas mojadas salían del tanque (derecha) quedaban exprimidas por la presión del peso, haciéndolas tan ligeras como para subir de nuevo por la pendiente. La máquina falló porque era demasiada la fricción de los rodillos y el agua.

LOS SECRETOS DEL CRISTAL

¿Qué tienen en común un diamante, un lápiz y un copo de nieve?

EL VÍNCULO SECRETO entre un diamante, un lápiz y un copo de nieve es el cristal, uno de los métodos de construcción más fascinantes de la naturaleza. La palabra "cristal" proviene del griego *krystallos*, "frío" (alguna vez se creyó que cierta variedad de cuarzo era hielo que se había congelado tan intensamente que nunca se derretiría).

Solemos pensar en los cristales como las figuras regulares, muchas veces bellas, que adquieren ciertos sólidos: el hielo en forma de copo de nieve o las brillantes caras de un diamante. Pero el grafito —la punta de un lápiz— también lo es. Para un científico, cristal es toda sustancia sólida cuya estructura molecular sigue un patrón fijo.

Los cristales pueden ser casi de cualquier forma o tamaño, y de una gran variedad de sustancias. La Calzada de los Gigantes, en Irlanda, es de basalto de cristal de roca, y mide lo que un edificio de cuatro pisos; en cambio, los cristales de grafito son casi invisibles. Y un solo elemento puede producir cristales asombrosamente diferentes uno de otro. El agua, por ejemplo, cristaliza en trozo de

cuarzo puro o cristal de roca

hielo o en delicado copo de nieve. Diamantes, grafito y brasas son cristales de carbono. Pero, ¿por qué el diamante es tan duro, y el grafito tan suave que no sólo se usa como punta de lápiz, sino también como lubricante?

En términos científicos, existen dos clases de cristales: aquellos, como el diamante, estructurados en tres dimensiones, y otros, como el grafito, compuestos por capas.

Cada átomo de carbono en un diamante está unido por cada lado con su vecino más cercano, y arriba y abajo con el enlace químico más cerrado, en un modelo simétrico. En el grafito los enlaces también son numerosos y regulares, pero arriba y abajo sólo hay unos cuantos. Las

delgadas y débilmente unidas capas de carbono se cortan con facilidad; es esta cualidad la que hace posible escribir o dibujar con lápiz, pues las capas de grafito se separan y se adhieren al papel. Al unirse en capas, los átomos resbalan unos sobre otros y tornan al grafito en lubricante sólido.

Calzada de los Gigantes Miles de basaltos de cristal de roca forman este promontorio de la costa de Antrim, Irlanda del Norte.

Ciertos cristales, como el cuarzo, se cargan eléctricamente al aplicarles presión. En cambio, la electricidad expande el cuarzo o lo contrae. En un reloj de cuarzo, la corriente eléctrica alterna hace vibrar el cristal, y las vibraciones son tan regulares que su margen de error es de un segundo por año.

DIGNO DE UNA REINA

EL MAGNÍFICO DIAMANTE Cullinan —que fue descubierto en la mina Premier, en Transvaal, Sudáfrica, el 25 de enero de 1905— pesó 3 106 quilates (como la tercera parte de este libro). Su magnitud equivalía a más de tres veces el tamaño del plusmarquista anterior, el diamante Excélsior, de 995 quilates. Sudáfrica era entonces parte del Imperio Británico y, en 1907, el gobierno de Transvaal entregó la piedra al rey Eduardo VII de Inglaterra, cuando éste cumplió 66 años.

Isaac Asscher, joyero de Amsterdam, cortó la piedra. La dividió en 9 gemas grandes y en 100 más pequeñas. La mayor, del tamaño y forma de un huevo de gallina, pesó 530 quilates. Se la conoce como la Estrella de África y está engarzada en el real cetro británico. La que le seguía en tamaño, la Cullinan II, se colocó en la corona del Imperio Británico. Pesa 317 quilates y tiene el diámetro de una carátula de reloj para hombre.

Precioso vislumbre La Estrella de África está montada en lo alto del cetro real de la reina Isabel II. El Cullinan II fue engarzado debajo del gran rubí de la corona del Imperio.

EL DETECTIVE VOLADOR

Un cristal aerotransportado detecta los efectos del desastre de Chernobyl

EN EL INVIERNO de 1988, un helicóptero sobrevoló el desolado paisaje de Cumbria, al norte de Inglaterra. Entre su equipo llevaba un aparato fuera de lo común: un gran cristal de yoduro de sodio, encerrado en un tanque de acero inoxidable, cuyo objetivo era detectar la radiactividad subsistente tras el desastroso accidente nuclear de 1986 en Chernobyl, Ucrania.

Ese detector fue inventado por científicos del Scottish Universities Research and Reactor Centre, dirigidos por David Sanderson. Se eligió el cristal como material idóneo para el aparato, pues las sustancias radiactivas emiten rayos gamma, que penetran casi cualquier material; pero un cristal denso como el yoduro de sodio los detiene: cuando los rayos chocan con él, absorbe energía y vibra.

El cristal fue cubierto con talio, elemento que reacciona a la energía de cada rayo gamma produciendo una pulsación de luz ultravioleta. La intensidad de la luz es como una firma que identifica cada sustancia radiactiva que se impacta contra el cristal. Los científicos buscaban cesio 134, el cual, por ser sintético, sería indicador seguro de que la radiación de Chernobyl estaba presente.

Una serie de aparatos conectados al tanque analizaron las pulsaciones de los rayos ultravioleta y detectaron cesio 134 en distintas intensidades. Así, el cristal vibrante produjo el más detallado mapa de los efectos subsistentes en Inglaterra tras el desastre de Chernobyl.

¿SABÍA USTED QUE...?

LOS CRISTALES del hielo se derriten en cuanto la temperatura se eleva por encima de 0°C. Pero Percy Bridgman, premio Nobel de física, inventó el llamado hielo-VII, que no se funde ni a una temperatura superior a 100°C, el punto de ebullición del agua. Esto lo logró mientras investigaba los efectos de presiones extremadamente altas sobre distintas sustancias. Al someter hielo a presiones ultraaltas, se compactaron tanto los átomos y las moléculas que ni aun el calor extremo pudo forzarlos a separarse.

EL LÍQUIDO SÓLIDO

EL VIDRIO DE CRISTAL de plomo es apreciado en todo el mundo por su claridad, pureza y brillo. Fue inventado en Inglaterra, en 1674, por George Ravenscroft, quien descubrió que al agregar óxido de minio a su fórmula de vidrio podía obtener un material mucho más resistente y claro. Pero ni éste, ni ningún otro vidrio, es cristal. En aquella época el vidrio no era incoloro, sino de un monótono rojo o verde, como la tierra empleada en su manufactura. Lo que Ravenscroft buscaba era la forma de fabricar vidrio tan claro y natural como el cristal de roca. Lo consiguió, y el nombre de "cristal" pegó.

El vidrio no es un cristal; ni siquiera es un sólido. En la mayoría de los materiales sólidos, los átomos y las moléculas —las estructuras que dan a una sustancia su naturaleza única— están unidos conforme a un modelo definido. Al fundir un sólido, el ordenamiento de sus moléculas se altera. Si se restablece la temperatura inicial, hasta el punto de volverlo sólido, se restaura el ordenamiento molecular. Cuando un copo de nieve se derrite en forma de agua, sus moléculas se desordenan; pero cuando se vuelve a congelar, recupera su intrincado diseño. En cambio, el vidrio se solidifica o "congela" muy rápidamente y en forma irregular, por lo que, aun en estado sólido, sus moléculas conservan la irregularidad.

Por extraño que parezca, esto hace al vidrio asombrosamente duro. En teoría, si fuese posible producir un vidrio perfecto, éste tendría cinco veces mayor dureza que el acero; con la tecnología actual esto aún no se consigue, ya que en el proceso de producción se forman pequeñas imperfecciones que crean puntos débiles. El vidrio más resistente que se fabrica en nuestros días es tan duro como el acero, pero nada más.

SEÑUELO LUMINOSO

Cómo los cristales ayudan a una luciérnaga a sobrevivir

EN ALGUNAS PARTES del Asia tropical pueden verse árboles que brillan en la oscuridad: árboles aislados en los que ondean señales luminosas de arriba abajo, e hileras de ellos en que la luz salta de unos a otros.

Este efecto extraordinario no lo causan los propios árboles, sino el centelleo simultáneo de miles de luciérnagas reunidas en las ramas. Si se observa de cerca se descubrirá que en cada rama se hospedan muchas especies distintas de estos insectos luminosos.

Por qué ocurre esta exhibición masiva, no se entiende del todo; pero se sabe por qué las luciérnagas brillan al volar solas, y cómo producen luz.

Las luciérnagas se iluminan para encontrar pareja. El macho de una especie común en América del Norte, *Photinus pyralis*, brilla mientras vuela. La hembra, que lo distingue desde el suelo, centellea a cierto ritmo, único de su especie. El macho reconoce esta señal y desciende hacia la nueva compañera.

Es posible que esta luz también sirva como señal de alerta, para los probables depredadores, del sabor amargo de estos insectos. Aunque no siempre funciona: ciertas ranas comen tantas luciérnagas que ellas mismos brillan.

Las "linternas" de las luciérnagas contienen oxígeno y una sustancia llamada luciferina. La reacción química entre ambas produce luz. Una enzima —la luciferasa— ayuda a acelerar el proceso, y esto, a su vez, intensifica la luz.

¿Cómo participan los cristales en todo esto? En la "linterna", detrás de la luciferina emisora de luz, hay una capa de cristales de urato de amonio, la cual ayuda a esparcir la luz y aumenta la eficacia de tan singular y maravilloso sistema natural de señalización.

Luz de cristal *Las luciérnagas iluminan un árbol con señales sincronizadas, reflejadas por cristales en los cuerpos de los insectos.*

MEDIDA POR MEDIDA

¿Cuánto mide un trozo de cuerda?

EL ANCHO de un dedo pulgar, el largo de un cinturón, el peso de una semilla de trigo, el volumen de un puñado de harina... todas estas medidas datan de aproximadamente mil años. Y, aunque quizá no nos demos cuenta, actualmente aún se les utiliza. Pese a que la medida de una pulgada (2.5 cm) se basó en el ancho del pulgar de un hombre, es asombrosamente precisa. Fueron los romanos los primeros en emplearla, bajo el nombre de *uncia*; 12 de ellas hacían un pie romano, medida equivalente al pie imperial (30 cm) que aún hoy se emplea en Inglaterra y Estados Unidos. El antiguo pie griego tenía la misma longitud que el moderno, sólo que equivalía al ancho de 16 *dedos*.

Pesas y medidas

Los anglosajones tomaron el largo de una faja como una yarda (90 cm; 36 pulgadas); las desventajas eran obvias. Se dice que a principios del siglo XII, el rey inglés Enrique I uniformó la yarda: extendió su brazo y midió la distancia entre su nariz y la punta de su pulgar. De esta medida, el patrón más antiguo que existe es una vara de plata, fabricada en 1445.

De las semillas surgió una medida de peso, el "grano", que aún forma parte del sistema inglés, y

Cambio *Vistos en su tamaño real, los antiguos dracmas griegos (las monedas más grandes) y los óbolos muestran imágenes de dioses y reyes. Seis óbolos equivalían a un dracma.*

que alguna vez equivalió al peso de una semilla. Sólo que el peso variaba con la especie, y esto creaba cierta confusión. Aun así, 7 000 "granos" hacían una libra (450 g), proporción que sigue vigente hoy día. Las semillas también sirvieron para fijar una unidad de área: en la antigua Babilonia, la tierra se medía por el número de semillas que se requerían para sembrarla.

Dinero en mano

Actualmente se sigue empleando el puñado, y en más de una forma. En la antigua Grecia, seis diminutos pesos de hierro, llamados "óbolos", hacían un *dracma*, que significa "puñado". Desde entonces el *dracma* ha sido la unidad de moneda griega. También subsiste en el sistema inglés como medida de peso, y equivale a 1/16 de onza (1.8 g).

Medida antigua *En este mosaico romano, en Argelia, vemos a un campesino y sus bueyes. Los romanos denominaron* ager *(campo), término del que deriva "acre", al espacio de tierra que un par de bueyes podía arar en un día.*

¿SABÍA USTED QUE...?

EN TIEMPOS del Antiguo Testamento se aplicaban dos medidas de peso en el Medio Oriente: la "medida común" y la "medida real". La medida real era más grande. Cuando un rey exigía un impuesto en especie, debía pagarse en medida real; pero si el rey desembolsaba, usaba la medida común. Y así, las arcas reales siempre se beneficiaban.

ACIERTO Y ERROR

El sistema métrico está basado en un error de cálculo

EN LOS agitados años que siguieron a la Revolución Francesa de 1789, por fin se autorizó a la Academia de Ciencias de Francia efectuar una urgente reforma: el establecimiento de un sistema de medidas sencillo y lógico. Urgía establecerlo para simplificar tanto el comercio internacional como el local, pues aun dentro de Francia las medidas variaban mucho de una población a otra.

Un comité (entre cuyos miembros estaban dos reputados científicos, el químico Antoine Laurent de Lavoisier y el matemático Joseph-Louis Lagrange) acordó que, para facilitar los cálculos, el nuevo sistema debía basarse en el número 10, y que la unidad básica de longitud debía equivaler a la diezmillonésima parte de una línea que atravesara París desde el Polo Norte hasta el ecuador. Se estimó que tal línea medía 10 000 km, y se llamó *metro* a dicha uni-

Sistema revolucionario La ilustración de un periódico francés de 1800 ayuda a explicar las unidades métricas: el litro (figura 1), el gramo (figura 2) y el metro (figura 3).

dad básica. Tomó ocho años completar las mediciones y los cálculos requeridos, y no fue hasta 1799 que la joven República de Francia adoptó formalmente el nuevo *sistema métrico decimal de pesas y medidas.*

Para establecer cada unidad de medida se tomó como base el metro. El peso de un centímetro cúbico (cm^3) de agua destilada a 4°C determinó la unidad de peso, el *gramo.* La unidad de volumen, el *litro,* se fijó en 1 000 cm^3. Algunas de las medidas básicas originales han caído en desuso. Por ejemplo, el *área,* que equivale a 10 m^2, ha sido desplazada por la hectárea, que es cien veces más grande.

Al terminar la Revolución Francesa se sucedieron las conquistas napoleónicas y, con éstas, se produjo la divulgación del sistema métrico. Su sencillez y su lógica lo convirtieron en un lenguaje científico internacional durante el siglo XIX. Sólo que estaba basado en un error de cálculo.

Hacia 1960, los datos enviados por los satélites artificiales confirmaron que el cálculo original de la distancia entre el Polo Norte y el ecuador era incorrecto. La medida precisa no es de 10 000, sino de 10 002 km, lo que equivale a un mínimo margen de error de una parte por cada 5 000. Falla mínima, pero falla al fin y al cabo. No hubo que alterar el metro, por supuesto, pero se hizo necesario precisarlo en términos distintos. Desde 1983, el metro se ha redefinido oficialmente como la distancia "a que viaja la luz en el vacío durante un intervalo de 1/299 792 458 de segundo". Esto es intrascendente para quien sólo pretende medir una tabla o un lienzo de tela, pero es la más precisa definición que la ciencia ha podido dar.

Pasada de moda *El "área" es una medida métrica de superficie en desuso.*

Término esotérico *El "estéreo", medida de volumen, es otra poco conocida unidad métrica.*

¿SABÍA USTED QUE...?

A PESAR de que el sistema métrico se emplea en muchos países, las medidas antiguas perduran: la altura de un caballo aún se calcula en "palmos", de 10 cm de ancho cada uno; la tipografía de imprenta en "puntos" equivalentes a 1/72 de pulgada (0.35 mm); y el vino en arrobas (16 l), en España, y en koilons (33 l), en Grecia.

EL PESO DEL PLANETA TIERRA

Un ingenioso experimento descifra el código de la gravedad

HENRY CAVENDISH, científico inglés, fue el primero en calcular la masa de la Tierra, proeza que realizó desde la intimidad de su hogar, hace dos siglos.

Gracias a los trabajos de Isaac Newton, Cavendish sabía que todos los objetos ejercen una fuerza de gravedad, y que la atracción gravitacional entre dos objetos depende tanto de la masa de éstos (a mayor masa, mayor atracción) como de la distancia que los separa (medida desde el centro de cada objeto, no desde las superficies). De esta manera, una persona pesará menos en la cima de una montaña que en un valle porque, a mayor altitud, menor será la atracción que ejerza el centro de gravedad de la Tierra sobre tal persona.

Newton expresó la ley de la gravedad en una ecuación matemática compuesta de cinco cantidades: las masas de dos cuerpos (M_1 y M_2); la distancia (D) que los separa; la fuerza de gravedad (F) entre ellos, y un término abstracto (G), representado por un número —la "constante gravitacional"— que nunca cambió, cualesquiera que fueran las masas y las distancias comprendidas. La fórmula de Newton era:

$$F = \frac{M_1 \times M_2 \times G}{D^2}$$

Pero como a Newton únicamente le preocupaban los *principios* de la gravedad, no tuvo necesidad de descubrir el valor numérico de G. De hecho, nadie sabía lo que era.

Si se conocieran cuatro de los valores de la fórmula de Newton, se podría calcular el quinto. Cavendish se dio cuenta de que con esta fórmula podía calcular la masa de la Tierra. Así que para M_1 eligió un objeto pequeño cuya masa conocía; M_2 sería la cantidad incógnita (la masa de la Tierra). Como para entonces ya se sabía la distancia aproximada al centro de la Tierra, Cavendish también conocía el valor (D), la distancia entre sus dos objetos. Una simple báscula le indicaría el valor de (F), la fuerza de gravedad entre su objeto y la Tierra (M_1 y M_2). Pero, para resolver la ecuación, aún le faltaba conocer el valor de G.

El problema para definir G, la "constante gravitacional", residía en que, aun entre los objetos grandes hechos por el hombre —como una casa—, la fuerza de gravedad es casi nula y, por lo tanto, difícil de medir.

La hazaña de Cavendish fue construir (dentro de una caja de caoba, para evitar las corrientes de aire) un aparato que aumentaba el efecto de la gravedad y lo hacía perceptible.

Dentro de la caja colocó dos esferas de 5 cm de diámetro, cuyo peso conocía con precisión, y las sujetó a ambos lados de una larga barra horizontal, que pendía de un alambre. Por encima de esta barra colocó otra, en cuyos extremos puso dos esferas más grandes (de 30 cm de diámetro), e hizo coincidir los centros de ambas barras.

Por medio de un pivote, Cavendish acercó poco a poco las esferas más grandes hacia las pequeñas. Éstas fueron atraídas por el campo gravitacional de las primeras, provocando que la barra suspendida del alambre se moviera una distancia insignificante, pero medible.

Después, ya sin la influencia gravitacional de las esferas mayores, calculó la fuerza que se necesitaba para que las esferas pequeñas y su barra avanzaran esa misma distancia. Esto le dio las cifras con las que determinó el valor de la "constante gravitacional" de Newton: las masas de los dos grupos de esferas (M_1 y M_2), la distancia entre los centros (D), y la fuerza (F) que la gravedad había ejercido sobre ellas. Al sustituir estas cantidades en la ecuación de Newton, descubrió el valor de G.

Así, calcular la masa de la Tierra fue fácil. Pero, dado que en aquel tiempo la distancia al centro de la Tierra no estaba calculada con exactitud, la medición que hizo Cavendish de la masa del planeta no fue del todo precisa. No obstante, su método se aplicó en 1895 para obtener el dato exacto. Ahora se sabe que la Tierra pesa 5 976 trillones de toneladas.

Caja de observación Para medir la gravedad ejercida por dos esferas grandes sobre dos más pequeñas, el inglés Henry Cavendish construyó un aparato dentro de un cajón de caoba. Unas velas proveían luz a través de agujeros. Los telescopios que introdujo por los costados le permitieron mirar y hacer anotaciones.

¿SABÍA USTED QUE...?

LAS ANTIGUAS vasijas chinas empleadas para medir volúmenes de granos y vino se hacían de manera tal que, al sonar bien, aseguraban exactitud. Más que dimensiones, los chinos daban a las vasijas forma y peso específicos, y determinaban la nota que debían producir al tocarlas. Toda desviación de la nota correcta revelaba una anomalía en las dimensiones adecuadas y, por lo tanto, una variación en el volumen de la vasija.

* * *

LA PALABRA "milla" proviene del latín mille passuum, *que significa mil pasos. Un paso romano era la distancia cubierta por dos zancadas.*

* * *

LA "CADENA", unidad que los agrimensores estadounidenses e ingleses emplean para medir el suelo, es única en varios sentidos. Es una cadena de metal, de 20.12 m de largo. Además, es la única medida decimal del sistema inglés. Está formada de cien eslabones, y funciona como una especie de calculadora. Si usted mide en cadenas el largo y el ancho de un terreno, multiplica las dos medidas y divide el total entre 10, obtendrá el área del terreno en acres. Así, una superficie que mide 5 por 5 cadenas tiene un área de 2.5 acres (una hectárea). La cadena fue inventada en el siglo XVII por Edmund Gunter.

FRÍO Y CALOR

Una vez, el agua hirvió a cero grados

POCAS personas conocen al dedillo las escalas de temperatura Fahrenheit y Celsius (centígrada). La mayoría de nosotros, al escuchar una temperatura expresada en la escala que nos es menos familiar, mentalmente la convertimos a la que conocemos mejor. Pero imagínese qué confusas deben haber sido las cosas al principio del siglo XVIII, cuando se empleaban por lo menos 35 escalas distintas.

Sólo en 1714 se empezó a usar una sola escala de temperatura, cuando el alemán Gabriel Daniel Fahrenheit inventó el primer termómetro práctico, el cual consistía de cierta cantidad de mercurio dentro de un tubo sellado y graduado.

Ciencia de sangre caliente

Fahrenheit asignó el grado 0 de su escala a lo más frío que conocía, una mezcla de hielo y sal; y había pensado asignar el grado 12, el más alto de su escala original, a la temperatura de una persona sana. Sólo que, al tomar la temperatura del cuerpo, el mercurio subió en el tubo mucho más de lo esperado. Para

Saludable control Hoy día se emplean estos tres tipos de termómetro (eléctrico, de mercurio y desechable) para tomar la temperatura corporal.

evitar unidades tan grandes y poco manejables, dio a su escala ocho veces más divisiones. Entonces, asignó a la temperatura corporal un valor de 96° (8 x 12). La cifra exacta es 98.6° en la escala de Fahrenheit (37°C); la variación obedece a la irregularidad del diámetro interior del tubo que él empleó para su termómetro.

Luego registró los puntos de congelación y ebullición del agua pura: 32° y 212°, respectivamente. Ya en el siglo II a.C., Galeno, médico griego, había propuesto una escala basada en estos mismos puntos. Fahrenheit se dio cuenta de que estas dos temperaturas son puntos de referencia ideales, porque son constantes bajo determinada presión. Su escala de temperatura pronto se hizo popular, sobre todo en los países de habla inglesa, y no tardó en ser imitada.

En 1742, el astrónomo sueco Anders Celsius propuso una escala en la que 0° fuera el punto de ebullición del agua, y 100° el de congelación. (Este sistema fue invertido después de su muerte en 1744.)

Cuando, a fines del siglo XVIII, Francia introdujo el sistema métrico decimal, la escala centígrada de Celsius fue bien acogida. Pronto llegó a ser la escala de temperatura normativa para todo trabajo científico, y se emplea en países que han adoptado el sistema métrico. La escala Fahrenheit aún se usa en muchos países de habla inglesa.

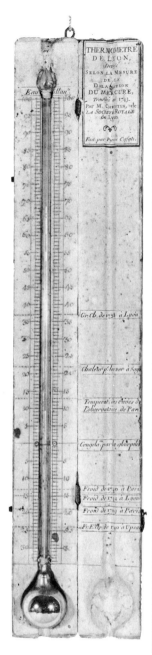

Máximos y mínimos Este termómetro francés de mercurio, del siglo XVIII y calibrado en escala centígrada, registra los periodos de calor y frío extremos de años anteriores.

33

EN BUSCA DEL PUNTO DE FUGA

A PRINCIPIOS del siglo XIX, el químico francés Joseph Louis Gay-Lussac llegó a una conclusión extraña, pero totalmente lógica, respecto al efecto de la temperatura sobre los gases. Empezó por darse cuenta de que éstos, al igual que todas las demás sustancias, se contraen al enfriarse. Sus observaciones demostraron que a una temperatura de –270°C cualquier gas se esfumaría, pues se contraería tanto que no ocuparía ningún espacio, y ocurriría lo imposible: la materia desaparecería.

Frío obstruido

Medio siglo más tarde, el físico escocés William Thomson (lord Kelvin) encontró la respuesta a este enigma. Demostró que la temperatura de una sustancia indica en realidad la rapidez con que se mueven sus moléculas. Este movimiento requiere de espacio. Cuando un gas se enfría, sus moléculas necesitan menos espacio para circular. Thomson aplicó esta depurada teoría para determinar que cualquier molécula de gas se estancaría totalmente a –273.15°C. De ahí se dedujo que nada podía alcanzar una temperatura más baja que ésta, a la que ahora se conoce como "cero absoluto" o cero Kelvin (0°K).

Como Kelvin había demostrado cómo depende la temperatura del movimiento de las moléculas, se hizo necesario reconsiderar la conclusión de Gay-Lussac.

Cuando un gas alcanza una temperatura de 0°K no se contrae hasta desaparecer, sino que primero se licua —algunos incluso se solidifican—, después se contrae casi del todo; y entonces es prácticamente imposible extraer la energía restante que mantiene a las moléculas en movimiento. En realidad, el estado imposible no era el del gas "esfumado", sino una temperatura tan baja como el cero absoluto.

Lo más bajo

Los científicos no se amedrentan ante los retos y aún intentan alcanzar ese límite fugaz. La temperatura más baja obtenida hasta ahora requirió del uso de sofisticada tecnología para reducir la energía magnética del etilsulfato de cerio y así minimizar su calor. Su temperatura descendió a 0.00002°K; es decir, dos cienmilésimos por arriba del cero absoluto.

CORRIENTES FRÍAS
Sin resistencia, se lograría la total eficacia eléctrica

E N 1987, K. Alex Müller, de Suiza, y J. Georg Bednorz, de Alemania Occidental, rompieron una marca de velocidad: obtuvieron una premio Nobel de física antes de que pasaran dos años de haber dado a conocer su adelanto científico. Ello se debió a la importancia atribuida a su descubrimiento: los superconductores de "alta temperatura", materiales que no presentan resistencia eléctrica, o sea por los que la electricidad atraviesa sin perder energía. Todos los aparatos eléctricos cotidianos tienen alguna resistencia que mina el flujo de energía, de la misma manera que un trozo de queso aminora la velocidad del cuchillo que lo rebana.

Sin embargo, el término "alta temperatura" aplicado a superconductores resulta un poco errado. En 1911, el físico holandés Kamerlingh Onnes descubrió que el mercurio perdía resistencia eléctrica a una temperatura extremadamente baja: 4.12°K (–269.03°C). A principios de 1986, Müller y Bednorz tuvieron éxito al descubrir un compuesto de cerámica que supercondujo a 35°K (–238°C). De ahí que un superconductor de "alta temperatura" sea, en realidad, extremadamente frío.

¿Por qué son tan importantes? La razón es económica. La industria eléctrica pierde, en la resistencia de transformadores y líneas de conducción, 2% de lo que genera; un desperdicio de 800 millones de dólares en electricidad al año, sólo en el Reino Unido.

Una vasta serie de aparatos eléctricos aumentarían drásticamente en eficacia si funcionaran al 100% de su capacidad. Las computadoras trabajarían más rápido. El alto consumo de energía de los trenes libres de fricción, que usan suspensión magnética, se reduciría enormemente. Los sistemas de exploración médica a base de magnetismo serían más baratos y, por lo tanto, más accesibles a quienes los requieren.

En 1989 se encontró un compuesto cerámico de óxidos de talio, bario, calcio y cobre que se tornó en superconductor a 128°K (–145°C). Por supuesto que el superconductor ideal funcionaría a temperatura ambiente y no requeriría de ningún tipo de enfriamiento.

El obstáculo para este sueño es que nadie ha descubierto por qué los superconductores pierden su resistencia eléctrica. Si los superconductores a temperatura ambiente aún parecen un sueño, los de tipo superfrío quizá ocupen un lugar en la tecnología del futuro: en fábricas espaciales, donde mantener bajas temperaturas no es problema.

El arte de la levitación Los campos magnéticos no pueden pasar a través de muchos superconductores. Este imán es repelido por la cerámica superconductora debajo de él.

ALIMENTO PARA COHETES

Gases superfríos propulsan el lanzamiento espacial

LEVAR una nave al espacio es tarea difícil. Debe tener la capacidad de elevar rápidamente su propio peso para escapar a la gravedad de la Tierra. Para ello requiere de una propulsión uniforme y constante. Los motores de combustión funcionan por explosión controlada; la de un cohete debe suministrar una enorme explosión continua.

En los cohetes, el carburante arde en una cámara de combustión; los gases quemados salen por una tobera. Sólo que la combustión requiere de oxígeno, y en el espacio no lo hay. Por eso una nave espacial debe llevar un carburante, como hidrógeno, y su propio oxígeno.

Doble ventaja

Las naves espaciales cargan hidrógeno y oxígeno en estado líquido superfrío por dos razones. La primera es que, en este estado, dichas sustancias, como todos los gases, ocupan menos lugar del que ocuparían a temperaturas más cálidas; la segunda, que la mezcla líquida de hidrógeno y oxígeno puede medirse con más precisión y su explosión controlarse con más exactitud.

Poder líquido *A esta nave espacial de EUA le será acoplado un tanque externo de combustible (flanqueado por un par de cohetes aceleradores) que contiene hidrógeno y oxígeno líquidos.*

CAOS SURGIDO DEL ORDEN

SI USTED pone en un recipiente una capa de granos de café y le agrega otra de azúcar, y luego lo tapa y lo agita, verá que entre más lo mueva, más se mezclan las

Imagen cálida *La fricción de una sierra al cortar provoca una pérdida de energía por calor. Esta imagen infrarroja muestra áreas de calentamiento (en el mango y donde la hoja toca madera) en rojo y amarillo.*

sustancias. Lo que eran dos sustancias ordenadas, se desordenan.

Esto ilustra la segunda ley de la termodinámica: "Dentro de un sistema cerrado, la entropía aumenta." En la mezcla de café y azúcar, mantener un "sistema cerrado" significa dejar tapado el recipiente, de lo contrario sería factible separar los granos de azúcar de los de café. La "entropía" es una medida del grado de desorden.

No importa qué tan eficazmente se convierta una forma de energía en otra —por ejemplo, electricidad en luz—, en el proceso siempre se pierde algo de energía en forma de calor. El calor es materia agitada —el aire caliente es materia en movimiento muy desordenado—. Por eso, un aumento de calor equivale a mayor desorden, o sea un incremento en la entropía.

En el universo, la energía se transforma constantemente de una forma a otra. Si el universo es un sistema cerrado (al respecto, los astrónomos aún no se ponen de acuerdo), entonces la cantidad de desorden (entropía) en él se incrementa cuando la energía perdida (calor) lo calienta. Con el tiempo, aunque no antes de que hayan pasado millones de millones de años, al universo se le puede agotar la energía útil y recalentarse hasta morir.

Los griegos inventaron la palabra caos para describir el estado de absoluto desorden que creían existió antes de la creación del orden cósmico. Pero si la entropía siempre aumenta, entonces el principio del universo —que para los griegos era el caos— debió, según las leyes de la termodinámica, ser un estado de completo orden.

AGUA, AGUA POR DOQUIER

La sustancia más común y más extraña de la Tierra

EL AGUA es el compuesto químico más común de la Tierra. Existe tanta que si la corteza terrestre fuese absolutamente plana, los océanos cubrirían todo el planeta a una profundidad uniforme de casi 2.5 km. El agua es la única sustancia que se puede encontrar, de manera natural, en los tres estados de la materia: sólido, líquido y gaseoso (vapor). Además, tiene otras propiedades extraordinarias.

Se disuelven más sustancias en agua que en cualquier otro líquido. Esto se debe a que sus moléculas tienen un arreglo de átomos poco común que las convierte en diminutos "imanes", con una carga eléctrica positiva de un lado y una negativa del otro. Dado que las cargas eléctricas opuestas se atraen, las moléculas del agua son capaces de unirse por cualquiera de sus lados a las de otras sustancias, sin importar la carga eléctrica de éstas. Así, compuestos tan diferentes como sal, azúcar y alcohol se disuelven fácilmente en agua. En este sentido,

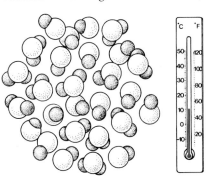

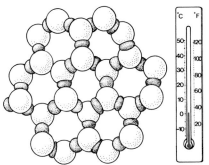

Sólido singular La mayoría de las sustancias sólidas son más densas que su forma líquida. Para solidificarse, las moléculas se acercan y se unen. Sin embargo, las moléculas del agua (arriba), al unirse para producir un cristal de hielo (abajo), crean en su figura un hueco entre ellas, ampliando el espacio que ocupan. Por lo tanto, el hielo es menos denso que el agua, y por eso los cubos de hielo flotan.

Fría bienvenida Después de recortar un cuadrado en la capa de hielo, un buzo de la British Antarctic Survey se zambulle.

el agua es extremadamente "adherible" y disuelve otros materiales separándoles las moléculas.

Además, por sus insólitas propiedades eléctricas, las moléculas de agua se fijan unas a otras con extraordinaria tenacidad. Se requiere de gran cantidad de energía para separarlas y, así, cambiar su estado de, digamos, sólido a líquido. Por esta razón, a diferencia de muchos otros compuestos simples que también contienen hidrógeno, el agua se derrite y hierve a altas temperaturas. El metano, por ejemplo, hierve a –161°C, muy por debajo del punto de congelación del agua.

El agua también es extraña por la forma en que se congela. Casi todos los líquidos se congelan de abajo hacia arriba; es decir, conforme se enfrían, su densidad aumenta y las capas más calientes, al ser más ligeras, suben.

Punto de interrupción

Sin embargo, el hielo se forma primero en la superficie del agua. Por ejemplo, la temperatura del agua de un lago puede ser de 10°C en otoño; a medida que el frío viento de invierno sople sobre el lago, la capa superior del agua se condensará y comenzará a hundirse. A diferencia de otros líquidos, el agua alcanza su máxima densidad a los 4°C, por encima del punto de congelación. A esta temperatura el movimiento del agua del lago se detendrá.

La capa superior se enfriará más y se tornará menos densa, pero no se hundirá, debido a que el agua que esté debajo será más densa aún. Si el viento es muy frío, la capa superior se enfriará tanto que se congelará. A menos que el invierno sea extremadamente frío, esta capa de hielo protegerá el lago de la temperatura fría del exterior y evitará que se congele totalmente.

¿SABÍA USTED QUE...?

AL CONGELARSE el agua de mar, casi toda la sal queda en bolsas de líquido que no se solidifica. El hielo de mar contiene sólo entre una décima y una centésima parte de sal, y se puede derretir y beber como agua potable.

* * *

SÓLO 2.8 % del agua de la Tierra es potable. De esa pequeña proporción, sólo 6 % es líquida; más del 90 % está inmovilizada en los casquetes polares, y el resto es vapor de agua en la atmósfera. Aproximadamente el 98% del agua potable líquida es subterránea.

* * *

LA CANTIDAD de agua en el planeta es la misma desde que éste se formó hace unos 4 600 millones de años.

SONIDO Y SILENCIO

Lo agudo y lo grave, lo fuerte y lo débil de lo que oímos

EL TAMBOR más grande del mundo (2.4 m de diámetro) estaba bajo una bóveda de vidrio, en el patio de la fábrica de los constructores ingleses de instrumentos musicales Boosey & Hawkes, en Edgware, cerca de Londres. Cuando se le percutía, sólo emitía un débil sonido, pero la ropa de quienes estuvieran cerca se agitaba, cual si hubiera brisa.

Al vibrar, el parche del tambor producía ondas de tal longitud y generaba un sonido tan grave que ningún oído humano lo percibía.

El oído percibe el sonido de la misma forma que lo produce el tambor: las ondas sonoras hacen vibrar la membrana del tímpano. Si las ondas avanzan muy lentamente —a una frecuencia promedio menor de 20 vibraciones por segundo—, el tímpano humano no las registra. Al elevarse el tono del sonido, las ondas se vuelven más rápidas y el oído las capta. Pero si la altura rebasa el punto en que el aire vibra a más de 20 000 veces por segundo, las ondas llegan tan rápidamente al oído, que éste no las capta, porque tampoco registra ese tono de sonido.

Para propagarse el sonido requiere de un medio material. A diferencia de la luz, el sonido no viaja en el vacío, pues ahí no hay medio que propague las

Gran retumbo El tambor de 2.4 m se usó para efectos de truenos en teatros de Londres.

ondas sonoras. Por ello no tendría caso pedir auxilio a gritos en el espacio.

El aire no es el mejor conductor del sonido; en él avanza a una velocidad de 1 200 km/h; en el mar se propaga a una velocidad cuatro veces mayor; en madera o en hierro colado es 10 veces más veloz, y 16 veces más en cristal. En metales muy duros, como el carboloy (aleación de tungsteno, carbono y cobalto) se conduce a 43 000 km/h.

El sonido de onda larga —de tono grave— llega más lejos porque la estructura básica de su onda supera sin problemas los obstáculos pequeños, como las olas superan las rocas sin alterarse. Por eso, la sirena de niebla de los barcos tiene un tono muy grave.

Si el sonido grave choca con una superficie, ésta lo absorbe; el sonido agudo, de rápida vibración, rebota en ella. Los sonares se valen de esto último, y localizan objetos mediante la repercusión de los sonidos agudos.

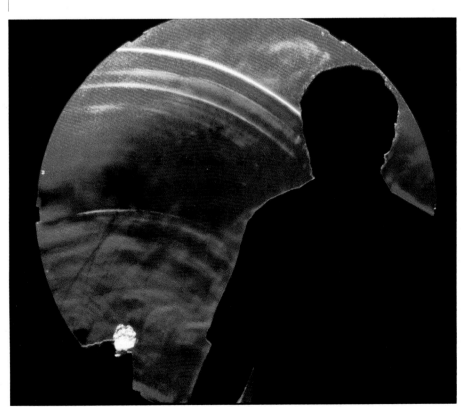

Técnica Schlieren Este tipo especial de fotografía puede revelar el movimiento del aire. Aquí, la imagen muestra las ondas sonoras emitidas por una chispa eléctrica.

SORDO COMO GATO BLANCO DE OJOS ZARCOS

LA SORDERA en animales no se detecta con frecuencia. Pero los criadores de gatos son los únicos familiarizados con esta condición, sobre todo los que crían felinos del tipo inglés de pelo blanco, ya sea corto o largo.

El gene que da el color blanco al pelaje de un gato tiene, además, otros efectos sobre el animal. Junto con otros genes, determina el color de los ojos del felino, así como la conformación de su sentido auditivo. Muchos gatos blancos nacen con un defecto auditivo congénito, algu-

nas veces sólo en un oído; otras, en ambos. Los ojos de color azul en los gatos blancos son imposibles de predecir: algunos nacen con ojos anaranjados; otros, con azules, y no faltan los que tienen uno anaranjado y otro azul.

Desafortunadamente, la mayoría de los gatos sordos son de ojos azules que, a su vez, son la variedad más cotizada entre los compradores. Sin embargo, una raza de reciente creación, el gato blanco extranjero de ojo azul —que tiene sangre siamesa— escucha a la perfección.

"EL QUE TENGA OÍDOS..."
Ciertos animales tienen formas extrañas de oír

HACE DOSCIENTOS AÑOS, el científico italiano Lazaro Spallanzani cegó a unos murciélagos para investigar cómo se orientaban en la oscuridad, y descubrió que se desplazaban tan bien con visión como sin ella. Luego, les tapó los oídos con cera, y los murciélagos quedaron impedidos. ¿Por qué eran tan importantes sus oídos?

La respuesta tardó 150 años. Como son raras las personas que perciben el chillido de un murciélago, no fue hasta 1938 (después de la invención del micrófono de alta sensibilidad) que Donald Griffin y G.W. Pierce, científicos de Harvard, detectaron las vibraciones de los sonidos de alta frecuencia que emiten los murciélagos (entre 20 000 y 130 000 por segundo). Cuando esas vibraciones

rebotan en algún cuerpo producen un eco, del que los murciélagos se valen para ubicar, a manera de radar, los obstáculos en su camino.

Según experimentos recientes, estos animales también se valen del sonido para buscar alimento. Cuando los murciélagos insectívoros detectan una presa incrementan la frecuencia de su chillido; el eco les permite tener siempre ubicada a su presa. Los que se nutren de peces, se guían por el chapaleo que éstos hacen en la superficie del agua. Sólo los que comen fruta la localizan por medio de los ojos.

Los murciélagos son mamíferos, y tienen oído similar al humano. Pero los seres vivos oyen de muchas maneras, y algunos "oídos" son muy distintos al del hombre. Los insectos tienen un nódulo de nervios en una parte delgada de la cutícula, la cual vibra cuando la golpea un sonido. Los grillos tienen estos nódulos en las "rodillas"; las chinches, en el "pecho", y otros insectos, en el abdomen.

Los pelos de las orugas detectan los sonidos que emiten las avispas que vuelen cerca de ellas. Los mosquitos y las moscas machos "oyen" por las antenas el zumbido de las hembras al volar.

Excelentes escuchas Los murciélagos emiten sonidos agudos cuyo eco les ayuda a localizar presas veloces. Pero algunas especies de esfinge pueden escuchar este sonido y eludir el ataque.

SILENCIO PELIGROSO
Sonidos inaudibles pueden arruinar su salud

EL OÍDO HUMANO no percibe sonidos de frecuencia inferior a 20 vibraciones por segundo. No obstante, este "infrasonido" causa ciertos efectos en el cuerpo humano, que podrían ser abrumadores si el infrasonido se produjera en niveles de alta energía (de modo que, de ser audible, sería extremadamente alto).

Algunas máquinas producen un molesto infrasonido. Mediante recientes investigaciones se ha demostrado que la maquinaria pesada, las tomas de aire, los motores de jet y los grandes órganos de tubo generan tales niveles de ruido de baja frecuencia que provocan vértigo y náusea.

Durante el decenio de los 70, Vladimir Gavreau, del French National Scientific Research Centre, construyó varios "silbatos policía gigantes" para ver si con los efectos del infrasonido se podía combatir el crimen. Con infrasonido a distancia se podría, por ejemplo, inhabilitar a terroristas con rehenes; de esta manera, las fuerzas de seguridad ya no tendrían que entrar en lugares sitiados, y se disminuiría el riesgo de muertes por enfrentamientos.

Tono demoledor

Uno de los primeros "silbatos" de Gavreau tiene un diámetro de 1.5 m, está empotrado en concreto y nunca ha funcionado a toda su capacidad (160 decibeles). Gavreau estima que otro de sus silbatos, menos potente, podría derribar paredes. Sin embargo, no importa su potencia, como aparatos antiterroristas serían inútiles, ya que los operadores no podrían dirigir el sonido y resultarían afectados. Gavreau ha diseñado un "silbato" dirigible que emite un sonido de 3.5 vibraciones por segundo, pero aún no lo ha construido.

El "ruido blanco" tiene mejores efectos. Se trata de un sonido constante producido en toda la banda de frecuencias audibles. Los dentistas lo han aplicado a sus pacientes para relajarlos.

Como altera el tono del registro medio de la voz humana, el ruido blanco torna inútiles los micrófonos de espionaje. Así se explica que el abrir la llave de la regadera evite la grabación de una plática: el agua produce sonido en un amplio espectro de frecuencias que ahogan la voz humana.

EL MUNDO SE MANTIENE UNIDO

Comparada con otras fuerzas naturales, la gravedad es muy débil

LA GRAVEDAD mantiene nuestros pies en la tierra, los planetas en su lugar y galaxias enteras unidas; pero es la más débil de las cuatro fuerzas fundamentales que hay en el universo. Las otras tres (el electromagnetismo y las fuerzas nucleares "fuerte" y "débil") actúan sobre las partículas atómicas.

El electromagnetismo (que hace funcionar los aparatos electrodomésticos y transporta las señales de radio y televisión) mantiene a los electrones del átomo girando alrededor del núcleo; la carga eléctrica de éstos genera un campo magnético que les impide salir disparados.

El núcleo está compuesto de protones y neutrones unidos por la fuerza nuclear "fuerte"; si aquél se desintegra —como ocurre durante una explosión

Dentro de un átomo El átomo del berilio tiene 4 electrones que giran en torno al núcleo, de 4 protones (+) y 5 neutrones (N). Un neutrón se compone de 2 quarks "bajos" y 1 "alto"; un protón, de 2 "altos" y 1 "bajo".

neutrón

quark "bajo"

núcleo

electrón

protón

quark "alto"

Fisión nuclear La energía de una bomba atómica se libera bombardeando un átomo de uranio con neutrones hasta que se escinde. La división del átomo libera más neutrones, que a su vez desintegran más átomos. Este proceso de perpetuarse a sí mismo se conoce como reacción en cadena.

nuclear—, arroja partículas y produce radiactividad. La fuerza nuclear "débil" determina el comportamiento de algunas de las partículas que intervienen en la desintegración de un neutrón, y controla la gran explosión termonuclear que alimenta al Sol.

Todas estas fuerzas varían extraordinariamente en intensidad. Un buque de 50 000 toneladas ejerce una fuerza de gravedad perceptible. Dos barcos de ese tamaño puestos lado a lado en un puerto tienden a atraerse mutuamente, debido a su propia fuerza de gravedad; ésta, empero, es tan débil que para mantenerlos separados basta amarrar cada barco al muelle con un simple trozo de cuerda.

En desafío a la gravedad

El electromagnetismo es 10^{37} veces más fuerte que la gravedad terrestre. Un imán pequeño la vence cada vez que levanta un alfiler. La carga eléctrica del cuerpo humano es neutral, pero si dos personas tuvieran una millonésima parte de su peso cargada negativamente, y se intentara juntarlas, se rechazarían con violencia, como los polos iguales de dos imanes.

Cien veces más potente que el electromagnetismo es la fuerza nuclear "fuerte", aunque sólo opera a escalas nucleares. Incluso la fuerza "débil" es 10^{34} veces más potente que la gravedad, aunque sólo actúa sobre partículas tan diminutas que aún no ha sido posible medirlas. La gravedad, por el contrario, rige el universo.

¿SABÍA USTED QUE...?

LORD RUTHERFORD, el físico neozelandés que descubrió los protones en el interior del núcleo del átomo y abrió así el camino a las armas y a las centrales nucleares, dijo en 1933: "La energía producida por la desintegración del átomo es poca cosa. Quienquiera que diga que hay una fuente de poder en la transformación del átomo está diciendo disparates."

HACE CAER HASTA A LOS CIENTÍFICOS

La fuerza más misteriosa del universo

MUCHO ANTES de que Isaac Newton comenzara a investigar los efectos de la gravedad, quienquiera que rodara por las escaleras o lanzara una piedra a un estanque percibía que alguna fuerza hacía caer las cosas. Pese a que la existencia de la gravedad es evidente, es la fuerza natural sobre la cual los científicos saben menos.

Los físicos pueden describir las otras tres fuerzas fundamentales del universo: el electromagnetismo y las fuerzas nucleares "fuerte" y "débil". Las tres operan en el interior de los átomos, donde cada una controla un tipo particular de actividad.

Hay una teoría matemática que explica cómo operan estas tres fuerzas; pero no se ocupa de la gravedad. Los científicos han descrito lo que ocurre dentro del átomo, pero no han logrado descifrar "de qué está hecha" la gravedad. Con todo, se sabe que, en ciertos aspectos, el comportamiento de la gravedad es similar al de la luz, y esto probablemente ayudara a descubrir la verdadera naturaleza de la fuerza de gravedad.

Ondas y paquetes

La luz se compone de "paquetes" básicos de energía, llamados fotones. Bajo ciertas circunstancias, éstos actúan como si fuesen objetos sueltos. En condiciones distintas, la luz se comporta como una onda continua de energía. Otra de sus características es que si, por ejemplo, una persona parada a 10 m de distancia de una lámpara, se aleja a 20 m de ésta, la luz que recibirá no será la mitad, sino la cuarta parte de la que recibía en un principio. Ello se debe a que la luz se propaga en círculos, y al duplicarse la distancia tiene que cubrir cuatro veces la misma área.

La fuerza de gravedad disminuye de igual manera y, según proponen los científicos, también se desplaza en forma de partículas, de ondas o de ambas; aunque ninguna de éstas ha sido descubierta todavía. Así que la paradoja subsiste: pese a saber exactamente lo que hace la gravedad y poder predecir sus efectos con precisión, se desconoce lo que es en realidad. La más familiar de las fuerzas que gobiernan el universo resulta ser la más misteriosa.

FOTOGRAFÍAS DE LO INVISIBLE

Tras el rastro de una partícula atómica

Dejan rastro *Esta fotografía artificialmente coloreada muestra las rutas de las partículas subatómicas que atraviesan una "cámara de burbujas" de hidrógeno líquido.*

LAS PARTÍCULAS de un átomo no pueden verse, y son livianas en extremo. Si se pudiera tener en una bolsa 1 kg de protones, habría 1673 x 10^{29} de ellos. Pese a su tamaño, hay muchas fotografías de partículas atómicas en movimiento. Si son tan diminutas, ¿cómo es que los físicos logran fotografiarlas?

Lo que en realidad muestran esas fotografías son las trayectorias que siguen las partículas al ascender rápidamente por un envase lleno de cierta sustancia. Fue gracias a la "cámara de niebla" (invento del físico escocés Charles Wilson, por el cual obtuvo el premio Nobel en 1927) que los científicos observaron partículas subatómicas por vez primera. En esa cámara, el vapor de agua puede expandirse y, por ende, enfriarse hasta la sobresaturación; esto es, el vapor alcanza la temperatura a la cual normalmente se condensa en gotitas. Para que la sobresaturación ocurra, no debe haber en la cámara partículas de polvo, porque en ellas se forma vapor de agua.

Cuando un electrón o un protón pasan a través del vapor, lo recalientan; éste se condensa y en él se dibuja la ruta que ha seguido la partícula. También es posible medir la masa de la partícula tomando como base la cantidad de energía requerida para hacerla cambiar de curso; esto se logra al aplicarle un campo de energía magnética o eléctrica.

Burbujas de cerveza

Donald Glaser, científico de EUA, depuró esta técnica en 1952 con la "cámara de burbuja". Ésta contiene hidrógeno líquido calentado a tal punto que cualquier cantidad adicional de energía se transforma en vapor. Una partícula lanzada a través de la cámara vaporiza el líquido y deja tras de sí una estela de burbujas. La cámara permite incluso fotografiar las partículas cuando chocan y se dispersan. La idea se le ocurrió a Glaser al observar las líneas de burbujas que subían del fondo de un tarro de cerveza.

¿SABÍA USTED QUE...?

EL FÍSICO estadounidense Murray Gell-Mann ganó el premio Nobel de Física en 1969 por predecir la existencia de quarks, las partículas subatómicas que son el fundamento de la materia. Él consideró que eran de tres tipos y, en honor a una cita de la novela **Finnegans Wake** *de James Joyce, los llamó* "Tres quarks para Muster Mark". *Ahora se cree que hay más de tres clases de quarks, pero que se mueven en grupos de tres. Los quarks tienen "cualidades" tan extrañas que los físicos han acuñado términos insólitos para denominarlos: alto, bajo, encanto, extrañeza, superficie y fondo (los dos últimos solían llamarse verdad y belleza). Y tienen seis "colores": rojo, verde, azul, cian, magenta y amarillo.*

capítulo dos

DESTINO: EL UNIVERSO

¿QUÉ RELACIÓN HAY entre la extinción de los dinosaurios (hace 65 millones de años) y la multitud de cometas que, más allá de Plutón, giran alrededor del Sol? Los científicos creen que tal vez un astro, aún no descubierto, gira en órbita elíptica en torno al Sol (*página 58*). De existir este astro, cada 30 millones de años estaría tan cerca del Sol que le arrojaría millones de cometas, y algunos de ellos chocarían contra la Tierra: se alteraría el clima y habría extinciones masivas. Aún es tiempo de dar con esta "estrella de la muerte". Hoy día, los astrónomos detectan cuerpos y fenómenos celestes que afectan al sistema solar, pese a hallarse u ocurrir tan lejos de la Tierra.

DENTRO DEL TURBULENTO SOL

La misma energía que hace estallar a una bomba de hidrógeno genera la luz solar

PARA EL COMÚN de la gente, el Sol es un modelo de constancia, un monótono globo que ha brillado durante toda la historia de la humanidad. Para los astrónomos, en cambio, es una central nuclear en constante actividad, que puede durar menos de lo que se piensa.

El Sol es una enorme esfera de gas caliente —hidrógeno, sobre todo— en la que cabrían 1.3 millones de Tierras. Para representar su peso en toneladas habría que escribir un 2 seguido de 27 ceros. Este peso (300 000 veces el de nuestro planeta) ejerce sobre el núcleo solar una presión equivalente a más de 300 millones de atmósferas terrestres.

De 15 000 000°C es la temperatura del núcleo solar, horno donde se efectúa la reacción que genera la luz y el calor del Sol, misma reacción que desata la fuerza de la bomba-H: la "transformación" nuclear del hidrógeno en helio. Como en toda reacción nuclear, la materia se convierte en energía. Del hidrógeno empleado, sólo 92.3% se transforma en helio; el resto se convierte en luz, calor, rayos X y otras formas de

Lenguas de fuego Las enormes protuberancias solares son nubes de hidrógeno de muchas veces el tamaño de la Tierra.

energía. De esta manera "se pierden" cuatro millones de toneladas de materia solar cada segundo.

En la superficie, la temperatura del Sol es de sólo 5 800°C. Su capa visible resplandece en las zonas donde el gas caliente acaba de emerger, y se oscurece en las zonas frías donde está por descender. El enfriamiento se debe a que de cuando en cuando surgen serpenteantes campos magnéticos que obstruyen el flujo de energía, con lo cual las zonas resplandecientes se apagan y se ven como manchas. Las protuberancias solares (nubes colosales de rojo hidrógeno incandescente, de muchas veces el tamaño de la Tierra) se elevan a grandes alturas y vuelven al punto de origen.

¿Debemos confiar en que el Sol no cambiará, en que no nos va a calcinar ni nos dejará morir de frío en el futuro?

El Sol ha mostrado ser inconstante. Por ejemplo, se ha enfriado en 0.1% desde 1979. Quizás esta variación se revierta y luego fluctúe con cierta regularidad, al igual que los otros fenómenos solares (como el del número de sus manchas). Con todo, se estima que el Sol aún mantendrá la vida en la Tierra por unos 5 000 millones de años más.

BOMBARDEO DESDE EL SOL

EN JULIO de 1988, 3 000 palomas mensajeras emprendieron el viaje anual rumbo a su nido, del norte de Francia al sur de Inglaterra. Pero algunos fenómenos solares iban a frustrar la travesía.

Dos días antes, una erupción solar (explosión colosal en la superficie del Sol) había lanzado al espacio nubes de protones eléctricamente cargados y otras partículas subatómicas. El campo magnético de la Tierra se alteró. Cuando el mal tiempo impide a las palomas mensajeras orientarse por los astros, emplean "brújulas" internas. Esa vez, el fenómeno solar las confundió, erraron el rumbo y pocas llegaron a su destino.

Dichas aves no son las únicas criaturas a las que las erupciones solares ponen en peligro. Las partículas de alta energía que éstas emiten plantean un alto riesgo de enfermedad por radiación, y de cáncer incluso, para los astronautas. Los vuelos espaciales se posponen siempre que los astrónomos observan una erupción. Si alguna vez se construyen bases en la Luna o en Marte, quizá deban ser protegidas con rocas contra la radiación emitida por las erupciones solares. Y las naves espaciales tendrán que ser equipadas con "refugios antibombardeos" para que la tripulación pueda resguardarse de las erupciones.

¿SABÍA USTED QUE...?

SI LAS REACCIONES en el núcleo del Sol cesaran de pronto, transcurrirían 10 millones de años antes de que su superficie empezara a enfriarse y en la Tierra se sintieran los efectos.

SOMBRAS EN EL CIELO
Los eclipses se deben a movimientos de la Tierra y la Luna

EN MUCHOS relatos de aventuras, el héroe logra triunfar sobre tribus supersticiosas gracias a su mayor comprensión de fenómenos naturales tales como los eclipses. Un clásico ejemplo de esto es la obra de Mark Twain *Un yanqui en la corte del rey Arturo*, en la que el protagonista, trasladado al pasado, se salva de la hoguera al atemorizar a sus captores "apagando el Sol".

Otro de los primeros escritores en valerse de este recurso fue H. Rider Haggard en *Las minas del rey Salomón*; sólo que cuando publicó la novela su conocimiento de los eclipses distaba mucho de ser preciso. Hasta ser corregida en una nueva edición, la novela daba por sentado que había luna llena durante las noches anterior y posterior a un eclipse solar. Ahora se sabe que un eclipse solar ocurre cuando la Luna se interpone entre el Sol y la Tierra, y la luna llena cuando la Tierra se interpone entre la Luna y el Sol. Siempre hay un intervalo de dos semanas entre un eclipse solar y el plenilunio precedente o el siguiente.

En cambio, los eclipses lunares sólo ocurren durante los plenilunios (aunque no cada vez que los hay), cuando la Luna se adentra en la sombra de la Tierra.

Durante un eclipse solar, el cono de sombra de la Luna dibuja sobre la Tierra una franja de 272 km de anchura. A lo largo de esa franja, la luz solar queda interceptada durante unos minutos, el

> ### ¿SABÍA USTED QUE...?
>
> *BASADOS EN ANTIGUOS registros de eclipses, astrónomos franceses afirmaron que el Sol debió ser más grande hace unos siglos. Pero, según sus colegas ingleses, esto es una falacia atribuible a la contaminación del aire, que en los últimos 300 años ha opacado la imagen del Sol. Si éste es medido desde impolutas regiones de América, se ve más grande que si se le mide desde Greenwich, cerca del brumoso Londres.*

cielo se oscurece y pueden verse las estrellas. Las más de las veces, la Luna y el Sol, vistos desde la Tierra, parecen tener el mismo tamaño, puesto que la Luna realmente cubre al astro rey. Aquellos rasgos característicos del Sol, normalmente velados por la intensidad de su propia luz, se hacen visibles alrededor de la sombra de la Luna. De esta manera es posible observar la perlada corona del Sol, así como sus ígneas protuberancias (rojas nubes de hidrógeno).

La sombra de la Tierra es lo bastante grande para cubrir la Luna por completo durante un eclipse lunar. En ocasiones, la Luna pasa por el borde de la sombra, y entonces parece palidecer un poco. Para que el eclipse de Luna sea total, ésta debe ocupar la parte central de la sombra.

Pero ni así se oscurece la Luna por completo: algunos rayos solares refractados por la atmósfera aún inciden en ella. Como sólo la luz del extremo rojo del espectro se refracta en el ángulo correcto para iluminar la Luna, ésta adquiere entonces un bello tono cobrizo.

VIAJE A LA ESTRELLA MÁS CERCANA
Una flota de sondas espaciales le echará un vistazo al Sol

UNA SERIE de novedosas sondas espaciales, construidas por la Agencia Europea del Espacio y lanzadas por EUA, ampliarán nuestro conocimiento sobre el Sol durante el decenio de los noventa.

Ulysses, sonda lanzada en 1990 desde un trasbordador estadounidense, será la primera en sobrevolar los polos solares. Primero se alejará del Sol: irá rumbo a Júpiter, el mayor planeta del sistema solar, cuya potente gravedad la atraerá; girará como piedra en honda y saldrá disparada fuera de la eclíptica (plano imaginario que contiene las órbitas de los planetas).

En 1994 *Ulysses* volará sobre uno de los polos solares, y un año después, su misma órbita la llevará por encima del otro. Los datos que reúna y transmita arrojarán nueva luz sobre el viento, el campo magnético y las regiones polares del Sol, así como del polvo cósmico.

"Terremotos solares"

En 1995 se lanzará un segundo satélite, el *SOHO* (abreviatura de *Solar Heliospheric Observatory*). La heliosfera es la vasta

región en torno al Sol en la que puede detectarse el efecto del viento solar —torrente de partículas atómicas que emana del Sol—. La órbita del *SOHO* será más convencional que la de *Ulysses*, no así sus observaciones.

Al analizar las variaciones de la luz solar, el *SOHO* informará sobre los "terremotos solares" (vibraciones de la superficie del Sol producidas por las ondas sonoras que se agitan en su interior). Podrá detectar erupciones y hundimientos solares de 10 km o más.

En un futuro más lejano figura la sonda *Vulcan*, para la que aún no hay fecha de lanzamiento. Mientras que la órbita del *SOHO* estará mucho más próxima a la Tierra que al Sol, la *Vulcan* irá "rozando el Sol", al adentrarse en su vuelo en la órbita de Mercurio, el planeta más cercano al astro rey. En Mercurio, que se halla a una distancia de 58 000 000 km del Sol, en promedio, la temperatura de mediodía en su ecuador rebasa los 300°C, calor suficiente para derretir el plomo. Al acercarse hasta 2 400 000 km del Sol, la sonda *Vulcan* tendrá que resistir temperaturas de 2 200°C.

La *Vulcan* irá reforzada con una coraza resistente al calor, que se calentará al rojo blanco, para luego vaporizarse muy lentamente; pero no antes de que sus instrumentos hayan podido estudiar los gases de la "atmósfera" del astro rey.

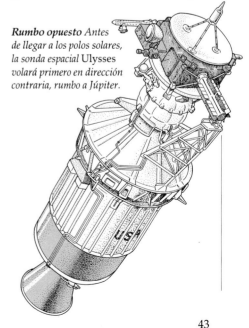

Rumbo opuesto *Antes de llegar a los polos solares, la sonda espacial* Ulysses *volará primero en dirección contraria, rumbo a Júpiter.*

LAS FRONTERAS DEL ESPACIO

¿Por qué molestarse en fabricar algo en una nave espacial?

LOS PRIMEROS productos industriales en tener la etiqueta "Hecho en el espacio" fueron miles de millones de esferitas de plástico líquido fabricadas durante varias de las misiones del trasbordador de EUA, al iniciar los 80. Si se les fabrica en la Tierra, la fuerza de gravedad actúa sobre materiales y equipo, y provoca pequeñas imperfecciones. Gracias a la ingravidez, las esferas hechas en el espacio son geométricamente perfectas.

No mayores que la punta de un alfiler, sirven como patrón de medida exacta para muestras microscópicas y para probar filtros superfinos, entre otras cosas. Se hicieron en tandas de 15 g, pero dada su perfección, empresas y universidades habrían pagado hasta 23 millones de dólares por 1 kg de ellas, dando al plástico un valor de 2 000 veces su peso en oro.

Creciente industria

La producción de cristales a partir del enfriamiento de una sustancia química es otro proceso que se sigue mejor donde no hay gravedad. Para dar con la composición de una sustancia, los científicos la cristalizan, pues el análisis de los cristales por medio de rayos X puede revelar su estructura química precisa. En la Tierra, la convección (corrientes de líquido caliente en ascenso y de líquido frío en descenso) altera la composición de una solución que está cristalizando. Sin gravedad, no hay convección.

Medicamentos, metales y microchips

Debido al alto costo de enviar al espacio materiales y equipo especial, sólo conviene fabricar allí artículos que, pese a producirse en cantidades pequeñas, ofrezcan utilidades; por ejemplo, fármacos de pureza sin precedente, aleaciones de metales que no se logran bajo la acción de la gravedad y microchips casi perfectos de materiales cristalinos.

Una compañía aeroespacial de EUA se asoció con una empresa farmacéutica para elaborar versiones más puras de fármacos como la interferona —proteína empleada para combatir el cáncer— y el Factor 8 —agente coagulante para hemofílicos—. Ambos se purifican mediante electroforesis, proceso que se efectúa mejor en el espacio que en la Tierra y produce versiones sumamente puras de estos fármacos.

AVISTADOS DESDE LEJOS

Los satélites proporcionan imágenes de cualquier lugar de la Tierra

LA FOTOGRAFÍA mediante satélites estaba reservada al "espionaje" militar, pero ahora usted puede comprar fotos de su casa tomadas desde un satélite civil perteneciente a Francia, Estados Unidos o la ex Unión Soviética.

Los satélites más avanzados son los franceses SPOT (Satellite Pour l'Observation de la Terre), que circunvalan la Tierra de polo a polo a una altitud de 830 km, fotografiando fajas de la superficie terrestre de hasta 80 km de anchura. En el curso de 26 días, los telescopios y las cámaras de cada satélite avistan todos los lugares del planeta.

Cada satélite SPOT tiene dos telescopios, apuntados en diferente dirección. Conforme el satélite rodea la Tierra en órbitas sucesivas y algo distintas, es posible tomar fotografías de cualquier región desde dos ángulos. Con estas fotografías, una computadora arma después un mapa en relieve o una imagen tridimensional de la zona. Entre los clientes de los SPOT hay compañías mineras en busca de yacimientos, oficinas gubernamentales que desean saber con qué recursos naturales cuenta su nación y constructores de oleoductos que inspec-

cionan enormes extensiones de terreno. Incluso una importante empresa europea de TV las empleó para elegir la mejor posición donde ubicar sus nuevos transmisores.

Para 1992 está programado el lanzamiento del SPOT 4, satélite aún más avanzado. Observará cuatro longitudes de onda luminosas reflejadas desde la Tierra: una verde, otra roja y dos infrarrojas (de calor). La comparación de las diversas regiones de la Tierra mediante esas longitudes revelará el tipo de vegetación y su estado de conservación, la humedad del suelo, las clases de rocas y la extensión de las áreas edificadas.

El SPOT 4 distinguirá objetos hasta de 10 m de diámetro, o sea el espacio que ocupa un árbol de tamaño medio.

En cuadro *Al analizar imágenes del* SPOT, *como esta fotografía de una región montañosa de Argelia, los científicos pueden explorar los recursos naturales de un país.*

MÁS ALLÁ DEL AZUL DEL CIELO

Ya se diseñan vehículos que son naves espaciales y aeroplanos a la vez

HASTA AHORA, quienes viajan por avión se han visto poco beneficiados con los adelantos tecnológicos logrados en materia de vuelos espaciales. Pero eso está a punto de cambiar: ya hay modelos de aeronaves que harán sólo 3 horas de Europa a Japón, a diferencia de las 12 horas que tardan los jets de hoy.

Quizás el próximo sensacional avance sea el avión espacial, capaz de despegar de una pista normal, ascender hasta la alta atmósfera y luego adentrarse en el espacio o seguir volando a velocidades hipersónicas (muy superiores a la del sonido) hasta su destino en la Tierra.

En la baja atmósfera un turborreactor alimentado por aire (como los de los aviones actuales) impulsará el avión espacial. A mayores alturas, esta labor la efectuarán los estatorreactores. (Los turborreactores tienen turbinas cuya velocidad de giro comprime el aire cuando éste entra y hacen que el combustible arda. Los estatorreactores no tienen partes móviles: el aire penetra violentamente en el motor debido a la alta velocidad de la nave, y se comprime en forma natural.)

Y aún más arriba, donde casi no hay oxígeno que permita la combustión, la

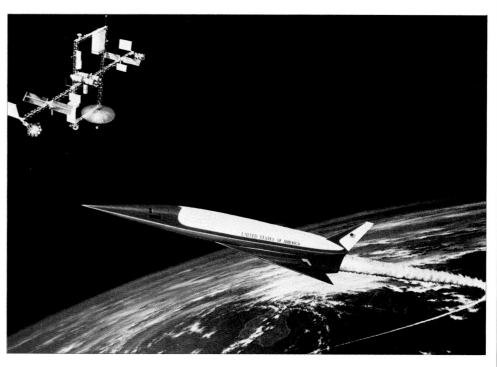

Viajero del espacio El *National Aerospace Plane (NASP)* de la *NASA podría entrar en contacto con un satélite en órbita, además de servir de avión hipersónico de pasajeros.*

nave será impulsada por cohetes alimentados por el oxígeno líquido de sus depósitos. Ahí, donde la resistencia del aire es mínima, alcanzará velocidades que jamás conseguiría a menor altura.

Como durante gran parte de su vuelo el avión espacial consumirá oxígeno del aire, no necesitará cargar tanto oxígeno como el cohete tradicional. Un avión espacial sólo requeriría la mitad del oxígeno que emplean los motores de un trasbordador; por lo que, a diferencia de éste, no tendría que cargar el gigantesco tanque de oxígeno que se desecha poco después del lanzamiento. Con esos ahorros, poner un satélite en una órbita terrestre baja —a unos 300 km de altura, la misma altura en que gravita el trasbordador— costaría una quinta parte de lo que actualmente cuesta.

Avión robot

Con tal tecnología se podrían fabricar aviones hipersónicos para volar en el aire poco denso de las grandes alturas. Varios países trabajan ya en proyectos de aviones espaciales.

La principal propuesta británica se llama *HOTOL* (*Horizontal Take-off and Landing*, despegue y aterrizaje horizontal). Su primera versión podría ser un avión robot no tripulado, capaz de poner en órbita un satélite de siete toneladas, o un aerotransporte intercontinental hasta

para 80 personas; aunque gran parte de su fuselaje (52 m, la longitud del *Concorde*) la ocuparía un tanque de hidrógeno líquido combustible.

Tres motores

La NASA va a la cabeza con una aeronave de investigación, la *NASP (National Aerospace Plane)*. Quizá se le equipe con tres motores: dos clases de reactores (un turborreactor y un "scramjet" o estatorreactor supersónico de combustión de hidrógeno) y un cohete.

Otra nave, la alemana *Sänger II*, estaría propulsada por "turbo-estatorreactores", que funcionan como turborreactores a velocidades hasta de dos a tres veces la del sonido y se convierten en estatorreactores para alcanzar seis veces dicha velocidad. Como medio de transporte global, podría trasladar 250 pasajeros a 15 000 km, como de Londres a Hong Kong, en 3 horas; o "darle un aventón" a otra nave (digamos, un orbitador alado como el trasbordador, capaz de volar de regreso a la Tierra) hasta una altura de 35 km; ahí el orbitador se separaría e, impulsado por cohetes, se adentraría en el espacio.

EL PESO DE LA INGRAVIDEZ

La ausencia de gravedad puede dañar a los astronautas

LOS CIENTÍFICOS e ingenieros del espacio prevén vuelos tripulados a Marte que tardarán 18 meses de ida y otros tantos de vuelta y viajes interplanetarios que tomarán muchos años. Así, puede que algún día el ser humano pase gran parte de su vida en estaciones espaciales, donde podrá incluso procrear y criar a sus hijos. Pero para que estos sueños se tornen realidad, se deben resolver los problemas fisiológicos causados por la ingravidez prolongada.

"Quitarse un peso de encima"

Antes de la era de los vuelos espaciales, los autores de ciencia ficción y los científicos visionarios pensaban que la ingravidez sería una aventura regocijante. Los astronautas saben que lo es, pero sólo cuando esta aventura dura poco tiempo. También han descubierto molestias y peligros inherentes que amenazan poner un límite a las perspectivas del viaje espacial a larga distancia.

Un efecto de la ingravidez es el repentino aflujo de sangre a la cabeza. Las principales arterias del cuerpo están provistas de órganos llamados barorreceptores, encargados de asegurar que el corazón bombee a la cabeza la cantidad correcta de sangre. En condiciones de ingravidez, los barorreceptores detectan falta de sangre en la parte superior del cuerpo y permiten que suba de las piernas un volumen mayor. Esto hace que se hinche la cara y se obstruya la nariz.

Además, para el cerebro, el exceso de sangre en la cabeza es síntoma de que hay demasiado líquido en el cuerpo. Por

¿SABÍA USTED QUE...?

QUIZÁ la idea más rara para la explotación comercial del espacio haya sido la propuesta por Space Services of America, Inc., a cargo de un antiguo astronauta, en sociedad con un consorcio de funerarias de Florida. Como exequias, planeaban depositar las cenizas de los fallecidos en cápsulas a bordo de un satélite revestido de material reflejante para que de noche, al orbitar en torno a la Tierra, pareciera tan brillante como una estrella. El interés por esta novedosa forma de inmortalidad no fue suficiente para que la idea se realizara.

DISPARADO A SU ÓRBITA

ELEVAR un satélite hasta su órbita es muy costoso... y cuanto más alta sea la órbita, mayor es el costo. Pero algún día podrían lograrse sustanciosos ahorros mediante la sencilla explotación de los curiosos efectos físicos de amarrar dos naves espaciales con un cable.

Imagínese que se lanza un satélite desde una nave espacial en órbita –como el trasbordador– a la que está unido por un largo cable. Si se empuja suavemente al satélite desde la sección de carga de la nave en dirección al espacio exterior, el cable, por las leyes de la física, se estirará por encima de la nave en línea recta vertical, en dirección opuesta a la Tierra.

Un objeto que orbita libremente se mueve más despacio cuanto más lejos esté su órbita de la Tierra. Pero un satélite que "cuelgue" arriba de una nave se moverá a la misma velocidad que ésta. Si fuera soltado entonces, se movería demasiado aprisa para su órbita y la velocidad excesiva lo mandaría a una órbita más alta.

Por ejemplo, supóngase que un trasbordador en órbita a 400 km de altura suelta un cable de 100 km con un satélite amarrado al extremo. Cuando se libere el satélite, la velocidad lo hará ascender 10 km más. El satélite habrá recibido gratis un empuje hacia arriba de 110 km. En realidad, la energía que gana "se pagará" con una pérdida correspondiente de energía del trasbordador. Esa pérdida llevará a este último a una órbita más baja. Pero como la nave necesitará regresar a la Tierra de todos modos, el intercambio beneficiará a ambos vehículos espaciales.

Ese cable podría tener otra aplicación, siempre que sea un conductor eléctrico: en él se formaría una corriente eléctrica al pasar por el campo magnético de la Tierra. El cable generaría energía suficiente para recargar baterías o accionar las computadoras de a bordo.

Actualmente está en ciernes el proyecto de lanzar un satélite atado a una nave espacial por medio de un cable de 20 km.

---

ello libera hormonas que le ordenan a los riñones excretar más orina, lo que causa deshidratación, y reducir el número de glóbulos rojos en la sangre, lo cual provoca anemia.

Sensación en los huesos

Al mismo tiempo, los músculos, al no tener que luchar contra la gravedad, se debilitan mucho. En vuelos largos, el músculo principal (el corazón) puede encogerse hasta en un 10%. También los huesos reaccionan ante la falta de gravedad. En tierra, los huesos regulan la cantidad de calcio que toman de la sangre según el esfuerzo requerido para sostener peso.

En ausencia de ese esfuerzo habitual, los huesos pierden calcio, que el cuerpo elimina, principalmente a través de la orina. Si esto no ocurriera, los huesos se tornarían quebradizos en extremo, y se formarían cálculos renales con el calcio liberado.

Los cosmonautas (que han llegado a permanecer en órbita más de un año) realizan ejercicios que simulan los efectos normales de la gravedad sobre el cuerpo. Pero tienen que dedicarles varias horas al día, y ni así resuelven todos los proble-

mas de la ingravidez. Por eso los cosmonautas han probado un dispositivo que estimula los músculos con impulsos eléctricos y una vestimenta especial, el "traje de pingüino", que reclama de quien la usa un continuo esfuerzo muscular, incluso para mantenerse de pie.

Ni sube ni baja Durante los vuelos cortos del trasbordador, la ingravidez puede ser molesta, pero no es nociva para el organismo.

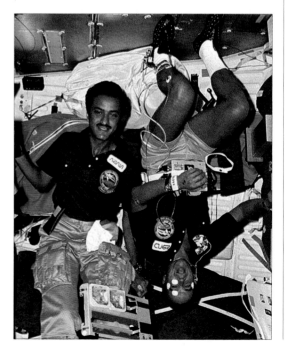

EL IMPERIO DEL SOL

¿Por qué no puede existir vida en Venus ni en Marte, pero sí en la Tierra?

ALGUNA VEZ se creyó que en Venus y en Marte, los planetas más cercanos a la Tierra, se podrían encontrar condiciones propicias para la vida. Pero las sondas espaciales descubrieron que en Venus hace demasiado calor (460°C) y hay una aplastante presión atmosférica, 93 veces mayor que la nuestra. Marte es frío, con una temperatura media de −60°C y una tenue atmósfera de bióxido de carbono. Ninguno sería apropiado para la vida, ni aun la de carácter primitivo.

En la Tierra el clima ha sido relativamente benigno: siempre ha habido agua en estado líquido, incluso hace millones de años, cuando el Sol sólo tenía un 70% de su brillo actual. Esto quizá se deba a la forma en que el bióxido de carbono de la atmósfera atrapa el calor solar. Por milenios, el nivel de ese compuesto se ha ajustado para mantener la temperatura adecuada en la Tierra; en Venus siempre hay demasiado, en Marte nunca hay suficiente.

Toma y daca

El "termostato" de la Tierra es controlado por un intercambio constante de bióxido de carbono entre atmósfera y rocas. Parte del compuesto se disuelve continuamente en el agua de lluvia y las rocas en erosión lo absorben químicamente. Las erupciones volcánicas también arrojan bióxido de carbono. (Otro ciclo controla a esta sustancia: las plantas consumen bióxido de carbono y elaboran oxígeno, que los animales reconvierten a su vez en bióxido de carbono.)

Si descendiera la temperatura media de la Tierra, se evaporaría menos agua de la superficie, habría menos precipitación y menos desgaste de las rocas, pero no variaría la cantidad de bióxido de carbono arrojada por los volcanes. La proporción de bióxido de carbono en la atmósfera aumentaría y ésta captaría más energía solar, y subiría de nuevo la temperatura. Pasaría lo contrario si la temperatura media de la Tierra rebasara su nivel medio normal.

Pacífico paisaje Marte tiene volcanes, como lo prueban los tres de la izquierda en la fotografía, y quizás algunos tengan actividad. Pero como el planeta ha perdido mucho de su calor interno, las erupciones son escasas.

¿SABÍA USTED QUE...?

LA PRIMERA propuesta para enviar señales a Marte la hizo el matemático alemán Karl Friedrich Gauss en 1802. Sugirió trazar en las inmensidades de Siberia unos diagramas geométricos lo bastante grandes para que los astrónomos marcianos pudieran observarlos. En 1874 un francés, Charles Cros, propuso lo contrario: mediante lentes enormes se enfocarían los rayos del Sol sobre los desiertos marcianos para escribir mensajes.

En Venus no funciona el "termostato" de bióxido de carbono, pues carece de agua y, en consecuencia, de precipitación pluvial. El planeta tiene una órbita demasiado cercana al Sol. Originalmente hubo en Venus tanta agua como en la Tierra, pero su atmósfera no la pudo retener. Debido a que el bióxido de carbono no fue absorbido por las rocas, aún permanece en la atmósfera venusina.

Quizá Marte tuvo alguna vez un clima benigno: aún son visibles los valles formados por corrientes de agua. Pero, debido a su tamaño, su calor interno se ha apagado y su corteza no está en continua agitación como la terrestre. El bióxido de carbono quedó atrapado en las rocas, y la tenue atmósfera marciana no puede conservar el calor.

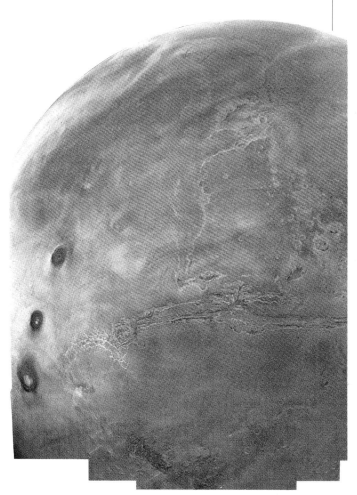

CHOQUE CON UN COMETA

Millones de personas temieron toparse con la cola de una bestia celeste

E N 1910 cundió el pánico en el mundo. En Lexington, Kentucky, los fieles se reunieron a orar, dispuestos a enfrentar su destino. En Roma, los ciudadanos acapararon tanques de oxígeno. En Chicago, muchos retacaron trapos en las rendijas de la puerta de sus hogares. En Estambul, la gente vigilaba desde los tejados de las casas. El mundo se preparaba para pasar por entre la cola del cometa Halley.

William Huggins, astrónomo inglés, acababa de anunciar el descubrimiento de gas cianógeno en varios cometas, incluido el Halley. Ese gas fácilmente forma cianuro de potasio, veneno letal, y mucha gente creyó que la atmósfera se envenenaría.

Bola de nieve sucia

El núcleo de un cometa es una bola de hielo polvoso, a veces de 10 km de diámetro. Si durante su órbita el cometa llega cerca del Sol (es decir, hasta una distancia del triple de la que hay entre éste y la Tierra), parte de ese hielo se derretirá y se evaporará, y los gases y el polvo resultantes formarán una "cabellera" de 100 000 km o más. Por la radiación solar, una parte de esa materia se

Larga cola El cometa West atraviesa el cielo, dejando una cauda de gas (coloreado de azul) y de polvo (blanco).

convertirá en cola. La cola de cometa más larga que se haya registrado fue la del gran cometa de 1843. Se extendía 330 millones de kilómetros, más del doble de la distancia de la Tierra al Sol.

Los temores de 1910 eran infundados: los gases de la cola de un cometa están tan enrarecidos que cuando atraviesan la Tierra, la contaminación es insignificante.

El mayor acercamiento registrado del núcleo de un cometa a la Tierra es una distinción que le corresponde al cometa de Lexell de 1770, que llegó a 1 200 000 km de nuestro planeta: tres veces completas la distancia de la Tierra a la Luna. No hay que preocuparse de que esto vuelva a ocurrir pues, luego de este acercamiento, el cometa de Lexell fue lanzado a una nueva órbita por la atracción gravitatoria de Júpiter, y desde entonces quedó perdido para los astrónomos.

Aproximadamente cada millón de años, la Tierra alcanza a chocar con el núcleo de un cometa o con un asteroide de 1 km de diámetro o más. Pero según los anales de la historia, jamás ha llegado cometa alguno a distancia de colisión con la Tierra.

Un Sol más brillante

Ahora bien, en agosto de 1979 un cometa chocó con el Sol. El suceso fue registrado por una cámara de video conectada al telescopio de un satélite de la Fuerza Aérea de Estados Unidos. El choque no se conoció hasta que se estudiaron las cintas, dos años después. Nunca antes había sido visto ese cometa. Sus residuos hicieron brillar la corona –la "atmósfera" externa– del Sol con mayor fulgor durante algunas horas. Posteriormente se han observado choques de otros cometas con el Sol.

EL MUNDO DE MELÓN

E L *VOYAGER 2*, sonda no tripulada que se lanzó en 1977, transmitió imágenes espectaculares de la mayor de las lunas de Neptuno: Tritón. Su superficie, de rica contextura, es muy diversa: hay partes con aspecto de tripa, otras parecen cáscara de melón. Su terreno es de bajo relieve: las colinas y las paredes de los cráteres miden menos de 500 m de altura. Los científicos lo atribuyen a que la superficie de Tritón es una mezcla blanda y fangosa de fragmentos de rocas, nitrógeno y metano congelados. También hay grandes lagos congelados, quizá de hielo de agua. Con sus –236°C, este satélite es el mundo más frío jamás observado.

El hemisferio sur de Tritón está cubierto por "nieve" de nitrógeno y metano, un poco rosada debido a los cambios químicos causados por la radiación cósmica. Es una de las tres lunas del sistema solar que tienen atmósfera. (Las otras dos son Io, de Júpiter, y Titán, de Saturno.) Su atmósfera es muy tenue: la presión en la superficie

es apenas la diezmillonésima parte de la terráquea, pero se compone de nitrógeno, que también es el principal elemento de nuestra atmósfera.

Se recortan contra la nieve de Tritón misteriosas manchas oscuras. Puede tratarse de materia polvosa arrojada por los volcanes, resultado del nitrógeno líquido que se acumula en bolsones bajo la superficie, se caldea por el calor subterráneo y se vaporiza en una explosión.

En la tenue atmósfera de nitrógeno de Tritón se producen auroras por el desprendimiento de partículas de los anillos que circundan a Neptuno. Pero esas auroras serían invisibles para los ojos humanos, pues emiten luz ultravioleta.

En su vuelo frente a Neptuno, el *Voyager* descubrió seis lunas nuevas. Antes sólo se conocían Tritón y Nereida. Curiosamente una de las que descubrió el *Voyager* resultó ser más grande que Nereida, pero por ser más oscura los telescopios terrestres no la habían detectado.

¿SABÍA USTED QUE...?

DE TIEMPOS antiguos nos han llegado relatos sobre cometas avistados. La palabra "cometa" proviene del griego kometes, *que significa "de larga cabellera", alusión a la cola que arrastra un cometa en su recorrido por el cielo.*

EL PLANETA AZUL

La última misión del Voyager *dio muchas sorpresas sobre el más alejado de los mundos del sistema solar*

EN AGOSTO de 1989 el incansable explorador del sistema solar, el *Voyager 2*, dejó atrás el lejano mundo de Neptuno. Al igual que en los demás vuelos de inspección realizados desde su lanzamiento en 1977, el *Voyager* modificó la visión de los astrónomos respecto a su objetivo. Pero planteó tantas nuevas preguntas como respuestas acerca de este gigantesco planeta azul.

Neptuno es actualmente el más alejado planeta del sistema solar. El pequeño Plutón suele ocupar esa posición, pero justo ahora está en el punto de su órbita más cercano al Sol, lo que lo sitúa dentro de la distancia entre éste y Neptuno.

Allí, a por lo menos 4 347 000 000 km de la Tierra, el brillo de la luz solar es de sólo nueve centésimas de lo que es para nosotros. En esas tinieblas cada fotografía tomada por el *Voyager* necesitó una exposición de tres segundos antes de ser transmitida a la Tierra.

Atmósfera tóxica

Visto desde la Tierra, Neptuno es un diminuto disco azulado sin relieves. El *Voyager* halló un mundo con una densa atmósfera azul de metano tóxico. Los astrónomos, mediante observaciones con telescopios, calcularon que el día de Neptuno duraba 18 h y 12 min; pero ondas hertzianas del interior del planeta revelaron al *Voyager* que el periodo de rotación es de 16 h y 3 min.

El *Voyager* captó intrincados detalles en la faz del planeta: una tormenta permanente, a la que se le dio el nombre de la Gran Mancha Oscura, porque recuerda la Gran Mancha Roja de Júpiter; y una mancha menor cerca del polo sur del planeta. La Gran Mancha Oscura es llevada por los vientos a 1 100 km/h hacia el oeste, mientras que la tormenta más meridional está relativamente en reposo en la cara oculta del planeta. A mitad de camino entre las dos tormentas estaba otra senda de nubes constante: "el Deslizador", de rápido movimiento.

Enigma de las tormentas violentas

La violenta actividad atmosférica es aún más intensa que en Júpiter, cuyo remolino de nubes mostrara imágenes tan sorprendentes a través del propio *Voyager*. La atmósfera de Neptuno se mueve gracias a una provisión de energía solar y calor interno que es apenas la vigésima parte de la que activa la atmósfera de Júpiter. Los expertos intentan explicarse

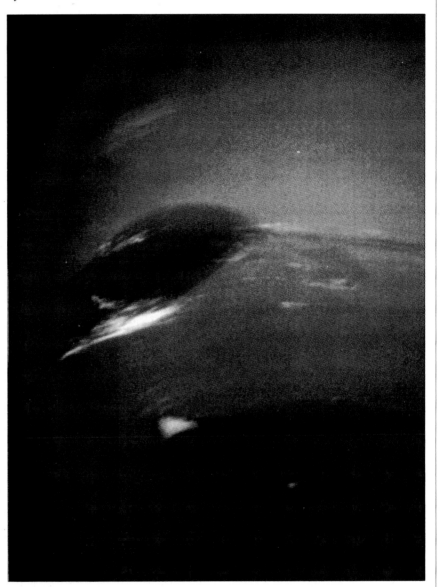

ahora cómo puede moverse con tanto vigor la atmósfera de Neptuno si tiene tan poca energía.

La orientación del campo magnético de Neptuno fue otra sorpresa. Los científicos suponían que los polos magnéticos del planeta estarían cerca de sus polos geográficos, como ocurre en la Tierra. Dirigieron la sonda al polo norte geográfico de Neptuno y descubrieron que los polos magnéticos están inclinados 50 grados respecto al eje de rotación, y como no habían previsto eso, programaron el *Voyager* para volar por una zona del campo magnético que fue menos interesante de lo esperado.

La faz de Neptuno El Voyager *fotografió la tormenta Gran Mancha Oscura (centro, izq.), otra menor (abajo) y una senda de nubes: "el Deslizador" (entre ambas).*

Cinco años antes del arribo del *Voyager* a Neptuno, los astrónomos descubrieron arcos que parecían fragmentos de anillos en torno del planeta. El *Voyager* confirmó la existencia de varios anillos delgados. En el más externo de éstos están los arcos, que se presentan como manchas brillantes, cada una con una luna pequeña en el centro. Los arcos y otros detalles de los anillos son misterios aún pendientes de explicación.

EL PLANETA DOBLE

Sobre Plutón, "dime con quién andas y te diré quién eres"

LOS ASTRÓNOMOS suelen decir que la Tierra y la Luna son un "planeta doble" por lo grande de la Luna, cuyo diámetro es una cuarta parte del terrestre. Pero en 1978 se encontró que el lejano y diminuto Plutón merece más ese calificativo, al tener un socio cuyo diámetro es la mitad del suyo.

Nadie sospechaba la existencia del compañero de Plutón hasta que un astrónomo estadounidense, James Christy, volvió a examinar fotografías viejas del planeta, que habían sido rechazadas porque la imagen estaba un poco alargada a manera de óvalo, y se dio cuenta de que no se trataba de un defecto: las fotos mostraban un compañero de Plutón que la cámara no había logrado separar del cuerpo principal.

El cuerpo descubierto fue llamado Caronte, por el mitológico barquero que cruzaba la laguna Estigia con las almas destinadas a Hades, dios griego al que los romanos llamaron Plutón. Caronte circunvala Plutón a 20 000 km de distancia y da una vuelta en una semana.

Medición de la masa

La observación de Caronte proporcionó mucha información sobre el oscuro mundo de Plutón, que aun en los telescopios más grandes aparece como un puntito de luz. Los astrónomos no conocían su tamaño ni su masa, pero aplicando las leyes de la gravedad a los movimientos de Caronte, dedujeron que la masa conjunta del sistema es 500 veces menor que la de la Tierra. La mayor parte de esa masa corresponde a Plutón.

Esto significa que la densidad de Plutón es el doble de la del agua, lo que indica que está formado de roca con algo de hielo, quizás hielo acuoso. Alguna vez se pensó que Plutón era un satélite extraviado de Neptuno. Pero si las lunas del sistema solar exterior, como las de Neptuno, se componen básicamente de hielo acuoso o de gases congelados, esta teoría parece ahora improbable.

En la actualidad Caronte sigue una órbita tal que, visto desde la Tierra, pasa primero por delante y después por detrás de Plutón; así, el brillo de cada cuerpo celeste se oscurece por turno. Esta afortunada alineación permite medir el tamaño de ambos con gran exactitud: los astrónomos conocen la velocidad a que viajan los dos cuerpos y pueden medir el tiempo en que uno oscurece el brillo del otro. Ahora sabemos que el diámetro de Plutón es de 2 284 km y el de Caronte de 1 192 km.

Manchas luminosas

Los astrónomos también han analizado momentos en que, por ejemplo, el brillo de Plutón ha bajado mucho al pasar Caronte por delante de él. Esto sucede cuando alguna zona clara de la superficie de Plutón es oscurecida por Caronte, y los astrónomos han identificado en esas zonas los brillantes casquetes de hielo de Plutón. La brillantez no disminuye al pasar Plutón por delante de Caronte, de modo que quizá no haya casquetes de hielo en éste.

En los próximos años los astrónomos tendrán que conformarse con esta vista poco definida de Plutón y Caronte. Por el momento no hay proyectos de enviar más sondas a los rincones más apartados del sistema solar.

SABANDIJAS DE LOS CIELOS

Abundan asteroides en una región en que se esperaba hallar un planeta

LA POLICÍA CELESTE buscaba a un fugitivo. Pensaban que faltaba un miembro del sistema solar. No tenían su descripción, pero creían saber dónde hallarlo: cerca de la eclíptica, la franja en que se insertan las órbitas de los planetas. Había una brecha demasiado grande entre Marte y Júpiter: seguramente por ahí se escondía algún planeta no descubierto.

Esta escena no viene de ninguna epopeya futurista de ciencia ficción, sino del pasado. La Policía Celeste era un grupo de 24 astrónomos que el alemán Johann Schröter reunió en 1800 en su observatorio de Lilienthal. Fue lamentable que un astrónomo ajeno al grupo, Giuseppe Piazzi, anunciara el descubrimiento de un pequeño planeta nuevo el primer día de enero de 1801. Le dio el nombre de Ceres por la diosa patrona de Sicilia, su región natal.

Éxito policiaco

Para 1807 la Policía Celeste había encontrado otros tres objetos borrosos que daban vueltas entre Marte y Júpiter. Estos planetas menores son conocidos como asteroides, y a fines del siglo se habían encontrado más de 450.

En 1891 apareció por primera vez un asteroide en una fotografía del cielo. En exposiciones prolongadas tomadas con telescopios que siguen el curso del cielo conforme gira la Tierra, cada estrella fija se ve como un punto. Pero los asteroides parecen rayas, debido a su movimiento en relación con las estrellas. Son tantos que se han ganado el mote de "Sabandijas de los cielos".

¿Un satélite de Saturno?

Hoy día los astrónomos tienen catalogados por nombre y número más de 2 000 asteroides y han determinado su órbita. El más grande es Ceres, con 1 003 km de diámetro, seguido por Palas con 608 km y Vesta con 538 km. Vesta es el único que a veces llega a acercarse tanto a la Tierra que se torna apenas perceptible a simple vista.

Quizás el asteroide más misterioso es Quirón, pues tal vez se trate de un satélite de Saturno sustraído a su atracción y no de un asteroide. Su órbita está entre las de Saturno y Urano, y una sexta parte queda dentro de la de Saturno.

Según la primera teoría sobre el origen de los asteroides, éstos eran los restos de un planeta que explotó. Hoy parece existir la certeza de que se formaron de materia que no logró consolidarse como planeta. En su conjunto tienen una masa menor que la de la Luna.

¿SABÍA USTED QUE...?

A LOS ASTEROIDES se les dieron primero nombres clásicos, pero conforme se han ido descubriendo más se buscan nombres con mayor imaginación. El asteroide 694 es "Ekard"; su órbita fue calculada por estudiantes de la Universidad de Drake, Iowa, y Ekard es Drake al revés. El asteroide 1625 es "Norc" por una de las primeras computadoras, Naval Ordnance Research Calculator. "Hapag" surgió de una línea naviera alemana, la Hamburg-Amerika Packetfahrt Aktien Gesellschaft. "Bettina", en honor de la esposa del barón Von Rothschild, quien compró el derecho a bautizar el asteroide. Otros cuatro descubiertos en 1980 recibieron el nombre de cada uno de los Beatles.

JÚPITER GOBIERNA LOS ASTEROIDES

L A VELOCIDAD con que un objeto gira alrededor del Sol es determinada por su distancia del mismo: entre más lejos de él orbite un objeto, más lento viajará. Por ello, un asteroide cuya órbita esté más cerca del Sol que de Júpiter alcanzará regularmente al planeta gigante. Cada vez que un asteroide hace eso, su movimiento es perturbado por la poderosa atracción de la gravedad de Júpiter. En algunas órbitas esas perturbaciones se acumulan y acaban por mandar el asteroide a otra órbita.

Supongamos que un asteroide, obligado por un desequilibrio, entra en una órbita en la cual tarda cuatro años en dar la vuelta al Sol. La órbita de Júpiter toma 12 años, de modo que el asteroide rebasará al planeta cada seis años, periodo en el cual el asteroide completará una órbita y media, mientras Júpiter completa media órbita. Ambos pasarán por un punto que está a 180 grados de distancia de su encuentro anterior. Al cabo de otros seis años el asteroide alcanzará a Júpiter en la misma porción de su órbita en que estaba al principio.

El campo gravitatorio de Júpiter jalará repetidas veces de este asteroide en los mismos dos puntos de su órbita y lo lanzará a una nueva órbita, más lejos o más cerca del Sol. En efecto, no se encuentran asteroides en "la órbita de cuatro años" ni en ninguna otra de numerosas órbitas "prohibidas". Esas zonas prohibidas se llaman brechas de Kirkwood, en honor a Daniel Kirkwood, astrónomo estadounidense que predijo su existencia en 1857.

Otro ejemplo de la influencia de la órbita de Júpiter se ve en los numerosos asteroides "capturados" por ese planeta gigantesco y que están obligados a compartir la órbita del mismo.

Estos asteroides "prisioneros" están en dos grupos. Uno se concentra en un punto 60 grados adelante de Júpiter y el otro 60 grados detrás de él, pero elementos sueltos de los grupos deambulan lejos de esas posiciones. Esos elementos tienen nombres de los héroes de la guerra de Troya.

Órbita prohibida Un asteroide que tarde 4 años en dar la vuelta al Sol alcanzará cada 6 años a Júpiter, que tarda 12 años. La gravedad de Júpiter hace imposible esa órbita de 4 años. Los asteroides "prisioneros" están atrapados en la órbita del propio Júpiter.

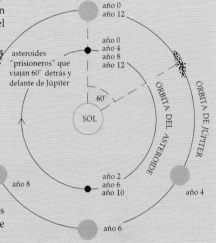

UN PODEROSO GIGANTE SE CONTRAE
El mayor planeta del sistema solar es calentado por el movimiento de los gases

J ÚPITER ES el monstruo de los planetas; 1 300 veces mayor que la Tierra en volumen. Es una gran bola de hidrógeno, sobre todo gaseoso, pero tal vez aplastado a un extraño estado metálico por las enormes presiones de la gravedad en el centro del planeta.

Lo que desde la Tierra parece ser la superficie de Júpiter, con sus franjas amarillas y pardas, es el nivel superior de cargadas nubes de compuestos de amoniaco y azufre. Las nubes más ligeras y altas se forman quizá de cristales de amoniaco, que existe en estado sólido pues la temperatura ahí es de −167°C e inferior.

Júpiter hierve de energía. Esto lo revelan las explosiones de ondas hertzianas procedentes de tormentas desatadas en su atmósfera y de grandes auroras. Nuestra recepción de ellas es perturbada por el movimiento de Ío, la más interior de las cuatro mayores lunas de Júpiter: su diámetro es de 3 630 km, un poco mayor que el de la Luna terrestre.

Las partículas que se aglomeran en el intenso campo magnético de Júpiter —20 veces mayor en su superficie que el de la Tierra para nosotros— originan un torrente más constante de ondas hertzianas. Su campo magnético está al revés que el de la Tierra (en relación con su eje de rotación), de modo que una brújula terrestre apuntaría en Júpiter al sur y no al norte.

Peligro para las sondas espaciales

Este potente campo atrapa veloces partículas subatómicas letales que son una amenaza para las naves espaciales. Por poco desbaratan los instrumentos del *Pioneer 1* cuando pasó frente a Júpiter a fines de 1973. La sonda encontró una radiación 500 veces más intensa que la que bastaría para matar a un ser humano. Ío se mueve dentro de esos cinturones de radiación, los cuales arrojan materia que forma alrededor de su órbita un reguero de gases como una rosca.

Hay un tercer tipo de radioemisiones de Júpiter que viene de alguna fuente interna de calor. Los astrónomos creen que Júpiter sigue contrayéndose como cuando se originó de una primitiva nube de gases, y que esa contracción libera energía. Las moléculas de gas aumentan de velocidad al caer hacia adentro; al chocar con la materia densa que se halla más cerca del centro del planeta, su energía cinética se convierte en energía térmica, que calienta al gigante.

Luna achicada por un planeta El Voyager avistó a Ío (centro, abajo), cuando ésta proyectaba su sombra (izq., abajo) sobre Júpiter.

UN HOGAR LEJOS DEL HOGAR

La tecnología necesaria para establecer una colonia en Marte

UNA COSA ES descargar instrumentos en Marte (una misión espacial llevará globos y sondas de superficie en 1994) y otra muy distinta es establecer allí una base de operaciones. La temperatura diurna de Marte puede superar el punto de congelación, pero su débil atmósfera devuelve el calor del Sol al espacio por irradiación. De noche, la temperatura desciende a –50°C. No hay capa de ozono que impida el paso a la mortal radiación ultravioleta del Sol, y la atmósfera se compone casi por entero de bióxido de carbono, sin oxígeno suficiente para respirar ni para quemar combustibles normales. No obstante, se están diseñando transporte y vestimenta adecuados para Marte, así como un medio artificial en el que podrían vivir los colonos.

Bola de Marte *Las ruedas de este ingenioso modelo vehicular (abajo) están hechas de ocho bolsas llenas de gas. Conforme las ruedas se desinflan y vuelven a inflarse por turno, la máquina rueda hacia adelante. El cilindro de gas que controla el movimiento y los aparatos que registran las correrías del "vagabundo de la superficie" van montados en el eje. El prototipo de este vehículo está en la Universidad de Arizona.*

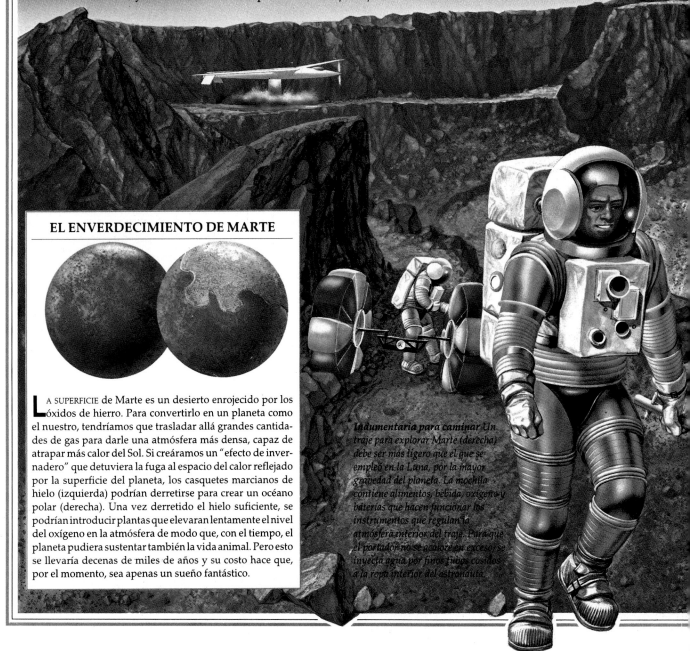

EL ENVERDECIMIENTO DE MARTE

LA SUPERFICIE de Marte es un desierto enrojecido por los óxidos de hierro. Para convertirlo en un planeta como el nuestro, tendríamos que trasladar allá grandes cantidades de gas para darle una atmósfera más densa, capaz de atrapar más calor del Sol. Si creáramos un "efecto de invernadero" que detuviera la fuga al espacio del calor reflejado por la superficie del planeta, los casquetes marcianos de hielo (izquierda) podrían derretirse para crear un océano polar (derecha). Una vez derretido el hielo suficiente, se podrían introducir plantas que elevaran lentamente el nivel del oxígeno en la atmósfera de modo que, con el tiempo, el planeta pudiera sustentar también la vida animal. Pero esto se llevaría decenas de miles de años y su costo hace que, por el momento, sea apenas un sueño fantástico.

Indumentaria para caminar Un traje para explorar Marte (derecha) debe ser más ligero que el que se empleó en la Luna, por la mayor gravedad del planeta. La mochila contiene alimentos, bebida, oxígeno y baterías que hacen funcionar los instrumentos que regulan la atmósfera interior del traje. Para que el portador no se acalore en exceso, se inyecta agua por finos tubos cosidos a la ropa interior del astronauta.

Aeroplano sin piloto La presión atmosférica en Marte es 100 veces menor que la existente en la Tierra al nivel del mar. El aeroplano depende del empuje hacia arriba que recibe conforme se mueve por el aire, de modo que un "marteplano" (abajo e izquierda) tendría que ser muy ligero y rápido para despegar y mantenerse en vuelo. Se calcula que esta nave no tripulada pesaría sólo 300 kg, sería lanzada por un cohete de despegue vertical e impulsada por hidrazina, combustible líquido para cohetes.

Globo doble Para realizar exploraciones en Marte se prevé utilizar globos no tripulados. El calor del Sol calentaría el aire dentro del globo (izquierda) y lo haría ascender durante el día; al enfriarse por la noche el aire dentro del globo, éste volvería a caer a la superficie. Al globo principal iría enganchado uno de helio, más pequeño, para darle cierta fuerza de ascenso inicial. La carga del equipo de exploración se ubicaría en la pesada cola.

Pequeño mundo Una biosfera (abajo), entorno autosuficiente del tipo que se proyecta construir en Marte, ya existe en prototipo en el desierto de Arizona. Oxígeno, agua y nutrientes son reciclados dentro de la estructura sellada, al paso que vegetales proporcionan oxígeno a hombres y animales a cambio de anhídrido carbónico. El Sol es la única fuente exterior de energía.

LA CUNA DE LA VIDA

¿Se podrá presenciar por telescopio la formación de sistemas solares?

SI EXISTE vida como la terrestre en otro lugar de la galaxia, necesitará planetas en qué vivir. Los astrónomos creen haber visto nacer en las profundidades del espacio estrellas y sistemas planetarios como el Sol y su familia.

Ningún telescopio ordinario podría ser testigo de tales sucesos. Las estrellas nacen en el corazón de nubes interestelares de gas y polvo, de donde la luz no puede salir... pero la radiación infrarroja (térmica) sí. Por tanto, en enero de 1983 fue puesto en órbita el Satélite Astronómico Infrarrojo (*IRAS*, por sus siglas en inglés) no tripulado, para buscar esas estrellas, así como otras fuentes infrarrojas que nunca se ven desde debajo de la oscurecedora atmósfera de la Tierra. *IRAS* porta un telescopio que fue enfriado con helio hasta llegar a 2.4°C por arriba del cero absoluto para evitar que su propia radiación térmica lo "deslumbrara".

Nuevas estrellas *Técnicos de la NASA revisan el satélite* IRAS *(abajo), que ayuda a estudiar cómo se forma una estrella (derecha). Primero, la onda de choque de una estrella en explosión perturba las nubes de polvo (arriba); las nubes se contraen y crean ardientes rodales que se convierten en protoestrellas (centro); por último, a 10 000 000°C comienzan las reacciones nucleares y aparecen nuevas estrellas (abajo).*

Pueden empezar a formarse estrellas cuando es perturbada una nube de gas interestelar por la atracción gravitatoria ejercida por estrellas que pasan o por la onda de choque de una estrella que explota. La nube empieza a disgregarse en glóbulos, cada uno de ellos quizá cientos de veces mayor que nuestro Sol. Cada uno empieza a comprimirse en un denso nudo de materia. En su núcleo se forma una "protoestrella", calentada sólo por la energía liberada por la materia que cae hacia su interior.

Cuando el núcleo de la protoestrella alcanza los 10 000 000°C, principian reacciones nucleares y surge una nueva estrella. Los astrónomos pueden ver su brillo, cuando fluctúa entre los remolinos de los restos de la nube madre.

No se sabe qué pasa después. Tal vez quede materia sólida girando alrededor de la estrella nueva. El *IRAS* encontró partículas del tamaño de guijarros orbitando dos estrellas jóvenes. Puede ser material para la construcción de futuros planetas o restos de la formación de planetas existentes.

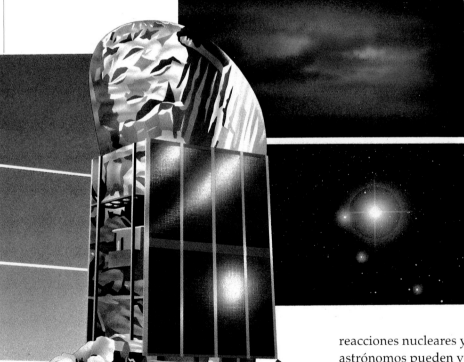

CANDIDATOS A TENER VIDA EN EL ESPACIO

Las estrellas descubren a sus compañeros invisibles al bambolearse

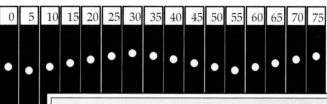

Jalón lento *En 75 años, la ruta que una estrella traza en el cielo puede "bambolearse" a causa de un planeta o una estrella invisible.*

VISTO a través de los telescopios actuales, cualquier planeta fuera del sistema solar se perdería en el fulgor de su estrella madre. Pero hay modos indirectos de encontrar ese planeta, si es que existe. Y hay numerosos candidatos a ser hallados.

Cuando un planeta gira en torno a su estrella madre, su campo gravitatorio tira de la estrella y la hace "bambolearse". El efecto de un planeta del tamaño de la Tierra es imperceptible, pero el de uno como Júpiter, que tiene 318 veces la masa terrestre, es considerable.

Se ha pretendido ver bamboleos de ese tipo en varias estrellas, pero algunos han sido achacados al movimiento del propio telescopio. Otros requieren confirmación independiente.

Pero las observaciones parecen probar que dos cuerpos, uno con el 70% y otro con la mitad de la masa de Júpiter, giran en torno de una débil estrella cercana, la de Barnard. Observaciones infrarrojas de otra estrella parecían mostrar un objeto de una masa 60 veces mayor que la de Júpiter. Podría ser una pequeña estrella y no un gran planeta.

Otro medio de descubrir compañeros invisibles de una estrella es analizar la longitud de onda de la luz procedente de la misma. Si la estrella se bambolea, la longitud de onda cambia: se acorta cuando la estrella se mueve hacia la Tierra y se alarga cuando se aleja de ella. Este método ha revelado, por ejemplo, un aparente compañero, con una masa 1.6 veces mayor que la de Júpiter, orbitando la estrella Gamma de Cefeo.

Un planeta lo bastante grande para que lo detectemos hoy tendría que ser

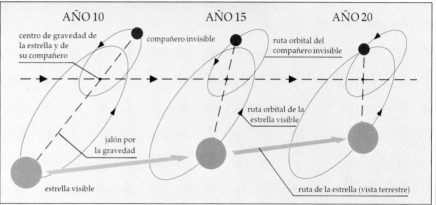

Sistema estelar *Una estrella y su compañero (un planeta del mismo sistema u otra estrella) orbitan en torno a un centro común de gravedad. El "bamboleo" en la ruta de la estrella revela la presencia del compañero.*

una gigantesca bola de gas, tan distante de la estrella madre que se estaría congelando. No podría ser lugar propicio para ninguno de los tipos de vida que conocemos actualmente.

Pero donde haya planetas semejantes a Júpiter, también podrían existir otros como la Tierra. El telescopio espacial Hubble, lanzado en 1990, está orbitando a 600 km, muy por encima de nuestra atmósfera brumosa y cambiante. En la luz de una estrella puede descubrir los signos de una atmósfera planetaria rica en oxígeno. Ése sería un indicador casi seguro de las condiciones necesarias para sustentar la vida.

Entrometido *El telescopio espacial Hubble, lanzado en 1990, registrará 20 imágenes al día.*

ROBOTS EXPLORADORES

Robots que se autorreproducen podrían colonizar la galaxia

LA LUZ viaja a 300 000 km por segundo, y aun así tarda más de cuatro años en llegarnos desde la estrella más cercana, *Proxima Centauri.* Incluso si algún día fuera posible viajar a la décima parte de esa velocidad, nos tomaría 50 años viajar a estrellas cercanas. Pero la exploración de la galaxia podría acelerarse si utilizáramos robots que se reprodujeran solos.

Los científicos de la NASA han considerado seriamente la posibilidad de enviar una sonda robot a algún sistema estelar cercano donde la ciencia del futuro hubiere demostrado la existencia de planetas. La sonda tardaría, digamos, 40 años en llegar allá. Entonces extraería

minerales de algún asteroide que estuviera a su alcance adecuado y construiría dos réplicas de sí misma. Luego, mientras la sonda original hace observaciones del nuevo sistema y las retransmite a la Tierra, las dos sondas hijas se lanzarían a otras dos estrellas, donde repetirían la tarea.

Más o menos cada 40 años se duplicaría el número de sondas. En unos 160 años habría 16 sondas en vuelo, sin contar las que estuvieran trabajando en el estudio de sistemas planetarios. Al cabo de otros 160 años existirían 256, y después de un milenio habría más de 30 millones de sondas distribuidas en la galaxia.

UN UNIVERSO HECHO PARA NOSOTROS

El universo parece hecho a la medida para promover la vida

EN LA década de 1950, Fred Hoyle, distinguido cosmólogo británico, señaló un hecho curioso acerca de la creación de los elementos: la proporción de los mismos era la adecuada para que surgiera la vida. La mayoría de los elementos que componen la Tierra se crearon hace miles de millones de años en el interior de una estrella. (Las excepciones, hidrógeno y helio, se formaron mucho antes, durante el *Big Bang* del que nació el universo.) La estrella explotó y los mezcló con el gas y el polvo del espacio interestelar. Más tarde se formó la Tierra con la materia interestelar e incorporó esos elementos.

En los seres vivos hay aproximadamente el mismo número de átomos de carbono y de oxígeno. Materias como rocas y tierra no existirían si en la Tierra escaseara el oxígeno; y las gigantescas moléculas que forman a los seres vivos no se habrían creado de haber habido demasiado oxígeno. El carbono y el oxígeno se originaron a partir de otros tipos de átomos en la "olla de presión" estelar. Hoyle hizo notar que si la potencia de las fuerzas nucleares hubiera tenido tan sólo una ligera diferencia, el equilibrio entre carbono y oxígeno en la Tierra se habría malogrado. Nuestro planeta nunca hubiera podido albergar vida.

Esas "coincidencias", que son numerosas, evocan el "principio cosmo-lógico antrópico": el universo ha sido diseñado como un sitio adecuado para la aparición de la vida, en especial de la vida inteligente (antrópico significa "relativo a los humanos").

La fuerza de gravedad también parece estar "bien sincronizada" en relación con el electromagnetismo y las fuerzas atómicas. Si la gravedad hubiera sido un poco más fuerte, el *Big Bang* no habría sido tan grande. Durante su expansión, el hidrógeno y el helio primordiales se habrían tornado lentos hasta el grado de detenerse y comenzar a desintegrarse. La vida del universo se habría medido en siglos, tiempo muy breve para la evolución de las estrellas.

Por otro lado, si la fuerza de gravedad hubiera sido más débil, el gas se habría enrarecido demasiado pronto como para que aparecieran las estrellas. De nuevo, parece que las condiciones iniciales del universo fueron "sincronizadas con precisión".

Creación al azar

Algunos científicos escépticos proponen una explicación que no entraña un diseño inteligente del universo. Afirman que el cosmos que vemos es sólo uno de incontables universos "paralelos" creados durante el *Big Bang*. Las condiciones iniciales en ellos variaban al azar de uno a otro, y sólo en unos cuantos las leyes naturales fueron las adecuadas para la aparición de la vida. El universo nos parece "bien sincronizado" porque no podemos ver los demás universos, los "malogrados".

THE MAN FROM VENUS by PAUL

A scientific conception of life on earth's nearest neighbor. Science says Venus is a sister world and human forms of life are more possible than on any other planet. (For further details see page 97) Copyright FANTASTIC ADVENTURES 1939

Ciencia y ficción Esta revista de 1939 está equivocada. Venus no tiene hombres verdes; sin embargo, nuestro universo parece hecho para la vida.

HACIA LAS ESTRELLAS EN UN RAYO DE MICROONDAS

EN CUESTIÓN de décadas tal vez podamos echar un vistazo de cerca a una estrella vecina. El proyecto *Star-wisp* ("Mechón de estrellas") prevé construir en el espacio una gigantesca "telaraña" de 1 km de diámetro.

La sonda estaría hecha de una malla de alambre que sólo pesaría 20 g y sería empujada al espacio interestelar por un rayo de microondas emitido por un satélite de propulsión solar.

El rayo sería enfocado por una lente de 50 000 km de ancho (cuatro veces el diámetro terrestre) que flotaría en el espacio. Con una aceleración 155 veces mayor que la de la gravedad de la Tierra, la sonda recibiría un impulso de refuerzo hasta de 60 000 km por segundo, la quinta parte de la velocidad de la luz, en una semana. El *Star-wisp* estaría cubierto de microchips ultrasensibles que harían de él una gigantesca super-computadora. Los chips también serían sensibles a la luz. Conjuntamente podrían armar una imagen del entorno de la sonda. El *Star-wisp* podría llegar a *Proxima Centauri*, la estrella más cercana a nuestro planeta, al cabo de un viaje de 21 años. La sonda, durante las 40 horas que durase su paso frente a la estrella, podría retransmitir imágenes de cualesquiera planetas que se hallaran en órbita.

Avistador de planetas En el proyecto *Star-wisp*, la energía de un satélite colocado en órbita sería enfocada por una lente sobre una "telaraña" para impulsarla hacia otra estrella.

UNA CIUDAD DE ESTRELLAS

Nuestra galaxia parece un remolino de estrellas

LA PÁLIDA FAJA de luz que cruza el cielo, la Vía Láctea, es un ínfimo esbozo del enorme grupo de estrellas, gas y polvo que la integran. La galaxia tiene forma de gran disco, y la Vía Láctea es el efecto que resulta de mirar por el diámetro del disco, donde miríadas de estrellas parecen fundirse en una masa de tenue luz.

Vista desde fuera, nuestra galaxia parecería tener forma de espiral, al igual que el 30% de las galaxias. Los brazos de la espiral, marcados por sendas de estrellas, gas y polvo, son ondas que barren el disco. Su color azulado indica que son relativamente calientes, así como el color azulado de una lámpara de arco muestra que es más caliente que un foco eléctrico. Allí donde las nubes de gas se comprimen por el paso de una onda, se activa el nacimiento de estrellas. Así, cada brazo está tachonado de estrellas jóvenes.

El núcleo de la galaxia es más grueso que el resto del disco. Está relativamente libre de gas y polvo y lo

Polvo de estrellas La Vía Láctea vista desde la constelación de Sagitario (izq.) hasta la de Centauro (der.). Nubes de estrellas de Sagitario y de polvo cósmico opacan la galaxia.

componen estrellas más viejas, de color rojizo. (Prueba de que tienen menor temperatura que las estrellas jóvenes, como el hierro al rojo vivo tiene menor temperatura que el calentado al blanco.)

El centro de la galaxia es una potente fuente de ondas de radio, y esto indica que allí sucede algo grande. Pero en la constelación de Sagitario hay nubes de gas y polvo que oscurecen la fuente, tal vez sea un hoyo negro que devora millones de toneladas de materia por segundo. (Un hoyo negro es el residuo sumamente denso de una supernova, una estrella enorme que ha explotado.)

Ciclo de 200 millones de años

La galaxia abarca 100 000 años luz de un confín a otro, y el sistema solar está a dos tercios del centro al exterior. El sistema, que gira por la galaxia a 250 km/s, tarda más de 200 millones de años en orbitarla. Al hacerlo fluctúa por el plano central del disco, al que cruza una vez cada 30 millones de años.

Se creía antes que este inmenso rehilete celeste abarcaba al universo entero. Ahora se conocen millones y millones de otras galaxias, y existe la certeza de que muchas otras llenan el espacio fuera del alcance de los telescopios más potentes.

Espiral de estrellas Un pintor plasmó así nuestra galaxia: con estrellas frías en el núcleo y azuladas (más jóvenes) en los brazos de la espiral. Las manchas anaranjadas son cúmulos de miles de estrellas.

ENANAS BLANCAS Y ESTRELLAS DE NEUTRONES

EL DESTINO final que le espera a toda estrella de tamaño similar al de nuestro Sol es convertirse en una enana blanca. Al agotarse el hidrógeno que sirve de combustible en el núcleo del Sol, éste se contraerá en una bola de gas caliente algo más pequeña que la Tierra. Estaría tan apretada que si se trajera a la Tierra la cantidad que cabe en un dedal, pesaría una tonelada.

En cambio, toda estrella cuya masa sea superior a la del Sol en más de 40% acabará sus días como supernova. Se cree que el resto de esa explosión es una estrella de neutrones, aún más densa que una enana blanca. Esa bola no está hecha de átomos, sino de un tipo de partícula subatómica: el neutrón.

La estrella de neutrones condensa una masa igual a la del Sol en un volumen de 20 km de lado a lado. La fuerza de la gravedad en su superficie es tanta que una "montaña" ahí no sería más alta que la mitad de un terrón de azúcar, pero escalarla requeriría más energía que la generada por el cuerpo de un ser humano en toda su vida.

Estrella vieja Se cree que Geminga, la gran mancha anaranjada de esta imagen de rayos gamma, es una estrella de neutrones, la materia más densa observable. Si se ejerce mayor presión sobre ella, como ocurre en el centro de las explosiones de supernovas, la gravedad la hará desaparecer en un hoyo negro.

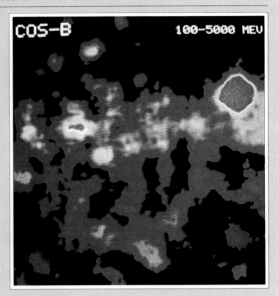

LA ESTRELLA DE LA MUERTE

Las hecatombes del pasado sugieren que el Sol tiene un compañero

LA HISTORIA de los fósiles muestra una y otra vez repentinas desapariciones de miles de especies vegetales y animales ocurridas en cosa de miles de años. El ejemplo más famoso es la extinción de los dinosaurios al final del Cretáceo, hace unos 65 millones de años.

Pero no sólo los dinosaurios, sino también los reptiles voladores y nadadores —de hecho, cerca del 75% de las especies—,

desaparecieron. Una extinción aún más devastadora ocurrió hace unos 245 millones de años, en la que desaparecieron más del 90% de las especies. Sucesos comparables, aunque menos drásticos, subrayan la historia de los fósiles.

Los catedráticos Luis Álvarez y su hijo Walter, de la Universidad de California en Berkeley, propusieron una explicación de esos holocaustos. En muestras sacadas de Gubbio, Italia, descubrieron una delgada capa de iridio en la línea divisoria de los periodos Cretáceo y Terciario. Parecidos hallazgos se han hecho en distintos lugares del globo.

El iridio es raro en la Tierra, pero común en los meteoritos. Los Álvarez sugieren que la capa metálica se depositó cuando un cometa chocó contra la Tierra. Ese impacto, afirman, levantó enormes nubes de polvo que ocultaron el Sol por muchos años, perturbaron el clima y causaron la extinción en masa.

Se encuentra la pauta

Pero después David M. Raup y J. John Sepkoski Jr., paleontólogos de la Universidad de Chicago, descubrieron que al parecer las extinciones ocurren cada 30 millones de años. Y los geólogos, siguiendo esa pista, han hallado lo que parece ser una regularidad parecida en las fechas en que se formaron en la Tierra cráteres de impacto (señales de choques de cometas). Todo esto es muy incierto, pues los datos están deshilvanados.

Pero si existen esas regularidades, ¿por qué habían de chocar los cometas con la Tierra con tanta precisión? Se cree que los cometas proceden de un gigantesco enjambre (la Nube de Oort) que da vueltas en torno al Sol mucho más allá de la órbita de Plutón. Algunos son desviados ocasionalmente hacia el Sol por las perturbaciones aleatorias de estrellas que pasan. ¿Qué otros trastornos regulares podrían afectarlos precisamente cada 30 millones de años?

Tenue vecino

Puede que la causa sea que el Sol tiene un compañero no descubierto, una estrella tan tenue que no haya sido advertida. De ser así, la estrella viajaría alrededor del Sol en una órbita sumamente elíptica. Su distancia media del astro sería de 1.4 años luz, pero cada 30 millones de años se acercaría a la cuarta parte de esa distancia. Su proximidad enviaría algo así como mil millones de cometas hacia el Sol en un lapso de pocos millones de años, y algunos chocarían con la Tierra.

Por sus desastrosas consecuencias para la vida en la Tierra, a la hipotética estrella compañera se le ha puesto el nombre de Némesis, en honor de la diosa griega del justo castigo. Por fortuna no se espera que su siguiente ataque al sistema solar ocurra pronto: parece que nos hallamos a mitad de camino entre dos bombardeos de cometas.

¿SABÍA USTED QUE...?

LA NEBULOSA de Orión es una inmensa nube de gas y polvo que se aprecia a simple vista en la "espada" de la constelación de Orión. De punta a punta mide unos 30 años luz (290 billones de kilómetros). Como todas las nebulosas interestelares, está enrarecida en exceso. Una muestra de 25 mm de diámetro que se tomara cruzando toda la nebulosa rendiría tanta materia como la contenida en una moneda pequeña.

* * *

LA ESTRELLA de Barnard es la que se mueve con mayor rapidez por el cielo nocturno. Este tenue objeto, muy borroso a simple vista, tarda 180 años en recorrer un trecho igual al diámetro de la Luna. En el año 11800 pasará frente al Sol a una distancia de 3.85 años luz, más cerca que Proxima Centauri.

EL OCASO DE UNA SUPERGIGANTE

Fuegos artificiales en una galaxia vecina deslumbran a los astrónomos

EN FEBRERO de 1987 los astrónomos vieron cómo se hacía pedazos una desconocida estrella en una galaxia cercana, la Nube Mayor de Magallanes. En los primeros 10 segundos de su agonía derramó más energía que el resto del universo visible. Sólo cuatro veces antes se habían registrado tales sucesos violentos —llamados supernovas— tan relativamente cerca del Sol, todos ellos antes de la invención del telescopio.

Al nuevo astro se le denominó Supernova 1987A. A la estrella que la originó se le conocía como Sanduleak –69° 202. Con registros anteriores y la teoría astrofísica se reconstruyó su historia.

Las grandes mueren jóvenes

Las estrellas de gran masa arden con rapidez y gran intensidad, y su vida es breve. El Sol, con 4 500 millones de años, está iniciando su mediana edad. Sanduleak –69° 202, que se volvió una supernova de tipo II, tenía una masa 20 veces mayor que la del Sol, y por ello existió 11 millones de años. En 10 millones de años "convirtió" hidrógeno en helio mediante reacciones nucleares, al igual que el Sol. Al escasear el hidrógeno, el helio

La Nube Mayor de Magallanes Supernova 1987A es el objeto brillante de la esquina inferior derecha de esta foto telescópica. En la esquina opuesta está la nebulosa de la Tarántula, inmensa nube de polvo y gas.

empezó a arder, y se transformó en elementos como carbono y oxígeno. Los exteriores de la estrella se hincharon, haciéndola una supergigante roja: estrella tan grande que, puesta en el lugar del Sol, se extendería hasta la Tierra.

Cuando el helio se consumió, la estrella aumentó de calor y se volvió azulada. Se contrajo algo, pero seguía mereciendo el calificativo de supergigante.

En su última semana de vida, el núcleo se transformó en una bola de hierro del tamaño de Marte, rodeada por capas de elementos parcialmente consumidos. La estrella predestinada a desaparecer tenía un brillo 80 mil veces mayor que el del Sol.

Explosión estelar Imagen de colores supuestos tomada con cámara infrarroja de la galaxia espiral M66. La mancha blanca de la esquina superior derecha es Supernova 1989B. Es una supernova tipo I: surge cuando el gas de una estrella fluye hacia una cercana estrella enana blanca. El aumento de masa hace estallar a esta última.

Luego sobrevino el cataclismo. La cadena de reacciones terminó aquí, pues el hierro no sirve para alimentar la fusión nuclear. Entonces se hundió el núcleo de la estrella, soltando una ráfaga de partículas subatómicas conocidas como neutrinos. Éstas hicieron reventar la estrella, que se sacudió sus capas exteriores como nube de gases en expansión y soltó partículas y radiación.

Noticia de última hora

Las señales de este suceso viajaron por el espacio durante 170 mil años antes de llegar a la Tierra. El 23 de febrero de 1987, los detectores de neutrinos en Ohio y en Japón registraron el primer signo de la muerte de Sanduleak –69° 202. La noticia se difundió con rapidez, y en cuestión de horas todos los telescopios terrestres apuntaban hacia la Nube Mayor de Magallanes. En la cima de su luminosidad, en mayo de 1987, Supernova 1987A era 250 millones de veces más brillante que el Sol.

A principios de 1990 los astrónomos encontraron huellas de una reciente supernova en nuestra galaxia. Al parecer explotó en algún momento de este siglo, pero el fenómeno astronómico no fue observado debido al polvo y a la niebla interestelares.

GALAXIAS EN COLISIÓN

Por simulación en computadora puede explicarse la forma de algunas galaxias

LOS ASTRÓNOMOS de hoy simulan choques de galaxias en los monitores de sus computadoras. No son simples pasatiempos: simulan sucesos reales. En su vida de miles de millones de años, cada elemento de un gran cúmulo de galaxias tiene una oportunidad superior al 50% de pasar rozando a uno de sus vecinos.

Al pasar rozándose, cada galaxia es deformada por el jalón gravitatorio de la otra. Incluso si el encuentro es un choque verdadero, las estrellas no se golpean una a otra individualmente: lo impide su extraordinaria dispersión por el espacio. Los enjambres de estrellas se cruzan como dos nubes de mosquitos. Sólo que las nubes de gas interestelares de las galaxias chocan entre sí, arden por la energía de la colisión y emiten ondas luminosas, térmicas y de radio.

Galaxias ovoides

Esos choques pueden explicar el origen de las galaxias elípticas, que no muestran la estructura espiral de galaxias como la nuestra. Su forma va desde la esférica hasta la de "globo aplastado" como un ovoide de futbol americano. Tienen poco de los gases y polvo que dan origen a nuevas estrellas, y por eso carecen de estrellas más jóvenes. En su corazón suelen contener potentes fuentes de energía lumínica y radiante.

En simulaciones hechas por Joshua E. Barnes y Lars Hernquist de la Universidad de Princeton, Nueva Jersey, las galaxias espirales se aproximaban, se "atrapaban"

Dos en una Simulaciones en computadora efectuadas por los catedráticos de la Universidad de Princeton, Barnes y Hernquist, muestran el choque de dos galaxias espirales de igual masa. Al acercarse (abajo), la mayoría de sus gases (en azul y blanco) son empujados al centro de cada galaxia. Al encontrarse (arriba, izquierda), se mezclan en un centro. Por último (arriba, derecha), las estrellas (en rojo) de la nueva galaxia adoptan una forma elíptica.

unas a otras y se fundían para formar una galaxia elíptica. La fuerza del choque comprimía enormes cantidades de gas hacia el centro de la galaxia recién formada, creando un hoyo negro que pronto devoraba el gas. Calentada por su caída hacia adentro, la materia emitía energía radiante cuando estaba a punto de desaparecer por el hoyo negro.

Al parecer, Barnes y Hernquist habían creado en la pantalla una galaxia elíptica. Otras simulaciones han logrado imágenes de sorprendente semejanza con otras galaxias verdaderas de aspecto desusado. A juzgar por esos experimentos, algunos de los objetos observables al telescopio son restos de accidentes en las "carreteras" cósmicas.

EL BRILLANTE CEMENTERIO DE ESTRELLAS

LOS PUNTOS lejanos del universo están marcados por efusiones de energía, fantásticamente violentas, llamadas cuasares. El cuasar es más brillante que la galaxia que lo alberga, y conserva siempre esa brillantez. (Las supernovas pueden brillar más, aunque sólo unos segundos.) Pero esas centrales cósmicas de energía están tan distantes que semejan estrellas, según indica su nombre, que es una contracción de "objeto cuasi estelar".

Cada vez más lejanos

El análisis de la luz de los cuasares revela que algunos se alejan de nosotros casi a la velocidad de la luz. La velocidad de retroceso parece ir a la par de la distancia, al

menos para las galaxias. Según esto, el cuasar más distante está tan lejos que su luz ha viajado 14 mil millones de años para llegar a nosotros, el triple de la edad de la Tierra. La luz salió del cuasar cuando el universo tenía quizá unos pocos miles de millones de años.

Paradójicamente, la causa de esta efusión de energía es algo invisible: un hoyo negro justo en el corazón del cuasar. El hoyo negro es un "sumidero" del universo del que no puede escapar energía alguna. Aparece alrededor de materia que se ha comprimido tanto que de su campo gravitatorio, sumamente potente, no puede escapar ni materia, ni luz, ni otra forma de energía. Algunos hoyos negros se forman

como residuos de estrellas de gran masa al explotar éstas al fin de su vida.

El hoyo negro tiene materia en órbita a la que está a punto de devorar, y esa materia incandescente forma el cuasar. Es un remolino en el que estrellas, gas y polvo desaparecen de nuestro universo.

Agonía de una estrella

Se puede seguir la muerte de la materia en grandes rasgos. Algunos cuasares muestran a veces un ligero salto de brillantez. Los astrónomos creen que ese pulso de energía extra es el estertor de una estrella que desaparece en las fauces del cuasar: antes de ser jalada al hoyo negro, absorbe calor y libera radiación.

UN UNIVERSO INFINITO

Galaxias enteras pueden servir de enormes telescopios naturales

EN 1979 unos astrónomos en Hawai empezaron a "ver doble". En la constelación de la Osa Mayor observaron dos de los brillantes objetos llamados cuasares, a cientos de millones de años luz de nuestra galaxia. Estaban separados sólo por 1/600 de grado; una conjunción tan estrecha no podía ser mera coincidencia. El análisis de la luz de los dos objetos reveló que eran asombrosamente iguales.

Los astrónomos no estaban viendo mellizos celestes, sino al mismo cuasar dos veces. La conclusión fue que entre la Tierra y el cuasar había un objeto de gran masa. La luz del cuasar se curvaba al cruzar el campo gravitatorio del objeto y se escindía en una imagen doble. La observación con instrumentos más sensibles reveló que esa "lente" gravitatoria natural era una gran galaxia anteriormente desconocida.

Desde entonces se han detectado más lentes gravitatorias. A veces el cuerpo causante está tan lejano que es muy borroso para verlo, pero a menudo ha sido identificado como una galaxia o un cúmulo de galaxias.

Algunas lentes causan otros efectos visuales, según la fuerza de su gravedad y su posición con relación al cuasar. Un cuasar en la constelación de Leo se ve en forma de anillo.

Otros cuasares parecen arcos de varias imágenes, algunas de las cuales parecen más grandes o brillantes de lo normal: la lente gravitatoria actúa de "telescopio" cósmico.

Efecto visual Debido a la influencia gravitatoria de un cúmulo de galaxias, un cuasar puede verse como arco de luz (3/4 abajo en esta imagen de la izquierda) más que como un solo punto.

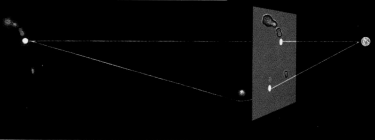

Dos por uno El cuasar 0957+561 (a la extrema izquierda del diagrama de abajo) fue el primer "cuasar doble" descubierto en 1979. El campo gravitatorio de una galaxia (mancha anaranjada) refracta su luz. Desde la Tierra (extremo derecho) vemos su imagen doble (en el panel verde).

CUERDAS EN EL ESPACIO

ENTRE LAS más recientes teorías de la cosmología figuran las cuerdas cósmicas. Si existen esas extrañas entidades, se formaron en la primera fracción de segundo del *Big Bang* en el que, al parecer, nació el universo.

Los físicos consideran que el "espacio vacío" es en realidad un torbellino de energía y partículas que surgen a la existencia, tienen una vida breve y desaparecen de nuevo. En los primeros instantes del *Big Bang* el cosmos era aún más dinámico: un remolino de energía a enormes temperatura y presión. Las hipotéticas cuerdas son muestras de ese espacio primigenio que

han subsistido hasta el universo menos frenético de hoy.

Una cuerda cósmica no tendría extremos: o bien sería infinita y se extendería por todo el universo visible y más allá, o sería un aro con años luz de circunferencia.

Delgadas pero pesadas

Se calcula que el grosor de cada cuerda sería equivalente a tan sólo cinco veces el diámetro de un átomo. La masa sería colosal: un billón de toneladas por milímetro. Así, una cuerda de longitud igual al diámetro de la Tierra tendría el doble de la masa de ésta.

Los científicos equiparan las cuerdas cósmicas con bandas elásticas sometidas a una enorme tensión, en cuanto que pierden energía al estremecerse y serpentear en el espacio. De cuando en cuando se enroscarían, se entrecruzarían y formarían aros que se rompen. Éstos irradiarían energía y acabarían por desaparecer.

Los radiotelescopios detectan en el centro de nuestra galaxia fuentes radiantes filiformes; tal vez provengan de gas caliente que envuelve las cuerdas cósmicas. De ser así, serán la primera señal de que las cuerdas existen fuera de la imaginación de los teóricos.

EL FIN DE TODAS LAS COSAS

¿Qué clase de muerte le espera al universo?

LA CIENCIA no puede asegurar qué será del universo a la larga. La mayor incertidumbre se refiere a la expansión continua del mismo. ¿Seguirán apartándose uno de otro los cúmulos de galaxias que forman el universo, o empezarán a unirse otra vez bajo la fuerza de su gravedad recíproca?

Materia invisible

Eso depende de una pregunta cuya respuesta nadie sabe: ¿cuánta materia hay en el universo? La materia observable (estrellas, gas, polvo, etc.) es apenas la centésima parte de la necesaria para detener la expansión que está en marcha desde que el *Big Bang* creó el universo hace unos 15 mil millones de años.

Pero el movimiento de algunas galaxias muestra que la fuerza gravitatoria de la materia que no podemos ver también jala de ellas. Esta materia invisible, llamada "materia oscura", existe entre y dentro de las galaxias y quizá comprenda casi toda la materia del universo. Pero la combinación de la materia invisible con las estrellas y otra materia visible equivale tan sólo a una décima parte de la masa que se necesitaría para convertir la expansión en contracción.

Así, los cosmólogos creen que el universo seguirá expandiéndose, y vislum-

Al sumidero *La fuerza gravitatoria de un hoyo negro succiona materia de una estrella cercana (en azul). Antes de entrar al hoyo, la materia libera radiación (fulgor rojizo).*

bran sucesos a distancias increíbles en el futuro. En 100 billones de años, las estrellas más viejas habrán agotado su combustible y se desvanecerán. En un lapso de tiempo mayor, las galaxias desaparecerán. Aun en la inmensidad del espacio, las estrellas a veces se acercan entre sí lo bastante para ser afectadas por sus respectivos campos gravitatorios y, si la escala de tiempo es bastante larga, los encuentros casuales entre estrellas muertas que pasan casi rozándose harán que al menos el 90% de ellas sean arrojadas al espacio intergaláctico. Las demás se depositarán en los centros de las galaxias, formando enormes hoyos negros.

Mientras los cúmulos de galaxias siguen alejándose unos de otros, cada uno empezará a desplomarse sobre sí mismo. Los hoyos negros —residuos de las galaxias— y las estrellas muertas errantes en

el espacio intergaláctico convergerán en una espiral. Al fundirse nacerán hoyos negros aún mayores. Esto sucederá en 10 millones de billones de años.

Mar de partículas

Más allá de ese horizonte está la muerte de la materia. La mayoría de los físicos creen que la materia aparentemente estable que nos rodea hoy acabará por "desintegrarse" en un mar de radiación y partículas más ligeras. Hasta cuerpos del tamaño de una estrella se desvanecerán de ese modo, pero para ello tardarán un número de años que se escribe con un 1 seguido de 32 ceros.

Si bien, para fines prácticos, ni la materia ni la radiación pueden huir de un hoyo negro, en una escala cósmica de tiempo los hoyos negros se "evaporarán" poco a poco, soltando un lento torrente de radiación. El número de años necesario para la desintegración del hoyo negro formado por el desplome de un cúmulo de galaxias se escribe con un 1 seguido de 117 ceros.

Ese es el horizonte más lejano que los físicos pueden discernir en la actualidad. Creen que en esa distante época el universo será una masa amorfa de partículas subatómicas, bañada en un mar de radiación, cerca de la temperatura del cero absoluto: –273°C.

¿SABÍA USTED QUE...?

UNAS nueve mil estrellas se aprecian a simple vista. Cuando sólo puede verse la mitad del cielo, y la niebla reduce la visibilidad cerca del horizonte, una persona de vista aguda no logra ver más de tres mil incluso en una noche muy cerrada y clara.

EL GRAN ATRAEDOR

EN 1986 un grupo internacional de astrónomos anunció el descubrimiento del objeto más grande que la ciencia haya encontrado. Pero no saben qué es.

El misterioso objeto está en dirección de las estrellas de la Cruz del Sur, pero mucho más allá. Su masa equivale a decenas de miles de galaxias. Aunque es invisible para nosotros, revela su existencia por su jalón sobre galaxias situadas a 200 millones de años luz de la Tierra, las cua-

les se alejan entre sí a velocidades hasta de 4 500 km por segundo, participando de la expansión general del universo. Pero además de esa marcha hay un movimiento extra de 700 km por segundo hacia el objeto oculto.

El Gran Atraedor, como se le llama, estaría a 500 millones de años luz de nosotros. Con 300 millones de años luz de diámetro, puede ser un gigantesco cúmulo de galaxias demasiado tenue para verse.

capítulo tres

LA INQUIETA TIERRA

NADA PARECE MÁS estable que el suelo que pisamos. Pero hoy sabemos que el calor interno de la Tierra mantiene en movimiento las placas tectónicas que componen su superficie; la Antártida, por ejemplo, un día estuvo en el ecuador (*página 70*). El hombre mismo provoca cambios estructurales: la contaminación amenaza con un calentamiento dramático e irreversible de la atmósfera (*página 69*). Nada hay permanente sobre la Tierra; todo en ella se está alterando y los seres vivientes se adaptan al cambio lo mejor que pueden.

CONGELARSE O QUEMARSE

Donde las temperaturas se van a los extremos

AUNQUE a veces nos quejemos del mal tiempo, la mayoría de nosotros vive bastante bien en lo que se refiere al clima. Pero hay sitios en los que la vida es casi imposible.

Una de las zonas más inhóspitas del mundo es el Ártico. Ciertas áreas de Alaska, Canadá, Escandinavia y la ex Unión Soviética se hallan dentro del Círculo Polar Ártico, donde nueve meses al año la temperatura está por debajo del punto de congelación y puede descender hasta –57°C. Aun en verano rara vez supera los 7°C. Es por ello que dichas zonas están escasamente pobladas.

Y así como ese frío constante ha frenado la colonización del Ártico, el quemante calor del Sáhara, donde la temperatura de las arenas ha llegado a 84°C, mantiene alejada a la gente. En Chad y Libia hay zonas en las que puede no llover por años y el aire se vuelve irrespirable.

En el lugar más seco de la Tierra, el desierto de Atacama, en Chile, no hay un solo ser viviente. Las corrientes frías del océano y las montañas costeras forman una barrera contra las nubes de lluvia, y hay

Arenas abrasadoras Amanece en el Sáhara, el desierto más grande del mundo, en donde la precipitación pluvial media anual es de 150 a 180 mm. Sólo la quinta parte es arena, el resto es roca lisa o grava.

regiones del Atacama en las que jamás ha llovido. No obstante, el calor ahí no es muy intenso: la temperatura media en verano es de 19°C.

Más al norte de Sudamérica la situación es totalmente distinta. En los vastos bosques de Brasil viven numerosos pueblos y las precipitaciones pluviales por año son de hasta 35 m, con una temperatura media anual de 27°C.

Tierra de nadie

Fuera de los científicos más intrépidos, no hay ser humano que viva en la Antártida, el continente más frío y con más vientos. Ahí la temperatura atmosférica supera el punto de congelación sólo 20 días al año, y en ocasiones ha llegado a descender hasta los –89°C. Por otra parte, los constantes vientos hacen la vida aún más difícil. Así, en la región conocida como Tierra de Adelia éstos han llegado a soplar por meses enteros, a una velocidad promedio de 70 km/h.

El continente más frío La Antártida recibe al año las mismas horas de luz solar que las regiones situadas en el ecuador, pero como el continente se halla en uno de los dos polos de la Tierra, los rayos llegan oblicuamente y tienen escaso poder de calentamiento.

TORSIÓN EN EL VIENTO

Los tornados concentran enorme poder en poco tiempo y espacio

LOS TORNADOS pueden arrancar árboles, descarrilar trenes y lanzar por el aire a personas, animales o construcciones pequeñas. En abril de 1880, en Missouri, EUA, una casa fue desplazada 19 km de su sitio.

Aunque los tornados pueden causar grandes estragos, su perímetro de acción es reducido y rara vez es superior a 100 m. Así, por ejemplo, un tornado puede demoler una casa de un lado de la acera sin dañar la de enfrente.

Breve e intenso

Es difícil saber la velocidad exacta del viento en el ojo del tornado, pues hasta ahora los equipos de medición han sucumbido a la embestida, pero se estima que este viento puede llegar a ser hasta de 400 km/h. Sin embargo, los tornados suelen ser efímeros y se desvanecen luego de una o dos horas.

Los tornados más devastadores ocurren en el oeste medio de Estados Unidos. En "Tornado Alley", franja que atraviesa el norte de Texas, Oklahoma, Kansas y Nebraska, cada año se padecen entre 300 y hasta 1 000 tornados, sobre todo en primavera y verano.

Angosta senda de destrucción En Maryland, EUA, un tornado desgajó un gran árbol, pero sólo tiró unas cuantas tejas de esta casa.

El giro de las cosas La característica columna del tornado, en forma de embudo, se advierte a gran distancia. A veces se desprenden columnas más pequeñas que se van por otros caminos.

Un tornado se produce cuando una corriente alta de aire frío encuentra otra de aire húmedo y caliente que corre en sentido contrario. Al subir el aire más caliente y encontrarse con el frío, el agua que lleva se condensa en lluvia, desprendiendo calor. El aire cálido y seco es succionado hacia arriba, en espiral, y el aire frío de la parte alta desciende por el ojo de la tormenta y se calienta. Entonces éste vuelve a subir rápidamente, dando más fuerza a las corrientes ascendentes, ya de suyo violentas. El aire al girar se comprime hasta convertirse en una columna con forma de embudo cuya velocidad de rotación aumenta a medida que su diámetro se estrecha. Dado que en el interior del embudo la presión del aire es muy baja con respecto al exterior, esta diferencia puede hacer estallar un edificio cuando el tornado pasa sobre él.

Los tornados podrían explicar esas lluvias de peces, ranas y otros animales que se describen en la historia, o cuando menos es la explicación que se da a sucesos tan singulares como el ocurrido en la aldea de Cerney Wick, Inglaterra, en donde en 1987 cayó una lluvia de pequeñas ranas color de rosa.

AVALANCHA DE AFLICCIÓN

Un alud puede devastar una aldea sin previo aviso

EL 31 DE MAYO de 1970, una gruesa capa de hielo de casi 800 m de ancho y millones de ton de peso se desprendió del Huascarán, la montaña más alta del Perú, con 6 768 m de altura. Tras caer cerca de 1 000 m por una cara escarpada de la montaña, se estrelló contra la ladera y se precipitó valle abajo, lanzando rocas y trozos de hielo del ta-

Medida preventiva *En los Alpes franceses, una explosión controlada origina una pequeña avalancha, con el fin de evitar que se produzca una avalancha mayor.*

maño de una casa, al descender a una velocidad que llegaba a los 480 km/h. Cuando por fin se detuvo en el valle de Santa, la avalancha prácticamente había arrasado la ciudad de Yungay y devorado 11 aldeas cercanas, resultando muertas entre 18 y 25 mil personas.

Ésta, la avalancha más devastadora de que se haya tenido noticia, fue desencadenada por un terremoto, pero un alud puede sobrevenir al menor desequilibrio de nieve, hielo o rocas. Basta con que un cristal se salga de su sitio para desencadenar un alud de nieve que pue-

de crecer hasta convertirse en una inmensa masa, de millones de toneladas de peso, que descienda a velocidades hasta de más de 400 km/h.

Por su parte, los aludes de "losas" son consecuencia del deslizamiento de una capa de nieve: cuanto mayor sea la cantidad de nieve que tengan encima tanto mayor será su devastación.

El poder de las avalanchas es inmenso; pueden asolar bosques, descarrilar trenes y arrancar casas de sus cimientos. Pero tal destrucción no siempre se debe al volumen de materia que arrastran, sino que puede resultar también de la formación de una onda de aire frente a la avalancha, que barre todo lo que halla a su paso. Así, en 1900, un trabajador forestal de Glarus, Suiza, fue lanzado por el aire "como hoja llevada por la tormenta", y cayó en la nieve, 670 m montaña abajo. Y de igual forma, en 1952, un autobús fue arrojado de un puente, cerca de Langen, Austria, por la corriente de aire de una avalancha; murieron 24 personas.

Cómo detener el alud

Resulta casi imposible predecir una avalancha, pero sí se puede hacer mucho para evitarlas. Así, por ejemplo, se pueden colocar barreras de acero para mantener la nieve en su lugar e impedir los derrumbes, o bien, en sitios menos accesibles, producir con explosivos pequeños e inofensivos aludes que eviten la formación de masas de nieve que pudieran adquirir peligrosas dimensiones.

¿SABÍA USTED QUE...?

LAS AVALANCHAS cobran en promedio 150 vidas al año. La mayoría de las víctimas son esquiadores; ellos mismos desencadenan los aludes que les causan la muerte.

✳ ✳ ✳

EN AGOSTO de 1820 una avalancha en el Monte Blanco lanzó a un grupo de nueve montañistas a la grieta de un glaciar. La gente de la zona, que conocía la velocidad a la que avanzaba el glaciar, calculó que los cuerpos aparecerían en 40 años al pie de la montaña, en el valle de Chamonix, a unos 8 km del fatal sitio. Aparecieron, en efecto, en 1861, un año más tarde de lo previsto; aún parecían estar, según se dijo, "en la flor de la juventud".

LA HISTORIA EN UNA BARRA

Una estampa del pasado congelada en el tiempo

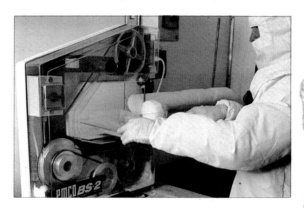

UNA ANGOSTA barra de hielo de 2 083 m de largo encierra la historia de la atmósfera terrestre de los últimos 160 000 años. Este registro del pasado fue extraído de la Antártida por científicos rusos que de 1980 a 1985 estuvieron haciendo profundas perforaciones en la capa de hielo, cuyos secretos se remontan al penúltimo periodo glacial. El hielo de la Antártida revela el pasado con precisión, pues cada año las nevadas capturan partículas de polvo y de las sustancias químicas presentes en ese momento en la atmósfera, y el reciente descubrimiento del aire fósil (burbujas de aire atrapadas en el hielo) permite ahora medir la proporción de gases en esa misma atmósfera.

Con estas pistas es posible indagar la temperatura que tuvo la Tierra en épocas pasadas y fechar con exactitud los periodos glaciales, el último de los cuales duró apenas unas cuantas décadas.

Las técnicas de análisis pueden hoy detectar una parte de plomo (quizá proveniente del escape de un vehículo) en mil millones de partes de hielo, o bien polvo del desierto del Sáhara, precipita-

Perforando en busca de datos Dos científicos extraen una barra de hielo (derecha) para hacerle un análisis químico. En el laboratorio (arriba) cortan la barra con sierra, y usan traje especial para evitar contaminarla.

ciones radiactivas o el ácido sulfúrico que produce la lluvia ácida. Fechar el hielo es fácil, pues cada año las nevadas forman capas diferentes, de la misma manera en que los anillos de los árboles muestran su crecimiento anual.

Elaborando una tabla de causa y efecto a partir del registro de estos cambios atmosféricos, los científicos confían poder predecir y detener o controlar los posibles resultados del "efecto de inver-

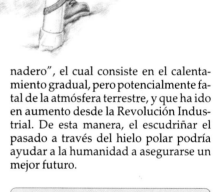

nadero", el cual consiste en el calentamiento gradual, pero potencialmente fatal de la atmósfera terrestre, y que ha ido en aumento desde la Revolución Industrial. De esta manera, el escudriñar el pasado a través del hielo polar podría ayudar a la humanidad a asegurarse un mejor futuro.

TORBELLINOS MISTERIOSOS

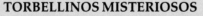

¿HAN ATERRIZADO OVNIS en la Tierra? Además de los cientos de reportes sobre luces extrañas vistas en el cielo nocturno y raras máquinas voladoras observadas de día, la gente que asegura que seres del espacio exterior nos visitan, a menudo ha presentado como prueba de su aseveración las curiosas áreas aplastadas en forma de círculo que han sido halladas en sembradíos de todo el mundo.

Visitantes secretos

El hallazgo de estos círculos ha coincidido muchas veces con reportes de ovnis, y al parecer son hechos durante la noche. Así, quienes creen en la existencia de los ovnis afirman que tales círculos son la huella dejada por el aterrizaje de naves extraterrestres.

Los meteorólogos han observado que los círculos de los sembradíos presentan

las señas típicas de un tornado menor, es decir, la clara huella de un movimiento circular, así como un nítido límite entre la zona afectada y la no afectada. Sin embargo, los tornados son sumamente destructivos, y en estos casos los cultivos, aunque aplastados, aparecen intactos. Asimismo, los tornados se desplazan sobre el suelo, en tanto que aquello que causa este fenómeno no deja ningún otro rastro de su paso.

No obstante, los científicos de la Organización de Investigación sobre Tornados y Tormentas, de Inglaterra, piensan que el origen de estos círculos es algún tipo de remolino o torbellino. Torbellino muy extraño pues, al parecer, agota toda su energía al momento de tocar el suelo. Según dicen, quizá tarden decenas de años en descubrir qué es lo que produce tales círculos.

¿SABÍA USTED QUE...?

EL PESO del hielo de la Antártida ha hundido a tal grado el continente que la mayoría de éste se encuentra bajo el nivel del mar. La fosa de Bentley, la mayor depresión, está a 2 538 m bajo el nivel del mar. Pero, a la vez, la Antártida es el continente más elevado. Su superficie glacial se halla, en promedio, a 2 050 m sobre el nivel del mar. En cambio, el casquete polar que cubre el océano Ártico tiene apenas entre 2 y 3 m de espesor y su temperatura media es 15 °C más cálida que en la Antártida.

* * *

EN LA Antártida sólo crecen dos fanerógamas: una pertenece a la familia del clavel y la otra es una hierba.

ESPIANDO EL CLIMA

Los meteorólogos le siguen la pista a la lluvia en todo el mundo

LOS ANTIGUOS griegos veían en el arco iris el anuncio de una próxima lluvia, y lo mismo auguraban los sabios ingleses de la época isabelina. Estos presagios, al menos, podían resultar al fin ciertos, no así algunas otras creencias sobre el tiempo, igualmente antiguas, que parecen hoy ridículas, como el presagio de fuertes vientos por el paso

de una estrella fugaz; el de tormenta si un burro agitaba las orejas o de buen tiempo si se escuchaba el ulular de un búho por la noche.

El clima es un vasto sistema interrelacionado. Predecir el tiempo en Sydney con 24 horas de antelación implica tener información detallada de la Antártida, del Pacífico occidental y de Indonesia, y hacer un pronóstico para los próximos cuatro días requiere de datos muy precisos sobre la situación meteorológica en el mundo entero.

Por tierra, por aire y por mar

Desde luego que los meteorólogos poseen una asombrosa cantidad de datos sobre el clima en el mundo entero, aunque no tantos como quisieran. Cada hora llegan cerca de 12 000 reportes climatológicos a los dos centros de pronósticos de la Organización Meteorológica Mundial, ubicados en Washington, D.C., y en Bracknell, Inglaterra. Esta información procede de 7 000 estaciones meteorológicas, de barcos en alta mar, aviones, satélites y de las lecturas de los 1 000 globos que son lanzados diariamente por las estaciones.

Los datos comprenden lecturas de presión atmosférica, lluvia, velocidad y dirección del viento, temperatura y lecturas aéreas hechas desde el nivel del suelo hasta la estratosfera, a 50 km de altura. Las computadoras procesan los cinco millones de cifras así generados, para elaborar una imagen tridimensio-

Reporte del tiempo *En la isla Ellesmere, al NO de Groenlandia, los climatólogos montan el equipo para medir la velocidad del viento, la temperatura y la humedad.*

nal de lo que ocurre en el mundo. La superficie terrestre es dividida en secciones de 150 km^2 y 15 niveles desde el suelo hasta la estratosfera, con lo que la atmósfera aparece representada por cerca de 350 000 cubos. En el caso de América del Norte, Europa y el océano Atlántico, se obtiene una imagen cuatro veces más detallada.

Después, empleando modelos matemáticos, la computadora pronostica el posible desarrollo que tendrá el clima que impera en ese momento, para periodos que comprenden desde una hasta 140 horas.

Un cuadro más detallado

Actualmente están en etapa de prueba computadoras ocho veces más potentes, las cuales dividen la atmósfera en 19 niveles y emplean para los cálculos superficies que representan un tercio de las que hoy en día se manejan.

Con tal grado de refinamiento y de capacidad de cómputo adicional, es posible generar reportes más amplios, si bien existen zonas como el Pacífico y los grandes desiertos de las que, por estar poco habitadas, no es posible recabar y reportar diariamente información sobre el clima que en ellas impera.

LA TEMIDA CALMA DEL MAR

POCAS COSAS parecen más extrañas que un barco de vela totalmente quieto en medio de un mar sin viento. El velamen gualdrapea ocioso, los mástiles crujen y el poco avance de la nave apenas permite gobernarla. Y esto era algo que debían enfrentar todos los barcos que hacían la larga travesía desde Europa hasta las Indias Occidentales, por el Atlántico. Al llegar al sur de aquella zona tormentosa conocida como "los rugientes cuarenta", entre los 30° y 35° latitud norte de la línea trazada entre las islas Canarias y la costa de Florida, debían hacer frente a aquella calma de las "latitudes de los caballos".

Pensando en el dinero que ese tiempo perdido le costaría, el capitán se irritaba; la tripulación se inquietaba por temor a

que se agotara el agua dulce, y quizás algunos dedicaban un pensamiento a los caballos que dieran nombre a esa zona. Durante la colonización europea del Nuevo Mundo, se llevaron por barco enormes cantidades de caballos hacia Occidente. Pero cuando la falta de viento detenía el viaje y las provisiones escaseaban, los caballos eran arrojados por la borda. Según la leyenda, esto sucedía con tanta frecuencia en aquellas latitudes que los barcos solían toparse con cementerios flotantes de los animales que habían sido arrojados a la muerte.

Hoy, esa parte del océano y su contraparte en el hemisferio meridional tienen un nombre más prosaico: "zonas subtropicales de alta presión".

UN MAL VIENTO

EL FINAL del invierno en los Alpes suizos es a veces testigo de un extraño y súbito cambio en las montañas cubiertas de nieve, que empieza con la repentina aparición de columnas de nubes en forma de disco sobre las cimas.

En unos minutos, el día, antes brillante y frío, se torna oscuro y caluroso, al precipitarse desde los picos un viento cálido y sumamente seco llamado *föhn*, y en cuestión de horas la tersa nieve se habrá derretido en torrentes de agua. Éste es un efecto del *föhn*, y parece haber otro. La gente expuesta por prolongados periodos al *föhn* se queja de dolor de cabeza y depresión; además se dice que produce ataques cardiacos e incluso que induce al suicidio, si bien hasta la fecha no se ha identificado la causa de todo ello.

El *föhn* se forma cuando ascienden vientos húmedos por la cara de una cordillera expuesta al viento. En lo alto, el viento se enfría y la humedad que lleva se condensa, formando nubes y liberando calor. El viento se vuelve frío y sumamente seco, y se precipita hacia abajo por el lado opuesto de la cordillera. Conforme desciende, la presión atmosférica más elevada lo comprime y calienta. Cuando el *föhn* llega al valle, éste experimenta un rápido calentamiento, que a veces va desde una temperatura inferior al punto de congelación hasta los 20°C.

LA CALEFACCIÓN ESTÁ ENCENDIDA
¿Está fuera de control el efecto de invernadero?

CUANDO EL invierno llega al norte de Canadá, los osos polares viajan hacia el sur, tras haber pasado el verano en el Ártico, cruzando por una parte congelada de la bahía de Hudson. Pero, en noviembre de 1988, sucedió por vez primera que los osos debieran detenerse ahí por seis semanas pues el agua no se había congelado aún, antes de poder continuar su viaje hacia las tierras de hibernación. Ésta es, según muchos expertos, una de las crecientes señales de la presencia del "efecto de invernadero", es decir, el calentamiento general de la atmósfera de la Tierra.

Una capa de gas que crece

El efecto de invernadero es causado por el aumento de ciertos gases en la atmósfera, tales como el metano y el óxido nitroso, siendo el más dañino el bióxido de carbono, que se produce, sobre todo, al quemar combustibles fósiles (carbón, petróleo y gas) o los bosques. Cada año, el hombre genera cerca de 400 000 millones de toneladas de bióxido de carbono. Sin este compuesto en la atmósfera, los rayos solares se regresarían al espacio y la Tierra se congelaría, pero al engrosarse la capa de bióxido de carbono, el calor que queda atrapado es excesivo.

Al parecer, entre 1968 y 1989 la temperatura promedio en el mundo aumentó 0.8°C. Algunos científicos dicen que tal variación es normal; otros lo atribuyen al efecto de invernadero, y predicen que para el año 2050 este incremento será de entre 2° y 5°C.

Es hora de actuar

Este ritmo de incremento concede cierto margen, al menos, para iniciar medidas correctivas tales como una severa reducción del consumo de combustibles fósiles que evite cambios drásticos en los patrones climáticos y agrícolas, como podría ser la posibilidad de que aumentaran las precipitaciones pluviales en ciertas zonas del mundo o la intensidad de los huracanes, o bien que las fértiles praderas del oeste medio de Estados Unidos y las estepas de Ucrania se convirtieran en desiertos.

Pero según algunos expertos, el calentamiento del planeta podría ocurrir mucho antes, y sus terribles efectos serían irreversibles para fines de este siglo. Afirman que las computadoras no han sido programadas para considerar los "mecanismos de retroalimentación", es decir, el modo en que el calentamiento de ciertos sistemas climáticos del planeta acelera el proceso en otros.

Así, el aumento de bióxido de carbono en la atmósfera no sólo resultará de quemar combustibles fósiles. Al subir la temperatura, la tundra que corre de Canadá a Siberia se calentará, liberando el bióxido de carbono que se halla actualmente atrapado en el hielo, y el aumento de este compuesto acelerará el efecto de invernadero.

Crecida de los océanos

Los efectos del calentamiento del orbe son sumamente complejos y difíciles de predecir. Por ejemplo, muchos científicos afirman que temperaturas más elevadas harían subir el nivel del mar, pues al calentarse los océanos ocuparían más espacio. Además, los glaciares y los casquetes polares se empezarían a derretir. Pero, como la humedad de la atmósfera aumenta con la temperatura, nevaría más en los extremos de la Tierra, equilibrándose la fusión de los hielos.

Así, aunque no se puede predecir con exactitud la elevación del mar, se estima que para el año 2030 podría llegar a 1.5 o 3m, lo que pondría en evidente peligro a las ciudades y los pueblos costeros del mundo entero.

Asimismo, los océanos y los casquetes polares contienen la mitad del bióxido de carbono del planeta y, al elevarse significativamente la temperatura de ambos, se liberaría una mayor cantidad de gas, multiplicándose así los efectos y acelerando varias décadas la ocurrencia de la posible catástrofe.

¿SABÍA USTED QUE...?

UN VIENTO frío que sopla desde el mar hacia la costa meridional del continente australiano puede bajar 20°C la temperatura en cuestión de minutos.

* * *

LAS VELOCIDADES más altas del viento han sido registradas en la cima del monte Washington, en New Hampshire, EUA, donde las ráfagas han llegado a 370 km/h.

* * *

UN ATERRADOR pronóstico, conocido como la "Carta de Toledo", circuló en Europa en 1185. Johannes, astrónomo español, predijo que en septiembre del año siguiente, cuando todos los planetas conocidos entraran en conjunción (alineados entre sí), habría un clima terrorífico. Vientos brutales destruirían la mayoría de las construcciones y después vendría la hambruna y otros desastres. Mucha gente se preparó contra la adversidad y algunos llegaron a construir refugios subterráneos, pero el cataclismo nunca ocurrió.

* * *

EL 99% de la superficie de la Antártida está cubierto de hielo, cantidad que representa nueve décimas partes del hielo existente sobre la Tierra.

MILAGRO EN EL DESIERTO

Al cabo de años de sequía, brotan flores en el yermo

EL DESIERTO de Atacama en Chile es el sitio más seco del mundo. Ahí casi nunca llueve. Pero cuando llueve, tras cinco o más años de sequía, ocurre ahí algo similar a un milagro.

"Fue como llegar al Paraíso", escribió Gill Ross, una visitante británica, al ver el fenómeno que ocurrió cuando llovió en el Atacama, en 1988, y describió: "bellas y frágiles flores de brillantes colores crecen en inmensas extensiones, como si Dios hubiese arrojado a manos llenas las semillas al viento."

Al año siguiente reverdeció otro de los lugares más áridos del mundo, el desecado lago Eyre, en el centro de Australia, cuyas temperaturas, en verano, pueden llegar a 54°C. Lluvias torrenciales colmaron el lago entre abril y mayo, y el monótono desierto se llenó de colores al florecer plantas que aparentemente brotaron de la nada.

Las flores surgieron de los millones de semillas que quedaron en la arena durante la última floración ocurrida en el desierto. Pero, ¿cómo logran sobrevivir a las terribles condiciones que enfrentan? La respuesta está en la rapidez con la que las plantas recorren su ciclo de

Completamente seco El desierto de Mohave, cercano a Los Ángeles, recibe menos de 270 mm de lluvia al año. Aun así, se puebla de flores.

vida y en la naturaleza de sus semillas. Mientras que a las plantas de climas más templados les toma meses madurar, florecer y producir semillas, a estas plantas "efímeras" del desierto les puede tomar sólo dos semanas. Las semillas no germinarán si no están saturadas de agua, y esto no ocurrirá sino con lluvias muy intensas. De lo contrario, permanecen en estado latente dentro de cáscaras resistentes que las protegen de la sequía hasta por 25 años, y al llegar las lluvias teñirán de colores el desierto por unas cuantas semanas.

Las semillas de ciertas plantas de estas regiones áridas requieren de cantidades distintas de agua, lo cual asegura que no germinarán todas a la vez, quedando algunas de reserva para el futuro. Casi todas estas plantas, en apariencia mágicas, dan enormes y brillantes flores, para atraer el mayor número posible de insectos polinizadores, con lo cual, pese a ser efímeras, sus oportunidades de ser fecundadas y reproducirse son muchas.

CALOR EN LA ANTÁRTIDA

El gélido continente se ha caldeado y enfriado más de una vez

DESDE HACE tiempo, los geólogos y los arqueólogos saben que las gélidas tierras de la Antártida fueron una vez un paraíso semitropical que, al igual que las otras masas continentales, ha ido a la deriva por el planeta durante los últimos 600 millones de años, debido al continuo desplazamiento de las placas tectónicas.

Hace 500 millones de años la Antártida estaba en el ecuador y fue desplazándose después hacia el sur, pero sin llegar a una latitud en la que no fuera ya posible el crecimiento de una exuberante vegetación, que dejó como vestigio los ricos yacimientos de carbón. Siguiendo su viaje a la deriva, hace 280 millones de años el continente se halló en el Polo Sur, y luego se desplazó hacia el norte, hasta que, hace alrededor de 135 millones de años, su temperatura permitió de nuevo el crecimiento de vegetación, y con ello la vida de los dinosaurios. Millones de años después, la Antártida volvió a detenerse en el Polo Sur, y hace 35 millones de años empezó a formarse la enorme placa de hielo que hoy la cubre y que llega a alturas de 3 650 m.

Se creía que, desde entonces, el hielo y el carácter inhóspito de la Antártida habían ido en constante aumento, hasta que, en 1982, se encontraron los restos fósiles de un pequeño marsupial, de cerca de 45 millones de años. Además de sugerir que los ancestros de los canguros australianos proceden de la Antártida, el hallazgo plantea la pregunta sobre el clima que debió haber imperado para que subsistieran ahí criaturas que suelen vivir en regiones de clima cálido.

Hallazgos inesperados

A partir de entonces se han hallado fósiles de delfines, un maxilar de cocodrilo y el esqueleto de un ave, así como madera y plantas fosilizadas. Todo ello data de entre dos y seis millones de años, lo que ha llevado a concluir que el tamaño de la placa de hielo de la Antártida ha sufrido bruscos cambios desde que se detuvo en el extremo sur. Se dice que tal vez el mar corría por el interior del continente y que la temperatura era 10° o 20°C más alta que la actual. Sin embargo, nadie ha podido aún dar una explicación a estos cambios.

LA TIERRA EMPEZÓ A TEMBLAR

¿Alguien advierte el millón de terremotos que ocurren cada año?

LA PALABRA "terremoto" evoca imágenes de devastación, de muerte y de millares de familias sin hogar. En efecto, un terremoto puede causar terribles estragos si ocurre en un área densamente poblada. Cada año los sismólogos registran cerca de un millón de movimientos telúricos cuya intensidad es, en su mayoría, tan pequeña que son apenas perceptibles. Algunos no pasan de –2 grados en la escala de Richter (empleada para medir la intensidad de los terremotos), apenas el equivalente a la energía liberada por un ladrillo al caer de las manos al suelo. Si bien es cierto que cada 15 días ocurren terremotos con una energía de 200 ton de TNT, la mayoría de éstos suceden bajo los océanos del planeta.

Toda esta actividad se debe al movimiento continuo de las placas tectónicas que, al jalar o empujar rocas, crea una tensión creciente en la corteza terrestre, hasta que ésta acaba por ceder y provoca, en ocasiones, verdaderos cataclismos.

Línea de falla Una calle de Los Ángeles muestra los daños causados por uno de los 18 000 terremotos de magnitud 3 o mayor que han ocurrido desde 1808 a lo largo de la Falla de San Andrés y de sus subfallas.

Un terremoto de gran magnitud despliega una inmensa cantidad de energía. Así, el ocurrido en Tangshan, China, en 1976, con 300 000 víctimas, fue de 8.3 grados. Generó tanta energía como una bomba de hidrógeno de 100 megatones, equivalente a 5 000 explosiones como la de Hiroshima, o a 100 millones de toneladas de TNT. Los mayores terremotos registrados desde la invención de los sismógrafos modernos ocurrieron, uno, en 1906, cerca de Quito, Ecuador, y el otro en 1933, en Honshu, Japón, ambos con una intensidad de 8.9 grados.

Un terremoto mayor resulta inconcebible. Hay un límite para la presión que cualquier roca puede soportar cuando es comprimida o dilatada por la fuerza de la corteza terrestre. Aun la roca más dura sería pulverizada por la energía desatada por un terremoto que rebasara los 8.9 grados Richter.

IMÁGENES DEL CENTRO DE LA TIERRA
Hay océanos y montañas en el núcleo de la Tierra

POR MUCHO tiempo se creyó que el núcleo de la Tierra era una masa de hierro esférica y lisa, fundida por fuera, y sólida, aunque sumamente caliente, en su interior. Hoy la ciencia ha permitido obtener una imagen diferente del núcleo terrestre: no es llano, sino que presenta "cumbres" más altas que el Everest y "valles" más hondos que el Gran Cañón, los cuales no están llenos de aire sino de "océanos" de roca fundida.

Esta imagen fue desarrollada por científicos de la Universidad de Harvard y del Instituto de Tecnología de California, mediante la tomografía sísmica, una técnica por computadora que produce imágenes tridimensionales de la Tierra usando los datos arrojados por los registradores sismológicos emplazados en todo el planeta.

Velocidad de las ondas

Los sismólogos trataban de analizar el desplazamiento de las ondas sísmicas a través de la Tierra. Si, según creían, tanto la corteza como el manto (capa subyacente de roca fundida y viscosa, de 3 200 km de espesor) y el núcleo tenían una

---

¿SABÍA USTED QUE...?

LOS INDIOS algonquinos de EUA creían que la Tierra reposaba sobre la espalda de una inmensa tortuga que, al moverse, la hacía temblar. Según una leyenda japonesa, era el caminar de una enorme araña en lo hondo del planeta lo que causaba los terremotos, y más tarde se dijo que era un inmenso bagre. Los antiguos griegos pensaban que los sismos se debían a la lucha sostenida por seres gigantes en el subsuelo.

---

forma regular, debía de ser posible predecir el tiempo que una onda sísmica tardaría en llegar a una determinada estación de registro. Sin embargo, en la práctica, las ondas llegaban antes o después de lo esperado.

Los sismólogos sabían que las ondas de presión pierden velocidad al toparse con materia más densa o caliente dentro de la Tierra (como el núcleo), y que se aceleran de nuevo al atravesar zonas menos densas o más frías (como el man-

to). Pero, al registrarse cambios de velocidad totalmente inesperados, los científicos concluyeron que ni el perfil ni la temperatura del núcleo y del manto eran tan regulares como se había pensado.

Cumbres y valles

Bajo el golfo de Alaska, por ejemplo, surge del núcleo una "montaña" de cerca de 10 km de altura que penetra en el manto, y bajo el sudeste de Asia hay un "valle" igualmente profundo en el núcleo. Tales relieves son creados por el movimiento de masas candentes de roca que, dentro del manto, se elevan al ser calentadas por el núcleo y empujan así la superficie de éste. Luego, al enfriarse la roca fundida del manto, ésta se hunde y forma "valles" en el núcleo. Así, ese movimiento constante crea "océanos" de roca líquida de menor densidad, entre el núcleo y el manto.

Cuando se encuentran rocas fundidas de temperaturas diferentes cae sobre el núcleo una "lluvia" de partículas de hierro, tal como en la atmósfera puede llover cuando se mezclan corrientes de aire de diversas temperaturas.

OLAS DE DESTRUCCIÓN

UNO DE los efectos colaterales más devastadores del terremoto es el tsunami, también llamado "marejada", el cual es con frecuencia resultado de movimientos en el fondo del mar. En mar abierto, donde la profundidad del agua puede llegar a 3 km, el tsunami quizá se eleve apenas 1 m sobre la superficie, con una distancia entre sus crestas de hasta 950 km, siendo casi imperceptible para los barcos que van cortando las olas en alta mar.

Pero el tsunami puede alcanzar velocidades de 800 km/h, y al llegar a las aguas poco profundas de la costa, puede causar estragos. La parte frontal de la ola pierde velocidad conforme se acerca a una playa o a una plataforma costera, pero la velocidad de la parte trasera sigue siendo muy alta, por lo que toda la masa de agua se acumula al frente, y crea una gigantesca ola que rompe sobre el litoral con una fuerza abrumadora.

Una de las olas más altas que hayan sido registradas rompió en 1737, en el cabo Lopatka, Siberia, donde dejó una marca en el acantilado, a 64 m por arriba del nivel normal del mar. En 1896, se elevó un tsunami de 23 m de altura en Sanriku, Japón, y ahogó a 27 120

personas. En 1960, cerca de 10 000 personas murieron en Agadir, Marruecos, a causa de los efectos simultáneos de terremoto, tsunamis e incendios. En 1964, los tsunamis del terremoto de Alaska causaron daños y muerte en Crescent City, California, a 2 500 km de distancia del epicentro, en la ensenada Príncipe Guillermo. Y en 1883, el tsunami provocado por la erupción del volcán Krakatoa mató a 36 000 personas en Java y Sumatra.

Fuerzas arrolladoras

En 1868, un terremoto en las costas de Chile produjo una serie de gigantescas olas que reventaron atronadoramente en el puerto de Arica. Un vapor de la marina de Estados Unidos fue acarreado 5 km por agua y 3 km tierra adentro. Su tripulación se halló al pie de un acantilado y, por una señal dejada en las rocas, calcularon que la altura de la ola al reventar había sido de 14 m. Cerca de ellos yacía un velero británico de tres mástiles cuya cadena de ancla estaba enrollada varias veces al casco, por los repetidos giros que había dado, y todos sus tripulantes habían perecido.

Peligro en el mar *El buque correo inglés La Plata salió avante de un tsunami que lo sorprendió en las islas Vírgenes, en 1867.*

OCULTO BAJO LAS OLAS

El paisaje invisible del fondo del océano

AMÁS VEMOS dos tercios de la superficie del planeta, ya que éstos se hallan cubiertos por agua. Si desecáramos el mar, nos aparecería un paisaje familiar. Al igual que las masas terrestres, el fondo del océano tiene cordilleras, volcanes activos y apagados, cañones, altiplanos y llanuras.

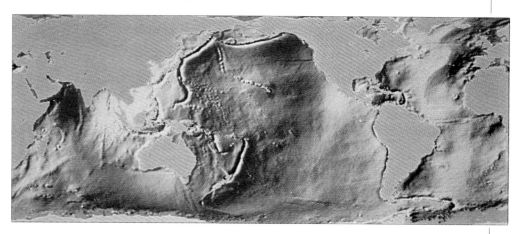

Cimas y simas *En este mapa en relieve de los océanos, las zonas claras corresponden a montañas bajo el mar, y las áreas oscuras son cortes debidos al deslizamiento de una placa tectónica abajo de otra.*

Pero en la parte central de un Atlántico sin agua, veríamos un paisaje simétrico en nada parecido al terrestre. Una cordillera, la Dorsal Media del Atlántico, corre por el lecho del océano, desde Islandia hasta la Antártida, con una altura promedio de 3 km a partir del fondo. Está flanqueada por multitud de cordilleras más pequeñas, paralelas entre sí, y se halla quebrada a todo lo largo por impresionantes fracturas. Su cresta central está

Cordillera oceánica fracturada *Al oeste de Centroamérica, una fractura dividió el segmento norte (que corre horizontalmente, en primer plano) del sur (flanqueado por montañas, en la parte superior).*

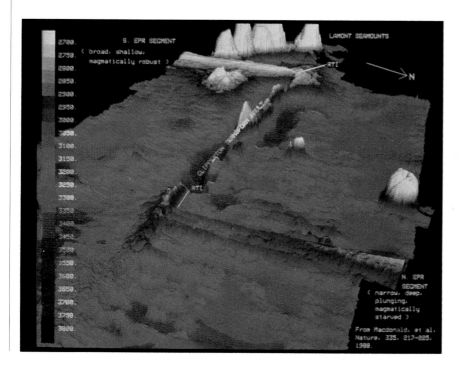

dividida por un ancho valle agrietado. Este paisaje muestra la clave sobre la formación del fondo del mar. Según la reciente teoría de placas tectónicas, la corteza terrestre está formada por placas entrelazadas que se desplazan lentamente. En el curso de millones de años las placas se han movido, separándose unas de otras, entrechocando o rozándose y, al hacerlo, han desplazado y cambiado el perfil de los continentes, han creado áreas nuevas en el lecho marino, han erigido montañas y volcanes, y han provocado terremotos.

Cuando las placas se separan, surge del fondo de la corteza terrestre roca fundida, que se enfría y solidifica, ensanchando los bordes de las placas. La Dorsal Media es el resultado de dicho proceso, y es sólo una de las cordilleras que se extienden sobre cerca de 60 000 km, por todos los océanos del planeta.

Pero existen otras regiones en las que no se da esta formación cataclísmica de rocas. Así, por ejemplo, las "llanuras abisales" figuran entre las zonas más llanas de la superficie del planeta. Son áreas cubiertas por depósitos sedimentarios, que pueden tener una extensión de hasta 250 km a cada flanco de una cordillera.

RENOVACIÓN DE LA TIERRA

Cómo se recicla de continuo la corteza terrestre en el fondo del mar

LAS MÁS antiguas rocas continentales se formaron hace tres o cuatro mil millones de años, lo cual las hace casi tan viejas como la propia Tierra. Sin embargo, el lecho marino está formado por rocas cuya máxima antigüedad data de apenas 190 millones de años.

La teoría del "ensanchamiento del lecho oceánico" podría explicar esa diferencia de edades: al separarse las placas de la corteza, se crean dorsales oceánicas. La roca fundida que se halla abajo de la corteza sube a la superficie y se esparce y, al enfriarse, se vuelve a hundir, superponiéndose, así, un nuevo fondo marino sobre la corteza terrestre.

Hundimiento

Hay otras zonas en las que las rocas son reabsorbidas por el manto. Este proceso, conocido como sustracción, y que sucede en el transcurso de millones de años, ocurre al chocar dos placas, como resultado de lo cual una de ellas queda debajo de la otra. Las placas de la corteza continental están formadas de granito y roca sedimentaria, y las de la corteza oceánica, de roca basáltica. Al chocar, esta última es sustraída, por ser la más pesada.

Tierra nacida del lecho marino San Miguel es la mayor de las Azores. La edad de las rocas de estas islas volcánicas confirma la teoría del ensanchamiento del lecho oceánico.

Así, al tiempo que se crea constantemente una nueva corteza en las dorsales, en otras partes del océano ésta es destruida. El proceso de sustracción ocurre, por lo general, a lo largo de las costas continentales o de las cadenas de islas mar adentro, provocando violentos terremotos y conformando las partes más profundas de los océanos.

De ser correcta la teoría, las islas cercanas a las dorsales tendrían que estar formadas por rocas jóvenes, y a medida que nos alejáramos de la dorsal, aumentaría la edad de las rocas que conforman las islas. Y así es, en efecto. Las Azores, surgidas del lecho oceánico, un poco al oeste de la Dorsal Media del Atlántico, datan de apenas 15 millones de años, en tanto que las islas de Cabo Verde, próximas a la costa de África, tienen 150 millones de años.

¿SABÍA USTED QUE...?

EL PUNTO más profundo del océano, a 11 022 m bajo el nivel del mar, se halla en la fosa de las Marianas, al sudoeste de Guam, en el Pacífico.

ALLÍ, EN ESOS OCÉANOS, HAY ORO

EN 1921 se decidió que Alemania pagara la suma de 132 000 millones de marcos en oro (cerca de 1 900 millones de dólares), como reparación por las pérdidas sufridas por los Aliados durante la Primera Guerra Mundial. Al principio, el gobierno alemán trató desesperadamente de cumplir el imposible programa de pagos, pero la hiperinflación resultante hundió al país en el caos económico. Ello decidió al químico alemán Fritz Haber, premio Nobel de 1918, a tratar de rescatar a su país de la quiebra, extrayendo oro del agua del mar.

Junto con el cloruro de sodio, que es la sal común, el mar contiene toda una gama de compuestos metálicos y minerales. Desde mediados del siglo pasado, los científicos sabían que había oro en el mar, pero no podían calcular las cantidades exactas que podrían hallarse. Hoy se cree que los océanos quizá contengan hasta 10 000 millones de toneladas de oro, lo cual constituye, en efecto, una riqueza desaprovechada, pero disuelta en un volumen de agua inmensamente grande.

La concentración media del oro en el agua del mar es del orden de 0.004 mg por tonelada. La mayor concentración que Haber pudo hallar fue en el Atlántico Sur, en donde, según sus cálculos, puede haber 0.044 mg por tonelada. Pero, dado que esas cantidades no servirían para saldar la deuda de guerra de Alemania, el científico decidió abandonar su proyecto en 1926.

Desde entonces, el único intento serio de extraer oro del mar ha sido el que llevó a cabo la empresa norteamericana Dow Chemical Company. Dado que una de sus plantas, ubicada en Carolina del Norte, estaba extrayendo bromo (usado en tinturas y materiales fotográficos) del Atlántico en forma exitosa, los científicos de la empresa pensaron que sería interesante ver cuánto oro podían encontrar al mismo tiempo. Para su gran desilusión, todo lo que pudieron obtener, después de una laboriosa tarea de procesamiento de 15 toneladas de agua de mar, fueron 0.09 mg de oro con un valor de aproximadamente una centésima de centavo de un dólar de aquellos tiempos.

MÁS QUE UNA PIZCA DE SAL

La geología y la ecología del Mar Muerto y del Gran Lago Salado

ODOS LOS turistas que visitan por primera vez el Mar Muerto y gustan de nadar se sorprenden al ver lo difícil que resulta sumergirse en sus aguas. Ello se debe al alto contenido de sal que, frente al 4 o 6% que hay en el agua del océano, allí es de entre el 25 y el 30%, lo cual también ocurre en el Gran Lago Salado de Utah, EUA.

Sumidos

La historia de cada uno es muy distinta. El inmenso foso que ocupan el Mar Muerto y el río Jordán, que desemboca en él, se formó hace unos 26 millones de años, por un solevantamiento del lecho marino, cuando el Mediterráneo cubría la Tierra Santa. Ubicado a 400 m bajo el nivel del mar, el Mar Muerto es la extensión de agua más baja del planeta.

El Gran Lago Salado es de origen más reciente; no es más que el vestigio del glacial lago Bonneville, cuya formación se calcula que ocurrió entre hace 18 000 y 25 000 años. Al haberse reducido por evaporación a la vigésima parte de su tamaño original, carece ahora de salida, al igual que el Mar Muerto. Pero los ríos lo siguen alimentando, con minerales disueltos que traen de las rocas circun-

Un paseo sobre sal *Las llanuras salinas de Bonneville corresponden a lo que fue un lago que se formó al derretirse los glaciares, a finales de la última glaciación.*

dantes. Al evaporarse el agua, permanecen los minerales, tales como magnesio, litio, boro y potasa, de los cuales hay 60 millones de toneladas.

Generalmente se ha considerado que los lagos salados son estériles pues en ellos los peces no pueden sobrevivir, pero el Mar Muerto no hace del todo honor a su nombre, dado que ahí viven ciertas algas y bacterias. También en el Gran

Monumento de sal *Desde los tiempos del episodio de la mujer de Lot, el más abundante y lucrativo de los minerales que se hallan a orillas del Mar Muerto ha sido la sal común.*

Lago Salado habitan organismos unicelulares, como ciertas algas que dan una coloración rosácea a la parte norte del lago, además de otras especies superiores, como los camarones de salmuera y las moscas cuyas larvas se desarrollan en el agua. Las gaviotas se alimentan de los camarones y la hueva de éstos se recolecta para venderla como alimento para peces tropicales.

Pero la verdadera riqueza que ofrece este lago son sus minerales, como la potasa, utilizada como fertilizante, y que también se extrae del Mar Muerto, el cual, además, es un atractivo turístico que los israelíes han sabido explotar y aprovechar.

FOOT WASH →

¿SABÍA USTED QUE...?

EN LOS océanos hay sal en cantidad suficiente como para cubrir los continentes con una capa de 150 m de espesor.

✳ ✳ ✳

DE LOS 92 elementos naturales, los científicos han hallado unos 70 disueltos en el agua del mar y suponen que algún día descubrirán los restantes.

AL ABRIR LOS GRIFOS

La asombrosa verdad sobre la cantidad de agua que gastamos

EL HOGAR promedio norteamericano (formado por dos o tres personas) consume 486 000 litros de agua al año, equivalente a llenar diariamente ocho tinas de baño. En un solo día, el norteamericano promedio utiliza 770 litros de agua, mientras que, en muchos países en desarrollo, la gente consume cantidades muy inferiores a ésta. En las zonas rurales de Ghana, por ejemplo, una familia de cuatro personas sólo gasta en promedio 20 litros diarios, o sea menos del agua necesaria para limpiar el inodoro.

Si cuando usted se lava los dientes deja el grifo abierto, consume 9 litros de agua. Una lavadora de platos mediana gasta unos 35 litros del líquido, mientras que lavar y enjuagar los platos a mano suele requerir unos 90 litros.

Pero estas cifras son nada frente a las cantidades de agua que utiliza la industria. Una refinería de petróleo emplea 8 litros de agua para producir 1 litro de petróleo, y se usan 180 000 litros de agua para limpiar y desmenuzar una tonelada de lana cruda para convertirla en tela.

También la agricultura exige enormes cantidades de agua (de temporal o de riego), no sólo para el cultivo de las plantaciones, sino también para la

Sequía insólita En el ardiente y seco verano de 1989, los agricultores ingleses, habituados a preocuparse por los efectos de una lluvia excesiva, debieron recurrir al riego para salvar sus cosechas y pastizales.

aplicación de fertilizantes y plaguicidas. Así, para cultivar 1 kg de cerezas se requiere de 3 580 litros de agua, y para 1 kg de arroz, 2 800 litros. En Occidente, el cultivo de la ración alimenticia promedio de una persona, por día, genera un gasto de 19 800 litros de agua (sin contar su procesamiento, limpieza, almacenamiento, transporte y preparación): 900 litros para el desayuno, 6 300 para la comida y 12 600 para la cena.

Enfriamiento Al salir de la planta de acabado, las láminas de acero al rojo vivo son enfriadas con agua. Una acería consume, cuando menos, 4 500 litros de agua por cada tonelada de acero producida.

LAS CATARATAS DEL NIÁGARA DESAPARECEN

Una catarata que parece no tener edad, es amenazada por su propia fuerza

LENTAMENTE, las cataratas se engullen a sí mismas, al desgastar los riscos por los que se precipitan, haciendo que éstos se retraigan poco a poco río arriba, hasta que, al fin, las aguas que las alimentan pueden fluir suavemente hacia el mar. Así, por ejemplo, las cataratas Victoria, en Zimbabwe, se han retraído por lo menos 130 km sobre el río Zambeze, durante los pocos miles de años que tienen de existir. Y en el caso de las cataratas del Niágara, en la frontera entre EUA y Canadá, el río Niágara acabará por encontrarse con el lago Erie, al cual desaguará parcialmente.

Encuentro de lo duro y lo blando

No todas las caídas de agua son producto del mismo conjunto de circunstancias geológicas, pero un factor común en su formación es el cambio en la rapidez de erosión, cuando el curso de un río pasa de un lecho de roca dura y resistente a otro de roca más blanda, la cual se desgasta con más rapidez y deja un desnivel por el que se precipita el agua.

En la mayoría de las formaciones geológicas, bajo la capa superior de roca dura del lecho del río se encuentran capas de roca más blanda y, al aumentar la altura de la caída de agua, éstas que-

Poder de erosión El rocío que se eleva tras la caída de las cataratas del Niágara desgasta las capas blandas de arenisca y esquisto, dejando una "cornisa" más dura de dolomita.

dan al descubierto. Por la fuerza con que cae el agua se forman huecos en la base de la catarata y la turbulencia producida por esos huecos desgasta las rocas subyacentes, menos resistentes. Así, al quedarse sin sostén, la "cornisa" saliente de roca dura tenderá a derrumbarse.

Tal es el caso de las cataratas del Niágara, donde la dolomita descansa sobre esquisto y arenisca más blandos. En el lapso de 12 000 años, las cataratas se han retraído 11 km, dejando tras de sí una abultada cañada.

El lado canadiense, con su forma de herradura, es el mayor punto turístico de las cataratas del Niágara. Pero tal forma no es un rasgo permanente, dado que varios patrones de erosión han modificado ya repetidas veces su aspecto, produciendo angostas formas en "V", de erosión más rápida. A su vez, del lado de EUA, la forma de las cataratas es más recta y estable.

Y aunque el proceso de erosión en el Niágara ha disminuido debido a la desviación de agua que se ha hecho para

generar energía hidroeléctrica, aún se busca frenar más dicho proceso. No obstante, todavía queda tiempo de sobra para visitarlas, pues según predicen los expertos, las cataratas del Niágara continuarán allí, por lo menos, durante los próximos 25 000 años.

UN PODEROSO RÍO-MAR

El Amazonas es único en su clase

CUANDO LOS exploradores portugueses navegaron por primera vez a lo largo y ancho del Amazonas, en el siglo XVI, fue tal su sorpresa ante las dimensiones nunca antes vistas del río, que le pusieron por nombre *O Rio Mar* (el río-mar).

El Amazonas es, en efecto, un inmenso río. Su desembocadura tiene 300 km de ancho y, 1 600 km tierra adentro, su brazo principal llega a medir hasta 11 km de lado a lado. Su profundidad y anchura, en más de la mitad de sus 6 448 km de longitud, permiten la navegación a un trasatlántico, y 22 500 km de sus afluentes son navegables en vapor.

El agua que fluye de la desembocadura del río representa la quinta parte del agua fluvial del mundo. El río que ocupa el segundo lugar en cuanto a descarga anual es el Zaire (o Congo), pero ésta es inferior a la cuarta parte de la del Amazonas. Un londinense situado en las ori-

llas del Támesis tendría que esperar un año para ver pasar un volumen de agua igual al que el Amazonas descarga en un solo día. El torrente del río es tan fuerte que el agua salada del Atlántico es rechazada mar adentro, hasta 160 km de la costa.

Río de cieno

En su camino hacia el mar, el Amazonas recoge enormes cantidades de arena y cieno, que va arrastrando por el fondo de su lecho, en enormes rizos semejantes a médanos. Gran parte de este cieno se deposita en las llanuras de aluvión del Amazonas medio y bajo, cuando el río alcanza su máxima avenida en mayo. La superficie total de tierras inundadas cada año es equivalente a la de Irlanda. Por mucho sedimento que haya, el agua lo arrastra al océano. Un hidrólogo alemán estimó que el cieno que cada día vacía el Amazonas en el Atlántico podría llenar

9 000 trenes de carga, cada uno con 30 vagones de 10 toneladas.

En el Amazonas se combinan las aguas de 1 100 afluentes. Del occidente vienen aguas de color blanco pardusco, que arrastran minerales arrancados de los Andes por la erosión; del norte, aguas teñidas de un negro rojizo por la descomposición de la vegetación del bosque tropical; y del sur, aguas transparentes de un verde azulado que han bañado las agrietadas peñas de las tierras altas del centro de Brasil.

Diecisiete de los afluentes del Amazonas son más largos que el Rin (que tiene 1 320 km de largo), y dos de ellos, el Negro y el Madeira, arrojan cada uno tanta agua como el río Zaire. Si se pudiera desenredar la maraña de afluentes y riachuelos del Amazonas y unirlos por los extremos, medirían 80 000 km, longitud suficiente para darle dos vueltas a la Tierra, por el ecuador.

EN EL CENTRO DE LA TIERRA

Se aprovecha el poder que yace bajo nuestros pies

TARDE O TEMPRANO se agotarán las reservas mundiales de carbón y petróleo, pero abajo de nosotros hay otra fuente de energía virtualmente ilimitada. Se trata de la energía geotérmica, el calor del núcleo de la Tierra. La parte externa del núcleo, justo debajo de la corteza terrestre, se compone de magma, esa roca al rojo vivo que expelen los volcanes en erupción. En muchas zonas volcánicas, la energía geotérmica brota a la superficie en forma de agua caliente o vapor, que puede usarse para accionar generadores de electricidad. En 1904 se inauguró en Larderello, Italia, una planta activada por energía geotérmica, pero la electricidad que produce satisface apenas las necesidades locales. Hoy, en Cornwall, Inglaterra, y en Los Álamos, Nuevo México, se investiga la forma de extraer la energía que se halla escondida en el centro del planeta.

Gambusinos del calor *Cerca de Los Álamos (desierto de Nuevo México) se han hecho perforaciones por pares. La más profunda de ellas llega a 4 400 m, donde la temperatura de la roca es de 327°C. Se inyecta agua, bombeándola a alta presión, para romper la roca y formar fracturas que unan los pozos. Así, el agua impelida por uno de los barrenos se vuelve vapor, que se fuga por las fracturas hacia el otro barreno, de donde se devuelve a la superficie por bombeo. Si se perfecciona esta tecnología de "ardientes rocas secas", el agua calentada servirá para generar electricidad a gran escala, sin dañar el ambiente.*

Plátanos de invernadero
Los agricultores de Islandia pueden cultivar frutas tropicales, calentando sus invernaderos con agua de las fuentes termales de la isla.

Por el pozo de recuperación sube agua caliente o vapor

Por el pozo de inyección entra agua fría

Se fracturan las capas de granito para permitir el paso del agua de un barreno a otro

charco de lodo

géiser

chorro
de vapor

fuente
termal

cámara
del géiser

roca porosa

magma

Soltando vapor En Islandia,
Italia y Japón, la energía geotérmica
es liberada, por medios naturales, de
su asiento bajo la corteza. Desde la superficie se filtra
el agua de lluvia (señalada por flechas azules) y se acumula
en capas de roca porosa, donde el magma subyacente la calienta. El
agua caliente (señalada en rojo) sube de nuevo a la superficie por entre
las fisuras de la roca y brota en forma de fuentes termales, charcos de
lodo, chorros de vapor o géiseres. La humanidad puede abastecerse de
energía natural con ayuda de una tecnología sencilla. Más del 80% de
las casas islandesas cuentan con sistemas de calefacción alimentados
con agua caliente geotérmica entubada.

ESCULPIDOS EN LA ROCA

L A ACTIVIDAD VOLCÁNICA puede brindar al hombre beneficios inesperados. Tal es el caso de una región
central de Turquía, en donde la gente cuenta con frescos
hogares de sólida roca. En el pasado, las erupciones
cubrieron la zona de los alrededores con capas de
ceniza y lava, las cuales se solidificaron a través de
milenios, formando una piedra blanda llamada
"tufa". La lluvia, el viento y la arena desgastaron
la tufa hasta dejar un paisaje de conos puntiagudos en colores que van del rojo ladrillo al
leonado y al blanco nieve. Desde el siglo IV, la
gente ha ahuecado esos conos para construir cavernas habitables. Los primeros cristianos de Capadocia, nombre dado entonces a esa región, convirtieron muchos de los conos más grandes en iglesias ricamente decoradas.

Residencia mágica A los solitarios conos
del paisaje volcánico de Capadocia se
les conoce como
"chimeneas
de hadas".

La estufa más sencilla En San
Miguel, islas Azores, la carne y las
verduras se cuecen en hoyos de tierra
caliente. La comida se guarda
herméticamente en envases de metal
para evitar el paso de emanaciones de
azufre que la echarían a perder.

EL VERDEAR DE LA TIERRA

Cómo logró la vida vegetal pasar del mar a la tierra

IMAGINE UN PAISAJE desolado, cubierto de cenizas por las innumerables erupciones volcánicas. Aquí y allá hay charcos sulfurosos, con más lodo que agua. Nada sobre este paisaje presenta vida como la que conocemos, pues la atmósfera es irrespirable y está desprovista de oxígeno.

Tal era el aspecto de la superficie terrestre hace 500 millones de años. No obstante, en el agua, la vida había evolucionado lentamente 2 500 millones de años atrás, y en los océanos había una abundante variedad de plantas y animales. Mucha de la vida vegetal estaba concentrada en aguas litorales y estuarios, donde podía absorber la energía solar. Las algas, expuestas a la atmósfera por la resaca, comenzaron a adaptarse a la vida fuera del agua.

Otros 100 millones de años pasaron antes de que las plantas pudieran sobrevivir fuera del mar, por medio de raíces que absorbieron agua del suelo y cutículas cerosas que evitaron la deshidratación. Medían menos de 55 mm y en su mayoría carecían de hojas, pero las colonias que formaron en las ciénagas de los litorales marcaron el inicio del verdor sobre la Tierra.

En el curso de su larga evolución, las plantas, además, fueron modificando la atmósfera, al absorber bióxido de carbono y

Periodo Carbonífero Hace 300 millones de años se desarrollaron bosques pantanosos y ciénagas. Estaban habitados por insectos alados gigantes, como libélulas con alas de más de 60 cm de envergadura.

Imagen microscópica de un alga unicelular teñida. La fotosíntesis se lleva a cabo en el cloroplasto (en verde).

desprender oxígeno, cuyo aumento produjo la evolución de las criaturas marinas en seres de respiración aérea, capaces de vivir en tierra firme y poblar las ciénagas de los litorales. Entre los primeros moradores terrestres estuvieron un antepasado del miriápodo y los insectos alados. A éstos, que se nutrían de vegetales, les siguieron los primeros carnívoros terrestres, y las arañas, escorpiones y ciempiés. Una compleja cadena de vida se estableció así sobre la Tierra.

Echando raíces

Las plantas se diseminaron en la Tierra 50 millones de años después, y evolucionaron en primitivos musgos, hepáticas y helechos. Con los restos de plantas y animales, que se mezclaban con el polvo conforme el clima erosionaba el suelo, se formaron capas de abono que permitieron a las plantas desarrollar raíces más fuertes y crecer a mayor altura. Así, a principios del Carbonífero, hace 300 millones de años, había ya vastos bosques de helechos de 10 m de altura.

¿SABÍA USTED QUE...?

SE CREE QUE *el árbol vivo más alto es una secoya de la costa norte de California. Mide 112 m y es más alta que un rascacielos de 35 pisos. La mayor altura alcanzada por un árbol ha sido de un eucalipto australiano, que alcanzó 114 m.*

LA VIDA MISMA

TODAS LAS FORMAS de vida en la Tierra necesitan alimento y, salvo algunas clases de bacterias, deben contar con oxígeno para convertirlo en energía. Sin las plantas, no habría alimento y las cantidades de oxígeno respirable serían muy pequeñas. Pero el planeta cuenta con ambos gracias al proceso de fotosíntesis, mediante el cual las plantas elaboran su propio alimento a partir de la luz solar.

El factor principal en la fotosíntesis es la clorofila (el pigmento que da el color verde a hojas y tallos), pues absorbe la energía solar y la aprovecha para producir azúcares, a partir del bióxido de carbono (del aire) y del agua. Los azúcares permiten el crecimiento de raíces, tallos, hojas y semillas. El oxígeno que otros seres vivos necesitan para digerir sus alimentos es el mismo que las plantas desechan mediante la fotosíntesis.

Y el papel fundamental que las plantas desempeñan en la conservación del equilibrio de la vida en la Tierra no termina aquí. También absorben del aire una cantidad considerable de bióxido de carbono. En la alta atmósfera, éste y otros gases producen un "efecto de invernadero" sobre la Tierra, al atrapar el calor del Sol que se refracta de la superficie terrestre, y que de otro modo se fugaría al espacio.

El valor de un bosque

Actualmente, sin embargo, más y más bióxido de carbono se descarga en la atmósfera por la quema de los bosques y de combustibles fósiles (carbón, petróleo y gas). Al mismo tiempo, la destrucción de los bosques traería como consecuencia la falta de plantas suficientes para absorber el bióxido de carbono. La resultante acumulación de "gases de invernadero" provocaría el sobrecalentamiento de la Tierra, y las consecuencias serían desastrosas para su clima y su ecología.

Una manera de disminuir el "efecto de invernadero" sería reducir la quema de combustibles fósiles mediante la conservación de energía, o bien plantar árboles en una superficie igual a la de EUA. Al madurar, estos árboles consumirían tanto bióxido de carbono como el que emiten las industrias del mundo. Fueron las plantas las que crearon el medio en el que vivimos y quizá se vuelva a recurrir a ellas para salvarlo.

ÁRBOLES QUE CONSTRUYEN ISLAS
Los mangles expandieron lentamente su hábitat, y le ganaron terreno al mar

LOS MANGLES crecen en los trópicos, a lo largo de las orillas de estuarios y litorales cenagosos, sitios donde cualquier otro árbol perecería como pimpollo, ante las mareas diarias. Las distintas especies de mangles pertenecen a diferentes familias, pero todas tienen en común una propiedad esencial: su tolerancia a la sal.

Algunos mangles absorben agua del mar, le extraen la sal por glándulas especiales, y la secretan a través de las hojas. Otros tienen raíces que filtran mucha de la sal que entra a ellos, y almacenan la sal restante en las hojas más viejas, que, por estar próximas a caer, no importa ya que sean dañadas.

Las orillas de las playas, cuya arena es continuamente removida por las olas, ofrece a los árboles poco terreno al cual aferrarse. Pero, como remedio a esta situación, los mangles se construyen su propia base. Muchos de ellos forman un bosque de largas raíces, como "tutores" o "rodrigones", que sostienen el tronco en el aire, manteniéndolo por encima del nivel del agua, excepto durante la marea alta. La maraña de raíces atrapa cieno, desechos flotantes del mar y hojas, los cuales nutren al árbol en crecimiento y, en su momento, también a sus semillas. A su vez, en este nuevo hábitat se instalan otras plantas resistentes a la sal, cuyas raíces ayudan a fortalecer la estructura de esta "isla".

El agua cenagosa del manglar contiene muy poco oxígeno, pero los mangles han desarrollado una ingeniosa solución a este problema: un segundo sistema de raíces de respiración aérea que sobresalen por encima del pantano, como esnórqueles de buzos.

Los vástagos de los mangles son tan extraordinarios como sus progenitores: la mayoría de las semillas de los mangles germinan sobre el árbol formando un tallo puntiagudo de 30 cm de largo, con hojas y raíces ya formadas.

Clavado en el cieno

Si los retoños caen al agua durante la marea baja, su tallo se clava en el pantano, y está listo para echar raíces de inmediato. En caso contrario, los retoños son arrastrados al mar, y algunos logran así hallar tierra firme, por ejemplo, sobre un banco de arena formado en lo alto de un arrecife de coral. Asimismo, si las condiciones son adecuadas, los mangles y su progenie atrapan suficientes desechos en las raíces para convertir el banco de arena en una isla de cieno, densamente poblada.

Fuera de peligro *Las raíces en "rodrigón" de estos mangles, en Tailandia, mantienen los troncos por encima del nivel del agua.*

SE AFERRAN A LA VIDA

Las labores visible e invisible de las raíces

LAS PLANTAS dependen de sus raíces para absorber del suelo el agua que necesitan. Son tan enormes sus requerimientos del líquido (una planta de trigo necesita 2.5 litros diarios para sobrevivir, en tanto que un roble puede consumir más de 910 litros) que muchas plantas extienden sus raíces incesantemente, en la búsqueda desesperada de humedad.

Por ello, las raíces de ciertas plantas crecen a una velocidad sorprendente. Un estudio reveló que una planta de centeno de cuatro meses desarrolló un total de 620 km de raíces, con un promedio de 5 km diarios.

Manteniendo un asidero

Además de ser el transporte vital de agua para las plantas, las raíces también les sirven para afianzarse al suelo. Si éste es delgado, las plantas muy grandes quizá necesiten más soporte del que puedan brindarles sus raíces subterráneas. Muchos árboles tropicales, por ejemplo, tienen un follaje tan denso y pesado que, para mantenerse verticales, generan raíces adventicias "de apoyo" que crecen a partir del tronco.

En suelos húmedos y medios expuestos a inundaciones, algunos árboles desarrollan raíces en forma de rodrigón. En los *Pandanus*, unas raíces delgadas, en forma de ramas, crecen hacia abajo, en ángulo al tronco, formando una estructura parecida a una carpa. Y estas raíces ofrecen un apoyo tan eficaz que

algunas veces la base del tronco original llega a secarse totalmente.

El baniano del Asia tropical desarrolla tantas raíces adventicias que parece más un denso y espeso matorral que una planta individual. A medida que sus ramas se extienden hacia afuera, crecen a partir de ellas nuevas raíces delgadas hacia el suelo.

Una vez afianzadas a la tierra, las raíces se engrosan en su parte superior, formando un macizo de "pilares" que sostienen el imponente follaje del árbol y, más tarde, los propios pilares producen ramas, que en su momento, echan raíces hacia el suelo. De

Búsqueda subterránea
Las raíces de un árbol penetraron esta cueva, en el parque nacional Tunnel Creek, Australia, en busca de agua.

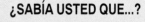
Enorme paraguas Las numerosas raíces que emergen de las ramas del baniano alcanzan finalmente el suelo y se transforman en "pilares" que sostienen el árbol. Gracias a esta estabilidad, la copa puede crecer mucho más alta que la de cualquier otro árbol.

esta manera, el baniano puede llegar a engrosarse muchísimo, como es el caso del que se halla cerca de Poona, en la India, que tiene 320 pilares y una asombrosa circunferencia de 600 m. Se dice que bajo su copa se podrían resguardar unas 20 000 personas.

¿SABÍA USTED QUE...?

EL BAOBAB africano alcanza una circunferencia de 30 m de diámetro. Un ejemplar, al este de Zimbabwe, es tan ancho que su tronco ahuecado es hoy utilizado como parada de camión, y puede resguardar a 40 personas.

❊ ❊ ❊

LAS HOJAS de la palma de rafia, que puebla los bosques tropicales de América y África, miden 22 m de largo.

PRÓSPERAS SEMILLAS

Las plantas recorren asombrosas distancias para perpetuar la especie

EN LOS BOSQUES tropicales, la competencia por el espacio es intensa, y los árboles altos tienen la dificultad adicional de que sus semillas deben llegar al suelo, sin quedar aprisionadas en el denso follaje inferior, durante su caída.

El *Allexis cauliflora*, un árbol que crece en los bosques tropicales del oeste de África, tiene la seguridad de que sus semillas llegarán al suelo, en razón de que sus flores y frutos crecen sobre el tronco, y no en las ramas. Cuando el fruto se seca, revienta y lanza las semillas a una distancia de hasta 5 m.

Ruidosa expulsión

Pero esta impresionante distancia no es nada si se la compara con la que recorren las semillas que se dispersan por vainas explosivas. El fruto duro y leñoso del árbol del diablo, en Centroamérica, explota con una ruidosa detonación, lanzando sus semillas a 14 m.

Paracaídas natural Los pelillos de las semillas del diente de león las ayudan a viajar, aun con brisa ligera.

Y el muérdago enano del oeste de EUA, una planta parásita de las coníferas, lanza sus pegajosas semillas a una distancia similar. En cuanto alcanzan la rama de una conífera, germinan y rápidamente penetran en su huésped.

Estas plantas hacen simplemente lo que toda planta con semillas debe hacer: diseminarlas lo más lejos posible para darles mayores oportunidades de sobrevivir. Otras plantas usan métodos menos espectaculares, pero no menos efectivos.

Las orquídeas producen semillas tan pequeñas que el viento puede acarrear millones de ellas; las de otras especies, como el diente de león y el algodón, son más pesadas y necesitan alas, paracaídas o finísimas plumas que las ayuden a transportarse a través del aire.

En el caso del amaranto de zonas desérticas o llanos, la planta entera se seca al producir semillas. Entonces, el viento la arranca y la arrastra por el suelo, esparciendo las semillas a su paso.

De viaje al nuevo hogar

Algunas semillas están equipadas con ganchos, cerdas, barbas o espinas con las que se adhieren al pelo o a las plumas de los animales que pasan junto a ellas. Los vilanos que se enredan en el cabello de los niños son semillas en busca de un nuevo sitio para crecer.

Una estrategia más común es hacer el viaje dentro de un animal. El fin de producir un fruto sabroso es que éste sea ingerido, y que las semillas no digeridas se dispersen, provistas ya con un abastecimiento de fertilizante.

En ciertos casos, como el de las pequeñas y duras semillas de la guayaba, la acción del sistema digestivo contribuye al buen logro de las mismas: su piel exterior se reblandece, resultándoles más sencillo germinar una vez que han sido depositadas lejos del árbol.

CASI TAN MUERTO COMO EL DODO

LA ISLA de Mauritania, en el océano Índico, es el hogar del árbol del tambalacoque, el cual, desde el siglo XVII floreció en clima caliente y húmedo. Pero, de repente, el árbol pareció perder la capacidad de reproducirse mediante semillas. Los especímenes ya existentes continuaron creciendo, pero ninguna de las semillas que produjeron germinó. No se encontró respuesta a este misterio botánico

y, para la década de 1970, sólo quedaban 13 tambalacoques en el mundo.

Fue entonces cuando el ecologista estadounidense, Stanley Temple, advirtió que estos árboles habían dejado de reproducirse al mismo tiempo en que el más célebre y antiguo residente de la isla, el dodo, se extinguió. El dodo, una paloma grande incapaz de volar, fue cazado por su carne, tanto por los marineros como por los primeros pobladores de la isla. ¿Había alguna relación entre estos dos hechos?

Muchas semillas germinan sólo después de pasar por el sistema digestivo de un animal en particular. Si éste era el caso del tambalacoque y el dodo, el árbol estaba perdido, a menos que existiera un ave con molleja e intestinos similares que pudiera servir de sustituto. Así pues, Temple alimentó unos pavos con las semillas del árbol, las extrajo del excremento de éstos y las sembró. Y, dado que algunas germinaron, se espera ahora que el tambalacoque logre sobrevivir.

Compañero sobreviviente El tambalacoque está amenazado de extinción, quizá debido a la desaparición del dodo, hace 300 años. Al parecer, las semillas del árbol sólo germinaban después de haber pasado por el sistema digestivo de esa ave.

¿SABÍA USTED QUE...?

EL COCO DE MER, *o doble palma de coco, de las islas Seychelles, da la semilla más grande del reino vegetal, la cual pesa 27 kg.*

FLORES DE DESTRUCCIÓN

L A BOMBA atómica que fue arrojada en Hiroshima, en agosto de 1945, devastó la vida vegetal del área. En un radio de 8 km desde el centro de la explosión, los árboles se quebraron o ardieron, y toda la vegetación desapareció. Los primeros informes sobre los daños pronosticaron que nada crecería ahí en los próximos 70 años.

No obstante, a pocas semanas de la explosión, la ciudad en ruinas se cubrió de una alfombra de verdor y flores silvestres. Esto se debió a que el calor de la explosión hizo germinar las semillas enterradas en el suelo.

Más extraño aún fue el hecho de que plantas que antes fuera difícil cultivar en Hiroshima, como el tomate, crecieran como nunca. Las cosechas de trigo y frijol de soya fueron sorpresivamente abundantes, debido a que las plagas de hongos e insectos habían sido exterminadas por el fuego y la radiación nuclear.

Pero la radiación tuvo otros efectos mucho más siniestros. Empezaron a aparecer extrañas mutaciones en las plantas locales:

Tierra arrasada La explosión nuclear de Hiroshima devastó la vida en esa región.

flores deformes y hojas pálidas y de crecimiento retardado. Por fortuna, esta cepa mutante desapareció en tres o cuatro años. No obstante, todavía se desconocen los efectos genéticos a largo plazo de esta radiación.

Desde que ocurrió la explosión del reactor nuclear en Chernobyl, en abril de 1986, se han estudiado sus efectos en la vida vegetal del área. Muchas de las malformaciones vegetales parecen ser sólo fenómenos temporales, pero la permanencia de partículas radiactivas en el suelo contaminará las próximas generaciones de plantas,

y a los animales y la gente que las consuman. Por ello, los habitantes del lugar tienen prohibido ingerir plantas del bosque. Pero hace 40 años nadie sabía que debió haberse prohibido lo mismo a los hambrientos sobrevivientes de Hiroshima.

BEBIENDO EN EL DESIERTO

Los cactos tienen sorprendentes recursos para sobrevivir a las sequías

E L DESIERTO de Arizona es áspero, caliente y muy seco, y sin embargo, crecen ahí gigantescos saguaros de más de 18 m de altura, con agua suficiente para vivir. ¿Cómo logran los cactos sobrevivir en un sitio en el que muy raras veces llueve?

La naturaleza los ha dotado de una estructura altamente especializada que les permite obtener y retener agua en condiciones de sequía. A diferencia de otros tipos de plantas, cuyas raíces penetran en lo hondo de la tierra en busca de humedad, los cactos poseen raíces superficiales y con finas ramificaciones, que absorben el agua casi en cuanto la lluvia, el rocío o la niebla tocan el suelo. Así, las raíces de un cacto grande, como el saguaro, cubren una vasta área, que abarca entre 50 y 100 m.

Asimismo, los cactos tienen espinas que les ayudan a recoger el agua, las cuales, en muchas especies, están inclinadas hacia abajo para detener en la punta las gotas de alguna lluvia ligera o del rocío de la mañana que, al caer, son absorbidas por las raíces.

Para retener la mayor cantidad de agua posible, el cacto cuenta con varios recursos. Dado que carece de hojas en las cuales almacenar agua, como hacen otras plantas y, por ende, la perdería rápidamente por evaporación, el cacto la acumula en la pulpa de su tallo, cuya piel cerosa reduce este proceso. Además, los cactos sólo respiran durante la fría noche del desierto, logrando así que escape sólo una pequeña cantidad de agua por sus poros, los que, durante las ardientes horas del día, mantienen cerrados.

La estructura estriada de muchos cactos también colabora a la retención del líquido. Así como el fuelle de un acordeón, las estrías permiten a la planta henchirse o encogerse según recoge o consume el agua.

Estrategia de defensa

Al ser los depósitos de agua más eficaces del desierto, los cactos deben protegerse del ataque de animales sedientos. Su mayor enemigo son los roedores, de los cuales se defienden mediante sus espinas. Sus flores son también un apetitoso alimento, por lo que muchos cactos pequeños sólo las abren en las horas más cálidas del día, cuando los roedores se resguardan del Sol y sólo se acercan los insectos polinizadores.

Otras especies usan una estrategia diferente: producen flores muy fragantes que abren de noche para ser polinizadas por mariposas nocturnas o murciélagos que se nutren del néctar. Una vez cumplida su misión, la mayoría de estas flores se marchita el mismo día que florece. Sólo el enorme saguaro y algunas pocas especies muy espinosas dan flores que pueden vivir por tiempo indefinido.

Robo de cactos A pesar de que miden más de 18 m de alto, muchos saguaros han sido robados del desierto de Arizona y ahora adornan algunos jardines de California.

UNA EXTRAÑA PAREJA

Un par de seres vivos se unen en exitosa sociedad

LOS LÍQUENES son uno de los mejores ejemplos que hay de una sociedad exitosa entre dos formas de vida. A simple vista, el liquen parece ser un solo organismo, pero el microscopio nos muestra que en realidad está constituido por dos formas distintas de vida, un hongo y un alga, tan estrechamente unidos que parecen uno.

El cuerpo o tallo del liquen está compuesto de millones de células de algas asidas a la red de filamentos del hongo. Las células de algas, a su vez, son sensibles a la luz y proveen alimento a los hongos al producir carbohidratos (sobre todo azúcares) por medio de la fotosíntesis. Los hongos absorben vapor de agua del aire para el alga y la protegen de la luz intensa. La producción de carbohidratos del alga disminuye rápidamente si se la separa del hongo.

Montañista El Cladonia, *un liquen en forma de arbusto, crece sobre laderas, rocas y cimas montañosas. Al igual que los líquenes* Fruticose, *se desarrolla en climas húmedos.*

Máxima adaptabilidad

Juntos, ambos organismos pueden enfrentar mejor la vida que cada uno por separado. A diferencia de otras plantas, los líquenes pueden sobrevivir en condiciones extremas, y el tipo de hábitat que eligen indica su nivel de requerimientos de humedad. Existen tres principales tipos de líquenes: el *Crustose*, adaptado al clima seco de las zonas desérticas y de las regiones del Ártico y de la Antártida; el *Foliose*, que crece en los bosques tropicales, y el *Fruticose*, que prefiere el aire húmedo de los litorales y las montañas de las regiones tropicales.

Sin embargo, la mayoría de los líquenes no crecen fácilmente en zonas industriales. Su sensible y delicado mecanismo de absorción de agua y gases no soporta la extrema sequedad ni la contaminación de dichas zonas, si bien algunos tipos han llegado a adaptarse al aire viciado, como, por ejemplo, el *Lecanora conizaeoides*, de Inglaterra, que sólo crece en las ciudades.

La relación entre el hongo y el alga de un liquen es tan estrecha que se reproducen juntos. El liquen produce unas vejigas que contienen tejidos de ambos integrantes; éstas se desprenden del cuerpo principal y los tejidos se desarrollan poco a poco en liquen. Hongo y alga viven en tal armonía que el liquen puede vivir cientos, e incluso miles, de años.

UN ASUNTO DE TOMA Y DACA

LA MAYORÍA de las fanerógamas producen semillas que cuentan con un depósito de alimento que ayuda al embrión a desarrollarse durante las primeras etapas de su vida. Pero la orquídea *Dactylorchis purpurella* es una excepción. Sus semillas son tan pequeñas que no cuentan con espacio para dicho depósito y, para sobrevivir, dependen de la relación que tienen con un tipo particular de hongo, el cual las nutre y ayuda a germinar.

Dicho hongo, de la familia *Rhizoctonia*, se introduce en la semilla y le brinda nutrientes del suelo, hasta que ella desarrolla hojas y puede así producir su propio alimento, mediante la fotosíntesis. A medida que la orquídea crece, el hongo se nutre de sus raíces. Y así, ambos viven una interrelación que, a primera vista, parecería mutuamente benéfica.

Sin embargo, mientras la orquídea toma los nutrientes, va consumiendo al hongo, y cuando ya sólo depende de sus hojas para obtener todo el alimento que requiere, devora a aquel compañero que la ayudara a sobrevivir.

SEMILLAS ENGAÑOSAS

Algunos grandes mimos del mundo vegetal

MUCHAS ESPECIES vegetales necesitan de los insectos para hacer llegar su polen a las flores, fertilizarlas y así dar vida a una nueva generación. Algunas plantas emplean curiosos recursos para hacer que los insectos recojan su polen. Así, la familia de orquídeas *Ophrys*, de los países mediterráneos, se vale de la imitación. Sus flores asemejan una mosca hembra, una avispa o una abeja, pues tienen características que simulan las alas, los ojos y las antenas de dichos insectos. E incluso, algunas flores, como la orquídea mosca, producen un olor similar al que expele la mosca hembra durante el cortejo. El engaño funciona tan bien que los insectos machos tratan de aparearse con las flores, y de esa forma el polen se pega a su cuerpo y es depositado en la siguiente orquídea que visitan.

Agradable sorpresa

La orquídea *Coryanthes speciosa*, de América Central, narcotiza a las abejas que la visitan, intoxicándolas con un néctar de aroma dulce que ellas encuentran irresistible. La abeja entra y, guiada por la forma de la flor, cae en un pozo de líquido, del que sólo podrá escapar a través de un estrecho túnel que contiene polen. Al forcejear para poder salir, el polen se le pegará al cuerpo húmedo. Una vez libre, volará hacia la próxima orquídea de la especie y, sin darse cuenta, la polinizará.

Situación pegajosa *La* Coryanthes speciosa *narcotiza a las abejas con un néctar dulce. Ellas caen en un pozo de líquido y sólo pueden escapar a través de un túnel revestido de polen.*

Falsa hembra *La orquídea de la abeja amarilla semeja una abeja hembra. Esto atrae a los machos, los cuales recogen el polen mientras intentan aparearse.*

El olor a carne podrida de las flores del género *Stapelia*, del sur de África, es otro recurso empleado para la polinización. Los escarabajos del estiércol y las moscas de la carne normalmente depositan sus huevecillos en materia en descomposición. Por ello estas flores los atraen con su olor y aspecto de carroña, consiguiendo así que, al depositar sus huevecillos, los insectos recojan el polen y lo lleven a otra *Stapelia*. Sin embargo, los huevecillos de estos insectos inevitablemente mueren de hambre, puesto que son depositados en el pétalo de la flor, mismo que les resulta inhóspito y no les proporciona el alimento que necesitan.

A veces, plantas e insectos dependen unos de otros para sobrevivir. Las flores de la yuca de América Central, por ejemplo, producen de noche un perfume que atrae a cierta clase de mariposa, cuya probóscide está especialmente curveada para recoger el polen de la flor y moldearlo en forma de bola para transportarlo fácilmente. La mariposa vuela a otra yuca, en la que deposita sus huevecillos y el polen. Así se poliniza la planta, y una quinta parte de sus semillas en desarrollo se convierte en alimento para las larvas que salen de los huevecillos. La mariposa adulta emerge cuando la yuca está próxima a florecer, y de esta manera da inicio un nuevo ciclo.

Ni planta ni insecto se podrían reproducir si no se ayudaran mutuamente. Si cualquiera de ellos se extinguiera, el otro también desaparecería.

¿SABÍA USTED QUE...?

LAS ABEJAS pueden recoger polen de 500 flores de la misma especie en un solo viaje. Y el colibrí puede visitar hasta 106 violetas en 4 minutos.

* * *

ALGUNAS PLANTAS dependen del viento para que su polen vuele hacia otras, y por ello lo producen en grandes cantidades. Un solo ramillete de flores de un abedul puede producir más de cinco millones y medio de granos de polen.

* * *

LA ORQUÍDEA venezolana **Cycnoches chlorochilon** *tiene 3.7 millones de semillas en un solo capullo, cuyo tamaño es aproximado al de una pequeña vaina de chícharo. Pero tal abundancia tiene su razón de ser, pues muchas de las semillas habrán de morir antes de germinar.*

LA PERCEPCIÓN DEL TIEMPO

Cómo las plantas siguen el ritmo de las estaciones y de las horas del día

MUCHAS PLANTAS poseen un "reloj biológico" muy sensible que regula su actividad durante el día y determina, por ejemplo, el que las flores se abran a la hora en que vuela el mayor número de insectos polinizadores. También regula la actividad enzimática —que permite el desarrollo de las plantas—, la producción de néctar y, durante las horas de oscuridad, el descanso.

Las plantas reconocen no sólo la hora del día, sino también la época del año, y miden la duración del día y la noche para saber cuándo florecer. Si bien la temperatura atmosférica y la humedad del suelo son otros elementos importantes cuya adecuada combinación estimula la germinación, son parámetros que pueden variar de un año a otro; en cambio, como la duración del día en una determinada época del año es constante, constituye una señal más confiable.

La duración del día también es esencial para iniciar la floración. Pero los experimentos hechos en plantas que en condiciones naturales florecen en una sola época del año, muestran que el sentido de inicio de la floración de una planta se altera más si se la expone a la luz a la media noche que si se la cubre durante el día.

Señal química

El fitocromo, la sustancia química sensible a la luz que se halla en las hojas de las plantas y que activa su percepción del tiempo, es una proteína mezclada con un pigmento azulino. Cada especie utiliza de manera diferente los mensajes químicos que recibe de su fitocromo. Según su respuesta a la duración del día, las plantas se agrupan en tres categorías.

Las "plantas de día breve", como el crisantemo, florecen cuando la noche excede cierta duración, en otoño o invierno, o bien, en el caso de ciertas especies tropicales, en verano. Las "plantas de día largo", como el clavel, lo hacen en primavera o verano, cuando el día alcanza una cierta duración. En ambos casos, el punto límite de duración del día o la noche varía. Las "plantas neutrales al día", como el tomate, florecen en cuanto están maduras, sin importar la duración del día.

Llegó la hora Después de recibir un mensaje del fitocromo, sustancia química sensible a la luz, un botón de Achimenes *("planta de agua caliente") florece. Originaria de México, Jamaica y América Central, es una "planta de día breve", y sus botones abren en julio, cuando disminuye el número de horas de luz.*

DETRÁS DE LA MÁSCARA
El disfraz que oculta los brillantes colores del otoño

LA FOTOSÍNTESIS, el proceso por el cual las plantas capturan energía de la luz solar para transformar agua y bióxido de carbono en azúcares para su crecimiento, no puede ocurrir sin la clorofila. Como ésta es esencial para la vida vegetal, se forma casi de manera instantánea en los retoños, al entrar éstos en contacto con la luz. Es el pigmento al que deben su color las plantas verdes. Pero, ¿por qué las hojas que están por caer de un árbol se tornan, en otoño, de color rojo brillante y dorado?

Superioridad del verde

No es que los árboles creen nuevos pigmentos al llegar esa estación. Los pigmentos naranja, rojo, amarillo, morado, azul y café están presentes en sus hojas en primavera y verano, pero se hallan encubiertos por una cantidad mayor de clorofila. Estos pigmentos menores ayudan a absorber luz de diferentes longitudes de onda y transmiten esta energía a la clorofila.

Cuando los días se acortan y la temperatura empieza a bajar, los árboles caducifolios perciben el principio del otoño y se preparan para dejar caer sus hojas. Forman una "capa de abscisión", ba-

rrera de tejido gelatinoso y acorchado, en la base del peciolo de cada hoja. Así, ningún alimento llega a las hojas y ciertos azúcares producidos en éstas por la fotosíntesis no pasan al resto del árbol. El azúcar se acumula en la hoja, la clorofila comienza a deshacerse y su verdor a perderse. Los carotenoides naranja y rojo, las xantofilas amarillas y los antocianos morado y azul dominan entonces y dan a las hojas su vibrante color.

El esplendor del follaje otoñal varía de acuerdo con el suelo y el clima. Además, como toda hoja que agoniza transforma el azúcar en pigmento, entre más azúcar retenida haya en las hojas, mayor será el

Festival de colores Las espectaculares hojas otoñales, en Carolina del Norte y otras partes de EUA, son una gran atracción turística.

colorido que éstas adquieran. Esto es mucho más notorio en las espléndidas hojas escarlata de los arces rojo y sacarino de los estados de Nueva Inglaterra, EUA.

Pero el ciclo de la caída de las hojas aún conserva un enigma. Los científicos no saben con certeza qué es lo que le sucede a la clorofila cuando empieza a desaparecer. Se cree que se pierde entre los restos incoloros de las hojas, aunque la mayor parte de ella desaparece casi sin dejar huella.

¿SABÍA USTED QUE...?

ALGUNAS PLANTAS han dejado de ser de hojas perennes para hacerse caducifolias, o viceversa, para adaptarse a un nuevo medio ambiente. Así, el rododendro chino, perenne en su hábitat normal, se volvió caduco cuando fue trasplantado a regiones de Europa y América del Norte.

LA PÉRDIDA DEL VERDE

EN VASTAS ÁREAS del hemisferio norte, árboles de tipo y aspecto tan distintos como los arces y los abetos crecen juntos sobre el mismo suelo. Pero las diferencias se hacen más evidentes en otoño, cuando los arces caducifolios pierden todas sus hojas, en tanto que los abetos de hoja perenne conservan su oscuro follaje, al haberse despojado de hojas a lo largo del año. Estas estrategias contrastantes son, ambas, soluciones para el mismo problema: cómo sobrevivir a los cambios estacionales de temperatura y precipitación pluvial.

En árboles caducifolios de vasto follaje, como los arces, hayas o robles, cada día se evaporan grandes cantidades de agua de la amplia superficie de sus hojas, y si el clima es frío y el suelo se congela, las raíces quizá no logren absorber suficiente agua para compensar esta pérdida.

Cerrado por cambio de estación

Así, en respuesta a una señal (la mayor duración de las noches otoñales o, en el trópico, el inicio de la sequía), los árboles caducifolios hacen caer sus hojas, suspendiendo mu-

chos de sus procesos bioquímicos normales. Las hojas, pues, no mueren de vejez natural.

A su vez, los árboles de hoja perenne las han adaptado para minimizar la evaporación y pueden, por tanto, conservarlas durante el invierno. Las coníferas, que son los árboles más conocidos de este tipo, tienen hojitas de piel gruesa en forma de agujas o escamas cuya superficie relativamente pequeña impide una gran pérdida de humedad; las coníferas de hojas anchas, como muchos acebos, tienen una cobertura cerosa que conserva la humedad.

LADRONAS Y ASESINAS

La trampa mortal que tienden las plantas carnívoras

LO MÁS USUAL en la naturaleza es que las plantas elaboren su propio alimento, mediante la fotosíntesis, y que los animales coman plantas y otros animales. Pero más de 500 especies vegetales son una excepción a este orden. Por crecer en agua o en suelos con un nivel escaso o nulo de nitrógeno, ellas obtienen dicho elemento de los animales, que son su alimento.

Las sarraceniáceas, por ejemplo, una familia de enredaderas trepadoras que vive en los trópicos del Viejo Mundo, producen trampas en forma de embudo, en las que pueden incluso capturar ratas. Aunque ocasionalmente ingieren pequeños mamíferos o reptiles, por lo general comen insectos que caen en la trampa creyendo que es una flor, atraídos por su perfume o por un falso néctar. Al pararse sobre el borde del embudo, resbalan hasta el fondo, en donde unas

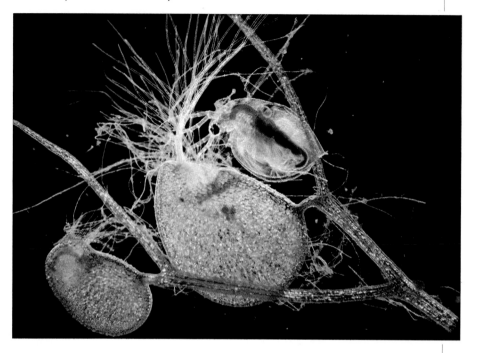

Sepultura acuática *Una* Daphnia, *género común de pulga acuática, ha sido aspirada dentro de la vejiga de una* Utricularia. *El insecto morirá de asfixia o de hambre antes de ser digerido por la planta.*

espigas impiden que escapen, y la planta entonces secreta ácido y enzimas digestivas para deshacer el cuerpo de su presa. El opérculo de las sarraceniáceas sirve como señuelo para insectos voladores y como tapa que impide que el embudo se llene de agua. Otras especies sí permiten que esto último suceda, y ahogan a su presa en vez de matarla con ácido.

Cilios activadores

En términos mecánicos, las trampas más sofisticadas son las de las *Utricularia*. Son plantas acuáticas que, según su tamaño, pueden ingerir desde un protozoario (unicelular) hasta peces pequeños. Entre sus hojas bifurcadas y submarinas tienen pequeñas vejigas que se abren hacia dentro y están cubiertas de cilios. Cuando un animal, al pasar, roza dichos cilios, la trampa se abre, y la corriente de agua que entra y llena la vejiga jala consigo al desvalido animal. Entonces, mediante glándulas especiales, la vejiga extrae el agua, lo que hace que la puerta se cierre y el animal quede atrapado.

Comida para planta *Los insectos atrapados en el embudo de esta sarraceniácea se ahogaron en agua de lluvia. Al pudrirse, serán absorbidos por la planta, con el valioso nitrógeno que contienen.*

¿ÁRBOL O BOA CONSTRICTOR?

La higuera estranguladora envuelve a su huésped en un abrazo mortal

Ciertas higueras conocidas como "estranguladoras" son parásitas, aunque con una diferencia. De las muchas especies que habitan en los trópicos, algunas germinan y crecen como un árbol común, si bien, para ayudarse, generalmente requieren de un árbol huésped, y siguen su desarrollo de tal modo que al final pueden prescindir de él. Pero, para lograr esta independencia, la higuera parásita va estrangulando gradualmente a su desafortunado huésped hasta matarlo.

Conductores de semillas

El proceso comienza cuando los monos, pájaros, ardillas y murciélagos comen la fruta de una higuera estranguladora y arrojan las semillas sobre las ramas superiores de otros árboles —las densas copas de las palmeras son las más vulnerables—. Ahí, el embrión echa raíces en detritos y humus de hojas que se juntan en los rincones y en las grietas de la corteza, y desarrolla otras raíces que penetran y se nutren del tronco y las ramas del árbol. A medida que proliferan, las raíces se entrelazan y envuelven al huésped en lo que parece una labor de cestería. Una vez conseguido un asidero firme, la planta joven envía más raíces hacia el suelo, para iniciar una vida independiente.

Así inicia la muerte del huésped, pues los nutrientes adicionales que la higuera obtiene directamente del suelo le dan mayor energía y fortaleza. Desarrollando aún más raíces, envuelve al tronco huésped en un laberinto de tronquitos,

Abrazo fatal *Esta higuera estranguladora está firmemente asida a otro árbol de los chaparrales de Namibia. Cuando, al final, el huésped muere, la higuera se yergue en su lugar.*

y estas raíces leñosas crecen más y más, hasta que la presión, en un proceso que puede durar un siglo, literalmente estrangula al árbol huésped. El tronco de éste ya no puede expandirse a medida que crece; además, la higuera agota todos los nutrientes que hay en el suelo.

El extraño espectáculo final, después de que el huésped ha muerto y se ha marchitado, es el de un árbol robusto y maduro con innumerables "troncos" que forman un cilindro hueco alrededor del espacio que antes ocupaba el árbol original. Muchas higueras estranguladoras llegan a ser verdaderos gigantes.

AL SEGUNDO MOVIMIENTO TE ATRAPO

Para estar segura de que atrapa únicamente aquello que puede comer, la dionea ha desarrollado un sistema nervioso primitivo que le da el sentido del "gusto" y una rudimentaria memoria. Originaria de las turberas de Carolina del Norte y del Sur, EUA, la dionea es una planta doméstica muy popular por ser carnívora. Pero quizá la gente que la tiene como "mascota" no se da cuenta de lo sofisticado que es su mecanismo de captura.

Cada hoja termina en un par de puntiagudos y engrosados lóbulos, y en la cara superior de cada uno hay tres diminutos cilios. Cuando algún objeto toca uno de ellos, la dionea espera a ver si el primer cilio es tocado de nuevo o si alguno de los otros dos es movido, señal de que lo que anda ahí es algo vivo.

Esperando una indicación

Si no se produce un roce en 30 o 40 segundos, la planta "olvida" el estímulo, pues su memoria es poca. Si percibe el segundo contacto dentro de ese lapso, los lóbulos se cierran al instante y sus trabas se clavan formando una jaula. La planta se alimenta sólo de presas grandes, como moscas, que son atraídas por el perfume del néctar, pues las "barras" de la jaula están bastante separadas y puede escapar una hormiga u otro insecto pequeño.

Como siguiente paso, unas glándulas especiales "prueban" al intruso para ver si es o no nutritivo. Si lo es, los lóbulos se cierran totalmente y lo aplastan, y la dionea libera enzimas digestivas. Si el capturado no tiene valor alimenticio, como por ejemplo, si es una hoja, las "mandíbulas" se abren de nuevo lentamente, en un proceso que tarda 24 horas.

Cada una de las trampas de la dionea come sólo tres insectos del tamaño de una mosca antes de morir. Esto es lo que hace a la planta tan quisquillosa respecto a la digestión. El proceso es tan largo (10 días) y consume tanta energía, que la planta no puede arriesgarse a perder una auténtica comida.

UNA FORTUNA ENTERRADA

El arte altamente especializado de capturar una trufa

UN VERRUGOSO y subterráneo honguito es uno de los manjares más caros y de mayor demanda en el mundo. Es la trufa francesa de Périgord, cuyo exquisito aroma y delicado sabor de almizcle han sido apreciados por los *gourmets* desde la época de los romanos. La trufa de Périgord tradicional, que se mezcla en rebanaditas con el paté de hígado de ganso, es negra, pero existe una variedad blanca, aún más rara.

Encontrar trufas es un arte. Los esquivos hongos crecen a cierta profundidad del subsuelo, entre las raíces del roble. En la superficie hay muy pocas señales que guíen al buscador de trufas, fuera de una grieta en el suelo producida por un espécimen muy grande, o la nube de las pequeñas y amarillas moscas de la trufa, las cuales depositan sus huevecillos sobre el hongo y le sirven diseminando sus esporas.

Pero es más fácil localizar la trufa por el olfato, y los mejores detectores son los cerdos, si bien les siguen de cerca perros especialmente entrenados. Los sabuesos de trufas de la provincia de Piamonte, al norte de Italia, donde se halla una fina trufa blanca, son muy hábiles. En Rusia, cabras e incluso oseznos participan en la búsqueda.

Sobre la pista *Un cerdo entrenado usa su bien desarrollado sentido del olfato para encontrar trufas en la región francesa de Périgord.*

Desafortunadamente, los hongos, que requieren de siete años para madurar, sólo resultan comestibles durante una semana. Se los puede guardar en aceite, o congelar, pero las trufas en conserva pierden mucho de su extraordinario aroma. Los precios varían desde 880 dólares por kilo de trufas negras de Périgord hasta más de 2 330 dólares por kilo de la variedad blanca. Con estos precios, una rebanada de pastel de trufas de la variedad negra costaría cerca de 44 dólares, y 110 dólares si fuera de la blanca.

UN HONGO PARA NAVIDAD

USTED NUNCA pensaría que un hongo alucinógeno tiene algo que ver con la alegre y sonriente figura de Santa Claus. Sin embargo, las especulaciones en cuanto al origen de la barba blanca de este personaje, de su trineo y su tiro de renos establecen una posible conexión.

Santa Claus, nombre abreviado de San Nicolás, el santo patrono de los niños, ha sido asociado desde hace tiempo con la Navidad, particularmente en Holanda, de donde los colonizadores holandeses trajeron la tradición a Estados Unidos en el siglo XVII. Pero no se sabía que Santa Claus volara, condujera un grupo de renos por el cielo o bajara por las chimeneas, hasta que Clement Moore describió este método original de dar regalos en su poema "Una visita de San Nicolás", publicado en Nueva York en 1823. ¿En qué se inspiró Moore? La presencia del reno nos da la primera pista.

Los koriacos, kamchadales y chukchi del noreste de Siberia son gente que adora al "gran espíritu del reno". Creen que la única persona que puede comunicarse con este espíritu es el chamán de la tribu o gran brujo, comiendo una amanita (hongo), la cual lo induce a un trance extático. Él entonces "vuela" al mundo del espíritu para recoger mensajes y "regalos" en forma de nuevas canciones, danzas e historias para la tribu. El chamán entra al reino de los espíritus a través del hoyo de humo en el techo de su choza.

Las obvias semejanzas con la leyenda de Santa Claus resultan en verdad curiosas. Pero, ¿cómo llegaron los oscuros rituales de las tribus siberianas al poema de Clement Moore? La respuesta puede hallarse en el hecho de que Moore era profesor de lenguas orientales, y los rituales de la gente de Siberia eran conocidos por los eruditos de Occidente desde un siglo antes de que Moore escribiera su poema. Así que es posible que él aprovechara ese conocimiento para agregar a la leyenda de San Nicolás un toque mágico.

UNA BELLEZA MONSTRUOSA

La carnosa flor de olor repugnante

SÓLO EN CIERTOS y remotos sitios de la isla de Sumatra, tapizando las enmarañadas raíces y enredaderas que cubren el suelo de la selva, se puede hallar la roja y brillante flor de la *Rafflesia arnoldi*, que puede llegar a tener 1 m de diámetro y pesar 7 kg. Pero su belleza no concuerda con su olor fétido de carne podrida.

Este olor no es, por sí mismo, insólito; muchas plantas utilizan este recurso para atraer a los insectos polinizadores. Lo extraño de esta flor es que no tiene ni tallo ni hojas verdes, y su crecimiento inicial se asemeja más al de los hongos que al de las plantas. Sólo dos tipos de enredadera son sus huéspedes.

Musarañas y elefantes

La *Rafflesia* no es sólo una de las plantas más raras del mundo, sino también una de las menos comprendidas. No se sabe con certeza cómo se diseminan sus semillas. Se cree que las ardillas y las musarañas, después de comer el fruto, depositan las semillas al pie de una enredadera huésped, de la que roen raíces y corteza. También se cree que los cerdos salvajes, los venados y los elefantes ayudan a su diseminación, al pisar la flor y llevarse las semillas pegadas en las patas.

Cuando las semillas germinan, delgados filamentos se extienden por toda la enredadera, y se desarrollan hasta convertirse en apiñados botones que, 18 meses después, penetran la corteza. Tras nueve meses más, los botones se convierten en la enorme y carnosa flor de cinco lóbulos que es tan bella como pestilente.

Gloria breve *Las flores de la* Rafflesia *se marchitan a los siete días de haber madurado, tiempo apenas suficiente para la polinización.*

INVASORES DE CUERPOS
Los hongos atacan y se nutren de plantas y animales vivos

LOS HONGOS no son exigentes. Para vivir necesitan carbohidratos, pero, a diferencia de las plantas verdes, no pueden utilizar la energía solar para elaborar los suyos propios, y por ello los absorben directamente de las plantas o de los animales. Si existe alguna forma de llegar a una fuente nutritiva, el hongo seguramente la hallará.

El hongo se nutre extendiendo una red de finos filamentos, conocida como micelio, en la materia donde crece. Secreta enzimas que digerirán todo alimento que los filamentos encuentren, y absorbe los nutrientes directamente a través de las paredes del filamento.

Los hongos más siniestros son los que usan su micelio para fabricar trampas con las que capturan y matan a sus presas. Generalmente, sus víctimas son las anguílulas, criaturas del tamaño de la cabeza de un alfiler que se encuentran en la tierra y en la raíz de las plantas. Las trampas del micelio pueden ser reticulares, protuberancias pegajosas o incluso nudos, los cuales van apretando el cuerpo de la anguílula hasta matarla.

Otros hongos invaden y gradualmente devoran los cuerpos de animales vi-

vos, como chinches de madera, orugas medidoras e *Hylemyia arctica*. Algunos usan sus finos filamentos para taladrar la dura coraza de un insecto. Otros incluso producen una sustancia viscosa y se pegan a orugas y otras larvas, antes de penetrar su carne, en estado adulto. Una vez que los filamentos alcanzan el interior suave y húmedo del animal, se extienden hacia el tejido muscular y se alimentan del huésped hasta que muere.

De mayor importancia para el hombre son los hongos que invaden las plantas vivas. Cada año, se pierden millones de dólares en el mundo por la presencia de éstos en cereales, frutas y ma-

deras. Han destruido vastos bosques de castaños que alguna vez crecieron al noreste de EUA y, en fecha reciente, millones de olmos de Europa y EUA han sufrido una lenta muerte por la infección del "hongo holandés" (hallado por vez primera en Holanda, en 1921). La plaga que arruinó la cosecha de papa en Irlanda, en 1840, y generó una hambruna que provocó la muerte de, al menos, un millón de personas, fue un hongo.

No todos son destructivos; muchas especies comen sólo organismos muertos y depositan nutrientes en el suelo, con lo que juegan un papel vital en el equilibrio ecológico de la Tierra.

Vea pero no coma Los hongos de Europa varían en forma, desde los típicos hongos que comemos hasta las extrañas formas mostradas aquí. Pero muchas especies son venenosas.

Clathrus cancellatus (no comestible)

Myriostoma coliformis (no comestible)

dedos amarillos (no comestible)

estrella de tierra (no comestible)

colmenilla (comestible y sabroso)

pollo de los bosques (comestible de joven; no muy sabroso)

sabañón de abedul (no comestible)

capítulo cuatro

MARAVILLAS DE LA VIDA SALVAJE

EL PÁJARO CARPINTERO de las islas Galápagos es capaz de llevar en el pico una espina de cacto para sacar gorgojos de debajo de la corteza de los árboles *(página 112)*. Sólo unos cuantos animales han adquirido la capacidad de utilizar herramientas, pero todos, desde las bacterias hasta las ballenas, se han adaptado a su ambiente de maneras insospechadas. Al conocer más sobre su alimentación, cortejo y migraciones, descubrimos un complejo mundo de dependencia recíproca en el que actúan misteriosos medios de comunicación, sentidos agudos y prodigiosas hazañas de resistencia.

DINOSAURIOS EXTINTOS

¿Desaparecieron los dinosaurios a causa de erupciones volcánicas?

Tiempos felices *Excepto ellos mismos, los dinosaurios no tenían enemigos. Los científicos (arriba a la derecha) intentan dilucidar su extinción mediante el estudio de sus fósiles.*

HACE UNOS 65 millones de años desaparecieron en un lapso relativamente breve los dinosaurios y muchos otros animales. ¿Qué causó su extinción? ¿Hubo cambios bruscos del clima? ¿Acaso todos los dinosaurios herbívoros se envenenaron con nuevas plantas, lo que privó a los dinosaurios carnívoros de su principal alimento?

Hacia 1980, algunos geólogos creyeron tener la explicación de esta catástrofe mundial. Encontraron, en rocas asentadas hace 65 millones de años, concentraciones altas de iridio, un elemento más abundante en los meteoritos que en la Tierra. Por lo tanto, afirmaron que un gran cuerpo celeste, bien fuese un meteorito o bien un cometa, chocó contra la Tierra y produjo, entre otras consecuencias, la extinción de los dinosaurios.

Aunque hoy es muy aceptado que sí ocurrió una gran colisión de este tipo, ¿explica por sí misma la extinción de los dinosaurios? No del todo, según muchos científicos. Algunos dicen que tal vez sólo activó una fuerza mucho más destructora: las erupciones volcánicas.

Si la colisión con un cometa escindió la corteza terrestre, quizá desató una reacción en cadena de erupciones volcánicas que arrojaron enormes cantidades de ceniza y lava durante muchísimos años, y la ceniza envolvió a la Tierra y bloqueó la luz solar. Sin ésta, habrían muerto las plantas, después los animales herbívoros y, por último, los carnívoros.

Es posible que algunos dinosaurios hayan muerto con la colisión; otros, enterrados bajo el material volcánico, y los demás, congelados o de hambre en un mundo iluminado sólo por la lava ardiente.

MONSTRUOS POLICROMOS

AL PENSAR EN dinosaurios, el primer color que viene a la mente quizá sea el gris. Sin embargo, algunos paleontólogos intentan cambiar esta imagen. En vez de apagados tonos grises, verdes y pardos, conciben en estas criaturas prehistóricas una combinación de brillantes colores y otras características llamativas, semejantes a las de mamíferos y aves de hoy.

No se sabe con certeza de qué colores era su piel, ya que no se conserva. Pero es razonable suponer, por ejemplo, que los dinosaurios carnívoros tenían características tales que a las presas no les fuera fácil advertir su presencia. Al igual que el leopardo y el tigre, tal vez tenían manchas o rayas que dificultaban verlos bajo la sombra de los árboles.

Es posible que los colores brillantes de algunos dinosaurios hayan cumplido funciones en el cortejo. Por citar un ejemplo, los hadrosaurios tenían raras protuberancias, como crestas, verrugas y chipotes, en la cabeza. Si les servían para el cortejo, sería factible que hayan sido rojas, azules, anaranjadas o verdes, sobre todo durante la temporada de apareamiento.

CHICOS Y GRANDES

Dinosaurios tan pequeños como avecillas o tan grandes como casas

AL CONTRARIO de lo que suele creerse, no todos los dinosaurios fueron gigantescas moles. El compsognato, el dinosaurio más pequeño encontrado hasta ahora, medía 60 cm de largo y pesaba 3 kg, poco más que un pollo grande. Esta rara criatura, bípeda con antebrazos cortos para prensar, además de cola y cuello largos, se alimentaba de insectos y lagartijas.

El lesotosaurio fue otro dinosaurio pequeño, de 90 cm de largo, quizás herbívoro. Tenía dientes planos, en forma de hoja, una especie de "pico" delante de la boca, y patas y cola delgadas.

Lo anterior contrasta con el braquiosaurio, dinosaurio del que se tiene el mayor esqueleto completo en un museo: mide casi 12.5 m desde la planta del pie hasta la coronilla. Empero, los saurópodos o supersaurios fueron todavía más grandes. Estos animales herbívoros, de cerebro pequeño y movimientos muy lentos, tenían patas gruesas como troncos y cuello largo y serpentino.

Con base en un omóplato de 2.5 m de largo, los científicos han calculado que los saurópodos debieron medir 15 m de altura, suficientes para que se asomaran a las ventanas del quinto piso de un edificio, y 33 m desde la nariz hasta la punta de la cola. Los más recientes des-

cubrimientos de fósiles en Nuevo México, EUA, hacen pensar que los supersaurios fueron enanos al lado de los sismosaurios. Éstos, de más de 40 m de altura, pesaban al menos 40 ton, o sea cinco veces más que un elefante africano macho grande, el animal terrestre más pesado del mundo moderno.

Menudito *Este compsognato ("mandíbula bonita") vivió hace 140 millones de años.*

HUELLAS INMEMORIALES

Los dinosaurios dejaron su huella en la Tierra

NUBES DE TORMENTA colgaban del horizonte mientras una manada de apatosaurios, grandes dinosaurios herbívoros de cuello largo y flexible, caminaba por la orilla de un lago en Colorado, EUA. El más grande encabezaba el grupo, y los más pequeños marchaban protegidos en el centro. Al desplazarse, aplastaban almejas con los pies y dejaban profundas huellas en el lodo.

Los apatosaurios continuaron su recorrido; más adelante desaparecieron los miembros de la manada, y tiempo después se extinguió la especie. Pero sus huellas se conservaron petrificadas bajo capas sucesivas de lodo. Detenidas en el tiempo, esperaron a ser descubiertas en el siglo XX, cuando permitirían a los paleontólogos reconstruir el paso de la manada, 100 millones de años después.

Señales de vida

Las huellas petrificadas han sido básicas para aprender sobre los dinosaurios. Los huesos permiten reconstruir su aspecto físico, mientras que las huellas dan idea de su conducta: cuán rápido corrían, si vivían solos o en grupo; cómo cuidaban

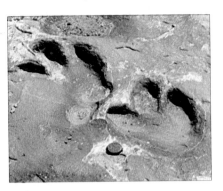

Valioso legado Con base en huellas fósiles, los expertos saben si un dinosaurio caminaba o corría y a qué velocidad.

de sus crías y cómo les iba en la desesperada lucha por la supervivencia.

En ocasiones, las huellas podrían considerarse como fotografías de impresionantes luchas. En Texas, un conjunto de huellas parece mostrar a un enorme saurópodo herbívoro perseguido por un grupo de dinosaurios carnívoros: las ligeras huellas de éstos, con tres dedos en cada pie, rodean a las del saurópodo,

anchas y pesadas. De igual modo, un grupo de hipsilofóntidos herbívoros dejó una caótica mezcla de huellas en Queensland, Australia, al huir de una manada de terópodos, que eran dinosaurios carnívoros.

Migración masiva

En otros sitios, asombra la gran densidad de huellas, indicio del extraordinario número de dinosaurios que pobló alguna vez el planeta. Por ejemplo, en una zona de la ladera oriental de las Montañas Rocosas, en Colorado y Nuevo México, EUA, hay tantas huellas que se la ha llamado "carretera de los dinosaurios". El geólogo Martin Lockley cree que los millones de huellas identificadas en dicha área corresponden a una migración masiva anual de dinosaurios, equiparable a los actuales desplazamientos de manadas de ñus por la llanura africana del Serengeti.

Reconstruir la vida de los dinosaurios será siempre obra de la imaginación. Pero las huellas que dejaron son lo que más nos acerca a la realidad del mundo en que vivieron.

ENCUENTROS CON UN FÓSIL VIVIENTE

¿QUÉ SUCEDERÍA si se descubriera que un grupo de dinosaurios sobrevivió en un rincón distante del planeta, una "tierra donde el tiempo se detuvo"? El caso del celacanto podría darnos una respuesta.

El celacanto es un pez que en la era de los dinosaurios abundó en los océanos. Hasta 1938 sólo se conocía como fósil, y se pensó que su extinción había ocurrido al menos hace 90 millones de años. Entonces, por casualidad, un pescador del océano Índico observó un pez azul acerado en su red. En el museo local lo identificaron como celacanto, verdadero fósil viviente.

Si bien no se había extinguido, este pez era muy escaso, y al parecer sólo existía cerca del archipiélago de las Comores, al norte de Madagascar. Además, desde su identificación, el número de ejemplares es cada vez menor. Sin dejar de mencionar los ejemplares que fallecen a raíz de los

Profundidades sin sondar El celacanto, descubierto al cabo de millones de años de su supuesta extinción, obliga a preguntarse si el mar guarda en sus entrañas otras formas de vida prehistórica.

métodos de pesca, ha surgido una creciente demanda, tanto de los coleccionistas de curiosidades como de los centros de investigación científica. Pese a que es ilegal comerciar con una especie tan rara, esto no arredra a los cazadores furtivos.

Ahora que el celacanto es conocido por el hombre, es muy probable que termine por extinguirse. De modo que si en alguna parte de la Tierra hay otros fósiles vivientes, más les valdría que el ser humano no los descubriera.

LOS DINOSAURIOS DANZANTES

Algo habrán hecho bien los animales que dominaron el planeta durante 130 millones de años

LOS DINOSAURIOS deben su fama ante todo a que se extinguieron. Ha sido tradición conceptuarlos como fracasos evidentes de la Naturaleza: perezosos reptiles de sangre fría que, pese a su enorme talla, fueron demasiado torpes y lentos para sobrevivir en un mundo donde ocurrían con gran rapidez cambios importantes.

Pero este concepto de los dinosaurios como gigantes tontos y torpes va de salida. Algunos estudios recientes hacen pensar que muchos dinosaurios en verdad fueron animales muy activos: fuertes, pero al mismo tiempo de rápidos movimientos. Los dinosaurios carnívoros, como el *Deinonychus*, cazaban en grupo a los herbívoros de mayor talla, en campo abierto. El impresionante *Triceratops*, de tres cuernos, medía hasta 8 m de largo y embestía con mayor velocidad que un rinoceronte. Por su parte, los hipsilofodontes fueron herbívoros que comían en grupo y se desbandaban ante el ataque de animales carnívoros, a semejanza de los antílopes frente a la arremetida de los leones.

Proezas de equilibristas

Algunos dinosaurios eran rápidos a la vez que ágiles. El bípedo *Deinonychus* quizá se sostenía en una pata (aprovechando su larga cola para guardar el equilibrio) mientras atacaba a su presa con la garra de 12 cm de la otra pata.

Ahora bien, hay un serio obstáculo para comprender la velocidad y agilidad de los llamados "dinosaurios danzantes". Siempre se ha supuesto que los dinosaurios fueron animales de sangre fría, como todos los reptiles actuales, o sea que su calor dependía del Sol, pues no lo producían internamente, como hacen los mamíferos. Mas los animales de sangre fría no pueden realizar por largo tiempo actividades intensas. Por así decirlo, tienen que detenerse a recargar baterías a intervalos, tras breves ráfagas de actividad. Por lo tanto, ¿acaso fueron los dinosaurios animales de sangre caliente? Es factible que no sólo hayan sido muy activos, sino también de corazón ardiente.

En contraste, sí es cierta una creencia tradicional: tenían el cerebro muy pequeño. Por ejemplo, el del estegosaurio, animal de 1.5 ton, medía lo que una avellana. Pero esto no obstó para que los dinosaurios dominaran el planeta durante casi 135 millones de años, hasta hace 65 millones de años. En comparación, la especie *Homo sapiens* sólo tiene 35 000 años de existencia. Aunque los dinosaurios se hayan extinguido, sin duda sabían cómo subsistir.

Instinto protector *Una manada de* Triceratops *forma un círculo como defensa de sus crías contra dos tiranosaurios. Sus cuernos, además de ser eficaces contra los atacantes, quizá servían en peleas entre machos por el dominio territorial.*

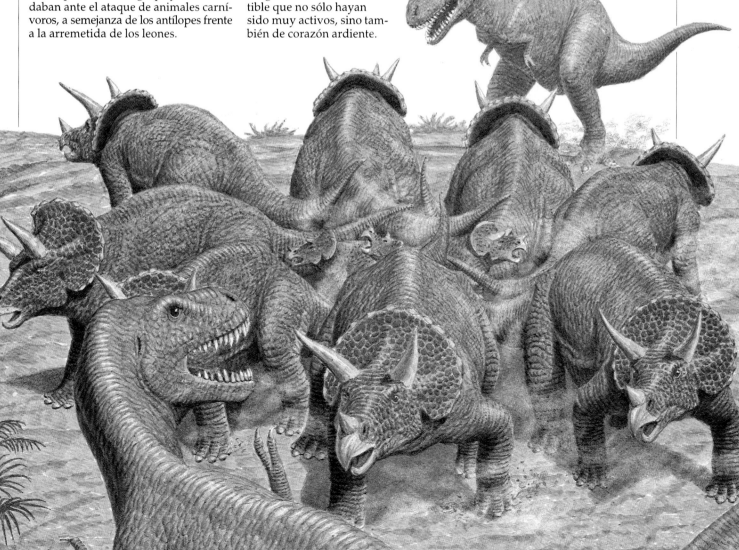

JUNTOS EN LA VIDA

El lado amoroso de los animales salvajes

UN HALCÓN se cierne sobre un nido de alondra, listo para lanzarse en picada. En vez de quedarse a proteger sus crías, la alondra madre huye del nido, arrastrando un ala como si la tuviera rota. Al hacerse pasar por presa fácil, distrae al halcón; poniéndose en peligro, protege a sus crías.

El instinto que empuja a una madre a sacrificarse por su progenie tiene una lógica evidente. Sin embargo, en muchas especies de aves y mamíferos ocurren sacrificios similares por parte de, por así decirlo, tíos y hermanos. ¿Puede considerarse que es desinteresada o altruista la conducta de los animales que se comportan así?

Entre las zorras rojas, las hembras de una camada viven en grupo y sólo una se reproduce. Las demás cooperan en la crianza, alimentación y acicalamiento de los cachorros, además de vigilar que no se extravíen. El arrendajo de los matorrales es un ave de Florida, EUA, que recibe ayuda de más de seis parientes. Éstos, por lo general de la misma camada, consiguen alimento y ahuyentan a los depredadores. La mangosta gris (*Cynictis penicillata*) también cuida de los miembros más jóvenes del grupo familiar y les enseña a proveerse de forraje. Los podencos africanos, mangostas y chacales se comportan de manera semejante.

Niñera La mangosta gris vive en grandes grupos, cuya sobrevivencia se basa en la cooperación. Por ejemplo, los miembros de mayor edad cuidan de las crías del grupo.

Los zoólogos solían explicar que esta conducta buscaba el bien de la especie, cuya sobrevivencia sería más importante que la del individuo. Pero los biólogos actuales rechazan esta opinión por sentimentalista. Plantean que la conducta de un animal es altruista sólo cuando ayuda a preservar o transmitir genes que comparte con el grupo familiar. Al proteger a los miembros de éste, conserva una parte de su propio material genético. Aunque no sea el que transmitiría él mismo, es suficiente para justificar su sacrificio.

DULCES RAZONES

La inverosímil sociedad del indicador gorginegro y el ratel

ES DIFÍCIL pensar que un pajarillo y un ratel (*Mellivora capensis*) tengan mucho en común; pero en África colaboran de manera inusual para obtener uno de sus alimentos: la miel para el ratel, y las larvas y la cera para el ave.

El indicador es una pequeña ave que localiza fácilmente los panales de abejas silvestres; mas no puede meterse en éstos y se cuida de recibir picaduras. Por otra parte, su "cómplice", el ratel, posee fuertes garras que rompen sin dificultad los panales, mientras que su resistente piel, provista de una capa de grasa, lo protege contra los efectos de las picaduras de las abejas.

El indicador emprende la búsqueda de los pana-

les en las horas más frías del día, cuando las abejas están menos activas. Si el ave encuentra un panal, vuela hacia el ratel y lo alerta con un singular canto. Luego, con revoloteos y más cantos, conduce al ratel por el bosque, con recorridos cada vez más cortos a medida que se acerca al sitio donde está el panal.

El indicador espera pacientemente a que el ratel saquee el panal y devore la miel. Después, cuando le toca turno, el pajarillo se deleita con las larvas de los insectos y la cera que haya quedado en el panal.

Tal vez para infortunio del ratel, el indicador presta el mismo servicio a todo animal aficionado a la miel que pueda romper una colmena. Por añadidura, la gente ha aprendido qué significa el

canto del indicador y lo emplea para buscar panales y recolectar la miel, que de otro modo obtendría el ratel, su socio usual. En reconocimiento de sus servicios, los estudiosos le dieron el nombre científico *Indicator indicator*.

Señalización En vez de trepar cada árbol en busca de miel, el ratel (derecha) espera a que el indicador (extremo izquierdo) lo guíe a los panales.

LA HORMIGA Y LA MARIPOSA

El trágico final de una extraordinaria relación

EN 1979 se declaró extinta en el Reino Unido a la gran mariposa azul *(Maculinea arion)*. Pese a que siempre había sido escasa, los expertos en fauna sólo entendieron su desaparición al estudiar su peculiar ciclo vital en otros países. Durante diez meses de su etapa de oruga vive dentro de un nido de hormigas rojas, haciendo creer a sus anfitrionas que es una de sus larvas.

La mariposa deposita sus huevecillos sobre el serpol (tomillo). Cuando hacen eclosión, las orugas comen plantas durante tres semanas. Después caen al suelo, donde se quedan hasta que las encuentra una hormiga roja.

El contacto con las antenas de las hormigas hace que la oruga libere feromonas (sustancias aromáticas que convencen a las hormigas de que es una de ellas) y una sustancia azucarada que gusta a las hormigas. Éstas la llevan al hormiguero, donde come larvas por diez meses. En mayo o junio se convierte en mariposa, despliega las alas y emprende el vuelo.

Los expertos estudiaron los sitios que ocupaba la mariposa en el Reino Unido. Aunque más de la mitad habían sido roturados o tenían edificios, los restantes casi no habían cambiado. El tomillo aún abundaba, y había muchas hormigas rojas en el suelo. Ningún dato indicaba la causa de la extinción de la gran mariposa azul.

Poco después, el experto en mariposas Jeremy Thomas descubrió que el ciclo vital de la mariposa era más especializado de lo que se creía. Dependía sólo de la *Myrmica sabuleti*, especie de hormiga roja que había desaparecido de todos los sitios investigados.

La *M. sabuleti* construye hormigueros en laderas tibias, dirigidas al sur y con pasto corto, donde el calor del Sol reseca el suelo. Si el pasto es muy largo, la hormiga muere de frío. El ganado y los

Insecto exigente El ciclo vital de la Maculinea arion *(arriba) depende de una especie de hormiga (abajo izq.), que aquí lleva una oruga al hormiguero.*

conejos habían pastado antes en estas zonas; pero ya no había tanto ganado, y muchos conejos murieron de mixomatosis. El pasto creció mucho y la *M. sabuleti* desapareció. Aunque colonizaron las laderas otras especies de hormigas rojas, que sí soportaban el frío, no le servían a la gran mariposa azul, de modo que ésta se vio condenada a la extinción.

GUARDIANES DE LAS PROFUNDIDADES

Hay personas que le deben la vida a delfines

CUANDO ADAM MAGUIRE, Jason Moloney y Bradley Thompson fueron a practicar el *surf* en Halftide Bay, Nueva Gales del Sur, Australia, a principios de 1989, se toparon con una estimulante compañía. Durante una hora o más, un grupo de delfines jugó con ellos en las rompientes, montando las olas rumbo a la playa.

De pronto, los delfines se inquietaron, chapotearon, se revolvieron y emitieron chasquidos y silbidos. Entonces, Adam vio entre las olas la aleta de un tiburón que se dirigía velozmente hacia él.

En un abrir y cerrar de ojos, el tiburón atacó, mordió un gran trozo de la tabla y lanzó a Adam al agua. Aunque éste le dio de puñetazos, no pudo impedir que le mordiera el abdomen y un costado. Pensó que había llegado su fin, pero en ese momento aparecieron los delfines y lo rescataron. Rodearon al tiburón y lo empujaron mar adentro, golpeándolo con el hocico.

Un empujón amistoso

Los delfines tienen fama de ser amigables con el hombre. Son numerosas las anécdotas de delfines que han rescatado a personas que están en peligro, ya sea al ahuyentar tiburones o al sacar a la superficie marineros que se están ahogando y aun guiarlos hasta tierra firme. En 1945, una mujer que nadaba mar adentro, frente a las costas de Florida, fue arrastrada por una fuerte corriente. Luchaba por sacar la cabeza del agua para respirar cuando algo la impulsó con violencia desde atrás y la hizo aterrizar en la playa, boca abajo. Miró a su alrededor y no había nadie cerca, salvo un delfín que saltaba entre las olas, a 6 m de la orilla. Hace poco, en 1983, un piloto de helicóptero holandés que se estrelló en el mar de Java recibió la ayuda de un delfín. Aunque parezca increíble, el cetáceo empujó durante nueve días la balsa salvavidas de hule con golpecitos de su hocico, hasta que llegaron a la costa.

Es tentadora la idea de que el hombre tiene gran afinidad con estas amables e inteligentes criaturas. Pero, ¿acaso puede pensarse que un animal se tome la molestia de salvar a un ser humano, aun a costa de arriesgar su propia vida?

Instinto ciego

Margaret Klinowska, experta en delfines de la Universidad de Cambridge, cree que no. Afirma que los ataques de los delfines a los tiburones se derivan de un instinto natural de autodefensa y que la presencia de seres humanos quizás es fortuita. Asimismo, sacar personas a la superficie o empujar embarcaciones serían reacciones instintivas útiles para la sobrevivencia de la especie. Los delfines nacen bajo el agua y la madre los empuja a la superficie para que respiren. Es factible que la balsa salvavidas del piloto holandés haya parecido, al animal que la guió hasta tierra firme, un pequeño delfín en peligro.

¿SABÍA USTED QUE...?

PELORUS JACK fue una marsopa que de 1888 a 1912 escoltó a las embarcaciones que llegaban al estrecho neozelandés Pelorus, donde las acompañaba unos 10 km por un angosto brazo de mar. Los marineros creían que cuidaba de que llegaran sanas y salvas al muelle.

ANIMALES OLÍMPICOS

Los más veloces, los más lentos, los que vuelan más alto

DE LA MISMA MANERA que el hombre supera constantemente sus marcas de velocidad y resistencia, también cambian las de los animales más veloces, más lentos o de más alto, a medida que los naturalistas descubren nuevos hechos. Por ejemplo, los naturalistas en general aceptaban que el vencejo gorgiblanco del noreste asiático y Japón era el ave de vuelo más rápido: hasta 150 km/h. Pero se colocaron velocímetros en las patas del halcón peregrino y se descubrió que vuela en picada a 160 km/h para cazar patos, palomas u otras aves. A veces desprende la cabeza de la víctima al golpearla en el aire con sus fuertes garras.

En contraste, el ave voladora (que no planeadora) más lenta es la coalla americana. El macho vuela a 8 km/h. Al anochecer, da vueltas en círculo sobre su territorio boscoso y gorjea antes de descender en zigzag con sus silbantes alas. Al parecer, la combinación de vuelo lento en círculo y descenso repentino impresiona a la hembra, que espera en el suelo.

Aunque los cernícalos y buitres pueden permanecer sin moverse apenas al volar contra el viento, muy pocas aves pueden cernerse en verdad. Sólo los colibríes dominan este arte. Son las aves de más rápido batido, 78 aleteos por segundo, y pueden volar hacia atrás, además de cernerse. Los pequeños huesos de los "brazos",

Vuelo de altura Un buitre de Rüppell rompió la marca de altura cuando chocó con un avión a 11 250 msnm.

Veloz picada El halcón peregrino puede lanzarse en picada a 160 km/h.

las articulaciones rígidas de las alas y las flexibles de los hombros les permiten girar las alas en forma de ocho y lograr sus proezas.

Otras aves baten las alas con mucha lentitud, como algunos buitres grandes, que lo hacen sólo una vez por segundo. Los albatros, al volar a favor del viento, pueden planear incesantemente sobre las olas durante días, con apenas aletear. Sus alas, con envergadura de casi 4 m, son las más largas de todas las de las aves vivientes.

Volando hacia nuevas alturas

Algunas aves vuelan alto, y otras, rápido. Muchas de ellas raras veces exceden los 150 msnm y quizá vuelen a 1 500 msnm cuando emigran. Sin embargo, se han visto gansos sobre los montes Himalaya, a casi 9 000 msnm. El ave poseedora de la marca de altura es el buitre de Rüppell que en 1973 chocó contra un avión, a 11 250 msnm en el África occidental.

Las aves pueden sobrevivir en la enrarecida atmósfera de las grandes altitudes, donde el hombre necesita máscaras de oxígeno, porque su aparato circulatorio es mucho más eficaz que el humano para extraer oxígeno. Las que vuelan en tales condiciones también lo hacen a muy bajas temperaturas. Por ejemplo, se han visto cisnes cantores a altitudes con temperaturas de –48°C.

¿SABÍA USTED QUE...?

EL BASILISCO centroamericano corre sobre el agua apoyado en sus patas traseras apenas se siente amenazado, cuando está cerca de un lago o río. No se hunde por la rapidez de su carrera (mayor de 12 km/h) y por los rebordes en los dedos de sus pies, que distribuyen el peso. Se ha visto a un basilisco cruzar un lago de 400 m de anchura sin hundirse. Cuando no se libra de un depredador, nada vigorosamente, e incluso puede sumergirse y permanecer bajo el agua hasta que pase el peligro.

* * *

LOS INSECTOS no vuelan con tanta rapidez como las aves. El más veloz, el cuterébrido del ciervo, puede sostener el vuelo a 58 km/h tras un solo impulso.

VOLADORES PELUDOS
Mamíferos que conquistan el aire

LOS UNICOS mamíferos auténticamente voladores son los murciélagos. Tienen alas, propiamente dichas, que baten como las de las aves. Sin embargo, un selecto grupo de animales puede planear en el aire. En él se incluyen las zarigüeyas y ardillas voladoras, además de los dermópteros.

Los tres animales citados son arborícolas que se lanzan al aire desde las ramas superiores de árboles altos. Su descenso al suelo, a un tronco o a una rama más baja se desacelera gracias a un delgado colgajo de piel, situado a los lados del cuerpo y generalmente unido a las patas delanteras y traseras. Mientras pasean en los árboles, el ala está

Vuelo nocturno Una zarigüeya nocturna planea entre árboles de los bosques australianos.

plegada y oculta; esto impide que se enganche o se desgarre en las ramas. Cuando llega el momento de lanzarse al aire, el animal extiende las patas y el colgajo se transforma en una tensa membrana de planeo cubierta de pelo, que funciona como paracaídas.

En los tres animales surgió este singular método de vuelo por las mismas razones: escapar de los depredadores y buscar alimento. Sorprende que no estén emparentados en modo alguno; en

cada uno se desarrolló el mismo recurso de manera independiente.

Las zarigüeyas voladoras de los bosques australianos son marsupiales, al igual que los canguros y koalas. Llevan a las crías en una bolsa, incluso al planear. Su cuerpo y cabeza miden de 13 a 48 cm de largo, mientras que la cola tiene casi la misma longitud. De las nueve especies de zarigüeyas voladoras, la de mayor tamaño puede planear ininterrumpidamente hasta 100 m.

Son 35 las especies de ardillas voladoras, todas ellas arborícolas; su cuerpo y cabeza miden de 7 a 60 cm de longitud, lo mismo que la cola. Las más grandes llegan a planear por 100 m. La mayoría vive en bosques tropicales de Asia; una más habita en Finlandia y Rusia, y otras dos, en América del Norte y Central.

Marcas de planeo

Los dermópteros, llamados con anterioridad lémures voladores, tienen cuerpo y cabeza de 36 a 42 cm, cola de 18 a 28 cm de largo, y membrana planeadora más grande que las de zarigüeyas y ardillas voladoras. Esta membrana, que va desde el cuello hasta la punta de la cola a través de los codillos y las rodillas, les permite alcanzar verdaderas plusmarcas de planeo de 135 m o más.

Son dos las especies de dermópteros: una habita en las islas Filipinas y la otra en el Sudeste Asiático. Ambas viven en bosques tropicales, plantíos de caucho y cocotales.

CAMPEONES ACUÁTICOS

EL PEZ MARINO más rápido es el pez vela. Al retraer su gran aleta dorsal en forma de vela contra el lomo, su cuerpo se vuelve más aerodinámico y puede nadar a 100 km/h a lo largo de 90 m, o sea más rápido de lo que corre un guepardo. En contraste, los hombres más veloces nadan a no más de 8 km/h.

Los mamíferos nadadores más veloces son los delfines, que alcanzan los 55 km/h. Esto lo logran con esfuerzo muscular mínimo, lo que es atribuible en parte a su sedosa piel, lubricada por aceite. (Se ha producido una piel artificial, similar a ésta, para torpedos, con el fin de reducir la turbulencia y lograr mayor velocidad.)

Al igual que en el nado, la capacidad de inmersión de los animales deja muy atrás al hombre. La mayor profundidad a la que puede bucear un ser humano sin

equipo es de 100 m. Los pingüinos emperador descienden hasta más de 260 m y permanecen bajo el agua 18 minutos.

Sin embargo, incluso los logros de estos pingüinos son insignificantes si se comparan con los del plusmarquista de profundidad: el cachalote. Se ató un indicador a uno de estos animales y se registró su inmersión a 2 250 m, profundidad que es cinco veces mayor que la altura del edificio Empire State y la mitad de la altitud del Monte Blanco (Francia). En contraste, los seres humanos sólo han alcanzado 668 m de profundidad, aun equipados con tanques de oxígeno y trajes presurizados.

A toda vela Estos peces vela habrían crecido hasta tener 3.4 m de longitud y nadar a 100 km/h.

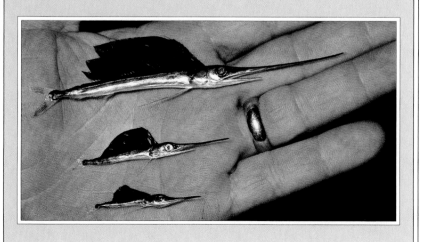

¿SABÍA USTED QUE...?

LAS ARDILLAS pueden caer desde grandes alturas sin lesionarse. Se observó a una caer 180 m en picada desde un árbol hasta el suelo sin lastimarse, gracias al largo pelaje de sus patas y su cola. Al abrir las patas y parar la cola, se desacelera un poco el descenso del animal.

COMO PEZ FUERA DEL AGUA

Ciertos peces poseen aletas que pueden usar como alas,
y emprenden el vuelo ante el peligro

CASI 50 especies de peces voladores, que miden de 1 a 4.5 m de largo, viven en mares cálidos. Si los persigue una barracuda, un dorado u otro pez grande, veloz y depredador, los peces voladores surcan los aires con sus aletas pectorales, situadas a cada lado del frente del cuerpo y relativamente grandes si se comparan con el tamaño de éste.

Cuando se hallan sumergidos, los peces voladores mantienen estas aletas al ras de su esbelto cuerpo. Después de acelerar hasta 50 km/h en el agua, salen del mar en ángulo de 15°. Entonces despliegan las aletas pectorales, para que el viento los eleve, y planean hasta 1 m de altura sobre la superficie del mar. Para aumentar la velocidad en el "despegue", cortan el agua con las aletas caudales, provistas de un lóbulo inferior muy largo. En general, cada vuelo dura de 4 a 10 segundos y abarca distancias de hasta 45 m. Algunos peces voladores llegan a recorrer de una sola vez hasta 90 m durante 10 segundos, a 1.5 m de altura poco más o menos sobre la superficie del mar.

Los peces voladores pueden realizar varios planeos sucesivos: cada vez que descienden a la superficie, la aleteante cola los impulsa a elevarse de nuevo. Volar a favor del viento también les ayuda a recorrer mayores distancias. Además, el empuje del viento los eleva considerablemente: hay anécdotas de peces voladores que han aterrizado en la cubierta de barcos, a 11 m de altura sobre la superficie del océano.

Todo en un aleteo El pez hacha jaspeado de los ríos sudamericanos es el único pez volador que realmente vuela (más que planear) al batir sus grandes aletas pectorales.

Aunque estos peces son los más conocidos entre los que se elevan en el aire, hay otros que también lo hacen. Un ejemplo es el pez hacha de agua dulce sudamericano, emparentado lejanamente con las carpas y anguilas.

A diferencia de los peces voladores, el pez hacha, de sólo 7 cm de largo, es el único que al volar usa las aletas como verdaderas alas. Su profundo pecho aloja gruesos músculos, que sirven para impulsar las grandes aletas pectorales. Cuando el pez hacha huye de los depredadores aletea con rapidez, lo que produce un zumbido. Este animal se eleva hasta 90 cm sobre el agua. Sus vuelos son muy cortos, de aproximadamente 1.5 m, si se comparan con la distancia necesaria para su despegue, que puede ser hasta de 12 m.

MEJORES QUE EL HOMBRE

EL ANIMAL terrestre más veloz es el guepardo. En la persecución de sus presas por las extensas llanuras del sur de África, este felino se desplaza en cortas distancias a 90 km/h, o sea el doble de lo máximo que logran los corredores en las pruebas de velocidad. Además, posee la aceleración de un auto deportivo de alto rendimiento, ya que alcanza su máxima velocidad desde el arranque en sólo 3 segundos, pero sólo puede mantenerla por 25 segundos. Así, si la supuesta presa consigue evadirlo por más de 400 m, generalmente se da por vencido y abandona la persecución.

En contraste, la velocidad de un caracol es de 10 m/h. El mamífero más lento es el perezoso de tres dedos, del trópico sudamericano: trepa un árbol durante las 2.5 h en que está despierto, a un pausado ritmo de sólo 4 m/min. Y en el suelo es todavía más lento, ya que recorre apenas 2 m/min en promedio.

Aunque el perrillo de las praderas (*Cynomis ludovicianus*) de EUA forma las colonias de animales más numerosas del planeta, habitadas por millones, la plusmarca mundial en excavación corresponde a las ratas topo del sur de Rusia, los Balcanes y el norte de África. Una colonia de apenas 80 individuos puede crear un sistema de madrigueras de hasta 4 km de longitud. Al cavar los túneles utilizan sus gigantescos incisivos como una pala de excavadora.

Lento El perezoso de tres dedos es el mamífero más lento. Su velocidad máxima es de 1 m en 15 segundos.

¿SABÍA USTED QUE...?

LOS OSOS POLARES son muy veloces y ágiles, lo cual es sorprendente. Corren más rápido que un reno, a 40 km/h en tramos cortos, además de saltar tramos de hasta 3.7 m de anchura y montículos de nieve de 2 m de altura.

* * *

LOS INSECTOS aletean con rapidez asombrosa. La mosca Forcipomyia se lleva las palmas con 62 670 aleteos por minuto. Incluso el más lento, la mariposa macaón, bate sus alas 300 veces por minuto.

GRACIOSOS VAGABUNDOS

Cómo se orientan las aves para llegar a sitios distantes

EL COLIBRÍ de garganta de rubí pesa tan sólo 3 g. Sin embargo, cada otoño, esta diminuta criatura recorre hasta 3 200 km desde el este de Estados Unidos hasta Centroamérica para pasar el invierno. Este viaje incluye 1 000 km de vuelo ininterrumpido sobre el Golfo de México, por lo que no es sorprendente que el colibrí tenga que almacenar grandes reservas de néctar para ello. Sin embargo, a este respecto el colibrí no es único. Son innumerables las aves que atraviesan el planeta en sus migraciones anuales. ¿Cómo saben adónde volar?

Los biólogos, al estudiar los misterios de las migraciones, descubrieron que las aves no emplean un solo método para orientarse, sino que echan mano de varios recursos de navegación. Por ejemplo, usan como referencia ríos, sierras y litorales.

Las aves también poseen indicadores de dirección, relacionados con la orientación del Sol durante el día, y que dependen de la observación de las estrellas por la noche. Es probable que a estas "brújulas" las activen relojes internos, ajustados con base en la percepción que el ave tiene del día y la noche, no sólo por medio de la vista, sino también directamente a través del cráneo.

Atracción magnética

Las aves además perciben los cambios en el campo magnético de la Tierra. Al parecer, su "brújula magnética" se ubica entre el cráneo y el cerebro, pues allí se halla una diminuta cadena de cristales magnéticos en las palomas. Se generan corrientes eléctricas infinitesimales en el sistema nervioso del ave cuando ésta gira la cabeza en relación con el campo magnético del planeta. Luego, su cerebro transforma las corrientes en direcciones de vuelo. Se piensa que otras aves usan brújulas similares.

Otros métodos de navegación que emplean las aves son la percepción de cambios de la presión barométrica, la interpretación de la forma de las olas y quizás hasta la percepción de variaciones en la fuerza gravitacional de la Tierra. Algunas aves marinas poseen olfato y gusto bien desarrollados, que usarían para oler o saborear el agua del mar para ubicarse.

Paloma mensajera Una división de caballería del ejército francés (vista aquí en maniobras cerca de Soissons, Aisne, en 1897) empleó palomas mensajeras en su red de comunicación.

¿SABÍA USTED QUE...?

LOS ORNITÓLOGOS en ocasiones permanecen toda la noche observando la Luna con telescopio o binoculares, para contar las aves migratorias que pasan frente al disco lunar. Sin embargo, este método se ha sustituido en gran parte con los modernos radares, equipos tan sensibles que permiten identificar las especies y seguir el rastro a aves aisladas. Algunos captan incluso los latidos cardiacos del ave.

AVEPISTAS
Las rutas de las aves migratorias

EN GENERAL, la migración de aves en el hemisferio norte tiene lugar entre los territorios de reproducción en el norte y las zonas de invernación en el sur. Sin embargo, algunas especies siguen trayectos oblicuos, laterales e incluso de retroceso. Aunque muchas especies vuelan en una dirección general, dentro de un "frente" amplio, también hay algunas que recorren siempre una ruta específica.

Pese a que las rutas de migración pueden ser tan sólo de 100 m de largo a través de un desfiladero, por lo general tienen longitud mucho mayor y dependen de accidentes geográficos, como ríos y montañas. Se sabe que los murciélagos y las mariposas migratorias siguen rutas aéreas similares. Los recorridos de migración más definidos y mejor estudiados son los de las aves silvestres en el otoño, que vuelan desde Norteamérica hasta Centroamérica y el extremo norte de América del Sur.

Muchas aves migratorias grandes, como las águilas y los buitres, dependen principalmente del vuelo a grandes altitudes para llegar a su destino. Necesitan las corrientes ascendentes de aire cálido, llamadas corrientes térmicas, para planear. Ascienden en cada una como si fuera una gran escalera en espiral, y luego planean hacia abajo hasta la siguiente, donde repiten el proceso. Estas corrientes térmicas sólo ocurren en días cálidos, donde hay tierra, razón de que las aves migratorias vuelen a lo largo de los istmos, al tiempo que evitan hacerlo sobre largos trechos de mar abierto.

Ruta migratoria central

Ruta migratoria del Mississippi

Ruta migratoria del Atlántico

Ruta migratoria del Pacífico

OCÉANO PACÍFICO

OCÉANO ATLÁNTICO

Rutas favoritas *Gansos (como los canadienses, de arriba), patos y cisnes siguen cuatro rutas principales de migración (derecha) de Norte a Centro y Sudamérica.*

El estrecho de Gibraltar es un sitio famoso para observar aves de rapiña migratorias planeadoras, como el milano, el gavilán pollero y el halcón abejero. Allí se mezclan con las cigüeñas, que también emigran planeando. Cada otoño, casi 250 000 ejemplares cruzan el Estrecho hacia el sur, espectáculo inolvidable para los afortunados que lo observan. Otro lugar de reunión de tales aves y sus observadores es Hawk Mountain, en Pensilvania, EUA, donde a veces se reúnen más de 10 000 de estos pájaros.

Pero no todas las aves de rapiña son planeadoras. Por ejemplo, los halcones y aguiluchos recorren grandes distancias aleteando. Al no depender de las corrientes térmicas, su frente de migración es mucho más amplio.

EL ALADO ADORADOR DEL SOL

EL CHARRÁN ártico es un esbelto y gracioso pariente de las gaviotas que realiza las más espectaculares migraciones entre las aves. Cada otoño, este pájaro que sólo mide 35 cm de largo, abandona su zona de reproducción en la Europa nórdica, Norteamérica y Groenlandia para recorrer medio mundo hasta llegar a la Antártida, a pasar el verano antártico.

Los charranes árticos no vuelan por la ruta más corta, sino que toman otras para aprovechar los vientos, de modo que en un viaje de ida y vuelta recorren cerca de 35 000 km. Así que es probable que estas aves vean más luz diurna que ningún otro ser vivo. En su territorio de reproducción el día dura casi 24 horas en el verano ártico, mientras en el extremo opuesto de sus migraciones disfrutan de días igualmente largos, durante el verano antártico.

Unos ornitólogos colocaron un detector anular de poco peso en un charrán ártico recién nacido y le siguieron la pista durante los 26 años que vivió. En sus viajes de un polo a otro dos veces por año, el ave recorrió en total casi un millón de kilómetros.

Largo trayecto *El charrán ártico recorre anualmente casi 35 000 km en sus migraciones.*

¿SABÍA USTED QUE...?

ANTES DE emigrar, las aves comen en abundancia para almacenar las reservas de grasa que emplearán durante sus travesías por desiertos u océanos. Muchas especies pequeñas, como la curruca, duplican su peso antes de emprender el vuelo.

VIAJE SIN REGRESO

La anguila europea emprende un largo viaje para reproducirse

L A ANGUILA europea realiza uno de los más desalentadores viajes de regreso al lugar de origen de todo el mundo animal. En marzo y abril, las anguilas europeas llegan a desovar a las aguas profundas y cálidas del mar de los Sargazos, en la parte occidental del océano Atlántico. De sus huevos —de los cuales nunca se ha visto uno— salen larvas transparentes, algunas de 7 mm de largo. Conforme éstas crecen, adquieren forma semejante a la de una hoja.

A mayor edad, menor tamaño

Durante los tres años siguientes, las larvas navegan a la deriva 4 000 a 5 000 km con las corrientes, hasta llegar a las costas de Europa; para entonces, miden 8 cm. Cerca de la costa, las larvas decrecen y se vuelven anguilas transparentes, o angulas, de 6.5 cm. Durante el invierno y principios de la primavera se reúnen por millares cerca de estuarios del Reino Unido y norte de Europa.

Cuando están en el agua salobre de los estuarios, su comportamiento se modifica. En vez de dejarse arrastrar por las

Migración de anguilas Cuando llegan a estuarios europeos (derecha), las larvas ya son angulas (abajo). Después desarrollan aberturas branquiales pequeñas y piel gruesa (abajo a la derecha) que impiden su deshidratación mientras emigran por tierra.

¿SABÍA USTED QUE...?

LAS ANGUILAS tienen sentidos del olfato y del gusto muy agudos: detectan concentraciones mínimas de una sustancia en 4 km³ de agua.

* * *

LAS ANGUILAS cierran sus estrechas aberturas branquiales y obtienen hasta 60% del oxígeno que necesitan para respirar a través de su viscosa piel, de modo que pueden emigrar por tierra sobre el pasto húmedo durante el frío de la noche.

---

corrientes, empiezan a nadar con vigor río arriba. Cuando se topan con corrientes fuertes, se deslizan entre guijarros o grietas de rocas, o se esconden en el lecho arenoso del río, en vez de luchar contra aquéllas o rendirse a ser arrastradas mar adentro.

Aunque en ocasiones las anguilas permanecen río abajo o en estuarios y aguas costeras, en otras nadan hasta alcanzar los ríos de tierras altas y riachuelos. Incluso las hay que emigran por vía terrestre a canales, estanques y lagos.

Por último, hacia el final del verano, las anguilas que tienen entre 4 y 10 años de edad sienten la necesidad de trasladarse a la costa. Dejan de comer y su estómago se contrae, para dejar sitio a los órganos sexuales en desarrollo.

El último viaje

Cuando llega el momento, las anguilas parten en su gran viaje de regreso al mar de los Sargazos, posiblemente dejándose guiar por el aumento en la salinidad y la temperatura del agua. Una vez en su destino, se aparean y después, exhaustas por el esfuerzo realizado, mueren. No se sabe de anguilas maduras que hayan regresado a los ríos europeos.

Las anguilas europeas comparten sus territorios de apareamiento del mar de los Sargazos con un pariente cercano, la anguila americana. Ésta viaja 1 600 km hasta la costa atlántica de Norteamérica: un breve paseo si se compara con la odisea de su congénere europea.

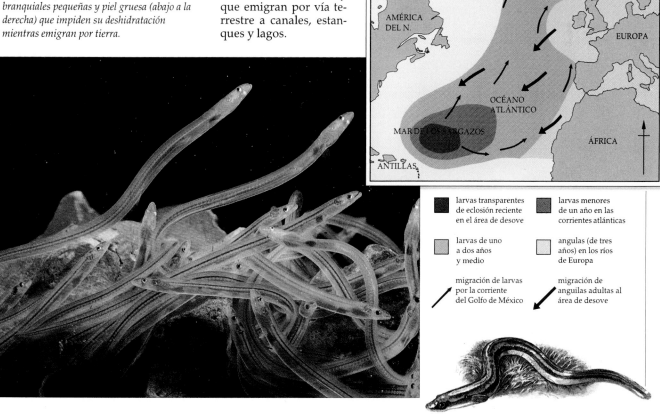

larvas transparentes de eclosión reciente en el área de desove

larvas menores de un año en las corrientes atlánticas

larvas de uno a dos años y medio

angulas (de tres años) en los ríos de Europa

migración de larvas por la corriente del Golfo de México

migración de anguilas adultas al área de desove

VARIEDAD SIN LÍMITE

La fauna de los bosques tropicales

EN UN ÁREA de bosque tropical apenas mayor de 1 000 hectáreas puede haber 750 especies de árboles, 1 500 de otras plantas, 125 de mamíferos, 400 de aves y 100 de reptiles. La fauna de la selva amazónica ilustrada en esta página y la siguiente es sólo una muestra. La variedad de insectos es también asombrosa: en un árbol llega a haber 800 especies.

Una gran diversidad de seres vivos habita estos suelos pobres y ácidos, donde los nutrientes se reciclan constantemente. En sus diferentes niveles, desde las copas de enormes árboles con lianas hasta la cama de hojas sobre el suelo, hay una amplia gama de hábitats. Aunque los habitantes de las copas, que viven a 30 o 40 m de altura, pocas veces interactúan con los de niveles inferiores, todos conforman un sistema en delicado equilibrio. Si éste se rompiera, la selva se volvería una tierra estéril, de maleza, con lo que se extinguirían plantas y animales únicos.

Llamadas *Los resonantes aullidos de una manada de monos errantes recorren hasta 1.6 km a través del denso follaje de las copas.*

Trepando por comida *El tamanduá se ase con la cola prensil mientras se nutre de hormigas o ataca un termitero.*

Cazador versátil *El jaguar, único gran felino de la selva amazónica, se arroja sobre sus presas desde un árbol. También se alimenta de peces, que atrae a la superficie al golpear el agua con la cola y luego sacarlos o golpearlos con una garra.*

Bandidos de paseo *Los coatíes, que viajan en grupos hasta de 40 individuos, sostienen su anillada cola al aire como señal para mantener unido al grupo.*

Terror de la selva *Lachesis mutus, que es la víbora venenosa más grande de la selva amazónica, llega a medir 1.8 m o más de largo.*

Ataque aéreo *La feroz arpía ataca a criaturas que viven en la copa de los árboles: monos, perezosos y aves grandes.*

Atemorizante efecto *El tucán usa su colorido pico para recoger fruta; pero también le sirve para ahuyentar halcones y otros atacantes.*

Vida de cerdos *Piaras de pecaríes blancos buscan raíces, brotes, semillas, hongos y animales muertos en el suelo de la selva.*

Vegetarianas voraces *Las pirañas tienen fama por la rapidez con que devoran cadáveres. Sin embargo, muchas especies son inofensivas vegetarianas. Algunas esperan a que caigan al agua los frutos maduros de los árboles.*

Rana marsupial *Las hembras de muchas ranas selváticas tienen bolsas, donde viven las crías en las etapas de huevo y renacuajo*

Mortal brillantez *Los colores de la rana* Dendrobates pumilia *son una advertencia para no comerla. Los indios amazónicos usan el veneno en flechas.*

COSTUMBRES DE FAMILIA

El cortejo no es una preocupación exclusivamente humana

EN TODO el mundo animal, machos y hembras indican sus intenciones amorosas de maneras muy diversas. Las jirafas se frotan mutuamente la nariz; ciertas lagartijas menean la cabeza o el cuerpo de arriba abajo, y algunos peces, como el picón, exhiben colores vivos a su futura pareja. Las luciérnagas hembras brillan para atraer a los machos, con una luz tan intensa que en número suficiente estos pequeños insectos permitirían la lectura nocturna de un libro.

El ave del paraíso, que vive en Australia, Nueva Guinea e islas cercanas, dispone de la más compleja decoración para atraer a la pareja y disuadir a los rivales. En muchas de las 43 especies, los machos están adornados con fantásticas plumas. Las mantienen erguidas o las hacen vibrar con sus extraordinarias danzas, y pueden ser parecidas al encaje, aterciopeladas o iridiscentes.

Seducción sonora

Los signos visuales no son los únicos que se emplean en el cortejo. El trino primaveral de los pájaros tiene dos funciones: advertir a machos rivales que el cantor ha delimitado su territorio, y atraer a las hembras. Ciertas aves incluso cantan a dueto: los alcaudones se coordinan tan bien que es difícil darse cuenta de que el canto proviene de diferentes ejemplares.

Otros animales también cantan durante el cortejo. Los saltamontes frotan el "güiro" de una de sus patas contra el "raspador" de un ala para producir su

Plumas de coqueteo *Un ave del paraíso cuelga de cabeza, en el clímax de su alarde de cortejo, y muestra ostentosamente su magnífico plumaje a la posible compañera.*

chirrido usual. El grillo cebollero (*Gryllotalpa*) cava un túnel de forma especial para amplificar su chirrido, de modo que el hombre lo puede escuchar a 600 m.

La arquitectura del amor

Quizá la más singular conducta de cortejo entre las aves sea la de las 18 especies de ave del paraíso que hay en Australia y Papúa-Nueva Guinea. Los machos crean extraordinarias construcciones, no destinadas a formar nidos, sino a atraer a las hembras. Algunas son relativamente sencillas, y otras, más complejas, consisten en una torre de ramitas que rodea a un arbolillo central o son incluso "casas" en miniatura, con entrada, techo de paja y hasta 2.7 m de altura. El piso está cubierto con capas de hojas frescas.

Las aves del paraíso decoran sus casitas con musgo, flores, frutos, conchas de caracol y objetos humanos. Varias especies incluso las pintan con bayas machacadas, carbón vegetal u otros pigmentos naturales, mezclados con saliva y aplicados con un "cepillo" de fibra de corteza o un manojo de hojas que sostienen con el pico.

Pese a su asombrosa habilidad arquitectónica, las aves del paraíso machos no intervienen en la construcción del nido, en la incubación de los huevos ni en el cuidado de los polluelos, pues de ello se encargan por completo las hembras.

Luces de cortejo *Numerosas luciérnagas iluminan una cueva en la orilla del lago Te Ana, en la isla sur de Nueva Zelandia.*

LAS CIUDADES MÁS GRANDES DEL MUNDO

AUNQUE muchos animales vivan de modo relativamente aislado, sea en familias, parejas o incluso como individuos, algunos viven en grupos grandes y complejos.

El perrillo de las praderas, del oeste de Estados Unidos y el norte de México (que no es perro, sino ardilla, y se le llama así porque emite ruidos que semejan ladridos), vive en madrigueras que cava en el suelo. La diferencia entre estas madrigueras y las de otras ardillas radica en sus impresionantes dimensiones.

En otros tiempos, las "ciudades" de los perrillos fueron enormes. Una descubierta en 1901 abarcaba 380 por 160 km y alojaba 400 millones de estos animales.

No es el mejor amigo del hombre

Se considera que este animal es una plaga (compite con el ganado por el pasto, perjudica las cosechas y sus madrigueras hacen tropezar a los caballos), por lo que el hombre ha usado veneno para reducir el tamaño de sus ciudades. Actualmente, una ciudad promedio cubre menos de 2 ha y alberga a unos 1 000 individuos.

Estos animales tienen una estructura social compleja, basada en complicados rituales. Por ejemplo, se saludan frotándose mutuamente la nariz por mucho tiempo. Las poblaciones del perrillo están organizadas en unidades a las que se ha llamado camarillas, barrios y ciudades. Cada camarilla contiene un macho adulto, dos o cuatro hembras adultas y algunas crías. Varias camarillas forman un barrio, y dos o más barrios, una ciudad.

SEÑOR DE LA MADRIGUERA
Arquitecto, leñador e ingeniero, el castor modela su ambiente

EL CASTOR es el mejor ingeniero entre los mamíferos, sin contar al hombre. Vive en madrigueras semisumergidas en el centro o en las orillas de los lagos. Si no hay un lago cercano, lo crea al construir un dique a lo ancho de riachuelos o ríos. El dique puede ser sólo de lodo o, más comúnmente, de árboles talados por el animal, sumergidos con piedras y unidos con lodo.

Un castor adulto puede talar un árbol de 12 cm de diámetro en menos de media hora, para lo cual usa sus fuertes incisivos como cinceles. Los castores cortan los árboles altos en tramos más pequeños y los llevan flotando por canales que ellos mismos crean para dicho fin.

En el agua se refugian de sus depredadores (los lobos, por ejemplo). En caso de peligro, el castor azota el agua con la cola y la familia se sumerge de inmediato. La entrada de la madriguera es subacuática, de modo que resulta un hogar seguro. Tiene forma de bóveda, cuya parte superior queda arriba del agua. El interior, que puede tener hasta 1.8 m de alto, está hecho de ramillas y piedras cubiertas de lodo.

Los estanques o lagos de los castores se encenagan poco a poco, por lo que se eleva el nivel del agua y tienen que aumentar la altura y anchura del dique. Construyen uno nuevo sobre otro viejo, y los hay incluso de mil años de antigüedad. Miden hasta 1 000 m, como el dique que hay en el río Jefferson de Montana, EUA.

Los diques también sirven como despensa durante el invierno, cuando los lagos se congelan. La dieta de los castores consiste en tallos leñosos de arce, álamo y sauce. Además, cortan ramas para tenerlas de reserva en su almacén subacuático, ancladas en el lodo del fondo. El agua sirve como refrigerador, ya que mantiene la madera en temperaturas apenas superiores a la de congelación (0°C) y conserva su valor nutritivo. Esta reserva de alimentos permite al castor permanecer alejado de tierra firme y de sus depredadores por mucho tiempo.

Los castores son animales sociales y suelen trabajar en cooperación. Viven en colonias de hasta cuatro madrigueras por estanque o lago, con una o más familias en cada madriguera. Una familia suele formarse con la pareja de adultos, apareados de por vida, y dos grupos de descendencia: el de la camada anual, de dos a ocho crías, y el de las crías de un año, nacidas en la estación anterior.

Fortaleza inexpugnable La madriguera de un castor está bien aislada, para que la familia esté cómoda y sin frío todo el año. Las entradas subacuáticas la resguardan de los depredadores.

¿SABÍA USTED QUE...?

LOS CASTORES tienen incisivos tan filosos que los europeos de la antigüedad y los indios de Norteamérica los usaban en hojas de cuchillo. Los castores son codiciados por su piel, carne y almizcle, usado éste en perfumes. Los castores europeos, extintos en muchas zonas, están siendo reintroducidos en parques y reservas. Aunque el número de los americanos ha disminuido, son más cuantiosos, ante todo en el norte.

✳ ✳ ✳

EN 1899 se descubrió un dique de castor hecho de carbón en Dakota del Norte, EUA.

TRABAJADORAS SOCIALES

Organizadas, las termitas se resguardan del Sol y la lluvia.

LAS TERMITAS (comejenes) han cambiado poco durante los últimos 200 millones de años. Quizás hayan sido una de las primeras especies de insectos sociales, con un complejo sistema de castas, entre las cuales se incluyen obreras, soldados y una gran reina.

Dado que las termitas tienen piel suave y se deshidratan con facilidad, por lo general viven en nidos subterráneos o de leña, que albergan a millones de individuos. Algunas cultivan hongos en sus colonias; éstos crecen sobre "crestas" hechas de madera que sólo pueden comer la reina, el rey y las termitas jóvenes.

En el clima cálido y seco de la sabana africana, donde la temperatura llega a 50°C, algunas termitas construyen torres huecas de hasta 8 m de altura para que el nido subterráneo no se sobrecaliente durante el día ni pierda demasiado calor por la noche. Además, las torres también evitan la pérdida de la humedad necesaria para las termitas.

Las termitas obreras construyen con gran cuidado estas impresionantes estructuras de granos de tierra aglutinados con saliva, que se secan con el calor del Sol. Además, las especies de la selva africana construyen "techos" de celulosa sobre sus nidos, para protegerlos de las torrenciales lluvias.

Gran altura Torre de termitas xilófagas cultivadoras de hongos (arriba) en Turkana, Kenia. Mientras la reina deposita los huevos en la cámara real, las obreras almacenan alimentos y cuidan las galerías de larvas (abajo).

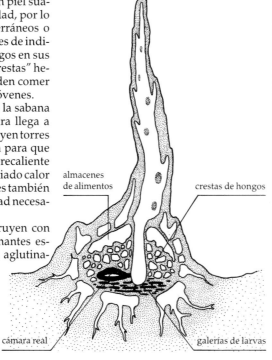

almacenes de alimentos

crestas de hongos

cámara real

galerías de larvas

APRENDIENDO "EL OFICIO"

Incluso los animales más simples tienen capacidad de aprendizaje

UNA ARAÑA teje su tela, de asombrosa complejidad, con una fina seda que posee la misma resistencia a la tensión que el nylon. Sin embargo, ejecuta esta impresionante tarea sin haber tomado lección alguna. La vida de las arañas y muchos otros invertebrados depende en gran parte de instintos, patrones de conducta que se heredan de una generación a otra.

De vuelta a sus alojamientos

Pese a su conducta instintiva, los invertebrados pueden aprender. Por ejemplo, las avispas cavadoras del sur y centro de Europa pueden regresar a su sitio de desove en el suelo, reconociendo los guijarros y las ramillas del lugar.

Los vertebrados también heredan patrones de conducta instintivos, como la habilidad de las aves para construir nidos complejos; pero generalmente tienen más capacidad de aprendizaje. Esto se relaciona con la mayor atención de los progenitores a las crías y con enseñanzas de los adultos a los jóvenes. Por citar un caso, muchas aves canoras no cantan correctamente en tanto no aprendan de sus progenitores la manera de hacerlo.

La práctica hace al maestro

El aprendizaje tiene igual importancia para los depredadores: si no descubren los secretos para cazar por su cuenta, se mueren de hambre. De allí que la tigresa lleve presas heridas o crías vivas a sus cachorros para que practiquen. Los tigrillos permanecen con la madre 18 meses, durante los que la observan cazar, y perfeccionan su propia técnica antes de empezar a valerse por sí mismos.

¿SABÍA USTED QUE...?

UN INVESTIGADOR sueco descubrió que la perdiz pardilla hembra busca un macho vigilante cuando selecciona pareja. Separó unos cuantos machos en dos pajareras, una resguardada de los peligros externos y la otra descubierta, y permitió que las hembras eligieran entre los machos de ambas. Las hembras prefirieron a los de la segunda pajarera, de actitud más alerta, ya que cuidarían mejor de los polluelos.

AMOROSAS MADRES SALVAJES

Cómo los animales protegen a sus crías de los depredadores

CON FUERTES silbidos y gruñidos, un cisne mudo no hace honor a su nombre cuando defiende a sus polluelos. Si un enemigo acecha, la enorme ave le da un golpe tan fuerte con el ala, que rompería el brazo de una persona.

Aunque en muchas especies de animales los adultos protegen a las crías, no todos lo hacen con tanta agresividad. Ciertas aves, como los chorlitos, tratan de burlar al depredador. Uno de los progenitores se finge herido y camina con un ala estirada, como si la tuviera rota, o corre como un pequeño roedor, para alejar de sus crías al depredador; por ejemplo, una zorra o un armiño. Otras se alejan volando con sus polluelos de la zona de peligro: el ave zancuda los lleva en el pico, uno a la vez, mientras el rascón los transporta entre las patas.

También los cocodrilos hembras cargan a sus crías. Apenas se abren los huevos a orillas del río, los cocodrilos recién

Tierna, entre dientes *Un cocodrilo hembra del Nilo sostiene a su cría en la boca mientras se aleja de los depredadores.*

nacidos están expuestos a depredadores, como el marabú africano y el cálao. La madre recoge a las crías con increíble ternura en su dentada mandíbula, y las pone a buen recaudo, en aguas tranquilas. Son pocos los reptiles que tienen tan finos cuidados.

Los peces generalmente dejan huevos y crías a la deriva. Los cíclidos son una excepción a esta norma. La hembra, el macho o ambos, lo que varía con la especie, portan los huevos en la boca. Protegidos así de los peces depredadores, hongos y bacterias, los huevos se abren y los pececillos salen nadando. Sin embargo, regresan de inmediato ante el más mínimo peligro.

Incluso en algunas especies de insectos es sorprendente el grado de cuidados parentales. La tijereta se queda con los huevos hasta que eclosionan. Entre las abejas, avispas, hormigas y termitas, la reina deposita los huevos, mientras que las obreras (hembras estériles) cuidan de los huevos y las larvas hasta que se convierten en individuos adultos.

BOLSA DE DORMIR PARA PECES

PESE A QUE LOS PECES no tienen párpados ni cierran los ojos, sí duermen y descansan. Algunos se entierran en la arena; otros buscan grietas o marañas de algas para estar a salvo de los depredadores nocturnos, mientras que los pequeños *Amphiprion percula* de los arrecifes de coral tropicales se cubren con una mucosidad que los protege de los venenosos tentáculos de las anémonas.

Sin embargo, el modo más extraño de dormir es el de algunas especies de pez papagayo *(Scaridae)*, que pasan la noche en una bolsa de dormir. Estos miembros del orden de las percas, robustos y de cabeza roma, miden hasta 1.2 m de largo.

Estos peces, con escamas de brillantes tonos de azul, verde, amarillo, anaranjado y rojo, habitan en los arrecifes de coral tropicales y subtropicales. Cuando se instalan entre los corales para pasar la noche, su cuerpo secreta un capullo transparente de moco adherente, que los envuelve. El proceso de su formación requiere hasta media hora, y el pez necesita el mismo tiempo para librarse del capullo por la mañana.

El pez papagayo no produce la bolsa de dormir todas las noches, y la verdadera función de la misma es todavía un misterio. Sin embargo, al parecer impide que los depredadores, entre éstos la anguila morena, detecten el olor del pez papagayo.

Seguridad nocturna *Un pez papagayo duerme envuelto en un capullo protector.*

¿SABÍA USTED QUE...?

LA GESTACIÓN más larga es la de la salamandra alpina: requiere hasta 38 meses para dar a luz a 1 400 msnm en los Alpes suizos, y unos 25 meses a menor altitud. En contraste, en la zarigüeya de Virginia puede durar apenas ocho días. La gestación más larga en mamíferos es la del elefante asiático, con promedio de 609 días (20 meses) y máximo de 760 días, dos veces y media más que en la mujer.

✳ ✳ ✳

ALGUNAS AVES e insectos machos ofrecen a sus hembras "banquetes nupciales". Por ejemplo, las hembras de los mecópteros condicionan la aceptación de un macho a que éste se presente con un gran insecto muerto. Hay quienes atribuyen esta conducta a que las hembras no son muy dadas a andar de cacería.

CAZADORES INMEJORABLES

Ciertos animales se valen de herramientas para procurarse alimento

QUIENES BUSCAN una confirmación de la superioridad del género humano aseguran que el hombre es el único animal que usa herramientas. Pero un selecto grupo de aves y mamíferos también las utiliza.

El buitre egipcio, blanquipardo, de aspecto desaliñado y tamaño de pollo, vive en ciertas regiones de Europa, África y Asia. Tal vez no sea tan impresionante como algunos de sus parientes de mayor tamaño, pero emplea un notable ardid para obtener el rico alimento que los huevos de avestruz alojan en su interior. Erguido encima del huevo, el buitre toma en su pico una gran piedra y la arroja repetidas veces, hasta que el grueso cascarón se rompe. Como sólo algunas poblaciones de buitres egipcios se sirven de esta técnica se cree que se trata de algo aprendido por imitación, más que de una habilidad innata.

Hurgón, lanza o rejón

Un usuario de herramientas todavía más ingenioso es el pinzón de las Galápagos, que solamente habita en algunas islas del archipiélago, situado a casi 1 100 km al oeste de la costa de Ecuador. Es del tamaño de un gorrión; busca insectos en los árboles, para lo cual desprende la corteza, como hacen los pájaros

Hábil cazador *El pinzón de las Galápagos hurga con una ramita bajo la corteza de un árbol, en busca de comida.*

Gracioso ardid *Un chimpancé sostiene pacientemente un palo sobre un nido de insectos en espera de que se cubra de insectos que comer.*

carpinteros. Cuando no encuentra alimento de esta manera, recoge una espina de cacto o una ramita. Si ésta tiene molestos salientes, el pájaro la desbasta.

Al volver al árbol, el pinzón sujeta la herramienta con el pico y la utiliza en una de tres maneras: como hurgón, para sacar insectos de un agujero al empujarlos o jalarlos; como lanza para ensartar un gorgojo u otro insecto de movimientos lentos, o como rejón para hostigar y hacer salir a una presa muy activa o renuente. Una vez que la presa sale a la superficie, el pájaro pasa la espina o ramita a una de sus patas y atrapa rápidamente al insecto con el pico.

Rascadores de espalda y anzuelos

Ciertos mamíferos también emplean herramientas. Se ha visto caballos que se rascan con palos zonas de la espalda de otro modo inaccesibles, y chimpancés que usan ramitas como anzuelos para "pescar" en oquedades o termiteros. Cuando hay suficientes insectos en la rama, el chimpancé los lame. Además, el chimpancé suele desbastar la rama antes de emplearla. Los animales no sólo utilizan herramientas, sino que también las fabrican a su propio modo... rudimentario, pero muy eficaz.

DESPENSA BIEN PROVISTA
Las sanguinarias costumbres del "pájaro carnicero"

UNA AVECILLA hermosa de plumaje castaño y gris, cuya cola se sacude de un lado a otro, escudriña los alrededores desde su atalaya en lo alto de un tojo. De repente, desciende volando sobre un pájaro más pequeño y lo mata con su robusto pico de afilado gancho. Una vez que tiene el botín sujeto firmemente con sus afiladas garras, este feroz depredador vuela hacia un matorral de abrojos, donde empala con igual firmeza a su víctima en una púa.

El depredador de referencia es un macho de alcaudón dorsirrojo, una de las 70

Bello verdugo *El alcaudón dorsirrojo macho tiene fuertes y afiladas garras para sujetar a sus presas.*

especies que componen la familia, y de las cuales tres cuartas partes viven en África, y el resto se distribuye en América del Norte, Europa y Asia.

Estas feroces aves de rapiña miden de 15 a 38 cm de largo y cazan una amplia diversidad de presas. Las especies más grandes por lo general capturan ratones y otros mamíferos pequeños, lagartijas y avecillas jóvenes, mientras que los alcaudones pequeños buscan otros pajarillos, gusanos e insectos. Además de lanzarse sobre la presa desde sus perchas de observación, los alcaudones cazan al vuelo, para lo cual planean en ocasiones a corta distancia del suelo o vuelan a media altura, a semejanza de los halcones, en busca de insectos.

Aunque se comen gran parte del botín o alimentan a sus crías apenas lo atrapan, son muy numerosas las especies del hemisferio norte que también almacenan parte del alimento en "despensas" hechas de espinos o alambradas de púas. Este hábito recuerda al de los carniceros, que cuelgan en ganchos la carne, por lo que se les ha denominado pájaros carniceros. También se les han

Bodega aérea *A veces el alcaudón cuelga a su víctima, como esta lagartija, de una rama o una alambrada de púas.*

dado los nombres de desolladores y verdugos, en otras regiones. No todas las especies producen el canto áspero y de rechinido que caracteriza a estas aves: el de algunas del África es entonado.

Los alcaudones crean su reserva de víveres ante todo en la temporada de cría, cuando necesitan mayor cantidad de alimento para los polluelos. Sin embargo, es frecuente que abandonen su despensa, tal vez porque había comida de sobra o porque los alimentos se resecaron demasiado.

CÓMO COMER CON EL ESTOMAGO AFUERA

MUCHAS ESTRELLAS de mar poseen un singular método de alimentación: sacan el estómago por la boca y empiezan la digestión de sus presas fuera del cuerpo. Algunas especies incluso pueden abrir la apretada concha de ciertos moluscos bival-

vos, como los mejillones, las ostras y las veneras, por citar algunos.

La estrella de mar localiza a los moluscos gracias a las sustancias que éstos secretan. En cuanto encuentra uno, le rodea la concha —firmemente cerrada— con los

brazos. (Éstos poseen hileras de patas en forma de tubitos, que sobresalen de la coraza. Cada pata tubular tiene en la punta una ventosa diminuta a la vez que poderosa.) Una vez asida a su víctima, fija en el lecho marino los extremos de sus brazos. Luego retrae las patas tubulares con fuerza suficiente para abrir la concha poco a poco, como si empleara una palanca. Esto le toma algún tiempo, ya que los músculos de la concha del molusco son muy fuertes.

Luego, la estrella de mar saca el estómago por la boca, lo mete en la cavidad del molusco y empieza a digerirlo con sus enzimas intestinales. Finalmente, los diminutos cilios que tiene en la superficie del estómago producen un movimiento que arrastra el alimento al interior de su cuerpo, donde concluye la digestión.

Contorsiones para comer *Después de abrir un mejillón, una estrella de mar saca su propio estómago por la boca y lo introduce en la concha, donde rodea de enzimas digestivas el blando cuerpo del molusco.*

DIETA RICA EN ENERGÍA

Por qué trabaja tan duro el colibrí para ganarse la vida

Banquete floral *Un colibrí se prepara para alimentarse de néctar o insectos, para lo cual se valdrá de su lengua retráctil que, extendida, puede medir más que el cuerpo.*

L ANZÁNDOSE DE acá para allá, batiendo las alas hasta 78 veces por segundo, los colibríes viven con un ritmo febril. En proporción a su peso, gastan más energía que ningún otro animal de sangre caliente. Si queman tanta energía se debe en parte a que su diminuto tamaño requiere de un agitado ritmo de vida. Cuanto más pequeño es un animal, tanto mayor es la superficie corporal que tiene por gramo de peso. Los colibríes sólo se encuentran en América, donde hay casi 320 especies. El cuerpo de estas aves, por lo general de 6 a 13 cm de largo, tiene masa insuficiente para producir el calor que compense el que se pierde a través de su relativamente grande superficie corporal. Es por esto que requieren mucha energía, para mantener su elevado índice de metabolismo. Su temperatura corporal es de 39 a 42°C, con frecuencia cardiaca cercana a 500 latidos por minuto en reposo, que excede de 1 000 latidos por minuto o incluso más cuando está muy activo.

Obtiene energía de comer insectos y, ante todo, del néctar, rico en calorías. En general, necesita ingerir diariamente el equivalente a la mitad de su propio peso. Si las personas gastaran cantidades similares de energía, en proporción a su peso, tendrían que consumir cada día 60 kg de pan o 170 kg de papas hervidas, para obtener suficientes calorías.

A fin de ahorrar energía durante la época de frío, los colibríes se aletargan y caen en un profundo sueño que dura varias horas. Su temperatura corporal desciende hasta ser sólo unos cuantos grados mayor que la ambiental. A 15°C, el colibrí durmiente consume solamente la quincuagésima parte de la energía que utiliza cuando está activo.

¿SABÍA USTED QUE...?

EL VAMPIRO puede beberse de una sola vez tanta sangre que le es imposible volar hasta que digiere y excreta al menos una parte de lo ingerido.

❋ ❋ ❋

EL COLIBRÍ más pequeño del mundo es el colibrí abejorro: mide apenas 5.7 cm de largo, de los cuales corresponde la mitad al pico y la cola. Su peso es menor de 2 g y también es el animal de sangre caliente más pequeño que se conoce.

VAMPIROS DE VERDAD

Murciélagos en pos de un festín nocturno de sangre

E L ÚNICO mamífero que se alimenta de sangre es el vampiro, que vive en Centro y Sudamérica. No chupa la sangre de la víctima después de perforarle la piel con los colmillos, al estilo Drácula, sino que con sus incisivos, afilados como hoja de afeitar, rebana en forma indolora una delgada capa de piel, del diámetro de un popote. Luego lame la sangre que brota por la herida. Su saliva contiene un anticoagulante, que surte efecto mientras se alimenta.

Gusta de pájaros o presas grandes

Pese a la conseja popular y las películas, los vampiros pocas veces atacan a la gente. Se cree que dos de las tres especies, los vampiros de alas blancas y los de patas peludas, atacan sobre todo a los pájaros. Los hábitos de la tercera especie, el vampiro común, son más conocidos. Si bien acostumbraba alimentarse de la sangre de grandes animales salvajes hasta antes de la colonización de América, en los últimos 400 años ha centrado su alimentación en el ganado vacuno, caballar y porcino, al ver sustituidas gran parte de sus presas naturales por animales domesticados.

Al parecer, cuando vuela casi a ras del suelo este animal busca la presa combinando la vista, el olfato y la localización por el eco, mediante su sonar natural. Aterriza cerca de un animal y luego brinca y corre hasta alcanzarlo, apoyado en los huesos de las alas.

Portador de enfermedades *El vampiro extrae poca sangre del ganado, pero transmite la rabia y otros padecimientos.*

BANDADAS DE ASESINOS SUBMARINOS

Las formidables técnicas cazadoras de las orcas

AUNQUE las orcas no atacan a la gente y sólo matan para comer, para otros animales marinos las llamadas ballenas asesinas hacen honor a este nombre. Cazan presas de muy diversos tamaños: desde un salmón chico hasta la ballena azul, la mayor criatura del planeta con sus casi 30 m de largo.

Otros alimentos importantes de las orcas son los pingüinos, tiburones, calamares, delfines, marsopas, focas, leones marinos y tortugas. Y su apetito es insaciable. Una orca grande puede tragarse con facilidad una marsopa o una foca entera. A manera de ejemplo, en el estómago de una orca se encontraron los restos de 14 focas y de 13 marsopas, mientras que en el de otra se hallaron 30 focas.

Trabajadoras en equipo

La orca, con longitud hasta de 9.4 m, peso de 7 a 10 ton y provista de 40 a 50 grandes dientes cónicos, cada uno de 5 cm de diámetro, es el más grande de los delfínidos. Repartida por los océanos, es una cazadora de gran eficiencia que vive en bancos de 20 a 50 individuos.

Los científicos creen que los miembros de un banco están emparentados, ya que permanecen juntos toda la vida. Un banco puede unirse a otros, pero sólo si forman parte de la misma "comunidad." Cada grupo posee su "dialecto" de silbidos, chasquidos y sonidos intermitentes para comunicarse y encontrar presas mediante su "sonar" natural. El banco suele nadar formando una o varias filas.

Las orcas también localizan a sus presas con la vista. A tal efecto, se paran verticalmente en el agua, con la cabeza al aire, y observan a su alrededor.

Los procedimientos que emplean para cazar son tan sorprendentes como despiadados. Por ejemplo, el banco arrea metódicamente un cardumen de

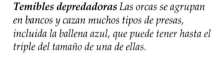

Temibles depredadoras Las orcas se agrupan en bancos y cazan muchos tipos de presas, incluida la ballena azul, que puede tener hasta el triple del tamaño de una de ellas.

salmones u otros peces hasta acorralarlo en ensenadas y destaca vigías para cortarles la huida. Cuando las orcas atacan a una ballena grande, la rodean y la acosan y, por último, se arrojan sobre su espiráculo hasta ahogarla. Luego, para devorarla arrancan grandes trozos de carne con sus afilados dientes sacudiendo la cabeza de un lado a otro. Según se afirma, uno de los manjares preferidos de estas formidables depredadoras es la lengua de ballena azul.

Las ballenas asesinas han ideado métodos ingeniosos de caza, incluso para cuando las presas se hallen fuera del agua. Cuando divisan pingüinos o focas en el hielo que cubre la superficie marina, se sumergen a gran profundidad, luego nadan velozmente hacia arriba, rompen la capa de hielo hasta de 1 m de espesor y hacen perder el equilibrio a las desprevenidas presas, que caen al agua. De igual manera, si observan en la playa un criadero de focas, en ocasiones se acercan a la orilla y se alejan, una y otra vez, para formar olas en el agua poco profunda, hasta que las focas, presas de pánico, tratan de huir por la rompiente, donde son atrapadas por sus hábiles atormentadoras.

Próximas presas Los leones marinos observan cautelosos mientras las astutas orcas intentan hacer que se arrojen al agua y a una muerte segura.

DEFENSA Y ATAQUE

El cazador y la presa mantienen un precario equilibrio

LA EVOLUCIÓN podría considerarse una interminable carrera armamentista. Siempre que los tiempos son difíciles para los depredadores, sobreviven los animales más fuertes, más veloces o provistos de los dientes más afilados, del más aguzado sentido del olfato o de la mayor astucia. La selección natural hace que las especies sean más eficaces en la caza. Análogamente, las criaturas agobiadas por los carnívoros han desarrollado mecanismos de defensa: mayor fortaleza o velocidad, mejores vista u olfato, camuflaje protector o venenos.

Entre las etapas de cambios evolutivos hay periodos de estabilidad entre cazadores y presas, mientras prosigue la batalla diaria: los leones acechan a cebras y antílopes en la sabana; los tiburones y delfines atrapan peces voladores en mar abierto, y los murciélagos cazan mariposas a la luz de la luna.

Cuando el medio se conserva inalterable y el equilibrio no se ve perturbado por especies extrañas, la proporción entre las poblaciones de depredadores y presas se mantiene estable. Aunque esto puede interrumpirse por catástrofes temporales, como las sequías; al llegar las lluvias se restaura la normalidad.

Tómese como ejemplo al león y al antílope saltador, especie que es presa habitual del felino. La contienda dista mucho de ser desigual. Sin duda el león es un formidable cazador: las leonas, bien disimuladas por su rojizo pelaje, colaboran acechando con enorme paciencia, hasta que atacan con una breve y rápida carrera.

Sin embargo, el antílope saltador está provisto de adecuadas defensas contra la paciencia y fuerza de los leones. Huye de éstos con saltos de gran altura, en que usa las cuatro patas a la vez. Al hacerlo, sus blancas caderas actúan como aviso que, aunado a sus breves gritos, alerta a otros miembros de la manada y confunde a sus enemigos.

Cazar no es fácil, ni siquiera para el león. No obstante, luego de algunos fallidos intentos, el felino atrapa a uno de los antílopes más débiles. En un ecosistema estable, sin importar cuán eficaces sean los depredadores, en las presas se desarrollan defensas suficientes para mantener el *statu quo.* A la larga, la carrera armamentista de la evolución siempre queda en empate... por supuesto, si el hombre no interfiere en ella.

¿SABÍA USTED QUE...?

EN LAS AGUAS tibias y poco profundas de los arrecifes de los océanos Índico y Pacífico vive la escorpina. Este pez es una criatura de aspecto grotesco, 30 cm de largo y piel áspera, arrugada y verrugosa, de un monótono jaspeado en gris y pardo: perfecto disfraz para los escondrijos y hendiduras de los corales donde habita. Si un depredador la ataca, la escorpina yergue su espinosa aleta dorsal y le inyecta un veneno mortal. Cuando un infortunado nadador llega a pisarla, al principio la picadura le produce dolor muy intenso, que luego se convierte en entumecimiento. La herida puede llegar a causar la muerte si no se trata rápidamente.

UN PAR DE MORTÍFEROS ESPOLONES

CUANDO SE habla de veneno, por lo general se piensa en un recurso de animales de sangre fría, como las serpientes y los escorpiones, y no de peludos mamíferos de sangre caliente. De los pocos mamíferos que cuentan con él, el más extraño es sin duda el ornitorrinco australiano, cuya venenosa patada rechaza a sus perseguidores acuáticos.

Sólo los machos adultos poseen este mecanismo de defensa. El veneno, que se produce en una glándula del muslo, se secreta mediante un espolón hueco y coriáceo, situado detrás del tobillo de las patas traseras. Un solo arañazo del espolón puede matar a un perro y causar intenso dolor en seres humanos.

Dado que es un animal con pico de ánade silvestre, cuerpo de topo y cola de castor, todo lo referente al ornitorrinco es tan inusitado que a los zoólogos apenas les sorprendió descubrir que poseía una rareza anatómica más. Cuando llegó a Europa la primera piel de ornitorrinco hacia fines del siglo XVIII, se creyó que era un fraude armado a base de remiendos por un travieso bromista.

Aunque el macho adulto del equidna (llamado a veces oso hormiguero espinoso) de Australia y Papúa-Nueva Guinea también posee espolones en los tobillos de las patas traseras, éstos carecen de glándula venenosa funcional. Es posible que se hayan extinguido los depredadores que dieron origen a estos espolones. Sea como fuere, los equidnas están bien protegidos por sus púas, parecidas a las del puercoespín. El ornitorrinco y el equidna son monotremas, animales que son mezcla de mamífero y ovíparo: a la vez que ponen huevos, amamantan a las crías.

Mordedura tóxica

Los otros mamíferos ponzoñosos son los insectívoros que muerden a sus presas. La saliva tóxica de varias especies de musaraña les ayuda a someter a sus presas, como lo hacen sus parientes de mayor tamaño, los contados tlacuaches de México y el Caribe, cuyas víctimas suelen ser insectos y gusanos.

LENTO Y PERSISTENTE

El cambio de color es sólo uno de los muchos trucos del camaleón

LAS LAGARTIJAS cuentan normalmente con velocidad y ligereza para la defensa y el ataque. En contraste, el camaleón está al acecho en una rama, inmóvil salvo los saltones ojos, cubiertos de escamas, que se mueven de modo independiente en busca de alimento. La velocidad y ligereza del camaleón reside en su lengua enrollada y de punta pegajosa, que el animal dispara para capturar insectos. En algunas de las especies más pequeñas (la longitud del camaleón varía de 17 a 60 cm) la lengua es casi tan larga como el cuerpo.

La conocida característica del camaleón, de cambiar de color para igualar el de su entorno, es en realidad menos impresionante de lo que suele creerse; muchos de estos cambios de color dependen más de la hora del día y de las ostentaciones de furor del animal ante los rivales que del entorno. Algunas especies no tienen pigmento rojo y otras no pueden volverse verdes. Al parecer, los impulsos nerviosos que modifican la concentración de pigmentos en las células de la piel del camaleón se activan con sus propias hormonas y con los cambios de luz y de temperatura.

De cualquier modo, suele ser casi imposible descubrir un camaleón en la rama de un árbol. Cuando acechan a una presa, trepan los árboles con tal lentitud que parecen inmóviles. Sus patas están articuladas de modo que tres dedos apuntan en un sentido y dos en otro, lo que les permite rodear las ramas sobre las cuales caminan. Además, se sirven de la cola como si fuera una quinta extremidad, lo que les permite mejorar su prensión y equilibrio.

El camuflaje del camaleón incluye un factor adicional a los cambios de color y la aparente falta de movimiento: el animal también cambia de forma, con lo que su cuerpo parece tan delgado y plano como una hoja grande.

Tácticas de intimidación

En la defensa, lejos de apoyarse en el camuflaje, los camaleones emplean tácticas que los vuelven muy llamativos. Se inflan hasta alcanzar un enorme tamaño, adoptar formas monstruosas y asustar a los depredadores silbando como serpiente y descubriendo los vívidos colores del interior de su boca. Por otra parte, cuando lo ataca, por ejemplo, una serpiente que avanza sobre la rama en que está el camaleón, éste sencillamente suelta la rama y se deja caer a otra inferior o a tierra.

VENENO DE SEGUNDA MANO

Ciertas babosas marinas son de armas tomar

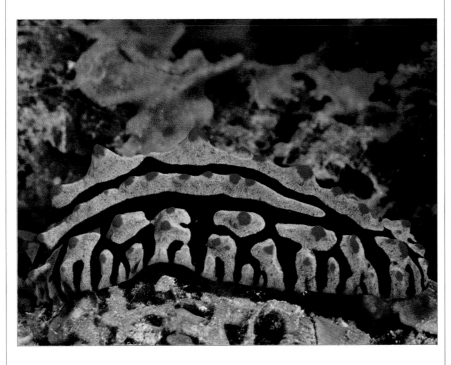

AL IGUAL QUE sus homónimas terrestres, las babosas de mar no tienen concha. Pero a eso se limita la similitud, pues las segundas son carnívoras y figuran entre los seres más llamativos y hermosos de las aguas someras del mar. Su blando y ondulante cuerpo puede ser anaranjado, amarillo claro, rojo brillante, púrpura intenso, verde oscuro o azul subido, o tener un impresionante dibujo de colores relucientes, según la especie. Tan asombrosas como sus colores son las caprichosas protuberancias, a modo de pétalos o tallos ramificantes, que decoran el dorso de ciertas especies y que se supone que hacen las veces de aparato respiratorio.

Armamento químico Las manchas brillantes de la babosa de mar Phyllidia *son glándulas que secretan ponzoña. Otras babosas marinas se arman de células venenosas de sus presas.*

Las babosas marinas pueden darse el lujo de anunciar su presencia porque están protegidas por sustancias venenosas. Pero ciertas especies, en vez de producirlas, las toman de las anémonas de mar y medusas que comen. No digieren ni expulsan las células ponzoñosas de estas presas. Su organismo las transfiere sin cambios del aparato digestivo a unos sacos en la superficie de la piel, donde actúan como eficaz defensa contra los depredadores.

¿SABÍA USTED QUE...?

EL ZORRILLO es un conocidísimo miembro blanquinegro de la familia de las comadrejas que se distribuye en campo abierto en el centro y sur de África. Cuando se siente acorralado o atacado se vuelve de espaldas, balancea los cuartos traseros de un lado a otro y rocía el contenido fétido de sus glándulas anales contra el agresor. El olor de esta secreción, mucho más nauseabundo que el de la mofeta, posiblemente sea el más desagradable que haya en todo el reino animal. Sin embargo, se afirma que una vez extirpadas las glándulas anales, este animal puede ser una excelente mascota.

NI TAN MUDOS

Los múltiples lenguajes de los animales

UN CANGREJO macho se detiene cerca de su cangrejera en el litoral del océano Índico y agita la más grande de sus dos pinzas delanteras de vivos colores; se trata de un barrilete tratando de atraerse una compañera. Aunque al principio agita suavemente las pinzas, en cuanto una hembra se interesa y empieza a acercarse, el movimiento se hace cada vez más frenético y el barrilete vibra lleno de excitación. La hembra se le une y lo sigue hasta su refugio; el galanteo ha tenido éxito.

Los animales intercambian constantemente información mediante señales auditivas, olfativas y visuales. La cantidad e índole de esta información varía de uno a otro; pero todos se comunican de alguna manera. La primera preocupación de los animales que no viven en grupos sociales es encontrar una pareja. La carcoma, insecto que perfora la madera, lo hace al golpear insistentemente con la cabeza el techo de su túnel.

Cómo atraer a la pareja El color y dibujo de la piel de un par de jibias en celo son una forma de silenciosa comunicación. Cada cambio de color tiene un significado específico.

Por otra parte, los animales sociales necesitan una gama de señales mucho más amplia. Vivir en grupo crea problemas de jerarquía y dominio, conflictos que deben resolverse, y la necesidad de que el grupo actúe al unísono al cazar, migrar o enfrentarse a un enemigo. Por ejemplo, se han estudiado los sonidos y los gestos de los grupos de simios y las jaurías de lobos. En el "lenguaje" del cercopiteco, mono africano, se han identificado cuatro señales de alarma claramente distinguibles, que alertan ante todo contra leopardos, grandes serpientes, aves rapaces y primates como ellos. La señal que indica la presencia del hombre es la misma que para el mandril. También se ha tratado de interpretar el canto de las ballenas y los silbidos y chasquidos de los delfines.

Lenguaje colorido

Hay un sistema de señales subacuáticas que intriga a los zoólogos: el lenguaje del color del cuerpo que utilizan los cefalópodos, entre éstos el pulpo, el calamar y la jibia. Los rápidos cambios en los brillantes y coloridos dibujos de la piel de estos animales distan de ser un mero disfraz: parecen indicar toda una gama de emociones, como la agresividad, la disposición para el apareamiento y la alarma ante el peligro. Hasta un ser en apariencia tan silencioso como el calamar está muy lejos de ser mudo.

ESTRENO DE TEMPORADA

*La ballena yubarta
frecuentemente hace arreglos
a su música subacuática*

LOS CANTOS de la ballena yubarta son hermosas y sobrecogedoras sucesiones de gorjeos, quejidos y suspiros. Estos sonidos pueden grabarse con micrófonos subacuáticos. Y un experto que sin previo aviso escuche una de estas grabaciones puede distinguir en qué año se grabó y si el canto corresponde a una ballena de las áreas de cría del Pacífico central, frente a Hawai, o a una de las del Atlántico occidental, frente a las Bermudas.

Cantantes solitarios

Las ballenas cantan principalmente durante el invierno, que es la estación de reproducción, tras emigrar hacia el sur desde sus áreas de comida veraniegas y otoñales del Ártico. Los machos jóvenes son los primeros que emigran anualmente hacia las regiones tropicales de cría. Son animales solitarios los que emiten cantos, y los científicos suponen que son machos en busca de compañera.

Una función importante del canto es mantener una distancia adecuada entre los individuos; pero cuando una hembra con su ballenato se acerca a un macho cantante, éste suele dejar de cantar y se une a la pareja como "escolta". Los ana-

¿SABÍA USTED QUE...?

EL VOLUMEN del canto de la ballena yubarta rebasa los 100 decibeles, comparable al ruido de un martillo neumático, y las vibraciones resultan insoportables para quienes nadan cerca. Con 188 decibeles, el silbido de la ballena azul quizá sea el sonido más fuerte que produzca animal alguno.

* * *

LAS ORCAS viven en grupos de 6 a 15 individuos, que utilizan los mismos sonidos para llamarse. A diferencia del canto de la ballena yubarta, estos sonidos no cambian con el tiempo; pero hay diferencias sutiles entre los de un grupo y los de otro. Al compararlos, puede juzgarse cuán íntimamente relacionados están dos grupos de ballenas asesinas.

EL COMPLEJO LENGUAJE DE LOS POLLOS

UN GRUPO DE pollos escarba pacíficamente en el corral de una granja. Mientras las aves cloquean sin cesar, un zorro se acerca a hurtadillas hacia ellas. Por fortuna, un gallo ve al intruso, se pone a cantar con fuerza y los pollos corren en busca de refugio. El alboroto hace acudir al granjero, y el zorro se aleja silenciosamente.

Si tiempo después volara sobre el corral un halcón, un miembro de la pollada volvería a dar la señal de alarma; pero sería distinta de la provocada por el zorro. La alarma emitida contra el halcón, que es un "¡raaay!" y advierte de un peligro en el aire, es muy diferente de la alarma relacionada con una amenaza en tierra, que es un "¡gogogogock!".

Hay que conocer el propio sitio

Los pollos tienen un medio de comunicación totalmente distinto para mantener la estructura social del grupo. La frase "se siente muy gallo", de empleo común entre la gente de ciertas regiones, quizá tenga su origen en la observación de la conducta de los pollos. En las polladas hay un orden social definido que determina, entre otras cosas, cuáles pollos comen primero. Hay un ave dominante que tiene la primera opción sobre el alimento.

Las aves secundarias están subordinadas a la dominante, pero tienen prioridad sobre las demás, y así sucesivamente hasta los estratos de más bajo nivel.

Plumaje desaliñado

La jerarquía se conserva según el picoteo: el ave dominante puede picar a las demás, con lo que afirma su dominio; las de segundo nivel pueden hacerlo con otras, excepto con la dominante, y así sucesivamente. Aunque en muchas especies de aves no domesticadas hay sistemas de dominio similares, algunos expertos en conducta animal creen que el orden de picoteo en las gallináceas resulta de las condiciones artificiales y limitación de espacio de los corrales. Sin importar que este sistema opere o no en las aves silvestres, preserva la estabilidad social en pequeñas poblaciones domésticas... a costa de unas cuantas plumas desaliñadas.

A fin de que funcionen las jerarquías, los pollos tienen que reconocerse mutuamente. En las granjas avícolas modernas, las parvadas llegan a consistir en decenas de miles de pollos, lo que hace imposible tal reconocimiento. Por ello se les enjaula en grupos reducidos, ya que de lo contrario se picarían unos a otros y se producirían horribles carnicerías.

listas de la estructura del canto dicen que cada uno consta de una sucesión de temas muy definida y cada tema tiene cierto número de "frases", compuestas de series de notas semejantes. Las ballenas del Atlántico incluyen en una canción más temas que las del Pacífico. El canto puede durar hasta 30 minutos y repetirse una y otra vez durante gran parte del día.

Lo que más sorprende son los cambios de las canciones con el paso del tiempo. Al inicio de la temporada de reproducción suelen ser las mismas del final de la temporada anterior. No obstante, unos meses después es posible que se hayan modificado o recortado ciertos temas, que surjan otros nuevos o que algunos desaparezcan por completo. A menudo un tema se canta en tonos más graves; pero el orden de los temas no se reorganiza. Al parecer, hay ciertas reglas de composición que no deben violarse. Al cabo de unos ocho años, todos los temas han cambiado por completo.

Modas cambiantes

En una región de cría (de las cuales hay tres tan sólo en el Pacífico norte) las ballenas cantan la versión más actualiza-

da. Todavía se desconoce cómo se comunican los cambios a toda la población. Se cree que sólo los machos cantan, por lo que es probable que sea un macho dominante quien inicie la modificación, y que los demás sólo lo imiten. Sin embargo, parece más probable que el canto de las ballenas yubartas evolucione de la misma manera que el lenguaje humano, con espontáneas aportaciones de todos los miembros de una población.

Voces lejanas

Apenas se comenzaba a estudiar el canto de la yubarta cuando en 1979 se descubrió que las ballenas de las costas de Hawai y las de Baja California, a las que separan 4 800 km de océano, entonaban la misma canción. Pese a que todavía no se sabe cómo es posible esto, se han hallado ballenas de las dos áreas de cría citadas en una misma zona de comida del Ártico, antes de su migración invernal hacia el sur. Esto explicaría la semejanza; pero difícilmente se puede pensar que los cambios hechos a la canción durante la nueva estación se transmitan a través del océano Pacífico. El máximo alcance que se ha medido para el canto de la ballena yubarta es de 32 km.

UNA PLÁTICA... ¡MUY MONA!

Los chimpancés que hablan con las manos

DESDE HACE MUCHO se sabe que los monos, los más cercanos parientes del género humano, emplean gestos y sonidos para comunicarse. Pero se creyó durante años que sólo los seres humanos empleaban palabras y frases. Sin embargo, en la década de 1960, algunos investigadores se fijaron como meta enseñar a chimpancés y otros monos a hablar inglés.

Malos oradores

Al principio, los científicos intentaron que los monos hablaran de verdad. Pero ninguno de los chimpancés llegó a adquirir un vocabulario de más de cuatro palabras, además de que las que aprendieron las pronunciaban con gran dificultad porque sus cuerdas vocales no están bien adaptadas para producir los sonidos altamente matizados del habla humana.

Se logró un verdadero avance cuando Trixie y Allen Gardner, un matrimonio de científicos de la Universidad de Nevada, decidieron usar el lenguaje de señas que utilizan los sordos. Al cabo de cuatro años de esfuerzos, habían enseñado a su primer chimpancé hembra, Washoe, a emplear correctamente 132 gestos para comunicar sus necesidades.

Washoe "entendía" claramente: si se le pedía, mediante señas, que alcanzara

Lenguaje de gestos Los Gardner y sus colaboradores enseñaron a chimpancés poco más de 100 señas, como las de verbos o nombres de objetos y animales.

Chimpancé inteligente Mediante señas, uno de los colaboradores de los Gardner pregunta a Washoe: "¿Qué es esto?" La chimpancé responde: "caramelo".

una manzana, traía ésta y no otra fruta, por ejemplo, un plátano. No obstante, su capacidad lingüística se desarrolló mucho más. No sólo producía combinaciones sencillas, como "da manzana" o "aprisa, por favor", para conseguir de sus guardianes lo que quería, sino que también hablaba sola en el lenguaje de señas cuando creía que nadie la observaba. A menudo se la vio hacer la seña de "con calma", como una admonición que se hacía mientras se arrastraba a hurtadillas por el patio hacia un lugar al que

tenía prohibido entrar. Washoe aprendió incluso a proferir insultos: por ejemplo, aplicaba la seña de "cochinada" a cualquier objeto o persona que le molestaba.

Los Gardner procedieron después a formar un grupo de crías de chimpancé y lo mantuvieron constantemente con personas adultas que usaban el lenguaje de señas entre sí y con dichos animales. Según su informe, los chimpancés se acostumbraron a comunicarse mediante tales signos. Además, inventaron combinaciones: por ejemplo, para decir cisne utilizaron los signos que correspondían a "pájaro de agua".

El orden de las palabras

Aparte del lenguaje de señas, se ha enseñado a los monos el modo de comunicarse con fichas de plástico en un tablero, después de que aprenden que cada ficha representa un objeto, una acción, un color o un concepto. Algunos investigadores han advertido que los monos prefieren usar los símbolos en determinado orden, y ven esto como prueba de una gramática primitiva. Por ejemplo, para pedir algo de beber emplean los signos "más bebida" en vez de "bebida más". En contraste, otros científicos afirman que los monos raras veces juntan más de dos palabras en una frase, y que se pasan la mayor parte del tiempo remedando las señales que hacen sus maestros. No obstante, los Gardner, por lo menos, no tienen la menor duda de que sus chimpancés en verdad saben hablar con las manos.

escuchar   pelota   cepillo de dientes   pájaro   comer   beber

UNA RAZÓN PARA CANTAR

Objetivo y significado de los cantos y reclamos de las aves

EL CANTO es el idioma de los pájaros. Trátese del ronco trompeteo de la grulla o de la delicada melodía de una curruca, el canto es para las aves lo que el habla para el género humano.

Los sonidos que emiten pueden dividirse en cantos y reclamos. Un reclamo suele consistir en no más de una o dos notas con un fin determinado, como el reconocimiento o la alarma. Por otra parte, un canto es una sucesión estructurada de notas que normalmente utiliza el macho para cortejar a la hembra o hacer valer su dominio territorial.

Cada especie tiene un canto distintivo. Esto es muy útil en selvas y bosques, donde la vegetación impide a los pájaros verse. En ciertas especies que habitan en bosques tupidos, el macho y la hembra cantan juntos para proclamar su territorio ante otras parejas. El dúo del *Psophodes olivaceus* australiano está coordinado con tal perfección que al oído humano suena como el canto de un solo pájaro.

Fuera intrusos

Si el macho sólo anuncia su presencia a las hembras no apareadas y a los machos rivales que pudieran invadir su territorio, como creen los científicos, es difícil comprender por qué el canto de ciertas especies es mucho más complejo que el de otras.

En las aves que cantan encaramadas a la vista de todos, como el zorzal, la razón parece ser la competencia directa por las hembras: el macho de canto más melodioso es el primero en conseguir pareja. Por otra parte, en especies que cantan a cubierto podría haber otras ventajas. Al

EL RONRONEO DEL GATO

UNO DE LOS sonidos animales más familiares es el ronroneo del gato, por lo que es extraño que pocos sepan cómo se produce. Es indudable que el ronroneo no proviene de las cuerdas vocales del gato, las cuales se emplean en los sonidos menos agradables de su repertorio: los maullidos y los gemidos.

Cuando el gato emite el característico susurro de un ronroneo de satisfacción, se siente que la garganta le vibra. En la garganta, además de las cuerdas vocales, hay un par de estructuras que reciben los nombres de pliegues vestibulares o cuerdas vocales falsas. Algunos científicos creen que tales cuerdas vibran cuando el animal inhala y exhala el aire. Es evidente que el ronroneo consume muy poca energía, y el gato puede continuarlo durante varios minutos.

En contraste, otra teoría sostiene que las cuerdas vocales falsas no guardan relación con el ronroneo, y que el placer experimentado por el gato aumenta la turbulencia del flujo sanguíneo. Esta turbulencia, según varios estudiosos, llega al máximo cuando la sangre fluye por una vena de extraordinario diámetro en el pecho del felino. La contracción de los músculos que rodean a esta vena hace que el diafragma amplíe las vibraciones que produce la turbulencia resultante antes de que suban por la tráquea y resuenen en los senos paranasales del gato. Para las crías, que no oyen bien, es probable que la sensación tranquilizadora de las vibraciones del cuerpo de la madre sean una señal más importante que el sonido mismo del ronroneo.

No sólo la familiar mascota ronronea; el lince, el gato montés y el ocelote también comunican el placer de este modo. En cambio, no pueden hacerlo otros felinos, como el león, el tigre y el jaguar.

parecer, cuanto mayor sea el repertorio de un macho, tanto mayor será la zona que pueda controlar. La diversidad de sus cantos haría creer a los rivales que su territorio está defendido por más de un pájaro. Los cantores más diversificados son los de algunas especies, como la del arrendajo, que remedan las frases de otros pájaros y las incorporan en la compleja estructura de sus cantos.

Los reclamos son notas cortas y sirven para la comunicación urgente entre miembros de una parvada o entre el macho y la hembra apareados. Por ejemplo, sirven para dar la señal de alarma cuando se acerca un depredador, o mantener a los pájaros en contacto durante el vuelo o cuando buscan alimento.

Entre los pajarillos que se nutren en grupo hay reclamos de alarma que más de una especie entiende. En Gran Bretaña, los gorriones, mirlos, paros y pinzones comparten un sencillo lenguaje de alarma: un reclamo agudo y chillón pone a la bandada sobre aviso del peligro de un gavilán o un halcón que sobrevuela el área, mientras que una nota tajante y breve indica la proximidad de un gato u otro cazador terrestre.

Ruidosos vecinos

En especies que anidan en grandes grupos, los pájaros tienen que reconocer "voces" individuales por encima del alboroto general. Cuando un alcatraz aterriza en su nido, lanza un reclamo que lo identifica ante su pareja, que se halla incubando. Si no lo hiciera, corre el riesgo de que ésta lo trate como intruso e intente echarlo fuera. El pingüino emperador tiene necesidad todavía mayor de reclamos de identificación, ya que los adultos de esta especie caminan de un lado a otro con los huevos entre las patas. Cuando uno de estos pingüinos regresa del mar, luego de haberse alimentado, tiene que emitir un reclamo inequívoco para hallar a su pareja entre la multitud de sus congéneres.

Variaciones con sentido El carricero tordal macho aleja rivales con una corta sucesión de secos chasquidos y atrae a la hembra con notas más largas y melodiosas.

UN VENTRÍLOCUO EN LA HIERBA
Por qué es tan difícil atrapar un grillo chirriador

QUIEN HA caminado por el campo en un día o una noche de verano ha oído el chirriar aparentemente interminable de saltamontes y grillos. Los unos suelen cantar de día; los otros, al anochecer. Los niños que intentan capturar un grillo suelen confundirse a raíz de la capacidad de estos insectos de "lanzar la voz" como ventrílocuos. Cuando advierten peligro en la cercanía, los grillos pueden modificar la tonalidad de su canto, con lo que éste da la impresión de provenir de un sitio relativamente distante.

El chirrido de los grillos proviene exclusivamente de machos que compiten entre sí y anuncian su presencia a las posibles compañeras. Por otra parte, en muchas especies de saltamontes la hembra contesta el canto del macho.

Los penetrantes chirridos de los grillos son producidos por estridulación, o sea por el frotamiento de dos partes del cuerpo del insecto. Los saltamontes de palpos cortos, al igual que la cigarra, frotan una hilera de minúsculas espigas de la cara interna de sus patas traseras contra las venas de sus élitros, a la manera de un músico que toca el güiro. Las langostas, que son parientes cercanos del saltamontes, utilizan la misma técnica.

Control de volumen

Los grillos tienen un equipo musical de mayor calidad en sus dos élitros, los cuales restriegan con rapidez. Cada élitro tiene una vena, provista de una hilera de dientes, que fricciona contra una especie de rascador o plectro en el borde del otro élitro, lo que produce vibraciones muy puras de tonalidad aguda. Cada canto se compone de una rápida sucesión de estas vibraciones. Una parte de la membrana del élitro, lisa y lustrosa, sirve para amplificar el sonido. Cuando un grillo levanta los élitros durante la estridulación, el espacio que queda entre éstos y el cuerpo sirve de caja de resonancia. Los grillos logran que su canto parezca provenir de un sitio cercano o distante al modificar el tamaño de este espacio.

Vena musical En cada élitro de los grillos, una parte del borde delantero hace de plectro que puntea la hilera de dientes en una vena de la cara inferior del otro élitro.

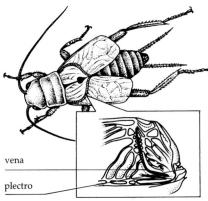

vena

plectro

¿SABÍA USTED QUE...?

PARA ASEGURARSE de que la hembra lo oiga, el cortón macho cava túneles que amplifican sus chirridos. Dos túneles cónicos en forma de megáfonos se bifurcan desde la cámara donde este insecto parecido al grillo produce los chirridos, lo que incrementa el alcance de éstos hasta por 600 m.

✳ ✳ ✳

TANTO EL saltamontes como el grillo carecen de oídos para percibir los porfiados mensajes de sus congéneres. Pero ambos cuentan con órganos auditivos en otras partes del cuerpo. Los saltamontes están a los lados del abdomen, mientras que en el grillo por lo general se sitúan en las patas delanteras.

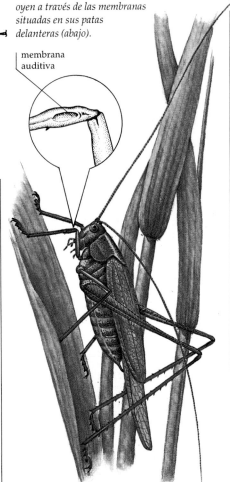

Rodillas auditivas Los grillos oyen a través de las membranas situadas en sus patas delanteras (abajo).

membrana
auditiva

CUARTETO DE UNA SOLA VOZ

AL HABLAR los seres humanos, el sonido se produce por vibraciones de las cuerdas vocales, en la laringe. Luego lo modifican la lengua y la forma de la boca. La laringe, estructura comúnmente llamada nuez de la garganta o manzana de Adán, se ubica en la unión de la faringe con la tráquea.

En los pájaros, la cámara productora de sonido está más abajo, donde la tráquea se ramifica en los dos bronquios, conductos que comunican con los pulmones. Esta cámara, llamada siringe (por analogía con los tubos de la flauta de Pan, el dios griego), posee delgadas y elásticas membranas que vibran al paso del aire. La tensión de las membranas se modifica por acción de músculos que regulan la tonalidad y otras características de los

sonidos. La estructura de la siringe varía según los grupos de aves. No la tienen el zopilote y sus parientes, que sólo producen gruñidos y siseos.

El órgano en cuestión posee complejidad máxima en las llamadas aves canoras, en que lo controlan seis pares de diminutos músculos. Una notable característica de estas aves es que cada mitad de la siringe recibe aire de uno de los pulmones y actúa de manera independiente. Esto permite a muchas especies producir simultáneamente dos notas y hasta dos melodías. Unas grabaciones del canto del malvís castaño americano, miembro de la familia del cenzontle, revelaron que, de alguna manera, esta ave genera por lo menos cuatro sonidos diferentes al mismo tiempo.

LO QUE NO PERCIBE EL HOMBRE

Cómo ven el mundo los animales con órganos sensorios diferentes a los humanos

EN UN DÍA SOLEADO en el monte bajo, una abeja se aproxima a una flor amarilla. Al descender, se guía por las "pistas" marcadas en los pétalos. Más allá, una serpiente de cascabel se dispone a lanzarse sobre un topo u otro roedor pequeño, que ningún ojo humano habría distinguido entre la vegetación. Anochece. Bajo el suelo de una cocina, una camada de ratoncitos ha sido abandonada por su madre unos minutos. Sienten frío y la llaman: una cacofonía de ultrasónicos chillidos, que el hombre no oye, hacen que la madre vuelva a la guarida. En la habitación de al lado, alguien cambia de canal el televisor. Una carpa dorada que nada en su pecera ve cómo un rayo de luz roja atraviesa el cuarto, desde el control remoto hasta el televisor. Afuera, una polilla se detiene en pleno vuelo y se deja caer al piso, con lo que evita que la atrape un murciélago.

El ser humano no está equipado para percibir los estímulos que desencadenaron estas reacciones. Por ejemplo, muchos insectos ven la luz ultravioleta. Las "pistas" que las abejas siguen en las flores son marcas de esta luz, que las guían hacia el néctar. Por otra parte, las serpientes de cascabel perciben la radiación infrarroja, o sea el calor. Forman parte de un grupo de reptiles ofidios, llamados crótalos, que tienen hoyuelos sensores entre los ojos y la nariz con los que localizan presas por el calor que éstas despiden. La carpa dorada, como muchos peces de agua dulce, alcanza a ver la luz del extremo rojo del espectro. Esto se debe a que vive en ríos y riachuelos cuya agua se torna de un color rojo herrumbroso por la presencia de hojas caídas. Sin embargo, no perciben la luz infrarroja, a diferencia de los crótalos.

Un mar de diferencia

El ratón y la polilla, que huye de los chillidos que emiten los murciélagos para detectar el eco, oyen sonidos ultrasónicos, como los perros que responden a silbatos especiales. En el otro extremo del espectro sonoro, debajo del alcance del oído humano, los elefantes oyen y se comunican con sonidos de muy baja frecuencia, los infrasonidos. La diversidad sensorial de los animales les revela aspectos del mundo que el ser humano desconoce por completo.

DESDE OTROS PUNTOS DE VISTA

Óptica animal: desde unas cuantas células hasta estructuras con miles de cristalinos

UNA ARAÑA SALTADORA se abalanza sobre un insecto. Una libélula gira en el aire para someter a una mosca. Un águila vuela en busca de presas. Para esos animales, la visión aguda es imprescindible, y tienen ojos de distintos diseños y funcionamiento, que les ayudan a enfrentar sus problemas de navegación, reconocimiento de objetos y búsqueda de alimento.

La forma más primitiva de "ojo" en animales es la de algunos seres unicelulares. Sus diminutos puntos oculares fotosensibles sólo les permiten saber de dónde viene la luz. Los "ojos verdaderos" (que forman imágenes) más sencillos son los de ciertos gusanos. Se trata de depresiones sin cristalino cubiertas de un pigmento fotosensible, con lo que obtienen imágenes burdas del mundo, suficientes para captar el acercamiento de un depredador, pero no mucho más.

Los insectos tienen ojos compuestos, que constan de muchas unidades hexagonales diminutas. Cada una tiene un cristalino que enfoca la luz sobre células sensibles situadas detrás. Esto les proporciona una visión del mundo mucho más compleja que la de los gusanos. Por ejemplo, las libélulas tienen hasta 30 000 cristalinos y obtienen una imagen parecida a una fotografía de grano muy abierto. También los cangrejos poseen ojos compuestos, que se retraen si se aproxima un depredador.

Las arañas poseen hasta ocho ojos con diferentes grados de resolución. En el par principal, la araña saltadora tiene un solo cristalino en cada ojo, por lo cual percibe el mundo de manera muy similar a la del hombre. Sin embargo, el mayor tamaño de los ojos humanos hace que la claridad de la visión con éstos sea seis veces mejor.

Comida a la vista

Son muchas las aves con agudeza visual mucho mayor que la humana. Las águilas y otras aves de rapiña cuentan con ojos que agrandan un poco el centro del campo visual, para avistar las presas desde lejos. Se calcula que su capacidad para distinguir un objeto lejano es dos o tres veces mejor que la del hombre.

¿SABÍA USTED QUE...?

CIERTAS AVES nocturnas se orientan en la oscuridad por el eco, sin que su equipo sea tan complejo como el de los murciélagos. Por ejemplo, el guácharo sudamericano, que vive en grutas, emite chasquidos de localización por eco; son audibles para el ser humano, a diferencia de los sonidos de alta frecuencia de los murciélagos. La longitud de onda relativamente larga de las señales del guácharo hace que los objetos pequeños no devuelvan el sonido. Por el eco ubica la entrada de la gruta; pero usa el olfato y la vista para hallar fruta por la noche.

POR QUÉ LAS AVES NECESITAN BUENA VISIÓN CROMÁTICA Y LOS GATOS NO

LOS CAMPOS del este de Inglaterra pueden ser callados y fríos en invierno, y contar con escaso alimento para las aves. No obstante, los tordos, malvises y zorzales sobrevuelan los setos y escogen sin equivocarse, de entre la maraña de vegetación, las bayas caídas de los espinos: para los ojos de estas aves los frutos semiocultos brillan como faros de luz.

Las aves tienen la visión cromática más desarrollada de todo el reino animal. Sus ojos, a semejanza de los humanos, poseen pigmentos fotosensibles, cada uno de los cuales reacciona ante una gama de colores levemente distinta. Cuando se ve un objeto, el cerebro analiza las respuestas de cada uno de los fotopigmentos y combina la información para interpretar el color del objeto en cuestión. Sin embargo, mientras el ser humano posee sólo tres pigmentos, las aves tienen cinco, de modo que pueden distinguir sutiles diferencias de matiz que los humanos no advertimos. Esto les permite reconocer el alimento adecuado y, en ciertas especies, como la del ave del paraíso, la ostentación del colorido plumaje durante el cortejo.

Acechadores nocturnos

Ciertos animales conocen un mundo mucho menos colorido. Los pigmentos fotosensibles funcionan mejor con luz brillante, por lo que a los animales nocturnos les sirven de poco. Por ejemplo, los gatos diferencian los colores hasta cierto punto; pero son cazadores nocturnos, cuyos ojos funcionan mejor para ver con luz tenue que para ver en colores. Lo importante es que descubran el menor movimiento que indique la presencia de una presa.

Los ojos del gato son grandes y están provistos de bastones, células fotosensibles que funcionan con eficacia en la penumbra, además de que sus pupilas pueden dilatarse mucho para dejar entrar la mayor cantidad de luz posible.

Estas adaptaciones no bastan para garantizar una buena visión nocturna, y los ojos del gato tienen en la parte posterior una capa de células reflejantes denominada *tapetum* ("alfombra"). La luz que al entrar al ojo no es absorbida por los bastones se refleja en el *tapetum*, de modo que los bastones la captan cuando va de salida.

Si la luz de un fanal alumbra los ojos de un gato, los bastones no la absorben toda. La luz reflejada en el *tapetum* es la que confiere a sus ojos el dorado fulgor.

Pero ni siquiera el gato puede cazar en la oscuridad total, de modo que para respaldar su aguda vista tiene excelentes sentidos del olfato y del oído, además de unos bigotes muy sensibles.

TRAS EL OLOR EQUIVOCADO
Las esencias de laboratorio confunden a las plagas de insectos

LAS ANTENAS de la cabeza de la polilla macho tienen como función captar el olor de una posible pareja. En respuesta a esta señal química, los machos vuelan hacia la fuente del olor, para competir por la hembra. Cabe imaginarse la confusión que experimenta el macho cuando el aire está tan saturado de la fragancia que ésta parece provenir de todas direcciones.

Para muchos insectos, la única garantía de que se encuentren y apareen machos y hembras de la misma especie son las sustancias conocidas como feromonas. La hembra sólo necesita producirlas y secretarlas en cantidades mínimas para despertar el interés de machos situados en puntos distantes, no obstante la presencia de miles de olores, como los de otros insectos y flores, en la atmósfera. Sin embargo, con la síntesis de feromonas de insecto en el laboratorio los científicos han creado un poderoso medio de desviar el curso de la naturaleza.

Por ejemplo, una plaga destructora de los campos de algodón es el gusano *Pectinophora gossypiella*, la larva de una polilla de color pardusco grisáceo con alas orladas. Cada primavera, las polillas adultas salen del capullo y, guiado por la feromona de la hembra, el macho no tarda en aparearse con ésta. La hembra pone luego sus huevos entre los botones y las cápsulas del algodonero. Cuando la oruga sale del huevo, se alimenta de los botones, con lo que produce daños importantes a las cosechas.

En vez de atacar a esta plaga con insecticidas, los agricultores han adoptado una nueva táctica: evitar que la larva llegue a nacer. Poco antes de que las orugas salgan del capullo donde pasan el invierno, los granjeros diseminan en los campos fibras de plástico impregnadas de feromona sintética.

Búsqueda vana

Conforme la feromona se evapora, los machos quedan aturdidos por la abundancia antinatural de la esencia, no encuentran a las hembras y no logran aparearse. De esta manera, se pierde una generación de gusanos y se gana una pequeña batalla contra esta plaga de los campos algodoneros.

¿SABÍA USTED QUE...?

EL OLFATO del macho del pavón y el de otros miembros de la familia del gusano de seda se considera uno de los más agudos. El macho tiene un par de antenas plumosas. No son órganos para el olfato en general, como la nariz en el hombre; sólo son sensibles a la feromona que secreta la hembra y pueden detectarla a 500 m. En cada antena hay hasta 40 000 células receptoras de esta esencia.

CAZADOR DE 200 MILLONES DE AÑOS
La eficacia a toda prueba de los sentidos del cocodrilo

LOS COCODRILOS aprovechan al máximo sus sentidos para encontrar y capturar presas. Se supone que tienen buen olfato fuera del agua y que su vista es excelente. Al tener los ojos en la parte superior de la cabeza, pueden nadar casi sumergidos y aún ver a su alrededor. Muchos cazan al oscurecer o en plena noche; sus pupilas, como las del gato, se ven durante el día como rayas verticales, mientras que por la noche se ensanchan para dejar pasar más luz.

Sin embargo, sus ojos no se ajustan muy bien a las condiciones subacuáticas, y cuando el cocodrilo está por entero sumergido es hipermétrope. Se cree que al estar bajo el agua utiliza el sonido para localizar las presas. Sus oídos son los más complejos entre los de los reptiles actuales, con orejas exteriores que se cierran para protegerlos dentro del agua.

Los sentidos del cocodrilo le han sido de gran provecho: lleva más de 200 millones de años cazando prácticamente del mismo modo, y es poco lo que ha cambiado en este lapso. Ha corrido con suerte en el entorno donde caza: las aves y otros animales han de buscar el agua para beber, y los ríos siempre han estado repletos de peces.

EQUIPO ESTEREOFÓNICO

Sus sentidos hacen de la lechuza un cazador nocturno insuperable

POR SORPRENDENTE que parezca, los círculos de plumas que rodean los ojos de búhos y lechuzas no les sirven para ver, sino para oír. Conocidos como discos faciales, estos círculos tienen plumas muy apretadas en sus bordes, con las que canalizan los sonidos de alta frecuencia, como los chillidos de ratones, hacia los oídos, ubicados detrás de los discos.

Con sus enormes ojos, lechuzas y búhos están particularmente bien dotados para cazar en la penumbra. Sin embargo, su notable visión no les ayuda en la total oscuridad que hay bajo los árboles por la noche, y entonces han de confiar en la agudeza de su oído.

¿SABÍA USTED QUE...?

AL IGUAL que otras criaturas del desierto, la rata canguro de Norteamérica tiene un oído muy aguzado. Sus enormes tímpanos amplifican el sonido de modo que oye el aire agitado por las alas de una lechuza.

Volando de oído Una lechuza sale a cazar . Las tupidas plumas que tiene alrededor de los ojos canalizan los ruidos hacia los oídos, lo que le permite orientarse en relación con su presa.

Localizan los sonidos de manera muy parecida a la del hombre: los procedentes de la derecha llegan al oído derecho una fracción de segundo antes de llegar al izquierdo, y su cerebro analiza esta diferencia para localizar la dirección de los sonidos.

De igual manera, algunas especies de estas aves perciben con precisión la altura desde la cual proviene un sonido, ya que uno de sus oídos está más arriba que el otro. Suelen mover la cabeza para equilibrar los sonidos en ambos oídos, lo cual les indica la dirección precisa de éstos y les permite ubicar a su presa con exactitud incluso en la oscuridad absoluta.

Por si esto no bastara, estas sorprendentes aves tienen un plumaje muy suave, que les permite volar casi en silencio. Un ratón que intente escabullirse entre la maleza tiene escasas probabilidades de escapar con vida.

FAROS INTEGRADOS

Peces que viven en la oscuridad producen su propia luz para atraer a las presas

EN EL FONDO del océano, a profundidades de 3 000 m, la temperatura apenas sobrepasa el punto de congelación, y la presión es suficiente para aplastar al instante un cuerpo humano. Sin embargo, hay vida, dominada por peces de aspecto grotesco con fieros colmillos y enorme boca, que en un mundo de oscuridad perpetua cazan criaturas vivientes más pequeñas.

El más conocido de estos monstruos es el pejesapo o pescador, llamado así por estar provisto de una "caña de pescar", que no es más que una prolongación del primer radio de su aleta dorsal. En el extremo de esa prolongación, que oscila delante de las mandíbulas abiertas del pejesapo, está el cebo.

Una luz por la que se paga

La luz del Sol jamás penetra más allá de 1 000 m en el mar, de modo que el cebo en cuestión sería invisible si no tuviera su propio alumbrado, proveniente de unas bacterias luminosas a las que el pez da alojamiento y comida a cambio. La enzima que produce la luz es la luciferina, nombre derivado de Lucifer ("portador de la luz"). En las profundidades, el cebo atrae a peces más pequeños, sólo para ser engullidos por el pejesapo.

En muchas partes del cuerpo de otros peces se han descubierto misteriosos órganos que brillan en la oscuridad. Por ejemplo, el lustroso *Malacosteus*, que habita las aguas profundas del Pacífico oriental, está provisto de dos órganos luminosos. Uno se sitúa justo bajo los ojos y emite una luz roja, con la que se acerca a hurtadillas a peces y crustáceos que no ven muy bien la luz de ese color; el otro es la punta luminosa de una larga barbilla que le sale bajo el mentón. Sirve, al igual que el cebo del pejesapo, para atraer a la muerte a la confiada presa.

Este pez tiene sólidas mandíbulas con gran libertad de movimiento, que se abren y permiten una boqueada increíblemente grande. Muchos depredadores de las profundidades del mar pueden ensancharse y engullir presas de tamaño mayor que el suyo. La ocasión de un banquete es tan insólita en el fondo del océano que no se debe desperdiciar ninguna oportunidad de servirse.

A SANGRE FRÍA

Cómo encuentran alimento los miopes tiburones

UN PESCADOR de arpón nada sobre un arrecife de coral en las transparentes aguas del Caribe. Al ver un gran pez volador, apunta, dispara y lo ensarta. Mientras el animal forcejea y la sangre va enturbiando el agua, el pescador empieza a jalarlo hacia sí. De pronto el pez es arrancado del arpón por un tiburón de los arrecifes que apareció como por arte de magia. Destripa al pez, lo desgarra y engulle con frenéticos giros y movimientos de torsión; termina de comer con rapidez y desaparece. Luego llegan otros tiburones que nadan amenazantes en el área mientras la sangre se esparce. Entretanto, el asustado pescador se ha refugiado en su barca, feliz de que el tiburón se haya comido al pez, y no a él.

Percepción del movimiento

No todos los tiburones tienen tan pésimos modales para comer como el tiburón de los arrecifes, pero todos poseen una extraordinaria gama de sentidos para localizar las presas. Los que cazan en mar abierto tienen buena vista, mientras que las especies que se alimentan en el fondo del mar o cerca de éste, donde el agua suele enturbiarse, no ven bien. Sin embargo, todos cuentan con un agudo sentido de la audición: detectan sonidos de muy baja frecuencia, incluso los latidos de otros peces. Esto guarda estrecha relación con el llamado órgano de "línea lateral", conjunto de receptores, situado a ambos lados del cuerpo del pez, y que le permite detectar las vibraciones del agua resultantes de los movimientos de otras criaturas al nadar.

Pruebas de sangre

Aunque la capacidad auditiva de los tiburones en el agua es ciertamente impresionante, a juzgar por la estructura de su cerebro parecería que su sentido más desarrollado es el del olfato: la parte del cerebro relacionada con este sentido abarca dos tercios del cerebro mismo. Está comprobado que los tiburones pueden detectar una parte de

sangre en un millón de partes de agua. Con ayuda de una corriente favorable, un tiburón puede llegar a una presa herida o moribunda con sólo guiarse por el olor de la sangre.

En casi todas las clases de peces que forman cardúmenes, los ejemplares heridos despiden una sustancia que advierte del peligro a los demás, para que huyan. Por supuesto, muchos tiburones reconocen y aprovechan estas señales para hallar presas.

Otra característica notable de los tiburones es la de detectar diminutas corrientes eléctricas y campos magnéticos, gracias a un grupo de células receptoras ubicadas bajo la piel de la cabeza. La percepción de los campos magnéticos no sólo ayuda a los tiburones a navegar, sino que también les sirve para localizar presas: son lo bastante sensibles como para detectar incluso los leves campos que produce la actividad muscular de los peces.

Sentidos rapaces La capacidad para detectar las cargas eléctricas que rodean a peces en movimiento y la agudeza del oído y del olfato ayudan a los tiburones en la cacería.

¿SABÍA USTED QUE...?

LAS ARAÑAS tienen en las patas finos pelos para percibir corrientes de aire y vibraciones. Otros órganos que responden a las vibraciones se localizan en grietas, distribuidas en el cuerpo de ciertas especies. Las arañas hilanderas las tienen sobre todo en las articulaciones de las patas, y les advierten de alimento en la cercanía.

* * *

EL KIWI de Nueva Zelandia posee un magnífico sentido del olfato. Tiene las fosas nasales en la punta del pico, el cual usa para hurgar en hoyos en el suelo y para sorber lombrices de tierra.

NACIMIENTO PREMATURO

Si no todos los marsupiales tienen bolsa, ¿qué tienen en común?

ENTRE LOS MAMÍFEROS que descubrieron los primeros exploradores de Australia y América figuraban algunas especies en que la hembra poseía un saco de piel fláccida en el abdomen, en el que albergaba y amamantaba a su cría. Los zoólogos del siglo XVII los clasificaron como marsupiales (del latín *marsupium*, bolsa).

Hay 270 especies: dos terceras partes viven en Oceanía y el resto en Centro y Sudamérica, salvo dos de Norteamérica. Hoy se sabe que no en todas las especies de marsupiales las hembras tienen marsupios que se abren extendiéndose hacia fuera, como el canguro y las especies trepadoras y saltadoras. En las excavadoras, como el bandicut y el uombat, se abre por retracción, para que no se llene de tierra. En la marmosa hay apenas dos estrechos colgajos de piel, y algunos marsupiales, como el uombat hormiguero, no poseen bolsa.

Aún no listos para el mundo

Así pues, lo que caracteriza a un marsupial es la inmadurez con que nacen las crías. En mamíferos como el hombre, la progenie se desarrolla en la matriz durante un largo periodo. Esto es factible gracias a la placenta, que recubre a la matriz y por la cual pasan nutrimentos de la sangre materna al feto.

Los marsupiales no tienen placenta, y los fetos están muy poco tiempo en la matriz: en el caso de algunas marmosas, sólo 12 días. Al nacer, las crías son en realidad embriones, con extremidades rudimentarias, sin pelambre y con los ojos y oídos cerrados. La hembra del canguro, que pesa 32 kg, da a luz crías de apenas 10 mm de largo, mientras que más de una decena de marmosas recién nacidas cabrían en una cuchara cafetera.

Alimentación forzada

Sin embargo, los marsupiales neonatos no son del todo dependientes. El desarrollo de las patas delanteras basta para que se empujen con ellas por la pelambre de la madre desde el canal de parto hasta la ubre. Luego se prenden de la punta de ésta, que se ensancha para llenarles la boca y para evitar que las crías se caigan. Al principio ni siquiera succionan: la

leche brota sola por la ubre. La cría permanece muchas semanas o, en especies grandes, incluso meses en la bolsa, hasta que crece lo suficiente para llevar una vida semiindependiente. Los canguros jóvenes regresan a la bolsa para dormir y mamar, al tiempo que las marmosas demasiado grandes viajan con seguridad en el lomo materno.

Lugar seguro La cría de un gran canguro gris sale de la bolsa a los diez meses. Durante un semestre más regresará ocasionalmente a ella cuando esté asustada o cuando quiera dormir o mamar.

COLGADO PARA COMER

El ratoncillo de la miel necesita flores todos los días del año

EN LOS BREZALES y matorrales del sudoeste australiano vive uno de los marsupiales más raros y pequeños. A pesar de su nombre, el ratoncillo de la miel (*Tarsipes spenserae*), parecido a la musaraña, no saquea las colmenas y ni siquiera come miel. Al igual que las abejas, extrae néctar y polen directamente de las flores. Tiene hocico en forma de tubo alargado para hurgar en las flores y succionar los granos de polen y el pegajoso néctar. Su larga lengua tiene punta de "cepillo" para raspar el néctar y polen de grietas en la base de los pétalos.

Aunque este marsupial mide 15 cm de largo, más de la mitad corresponden a la cola, y pesa menos de 15 g. Se mueve con firmeza en ramas delgadas gracias a los dedos de las patas traseras, prensores a manera de pulgares, y se sujeta de ramas más gruesas envolviéndolas con sus extremidades relativamente largas. Este animal suele comer colgado de cabeza para meter el hocico en la corola de la flor, sujeto únicamente por la cola enroscada en una rama.

Sin parientes cercanos, está clasificado en una familia, los tarsipédidos, que sólo incluye a su especie. Sus orígenes han intrigado a los naturalistas desde hace tiempo. Hoy vive en un hábitat de matorrales específicos, en el que siempre florece alguna planta, con lo que tiene comida durante todo el año.

Las huellas se enfrían

Hábitats como el citado, raros en la actualidad, eran más comunes en las condiciones climáticas de Australia hace 20 millones de años, época en que tal vez se separaron de otra rama de marsupiales los antepasados del ratoncillo de la miel. Sin embargo, los fósiles de esta especie se remontan a 35 000 años. No hay datos de ésta ni de otras especies de marsupiales afines con mayor antigüedad.

A menos que su singular hábitat, limitado a un pequeño rincón de Australia, se proteja contra ser destinado a la agricultura, el ratoncillo de la miel se unirá pronto a la creciente lista de animales en peligro de extinción.

DE NUEVO EN LOS ÁRBOLES

EL ESTUDIO de los fósiles indica que los canguros se derivan de animales arborícolas semejantes a las marmosas actuales. En el curso de millones de años, sus antepasados se transformaron en los conocidos animales de rápidos movimientos, que pastan en matorrales abiertos. La fina cola prensil de sus predecesores se convirtió en el enorme miembro muscular basculante, indispensable para su saltarina forma de locomoción. En una curiosa y más reciente regresión evolutiva, varias especies de canguros han reanudado la vida arborícola de sus antepasados.

Se andan por las ramas

Hay siete especies de canguros arborícolas, todas en los bosques de Nueva Guinea y el norte de Queensland. El canguro de Lumholtz es una especie representativa. Tiene cuerpo de piel parda rojiza y el tamaño de un perro grande, como el labrador; pero su rasgo más característico es la larga cola de punta peluda. Puede brincar en tierra manteniendo la cola arqueada hacia arriba como contrapeso; pero en los árboles "camina" con movimientos independientes de cada pata, algo imposible para los canguros saltarines

ordinarios. Además, las patas traseras son más cortas y las delanteras más largas que las de sus congéneres terrestres. En las patas traseras, la tosca planta del pie está acojinada para prevenir resbalones, mientras que en las delanteras tiene largas uñas para aferrarse a corteza y ramas.

Come de noche

Duerme de día, acurrucado en una horquilla de las ramas de la copa. De noche baja al suelo para buscar hojas y frutas, para beber o para cambiar de árbol. Si algo lo asusta, se escabulle hacia arriba como gigantesca ardilla por el tronco más cercano. Cuando lo inquieta una serpiente en las ramas, puede saltar al suelo desde alturas de hasta 15 m, para luego escurrirse veloz entre la maleza.

En ninguna especie de canguro arborícola se ha vuelto a formar la pequeña cola prensil de sus predecesores, semejantes a la zarigüeya. Aunque su cola es más esbelta que la de otros canguros, todavía conserva mucha fuerza. Al sentarse en las ramas, se sirven de ese "miembro extra" como puntal que les ayuda a guardar el equilibrio; al saltar de un árbol a otro, la cola funciona como "timón" para control direccional.

UNA FAMILIA ADAPTABLE

Los marsupiales americanos: victoriosos sobrevivientes

UN CASO exitoso entre los marsupiales es la zarigüeya de Virginia. En los últimos 50 años se ha extendido hacia el norte, hasta las regiones de los Grandes Lagos y Nueva Inglaterra. Una segunda población, introducida en California durante la década de 1930, ha ensanchado su territorio desde la costa del Pacífico hasta Canadá. Ha ampliado sus dominios en gran medida gracias a la civilización moderna: hoy se la suele ver en las afueras de las ciudades, y por la noche baja de los árboles a hurgar en los botes y montones de basura.

No es remilgosa

En el continente americano viven más de 70 especies de zarigüeyas. Muchas son peludas trepadoras de aguda vista. Llevan una reservada existencia nocturna entre los árboles, sobre todo en la selva tropical del Amazonas, donde son muy diversos sus alimentos. Unas son carnívoras; otras, vegetarianas, y la mayor parte ingiere una dieta mixta compuesta de frutas, semillas, insectos y carroña.

No todas viven en árboles. El yapok, o zarigüeya de agua, que se distribuye desde México hasta Argentina, tiene patas traseras palmeadas y poderosa patada natatoria. Se zambulle en busca de peces, ranas, crustáceos e insectos. Cuando está bajo el agua, el marsupio de la hembra, que se retrae para abrirse, se cierra gracias a un músculo que atenaza los bordes de la piel peluda y cérea.

El monito del monte es una zarigüeya pequeña del sudeste de Chile, donde vive en frescos bosques de montaña y de bambú. Se alimenta de hojas de esta planta; pero también atrapa lombrices e insectos. El modo de cuidar de sus crías lo ubica entre las "zarigüeyas estacionarias". Cuando las crías están más crecidas, la madre las deja en un nido de hojas de bambú recubiertas de musgo, a modo de cuna, en vez de llevarlas sobre el lomo, como la zarigüeya de Virginia.

Grandes familias

Si se comparan con marsupiales más grandes, las zarigüeyas engendran desproporcionadamente. Por ejemplo, la zarigüeya de Virginia tiene 13 ubres y llega a parir más de 50 crías. Muchas mueren pronto por no poder agarrarse a una ubre; en promedio sobreviven siete.

LA FUNCIÓN DETERMINA LA FORMA

*Especies animales sin relación alguna, pero con modos de vida semejantes,
extrañamente siguen rutas evolutivas similares*

ANTES DE QUE América del Norte y del Sur quedaran unidas por un istmo hace dos o tres millones de años, entre la fauna de cada subcontinente había grandes tigres dientes de sable, muy parecidos entre sí, pero sin parentesco alguno: el norteamericano, *Smilodon*, mamífero y placentario, estaba más relacionado con el hombre que con su réplica sudamericana, *Thylacosmilus*, que era marsupial.

Esta coincidencia prehistórica fue un ejemplo de "convergencia": el mecanismo evolutivo por el que la selección natural actúa sobre especies diferentes que viven en hábitats similares para producir animales de aspecto parecido y modo de vida similar.

Voladores del bosque

Son muchos los ejemplos de evolución convergente entre los marsupiales y los mamíferos placentarios. Así como en las selvas asiáticas y americanas hay ardillas voladoras, en los bosques del este australiano hay pequeños marsupiales que planean de árbol en árbol por medio de colgajos de piel extendidos: las zarigüeyas voladoras. Y mientras que Centro y Sudamérica cuentan con osos hormigueros, las termitas de Australia son engullidas por la lengua larga y pegajosa del marsupial *Myrmecobius fasciatus*.

En Asia, Europa, África y América, carnívoros pequeños, como la comadreja y el gato montés, se alimentan de ratas, ratones y presas similares. Entre los marsupiales también hay "gatitos". El dasiuro (*Dasyurus viverrinus*), también llamado erróneamente "gato indígena",

Moldeados para excavar Aunque el topo marsupial de Australia (arriba) y el europeo (derecha) no están relacionados, ambos cavan en busca de comida, y tienen características anatómicas de similitud sorprendente.

es un marsupial carnívoro de los bosques de Australia meridional y oriental. Con su pelaje pardo oscuro con manchas blancas, este depredador nocturno se confunde con la luz de la Luna y las hojas que alfombran el bosque.

Una de las convergencias más asombrosas es la que se da entre los topos de África y Eurasia: el topo europeo, y el topo marsupial de los desiertos, matorrales y campos de caramillo del sudoeste australiano. Ambos tienen ojos casi atrofiados, carecen de orejas y presentan hendidos los orificios de las fosas nasales; cuerpo fornido y uñas como palas en las patas delanteras. El topo europeo posee pelaje pardo oscuro o negro, que armoniza con los ricos suelos de las praderas donde habita, mientras que el marsupial australiano tiene pelaje amarillo cremoso o dorado, con lustre sedoso por la fricción continua con la arena.

"Nadando" bajo tierra

Debido a lo movedizo del suelo del desierto, el topo marsupial no suele, como su equivalente europeo, recorrer madrigueras permanentes. "Nada" bajo la superficie de la arena, masticando lombrices, insectos y otras criaturas conforme avan-

za, y asciende de vez en cuando a la superficie para descansar y respirar.

No siempre es posible la convergencia evolutiva. Las restricciones de las características originales de una especie limitan el número de rutas evolutivas que puede seguir. En este sentido, Australia tiene muchas criaturas que no se parecen en absoluto a sus equivalentes placentarias del resto del mundo. Por ejemplo, jamás ha habido marsupiales con los cascos típicos de animales herbívoros grandes y veloces, como los caballos, antílopes y ciervos. No obstante, los grandes marsupiales herbívoros han desarrollado una forma igualmente rápida y eficaz de locomoción, en que utilizan dos patas en vez de cuatro: el salto del canguro.

CONTRA FUERZAS SUPERIORES

El hombre da una mano... hacia la sobrevivencia o la extinción

EN OTROS TIEMPOS, los habitantes del este de EUA disfrutaban anualmente la migración de parvadas de palomas silvestres tan numerosas que tardaban días enteros en desaparecer del horizonte. Pero a fines del siglo XIX el ave fue objeto de una despiadada cacería; la gente incluso balaceaba los nidos para alimentar a los cerdos con los polluelos. Para 1914, la especie se había extinguido.

Desde 1600, el hombre ha causado la extinción de al menos 50 especies de mamíferos y más de 100 de aves. Hoy se considera en peligro de extinción a 4 500 especies animales. De éstas, 555 mamíferos y 1 073 aves equivalen a la octava parte del total de especies de ambos grupos.

Pérdida de hábitats

En el pasado, la principal causa de extinción era la caza para comer, obtener pieles y plumas o por deporte; pero en la actualidad lo es la desaparición de hábitats. Muchas especies sólo sobrevivirán en zoológicos o cotos vedados.

Sin embargo, se han rescatado algunas especies en peligro. Por ejemplo, en la década de 1960 el herrerillo capuchino de las Seychelles era una de las aves más raras del mundo. Sólo quedaban 30 ejemplares, todos en la isla Cousin. Entonces, los ecologistas arrancaron muchos cocoteros plantados por colonos, que se habían apoderado del monte bajo, su hábitat natural. A fines de la década pasada había más de 400 ejemplares. Para mayor seguridad introdujeron la especie, con éxito, en la vecina isla Aride.

Pero pocas veces se puede dedicar tanta atención a una especie. Otras están en peligro por

El precio de una especie *El rinoceronte negro está amenazado de extinción porque su cuerno se utiliza en medicinas orientales. Se vende en Corea del Sur a 4 400 dólares el kilogramo.*

intereses económicos mucho mayores que el cultivo de cocoteros, y se tienen muy pocos medios para contrarrestarlos. En África, el sino de los rinocerontes negros depende del alto precio de su cuerno, que se convierte en mangos de puñal o se emplea en medicinas orientales. En los últimos 20 años se han reducido de 65 000 a menos de 3 000 ejemplares, y muchas poblaciones locales han desaparecido por completo. En Namibia, los guardas de coto han adoptado un remedio de lo más desesperado: serrarles el cuerno con la esperanza de salvarlos de la escopeta de cazadores furtivos... y de la extinción.

> ## ¿SABÍA USTED QUE...?
>
> *EL CIPRINODÓNTIDO de Devil's Hole, pequeño como la falange de un meñique, tiene el hábitat más restringido entre los peces: una estrecha laguna de 20 m de largo en Nevada, EUA. Cuando las operaciones de bombeo de agua estaban reduciendo la capa freática y dejando al descubierto la rocosa plataforma donde se alimenta este pez, la Suprema Corte de EUA las detuvo, con lo que preservó Devil's Hole y a sus singulares habitantes.*

CARIÑOSO Y TENAZ

EL KOALA se reproduce con lentitud, ya que sólo da a luz una cría cada dos años. Es propenso a las enfermedades y tiene un cerebro relativamente pequeño para su tamaño. Además, es melindroso a la hora de comer: sólo se alimenta de hojas de ciertos eucaliptos, de las que consume alrededor de 1.5 kg diarios. Por último, el hombre invade y reduce constantemente su hábitat. Pero todos estos obstáculos no han impedido que se las arregle para sobrevivir.

En 1788, cuando llegaron a Australia los primeros colonizadores europeos, no vieron muchos koalas, pues los aborígenes los habían cazado intensamente por su carne. Pero a los nuevos australianos no les interesaba comérselos y, cuando dejaron en paz sus colonias de la costa oriental, llegaron a ser bastante comunes.

Lo que más adelante despertó el interés por el koala fue su pelambre suave y sedosa. A principios de este siglo hubo matanzas anuales de cientos de miles. En 1924 se embarcaron hacia Europa y América dos millones de pieles, poco antes de que una política de protección y repoblación remediara la situación.

El futuro del koala parecía razonablemente cierto hasta la década de 1980, en que muchas poblaciones se vieron afectadas por una peligrosa enfermedad venérea, la clamidiasis. Esta infección lesiona los riñones del animal y llega a causarle esterilidad. Hubo tantos koalas infectados que los científicos predijeron su extinción.

Sin embargo, los temores resultaron infundados, ya que muchos koalas tuvieron crías, a pesar de la infección. Estos animales, tanto viejos como jóvenes, toleran la clamidiasis. Así pues, el conocido marsupial, símbolo de Australia, se libró una vez más de una amenaza que parecía destinarlo a la extinción.

CHAPOTEO EN LODO CÁUSTICO
La vida en uno de los entornos menos acogedores de la Tierra

EL LAGO NATRÓN, en el norte de Tanzania, no es un lago ordinario. Abrasado por el sol africano, su agua se evapora con tanta rapidez que la lluvia no la repone. Su agua también proviene de manantiales, pero éstos le agregan carbonato sódico (base de los blanqueadores caseros) concentrado. Natrón es un lago de sosa cáustica, un charco infernal de agua y lodo ardientes, hediondos y corrosivos.

No obstante la hostilidad de este entorno, se ha llegado a contar medio millón de parejas de flamencos en reproducción en los lodosos bancos del lago, convertidos en un inverosímil paisaje lunar por los nidos: montículos de barro que se cuecen al sol y parecen volcanes en miniatura. De vez en cuando se alza de las orillas del lago una vasta nube rosada de aves, asombrosa llamarada de color en tan árido ambiente.

Únicos inquilinos
En total, tres millones de flamencos, o sea la mitad de la población mundial, habitan el Natrón y lagos similares a lo largo del Rift Valley en África oriental. Son gastrónomos muy especializados que extraen sus viandas de aguas poco profundas, amargas y salobres. En otras partes, por ejemplo, el Caribe o la región de Camargue, en el sur de Francia, comparten el entorno con otras aves acuáticas; pero ninguna otra ave o mamífero ha evolucionado de manera que pueda vivir en un lago de sosa tan concentrada, como el Natrón.

En el lago Natrón se crían dos especies, conocidas como flamencos rosado y enano. El segundo se alimenta de algas que prosperan en aguas amargas, mientras que el primero come minúsculos camarones atrapados entre las algas. Tan eficaz es el pico del flamenco, estructurado para que lo use volteado, que puede rastrear en busca de comida las aguas someras sin tragar líquido. El pico del flamenco enano está provisto de delgados filamentos que funcionan como criba, y la lengua bombea el agua en un movimiento de aspiración e impulsión. El agua, muy alcalina, es tóxica incluso para el flamenco, que bebe en cercanos manantiales de agua dulce.

Las mayores parvadas se observan en el lago Nakuru, 240 km al norte de Natrón. Aquél es un entorno más agradable, con una concentración de sosa mucho más baja, y alberga otras muchas especies de aves mayores, entre éstas pelícanos y marabúes. Es en este lago donde un vasto número de flamencos lleva a cabo su sofisticado cortejo. Sin embargo, para aparearse y anidar, se aíslan en Natrón, donde casi no hay peligro de visitas de sus enemigos, como el chacal dorado, que se comería los huevos, o un marabú, que con su afilado pico mataría a los inexpertos polluelos.

JUGANDO A LOS PATITOS
Cómo el ánade real amenaza desplazar a su desabrido pariente

EN ALGÚN LUGAR de la región de los Grandes Lagos de Norteamérica, un colorido pato se pavonea ante una pata e inclina la cabeza, gruñe y silba. Parten juntos para comer. Se inicia el invierno, y en la próxima primavera la pareja criará una familia.

Esto no tendría nada de extraordinario, salvo que el macho es un ánade real, mientras que la pata es de una especie del todo distinta: pato negro americano.

Estas dos especies se parecen en tamaño y forma. Pero el macho del pato negro carece del lustroso plumaje del ánade real, verde en la cabeza, rojizo en el dorso y blanco en el vientre. La diferencia de aspecto entre las hembras es mucho menor. La del pato negro parece un ejemplar demasiado oscuro de ánade real.

El ánade real ha proliferado últimamente en el este de EUA, zona tradicional del pato negro. Estas especies con parentesco estrecho se están "hibridizando", de modo que es cada vez menor el número de ejemplares del pato negro verdadero. Quizá las hembras de éste respondan al brillante plumaje del ánade real con mayor entusiasmo que al de los machos de su especie. A diferencia de muchos híbridos, las crías son fértiles y, con su plumaje de color similar al del ánade real, se integran satisfactoriamente a las poblaciones de éste.

De vuelta a sus orígenes
El pato negro americano se desarrolló como especie separada, pero con origen en el ánade real, en el aislamiento de su húmedo y boscoso hábitat de crianza. Pero hoy la expansión del ánade amenaza reabsorberlo, con lo que sólo quedarían algunos especímenes y trofeos como prueba de que existió aquella especie.

¿SABÍA USTED QUE...?

UNO DE LOS hábitats más inhóspitos se localiza en las profundidades oceánicas, frente a las islas Galápagos, donde proliferan bacterias en el agua, hirviente por erupciones de volcanes subacuáticos. Son tan abundantes que nutren a toda una comunidad de extrañas formas de vida, entre éstas gusanos de 3 m de largo.

UN PEZ DE AGUA FRÍA CON ANTICONGELANTE

LA VENTISCA del Antártico brama y aúlla, cubriendo el paisaje de nieve. Frente a la costa y bajo el hielo, en la oscuridad y el frío intenso del agua, un pez avanza por el lecho del mar. El *Salangidae* es largo, carece de escamas y tiene el hocico como pico de pato y extrañas agallas blancas.

La vida en las heladas aguas que rodean la Antártida exige muy insólitas adaptaciones. Allí logran sobrevivir sólo 120 de las 20 000 especies de peces que hay en el mundo. De las 17 especies de *Salangidae* que se conocen, muchas tienen entre 45 y 60 cm de largo, viven en el fondo del mar y se nutren de peces más chicos y crustáceos.

Los peces del género *Salangidae* son los únicos vertebrados sin hemoglobina, el pigmento rojo que transporta oxígeno y da color a la sangre. Aunque es mínima la cantidad de oxígeno que se disuelve en su plasma sanguíneo, sus tejidos lo absorben con eficiencia insólita. Dado que carecen de glóbulos rojos, su sangre, translúcida y amarillenta, es poco densa y el corazón la bombea con facilidad a todo el cuerpo. Tienen la cabeza grande y vasos sanguíneos de gran diámetro, de modo que la circulación en estos peces es satisfactoria, con menor gasto de energía que los peces de sangre roja.

Se cree que los peces de la Antártida, entre éstos los del género *Salangidae*, poseen otra importante arma contra las heladas aguas: un anticongelante natural. Por su sangre circulan glucopéptidos, sustancias que al parecer impiden la formación de cristales de hielo en sus líquidos corporales.

SOBREPOBLACIÓN EN LA TUNDRA

¿Es verdad que los lemmings se suicidan en masa?

LOS MORALISTAS, prontos a extrapolar lecciones para la humanidad del comportamiento de los animales, a menudo perpetúan mitos que dan una imagen muy tergiversada del mundo natural. Por ejemplo, en los bestiarios medievales (libros que trataban de los animales y su conducta como fábulas alegóricas con mensaje cristiano) se describía cómo las madres pelícano se arrancaban la carne y sangre del pecho para alimentar a sus crías. Con este sacrificio se pretendía ilustrar el de Cristo por la humanidad. Por supuesto, los pelícanos jamás han realizado gestos heroicos de este tipo.

Una lección para el hombre

Hoy, los moralistas aprovechan a veces la leyenda de que los lemmings se tiran de cabeza desde los acantilados al mar para trazar un paralelismo con los problemas de la superpoblación humana. Según esa leyenda, estos animales deciden suicidarse para evitar que su especie llegue a extinguirse a consecuencia de la sobrepoblación.

Es cierto que aproximadamente cada cuatro años entre éstos y otros pequeños roedores de la tundra ártica ocurre una impresionante explosión demográfica, cuyas consecuencias son terribles, sobre todo en el caso del lemming noruego, especie que dio origen a la leyenda.

Búsqueda de comida

Al parecer, estos roedores agotan la escasa vegetación de la tundra al alimentarse y cavar túneles y madrigueras. Así pues, cada primavera y otoño emigran, solos o en grupos, en busca de mejor alimentación.

Cada tres o cuatro años emprenden migraciones en masa a sitios mucho más distantes. Todavía no se sabe qué origina estas espectaculares migraciones. Aunque tal vez sea sólo la inanición, ciertos estudiosos creen que es la tensión por la sobrepoblación en su entorno.

La búsqueda de un nuevo hogar suele llevarlos incluso hasta el mar; pero no se arrojan en tropel desde los acantilados. En realidad nadan bastante bien y suelen cruzar fiordos y lagos en el curso de sus viajes.

Aunque los lemmings noruegos no se suiciden en masa, es verdad que muchos perecen durante las migraciones. No pueden nadar más de 15 a 25 minutos, de modo que inevitablemente muchos se agotan y ahogan cuando intentan cruzar grandes extensiones de agua.

¿SABÍA USTED QUE...?

NO SE SABE si se ha extinguido el Thylacinus, *el rayado lobo marsupial de Tasmania, parecido a un perro. El último ejemplar conocido murió en Hobart en 1936. A veces hay noticias no confirmadas sobre el animal, que quizá sobreviva en partes más remotas de la isla.*

SALVADO A TIEMPO

El órix de Arabia, extinto en estado salvaje, recibe ahora una segunda oportunidad

ENTRE LAS astadas cabezas de ciervos y antílopes con las que los cazadores solían adornar orgullosamente sus paredes, el lugar de honor en muchas colecciones era para un animal de noble aspecto, con cara blanquinegra y dos largos cuernos apenas curvos: el órix de Arabia. En la antigüedad fue reverenciado por los árabes, quienes le amarraban los cuernos para "crear" el primitivo unicornio.

Por siglos fue preciado trofeo para los cazadores en la península arábiga. Por ser un antílope robusto y esquivo, era difícil acorralarlo a caballo en el desierto, y matarlo con armas de fuego primitivas se consideraba una prueba de hombría.

El órix tiene resistencia notable y recorre grandes extensiones del desierto en busca de nuevos pastos, sin ser veloz. Frente a un nuevo tipo de cazador, armado con rifles automáticos y a bordo de vehículos con tracción en las cuatro ruedas o incluso de avionetas, el animal no tenía escapatoria. Se le cazó hasta la extinción, que ocurrió en octubre de 1972.

Por fortuna, ciertos perspicaces conservacionistas se habían preparado para esta eventualidad. Hacia 1960 iniciaron la "Operación órix", de crianza en EUA de un rebaño cautivo con animales traídos de la península arábiga. En 1975 ya contaban con más de 100 cabezas, mientras que en zoológicos y colecciones privadas del Medio Oriente se habían preservado otras tantas.

En 1980 se enviaron por avión cinco ejemplares del zoológico de San Diego a Omán. Para que se aclimataran y establecieran su identidad como rebaño, se les mantuvo en un cercado casi dos años, periodo en que se agregaron otros cinco animales al grupo.

Historia con final feliz

Esta previsión tuvo su recompensa, ya que desde su puesta en libertad los órix han sobrevivido y se han reproducido. Jordania posee un rebaño cautivo de cría, del que espera poder soltar animales a la vida silvestre, y en 1989 también se puso en marcha un programa de reintroducción en Arabia Saudita. Ahora, con el apoyo de los pueblos de la península, el órix de Arabia vuelve a ser un animal salvaje, con su futuro a salvo en manos de quienes otrora lo cazaron.

BAJO UN SOL ABRASADOR

Adaptaciones para mantenerse fresco y hallar agua en el desierto

N EL SÁHARA nada parece moverse bajo el sol de la tarde, salvo el aire que riela interminable a lo lejos. De pronto, hay una ráfaga de actividad cuando una lagartija se lanza desde su escondrijo bajo un espinoso matorral para atrapar un descuidado insecto. Luego vuelve la quietud, con la excepción de una fila de siluetas que se desplazan con lentitud en el horizonte: una caravana de camellos conducidos por nómadas.

De día los desiertos parecen casi totalmente desprovistos de vida, ya que la mayor parte de los animales evitan el calor: pasan el día ocultos en túneles y salen sólo con el fresco del atardecer. Algunos incluso pueden permanecer bajo tierra sin alimento ni agua durante muchos meses, en espera de que lleguen las lluvias. Por ejemplo, el sapo espolado americano excava una cámara subterránea, que recubre con una mucosidad especial para impedir la evaporación. Ahí se queda el sapo inactivo todo el verano. Aunque sólo los anfibios practican el letargo prolongado, algunos pequeños mamíferos del desierto, como la rata canguro de las regiones áridas de Norteamérica y los jerbos del Sáhara, pueden desacelerar su metabolismo durante varios días seguidos.

Conseguir y conservar el agua es el mayor desafío para los animales del desierto, que tienen diversos modos de lograrlo. Algunos que se nutren de semillas, como las ratas canguro y los jerbos, conservan el agua que obtienen de los alimentos al excretar muy poca orina, mientras que los camellos metabolizan el agua de sus reservas de grasa, además de tener otra envidiable ventaja sobre su conductor: no necesitan sudar para mantenerse frescos. El grueso pelo del lomo no deja pasar el calor y protege la piel contra el Sol. Incluso con estas características, la temperatura de su cuerpo sube unos cuantos grados con el abrasador calor del día, exceso que vuelve a perderse durante la noche.

Mantenerse fresco *A diferencia del lomo, el vientre del camello esta cubierto de pelo muy fino. Esto le permite liberar calor corporal.*

Por supuesto, las aves pueden volar en busca de agua; pero cuando anidan en el desierto necesitan proporcionarla de algún modo a sus polluelos. Las ortegas anidan en regiones muy áridas del norte de África, donde han desarrollado un singular método para dar agua a sus crías en el nido. El macho vuela hasta un oasis, que puede estar a 80 km o más del nido. Después de beber, bambolea el cuerpo de arriba para abajo y recoge agua en las plumas del vientre, cuya cara interna está adaptada para absorber agua y reducir la evaporación al mínimo. A su regreso al nido, los polluelos beben del plumaje del padre.

¿SABÍA USTED QUE...?

LOS ESCARABAJOS del desierto de Namibia, en el sur de África, obtienen agua de los vientos húmedos que soplan del Atlántico. En las noches brumosas se paran, una fila tras otra, sobre las crestas de las dunas, donde reciben el viento con las patas traseras al aire y la cabeza hacia el suelo. El agua que se condensa en las alas escurre hacia la cabeza y les permite beber.

✳ ✳ ✳

LOS RATONES de las zonas áridas de Australia obtienen agua al amontonar guijarros fuera de su madriguera. El rocío mañanero se condensa sobre ellos, y de esta manera el previsor ratón tiene entrega a domicilio de su ración diaria de agua.

LOS ANIMALES Y EL HOMBRE

Cuidar mascotas puede renovar el deseo de vivir en personas sumidas en la desesperanza

LOS ANIMALES domésticos nos ayudan a relajarnos y son una grata compañía. Pero son mucho más que eso: se ha demostrado que tener una mascota es benéfico para la salud. Por ejemplo, en un estudio realizado en EUA durante 1978 se averiguó cuáles eran los factores sociales y psicológicos que más influían en la sobrevivencia de personas que habían sido hospitalizadas por enfermedades de las arterias coronarias. De todas las variables estudiadas (sexo, raza, edad, posición socioeconómica y aislamiento social), tener una mascota fue el factor más importante en la prolongación de la vida del paciente. De los enfermos sin mascota, 28% murió antes de un año, contra apenas 6% de los que sí tenían mascota.

Desde hace mucho los profesionales de la salud han valorado a las mascotas como compañía de personas solitarias, fuente de autoestima para las inseguras y de actividad para las que tienen tiempo de sobra. Durante el siglo XVIII, en Inglaterra hubo un asilo para enfermos mentales que se adelantó a su tiempo, el York Retreat, donde se daba a los internos conejos y pollos para que los cuidaran. Que dependieran de ellos les daba a los pacientes una sensación de importancia y responsabilidad.

Bienvenidos los animales

A últimas fechas, los médicos han usado sistemáticamente mascotas en la terapia de personas con impedimentos físicos y mentales, sobre todo en niños, pacientes psiquiátricos y ancianos. Hoy, en algunos hospitales dejan entrar mascotas y se insta a los pacientes a que jueguen y se relacionen con ellas, como parte de la terapia. Esas visitas son muy benéficas

Terapeuta peludo Un spaniel disfruta de palabras amables y la caricia de pacientes de un hospital geriátrico. Según estudios, la compañía de mascotas ayuda a prolongar la vida de la gente.

para quienes padecen fobias, retraimiento o problemas de farmacodependencia.

En varios países, incluidos EUA y el Reino Unido, una terapia muy aceptada para niños impedidos es montar a caballo. Por ejemplo, cuando un niño con parálisis cerebral monta un pony, el mundo se vuelve mucho más interesante. Por primera vez se siente tan capaz como otras personas, y deja de mirarlas impotentemente desde una silla de ruedas. Con el tiempo, aprender a dominar un caballo mejora en muchos casos su capacidad para dominar su propio cuerpo.

Amigos especiales

También se benefician los niños con impedimentos mentales. La comunicación y el contacto físico con un animal puede volverlos más sociables y responsables. Tener a quién querer y cuidar da una poderosa razón para vivir, incluso al más solitario.

¿SABÍA USTED QUE...?

EN OTROS TIEMPOS, cuando las calles de las ciudades eran estrechas y tenían sistemas de drenaje deficientes, el efecto de las lluvias era terrible. El agua formaba verdaderos ríos que se precipitaban por las calles arrastrando todo, incluso perros y gatos callejeros que rondaban por canalejas y azoteas. Se cree que la vista de sus enlodados cadáveres en las calles dio origen a la singular expresión de "llover perros y gatos".

✳ ✳ ✳

EN 1970 el director de la revista humorística inglesa Punch expidió un cheque al escritor A.P. Herbert en el costado de una vaca. El banco fue obligado por la ley a pagarlo: en el Reino Unido, los bancos deben aceptar cheques escritos en cualquier objeto, siempre que estén extendidos correctamente.

¿TAN LIBRES COMO AVES?

NO OBSTANTE haberse importado el pavo común (guajolote) de América desde el siglo XVI, para la mayoría de los ingleses el ganso siguió siendo el ave que asaban en días de fiesta. Pero entre la realeza y la nobleza el ganso era tenido por vianda humilde, y el plato que se servía en los grandes banquetes era el asado de cisne.

Sólo el rey y los acaudalados terratenientes podían tener cisnes; los marcaban con muescas en el pico para identificar a su dueño. En el reino casi no había cisnes mudos en libertad, ya que por lo general les ataban las alas. Sin embargo, no los domesticaban como a las aves de corral; podían nadar donde quisieran, además de que todos los años ocurrían apareamientos entre aves de bandadas diferentes en el mismo río. El Maestro Real de los Cisnes y sus adjuntos recorrían la campiña resolviendo disputas sobre la posesión de cada nueva parvada de pollos de cisne.

Espacio abierto

Durante el siglo XVIII disminuyó la crianza de cisnes, en gran parte porque es mucho más problemático cuidar cisnes que gansos o pavos: requieren mucho espacio, incluido un cuerpo de agua al aire libre, y son difíciles de manipular y agresivos.

Hoy sólo se considera que tienen dueño los cisnes del río Támesis, trátese de la reina o de los gremios de tintoreros o de vinateros de la ciudad de Londres. Cada año, en julio se celebra la "captura de cisnes". Se hace una redada de pollos de cisne, se les atan las alas y se les marca el pico: dos muescas para los vinateros y una para los tintoreros. Los cisnes reales no se marcan. En el resto del Reino Unido, sin contar el Támesis, el cisne mudo es un ave silvestre.

SISTEMAS DE ALARMA NATURALES
Los animales podrían servir al hombre para pronosticar terremotos

"**L**OS CABALLOS amarrados en el establo se agitaron mucho, corcovearon y trataron de romper el cabestro que los tenía atados al pesebre; los que andaban por los caminos se detuvieron de repente y resoplaron de modo muy extraño. Los gatos se asustaron y trataron de esconderse o se les erizó el pelo." Así describió un sobreviviente del terremoto que sobrevino en Nápoles en 1805 lo ocurrido minutos antes de que se sintiera la sacudida.

Suelen atribuirse poderes sobrenaturales a los animales cuando en realidad sólo usan sus sentidos. Los caballos quizás oigan los graves retumbos que presagian un temblor, sonidos que el hombre no percibe. Tal vez los gatos también respondan a estas vibraciones terrestres, o perciban cambios en el campo magnético o las cargas electrostáticas producidas por las tensiones de la Tierra al generarse el terremoto.

Aullidos y rebuznos

En los países en que son frecuentes los temblores, como Italia, China y Perú, hay anécdotas de la capacidad de los animales para percibir un terremoto inminente. Por ejemplo, se habla de perros que aúllan a coro, burros que rebuznan, animales de corral que tratan de escapar del encierro, ratas que trepan a los postes de telégrafo o lombrices que salen del suelo en masa.

En China y Japón se ha considerado desde hace mucho que los faisanes son indicadores confiables de la actividad sísmica. Esto concuerda con otros testimonios de que las aves son mucho muy sensibles a las vibraciones. Durante la Segunda Guerra Mundial, en Inglaterra se observó que los faisanes solían reaccionar al ruido de bombardeos lejanos, imperceptible para el oído humano, con agitados reclamos de alarma.

Muchos expertos se muestran escépticos ante estos relatos. Afirman que si se usara el comportamiento animal para pronosticar sismos, muchas de las supuestas señales de peligro resultarían ser falsas alarmas. Se sabe que los animales a veces se alteran sin razón evidente. Otros científicos, en especial de China, donde los terremotos pueden cobrar muchas vidas, esperan que el estudio minucioso de la conducta animal permita tener un sistema de alarma infalible.

Horas cruciales

En general, los experimentos no han tenido éxito, ya que muchos terremotos no van precedidos de sismos menores antes de la gran sacudida. Sin embargo, en 1975 las autoridades chinas lograron emitir una advertencia cinco horas antes del terremoto que azotó a Manchuria, con lo que minimizaron las pérdidas al convencer a la gente de que evacuara sus hogares.

Los mejores resultados en pruebas de laboratorio no se obtuvieron con los animales más citados en anécdotas relacionadas con terremotos, sino con el bagre. Al parecer, este pez puede percibir aumentos de la electricidad estática. Un grupo de científicos japoneses que observó al pez en tanques de agua durante siete meses en 1978, informa de su comportamiento anormal con antelación a 85% de los movimientos sísmicos percibidos por seres humanos. Esto guarda una irónica relación con una tradición popular japonesa, según la cual los terremotos resultan de los movimientos de un gigantesco bagre subterráneo.

¿SABÍA USTED QUE...?

DURANTE LA GUERRA de Vietnam la marina de EUA, para evitar que entraran saboteadores en la bahía de Cam Ranh, destacó unos insólitos guardias subacuáticos, inteligentes y de gran movilidad: delfines. También entrenó orcas para recuperar torpedos perdidos del lecho marino. Pero los detalles sobre su entrenamiento y funciones permanecen en el máximo secreto.

* * *

KUBILAI KAN, emperador mongol de China en el siglo XIII, tenía 5 000 mastines para las peleas de perros.

* * *

EN 1519, Hernán Cortés descubrió en México un zoológico tan grande que requería 300 guardianes.

* * *

LOS ANTIGUOS egipcios adoraban a los gatos como dioses y los mantenían en gran número. En 1888, se hallaron 300 000 felinos momificados en una necrópolis egipcia. Fueron pulverizados y enviados a Inglaterra en un cargamento de 19 toneladas para su aprovechamiento como fertilizante.

* * *

CUANDO SE introdujo en Australia el nopal, se propagó con tanta rapidez que grandes zonas de matorrales se volvieron impenetrables para la gente y las ovejas que pastaban en dichas zonas. Por fortuna, la naturaleza tuvo una respuesta al problema: Cactoblastis cactorum, la polilla del cacto. Cuando fue llevada desde Argentina en 1925, sus orugas se comieron la nopalera y domeñaron a la planta forastera.

INTRUSOS CON VERRUGAS

Los sapos son unos huéspedes abusivos

CUANDO 100 sapos de la especie *Bufo marinus* fueron llevados a Queensland, Australia, en 1935, los granjeros se mostraron optimistas. Confiaban en que este enorme anfibio, con longitud del doble de la del sapo común, combatiría a un escarabajo cuyas larvas estaban destruyendo las cosechas de caña de azúcar. Cuando se introdujo en plantaciones azucareras de Puerto Rico, este sapo de Centro y Sudamérica con su insaciable apetito de insectos había controlado las plagas con éxito.

¡Oh, desilusión!

De los sapos importados nacieron 62 000 renacuajos, que fueron soltados en las plantaciones. Por desgracia no funcionaron como se esperaba. La abundancia y diversidad de insectos en Queensland hizo que los sapos no prestaran atención especial a las plagas. Dado que en su nuevo hogar no había depredadores naturales, no tardaron en esparcirse más allá de los cañaverales.

Los "sapos cañeros" se multiplicaron con rapidez y siguen haciéndolo, al grado de alcanzar proporciones de plaga en zonas cada vez mayores. Por ahora, parece que no han alterado mucho el equi-

librio ecológico de Australia y coexisten sin problemas con las ranas locales.

Por otro lado, los depredadores que intentan comérselos se llevan una desagradable sorpresa. Si se les aprieta con fuerza, lanzan una sustancia cegadora y tóxica, de glándulas que tienen en los hombros. Según se informa, han matado cocodrilos, koalas, lagartos y serpientes. A pesar de esto y de que algunas perso-

Inverosímiles mascotas Los sapos Bufo marinus *no controlaron al escarabajo que asolaba los cañaverales australianos. Pero han hecho muchos amigos, jóvenes y viejos.*

nas han fallecido por ingerir su venenosa carne, muchos habitantes de Queensland los tratan como adorables mascotas. Otros los consideran repugnantes sabandijas y los matan apenas los ven.

MORTÍFEROS INMIGRANTES

EL FARERO Lyall observó cómo un pájaro al que acababa de asustar se escabullía en el crepúsculo, para esconderse entre las rocas. El ave no voló, sino que se desplazó con rapidez entre las piedras, como si fuera un ratón.

No era el primer reyezuelo de la isla Stephens que había visto Lyall desde que se hizo cargo del faro en el estrecho de Cook, entre las islas Norte y Sur de Nueva Zelandia. Pero sería la última vez que él, o cualquiera, pudiera ver uno vivo.

Mascota con exceso de celo

El ave también era observada por Tibbles, el gato de Lyall, que ya en otras ocasiones había atrapado a varios reyezuelos y vuelto al faro con los cuerpos como trofeos. En los meses que siguieron, el gato acabó con

los reyezuelos de la diminuta isla: llevó al faro 15 cadáveres en total. Era 1894, y en pocos meses el reyezuelo de la isla Stephens había sido descubierto y cazado hasta su extinción por un solo gato.

Blanco infalible

La llegada de animales domésticos a una isla presagia calamidades para la fauna local. Los animales del lugar no están adaptados para enfrentarse a los depredadores forasteros, como el gato. Esto es en especial cierto respecto de algunos pájaros de pequeñas islas, como el reyezuelo de la isla Stephens, que al paso de los milenios han perdido la capacidad de volar. Cuando llegan los gatos, los pájaros son presa fácil.

Las aves de Nueva Zelandia y de las islas cercanas a sus costas, donde no había ma-

míferos terrestres antes de la llegada del hombre, han sufrido en particular desastres de este tipo. Los ornitólogos de ese país recibieron hace poco un escalofriante recordatorio de lo catastróficos que pueden resultar los merodeos de un animal doméstico. Lo mortificante del caso es que esta vez el ave afectada es el símbolo nacional de Nueva Zelandia, el kiwi, que no vuela.

En el bosque Waitangi de la isla Norte se escogieron 24 kiwis pardos, de una población total de 800 a 1 000 ejemplares, y se les colocaron radiotransmisores con el fin de estudiarlos. En seis semanas del otoño de 1987, un solo perro pastor alemán mató 13 de las aves marcadas. Las personas encargadas de este proyecto estimaron que, antes de ser abatido a tiros, el perro habría matado unas 500 aves.

capítulo cinco

MENTE Y CUERPO

EN 1628, William Harvey, un físico inglés, descubrió la verdadera naturaleza del aparato circulatorio del cuerpo e identificó el corazón como una bomba muscular (*página 156*). Esto contradecía la creencia de 2 000 años, según la cual dicho órgano era la morada del intelecto. Sólo a finales del siglo XVIII los científicos se percataron de la importancia del cerebro. Hoy sabemos mucho sobre el cuerpo humano y cómo funciona. Pero ciertas asombrosas habilidades de la más perfecta de las máquinas aún se comprenden poco y algunas de sus desconcertantes fragilidades son una incógnita para la medicina moderna.

LA BATALLA DE LA MEDICINA

Cuando soldados de EUA dieron la vida en la lucha contra la fiebre amarilla

L A FIEBRE AMARILLA fue en otros tiempos una de las enfermedades más temidas en Occidente, y rivalizaba con la viruela y la peste como las epidemias con mayor mortandad. Entre sus síntomas estaban el vómito negro e ictericia intensa. El 25 de junio de 1900, cuando el mayor Walter Reed del ejército de EUA llegó a La Habana, Cuba, a investigar la peor epidemia de fiebre amarilla ocurrida en la isla durante los últimos 20 años, tuvo una pista esencial a seguir.

Un médico cubano, Carlos Finlay, había planteado durante el brote precedente de la fiebre que la transmisión de ésta dependía de la hembra del mosquito *Stegomyia fasciata*, hoy llamado *Aedes aegypti*.

Envío de tropas

Después de su victoria en la guerra de 1898 contra España, EUA controló militarmente Cuba, y la fiebre amarilla obstaculizaba sus planes de crear un imperio en el Caribe. Se requería una ofensiva militar sin cuartel para erradicarla, y Walter Reed fue su ejecutor.

Decidido a demostrar que la enfermedad no se transmitía de una persona infectada a otra sana, Reed inició una de las investigaciones más porfiadas en la historia de la medicina. Otros médicos y soldados se ofrecieron como voluntarios para dormir en camas cubiertas con vómito, orina y excrementos de

víctimas de la fiebre. Pese a que algunos desistieron por náusea, ninguno se contagió. Era evidente que las excreciones malolientes de los enfermos no implicaban riesgo de contagio para personas sanas.

En otro experimento, ideado para comprobar la teoría de Finlay, Reed dividió una casa en dos partes, una de ellas protegida por mosquiteros para que no entraran *Aedes aegypti*. Sólo enfermaron los soldados de la parte sin protección, con lo que se demostró que el mosquito transmitía la enfermedad.

El costo en vidas humanas y sufrimiento fue alto: dos colaboradores de Reed se contagiaron y uno murió, además de que fallecieron algunos voluntarios durante los experimentos.

El director de Sanidad de La Habana, William Gorgas, aplicó los hallazgos de Reed en una campaña a fondo contra el mosquito. La larva del insecto incuba en agua estancada, por lo que ordenó que se desecharan, taparan o cubrieran con aceite los barriles y aljibes abiertos, para impedir que fuesen depósitos de huevecillos. Hizo obligatoria la notificación de casos de fiebre amarilla. Se fumigaron las casas y se protegieron las habitaciones de enfermos con tela de alambre para impedir la entrada de los mosquitos transmisores. Los resultados fueron impresionantes: en un año, la fiebre había desaparecido de La Habana.

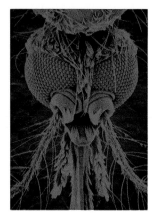

Conozca al enemigo *La fiebre amarilla es causada por un virus que pasa a la sangre con el piquete de la hembra del mosquito* Aedes aegypti.

Pánico *Los pasajeros huyen de una mujer enferma, durante la epidemia de fiebre amarilla de 1888, creyendo que el mal era contagioso.*

¿SABÍA USTED QUE...?

EL NOMBRE malaria *proviene del italiano* mal aria, *que significa mal aire. Hasta comienzos del siglo XX, se creía que esta enfermedad, también llamada paludismo, se debía al aire malo de la bruma de los pantanos. Hoy se sabe que la transmite un mosquito, al igual que la fiebre amarilla.*

BASTA UN PIQUETE

*Cómo una aristócrata, un remedio oriental tradicional y unas humildes
ordeñadoras ayudaron a detener la propagación de la viruela*

HACIA EL AÑO 1000 a.C., los chinos ya conocían la viruela y un método para combatir esta mortal enfermedad: introducir costras infectadas en la nariz de individuos sanos. Lo que hacían se conoce hoy como inmunización: trasplantar material infectado de un enfermo a una persona sana para producir una reacción leve y después inmunidad. Otros métodos de inoculación se habían practicado como remedios tradicionales durante siglos en Arabia, el norte de África, Persia, la India y Turquía, pero no llegaron a Europa hasta principios del siglo XVIII, cuando se conocieron en dicho continente principalmente gracias al talento publicitario de una entusiasta aristócrata.

Lady Mary Wortley Montagu presenció inoculaciones en Turquía cuando su esposo fue embajador inglés en dicho país durante el periodo 1716-1718. En 1717, ella registró con detalle el modo en que las turcas inyectaban cada año a miles de niños con una aguja. Aunque esto les provocaba síntomas leves de viruela, pronto se recuperaban y no volvían a padecer la enfermedad. Varios médicos europeos confirmaron sus observaciones sobre los "injertos" (como ella llamó a este método), incluido Charles Maitland, cirujano de la embajada

británica en Constantinopla (Estambul). Este galeno participó ese mismo año en la inoculación del hijo de Lady Montagu, uno de los primeros europeos que la recibieron.

Aceptación social

Cuando regresó a Inglaterra, la propia Lady Montagu sufrió un grave ataque de viruela, que mermó su belleza justo cuando se iniciaba como anfitriona de sociedad. Esto la impulsó a promover la inoculación contra este mal en Inglaterra, y en 1721, su hija la recibió del Dr. Maitland en Londres, en la primera inoculación realizada en Europa.

Gracias a los contactos de esta mujer en la corte inglesa, al poco tiempo los miembros de la familia real oyeron acerca del éxito de este método de prevención de la viruela e inocularon a sus hijos. Los médicos ingleses se pusieron a la defensiva, pese a la tácita aprobación real, ya que el descubrimiento de la eficaz técnica no había correspondido a uno de ellos, sino que provenía de la medicina tradicional oriental por intermediación de una dama sin conocimientos de medicina.

Sin embargo, la sola inoculación no bastaba para erradicar la viruela, en especial porque la infección trasplantada

con frecuencia se volvía grave e incluso mortal, además de que las personas inoculadas podían transmitirla a otras. Se requirieron las sagaces observaciones de un médico rural inglés, Edward Jenner, para lograr la inmunidad total contra esta enfermedad.

Jenner sabía, por un granjero de su localidad, que las ordeñadoras no contraían la viruela humana, pero a menudo se contagiaban de viruela vacuna, infección relativamente inofensiva. En 1796, Jenner extrajo pus de una lesión de viruela vacuna del dedo de una ordeñadora, y la inoculó en James Phipps, niño de ocho años, quien contrajo una fiebre leve. Después le inoculó el virus de la viruela, sin que el menor sufriera la enfermedad.

Para mejorar

Por medio de sus experimentos, Jenner demostró que se podía infectar a un individuo con virus relativamente inofensivos, como el de las vacas, y volverlo inmune a la viruela. Jenner continuó la defensa de las inoculaciones que hoy se denominan simplemente vacunas. Poco menos de dos siglos después, los programas de vacunación generalizada han permitido que la Organización Mundial de la Salud declare oficialmente erradicada la viruela en todo el planeta.

EL OXIDADO MICROSCOPIO DE ROSS

PENSAR EN pioneros de la medicina suele evocar la imagen de alguien que investiga con determinación, encorvado sobre un microscopio con un solo propósito: lograr la curación de algún padecimiento mortal. A Ronald Ross, quien descubrió la causa del paludismo en 1898, podría considerársele en justicia un arquetipo de pionero de la medicina.

Ross nació en la India en 1857 y aprendió su profesión en el Indian Medical Service, además de que tomó otros cursos en escuelas de medicina inglesas. Mantuvo una estrecha relación de trabajo con Patrick Manson, llamado el "padre de la medicina tropical", quien lo alentó a investigar la posible relación de los mosquitos con el paludismo.

Ross trabajó día tras día durante cuatro años en laboratorios de varias partes de la India, en lo que describió como una "...lucha mano a mano con la naturaleza". Disecó todos los tipos de mosquitos que encon-

Paciencia recompensada Por demostrar el ciclo vital del organismo que causa el paludismo, se otorgó a Ronald Ross el título de Sir y, en 1902, el premio Nobel.

tró. En uno de los hospitales donde trabajaba, tuvo que usar un microscopio con una lente resquebrajada y tornillos que se habían oxidado por el sudor que caía de su frente. No podía encender el ventilador del techo, ya que el refrescante aire hubiera arrastrado consigo los especímenes disecados de mosquitos.

Finalmente, su perseverancia dio resultado: encontró el tipo correcto de mosquito. Descubrió que el parásito del paludismo infestaba los intestinos de mosquitos del género *Anopheles* en una etapa de su desarrollo, y las glándulas salivales del insecto en etapas más avanzadas. Se esperaba que este descubrimiento condujera a la erradicación del paludismo en las regiones

tropicales, bien fuera al eliminar el mosquito o bien al proteger a la gente del insecto. En la práctica este objetivo resultó más difícil de lograr. No obstante, Ross recibió muchos honores por su investigación pionera, y se fundaron en Inglaterra un instituto y un hospital con su nombre.

NO ME HAGA REÍR

APRINCIPIOS del siglo XIX, antes del advenimiento de la anestesia general y local, se decía que los cirujanos necesitaban corazón de león y mano de dama: el primero para volverse insensibles a los quejidos de los forcejeantes pacientes, la segunda para trabajar con rapidez y destreza a fin de no prolongar el sufrimiento del enfermo. Un cirujano hábil tardaba menos de

No sentirá nada En equipos basados en el prototipo de 1846 de William Morton, dentista de Boston, se usaban esponjas empapadas en éter como anestésico.

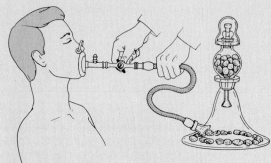

tres minutos en una amputación. Hoy se sabe que tal virtuosismo en realidad era innecesario. Estaba disponible un anestésico perfecto, el óxido nitroso, que se usaba sólo para hacer reír a la gente.

En 1772, el científico inglés Joseph Priestley, más conocido por su descubrimiento del oxígeno, preparó por primera vez el óxido nitroso. En 1800, el inventor de la lámpara de seguridad para minas, Humphrey Davy, sugirió que el gas podía emplearse para mitigar el dolor de las operaciones. Pero se hacía caso omiso de sus propiedades como anestésico porque tenía otra más evidente: provocar una carcajada al inhalarlo. El "gas de la risa" era ya popular entretenimiento de sobremesa y atracción de espectáculos ambulantes.

La propuesta de Davy no se investigó con seriedad hasta 1844, en que Horace Wells, joven dentista de Boston, reconoció las propiedades anestésicas del óxido nitroso. En una demos-

tración de los efectos del gas, Wells observó que uno de los receptores del óxido no manifestaba dolor alguno, pese a haberse caído y cortado gravemente una pierna. Después de probar el óxido nitroso en su práctica dental, Wells trató de llamar la atención mediante la extracción de un diente con administración del gas en la Harvard Medical School. El paciente gritó de dolor, los estudiantes silbaron y abuchearon, y Wells fue calificado de impostor.

En 1846, otro dentista de Boston, William Morton, efectuó en Harvard una extracción menos dolorosa con un anestésico basado en un líquido, el éter. Más adelante, el tocólogo inglés James Young Simpson comenzó la administración de vapor de cloroformo en las parturientas. Parecía que el óxido nitroso estaba destinado al olvido, salvo como truco químico en fiestas. En 1853, se administró cloroformo a la reina Victoria durante el parto de su octavo hijo. Sin embargo, con el tiempo se descubrió que el éter y el cloroformo eran demasiado riesgosos, y el óxido nitroso es el anestésico por inhalación más seguro y más usado en la actualidad.

UN DESCUBRIMIENTO CASUAL

Al descubrir los rayos X, Roentgen fue el primer hombre que "vio a través de su esposa"

NO FUE tanto como físico, sino como entusiasta aficionado a la fotografía, que Wilhelm Conrad Roentgen descubrió en 1895 los rayos X y su posible uso como instrumento para el diagnóstico médico.

Roentgen, profesor de física de la Universidad de Würzburg, Alemania, trabajaba en su laboratorio cuando hizo su descubrimiento por accidente. Experimentaba con una corriente eléctrica que fluía a través de un tubo lleno de gas cuando observó una extraña incandescencia que salía de una pequeña pantalla, cubierta de cianuro de bario y platino, que había dejado reposar. Al poner la mano entre el tubo y la pantalla vio, para su sorpresa, la imagen sombreada de los huesos de su mano extrañamente delineados. Dada su afición a la fotografía, sustituyó la pantalla por una placa fotográfica, puso en ella la mano izquierda de su esposa y obtuvo la primera radiografía de que se tenga noticia: una imagen clara y permanente de los huesos de la mano, incluida la argolla de matrimonio que su mujer portaba.

Al principio, Roentgen no comprendió de qué tipo de energía se trataba y la llamó simplemente "rayos X". En la ac-

tualidad se sabe que son rayos invisibles del mismo tipo que la energía térmica o luminosa y las ondas de radio. Sin conocer esto, apreció su utilidad para fotografiar el interior del cuerpo y publicó un ensayo, titulado "Acerca de un nuevo tipo de rayos", en las *Actas de la Sociedad Físico-Médica de Würzburg*. Poco después empezó a usar en Viena los rayos X con fines de diagnósticos médicos, con lo que Roentgen obtuvo fama a nivel mundial. Los rayos X, que también se denominan rayos Roentgen, hicieron que se otorgara a su descubridor en 1901 el primer premio Nobel de física.

Huesos al desnudo
Roentgen observa el poder de los rayos X en su laboratorio.

CONTRA ENFERMEDADES, BALAS MÁGICAS

La búsqueda de agentes químicos que maten bacterias sin afectar las células humanas

HOY SE da por sentada la idea de "una píldora para cada mal". Pero en 1875, cuando el químico alemán Paul Ehrlich comenzó sus experimentos médicos, se consideraba aún absurdo pensar en una curación específica para una enfermedad infecciosa. Muchos médicos del siglo XIX se guiaban todavía por las doctrinas de los antiguos griegos y romanos, que veían en las enfermedades una falta de armonía entre las fuerzas naturales del cuerpo.

A lo largo de los siglos, varios librepensadores cuestionaron esta ortodoxia. Uno de los más notables fue Paracelso, médico y alquimista del siglo XVI, y quizás el primero en considerar a las enfermedades como entidades reales con características propias y distintivas, sin importar a qué persona ataquen.

Cuando Paul Ehrlich inició sus experimentos, casi todos los medicamentos prescritos por médicos eran inútiles o nocivos. Ehrlich soñaba con encontrar "balas mágicas", productos que atacaran un enfermedad específica sin dañar el funcionamiento básico del cuerpo.

Desde niño, Ehrlich mostró claro interés en la química. A los ocho años inventó una fórmula de gotas contra la tos, que produjeron y vendieron los farmacéuticos de su pueblo. En la escuela de medicina se interesó por los nuevos colorantes sintéticos que se producían en las fábricas químicas de Alemania. Investigó la manera de aprovecharlos para teñir células vivas y, de tal suerte, poder estudiarlas más fácilmente al microscopio. Durante la investigación para su tesis doctoral descubrió que sólo ciertos tipos de células fijaban algunos colorantes. Pensó que también debería haber sustancias químicas que neutralizaran las infecciones bacterianas en el cuerpo

Arsenal antibacteriano *Los visitantes del laboratorio de Ehrlich se sorprendían del sencillo equipo que empleaba el pionero de la quimioterapia moderna.*

¿SABÍA USTED QUE...?

EN SU TRABAJO sobre toxinas y antitoxinas, Paul Ehrlich dio una definición precisa de "dosis letal mínima", que todavía está en boga. La definió como la menor cantidad de toxina que mata a un cobayo de 250 g en no más de cuatro días.

---

humano sin afectar las células sanas de tejidos circundantes.

La precoz carrera de Ehrlich coincidió con la época en que se descubrieron numerosos microorganismos causantes de enfermedades. Sus técnicas de coloración resultaron de enorme utilidad en la identificación al microscopio de bacterias y protozoos. También fueron muy importantes sus aportaciones al desarrollo de la inmunología, en particular el uso de sangre de caballos vivos para preparar el suero antidiftérico.

Arsenal de arsénico

A principios de siglo, Ehrlich estaba convencido de que ciertos derivados del arsénico actuarían como "balas mágicas" contra ciertas enfermedades. En cooperación con un grupo de químicos, produjo cientos de compuestos arsenicales. Cada uno se probaba sistemáticamente en conejos y ratones infectados con enfermedades incurables, como la enfermedad del sueño y la sífilis. Aunque otros hombres de menor estatura no habrían emprendido una tarea tan desalentadora, la fórmula de Ehrlich para el

éxito consistía en *Geduld, Geschick, Geld und Glück* (paciencia, habilidad, dinero y suerte), y tenía reservas considerables de los cuatro ingredientes.

Al llegar 1907, el grupo de Ehrlich había hecho pruebas con más de 600 compuestos. Sólo el 418 tenía cierto valor para la lucha contra la enfermedad del sueño. La "bala mágica" clasificada como 606 había sido descartada por inútil, al igual que las restantes, sin probarla contra la sífilis. Sólo se advirtieron sus propiedades antisifilíticas cuando el ayudante japonés Sahachiro Hata reevaluó todas las sustancias en 1909. Ehrlich inició pruebas con el compuesto 606, que llamó salvarsán, en personas con lesiones sifilíticas de las cuerdas vocales. Al cabo de unos cuantos días, pacientes que habían perdido la voz pudieron hablar otra vez. Ehrlich había encontrado su "bala mágica" y con ella dio inicio a la era de la quimioterapia moderna.

GRABADO EN LA MENTE

Aunque las personas a veces olviden hechos recientes, recuerdan el pasado distante

UN DÍA DEL AÑO 48, en la cena, el emperador romano Claudio I se preocupó por la ausencia de su esposa Mesalina y preguntó por qué no estaba con él, como de costumbre. La respuesta: había sido ejecutada por adulterio con base en órdenes que él dio una hora antes y ya había olvidado. Claudio era bebedor, lo que había destruido su capacidad de recordar hechos recientes.

Aunque es muy rara la pérdida extrema de la memoria, como en este ejemplo inusual, muchas personas sufren amnesia parcial ocasionada por alcoholismo, lesiones cerebrales, enfermedad o por simple envejecimiento. Sin embargo, todos los seres humanos, sin importar que estén sanos, olvidan a veces datos recientes. Por ejemplo, ¿por qué no retener un número telefónico que se acaba de consultar?

Continuidad vital

Al parecer, los recuerdos corresponden a dos niveles. Pese a todo, Claudio no olvidó que tenía una esposa, que se llamaba Mesalina y que normalmente cenaba con él. El alcoholismo sólo había afectado su memoria de hechos recientes que, según los neurofisiólogos, es la que da minuto a minuto continuidad a la vida.

Esta parte de la memoria permite recordar una conversación, que la tetera está al fuego o, en efecto, un número telefónico recién consultado. En individuos sanos, las vivencias que tienen efectos emocionales, hechos importantes y conocimientos adquiridos se transfieren a la memoria a largo plazo. Es infortunado que se tenga limitado control consciente sobre la información que selecciona el cerebro para su transferencia.

El mecanismo que desplaza el contenido de la memoria temporal al almacenamiento permanente de hechos, eventos y habilidades aún se desconoce, al igual que la capacidad para desenterrar recuerdos del pasado distante. Muchos investigadores coinciden en que la memoria permanente no

Agente de tránsito En 1938, en Budapest, una joven se quitó repentinamente la ropa y comenzó a dirigir el tránsito; horas más tarde no recordaba su insólito comportamiento.

es una sola. Las habilidades intelectuales se retienen de manera muy diferente a los hechos. Ha habido casos de personas con amnesia que no olvidan cómo hablar, aunque no recuerden ni su nombre.

Son contados los casos de amnesia tan grave como el del último ejemplo, pero pueden ser muy traumatizantes. Después de sufrir una lesión grave en la cabeza, una mujer recordó vívidamente su niñez en Irlanda, no así su viaje como adolescente a Estados Unidos ni al hombre con quien se casó en dicho país ni a los hijos que tuvieron. La memoria del pasado distante es muy resistente, y cuanto más antigua tanto menos probable que se pierda a raíz de lesiones, enfermedades o alcoholismo crónico.

¿SABÍA USTED QUE...?

MUCHOS DE NUESTROS recuerdos más persistentes son muy predecibles: nuestras experiencias más placenteras, temas que nos interesan y remembranzas ligadas a un motivo especial. Sin embargo, también se retienen particularmente bien los últimos pensamientos que se tienen antes de dormir; y esto es algo que vale la pena recordar.

EL ARTE DE OLVIDAR

¿Dónde estaba cuando asesinaron al presidente Kennedy?

DIEZ AÑOS DESPUÉS de asesinado John F. Kennedy, presidente de EUA, en el número de noviembre de 1973 de la revista *Esquire* se informó que todas las personas famosas que habían sido consultadas recordaban con sorprendente detalle cómo se habían enterado de la tragedia el 22 de noviembre de 1963. Esto se confirmó después con investigaciones más rigurosas: la mayoría de las personas con edad suficiente para tener conciencia del asesinato recordaba con precisión qué hacía y dónde estaba cuando escuchó la noticia.

Recordamos eventos sobrecogedores e impresionantes mejor que otros. Pero, ¿por qué siempre olvidamos algo?

Lo que más olvidamos son nombres (de objetos y personas), cifras, fechas, información aprendida de memoria y lo que no entendemos. También es difícil recordar algo cuando estamos turbados, frustrados, enfermos o muy cansados. No obstante, olvidar nos sucede todo el tiempo, además de que es perfectamente normal.

Al parecer, hay un límite para la memoria. Si siempre se pudiera recordar todo lo vivido, la vida sería intolerable. A medida que se envejece, desaparecen cada vez más recuerdos, con lo que quedan sólo los más importantes en el espacio mental disponible.

VOLVER DE NUEVO
La sensación de haber estado ya en un sitio

"ESTABA ENCANTADO y perplejo... por la sensación de que yo había visto este... espectáculo antes. (El sitio) me parecía tan familiar como la decorosa pulcritud de la cocina de mi abuela..."

Así relata el novelista Nathaniel Hawthorne la visita que hizo en la década de 1850 a la cocina del viejo castillo de Stanton Harcourt, cerca de Oxford, mientras trabajaba como cónsul de Estados Unidos en Inglaterra.

¿Había estado Hawthorne allí, quizás en una vida anterior? ¿Había experimentado cierta precognición física del viejo castillo? Sea cual fuere la explicación, Hawthorne no ha sido el único que ha vivido estas misteriosas experiencias.

Según una encuesta de 1967, casi una de cada tres personas ha experimentado lo que se llama *déjà vu* (expresión francesa que significa "ya visto"), la extraña sensación de vivir lo que parece ser una repetición exacta del pasado.

El pasado encuentra al presente

En *David Copperfield*, Charles Dickens describió esta vivencia como sigue: "Un sentimiento que nos invade de vez en cuando... de haber estado rodeados mucho tiempo atrás, de las mismas caras, objetos, circunstancias... de saber muy bien qué se dirá en seguida, como si de pronto lo recordáramos."

¿Cuál es la causa del *déjà vu*? Platón, el filósofo griego, creía que era señal de haber vivido vidas anteriores, una prueba de la reencarnación. La ciencia moderna no ha resuelto el problema, pero propone diversas explicaciones mucho más prosaicas.

Una teoría sostiene que el fenómeno se debe a recuerdos aparentemente olvidados. Y en realidad algo parecido provocó la experiencia de Hawthorne: de joven había leído y olvidado una vívida descripción de la cocina de Stanton Harcourt. Pero esto no aclara la sensación que describe Dickens, de saber qué se dirá a continuación en conversaciones ordinarias e incluso triviales.

Tal vez la mejor explicación de este fenómeno estribe en la actividad eléctrica del cerebro. El fenómeno *déjà vu* puede resultar de la separación momentánea entre el conocimiento físico de lo que sucede y la conciencia que se tiene del evento.

Al parecer, en ocasiones hay desfasamiento entre los impulsos provenientes de los órganos de los sentidos y el cerebro. Éste compara incesantemente las experiencias del momento con vivencias similares del pasado. Cuando el cerebro y los órganos de los sentidos están desfasados, el presente puede parecer un recuerdo de algo sucedido en el pasado.

Déjà vu En su primera visita a un castillo inglés, el escritor estadounidense Nathaniel Hawthorne lo reconoció, quizá por una descripción que había leído y olvidado.

TODA UNA VIDA EN UN INSTANTE

LA CREENCIA ANTIGUA de que en el momento de ahogarse un hombre toda su vida pasa ante él como un destello es cierta. O al menos a esta conclusión llegó el neurocirujano canadiense Wilder Penfield, primero en estudiar el fenómeno en la década de 1950. Sucede también cuando la muerte parece inminente, según personas salvadas en el último momento.

La vida al revés

Una característica singular de esta experiencia es que en esos momentos finales la vida se repite *al revés*. Personas, lugares y hechos olvidados se agolpan en la mente con claridad absoluta.

Penfield creyó que esto se debe a que el cerebro almacena normalmente todos los recuerdos, pero sólo un factor desencadenante especial puede hacerlos volver; por ejemplo, la muerte o la creencia de que ésta es inminente.

Conforme a otra teoría, el lóbulo temporal, donde se almacenan los recuerdos, es muy vulnerable a interrupciones en el aporte de oxígeno, que a su vez hacen estragos en el sistema de transmisión de impulsos eléctricos del cerebro. Por ejemplo, quienes se asfixian, ahogan o son ahorcados están conscientes durante tiempo suficiente para sentir el extraño efecto de la falta de oxígeno, de modo que la retrospectiva de todos sus recuerdos pasa a la conciencia.

RECUERDOS, RECUERDOS...

¿En qué región cerebral se localizan los recuerdos?

POR LO GENERAL, los cirujanos utilizan sólo anestesia local en operaciones cerebrales. (Basta para detener el dolor de la incisión inicial y, dado que el cerebro no posee terminaciones nerviosas, los cortes ulteriores no duelen.) Fue gracias a esto que Wilder Penfield, cirujano de Montreal, descubrió dónde se almacenan los recuerdos.

Un día del decenio de 1930, Penfield conversaba con una paciente que iba a ser sometida a una operación del cerebro. Le sondeaba este órgano con un electrodo para tomar nota de las áreas donde una corriente leve la hacía moverse o hablar, a fin de evitar esas áreas al eliminar las partes enfermas del cerebro. De pronto, la mujer empezó a decir que veía su jardín, donde estaba su hijo, y que escuchaba los ruidos cotidianos de los vecinos. Reconoció la escena como un hecho del pasado. Mientras Penfield mantuvo inmóvil el electrodo, la paciente siguió reviviendo la situación.

Descubrimiento accidental

Penfield se dio cuenta de que había tropezado con un importante descubrimiento. Hasta entonces, a nadie se le había ocurrido que los recuerdos podían localizarse físicamente en el cerebro. A partir del siglo XVIII se consideró que la memoria era una función puramente mental, y que la mente y el cerebro eran entidades separadas. Pero ahora parecía que la memoria se almacenaba de modo permanente en las neuronas cerebrales. El electrodo las había separado del hipocampo, porción de los lóbulos temporales que sobresale a cada lado del cerebro, bajo la sien.

Penfield probó este nuevo descubrimiento en otros pacientes. Un varón se sorprendió de estar de regreso en Sudáfrica, riendo y conversando con su primo, como había sucedido meses atrás. Cuando Penfield interrumpió la corriente en el electrodo, la rememoración cesó repentinamente, y al reanudarla, se inició el recuerdo otra vez.

Todos los pacientes insistieron en que esta experiencia era algo más que una mera remembranza o un soñar despierto. Sentían como si en verdad revivieran ciertos eventos de su vida.

Al principio, la teoría de Penfield, de que la memoria ocupa partes específicas del cerebro, fue menospreciada. Sin embargo, en la década de 1950, algunos cirujanos extirparon ambos lóbulos tem-

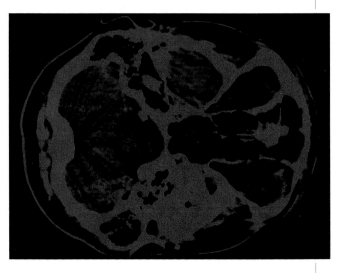

Recuperación de la memoria *Los lóbulos temporales, brillantes áreas cuneiformes superior e inferior en esta tomografía, son vitales para evocar recuerdos antiguos.*

porales de varios pacientes, con la esperanza de aliviar la epilepsia grave. Aunque tuvieron éxito, fue a costa de eliminar la capacidad de los pacientes para recordar cualquier hecho por más de unos minutos. Estos datos, más los efectos causados en la memoria por golpes y heridas en la cabeza, convencieron al mundo médico de que Penfield estaba en lo correcto.

BUSCANDO EN EL ARCHIVO DE LA MENTE

Ni la capacitación ni la práctica sirven para adquirir una memoria fotográfica

EL NEURÓLOGO ruso A. R. Luria pidió un día a Solomon Veniaminoff, periodista que lo consultó por primera vez como paciente en la década de 1920, que repitiera una larga serie de palabras que le había leído tiempo atrás. Las palabras no tenían sentido ni formaban una oración, estaban ordenadas al azar y sus significados no tenían nada en común. No había razones lógicas para que alguien pudiera recordarlas.

El periodista hizo una pausa, y señaló: "Sí, sí... ésta es la serie que me leyó... cuando estábamos en su departamento... Estaba sentado a la mesa y yo en la mecedora... Llevaba un traje gris..."

Y dicho esto, Veniaminoff recitó de un tirón la larga lista de palabras confusas y sin sentido, precisamente en el orden en que las había escuchado con anterio-

ridad. Fue una asombrosa prueba de memoria, en especial porque esa "ocasión anterior" había ocurrido nada menos que 16 años atrás.

Un sujeto con memoria fotográfica como ésta se llama eidético, palabra de origen griego que significa "lo mismo". Sólo unas cuantas personas nacen con memoria fotográfica, la cual no puede adquirirse por adiestramiento. No obstante, hay métodos moderadamente eficaces para aumentar la capacidad de rememoración, pero todos dependen de la nemotecnia, es decir, el empleo de recursos tales como rimas o frases sencillas para fijar en la memoria datos más bien aburridos.

A manera de ejemplo, la frase "*ro*ciando *an*teayer *amar*anto *v*endió *azu*cenas *in*maculadas y *violetas*" es una manera sencilla de memorizar las primeras le-

tras de los colores básicos del espectro luminoso: rojo, anaranjado, amarillo, verde, azul, índigo y violeta. Recitar el epitafio:

Que su descanso sea largo y plácido:
agregó agua al ácido.
El otro joven hizo lo que aprendió
y ácido al agua añadió.

puede ayudar a que los estudiantes de química recuerden cómo evitar una explosión terrible al diluir ácidos.

También se recuerda lo que se piensa justo antes de dormir. Sin embargo, probablemente el hecho más desilusionante acerca del aprendizaje es que, al contrario de lo que comúnmente se cree, no se almacena información mientras se está dormido. Si así fuera, todos los estudiantes que dormitaran en clase obtendrían buenas calificaciones.

EXPLORACIONES OCULARES

Nuevos descubrimientos acerca de cómo vemos

LA CIENCIA ha permitido vislumbrar la naturaleza de partículas subatómicas, cuasares y pulsares en las galaxias. Pero aún no se sabe cómo se forman las percepciones visuales del mundo que nos rodea.

No obstante, se empieza a entender cómo se coordinan los ojos y el cerebro para producir una visión continua del entorno. Aun si parecen inmóviles, los ojos sólo descansan fracciones de segundo. Se mueven con tal rapidez —hasta 100 veces por segundo— que no se tiene conciencia de sus movimientos. Entonces, ¿cómo nos enteramos de éstos y para qué sirven?

Movimientos inconscientes

Se han examinado esos movimientos al aplicar lentes de contacto que reflejan rayos luminosos paralelos en una película, donde se registra el menor cambio. Esto ha permitido descubrir tres tipos de movimientos oculares involuntarios: temblores irregulares de alta frecuencia; movimientos rápidos de sacudida, que

> ### ¿SABÍA USTED QUE...?
>
> *EL MUNDO queda literalmente de cabeza cuando el cristalino envía imágenes a la retina. A edad muy temprana, el cerebro se da cuenta de que se están viendo las cosas al revés, y entonces invierte automáticamente las imágenes al interpretarlas.*

ocurren cada segundo para corregir la alineación del ojo cuando éste se desplaza muy lejos del objeto que se observa, y movimientos lentos e irregulares, que suceden entre los de sacudida. Los tres son automáticos e independientes de los voluntarios, que se realizan al leer, conducir un vehículo o practicar un deporte.

En un experimento se demostró que sin estos movimientos involuntarios de microsegundos sería imposible ver. Mediante aparatos ópticos especiales, se inhibieron tales movimientos para fijar artificialmente el contorno de una imagen en un pequeño grupo de neuronas de la retina. Esto causó que la imagen se desvaneciera y desapareciera a los pocos segundos. Se sacó en conclusión que los movimientos oculares involuntarios se requieren para que la luz llegue a muchos grupos de neuronas retinianas. En caso contrario, los ojos no pueden continuar el envío de impulsos nerviosos al cerebro para la interpretación de imágenes.

¿LÁSERES O LENTES Y ANTEOJOS?

LOS CIRUJANOS oftálmicos consideran que las operaciones con rayos láser son la alternativa para los tradicionales anteojos y lentes de contacto. Desde hace años se han usado equipos de láser para corregir el desprendimiento de retina, pero ahora se experimenta con una técnica de láser *excimer* para cambiar la forma de la córnea.

El nombre de este láser proviene de *excited dimers*, que son átomos volátiles en la mezcla de gases con que se producen láseres de luz ultravioleta. El láser excimer, que se aplica para eliminar tejidos en capas finísimas, es tan preciso que se puede grabar un dibujo en un cabello. Su longitud de onda determina dónde se absorbe su energía y, por lo tanto, qué tejidos afecta.

Una vez ajustado el láser para que penetre la capa exterior de la córnea, no llega al tejido situado detrás. La herida es diminuta y limpia, de modo que son improbables las complicaciones por cicatrización y durante la recuperación.

Pero, ¿en qué consiste una operación con rayos láser? Estas intervenciones, aún en

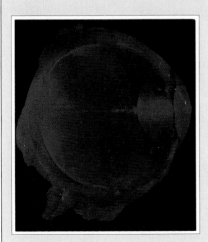

Luz curativa Los láseres ayudan a reparar la retina. Un rayo cruza el centro del ojo, desde el cristalino (derecha) hasta el área lesionada (extrema izquierda).

su etapa experimental, son muy rápidas e indoloras, además de que no requieren anestesia general. Primero se administran medicamentos para contraer la pupila y anestesiar el ojo. Después, el equipo se fija al globo ocular por aspiración al vacío, para que no se mueva durante la operación.

Curación rápida

En muchos casos, la exposición a los rayos láser dura menos de 12 segundos, y la consulta, menos de media hora en total, además de ser innecesaria la hospitalización. Al día siguiente desaparecen los posibles síntomas y se recupera la visión normal.

En países como Alemania estas operaciones han dejado de ser experimentales y tienen un costo equivalente a 1 700 dólares estadounidenses por ambos ojos. En el futuro, estas intervenciones podrían cambiar la vida de millones de personas. De hecho, se afirma que podría corregirse el 90% de los casos de miopía. Ésta es una excelente noticia... salvo para los optometristas.

EL ACANTILADO VISUAL
¿Cómo perciben los infantes el mundo que los rodea?

EN UN día soleado, Eleanor Gibson, investigadora científica de la Universidad de Cornell, EUA, andaba de paseo con su hijo en el Gran Cañón del Colorado. Mientras observaba gatear a la criatura, de pronto tuvo un pensamiento horrible: ¿y si el niño gateara muy cerca de la orilla? ¿Podría el pequeño calcular la profundidad y reconocer el peligro de sufrir una caída?

La preocupación de la señora Gibson por la seguridad de su hijo le dio una idea. Diseñó un experimento para descubrir si los lactantes perciben la profundidad. Para ello creó un Gran Cañón en miniatura, en el laboratorio de la universidad donde trabajaba.

Este famoso experimento se conoce como el "acantilado de guinga". Una tabla angosta se colocó sobre una lámina grande de vidrio, que estaba a 30 cm del suelo. A la derecha de la tabla había un tramo de guinga (tela con un cuadriculado especial), directamente bajo la superficie inferior del vidrio; este lado daba la impresión de ser una superficie sólida; por ejemplo, la de una mesa.

A la izquierda de la tabla, la guinga estaba sobre el piso, debajo del vidrio, para crear la impresión de un acantilado. Se puso a un bebé en el centro, sobre la tabla. La pregunta era: ¿gatearía sobre el "acantilado visual"?

Mamá llama

En este experimento, la madre alentaba a su hijo para que se acercara a ella cruzando el acantilado de guinga. De 36 niños de entre 6 y 14 meses de edad, apenas tres lo cruzaron; la mayoría percibió que el lado izquierdo era peligroso, pero todos gatearon felices sobre el otro extremo de la tabla.

En repeticiones de este experimento se ha demostrado que los lactantes (y los animales de muy corta edad) distinguen la profundidad en cuanto aprenden a gatear, y que usan esto para percibir el peligro de caídas en pendientes muy pronunciadas y evitarlas.

NOTA: *Eleanor Gibson probó su teoría en las condiciones controladas de un laboratorio universitario. Los padres interesados en la teoría del "acantilado visual" no deben tratar de repetir este experimento en casa u otros sitios.*

Percepción de profundidad La prueba del "acantilado visual" permitió a Eleanor Gibson demostrar, hacia 1960, que los niños gateadores perciben la profundidad.

UNA TREMENDA RECEPCIÓN
¿Qué tienen en común nuestros ojos con un televisor?

INCLUSO al fijar la mirada, la actividad es frenética en los ojos, donde decenas de millones de neuronas responden a la energía luminosa con una serie interminable de reacciones químicas ultrarrápidas. Los dos tipos principales de neurorreceptores visuales son los bastones y los conos, de los cuales hay aproximadamente 125 millones en la retina, la parte posterior del globo ocular.

Los bastones son neuronas fotosensibles que permiten ver en la oscuridad. Su sensibilidad es tal que nos permiten ver, en la oscuridad total, una vela encendida a ocho kilómetros de distancia.

Los conos, menos sensibles, sirven para ver con luz solar o luz artificial brillante. Además, filtran los colores.

Estos dos tipos de células contienen sustancias fotosensibles, llamadas pigmentos. Estas sustancias cambian con rapidez cuando reciben la luz, lo que estimula el envío de impulsos al cerebro, que los decodifica y percibe como imágenes. Normalmente, los bastones y conos se adaptan automática e instantáneamente a la luz y la oscuridad. Pero si el cambio es brusco, por ejemplo, al pasar del interior de un teatro al exterior soleado, se producirá un ajuste notorio, de modo que las imágenes parecen por un momento borrosas o blanquecinas.

No se sabe a ciencia cierta cuál es la contribución de los conos a la visión cromática. Los bastones contienen un solo pigmento y no permiten distinguir colores, mientras que los conos poseen tres y cada cono responde a un color primario, sea rojo, verde o azul. El efecto es comparable con lo que se ve al examinar la imagen de un televisor a color con una lente de aumento: la pantalla se transforma en una masa de puntitos rojos, verdes y azules. Los conos también distinguen varios matices de los tres colores básicos, y así el cerebro puede percibir la espléndida gama de colores del mundo que nos rodea.

¿SABÍA USTED QUE...?

LAS PERSONAS con miopía (vista corta) tienen problemas para enfocar objetos distantes, mientras que ven con claridad los objetos cercanos. En contraste, quienes sufren hipermetropía (vista larga) tienen visión borrosa de objetos cercanos y ven muy bien los lejanos.

* * *

EL DALTONISMO por lo general es un trastorno hereditario; afecta a casi 8% de los varones y, por alguna razón que se desconoce, lo padece menos del 1% de las mujeres. Ocurre cuando faltan uno o más de los tres pigmentos (sustancias fotosensibles) de los conos.

* * *

LA CEGUERA NOCTURNA puede resultar de la deficiencia de vitamina A, que participa en la producción de los pigmentos fotosensibles de los bastones y conos retinianos. En personas con esta deficiencia, los receptores se vuelven menos sensibles, de modo que la visión se vuelve defectuosa por la noche, cuando la luz no basta para estimular a los bastones. La antigua conseja popular de comer muchas zanahorias para ver mejor tiene algo de verdad científica: la fuente más importante de vitamina A es el caroteno, que fue aislado por primera vez de una zanahoria en 1831.

UN SEGUNDO VISTAZO

¿Qué sucede cuando una persona recupera la visión después de años de ceguera?

ACTIVO E independiente, en su trabajo diario usaba herramientas con destreza y sensibilidad, sin haberlas visto jamás. Este hombre, conocido únicamente por las iniciales "S.B." de su expediente, estaba ciego desde los nueve meses de edad. Pero todo cambió drásticamente a fines de la década de 1950, cuando le practicaron dos operaciones que le devolvieron la vista después de 51 años de ceguera.

La primera imagen borrosa que tuvo S.B. fue el rostro del cirujano, pero no lo reconoció como tal. Incluso cuando su vista mejoró, las expresiones faciales no significaban nada para él y, a menos que le hablaran, no reconocía a las personas por el rostro.

¿SABÍA USTED QUE...?

LAS IMÁGENES consecutivas son siluetas oscuras que persisten después de ver un objeto brillante, como un foco encendido o el flash de una cámara fotográfica. La intensidad de la luz "blanquea" por un momento las sustancias fotosensibles de la retina y surge la postimagen, que parece flotar en el espacio. Aunque se desvanece poco a poco, se puede restablecer al parpadear o mirar hacia otro sitio.

* * *

LA HABILIDAD para ver detalles con claridad se desarrolla durante los primeros cinco años de vida. Sin embargo, la mayoría de los cambios importantes sobrevienen en los primeros seis u ocho meses. Aunque las investigaciones hacen pensar que las niñas evolucionan más rápido al principio, los niños las alcanzan hacia los ocho meses.

AFILANDO LA VISTA

LA IDEA de corregir defectos oculares por medio de operaciones se ha manejado desde principios de siglo. En 1953, se informó en una revista médica estadounidense acerca de la primera operación contra la miopía.

En la década de 1970, el oftalmólogo ruso Svyatoslav Fyodorov ideó una intervención quirúrgica de 10 min para corregir las deformidades corneales causantes de la miopía. Se trazan diminutas incisiones radiales con un bisturí de diamante en la córnea, para aplanarla, con lo que se enfocan adecuadamente las imágenes.

Antes de realizar las incisiones, se obtienen por computadora las medidas precisas del grosor, curvatura y rigidez de la córnea del paciente, para calcular el número y la profundidad de las incisiones.

Hacia 1980, en la entonces Unión Soviética, más de 25 000 pacientes habían recibido el tratamiento. El índice de éxito es alto, ya que casi 85% de los pacientes ya no necesitan anteojos, aunque algunos dijeron tener dificultades para enfocar objetos cercanos o molestias por los reflejos.

Además, hay riesgos, pese a la precisión de las computadoras. Aún corresponde al cirujano hacer la incisión, e incluso los más experimentados en usar el bisturí de diamante, calibrado especialmente, pueden cometer errores.

En 1963, el neuropsicólogo inglés Richard Gregory publicó un ensayo sobre este caso. En su escrito ilustra los problemas de quienes tienen que aprender a usar la vista después de años de ceguera. Una dificultad es que sólo reconocen lo que produce sonidos con los que están familiarizados, o aquello cuya forma y textura hayan sentido antes. Por ejemplo, S.B. reconoció en seguida los automóviles, ya que había oído el ruido de los motores; pero no pudo identificar el cuarto creciente lunar como tal cuando lo vio por primera vez.

Estas personas también perciben de modo erróneo las proporciones cuando miran desde cierta distancia al suelo. Al ver hacia abajo, desde su ventana en un tercer piso, S.B. estaba convencido de que podría bajar al suelo sin peligro con sólo colgarse de sus brazos.

S.B. había enfrentado satisfactoriamente la ceguera fiándose del tacto, gusto, oído y olfato para obtener información del mundo exterior. Ahora que se basaba cada vez más en la vista, el mundo le parecía muy deprimente. Gregory resume el caso de la siguiente manera: "Sentimos que perdió más de lo que ganó al recuperar la vista." S.B. murió desanimado, menos de dos años después de la operación.

Truco de mago *Todas las personas tienen un punto ciego en cada ojo. Es el área de la retina donde el nervio óptico conecta el ojo con el cerebro; no hay bastones ni conos y, por lo tanto, la luz no se refleja.*

Para encontrar su punto ciego, sostenga este libro de frente a la altura de los ojos, a la mayor distancia posible, y cúbrase un ojo.

Mire fijamente la estrella del extremo izquierdo y acérquese lentamente el libro. En un punto dado, desaparecerá el círculo de la derecha.

SENTIDOS Y SENSIBILIDAD

En el mundo hay sonidos que no capta el oído humano

LOS OÍDOS son órganos muy sensibles. Los sonidos sólo tienen que desviar el tímpano 0.00000001 mm a fin de ser escuchados. Los oídos captan una amplia variedad sonora, desde la respiración de un bebé hasta el ensordecedor ruido de un avión supersónico. Pero en comparación con algunos animales, aun el ser humano con mejor audición es medio sordo.

El sonido consiste en vibraciones del aire que viajan en forma de ondas. Su frecuencia o número de ondas por segundo determina si el sonido es agudo como el de un grito o grave como el de un tambor.

El oído humano no capta todas las vibraciones sonoras del entorno. Puede registrar ondas de entre 20 y 20 000 vibraciones por segundo (v/s). El Do más agudo de un piano es de 4 096 v/s; un silbido estridente, de 20 000 v/s. Los perros oyen silbatos ultrasónicos de 35 000 v/s, inaudibles para el ser humano. Los murciélagos tienen agudeza auditiva incluso mayor, ya que escuchan frecuencias de hasta 75 000 v/s.

Sin embargo, ningún animal terrestre se iguala a la marsopa que, al igual que los delfines, se comunica por chasquidos y silbidos, y puede distinguir sonidos de entre 20 000 y 150 000 v/s, casi ocho veces más que el hombre. Con todo, sería inútil pretender que las marsopas nos prestaran sus oídos. Por sorprendente que parezca, oyen a través de las mandíbulas y la garganta, que captan las vibraciones de frecuencia más alta. Sus verdaderos oídos están virtualmente atrofiados.

AISLADOS DEL MUNDO

Privados de nuestros sentidos, empezamos a perder el juicio

LA TERAPIA de flotación es una de las modas curativas de la década actual. Se encierra a la persona en un cajón oscuro con aislamiento acústico, donde flota sobre un tanque de agua salada y se relaja de la tensión de la vida cotidiana. Al cesar casi por completo los estímulos externos, el individuo experimenta tranquilidad y paz interior.

Sin embargo, en esta terapia no se interrumpe la estimulación. De hecho, la persona suele escuchar música o ver videos. La privación sensorial absoluta produce otros efectos, que demostró en la década de 1950 un psicólogo de la Universidad McGill de Montreal.

Reticente al mundo

Se dio vestimenta acolchada a estudiantes voluntarios y luego se les colocó en cámaras a prueba de ruido, con agua a la temperatura corporal. Les cubrieron los ojos con gafas y les pusieron tapones en los oídos. No podían escuchar siquiera su propia respiración, y cualquier sensación derivada de sus movimientos corporales se opacaba a raíz de la abultada ropa y la masa de agua. Se les dijo que podían quedarse así todo el tiempo que quisieran. Sólo un botón de pánico los vinculaba con los psicólogos, que los vigilaban desde afuera.

Resultó que estar totalmente aislado no es una buena receta para relajarse. La mayoría de los voluntarios apretó el botón de pánico a las pocas horas y no hubo manera de hacer que regresaran a las cámaras de aislamiento. Al estar en éstas, los estudiantes habían sufrido alucinaciones vívidas y extrañas. Sólo uno resistió todo un día, pero después sufrió una crisis nerviosa temporal.

No se sabe con certeza por qué el ser humano reacciona con angustia ante la privación sensorial. Quizás el cerebro percibe que el cuerpo está dormido y entonces genera sueños que se viven como alucinaciones, porque el individuo en realidad está despierto.

Aunque a veces anhele paz y tranquilidad, el hombre es un animal social que sólo funciona bien en un ambiente estimulante. La carencia total de sensaciones hace que el cuerdo crea enloquecer.

Bloqueado *Un científico observa a un sujeto al que se han puesto mangas de cartón y una venda en los ojos para restarle sensibilidad.*

¿SABÍA USTED QUE...?

LOS RECEPTORES del tacto no se distribuyen uniformemente en el cuerpo, sino que se concentran donde más se necesitan. En la yema de los dedos hay uno cada 2.5 mm, mientras que en la espalda lo hay cada 63 mm. La lengua es especialmente sensible: sus receptores son 100 veces más numerosos que los de la espalda. Esto explica por qué una pequeñísima herida en la lengua se siente como una enorme grieta.

¡QUÉ RICO HUELE!

*La nariz es nuestro
órgano más sensible*

NUESTRO SENTIDO del olfato es muy sensible. Percibir, o tan sólo recordar, los olores de pasto recién cortado, hojas de pino, queso Camembert y hule quemado, produce respuestas intensas.

En la parte superior de las fosas nasales hay dos grupos de células, que actúan como receptores de olores, cada uno con millones de células provistas de pequeñas protuberancias, similares a cabellos, ondeando en un mar de moco. Estas células, llamadas cilios, son muy sensibles. Una sola molécula de algunas sustancias basta para excitarlas y que envíen impulsos al cerebro.

Hay cuando menos 14 tipos de células receptoras de olores, cada uno estimulado por un tipo de molécula olfativa. Esto permite que el cerebro no sólo perciba que una sustancia olorosa ha entrado en la nariz, sino que además sepa de cuál se trata. Los olores que resultan más familiares, como los de café recién hecho, humo de cigarro y perfumes, son complejas mezclas de aromas.

La suma es mejor que las partes

Ciertos perfumes de aroma muy agradable se fabrican con sustancias que por sí solas tienen olor más bien repugnante. Por ejemplo, aunque la algalia de las glándulas anales del gato montés tiene aroma nauseabundo, es ingrediente esencial de los perfumes más caros.

El ser humano puede distinguir más de 10 000 olores complejos. Es sorprendente que por lo general no se dé una aplicación muy significativa a esta habilidad. Algunos investigadores creen que los olores tienen una importante y oculta función en las relaciones interpersonales y crean lazos inconscientes. Mediante experimentos se ha demostrado que los bebés pueden distinguir a su madre por el olfato a los seis días de nacidos.

¿SABÍA USTED QUE...?

EL SER HUMANO puede detectar con margen de error de 3° de dónde proviene un sonido. Los búhos, que tienen un oído un poco más arriba que el otro, lo localizan incluso con mayor precisión, con margen de error de 1° o menos.

LAS VENTANAS DEL ALMA

Tenemos más modos de percibir el mundo de los que pensamos

NUESTROS SENTIDOS, conocidos alguna vez como "ventanas del alma", son considerados universalmente como uno de nuestros bienes más preciados. Pocas desgracias provocan tanta compasión como la pérdida de la vista o la audición.

Pero, ¿cuántos sentidos tenemos en realidad? Aristóteles, el gran pensador griego, contó los cinco que permanecen en el saber popular desde entonces: visión, audición, olfato, gusto y tacto. Sin embargo, al estudiar el funcionamiento del sistema nervioso, los científicos han descubierto toda una gama que bien podría agregarse a la lista.

Dolor y presión

Todos los sentidos dependen de los receptores sensoriales, o terminaciones nerviosas, desde los cuales se transmiten mensajes electroquímicos al cerebro. Cada tipo de receptor se especializa en la respuesta a un estímulo particular del exterior: los de los ojos a la luz, los de la nariz a los olores, etc.

Esparcidos por todo el cuerpo, en la piel, las articulaciones e incluso en el aparato digestivo, se han identificado receptores que reaccionan a toda una variedad de estímulos específicos. Los hay que responden al calor, al frío, a la presión o al dolor. A cada uno se le puede aplicar adecuadamente el término "sentido". Algunos científicos creen que hay sentidos del hambre y la sed.

Se dice que tenemos sentido del equilibrio, y es correcto. Se localiza en el oído y quizá sea su función más importante. En el oído interno hay cámaras y conductos llenos de líquido y provistos de vellosidades sensoriales finas. Mover la cabeza estimula dichas vellosidades, que envían impulsos al cerebro relativos a la postura y la dirección de ésta. Este mecanismo es la base del sentido del equilibrio.

Puede haber incluso otros sentidos más allá del alcance de la ciencia actual. Los parapsicólogos a menudo consideran a la percepción extrasensorial como un sentido. Hay quienes afirman ser clarividentes. Esto significa que pueden "ver", por ejemplo, objetos guardados en sobres cerrados. Otros dicen que tienen el don de la premonición, o sea la habilidad de "ver" eventos futuros. A pesar de las especulaciones e investigaciones científicas en el campo de la parapsicología, aún no se descubren receptores en el cuerpo humano que correspondan a estos "sentidos" extrasensoriales.

Algo es indudable. Incluso si los parapsicólogos están en lo correcto, no podría llamarse "sexto sentido" a estas formas misteriosas de percepción, como en el pasado. Según los cálculos modernos, les correspondería ser, en todo caso, el decimocuarto o decimoquinto sentido.

Los cinco famosos Un caricaturista francés, Louis L. Boilly, ilustró así los sentidos en 1823.

LA CADENA DE MANDO

El rápido sistema de comunicación del cuerpo humano

EL VÍNCULO entre el cerebro y el cuerpo es la médula espinal, cordón de tejido nervioso del grosor del meñique y que ocupa 45 cm de la columna vertebral. Las células llamadas neuronas motoras transmiten impulsos eléctricos del cerebro a la médula espinal, que salen de ésta desde el nivel adecuado y llegan a las diversas partes del cuerpo. De igual modo, las neuronas sensoriales transmiten mensajes de los órganos y tejidos del cuerpo por la médula espinal al cerebro.

Sin embargo, la médula también funciona sin que participe el cerebro. Controla los arcos reflejos, que se activan rápidamente en respuesta al peligro.

Más rápida que el pensamiento

Cuando sujetamos un objeto caliente, los impulsos de dolor de las neuronas sensoriales se transmiten a la médula espinal. A su vez, ésta envía por conducto de una neurona motora la orden de soltar el objeto en seguida. Esto ocurre tan rápidamente que soltamos el objeto antes de que el cerebro reciba el mensaje original sobre el calor del mismo.

Este tipo de funciones protectoras son las que prueba el médico al percutir la rodilla y observar cómo salta la pierna. Con estos arcos reflejos la médula espinal evita que los tendones se estiren demasiado. Al golpear la rodilla, el médico tensa en exceso el tendón rotuliano, y los músculos de la pierna se contraen para eliminar la tensión.

Además, la médula espinal participa en funciones cotidianas que, por sus características, no requieren la

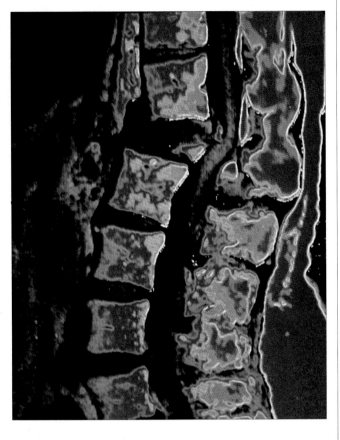

Eslabón roto Las 33 vértebras (algunas de las cuales se ven en esta radiografía como cuadrados) protegen un cordón de tejido nervioso, la médula espinal, que controla el sistema nervioso. Una vértebra fracturada (abajo del segundo cuadrado, de arriba abajo) dañará la médula.

participación del cerebro, como el vaciado de la vejiga, el parpadeo y la conservación del tono muscular. Gracias a la intervención de la médula espinal, los centros cerebrales superiores pueden ocuparse de tareas más complejas.

Un vistazo al interior *En este corte de la médula espinal, amplificado 20 veces, se ve la sustancia blanca, exterior, de fibras nerviosas, y una zona interior formada por neuronas (en amarillo).*

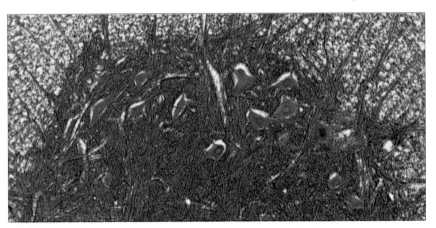

¿SABÍA USTED QUE...?

LOS PERROS tienen un "reflejo de rascado" muy aguzado que les ayuda a librarse de sabandijas indeseables. Si se le hacen cosquillas a un perro detrás de los hombros, en seguida reparte el peso sobre tres patas y se rasca sin detenerse hasta que cesen las cosquillas. Los científicos han averiguado que todas las razas caninas, desde el chihuahueño hasta el gran danés, se rascan con el mismo ritmo: cinco veces por segundo.

CUANDO LA MENTE DE UN CIRUJANO "BORRÓ" EN VEZ DE "GRABAR"

EN 1986, un cirujano de Chicago con 20 años de experiencia suturaba a un paciente después de una operación de vesícula biliar, cuando de pronto se detuvo y dijo, con sorprendente desinterés: "¿Saqué la vesícula biliar?" La enfermera le contestó que sí la había extirpado y que continuara suturando. Siguió adelante, pero a cada puntada repetía la pregunta, y ella lo tranquilizaba, hasta que terminó de suturar.

Tiempo después, el cirujano consultó a un neurólogo, quien le diagnosticó un raro tipo de pérdida de la memoria inmediata, conocido como amnesia transitoria global:

transitoria porque sólo dura unas horas o días, y global porque el paciente no recuerda lo que ve, lee, oye, degusta o huele.

Horas borradas

En todos los demás aspectos, las funciones cerebrales del cirujano eran normales. Se sentía confundido por lo que le estaba pasando, sin llegar al temor. Se le mantuvo en observación un día y se obtuvieron varias tomografías del cerebro. Durante ese lapso recuperó toda su memoria, salvo una laguna de 48 horas. Dos días después regresó al quirófano.

La amnesia transitoria global es un padecimiento que resulta de un trastorno del sistema activador reticular, red de neuronas cerebrales que, entre otras funciones, participa en el registro y en la rememoración de datos. Pueden desactivarlo el estrés físico o emocional, la inmersión en agua fría, la exposición repentina al calor o al frío, e incluso la actividad sexual, sin que se sepa cómo ocurre este fenómeno. Sin embargo, entre las víctimas de un primer ataque, éste se repite en menos de 10% de los casos, y los síntomas desaparecen siempre al cabo de un corto tiempo.

LA SUSTITUCIÓN DE UN ESLABÓN NERVIOSO

Cómo armaron los médicos un andamiaje para la reparación de nervios lesionados

EN LA ACTUALIDAD, los trasplantes de corazón, riñón e hígado son intervenciones quirúrgicas aceptadas, y en algunos hospitales se han vuelto ordinarias. Sin embargo, en 1988 un grupo de médicos canadienses realizó una operación que anteriormente sólo parecía factible en el mundo de la ciencia ficción.

El grupo trasplantó con éxito el nervio ciático —el más largo y grueso del cuerpo, que va de la cadera al tercio medio

del muslo— de un donador a la pierna de Matthew Beech, un niño estadounidense de nueve años.

Matthew había sufrido un accidente de remo que le seccionó 23 cm del nervio ciático izquierdo. En casos similares, los médicos por lo general intentan trasplantar otros nervios del propio paciente. Pero se requería tal cantidad de nervios para cubrir los 23 cm, que si se sacaban del cuerpo de Matthew éste quedaría seriamente debilitado. Debía trasplantarse el nervio de un donador o, en caso contrario, amputar la pierna al niño.

Los nervios son muy difíciles de trasplantar, ya que terminan en cientos de finísimas fibras, unidas en grupos llamados fascículos. El nervio injertado debe tener el mismo número de fascículos que el lesionado; además, el cirujano ha de emparejar y unir cada fascículo por separado; trabajo de costura increíblemente minucioso. Por añadidura, al

igual que ocurre en todo trasplante de una persona a otra, es posible que el sistema inmunitario del receptor rechace los tejidos del donador.

El grupo de médicos canadienses tuvo éxito y demostró que los injertos de nervios estimulan la reparación del tejido nervioso del receptor y le sirven de andamiaje. Con la ayuda de un medicamento —que había sido previamente probado en simios sometidos a trasplantes de nervios— el organismo de Matthew aceptó el tejido extraño. Un año después de la operación, el proceso estaba completo, y los extremos seccionados habían vuelto a juntarse.

Haz nervioso Los nervios contienen cientos de fibras nerviosas agrupadas en haces, llamados fascículos, que tienen un recubrimiento nutriente, la vaina de mielina. Hay que unir cada fascículo para reparar un nervio seccionado.

¿SABÍA USTED QUE...?

EN EL DECENIO posterior a la Segunda Guerra Mundial, el Dr. Walter Freeman efectuó más de 3 500 lobotomías, polémica operación en que se seccionan las conexiones de los lóbulos frontales para tranquilizar a personas con ciertas enfermedades mentales. En un solo día la practicó en 25 mujeres. Estaba convencido de que esa técnica "hacía buenos ciudadanos estadounidenses de los esquizofrénicos, homosexuales, radicales..."

❋ ❋ ❋

EL CEREBRO trabaja más intensamente que el resto del cuerpo, comprende menos de 2% del peso y consume hasta 20% de la energía corporal.

❋ ❋ ❋

COMBATIR LAS enfermedades cerebrales mediante trasplantes de cerebro ya no es simple ciencia ficción. En México, Suecia y Estados Unidos se injertan en el cerebro pequeñas cantidades de tejido suprarrenal o fetal para mejorar la memoria en personas con el mal de Parkinson.

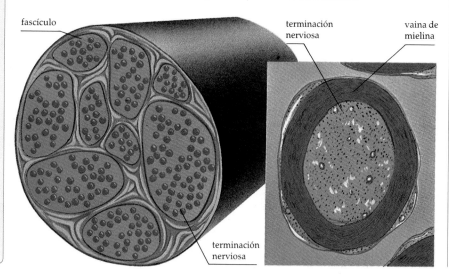

fascículo

terminación nerviosa

vaina de mielina

terminación nerviosa

ISLAS DE GENIALIDAD
La desconcertante brillantez del "síndrome del sabio"

¿CÓMO ES posible que alguien pueda calcular al instante el día de la semana en que caerá una fecha cualquiera de un periodo mayor de 40 000 años y le sea imposible sumar 2 más 2? ¿O interpretar al piano una compleja obra clásica después de oírla una sola vez y tener un grave impedimento mental? Este tipo de personas padece el "síndrome del sabio", estado que la ciencia apenas empieza a explicarse.

El síndrome en cuestión ha intrigado a los neurólogos desde que el Dr. J. Langdon Down (el mismo que dio nombre a la enfermedad congénita denominada síndrome de Down) describió por primera vez, en 1887, a estos genios con retraso mental y les aplicó el término de sabios idiotas.

Un siglo después, se sabe más acerca de estos "sabios tontos". Tienen una forma de memoria muy refinada y eficaz, con la que visualizan un cuadro o una serie de fechas, o memorizan una melodía. Esas habilidades pueden ser congénitas o adquirirse después de una lesión o enfermedad del sistema nervioso central. También pueden deberse a anormalidades genéticas, privación sensorial o defectos en ciertas áreas y estructuras cerebrales relacionadas con las funciones intelectuales, entre ellas el hipocampo, estructura en forma de herradura vinculada con los estímulos sensoriales y la memoria.

Entre los sabios idiotas hay seis varones por cada mujer, y sus habilidades

Ducho en sumas En la película Rain Man (1988), Dustin Hoffman (izquierda) interpreta a un autista que asombra a su hermano (Tom Cruise) realizando cálculos complejos.

pueden aparecer o desaparecer de modo repentino. También se ha vinculado el síndrome del sabio con el autismo, trastorno cerebral que vuelve a la persona retraída y virtualmente incapaz de comunicarse con otras. En promedio, uno de cada diez niños autistas manifiesta cualidades de sabio idiota.

Una de las primeras descripciones de "calculadoras humanas relámpago" es la que redactó en 1789 el doctor Benjamín Rush, distinguido médico firmante de la Declaración de Independencia de Estados Unidos. Su paciente con impedimento mental, Thomas Fuller, llegó a Virginia en 1724 como esclavo. Tardó

solamente minuto y medio en calcular que un hombre de 70 años, 17 días y 12 horas de edad ha vivido 2 210 500 800 segundos, e incluyó en este cálculo los años bisiestos. A pesar de esta increíble habilidad, Fuller murió en 1790 sin haber aprendido a leer ni a escribir.

Asombroso repertorio

Otro sabio idiota también esclavo, Blind Tom, obtuvo fama como virtuoso pianista en la década de 1860. Aunque su vocabulario era de sólo 100 palabras, tocaba magistralmente casi 5 000 piezas. Su virtuosismo lo llevó a la Casa Blanca y a recorrer Estados Unidos.

En 1964, los gemelos "Charles y George" asombraron con sus cálculos del calendario. Contestaban al instante si se les preguntaba, por ejemplo, cuándo había caído en domingo el 21 de abril (1963, 1957, 1946, etc., hasta llegar a 1700). El neurólogo y autor británico Oliver Sacks observó sus habilidades por accidente cuando vació una caja de cerillos frente a ellos. Dijeron al unísono: "111." Cuando Sacks los contó, comprobó que la cantidad era correcta. Al preguntarles cómo los habían contado con tal rapidez, respondieron: "No los contamos... vimos 111." También mencionaron el número 37; aunque no podían resolver las ecuaciones matemáticas más simples, de alguna manera percibieron que 111 equivalía a tres grupos de 37.

DEMASIADO CEREBRO

JOHN TENÍA 24 años, inteligencia superior a la común y carácter ocurrente y fuerte, pero a intervalos de segundos sufría violentas contracciones espasmódicas de los músculos, llamadas tics. Aunque a veces lograba sacarle partido a este defecto, por ejemplo, al tocar la batería, en general le traía problemas en el trabajo y en casa. Salvo cuando estaba dormido o muy relajado, sólo se libraba de los tics con movimientos rítmicos, póngase por caso, al ejecutar ciertas tareas en el trabajo o al nadar.

Al tiempo que la mayor parte de las enfermedades neurológicas acarrean la pérdida de alguna función, como el habla, la memoria inmediata o la distante, el lenguaje, la identidad y otras, se conoce

al menos un trastorno cerebral que resulta de funcionamiento cerebral excesivo. John padecía la enfermedad de Tourette, padecimiento nervioso en que la persona, por lo demás normal, manifiesta tics, sacudidas, gruñidos, gestos y, a menudo, conducta frenética.

Control químico

La enfermedad lleva el nombre del neurólogo y dramaturgo francés Gilles de la Tourette, quien la descubrió en 1885. Posteriormente se averiguó que quienes la padecen tienen en el cerebro exceso de dopamina, transmisor de impulsos nerviosos. John recibió medicamentos para disminuir las concentraciones de esta sustancia y logró llevar una vida normal.

ALLÍ ESTÁ SIN ESTAR ALLÍ

CASI TODO EL QUE pierde un brazo o una pierna dice que puede aún sentir la extremidad inmediatamente después de haberla perdido. Sin embargo, muchos sienten de vez en cuando un dolor en la parte faltante, al cabo de años del accidente o de la amputación. Para ellos, el dolor de miembro fantasma, término con que se designa tal estado, sin duda no es algo que esté "en la mente".

Muchos neurólogos creen que el traumatismo de un miembro perdido puede afectar la corteza sensorial, parte del cerebro de la que depende la "imagen corporal" (o sea la conciencia del ser físico, de su posición en el espacio y su relación con otros objetos). La sensación de miembro fantasma también puede surgir por trastornos de las raíces de los nervios raquídeos, que nacen de la médula espinal.

En el último siglo se han documentado numerosos ejemplos del dolor de miembro fantasma. El neurólogo George Riddock describió un caso de duración insólita. A un hombre se le había amputado la pierna derecha por debajo de la rodilla a los 14 años. Cuando Riddock lo examinó 34 años después, todavía persistía la sensación de tenerla. El hombre decía sentir que doblaba y estiraba el pie y sus dedos. Cuando llevaba puesta una pierna artificial, distinguía botones o cerillos al pisarlos.

Predicciones fantasmas

Tan natural le parecía el miembro fantasma que, al levantarse de la silla, el hombre solía pararse sobre el "pie derecho". A veces sentía comezón y trataba de rascarse. El miembro era muy susceptible a los cambios del clima. Por ejemplo, cuando estaba por llover, el hombre sentía tener los dedos sumergidos en agua que se arremolinaba suavemente. Si soplaba viento, percibía los dedos separados uno de otro. Tan exactas eran sus sensaciones que le ganaron fama local de pronosticador del clima.

El miembro fantasma hace honor a su nombre pues da la sensación de atravesar sólidos. Un paciente a quien habían amputado el brazo izquierdo solía divertirse al girar el muñón del hombro para percibir que la mano fantasma pasaba a través del tórax. En otros casos, sobre todo después de una amputación accidental, el miembro fantasma queda inmóvil. Un soldado sufrió la amputación traumática del brazo derecho por la explosión prematura de la bomba que sostenía en la mano. Relataba que, a su parecer, la mano fantasma seguía asida a la bomba y no podía cambiarla de posición. Muchas personas con mano fantasma dicen que siguen percibiendo la sensación de los anillos que llevaban puestos antes de perder la mano.

EL TRAZO DE UN AUTISTA
Los niños retraídos que prosperan en el arte

EN 1974, los dibujos a bolígrafo de caballos y otros animales que trazaba Nadia, una niña de seis años, eran vistos con una mezcla de asombro e incredulidad por un grupo de investigadores del desarrollo infantil en la Universidad de Nottingham. Nadia era muy retraída, propensa a accesos de gritos y apenas podía juntar dos palabras; pero tenía extraordinarias aptitudes para el dibujo.

Los psiquiatras observaron que Nadia era una niña apática y de conducta obsesiva. Pero su actitud cambió en cuanto empezó a dibujar. De repente se volvió una persona animada. Empuñando la pluma como un adulto y con la cabeza pegada al papel, hacía trazos rápidos y con notable sentido de la perspectiva, profundidad y sombra. Se inspiraba en pinturas existentes y solía disponer el tema en una nueva posición. Esto demostró que podía formarse imágenes tridimensionales sin importar que le mostraran un dibujo bidimensional.

A los siete años ingresó en una escuela para niños autistas. Poco a poco aprendió a hablar y a escribir, y empezó a relacionarse con otros niños. Pero al tiempo que sucedía esto desapareció su habilidad de dibujante. Casos como el suyo han convencido a ciertos neurólogos de que los sabios autistas han de renunciar a su genio para integrarse a la sociedad. Su extraordinario talento se transforma en la destreza más cotidiana del uso del lenguaje.

Arquitecto en cierne

El caso de otro niño autista, Stephen Wiltshire, apunta en otra dirección. Este joven puede trazar detallados dibujos arquitectónicos con notable velocidad. Su aguda memoria le permite dibujar una réplica exacta tras haber visto una sola vez el original. En 1987, a los 12 años, según el eminente arquitecto y artista Hugh Casson, era: "quizás el mejor niño artista del Reino Unido."

Al igual que Nadia, ha desarrollado habilidades lingüísticas y le va bien en una escuela especial. Pero sus adelantos no han ahogado su extraordinaria facilidad para el dibujo; es más, parece que su genio y su sociabilidad avanzan al parejo. Ahora espera llegar a ser arquitecto. Para ayudarlo en los estudios ha sido creado un fideicomiso, financiado en parte con la venta de sus dibujos.

Artista autista Stephen Wiltshire ha sorprendido a médicos y artistas con sus calificados dibujos arquitectónicos. Éste lo realizó cuando tenía 11 años.

ACTOS IMPULSIVOS

Cómo funciona el sistema celular inalámbrico del cuerpo humano

LA COMUNICACIÓN rápida y eficaz en el cuerpo se basa, según cálculos, en un número de entre 10 000 y 100 000 millones de neuronas, que en su mayor parte están en el cerebro. Las neuronas transmiten mensajes eléctricos, llamados impulsos nerviosos, a velocidades hasta de 100 m/s, lo cual garantiza reacciones rápidas ante condiciones internas y externas en cambio constante.

Red de información

Vistas al microscopio, las neuronas parecen cables eléctricos raídos. Constan de un cuerpo celular, que contiene el núcleo; una larga fibra, llamada axón, que conduce impulsos eléctricos a otras células, y prominencias filiformes, las dendritas, que reciben mensajes de entrada. Una sola neurona puede recibir mensajes de otras muchas. El axón suele ramificarse muchas veces: se cree que por lo menos un tipo de neurona tiene 200 000 bifurcaciones de su axón, cada una en contacto con otra neurona. Cada axón está rodeado de una capa grasa, llamada vaina de mielina, para asegurar que no haya fugas de los impulsos eléctricos transmitidos por las neuronas.

En relación con ciertas neuronas, se calcula que si el cuerpo de la célula tuviera el tamaño de una pelota de tenis,

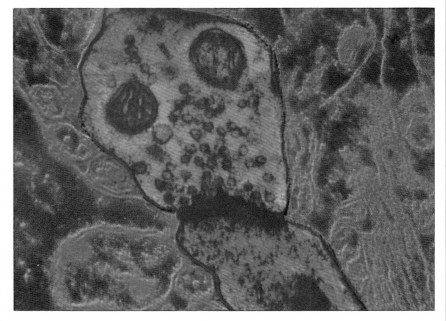

las dendritas llenarían una habitación de tamaño promedio, y el axón, que a esta escala sería de apenas 13 mm de grosor, tendría más de 1.5 km de longitud.

Las neuronas sensoriales reciben estímulos, en la forma de impulsos eléctricos, de los órganos de los sentidos (como la nariz, los ojos o la piel) y los transmiten, como corrientes eléctricas infinitesimales, a la médula espinal y al cerebro. Luego, las neuronas motoras transmiten las instrucciones del cerebro o de la médula espinal a músculos o glándulas, también en la forma de impulsos, para que el organismo responda de modo apropiado a los estímulos; por ejemplo, retirar la mano con rapidez después de tocar un objeto caliente o producir más saliva al oler la comida.

Los impulsos nerviosos recorren el cuerpo sin que las neuronas tengan contacto directo. Cuando han viajado hasta el extremo de un axón, llegan a un espacio, llamado sinapsis, que han de cruzar de algún modo para alcanzar las dendritas de la neurona siguiente. De tal suerte, la señal eléctrica se convierte en una sustancia que

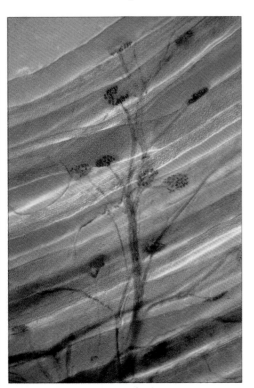

Conexión neuromuscular Los impulsos nerviosos recorren los cientos de ramificaciones de una neurona motora. Cada rama remata en un miocito (vistos como bandas).

Centro nervioso La información se transmite entre dos neuronas por impulsos eléctricos, que se convierten momentáneamente en sustancia para cruzar la sinapsis (densa banda roja).

puede atravesar la sinapsis. Una vez al otro lado de ésta, la sustancia química se transforma de nuevo en señal eléctrica. Se calcula que el pensamiento o la acción más sencillos requieren miríadas de estas transformaciones.

Roturas en la cadena

Este sistema es complejo y de importancia vital, y las consecuencias pueden ser graves si algo lo interrumpe. Por ejemplo, la esclerosis múltiple es una enfermedad del sistema nervioso central que puede causar parálisis general. Ataca la vaina de mielina (que aporta nutrimentos de importancia a las neuronas), la inflama e interrumpe la conducción de impulsos nerviosos. Afecta en particular la vista y las sensaciones y los movimientos de las extremidades. Se cree que este padecimiento resulta de un virus o de una deficiencia en las sustancias grasas que componen la mielina.

En la enfermedad de neuronas motoras se mueren las neuronas que conectan el tallo encefálico con los músculos. Éstos, al no recibir mensajes del cerebro, poco a poco se consumen por desuso. Algunos enfermos no pueden realizar ninguna actividad física. Hasta la fecha no se tiene tratamiento curativo para ninguna de estas dos enfermedades.

LEYENDO LA MENTE

Cuando la seudociencia de la frenología causaba furor

DESDE PRINCIPIOS y hasta mediados del siglo XIX se creyó que el estudio de las protuberancias óseas del cráneo de una persona revelaba sus talentos y carácter. Este análisis de la psique humana se llamó frenología, y su creador fue el médico austriaco Franz Joseph Gall, nacido en 1758. Darwin y muchos otros hombres de ciencia se interesaron en las teorías de Gall, e incluso la reina Victoria hizo que un frenólogo examinara a sus hijos, para indagar sus probabilidades de éxito posterior.

Después de examinar el cráneo de delincuentes, lunáticos y ciudadanos normales, Gall dividió el cerebro en 37 regiones. Asignó rasgos clave del carácter, como la firmeza, la autoestima y el amor paterno, a la parte

---

¿SABÍA USTED QUE...?

EN LA ERA victoriana se creía que cuanto más pesado y grande era el cerebro, tanto mayor la inteligencia. La gente estaba encantada con las mediciones del cerebro de personajes famosos. Por ejemplo, los cerebros del novelista William Makepeace Thackeray y del estadista alemán Otto von Bismarck pesaron 1 658 y 1 907 g, respectivamente. Sin embargo, las mediciones del peso cerebral en la autopsia no significan nada, ya que después de la muerte el peso de este órgano aumenta como consecuencia del edema (acumulación de agua en los tejidos).

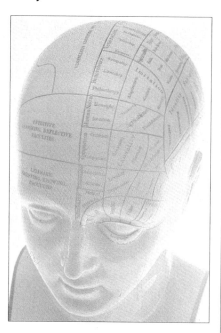

Guía del carácter *La seudociencia de la frenología de Gall dividía el cerebro en 37 regiones, acordes con los contornos craneales. De cada región dependía un rasgo del carácter.*

---

superior, y la reserva y la cautela, a un lado del cráneo. Gall sustentaba la teoría de que las protuberancias craneales reflejaban el crecimiento —y, por lo tanto, el mayor desarrollo— de diversas partes del cerebro. Sin embargo, la creencia de que se podía "leer en alguien como en un libro" con base en los contornos craneales provenía de un grave error de anatomía que sólo más tarde saldría a luz.

Un sistema fallido

El error de Gall fue creer que el crecimiento cerebral moldeaba al cráneo y que, de tal suerte, los contornos de éste revelaban las facultades mentales. Hoy se sabe que entre el cráneo y el cerebro está el espacio subaracnoideo, que contiene líquido cefalorraquídeo; éste sirve de acojinamiento al cerebro y lo protege del contacto con el cráneo. El cerebro sí tiene regiones que regulan diversas funciones, pero no son las del sistema frenológico de Gall.

El descubrimiento del líquido cefalorraquídeo por parte del médico francés François Magendie ocurrió en 1828, el mismo año en que murió Gall. Pero ni eso detuvo el apoyo a la teoría básica de la frenología. Todavía en 1907 se inventó un frenómetro eléctrico para medir las protuberancias craneales.

Mapa craneal *En esta ilustración inglesa de 1886, un frenólogo se dispone a medir las protuberancias del cráneo de un niño.*

RITMOS DE LA MENTE
Cómo se registra la actividad mental

LOS ESPECTACULARES AVANCES de la tomografía cerebral en años recientes han tendido a eclipsar las aportaciones que ha hecho el electroencefalógrafo (EEG). Sin embargo, éste revela datos, que la tomografía no puede igualar, para el diagnóstico de ciertas enfermedades cerebrales.

La electroencefalografía fue una aportación de Hans Berger, profesor de psiquiatría de la Universidad de Jena, Alemania, quien ideó este método de registro en 1929. Por experimentos en animales, se sabía desde tiempo atrás que el cerebro genera señales eléctricas. Berger había descubierto que con un galvanómetro, dispositivo muy preciso para

Electricidad cerebral Los distintos tipos de ondas en estos electroencefalogramas muestran los cambios de la actividad eléctrica cerebral según los estados de conciencia.

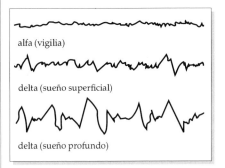

alfa (vigilia)

delta (sueño superficial)

delta (sueño profundo)

la detección de corrientes eléctricas mínimas, era posible captar estas señales mediante electrodos colocados sobre el cuero cabelludo. Al ampliar esas débiles señales y enviarlas a un aparato que marcaba al instante trazos en una gráfica, fue el primer ser humano en presenciar la imponente maquinaria cerebral en acción.

Trazos cambiantes

Berger observó que a veces los impulsos eléctricos del cerebro se sincronizan en trazos de ondas bien definidos, que varían en velocidad según la edad del paciente, su actividad y el estado de salud de su cerebro. En adultos sanos las ondas alfa son las más prominentes en el electroencefalograma. Su frecuencia es de 10 ciclos por segundo, y se detectan mejor si el sujeto está en reposo y con los ojos cerrados. Cualquier estímulo mental reduce las ondas alfa y a veces las inhibe por completo. El trazo resultante de esto, con ondas de frecuencia irregular, se conoce como bloqueo alfa. Al dormirse la persona y hacerse más profundo el sueño, las ondas del EEG se alargan y su frecuencia disminuye, es decir, registra lo que se llama ondas delta, de solamente uno o dos ciclos por segundo.

Los trazos del electroencefalograma de Albert Einstein ejemplifican el fenómeno de las ondas alfa, sin que su caso sea el habitual. Se le pidió realizar cálculos complejos; como ello le resultaba

sencillo, su mente estaba descansada y, por lo tanto, registraba ondas alfa continuas. De pronto desaparecieron las ondas alfa y Einstein pareció inquieto. Al preguntarle qué le pasaba, contestó que había encontrado un error en los cálculos hechos el día anterior y tenía necesidad de telefonear en seguida a la Universidad de Princeton para informar a sus colegas sobre el error. Las ondas alfa de Einstein habían sido sustituidas por ondas irregulares (bloqueo alfa) a causa de la actividad mental que le produjo descubrir el error.

Tormenta cerebral

La electroencefalografía todavía es preeminente en el diagnóstico y la vigilancia de la epilepsia, que en realidad es una suerte de tormenta eléctrica cerebral. Su mayor éxito en este campo quizás haya sido ampliar la definición de epilepsia. Hacia fines de la década de 1940, investigaciones electroencefalográficas revelaron una variante no conocida hasta entonces, la epilepsia del lóbulo temporal, en que el paciente no cae al suelo ni tiene convulsiones e incluso puede caminar y hablar durante el ataque, pero se muestra confundido y con frecuencia observa una conducta excéntrica, de la cual después no recuerda nada. En esta categoría de epilepsia caen los estados de despersonalización, las alucinaciones y otros extraños fenómenos.

EN BUSCA DEL ASIENTO DEL ALMA

PUEDE PERDONARSE a los médicos y filósofos de la antigüedad que fijaran el lugar del intelecto y de la conciencia o, según lo llamaban, "el asiento del alma" en cualquier parte del cuerpo, menos en el cerebro. Después de todo, el cerebro humano es relativamente pequeño y pesa en promedio apenas 1.5 kg. Ante un examen somero, su textura gelatinosa ofrece pocos indicios de la vasta complejidad de sus operaciones y de su gran importancia en la regulación de las funciones corporales.

La ignorancia sobre anatomía llevó en la antigüedad a, por ejemplo, la creencia de que las secreciones nasales venían directamente del cerebro y que la materia gris de éste se componía de flema. Por lo tanto, el asiento del alma se atribuía a órganos más interesantes en apariencia, como el corazón, el hígado o los riñones. Las frases "con

el corazón partido" y "echar los hígados" son reminiscencias de aquellos tiempos. Aunque a fines del siglo V a.C. Hipócrates situó el intelecto en la cabeza, con fundamento en sus observaciones de la epilepsia, varias generaciones más tarde Aristóteles lo ubicó en el corazón, y descartó al cerebro por ser el órgano que "enfriaba la sangre". En el siglo II, el famoso anatomista griego, Galeno, descubrió ciertas funciones cerebrales, mas la opinión de Aristóteles prevaleció durante 1 500 años más.

No fue sino hasta 1628, cuando el médico inglés William Harvey descubrió la circulación de la sangre y demostró que el corazón es una bomba muscular, que cayó en descrédito la doctrina aristotélica. Incluso entonces se prefirió como asiento del alma otros sitios y no la materia gris del cerebro: los ventrículos, que son espacios

en el interior del cerebro, o las meninges, sus membranas exteriores. El filósofo francés del siglo XVIII, Descartes, escogió el diminuto cuerpo pineal como punto de contacto entre cuerpo y alma, ya que es la única parte del cerebro que es órgano impar. Más adelante, los anatomistas practicaron autopsias y quedaron consternados cuando descubrieron que la glándula considerada "asiento del alma" no era más que un residuo calcificado.

Fue Franz Joseph Gall —anatomista austriaco que se especializó en el cerebro antes de desviarse hacia la seudociencia de la frenología— el primero que a fines del siglo XVIII descubrió en el cerebro el origen de los nervios. Identificó la corteza cerebral, gruesa capa de materia gris que cubre al cerebro en su totalidad, como asiento de las funciones superiores.

VISTAZO AL CEREBRO

La tomografía axial computarizada muestra la vida en "rebanadas"

EL DESCUBRIMIENTO de los rayos X en 1895 tuvo efecto mínimo en la adquisición de conocimientos acerca de las funciones cerebrales. Aunque las primeras radiografías contenían imágenes nítidas de los tejidos duros del cuerpo, como los huesos, el tejido blando del cerebro, al ser transparente, no era observable mediante rayos X.

El primer adelanto para radiografiar el cerebro se dio en 1919 con la invención de la encefalografía gaseosa por Walter Dandy, un neurocirujano estadounidense intrigado por la observación de un colega, de que los gases intestinales a menudo obstaculizaban la imagen en radiografías abdominales. Dandy conjeturó que al meter aire en los espacios del cerebro (los ventrículos), el aire sería opaco a los rayos X y se observarían los tejidos que circundaban a los ventrículos.

Adelanto en radiografías

Dandy creó un aparato para tal fin y se topó con que podía observar la deformación, reducción de tamaño o movimiento hacia un lado de los ventrículos cuando los desplaza tejido cerebral enfermo. Esta técnica lo condujo a idear la angiografía, o sea la inyección de una sustancia opaca a los rayos X en los vasos sanguíneos, para así detectar coágulos de sangre (que causan la apoplejía), tumores u otras anormalidades de la circulación sanguínea cerebral.

Aunque la técnica de Dandy permitió obtener las primeras radiografías detalladas del cerebro, era dolorosa y de ries-

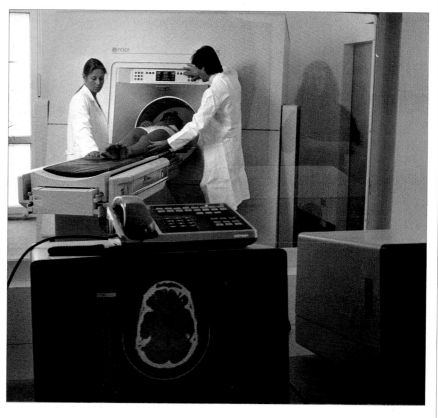

go para el paciente. Se volvió obsoleta en 1973, cuando el estadounidense Allan Cormack y el británico Godfrey Hounsfield crearon la tomografía axial computarizada (TAC), que les valió el premio Nobel de medicina.

Materia absorbente

La TAC se basa en el principio de que cada tejido absorbe cantidades distintas de rayos X. Por ejemplo, el líquido cefalorraquídeo es menos denso que el tejido cerebral, de modo que absorbe menos rayos X y aparece en la tomografía como una zona más oscura; dado que los tumores son más densos que el tejido cerebral normal, se observan como zonas claras.

Para la tomografía, se coloca al paciente en un tubo metálico rodeado por un aparato giratorio de rayos X, que los produce como haces en forma de abanico. La absorción de los haces conforme el equipo gira alrede-

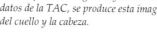

Perfil computarizado Luego de que la computadora organiza y colorea los datos de la TAC, se produce esta imagen del cuello y la cabeza.

Por grados En la TAC se emiten rayos X que atraviesan un corte transversal del cerebro. El tomógrafo está conectado a una computadora que registra y analiza el grado de absorción de los rayos.

dor del cerebro se mide a intervalos de unos cuantos grados. Una TAC puede constar de 1.5 millones de mediciones de puntos de absorción, con los que se obtiene la imagen de un plano o una "rebanada" del cerebro tan delgada como una oblea. Después, la computadora analiza nuevos planos desde la base del cerebro hacia arriba, con lo que se forma una imagen del órgano completo.

Herramienta diagnóstica

La TAC es indolora y está relativamente exenta de riesgos. Hoy se emplea mucho en el diagnóstico de tumores, hemorragias, apoplejía y lesiones craneoencefálicas. También ayuda a los neurólogos en la comprensión del cerebro.

Dicho sea de paso, la TAC permitió descubrir que las dos mitades del cerebro o hemisferios no son, como se suponía, estructuras en imagen especular, sino que tienen leves diferencias en la zona posterior.

TELEVISIÓN EN EL CEREBRO

Observación del cerebro viviente en actividad

NO SÓLO es posible captar imágenes de televisión del espacio exterior, sino que ya pueden obtenerse también del interior del cerebro. La tomografía por emisión de positrones (TEP) funciona según el sencillo principio de que la actividad intensa de una parte del cerebro hace que fluya más sangre a dicha área para aportar más oxígeno y glucosa, necesarios para tal esfuerzo.

Inyección radiactiva

En la TEP se inyecta oxígeno o glucosa radiactivos, preparados especialmente, en los vasos sanguíneos del paciente. Cuando este "radioindicador" llega al cerebro emite positrones, que son partículas atómicas de carga positiva. Éstos chocan contra los electrones de las células cerebrales, lo que produce pequeñas emisiones de energía detectables con el aparato que rodea la cabeza del paciente.

Luego aparecen en una pantalla imágenes que muestran las secciones activadas del cerebro en encendidas tonalidades rojas, azules y amarillas, que se ensanchan o desplazan cuando el individuo emprende ciertas tareas, por ejemplo, leer, escribir o hablar.

La TEP es muy útil en la identificación de trastornos cerebrales en que el consumo de energía es muy alto. Así pues, ha mostrado que los esquizofrénicos tienen en ciertas partes del cerebro actividad metabólica más intensa que la de personas normales.

En la Facultad de Medicina de la Universidad de Washington, Estados Unidos, se empleó la TEP para descubrir el asiento de una emoción: el miedo. Se determinó que, por lo general, su control depende del lóbulo temporal correspondiente al hemisferio cerebral derecho.

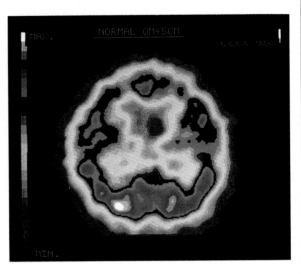

Mente activa En esta TEP, los colores sintetizados por la computadora muestran la actividad en las diversas partes del cerebro, tras la inyección de glucosa radiactiva. Ésta revela la cantidad de energía que consume cada zona.

MAPA DE LOS TRASTORNOS MENTALES

Cómo se inició la neurología

LA LABOR de los neurólogos es como la de los antiguos cartógrafos, que trazaban mapas de las ignotas masas de tierra y océanos: dibujan el mapa del cerebro cuando tratan pacientes con trastornos mentales y procuran determinar la parte exacta del cerebro que está mal. Esto les permite prescribir el tratamiento específico.

Funciones separadas

Hasta 1861 se creía que el cerebro actuaba como un todo al regir las funciones del cuerpo. En dicho año, Paul Broca, anatomista y antropólogo francés, descubrió que partes diversas del cerebro se encargan de funciones diferentes. Llegó a esta conclusión después de practicar la autopsia a un paciente que en vida había padecido un grave impedimento del habla: aunque entendía perfectamente el lenguaje hablado, sólo podía articular una sílaba.

Tal y como había previsto, la autopsia reveló lesiones en una sección —conocida hoy como área de Broca— del lóbulo frontal izquierdo. Tres años más tarde, Broca confirmó la correlación de la pérdida del habla (afasia) con las anormali-

Secciones del cerebro En 1861, Paul Broca sentó las bases de la neurología al descubrir que distintas zonas del cerebro se encargan de diferentes funciones.

dades que sólo afectan al hemisferio cerebral izquierdo.

Casi 80 años después, el neurólogo ruso A.R. Luria trazó con gran detalle el "mapa" de las funciones del hemisferio cerebral izquierdo e identificó las zonas relativas a la audición, visión y movimientos voluntarios.

Desconcertantes trastornos cerebrales

Los estudios de Luria sobre pacientes con trastornos cerebrales sirven para analizar el funcionamiento de la mente. Por ejemplo, algunos pacientes no podían caminar en terreno plano, pero sí daban pasos sobre líneas trazadas en el piso o subían escaleras. Luria identificó las partes cerebrales dañadas que controlaban cada una de estas habilidades.

Otros neurólogos han obtenido muchos datos sobre las sutiles complejidades del funcionamiento cerebral con el trazado de mapas de zonas más pequeñas y localizadas. Por ejemplo, las lesiones parciales del centro cerebral del habla y del lenguaje, ubicado en la región frontal izquierda, producen resultados extraños. Hay pacientes que, sin importar que sepan escribir, no pueden leer siquiera las palabras escritas por ellos un momento antes, y otros que no pueden hablar espontáneamente son capaces de generar un "discurso coherente", como rezar una oración.

VISIÓN INTERIOR

Fibras ópticas recorren los conductos del cuerpo humano

ASTA HACE poco, cuando los médicos necesitaban investigar cómo funciona el cuerpo, recurrían a la cirugía exploratoria —con sus inherentes peligros— o a las radiografías, con las que sólo se obtiene una imagen estática. Hoy, la tecnología de las fibras ópticas permite introducir fibras flexibles y ultradelgadas por los conductos del cuerpo, como los aparatos respiratorio y digestivo, las arterias y cámaras cardiacas, y apreciar con finos detalles el funcionamiento o aun las fallas de sistemas y órganos como si se viajara por éstos en una cápsula sellada.

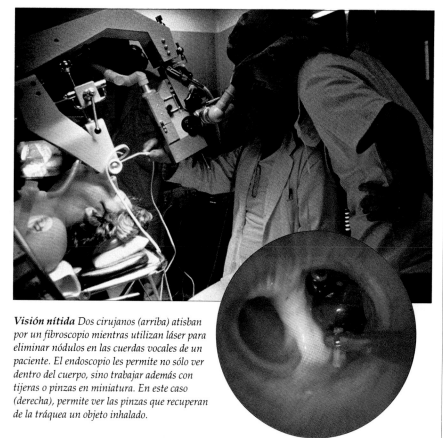

Visión nítida *Dos cirujanos (arriba) atisban por un fibroscopio mientras utilizan láser para eliminar nódulos en las cuerdas vocales de un paciente. El endoscopio les permite no sólo ver dentro del cuerpo, sino trabajar además con tijeras o pinzas en miniatura. En este caso (derecha), permite ver las pinzas que recuperan de la tráquea un objeto inhalado.*

Imágenes del interior

Este gran avance se debe al fibroscopio, instrumento flexible que semeja un cable delgado. Contiene dos haces paralelos de fibras ópticas, hechas de vidrio de alta pureza, que conducen la luz, dentro de un tubo de plástico o hule que se introduce en el organismo por aberturas naturales o incisiones. Una vez que el fibroscopio está en el sitio adecuado, uno de los haces sirve para dar luz, mientras el otro devuelve una imagen reflejada, que se observa a través de un ocular, en una pantalla o se filma.

El fibroscopio puede contener 10 000 fibras en un haz de anchura menor de 1 mm, y devuelve imágenes de diminutas áreas de tejido, como un pólipo en el colon. Es posible introducirlo en los aparatos digestivo, reproductivo, circulatorio y respiratorio. Por ejemplo, se inserta en una arteria del brazo y se dirige hacia el corazón para detectar anormalidades de las válvulas cardiacas o de las arterias coronarias.

El fibroscopio suele formar parte de instrumentos más grandes, llamados endoscopios. Éstos poseen aditamentos que permiten usar instrumentos quirúrgicos miniaturizados (como tijeras, pinzas o abrazaderas) y extraer muestras de sangre y tejidos.

Diagnóstico sin intervención quirúrgica

El primer fibroscopio fue una invención del Dr. Basil Hirschowitz, de EUA, y sus colaboradores. En la década de 1950 compraron vidrio óptico y lo fundieron en fibras que enrollaron alrededor de un cilindro hecho de una caja vacía de cereales. Luego, dieron recubrimiento permanente de vidrio a las fibras. Cada una de estas fibras compuestas podía transmitir la luz de manera independiente. En 1957, el instrumento se introdujo por primera vez en el estómago de un paciente.

El médico no sólo puede ver el interior del cuerpo y diagnosticar padecimientos, sino también usar rayos láser a través de las fibras ópticas para el tratamiento de algunas enfermedades, como la úlcera gástrica, sin intervenciones quirúrgicas mayores.

¿SABÍA USTED QUE...?

LOS EQUIPOS de láser se han empleado para mejorar el aspecto de las manchas de vino (hemangioma capilar) que, a diferencia de otras marcas de nacimiento, no desaparecen con la edad. Incluso se ha tratado de eliminar los tatuajes mediante rayos láser, con resultados contradictorios.

UN ROBOT, CIRUJANO DEL CEREBRO

Un adelanto médico inspirado en una fábrica de automóviles

EL DR. YIK SAN KWOH, director de una unidad de investigación tomográfica en Long Beach, California, se sienta en el quirófano ante una computadora conectada a un brazo robot. Con el tomógrafo bidimensional de rayos X, un neurocirujano delinea el área de un tumor cerebral, y Kwoh da instrucciones a la computadora. Se oye el zumbido de motores y el brazo mecánico gira hasta colocarse sobre el cerebro. Ole, el robot cirujano, está a punto de extirpar el tumor.

Kwoh, que es ingeniero electricista, tuvo la idea de usar robots para realizar intervenciones quirúrgicas en el cerebro después de ver un documental sobre una línea de montaje de automóviles con robots. La donación de 65 000 dólares que hizo en 1981 Sven Olsen, danés que emigró a EUA, permitió a Kwoh adaptar un brazo robot industrial. Llamó Ole a su prototipo de robot neurocirujano en honor de Olsen.

La prueba del melón

En 1985, Kwoh hizo las primeras pruebas de la destreza quirúrgica de Ole. Su funcionamiento fue impecable cuando le ordenó la extracción de pequeñas esferas del interior de un melón, lo que confirmó que estaba listo para ser usado en personas. Un neurocirujano localizó un tumor en un hombre de 52 años mediante una tomografía computarizada, a la que se sobrepuso una imagen del trayecto que debía seguir el instrumento quirúrgico. Kwoh dio las instrucciones para que la computadora calculara el sitio preciso del tumor y se transmitieran estos datos a los motores de las seis articulaciones de Ole. Éste giró hasta quedar en la posición correcta. Luego, la computadora comprobó que la aguja del extremo del brazo de Ole estaba en el lugar debido y el neurocirujano la empujó con suavidad por la guía del brazo de Ole hasta el tumor.

Puntería perfecta

Por lo general, un neurocirujano dirige el trepanador o la aguja de biopsia al sitio adecuado, pero la precisión computarizada de Ole, con margen de error de 0.0125 mm, no la superaría una operación "a pulso". Ole ha efectuado biopsias y extirpaciones de tumores. Es tan exacto que sólo se requiere una diminuta incisión, puede usarse con anestesia local y algunos pacientes vuelven a casa al día siguiente.

Mano diestra *Yik San Kwoh muestra el brazo robot provisto de aguja para la biopsia de tumores cerebrales.*

CORAZÓN ENVUELTO

VASILY FOKIN, lituano de 58 años, padecía insuficiencia cardiaca grave. Apenas podía caminar: su dañado corazón no se daba abasto con el volumen de sangre que recibía, lo que provocaba que ésta se acumulara en las piernas.

No se tenía donador apropiado para trasplante ni un corazón artificial, de modo que los médicos del Instituto Médico de Kaunas, en Lituania, "entrenaron" el músculo dorsal ancho de Fokin para que se contrajera regularmente, con un neuroestimulador electrónico de la Agencia de Diseño de Aparatos de Precisión, de Moscú. Luego de un mes de estimulación creciente, la estructura del músculo se asemejó a la del miocardio, que puede trabajar continuamente sin fatigarse.

En la operación, que antes se practicaba sólo en perros, se seccionó el músculo dorsal ancho de las costillas con todo y nervios y vasos sanguíneos. Luego lo enrollaron alrededor del corazón de Fokin, donde funcionó como bomba de respaldo y fuente de las contracciones cardiacas. Meses después, Fokin llevaba una vida normal y ya no se le hinchaban las piernas.

Fortalecimiento electrónico

Este corazón "de respaldo" no es una idea exclusiva del Instituto Kaunas: en París se experimenta con músculos entrenados electrónicamente para fortalecer el corazón, y en un hospital de Londres han ensayado con músculos de la pared abdominal. Aun así, los cirujanos opinan que pasará mucho tiempo antes de que puedan usar músculos para fabricar un corazón nuevo, con válvulas y cámaras.

¿SABÍA USTED QUE...?

LOS FIBROSCOPIOS pueden combinarse con "fibras energizadas", portadoras de rayos láser, para realizar operaciones dentro del cuerpo; por ejemplo, desintegrar cálculos renales y tratar tumores.

✳ ✳ ✳

LA HISTORIA REGISTRA ciertos hechos interesantes sobre la medicina en la antigua Babilonia. Por ejemplo, el código de Hammurabi, que se remonta al siglo XVIII a.C., prescribía un duro castigo por matar a un paciente al abrir un absceso: cortarle las manos al cirujano. Sin embargo, cuando el enfermo era un esclavo, el cirujano sólo tenía que reponerlo con otro. Por añadidura, 13 siglos después el historiador griego Herodoto escribió que en Babilonia era costumbre poner a los enfermos en la calle, para que los transeúntes les dieran consejos médicos.

LA FUERZA DE LA FE

¿Se puede lograr salud con sólo desearlo?

DOS GRUPOS de enfermos padecen úlcera gástrica. Uno recibe la atención de un médico que administra lo que califica de medicamento potente. En el otro, una enfermera suministra píldoras, advirtiéndoles que la medicina puede ser o no eficaz. En el primer grupo se recupera el 70% de los enfermos; en el segundo, sólo 25%. Los pacientes de ambos grupos recibieron las mismas píldoras, que de hecho sólo contenían una sustancia inerte, sin compuestos medicamentosos.

Este relato ilustra el efecto de placebo. Un placebo es una sustancia sin productos farmacológicos, como sería una pastilla de azúcar, que funciona con base en la fe del enfermo en la eficacia de la medicina. Cuando los pacientes creen que una píldora los curará, lo más probable es que se curen. No se ha explicado del todo por qué ocurre esto.

Incluso ha habido ejemplos de operaciones con efecto de placebo. A fines de la década de 1950, en Kansas, EUA, se planteó a enfermos de angina de pecho un nuevo tratamiento quirúrgico de este problema. Aunque todos los voluntarios fueron anestesiados, sólo a la mitad se le practicó la operación. En los demás tan sólo se hizo una incisión para que quedara una cicatriz y creyeran que habían sido operados. No obstante, en todos hubo mejoría importante y cuantificable.

Estudios de medicamentos

Los placebos demuestran que la curación no es sólo una respuesta del cuerpo a sustancias recetadas; intervienen también la mente y la voluntad. El efecto de placebo dificulta evaluar la eficacia de nuevos fármacos: la salud de ciertos pacientes mejora con sólo participar en estudios clínicos de un medicamento, sin importar qué efectos benéficos pueda tener éste.

Es por esta razón que en muchos estudios se da un placebo a ciertos pacientes y el verdadero fármaco a otros, y luego los médicos observan quiénes se recuperan más rápido o en mayor grado. Además los médicos ven a veces la mejoría deseada donde no la hay, por lo que es mejor emplear el llamado método "doble ciego": en tanto no haya terminado el estudio, tanto los pacientes como los médicos deben ignorar qué fue lo que se administró y a quién.

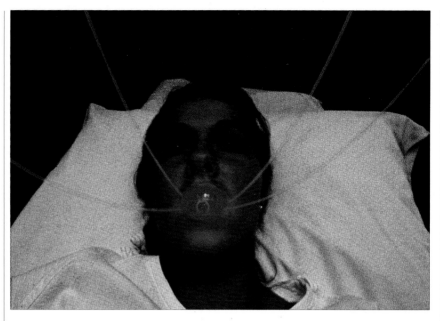

Dosis cuádruple *Un haz de láser de baja potencia se dirige mediante cuatro cables de fibras ópticas a la faringe, para tratar un cáncer. La energía del láser activa un medicamento cancericida previamente inyectado en la paciente.*

RAYOS LÁSER

La fuerza invisible que ayuda a la cicatrización de heridas

EL USO de equipos de láser es ya una realidad en operaciones delicadas de ojos, como la corrección del desprendimiento de retina. Pero algunos médicos ven en estos equipos un instrumento curativo con otras posibilidades. Estudios recientes en Europa, EUA y la ex URSS hacen pensar que hay una "magia del láser", que puede ayudar en la cicatrización de quemaduras y heridas locales normalmente intratables con las operaciones convencionales.

Estímulo de la reparación

La herida se expone a un haz de láser de baja potencia y por breves periodos, ya que la exposición prolongada y de alta potencia podría causar lesiones graves en los tejidos. Según los resultados iniciales, este método estimula el desarrollo y restablecimiento de las células dañadas. En Hungría se trató con rayos láser a 1 300 pacientes de úlceras que no respondían a ningún otro tratamiento: 80% sanó y en 15% hubo mejoría importante.

Aunque todavía intriga la acción curativa de los rayos láser, se ha observado que la exposición breve de los macrófagos a rayos láser de baja frecuencia hace que liberen sustancias que facilitan la reparación de tejidos lesionados. Al parecer, estos rayos coagulan la sangre y las proteínas. De este modo se juntan los tejidos blandos y se restañan heridas o se sellan lesiones de vasos sanguíneos.

De experimentos realizados en la ex URSS se ha sacado en conclusión que los rayos láser son muy eficaces para estimular las células envejecidas o desnutridas y las de viejas heridas, difíciles de curar con otros métodos.

Se investigan nuevas aplicaciones: en analgesia, cicatrización de lesiones deportivas y tratamiento de la artritis. Se han usado ya en operaciones de reimplante de miembros amputados, pues el corte uniforme de fibras nerviosas con los rayos láser facilita el crecimiento de éstos. Algún día se podrán extirpar o matar cánceres raquídeos y cerebrales, contra los que resultan imposibles las operaciones tradicionales.

¿SABÍA USTED QUE...?

AUNQUE en las técnicas de curación sólo se usan rayos láser de baja potencia, el empleado en operaciones puede ser muy potente. Se requieren de 10 a 100 vatios de potencia láser continua o pulsos de entre 10 000 y 1 000 000 de vatios. La potencia necesaria es similar a la que necesitaba un equipo de láser de la "Guerra de las Galaxias" para penetrar la cubierta de un misil teledirigido; pero esta energía se concentra en un estrecho haz que puede dirigirse con gran precisión quirúrgica.

EL MUNDO DE LA MATRIZ

Cómo crecemos a partir de una célula

EL VÍNCULO entre madre y feto en la matriz es tan estrecho que cabe describirlos como una sola unidad biológica. La estructura física vital que los enlaza es la placenta. Unida al feto por el cordón umbilical, permite que la madre le pase a aquél nutrimentos, oxígeno y anticuerpos que luego regresan a la madre como desechos para su eliminación.

El vínculo no es sólo físico, sino también emocional. Esto lo reconocieron los antiguos médicos chinos, que animaban a la embarazada a entretenerse con el *tai-kyo*, o sea hablándole a su hijo nonato. Hoy se ha confirmado que esta comunicación es posible, puesto que el sonido penetra la matriz. Así pues, el bebé se familiariza con la voz de su madre incluso desde antes de nacer.

Sin embargo, el feto también tiene vida propia en el seno materno: su corazón bombea sangre, sus extremidades se mueven, y su cerebro y el resto de su sistema nervioso responden a los estímulos.

Semanas 5 a 12 (abajo y a la derecha). Al empezar este periodo, el futuro bebé es un embrión de 2 mm de longitud. Flota en el protector líquido amniótico, envuelto por el amnios, que es una fina membrana. Al llegar la semana 8, los huesos han sustituido a los cartílagos, su estructura corporal está completa y en lo sucesivo se denomina feto. Aún mide menos de 25 mm, pero ya late el corazón, la columna vertebral puede moverse y son visibles las articulaciones principales (caderas, hombros y rodillas).

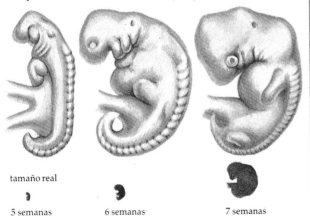

semana 12

LAS PRIMERAS SEMANAS

EL PRIMER signo de vida en la matriz después de la concepción es una célula, que pronto se divide en dos. Al cabo de una semana, tras repetidas divisiones celulares, hay 150 células, que se fijan a la pared del útero y en la semana 4 ya constituyen un embrión. El crecimiento de éste es tan rápido que hacia el final de la séptima semana es 10 000 veces mayor que el óvulo fecundado.

tamaño real

5 semanas

6 semanas

7 semanas

En la semana 12, el feto tiene 75 mm de largo y el corazón bombea cada día 30 litros de sangre por el aparato circulatorio.

El feto ya utiliza ciertos músculos: puede patear, flexionar los dedos de los pies, y abrir y cerrar la mano. Además, ya le es posible hacer muecas.

Semanas 13 a 28 (abajo). En la semana 13 el feto mide 87 mm y está formado casi por completo, pero es muy pequeño e inmaduro para sobrevivir fuera de la matriz. En las semanas siguientes crece con mayor rapidez que en ninguna otra etapa de su vida. Al fortalecerse sus extremidades, la madre siente los movimientos. En la semana 28, los pulmones le permitirían respirar si naciera.

Semanas 29 a 40 (abajo). Después de la semana 28 el feto puede sobrevivir fuera de la matriz. En este periodo final aumenta su peso con la acumulación de depósitos de grasa. Al crecer, llena el útero y sus movimientos se limitan por falta de espacio. Hacia la semana 38 se coloca en posición para el nacimiento, que suele ocurrir en la semana 40. En promedio, la longitud de un recién nacido es de 50 cm.

Se cree que el feto sueña en la semana 28: se han detectado ondas cerebrales relacionadas con el sueño en adultos.

El feto adquiere rasgos, como cabello, cejas y pestañas, que le dan aspecto humano. Empiezan a formarse los dientes.

Los científicos creen que el ritmo de los latidos maternos forma el compás rítmico que sirve de base para el sentido musical.

Las uñas llegan hasta el extremo de los dedos de manos y pies. Hay que cortarlas después del nacimiento para que no se arañe.

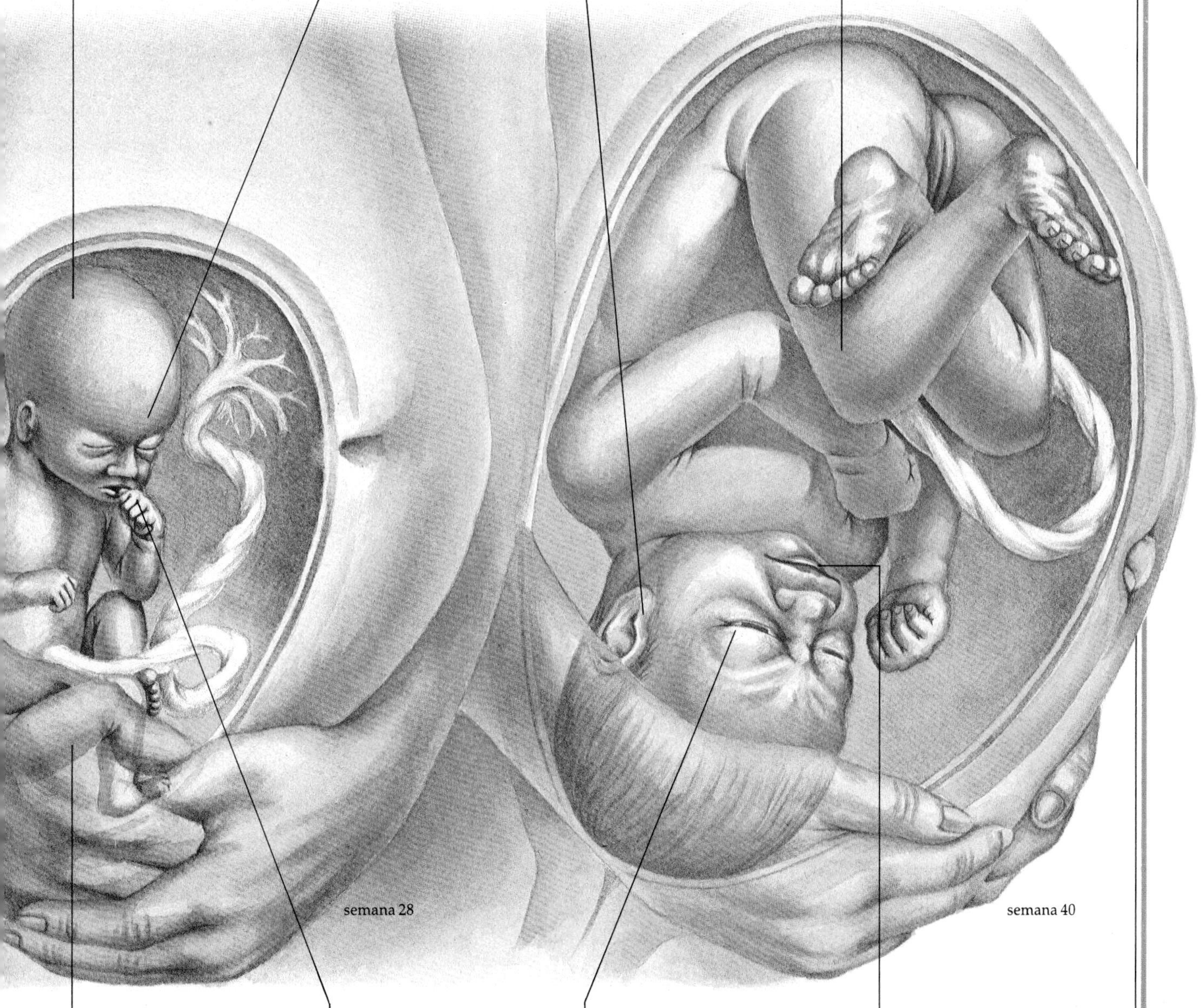

semana 28

semana 40

Una gruesa capa de grasa, la vérnix caseosa, cubre al bebé para que el líquido amniótico no lo empape. En su mayor parte desaparece antes del nacimiento.

El feto se chupa el pulgar como preparativo para la alimentación posnatal. Tiene tos e hipo por la entrada y salida de líquido amniótico de los pulmones.

Los ojos del feto se abren cuando está despierto. Puede percibir la luz, aunque sea sólo como un tenue fulgor rosado que se filtra a través del abdomen materno.

El feto tiene muchas más papilas gustativas que la madre. Después de nacer, pronto distingue la leche de su madre de la de otra mujer.

163

EL MILAGROSO CUERPO

Pruebas sanguíneas ayudan a desentrañar el misterio de una momia de 3 300 años

EN LA SUPERFICIE de los eritrocitos hay moléculas llamadas antígenos. La presencia o ausencia de ciertos antígenos sirve para la clasificación por grupo sanguíneo. La identificación de éste es un procedimiento médico usual a la vez que muy importante. Si se necesita una transfusión después de un accidente o durante una operación, sólo puede administrarse sangre de un grupo compatible.

Sistema de transporte La sangre reparte oxígeno por las arterias (en rojo) y extrae desechos por las venas (en pardo).

Comenzando con la A y la B

A los primeros antígenos estudiados se les llamó A y B, y su presencia o ausencia determina en cuál de los cuatro grupos ABO principales se clasifica a una persona: A, B, AB u O. Hay quienes tienen el antígeno A y no el B (grupo A), el B y no el A (grupo B) o tanto el A como el B (grupo AB), o ninguno de los dos (grupo O). (Otras clasificaciones de grupos sanguíneos se basan, independientemente, en otros antígenos, como M, N, S y s.)

El grupo sanguíneo se hereda de los progenitores, de modo que las células de los hijos no pueden tener un antígeno que no posean los progenitores mismos. Aunque el análisis de los antígenos no demuestra la paternidad ni la maternidad, a veces sí comprueba que un hombre o una mujer no son el padre o la madre de una persona. Por ejemplo, si ambos tienen sangre O (o sea que no poseen antígenos A o B), el hijo no puede tener sangre tipo A, B ni AB.

Crisis de identidad

El análisis de grupos sanguíneos sirvió para resolver un caso de identidad equivocada de un individuo de más de 33 siglos de edad. En 1969 se solicitó a un grupo dirigido por R.C. Connolly, de la Universidad de Liverpool, que ayudara en la identificación de una momia del Museo de Antigüedades de El Cairo.

En anteriores estudios de los grupos sanguíneos de momias egipcias y sudamericanas, Connolly y sus colaboradores habían observado que mucho después de haberse desintegrado los eritrocitos, en otros tejidos se conservan y pueden identificarse cantidades mínimas de sus antígenos. Se pidió al grupo que confirmara dos hipótesis. El estudio de cartas y jeroglíficos egipcios hacía pensar, sin demostrar a ciencia cierta, que una momia del museo de El Cairo, supuestamente la del faraón Akenatón (Amenofis IV), tal vez era la de su yerno y corregente, Smenker. Historiadores y antropólogos se preguntaban si el faraón Tutankamón y Smenker, con cuerpos de medidas similares, habrían sido hermanos. En caso de que la momia misteriosa tuviese el mismo grupo sanguíneo que Tutankamón, sería probable que ambas hipótesis fuesen ciertas.

El grupo de Connolly descubrió que las momias tenían el mismo grupo sanguíneo en los sistemas ABO (grupo A) y MN (grupo MN). Además, tenían cuerpos de medidas similares, por lo que era muy probable que fuesen hermanos. Esto, aunado a otros datos reunidos por los historiadores, casi demostraba irrefutablemente que la discutida momia era la de Smenker, y que éste y Tutankamón habían sido hermanos.

DURO DE TRAGAR

¿Cómo se las ingenian los tragaespadas y tragafuegos?

MUCHAS PERSONAS no podrían tragar un sable sin lastimarse, pues el secreto de hacerlo no es de ilusionismo, sino de práctica prolongada. Cada vez que entra un objeto en la garganta y amenaza obstruir la respiración, se activa el reflejo del vómito. Los tragasables profesionales aprenden cómo inhibir este reflejo, para que los músculos de la garganta se relajen y permitan el paso del sable sin riesgos.

El trayecto de la boca al estómago no es recto por naturaleza. Al echar la cabeza hacia atrás, el artista manipula el sable y hace que pase más allá de la manzana de Adán, descienda por el esófago y llegue al estómago. La longitud del sable depende de la distancia que haya

Llamas de gloria Tragar fuego se ha practicado desde la antigüedad. Cuando lo realizan expertos, es un truco relativamente inocuo.

entre la boca y el estómago. Ciertos expertos logran tragar sables de hasta 66 cm de largo.

Una luz interior

Una variante muy peligrosa es la de tragar tubos de neón encendidos, lo cual, como tragar sables, sólo debe intentarlo un diestro ejecutante profesional. Los espectadores se sorprenden al ver cómo refulge desde dentro el cuerpo del tragaobjetos; pero esta grotesca iluminación sería mortal si se rompiera el tubo.

Otra prueba de la sorprendente resistencia del cuerpo humano es la de los tragafuegos, con los que ya de antiguo se divertían griegos y romanos. Entre las espectaculares variantes han figurado la de tragar carbones ardientes y masticar metal derretido.

Para evitar las quemaduras

¿Por qué no se queman los tragafuegos? El secreto está en que la saliva ayuda a que la boca resista altas temperaturas, mientras que al apretar fuertemente los labios y retener la respiración la flama se apaga por falta de oxígeno.

Los tragafuegos tienen buen cuidado de no inhalar por la boca antes de ejecutar su suerte: para escupir fuego, algu-

nos de ellos hacen arder una borra de algodón que bañan de líquido inflamable y esconden en la boca. Pueden lanzar fuego a distancias de hasta 9 m, como lo demostró Reg Morris en Staffordshire, Inglaterra, en 1986. Al año siguiente apagó en la boca más de 20 000 teas llameantes en menos de dos horas.

Harry Houdini, el gran artista estadounidense del escapismo que murió en 1926, también aprendió los secretos de tragar y regurgitar. En uno de sus trucos, aparentemente se tragaba varias agujas y un trozo de hilo por separado, y luego regurgitaba las agujas, todas colgadas del hilo. Lo que en verdad hacía era sacar un juego distinto de agujas, ya enhebradas en un hilo, que había tragado antes de la representación.

¿SABÍA USTED QUE...?

EL SUECO *Birger Pellas se dejó crecer el bigote más largo de que haya memoria. Para el 3 de febrero de 1989 ya medía 2.86 m.*

✳ ✳ ✳

UN MARINERO *estadounidense llamado Cummings se hizo famoso a principios del siglo XIX por su alarde de tragarse más de 30 cuchillos. A algunos los expulsó mediante funciones normales del cuerpo, pero cuando murió en 1809, despúes de que un cuchillo le perforó las paredes gástricas, la autopsia reveló no menos de 14 navajas aún en su estómago.*

BARBEROS CONTRA BÁRBAROS

LOS ROMANOS de la antigüedad, de cara bien afeitada y cabello corto, se consideraban la raza más acicalada. Aunque veían con desdén la afeminada barba rizada de los griegos, su verdadero odio lo reservaban para los bárbaros, término que aplicaban a todo forastero de barba y cabello largos.

Para ellos, el desaseo en el peinado denotaba un pueblo salvaje. Los ciudadanos ricos se hacían cortar el pelo por sus esclavos, al tiempo que los menos pudientes visitaban las barberías. Las primeras de éstas fueron abiertas por sicilianos en el año 454 a.C. Sin embargo, no todos estaban bien rasurados: por ejemplo, los filósofos y las personas con luto reciente solían dejarse crecer la barba.

Contrariamente a los prejuicios de los romanos, las llamadas tribus bárbaras, entre éstas los godos, sajones y galos de la Europa occidental, se cuidaban mucho la cabellera, con los largos bigotes sueltos y la barba. Se los untaban de grasa de cabra y cenizas de madera de haya para que adquirieran un refulgente color rojo. Los reyes germánicos de principios de nuestra era se polveaban el cabello y la barba con oro en polvo y los adornaban con piedras preciosas.

No sólo un capricho de la moda

Es factible que diversas supersticiones hayan motivado la renuencia de los bárbaros a cortarse el cabello. Por ejemplo, creían que la cabeza era asiento del "espíritu pro-

tector", al que temían inquietar o lastimar si se rasuraban o se cortaban el pelo.

En la Edad Media, la barba y el bigote se pusieron de moda y se volvieron anticuados en rápida sucesión. La institución que más los combatió fue la Iglesia Católica Romana, que promulgó edictos de anatema contra la barba, pero nunca llegó a imponer por mucho tiempo sus opiniones a los seglares.

Sin embargo, a fines del siglo XIV la barba ya no se estilaba. El cambio quizá se debió a la creciente accesibilidad del jabón, que hacía más fácil rasurarse, y a la introducción de un nuevo tipo de casco de batalla, provisto de una pieza que no se sujetaba bien sobre la barba crecida.

Dormir, soñar acaso

El electroencefalógrafo ayuda a conocer qué hace el cerebro mientras dormimos

HACE MEDIO siglo, los científicos sabían muy poco acerca de los sueños. No podían siquiera decir qué proporción de la noche se dedicaba a soñar. Pero desde la década de 1950 se ha ido abriendo la puerta que oculta casi la tercera parte de nuestras vidas. Esto ha sido posible con el electroencefalógrafo (EEG), inventado en 1929 por el psiquiatra alemán Hans Berger. El término significa "gráfica eléctrica de la cabeza" y describe bien cómo se revelan los secretos de los sueños.

Los electrodos del EEG se colocan en la cabeza de voluntarios en un laboratorio. Ciertos grupos de células cerebrales producen pequeñas cargas eléctricas en forma de ondas, que detectan los electrodos. Estas cargas eléctricas se convierten en vibraciones de fuerza suficiente para activar los estiletes, montados en brazos electrónicos, que trazan los movimientos sobre papel.

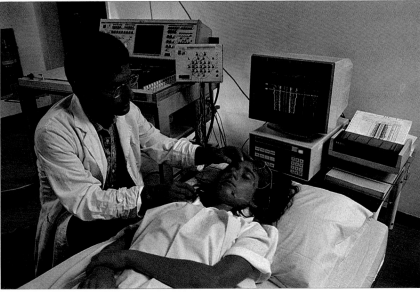

La ciencia del sueño *Análisis de computadora ayudan a que el médico descifre los trazos del EEG mientras la paciente duerme.*

Señales del sueño

El EEG permitió detectar que el sueño pasa por varias etapas bien definidas, en ciclos de 90 minutos. Si se está activo y con los ojos abiertos, el EEG no capta ondas especiales. Pero en cuanto se cierran los ojos y la persona se queda dormida, las ondas alfa vibran de 8 a 12 veces por segundo, y aparecen en el EEG como una serie de espigas. El inicio del sueño corresponde al trazo más lento de ondas theta, que vibran de 3 a 7 veces por segundo. Ambas se relacionan con la relajación profunda, la creatividad y la tranquilidad. Los yoguis y otros practicantes de la meditación pueden prolongar esta relajación cuando están despiertos.

La etapa más profunda del sueño se inicia cuando aparecen las ondas delta, que vibran 1 o 2 veces por segundo. Pero entonces sucede algo curioso: el estilete del EEG traza espigas irregulares

(similares a las registradas durante la vigilia) cuando se contraen los músculos faciales y otros más.

Esta repentina explosión de actividad tras un periodo de calma profunda se llama "sueño paradójico". Sin embargo, los movimientos rápidos del globo ocular, propios de este lapso, han hecho que se llame sueño de movimientos oculares rápidos (REM, por *rapid eye movement*). Al observar esta etapa en el EEG se descubrió que si la persona despierta durante el REM puede recordar un sueño ocho de cada diez veces. En cambio, si se despierta durante el sueño no REM, sólo una persona de cada diez recuerda haber soñado. Por esto se piensa que los movimientos oculares rápidos son la respuesta del soñador a las imágenes de su mundo onírico.

Durante la noche ocurre el sueño REM unas cinco veces. El ciclo que forman el sueño no REM y el REM dura normalmente 90 minutos; pero a medida que avanza la noche, la proporción del sueño REM aumenta. Ésta es la razón de que el primer sueño dure 10 o 15 minutos, mientras que poco antes de despertar se "viven" epopeyas de 45 minutos.

¿SABÍA USTED QUE...?

SE PIENSA QUE los fetos sueñan dentro de la matriz. Pruebas de ultrasonido, efectuadas para controlar el desarrollo fetal, han detectado movimientos oculares rápidos, del tipo de los relacionados con los sueños.

* * *

BILL CARSKADON, de Chicago, tuvo el sueño más largo que se haya registrado en un laboratorio. El 15 de febrero de 1967 los científicos grabaron su sueño de movimientos oculares rápidos de manera continua durante más de dos horas.

¿VISIONES DEL FUTURO?

Advertencias de peligro en los sueños

DICEN QUE cuando se sueña la propia muerte no se despierta. Abraham Lincoln soñó la suya y vivió para contárselo a su biógrafo, Ward Hill Laman. En el sueño, Lincoln preguntaba a dolientes alrededor de un cadáver cubierto: "¿Quién ha muerto en la Casa Blanca?" "El Presidente... Lo asesinaron." Esto sucedió en marzo de 1865, y semanas después Lincoln fue derribado por la bala de John Wilkes Booth.

Aunque el escritor Mark Twain tuvo una premonición similar, en su extraño sueño presagió la muerte de su hermano Henry. Una noche, mientras dormía en casa de su hermana, soñó el cadáver del hermano en un ataúd de metal apoyado sobre dos sillas. Un ramillete de flores blancas, con una flor carmesí, estaba colocado sobre el pecho del difunto.

Tratamiento especial

A las pocas semanas, Henry murió en la explosión de un buque en el Mississippi. Cuando Mark Twain se paró junto al cadáver en el cuarto funerario improvisado, advirtió que otras víctimas estaban en ataúdes de madera, mientras que su hermano yacía en el que él había visto en sueños. Después, apareció una anciana y colocó un ramillete de flores sobre el pecho de Henry: era de flores blancas, con una rosa roja en el centro.

Muchas personas se muestran escépticas sobre los sueños premonitorios, como se llama a estas visiones inconscientes del futuro. Argumentan que Mark Twain era un hombre de imaginación sin límite y podía narrar una buena historia acerca de casi cualquier tema. El biógrafo de Lincoln también pudo haber adornado con detalles el famoso sueño para hacer que su historia se vendiera más. Sin embargo, relatos como los de Lincoln y Twain son solamente dos de los muchos cientos de casos bien documentados; de modo que esta clase de sueños justifica en verdad investigaciones científicas serias.

El doctor J.C. Barker, psiquiatra británico, inició sus investigaciones sobre el tema después del imponente desprendimiento de un descargadero de carbón en

Presagio El novelista Mark Twain escribió sobre sus múltiples experiencias oníricas, incluida la de la muerte de su hermano a comienzos de la década de 1860.

Aberfan, Gales, en 1966, en el que 144 personas murieron. Impresionado por las numerosas declaraciones de quienes experimentaron advertencias de esta tragedia en sueños estableció agencias de premoniciones, primero en el Reino Unido y después en Estados Unidos, para que fungieran como sistema de alarma ante futuros desastres. En los primeros seis años, sólo en el Reino Unido se recibieron 1 200 informes premonitorios, algunos de los cuales concordaron con eventos posteriores.

SE LE DECLARA INOCENTE, POR HABER ESTADO DORMIDO

EN SU SUEÑO, a C.K. lo persiguen dos soldados japoneses, uno con un cuchillo y el otro con un rifle. Finalmente lo acorralan, pero C.K. se abalanza sobre el primero y desesperadamente trata de estrangularlo. Al ver esto, el otro soldado dispara contra C.K. Éste despierta y comprende que todo fue una pesadilla; voltea hacia su esposa y la encuentra... estrangulada.

C.K., ciudadano inglés, la había estrangulado mientras dormía. En 1985, cuando el caso se ventiló en los tribunales, quedó libre del cargo de asesinato. El jurado aceptó el alegato de la defensa, de que el esposo había cometido el crimen mientras dormía, y, por lo tanto, no se le podía considerar responsable de sus actos.

Ésta no es una historia extraordinaria. En 1686, también en Inglaterra, el sonámbulo coronel Culpeper disparó y mató a un guardia en su noche de ronda. Entonces se creía que durante el sueño el alma abandonaba el cuerpo y se confundía con seres sobrenaturales. Así pues, era lógico para el jurado que el alma del coronel se hubiera unido a algún demonio y él fuera inocente.

Terrores nocturnos

Actualmente los psiquiatras tienen una explicación menos fantasiosa para crímenes como los citados. Los llaman "terrores nocturnos". Son despertares repentinos acompañados de síntomas de ansiedad intensa. La víctima de los terrores nocturnos se sienta de golpe en la cama, con el corazón agitado, y emite fuertes gemidos o gritos agudos. Aún dormida, la persona quizá se levante de la cama y lleve a cabo actos complejos, como acuchillar un mueble o atacar físicamente a otro individuo. Le lleva 10 minutos volver en sí, y casi no se acuerda de nada de lo sucedido. Por su parte, las pesadillas ocurren durante el sueño y la víctima por lo general las recuerda vívidamente al despertarse.

El término empleado para describir estas acciones inconscientes es automatismo, o sea actos que se realizan sin intención ni noción de qué está sucediendo. Ésta fue la defensa que usó el abogado de C.K.

A Morton Schatzman, psiquiatra estadounidense que ha investigado este fenómeno, le preocupa que los terrores nocturnos se utilicen como coartada en casos de asesinato premeditado. En su opinión, quien alega que estaba dormido cuando cometió actos violentos debería ser estudiado en un laboratorio del sueño, donde se le podría observar mientras duerme para saber si en verdad padece terrores nocturnos.

EL PELIGRO DE RONCAR
Un inesperado riesgo para la salud

LA MAYORÍA de los roncadores ignoran lo ruidosos que son, y el roncar difícilmente se considera una amenaza para la vida. Sin embargo, para quienes sufren apnea obstructiva hipnógena (AOH), roncar puede ser fatal.

La AOH resulta de debilidad en la bucofaringe, o sea la porción superior de las vías respiratorias, que va de la boca a la garganta e incluye la lengua y los músculos del paladar. Al dormir de espaldas y respirar por la boca, la bucofaringe se flexiona hacia dentro. Entonces ocurren los ronquidos, con vibraciones que pueden llegar a 70 decibeles, ruido muy cercano al de una aspiradora.

Por otra parte, cuando ronca alguien que padece AOH, la bucofaringe se colapsa, bloquea la garganta y la persona no puede respirar. Se genera enorme presión en la cavidad torácica, lo que restringe la circulación de la sangre al corazón y los pulmones, a veces al grado de un ataque cardiaco. Tras 15 segundos de la obstrucción, la víctima se sobresalta y la vigilia parcial restaura el tono muscular y la permeabilidad respiratoria. El flujo masivo de aire que sigue produce un sonoro y jadeante ronquido, conocido como ronquido "heroico", y 10 segundos después se reanudan la respiración y el sueño normales.

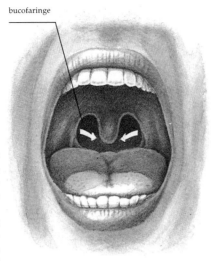

bucofaringe

***Mal hábito** Al dormir, los músculos bucales se relajan y la bucofaringe se comba hacia atrás. Quienes duermen de espaldas y con la boca abierta, a menudo roncan.*

Las víctimas de AOH normalmente no sospechan que algo anda mal, pues los despertares son demasiado breves para recordarlos al día siguiente. Es improbable que relacionen el cansancio y la falta de concentración ulteriores con estas interrupciones del sueño. Muchos médicos se equivocan de diagnóstico y canalizan erróneamente al paciente con el psiquiatra.

En EUA, donde muchas grandes ciudades tienen clínicas para el diagnóstico de trastornos del sueño y la AOH se comprende mejor, se considera que corre grave riesgo quien sufre más de 35 ataques por noche. Cuando se excede de 100 ataques por noche, se recomienda tomar medidas preventivas inmediatas.

¿Cura para el ronquido?

Aunque podrían ser útiles para combatir la AOH los remedios tradicionales contra los ronquidos —como atar un objeto duro a la espalda de quien ronca, para que no se acueste en una posición que estimule los ronquidos—, hay quienes los consideran imprácticos. Un último recurso es la traqueotomía, o sea una abertura quirúrgica en la tráquea, que sirve para evitar la obstrucción al respirar. El tratamiento no quirúrgico más eficaz es creación de Colin Sullivan, de la Universidad de Sydney: la víctima debe dormir con una máscara conectada a una fuente de aire con presión apenas superior a la atmosférica. Siempre y cuando no ocurran fugas en el dispositivo, la presión del aire evita que tenga lugar el colapso de la bucofaringe.

UNA RESPUESTA SOÑADA

CUANDO un problema carcome la mente y no se encuentra la respuesta, la solución puede ser "consultarlo con la almohada". Esto no es simple retórica, ya que las investigaciones revelan que es muy probable encontrar la respuesta en los sueños.

Los psiquiatras han ideado varias pruebas para facilitar el estudio de cómo la gente parece resolver problemas entre sueños. Un médico estadounidense invitó a los lectores de la revista *New Scientist* a que enviaran la solución que soñaran para dos problemas que él planteó.

El primer problema era matemático: los lectores tenían que construir un objeto de cuatro triángulos empleando seis líneas de igual longitud. Resolver el enigma requería imaginar un objeto en forma de pirámide,

tetraedro

conocido como tetraedro. Once lectores presentaron soluciones que les habían surgido mientras dormían. Una estudiante de química dijo que primero había soñado una tienda de campaña, la cual le dio la clave para la forma. Otra lectora dijo que escuchó una voz que decía "intenta algo tridimensional". Una más escribió que, si bien no tenía aptitudes científicas, en su sueño vio a uno de sus colegas volar desde el piso hasta la parte alta de un librero. Esto la hizo darse cuenta de que la solución también tenía que elevarse de la página o, en otras palabras, ser tridimensional.

El segundo era un rompecabezas mental. Se preguntaba a los lectores qué había de extraordinario en el texto siguiente: "Al oír cómo canta Alicia dichosa, alégrase Juventino, compositor guitarrista polifacético contemporáneo." La respuesta es que cada palabra tiene una letra más que la anterior. Un lector soñó que un grupo de artistas se reunía en mesas, uno en la prime-

ra, dos en la segunda, tres en la tercera, etc. Otra lectora soñó una lucha de *sumo* japonés. Al despertar se dio cuenta de que esto era un retruécano: su sueño daba a entender que ella debía *sumar* las letras de las palabras.

La ciencia en sueños

Quizá los sueños reorganizan datos de manera tal que ofrecen una perspectiva nueva para un problema aparentemente insoluble. Por cierto, una solución soñada ayudó al fisiólogo alemán Otto Loewi en 1920, cuando de hecho soñó un experimento para demostrar cómo los nervios conducen impulsos eléctricos. Aunque Loewi se despertó a mitad de la noche para apuntar el sueño, sus notas eran ilegibles. Afortunadamente el sueño se repitió a la noche siguiente, Loewi se levantó e inmediatamente realizó un experimento con el nervio de una rana. Esto le permitió lograr descubrimientos que le valieron ganar el premio Nobel, 16 años después.

EL CANSANCIO DE LOS VUELOS A GRANDES DISTANCIAS

LOS CIENTÍFICOS pensaban que el llamado *jet lag* (desajuste por vuelos intercontinentales en aviones jet) ocurría porque cruzar husos horarios altera el ritmo circadiano, ciclo de 24 horas que actúa a manera de cronómetro natural del cuerpo.

No obstante, esta teoría está en tela de juicio, ya que parece tener un defecto importante. Los investigadores han descubierto que muchas personas que vuelan de norte a sur (y, por lo tanto, no cruzan husos horarios) sufren todos los síntomas del *jet lag* observados en las que vuelan de este a oeste: fatiga, insomnio, falta de concentración y trastornos gástricos.

Culpan al vuelo

En vista de estos hallazgos, hoy se atribuyen los síntomas al simple hecho de volar: elevada altitud, ruido, presurización, baja humedad y vibración de la aeronave.

Carl Dransfield, piloto de trayectos largos de la línea aérea Qantas, ha estudiado el problema del *jet lag* en tierra y aire. Cree que volar en la estratosfera, donde la presión atmosférica es apenas 1% de la que hay al nivel del mar, implica la exposición a más radiaciones solares (que en un viaje trasatlántico equivaldrían a dos radiografías torácicas).

Dransfield cree que esto, aunado a la presurización, causa cambios bioquímicos en el cuerpo. En particular, hay producción excesiva de ciertas sustancias tóxicas, los radicales libres. Éstos se desdoblan con rapidez en personas sanas y bien alimentadas, pero pueden acumularse en ancianos o en quienes sufren estrés intenso.

Durante años, muchos individuos que vuelan con regularidad grandes distancias han afirmado que beber agua en abundancia, abstenerse del alcohol y practicar ejercicio vigorosamente después de aterrizar elimina los síntomas del *jet lag*.

Dieta contra el jet lag

Dransfield señala que todos estos pasos ayudan a eliminar los radicales libres del cuerpo. Para disminuir aún más los efectos del *jet lag*, se ha creado un complemento dietético a base de una cepa de brotes de trigo, que abastecen al cuerpo de enzimas que desbaratan esas toxinas. Según Dransfield, los complementos de vitaminas C y E también pueden ayudar, pues ambos facilitan la eliminación de radicales libres.

TRIBUS GUIADAS POR SUEÑOS

Donde los sueños se toman en serio

AL DORMIR, se pierde todo contacto con el mundo exterior y se ingresa al reino onírico. Aun quienes consideran importantes sus sueños, por lo general sólo les atribuyen un significado simbólico. Pero miembros de la tribu zandé, de Sudán, Zaire y República Centroafricana, creen que lo experimentado al soñar son hechos reales.

Para los zandé, los sueños placenteros son profecías de buenos acontecimientos, mientras que los desagradables son presagio de enfermedades e implican un encuentro con brujerías. Creen que todas las desgracias, en particular las enfermedades y la muerte, son obra de los espíritus de brujas en busca de almas inocentes. Cuando un miembro de la tribu se duerme, su alma se separa del cuerpo y puede vagabundear. Pero las brujas también dejan sus almas rondar durante el sueño. Si los dos espíritus se encuentran, luchan. Este enfrentamiento es lo que los zandé interpretan como hecho real.

Quien tiene un mal sueño debe consultar a un adivino, que le ayuda a identificar al brujo o la bruja causante de los pensamientos perversos, para poder conjurar la brujería.

Los miembros de la tribu elgon, en la frontera de Kenya con Uganda, también hacen mucho caso de los sueños. Carl Jung, psicólogo suizo del siglo XX que dedicó gran parte de su vida al estudio de la interpretación de los sueños, convivió algunos meses con esta tribu. Le satisfacía sobremanera observar cómo la interpretación que esta tribu daba a los sueños confirmaba su teoría de que hay dos clases de sueños: los de carácter personal y los que tienen naturaleza colectiva.

Jung observó que los elgon distinguían entre sueños "grandes" y "pequeños". Si un elgon tenía un sueño que sólo lo afectaba a él, o sea uno "pequeño", era insignificante. En cambio, si era un sueño "grande", uno que pareciera tener una repercusión más extensa en toda la comunidad, como sería la premonición de sequía, se reunían todos los miembros de la tribu a escucharlo y discutir qué medidas deberían tomarse.

Espíritus malignos Consultar a un adivino es práctica común entre los zandé, quienes creen que todo resulta de magia o brujería. En la fotografía, un adivino (derecha) aconseja a uno de sus pacientes.

¿SABÍA USTED QUE...?

LA GENTE de Alemania y Transilvania una vez compartió la creencia de que dormir con la boca abierta era peligroso. Temían que el alma del durmiente se escapara por ahí en forma de ratón y fuese dañada en sus viajes. En consecuencia, si el alma quedaba impedida permanentemente para regresar, el durmiente jamás despertaría.

CONSECUENCIAS DESAFORTUNADAS

El misterioso caso de un moderno edificio de oficinas "enfermo"

EL AYUNTAMIENTO de Rotherham creía que el nuevo edificio de oficinas, Norfolk House, era una construcción bien diseñada, al grado de que lo inscribió para un concurso de arquitectura a principios de la década de 1980. Sin embargo, cuando el personal se instaló, pronto comenzó a padecer jaquecas, letargo, salpullido, asma, náuseas e irritación de ojos, garganta y nariz. Extrañamente, 94% del personal se quejó de uno o más de estos síntomas, que sólo se presentaban cuando estaban ahí. Norfolk House había adquirido el "síndrome del edificio enfermo".

Epidemia nacional

Hace diez años nadie hubiera pensado que síntomas como los citados pudieran resultar de un edificio, pero hoy se ha constatado que los edificios enferman a la gente. En 1982, en una conferencia sobre el ambiente de las oficinas de Washington, D.C., se calificó este síndrome de epidemia nacional, y ya está reconocido como enfermedad por la Organización Mundial de la Salud. Se dice que incluso llega a causar hipertensión arterial y abortos.

¿Cómo puede enfermar un edificio a sus ocupantes? Se sabe que el síndrome es más frecuente

---

¿SABÍA USTED QUE...?

AL COMER pescado de agua dulce crudo o con cocción deficiente, es posible ingerir también tenias de pescado. Estos parásitos después crecen hasta alcanzar 10 m de longitud, y permanecen enrollados en el intestino delgado, donde llegan a sobrevivir hasta 13 años. Su presencia produce anemia en algunas personas.

---

en construcciones modernas con sistemas de aire acondicionado deficientes. Expertos en salud ambiental culpan a hongos, microbios y partículas de polvo en tales sistemas, y a sustancias biocidas que se usan en sistemas humidificadores para exterminar insectos. Los materiales de construcción y mobiliario modernos, como los canceles de madera aglomerada, agentes limpiadores y solventes comerciales (cloroformo y adhesivo de alfombras), despiden vapores, entre éstos el formaldehído, que irritan la piel y los ojos.

La simple colocación de una alfombra sintética nueva puede ocasionar fatiga intensa y afonía por el desprendimiento de sustancias, como ocurrió en el edificio de la Agencia de Protección Ambiental, en Washington, D.C. Las pulsaciones de las lámparas fluorescentes y pantallas de computadora también provocan problemas graves de deslumbramiento, con cefalea y otros síntomas.

Especialistas en edificios enfermos

El síndrome es tan frecuente hoy que se han formado compañías con personal especializado en contaminación de interiores para evaluar y "curar" edificios enfermos. Examinan con fibras ópticas las tuberías, normalmente inaccesibles, y luego eliminan bacterias, hongos, polvo y ratones muertos. También cierran los humidificadores para que circule más aire puro y quitan lámparas fluorescentes. En Norfolk House se adoptaron estos cambios. El resultado: disminuyeron mucho los síntomas del personal relacionados con el síndrome.

Diseño defectuoso *La nueva sede del Ayuntamiento de Rotherham, Norfolk House, de diseño moderno, produjo el síndrome del edificio enfermo en 94% del personal.*

VINO Y DECADENCIA
¿Cayó vencida Roma a causa del envenenamiento por plomo?

LOS ROMANOS ricos gustaban del vino y, con 370 variedades para elegir (según escritos de Plinio el Joven, que se remontan al siglo I), bebían cantidades enormes. Al hacerlo, sin saber se intoxicaban con el plomo lixiviado de los sellos o los revestimientos de las barricas de vino, resultante de la acidez de la bebida. Un investigador estadounidense de medicina laboral, S.C. Gilfillan, culpa de la decadencia del Imperio Romano al plomo ingerido de este modo.

Gilfillan afirma que el envenenamiento por plomo afectó a la clase dominante, principal consumidora de mercancías caras, como vinos, aceite de oliva, bebidas derivadas de la miel y frutas en conserva, productos que se almacenaban en reci-pientes con revestimiento de plomo y que eran demasiado costosos para los romanos pobres y los esclavos, al igual que los cosméticos a base de plomo, populares entre las mujeres de clase alta. Aunque todas las clases eran vulnerables al plomo proveniente de las tuberías del sistema de abastecimiento de agua, Gilfillan sostiene que Roma, donde se congregaba la aristocracia, recibía agua blanda, que absorbe plomo de las cañerías, al tiempo que los campesinos, más pobres, tenían agua dura, que no lo absorbe.

La decadencia y caída, según Gilfillan, comenzó desde el año 150 a.C., cuando por primera vez se les permitió a las mujeres romanas beber vino. La acumulación gradual de plomo en sus cuerpos, sobre todo proveniente del vino, redujo su fertilidad, y los pocos hijos que tuvieron eran débiles y apáticos, con lo que la clase dirigente perdió su vigor y el dominio del imperio. Hoy se sabe que el plomo daña el cerebro, los músculos y nervios, y provoca anemia.

La teoría de Gilfillan se ve sustentada en pruebas recientes. La espectroscopia por absorción atómica ha revelado la presencia de plomo en huesos antiguos.

Vino envenenado El consumir vino de recipientes revestidos con plomo envenenó a la aristocracia romana.

CUANDO LA MENTE ENREDA TODO

AMANDA FAIRHURST era una anciana sociable y activa de 74 años. Iba regularmente a misa y tenía muchos amigos. De pronto cambió: abandonó la iglesia y se volvió incluso grosera con el sacerdote. Se olvidó de pagar los servicios públicos, por lo que repetidas veces le interrumpieron el suministro de gas y electricidad. Ya no reconocía a sus seres queridos, y se confundía al efectuar las tareas domésticas más sencillas. Sus parientes consultaron a un médico, quien diagnosticó la enfermedad de Alzheimer. La hospitalizaron y murió pocos años después.

Cables cruzados

Alois Alzheimer, neurólogo alemán, identificó por primera vez la enfermedad en 1907, luego de que una paciente de 55 años murió por una inquietante combinación de depresión, alucinaciones y amnesia. La au-topsia reveló que las neuronas de la corteza cerebral estaban del todo enredadas, como cables telefónicos derribados por una tormenta. El descubrimiento de Alzheimer condujo a la conclusión de que hay básicamente dos tipos principales de demencia: la pérdida de las facultades mentales y la del equilibrio emocional. Una se debe a apoplejía u otros problemas circulatorios, mientras que la otra se caracteriza por el enmarañamiento y la degeneración de las neuronas cerebrales, propios de la enfermedad de Alzheimer. Muchos tipos de demencia afligen a personas de más de 65 años, al tiempo que la enfermedad de Alzheimer ataca a las de entre 40 y 60 años.

En la década de 1980, esta enfermedad fue la causa principal de ingreso en asilos de EUA, y ocupó el quinto lugar como causa de muertes (unas 100 000 al año), al manifestarse mediante desnutrición, acci-dentes y ataques cerebrales. Se calcula que en dicha nación la padecen dos millones de personas mayores de 65 años y casi 60 000 de entre 40 y 60 años. En el Reino Unido hay 500 000 enfermos de este mal, que causa la muerte al 20% de los mayores de 80 años.

En busca de una curación

No se sabe aún qué la provoca ni se tiene tratamiento curativo. Ciertos investigadores creen que el aluminio del agua y de los utensilios de cocina se acumula en el cerebro y bloquea las sustancias que transmiten los impulsos nerviosos cerebrales. Otros la consideran una enfermedad hereditaria.

Sin embargo, los expertos han encontrado que en pacientes de la enfermedad de Alzheimer hay déficit de una o más de las sustancias transmisoras de impulsos cerebrales, y experimentan con medicamentos que puedan corregir estas anomalías.

MUERTE IRRADIADA
Cuando se resplandece, pero no de salud

EN 1915, Sabin von Sochocky, un entusiasta pintor aficionado, creó una pintura que brillaba en la oscuridad gracias a un ingrediente especial: el radio, elemento radiactivo de color blanco brillante descubierto en 1898. Creó la US Radium Corporation para pintar signos relucientes en carátulas de relojes de pulsera, crucifijos y contactos eléctricos. La moda de los objetos que brillaban en la oscuridad floreció y pronto Sochocky contrató cientos de empleadas para pintar con radio carátulas de relojes y controles de instrumentos del ejército estadounidense.

Panacea venenosa

En una fábrica de Nueva Jersey, mujeres y jovencitas de 12 años se sentaban en hilera ante mesas de trabajo, ahusando los pinceles con los labios para lograr una fina línea luminosa en las carátulas.

Sus superiores las alentaban con comentarios de que el radio las hacía más atractivas, rizaba su cabello y embellecía su cutis. Esto no era un cruel engaño: muchos médicos consideraban que el radio era panacea para todo problema, desde la disminución del instinto sexual hasta la hipertensión o la "fatiga de principiantes". Aunque no se creía que provocara cáncer, sí se sabía que la exposición a la radiación destruye células.

En 1924, un dentista de Nueva York, Theodore Blum, observó que una de sus pacientes, que trabajaba para la US Radium Corporation, tenía una grave infección en el maxilar inferior. Escribió un artículo al respecto en el *Journal of the American Dental Association*, con comen-

Error mortal Unos técnicos purifican radio sin saber que es cancerígeno. Descubierto en 1898, se creía que era inofensivo. Hacia 1930, la muerte por cáncer de mujeres que trabajaban con radio demostró lo contrario.

tarios de que en su opinión la infección se debía a sustancias radiactivas. Esto suscitó una serie de investigaciones, en una de las cuales se descubrió que el cabello, los rostros, manos, brazos, cuellos e incluso los corsés de las "pintoras" refulgían. Las trabajadoras empezaron a sufrir cáncer del maxilar inferior, pero la empresa sostenía que era resultado de higiene dental deficiente.

Final amargo

En 1927, cinco antiguas empleadas que sufrían enfermedades óseas debilitantes entablaron un juicio contra la compañía. Dos estaban tan enfermas que tuvieron que ser cargadas hasta la sala del tribunal, y una ni siquiera pudo levantar la mano derecha para prestar juramento. La US Radium Corporation insistió en que no había pruebas científicas de que las lesiones se debieran al radio. Parecía que el juicio se prolongaría por años, hasta que repentinamente, en 1928, hubo un arreglo extrajudicial: 10 000 dólares a cada mujer, además de gastos médicos durante el tiempo que padecieran el envenenamiento por radio.

EL MAL MÁS ANTIGUO
La maldición del resfriado común

LOS CATARROS siempre han sido molestos. Y se han intentado muchos remedios, con la esperanza de curación, sin éxito. Los griegos creían en las sangrías, mientras que el historiador romano Plinio el Joven recomendaba besar el hocico peludo de un ratón. Aunque es la enfermedad más odiada, hoy se está un poco más cerca que los médicos antiguos de encontrar un remedio para esta benigna, pero incómoda infección.

No cejan los intentos; por ejemplo, en la Common Cold Unit de Wiltshire, Reino Unido. Creada en 1946, fue el primer laboratorio y centro de investigación en concentrarse en el catarro. Grupos de 30 voluntarios, usualmente aislados en pares hasta por 10 días, recibían inoculaciones de distintos virus por medio de hisopos infectados, además de vacunas y antivirales, con la esperanza de resolver este problema médico intratable.

Las verdades del resfriado

Gracias a los 500 conejillos de Indias humanos anuales de ese centro, hoy se sabe que un resfriado no se debe a un solo virus, sino a muchos, en especial a 100 diferentes rinovirus. Los investigadores del centro lograron hacerlos proliferar e identificarlos, con lo que comenzaron la búsqueda de inmunidad y vacunas.

Se ha demostrado en pruebas que las personas sometidas a estrés propenden más a resfriarse, sin que se sepa todavía por qué. También se confirmó que las mujeres padecen más catarros que los varones. Sin embargo, esto podría deberse a su contacto más estrecho con los niños, quienes propagan el catarro mucho más rápidamente que los adultos, o a que su sistema inmunitario es diferente al del varón.

En otros experimentos se comprobó que los introvertidos padecen catarros más graves y excretan más virus que los extrovertidos, y que enfriarse no provoca esta enfermedad. Para demostrar esto último, se empapó a un grupo de voluntarios, que debía pararse en corredores con corrientes de aire, mientras otro grupo permanecía seco y en una habitación cálida. Se ha dilucidado que los virus se propagan por el vapor de agua de la respiración, lo que explica por qué los resfriados predominan más en invierno: la gente permanece más tiempo encerrada en los interiores, lejos del frío y también del aire fresco.

Justo cuando se lograban adelantos con un compuesto antiviral sintético que inhibía la proliferación del virus durante seis días, la Common Cold Unit fue cerrada en 1990 por falta de fondos.

¿SABÍA USTED QUE...?

PESE A LOS riesgos, los fabricantes de alimentos y bebidas a base de radio prosperaron en EUA durante la década de 1930. Había productos con radio, como agua (una compañía de Nueva York dijo tener 150 000 clientes), pasta dental, crema, tónico para el cabello e incluso una popular bebida carbonatada, que se hacía publicidad con un campeón de golf amateur, Eben Byers, quien bebía dos frascos diarios. Su maxilar inferior se deterioró rápidamente y murió de anemia pocos años después.

capítulo seis

SIGNOS, PRODIGIOS Y PALABRAS

¿QUÉ SE SENTIRÁ darse cuenta de que nadie más habla la lengua materna de uno? A principios de siglo, Ishi, el único sobreviviente de una tribu india de California, vivió esta aterradora experiencia. Finalmente conoció a un antropólogo que lo ayudó a salir de su aislamiento (*página 176*). El lenguaje es vital para la existencia humana, y en todo el mundo la gente ha empleado innumerables formas de comunicación, desde gesticulaciones y muecas hasta complejas señales transmitidas por satélites artificiales.

EN POCAS PALABRAS

Cómo investigó un rey egipcio el origen del habla

EGÚN el historiador griego Herodoto, en el siglo VII a.C. el rey de Egipto, Psamético I, decidió realizar un experimento científico. Con el poder absoluto que tenía sobre sus súbditos, tomó a dos recién nacidos y se los entregó a un pastor, con instrucciones de que los criara en total aislamiento. Ante todo, nadie pronunciaría palabra alguna en presencia de las criaturas. Psamético quería averiguar qué lenguaje hablarían los pequeños si se los dejaba solos. Supuso que recurrirían al más antiguo del mundo, a la lengua original de la raza humana.

Al cabo de dos años, según Herodoto, el pastor escuchó a los dos niños pronunciar repetidamente la palabra *becos.* Ésta se identificó como "pan" en el lenguaje de los frigios, pueblo que entonces vivía en Turquía central. A partir de este experimento, Psamético dedujo que el frigio fue el primer idioma que se habló.

Nadie cree ahora en la conclusión de Psamético, pues se considera que los niños sólo imitaron el

Rey curioso *En el siglo VII a.C., Psamético I (que en la ilustración hace una ofrenda a los dioses) llevó a cabo un extraño experimento lingüístico.*

balido del rebaño. Sin embargo, hasta hoy no se ha logrado descubrir cómo fue el primer lenguaje que habló el hombre.

Tema para teóricos

Varios eruditos han propuesto una gama de singulares conjeturas. Una es la teoría de la imitación, según la cual el primer lenguaje del ser humano se compuso de imitaciones de sonidos de animales. Otra, la teoría de los cantos, afirma que el lenguaje comenzó con ritmos que cantaba la gente al trabajar en grupo. Conforme a la teoría del amor, el habla se originó en sonidos relacionados con idilio y música. Por último, la teoría de las emociones plantea que las primeras palabras fueron sonidos instintivos, emitidos a raíz de emociones fuertes, como ira o pena. Todas estas teorías se consideran hoy poco acertadas.

La verdad es que no se conoce el origen del habla, que data de hace mucho tiempo. Según los eruditos, probablemente se remonte a unos 40 000 años, casi 35 000 antes de que los sumerios inventaran la escritura, y por su misma naturaleza no dejó huella.

LA EXCEPCIÓN DE EUROPA OCCIDENTAL

TODAVÍA NO se ha identificado una relación convincente entre el vasco y cualquier otra lengua, viva o muerta. Después de una investigación exhaustiva no sabemos mucho más, acerca de sus orígenes, que quienes creen en la antigua tradición popular de que el vasco fue el idioma que Adán hablaba en el Jardín del Edén o de que lo llevó a España Tubal, quinto hijo de Jafet, hijo de Noé.

Hoy, la lengua vasca se restringe a un área de 10 000 km^2 en los Pirineos occidentales, donde hay casi 600 000 hablantes en España y menos de 100 000 en Francia. De éstos, la mayoría es bilingüe, muchos no hablan perfectamente el vasco y algunos

emplean dialectos que incluso a otros vascos les resulta difícil entender.

Pocos cambios a través de los siglos

No hubo intentos serios de poner por escrito el vasco hasta antes del siglo XVI, de modo que los registros más antiguos se limitan a unos pocos fragmentos. Esto demuestra que la lengua ha cambiado poco desde el siglo X, y probablemente desde mucho antes. Originalmente los vascos abarcaban un área mucho mayor que la actual, pero las sucesivas oleadas de inmigrantes e invasores, en particular los celtas y romanos, hicieron que sus territorios disminuyeran. Sin embargo, el aislamiento de

la patria vasca y el fuerte sentido de identidad e independencia hicieron que su lengua sobreviviera, a diferencia de la lengua ibera, que se hablaba en el sur y este de España antes de la época romana y que ha desaparecido totalmente.

La gramática y pronunciación inusuales de la lengua vasca la hacen muy difícil de aprender para quienes hablan inglés u otros idiomas europeos; los sonidos periódicos de "z" y "tz" son especialmente desalentadores. Pero para un niño que aprende a hablar en el seno familiar, un idioma no es más difícil que otro, y los vascos llaman a su lengua *Euskara,* que en vascuence significa "hablar claro".

"CONFUNDAMOS SU LENGUAJE..."

La historia de los lenguajes "universales" artificiales

¿NO SERÍA más sencilla la vida si todo el mundo hablara el mismo idioma? Centenares de hombres y mujeres, no contentos con simplemente soñar esta utopía, se han dedicado a crear idiomas para que todo mundo los hable. En el siglo XVII uno de los más entusiastas fue el clérigo y científico inglés John Wilkins. En su opinión, un lenguaje universal "sería el remedio más seguro que podría existir contra la calamidad de la confusión, y haría que todas las demás lenguas y sus caracteres se volvieran inútiles."

Se sabe que la idea de un idioma universal interesó a los antiguos griegos. También se afirma que en la Alemania del siglo XII la mística Santa Hildegarda inventó un idioma con un nuevo alfabeto y un vocabulario de 900 palabras.

Sistema de clase

La propuesta de Wilkins, publicada en 1668, seguía la moda de la época, de sistemas de comunicación totalmente lógicos y no relacionados con idiomas existentes. Cada objeto, idea o acción se clasificaba en una de 40 clases o géneros, desde "minerales" y "plantas" hasta "temas navales" y "temas eclesiásticos". A cada género se le asignaba un sonido particular y un signo escrito, los cuales podían modificarse levemente para diferenciar objetos específicos.

No fue sino hasta finales del siglo XIX que el mundo puso a prueba los lenguajes artificiales, al intentar aprender a hablarlos. El que marcó la pauta fue el volapuk, que creó en 1880 el sacerdote alemán Johann Schleyer. Al cabo de una década, tenía casi 200 000 seguidores en Europa y Estados Unidos. No obstante, pronto fue evidente que era demasiado complejo, en especial porque dependía en mucho de la gramática alemana.

El volapuk fue seguido del esperanto, del que se publicó por primera vez en 1887 el escrito *Linguo Internacia de la Doktoro Esperanto* ("El lenguaje internacional del doctor Esperanza"). El doctor Esperanza era Ludwig Zamenhof, un judío lituano. La confusión lingüística de su propia educación —creció hablando ruso, yiddish, polaco y hebreo, además de que en la escuela aprendió inglés, alemán, francés, latín y griego— lo convenció de la necesidad de un idioma internacional único.

El esperanto ha disfrutado un éxito mayor que cualquiera de sus rivales, ante todo en el periodo posterior a la Primera Guerra Mundial. Muchos esperaban que, en aras de fomentar la paz y comprensión internacionales, la Liga de las Naciones lo adoptaría como lenguaje universal oficial.

Gran atractivo

Aunque no fue oficializado, el esperanto ha persistido como el idioma auxiliar más conocido en el mundo, con más de 1 200 sociedades locales en 110 países. Se calcula que el número de hablantes es de 100 000 a un millón de personas. Sus construcciones gramaticales y raíces son del todo europeas, pero goza de gran popularidad entre los japoneses, para quienes su aprendizaje resulta más sencillo que el de otras lenguas, como el francés, alemán o inglés.

Hoy se publican más de 100 periódicos y miles de libros en esperanto, incluyendo ediciones de la Biblia y el Corán. En varios países también se transmiten programas de radio en esperanto.

¿SABÍA USTED QUE...?

HABLANDO NO SE ENTIENDE LA GENTE

SI SE RECORREN 40 km en línea recta en la isla de Nueva Guinea, lo más probable es que se atraviese por una frontera lingüística: se han identificado cerca de 750 lenguas en esta isla y las circundantes, cuyo mapa lingüístico dista de estar completo. Sin importar que se compare esta cifra con el área de la isla o con la población, es la mayor concentración de dialectos en el mundo. Si la proporción de lenguas de la isla de Nueva Guinea, de una por cada 1 090 km², se aplicara al Reino Unido, esta nación tendría 211 dialectos.

La isla de Nueva Guinea, dividida políticamente en Papúa-Nueva Guinea e Irián Jaya, que es una provincia de Indonesia, cuenta con casi 5 millones de habitantes, muchos de ellos inmigrantes recientes. Sólo tres millones hablan las lenguas nativas, o sea un promedio de 4 000 personas por lengua.

Más de la mitad de las lenguas están relacionadas, algunas muy estrechamente, y se han identificado más de 100 subfamilias lingüísticas. Algunas lenguas corresponden a grupos tribales de 100 000 o más, mientras otras las hablan sólo unos pocos centenares o incluso unas cuantas decenas de personas, que viven en valles aislados del interior montañoso. Es casi indudable que todavía hay lenguas pendientes de clasificar, además de que posiblemente haya tribus aún no descubiertas en regiones distantes de Irián Jaya.

EL ÚLTIMO INDIO SALVAJE
El hombre que hablaba un idioma que nadie más conocía

EN LA MAÑANA del 29 de agosto de 1911 se halló semidesnudo y hambriento a un indio que se resguardaba en el corral de un matadero en Oroville, California. Considerándolo demente, el comisario lo encerró en una celda para protegerlo. Ahí se quedó, aterrado y en cuclillas, mirando fijamente sin comprender, mientras una multitud de curiosos farfullaba tras las rejas en una cacofonía de inglés, español y lenguas indias que él no entendía ni remotamente.

El indio, a quien pronto llamaron Ishi, era el último sobreviviente de los yahi, rama de la tribu yana, del norte de California. Esta tribu, en otros tiempos muy numerosa, vivía de la caza, recolección de frutas y pesca, y había sido víctima de una terrible masacre a raíz de la fiebre del oro en las décadas de 1850 y 1860, cuando rancheros y gambusinos inundaron California y exterminaron indios por millares.

Colonia desierta

Se creía que los pocos sobrevivientes de la tribu yahi habían abandonado tiempo atrás su lengua y forma de vida tradicionales. Pero un grupo de unos 50 yahi siguió viviendo con sus costumbres de la Edad de Piedra en el desierto. Fueron muriendo, hasta que sólo quedó Ishi. Al cabo de tres años de total aislamiento, enloquecido de soledad y hambre, se desplazó hasta la civilización del hombre blanco para morir.

Luego de dos días horribles de encierro, recibió a un visitante muy distinto, el profesor Thomas T. Waterman, antropólogo de la Universidad de California. Como supuso los orígenes de Ishi, Waterman llegó con una lista de palabras en yana, las leyó en voz alta, pero el indio no mostró signo alguno de entenderlas. Los yahi hablaban un raro dialecto del yana, además de que la pronunciación de Waterman era malísima. Finalmente, el antropólogo dijo *siwini*, que significa "pino amarillo" en yana, y señaló

Sobreviviente Dos meses después de su captura, Ishi, el último indio yahi, había recuperado la fuerza física y se convirtió en asesor lingüístico de la Universidad de California.

el catre de madera de la celda. El rostro de Ishi se iluminó, y repitió una y otra vez *siwini* con emoción creciente. Era la primera palabra comprensible que escuchaba en tres años.

A partir de esta palabra, Waterman adquirió conocimientos básicos del dialecto yahi. Ishi fue trasladado a Los Ángeles y se volvió una celebridad. Manejó asombrosamente bien su encuentro con la civilización del siglo XX.

Ishi fue de gran utilidad para los antropólogos, al explicarles el idioma yahi y mostrarles las costumbres y habilidades perdidas de su gente. Por ejemplo, les aclaró cómo los yahi podían trepar por una cuerda con un cesto de agua sobre la cabeza.

Por desgracia, Ishi no sobrevivió a las enfermedades del hombre blanco. En 1916 falleció de tuberculosis, y su lengua murió con él.

POTO Y CABENGA
El lenguaje privado de los gemelos idénticos

LOS PADRES de gemelos observan con frecuencia que sus hijos adquieren hábitos de habla extraños. Si uno comienza una frase, el otro la termina. O inventan palabras y frases que nadie más comprende. Aunque tal comportamiento se observa en 40% de los gemelos, normalmente se termina a la edad de tres años. Sin embargo, en casos excepcionales esta secreta comunicación puede durar mucho más tiempo e ir mucho más lejos.

Lengua de las mellizas

El ejemplo más famoso en épocas recientes es el de Grace y Virginia Kennedy, gemelas idénticas nacidas en Georgia, EUA, en 1970. Cuando eran pequeñas estuvieron a cargo de su abuela, que hablaba alemán, y veían poco a sus padres o a otros niños que hablaran inglés. Alrededor de los dos años, las gemelas habían adquirido el hábito de parlotear en lo que parecía ser su jerga personal. Tenían nombres especiales para cada una: Grace era "Poto", y Virginia, "Cabenga". Además, emitían frases como: "Muerdo aduk, Cabenga, caza die-dipana", que aparentemente era una invitación para jugar en la casa de muñecas. De inglés no hablaban una sola palabra.

Hasta que alcanzaron la edad escolar, se creía que Grace y Virginia eran retrasadas mentales. Sin embargo, después se supo que su habla es un ejemplo extraordinario de "idioglosia", la creación de un lenguaje privado entre dos individuos. Un terapeuta del habla descubrió que su idioglosia era una mezcla de elementos distorsionados del inglés y el alemán, con pocas adiciones por parte de ellas.

La principal barrera para comprender este lenguaje privado fue que las gemelas hablaban muy rápidamente. Con la terapia del habla, las niñas Kennedy pronto hablaron inglés y su inteligencia resultó ser normal.

¿SABÍA USTED QUE...?

ENTRE los dieri, una tribu aborigen australiana, las viudas se aplican una capa de arcilla blanca sobre la piel. No deben hablar hasta que la capa se les haya desprendido, lo que a veces ocurre meses después.

MARCHA ATRÁS A TODA VELOCIDAD

El lado serio de hablar al revés

CUALQUIERA puede leer palabras al revés con cierto esfuerzo. Pero, ¿cuántos pueden hacerlo de oído? El profesor Andrew Levine descubrió su talento para hablar al revés en 1959, cuando era un adolescente, al ver las noticias en televisión y admirar la habilidad de los intérpretes que acompañaban al líder de la entonces Unión Soviética, Nikita Kruschov, en su visita a EUA. Levine sintió deseos de probarse como intérprete. Como no sabía hablar ruso, simplemente pronunció al revés cada palabra que escuchaba en inglés.

Juego de palabras

Este tipo de pasatiempos no son raros en niños, especialmente entre los ocho y diez años de edad, cuando les divierte crear juegos de palabras secretos. Para hacerlo no necesitan ser letrados: en Panamá, los indios cuna tienen un juego tradicional, llamado *sorik sunmakke*, en el que invierten el orden de las sílabas de cada palabra.

En el caso de Levine, la velocidad con que hablaba al revés era excepcional. Para él, su talento sólo era un truco para las fiestas, hasta que sus colegas de la Universidad de Wisconsin, donde enseñaba filosofía política, decidieron someterlo a rigurosas pruebas.

Cuando se le pidió la "traducción" simultánea de frases sencillas, Levine empezó y terminó menos de dos segundos después que el modelo hablado al que estaba "traduciendo". Invertía cada palabra casi al instante, como si hablara normalmente. Aunque pronunciar palabras al revés produce a menudo combinaciones de sonidos que no se dan normalmente en una lengua, su promedio de error en pasajes largos fue de sólo 7%.

La razón de su habilidad es que no permite que la ortografía interfiera en su versión invertida de las palabras. Al igual que cuando los niños juegan a hablar al revés, invierte los fonemas, que son las unidades de sonido consideradas como bloques de construcción del habla: "camello" se transforma en "oyemac" y "haz" se vuelve "sa". Levine invierte sólo los sonidos que escucha, e ignora las letras mudas. Esto significa que tiene igual fluidez para pronunciar al revés idiomas extranjeros, incluso los que no entiende.

Habilidad subconsciente

Los lingüistas se interesaron de modo particular en que, aunque subconscientemente, Levine tomaba en cuenta los fonemas. Si el cerebro divide el lenguaje hablado en segmentos sonoros, quizás investigaciones futuras lleguen a tener aplicaciones prácticas para ayudar a sordos y niños que, por algún trastorno mental, tengan dificultades para adquirir el habla normal.

AVES CANORAS HUMANAS

Lugares donde la gente "habla" con silbidos

LOS ADMIRADORES de los Hermanos Marx recordarán por siempre las escenas cómicas en que Harpo, el que nunca hablaba, se comunicaba con sus hermanos mediante una frenética sucesión de silbidos y el sonido de una bocina de juguete. Sin embargo, les sorprendería saber que hay lugares donde la gente en realidad se comunica por medio de silbidos como parte de la vida cotidiana.

Los indígenas mazatecos de Oaxaca, México, a menudo se comunican por medio de silbidos. De este modo intercambian saludos o compran y venden artículos, sin riesgo de equivocarse. Los

Mudo, no silencioso Harpo jamás habló en las cómicas películas de los Hermanos Marx. Se comunicaba mediante gestos, silbidos, una bocina de juguete y un arpa.

niños mazatecos aprenden el arte de silbar casi en cuanto pueden hablar.

Sus silbidos no son un idioma, ni siquiera un código. Simplemente emplean los ritmos y tonos del lenguaje común sin palabras.

Afinación bilingüe

Los mazatecos pueden "oír" la palabra que pretende expresar el silbador porque éste imita el habla común muy ingeniosamente. Algunos mazatecos incluso silban "en dos idiomas": su propio dialecto, el mazateco, y el español.

Los mazatecos no usan los dedos al silbar, sino que dependen por completo de los labios. En una ocasión se les mostraron fotografías de personas que se llevan los dedos a la boca para silbar, como lo hacía Harpo, y no les hallaron sentido.

Aunque los mazatecos son únicos en silbar para comunicarse a corta distancia, hay otras regiones donde la gente también "habla" mediante silbidos; por ejemplo, un área del noreste de Turquía, al sur del pueblo de Görele, y la Gomera, una de las islas Canarias. Se trata de regiones montañosas muy accidentadas y poco pobladas, donde la gente tendría que caminar dos horas para comunicarse con sus vecinos, por lo que simplemente silba.

¿SABÍA USTED QUE...?

LOS DELFINES pueden mantener dos conversaciones a la vez. Silban y chasquean, y pueden transmitir simultáneamente mensajes independientes por ambos medios. Cada delfín tiene su "silbido personal", que lo identifica ante los demás miembros del grupo. También aturden a sus presas con intensas ráfagas sonoras, además de utilizar el sonar para localizar objetos en su entorno.

LOS SONIDOS DEL SILENCIO

A menudo una actitud dice más que mil palabras

TODOS OBSERVAMOS, entendemos y respondemos a los gestos de los demás, que significan lo mismo en todo el mundo y constituyen sólo una parte de los mensajes no verbales que mandamos constantemente. El lenguaje corporal —el modo de sentarse, de pararse y los gestos— refleja sutilmente nuestros sentimientos hacia las personas con quienes estamos y el ambiente que nos rodea. Los mensajes de este lenguaje se emiten y reciben inconsciente e involuntariamente. Aunque su uso varía un poco de un país a otro, y aun en una nación, sus principios básicos son universales.

Afinidad Esta mujer revela que prefiere al hombre que está a su derecha, al pararse cerca de él. Sus brazos y piernas cruzados son reacciones defensivas hacia la actitud asertiva del otro hombre.

Inseguridad Para demostrar que está escuchando, este joven se para de frente a su interlocutor. Al rascarse la muñeca, quizás inconscientemente revele inseguridad de sí mismo.

Encuentro de personalidades
Todos definimos un territorio personal, un "espacio vital", a nuestro alrededor, y esperamos que los extraños no lo traspasen. El de un hombre campirano (arriba a la izquierda) tiende a ser más bien grande. Al saludar a un desconocido, extiende la mano más allá de ese espacio. En cambio, un habitante de la ciudad (arriba a la derecha) deja la mano mucho más cerca del cuerpo: habituado a las multitudes, su espacio vital es mucho menor.

Persuasión *Mientras este joven habla, también se comunica con el cuerpo: un pie adelante (interés en imponerse), una mano sobre la cadera (confianza) y una mano abierta (el deseo de parecer sincero).*

ADEMANES REVELADORES DE MENTIRAS

SÓLO LOS MÁS expertos mienten con el cuerpo igual que con las palabras. Mentir produce ansiedad, por lo que es más fácil hacerlo por teléfono que en persona. Hay ademanes que tornan evidente una mentira: los de las manos sobre el rostro. Frotarse el cuello refleja incertidumbre, y tocarse los ojos o la nariz, encubrimiento de palabras que se saben falsas. Además, tallarse los ojos impide el contacto visual. Por supuesto, no todo el que hace estos ademanes está mintiendo.

Frotamiento del cuello

Frotamiento del ojo

Frotamiento de la nariz

Alejamiento *Aunque mire hacia los demás, las piernas de esta mujer apuntan al lado opuesto, indicando su aislamiento. Los brazos cruzados confirman que se siente ajena a lo que se dice.*

Sabelotodo *Al colocar ambas manos detrás de su cabeza y reclinarse, este hombre comunica sus sentimientos de superioridad y confianza en sí mismo.*

El uno para el otro *Esta pareja revela su estrecha unión al sentarse cada uno dentro del espacio vital del otro, dirigir las piernas hacia un punto común y adoptar posturas similares. Reaccionan a lo que se dice en la plática: al ponerse la mano sobre el mentón, él deja ver que está pensando, mientras que ella se coloca la punta de los anteojos en la boca antes de hacer comentarios.*

PÓNGALO POR ESCRITO

Separación entre realidad y leyenda acerca del origen del lenguaje escrito

¿**Q**UIÉN CREÓ la escritura? Cada cultura antigua tiene su propia leyenda. Los caracteres chinos se remontan al año 2000 a.C. y hay diversos relatos acerca de sus orígenes. Una tradición afirma que la escritura fue un obsequio de una tortuga mágica al emperador Yu, luego de que la salvó de ahogarse. Otra, que el emperador Huang Di recibió el primer escrito de un dragón. ¿O acaso fue Cang Jie quien, inspirado en la huella de las aves, inventó los caracteres chinos?

En lugares donde la escritura se restringía a los sacerdotes, se creía que la palabra escrita tenía propiedades mágicas. De hecho, su invento muchas veces se atribuyó a dioses como Tot en Egipto, Nebo en Babilonia y el maya Itzamná. En la Europa nórdica se adjudicaba a Odín el invento de las runas. Los musulmanes creen que Alá enseñó a Adán a escribir.

La realidad es menos enigmática. Los arqueólogos creen que se originó con los sumerios hacia el año 3500 a.C. La empleaban para tareas contables y de

Pictograma Carácter chino para "ofrenda de dinero"; muestra a un hombre con hileras de conchas en un palo.

registro, y luego la usaron sacerdotes y narradores. En su forma primitiva fue de trazos estilizados de objetos cotidianos (pictogramas) o símbolos que facilitaban al lector recordar lo memorizado (nemotecnia). Son ejemplos de esto las pinturas del Paleolítico. Esta escritura se prestaba a malinterpretaciones, de modo que se crearon poco a poco sistemas más complejos, en que se usaban símbolos de ideas abstractas (ideogramas).

Dado que los ideogramas representan el significado de la palabra, no su sonido, tenían relación escasa con el lenguaje hablado. Al paso del tiempo se incorporaron caracteres fonéticos, o sea la expresión escrita del sonido de las palabras. Los alfabetos son sistemas fonéticos: cada letra representa un sonido sin tener significado en sí. El alfabeto griego fue el primero que contó con símbolos para todos los sonidos de un idioma, incluidas las vocales.

La invención de la escritura no es sólo algo del pasado remoto. En los últimos dos siglos se han creado sistemas de escritura para lenguas indígenas africanas y americanas que carecen de tradición escrita. Algunos, como el que ideó en la década de 1840 John Evans para los indios cri de EUA, fueron creación de misioneros que querían evangelizar con la palabra escrita. Otros, como la escritura de la lengua mende de Sierra Leona, obra del sastre Kisimi Kamala en la década de 1930, fueron invención de nativos interesados en probar que eran tan inteligentes como los colonizadores que se habían adueñado de sus tierras.

Escriba de los dioses El dios egipcio Tot conforma el destino humano con el "estilete del destino". Representado a menudo con cabeza de ibis, era considerado el creador de la escritura.

LA CLAVE DE LA ESCRITURA CUNEIFORME

Audacia y dedicación allanaron el camino a una escritura secular

HENRY CRESWICKE Rawlinson contuvo el aliento y se dejó llegar hasta el peldaño más alto. Con la escalera en precario equilibrio sobre la más angosta de las cornisas y un precipicio de 300 m bajo sus pies, no había lugar para errores. Se estiró contra la roca lisa, usó la mano izquierda para apoyarse y sujetar el cuaderno, y con la derecha copió lenta y meticulosamente las extrañas inscripciones.

Día tras día, el inglés se encaramó por la escarpada pared rocosa en Behistún, Irán, para copiar cuanto carácter estaba a su alcance. Cuando ya no podía llegar a las inscripciones y se desesperanzaba de lograr su objetivo, un "salvaje niño curdo" le ofreció ayuda, escaló la peña como un simio y copió el texto.

Docto soldado

Rawlinson, que se trasladó a Irán en 1835 como asesor militar del hermano del Sha, sabía persa, árabe, hindú, griego y latín. También era excelente deportista y soldado. Pocos hombres han estado tan dispuestos a arriesgar la vida en busca de conocimientos como él. Sin embargo, ¿qué hacía de Behistún un sitio tan fascinante?

Las inscripciones en la superficie de la pared rocosa fueron grabadas en una escritura antigua, llamada cuneiforme (del latín *cuneus,* "en forma de cuña"), que dejó de usarse desde el siglo I. Al igual que el alfabeto latino, los caracteres cuneiformes se emplearon para escribir en diversos idiomas. Rawlinson y algunos otros estudiosos europeos estaban decididos a hallar la clave para descifrarlos.

Se conocían ya algunas palabras del antiguo persa cuneiforme. Textos romanos y persas contenían los nombres de reyes que, al ser identificados en caracteres cuneiformes, sirvieron después para averiguar otras palabras. Pero muchos signos todavía no se descifraban y leer la escritura cuneiforme era como armar un enorme rompecabezas del que faltaban muchas piezas.

En cambio, la inscripción de Behistún contenía los nombres de más personajes y lugares que ningún otro texto cuneiforme conocido hasta entonces. Narraba el ascenso de Darío I al trono de Persia en el año 522 a.C., texto que ayudó a que Rawlinson comprendiera la gramática del persa antiguo. Además tenía una característica singular: estaba escrito en tres idiomas. Una vez entendido en per-

Triunfo duradero El bajorrelieve y el texto de Behistún celebran la victoria del rey persa Darío I en el siglo VI a.C sobre un usurpador.

sa antiguo, se descifró en elamita y babilonio. La hazaña de Rawlinson rindió frutos: en 1850, se pudieron leer tres idiomas que al parecer estaban perdidos para la eternidad, y revelaron la historia y la literatura de sus pueblos.

PARA DELETREAR NUESTRO ABECEDARIO

SUELE DECIRSE que el abecé de cualquier área del conocimiento es lo elemental, lo más sencillo; pero de no haber sido por los fenicios, quizás no habría abecedario. Y de no ser por los griegos de la antigüedad, que adaptaron el alfabeto fenicio, todas nuestras letras estarían al revés.

Se cree que los griegos conocieron el alfabeto hacia el año 1000 a.C., gracias al comercio con los fenicios, que habitaban lo que hoy es Líbano. Los fenicios escribían de derecha a izquierda. Cuando los griegos se apropiaron de su alfabeto, experimentaron con el método de escritura *boustrophedon* (que significa "giro del buey en el arado"): cambiar de dirección línea tras línea, como el buey que jala del arado. Los griegos acabaron por escribir de izquierda a derecha, y sus letras fueron imágenes especulares de los originales fenicios.

Para adaptar el alfabeto a sus propias necesidades, los griegos tuvieron que usar ciertas letras fenicias de modo distinto. Los fenicios sólo escribían las consonantes, y dejaban al lector la inserción de las vocales. Sin embargo, para los griegos las vocales tenían una importancia mucho mayor; por ejemplo, ciertas palabras sólo se distinguían de otras si se les colocaba al principio la vocal correcta.

Letras de repuesto

Afortunadamente los fenicios tenían varias letras para sonidos consonantes que no se utilizaban en la lengua griega, de modo que los griegos las aprovecharon para las vocales. A grandes rasgos, se conservaron el orden del alfabeto fenicio y los nombres de muchas de sus letras: la *aleph, beth* y *gimel* fenicias, por ejemplo, se convirtieron en *alfa, beta* y *gamma.* A su vez, los romanos adaptaron el alfabeto griego a la lengua latina, y se les debe el alfabeto latino tal como se conoce hoy.

Al pie de la letra Los griegos invirtieron la forma de las letras fenicias cuando las adaptaron a su alfabeto, predecesor del latino que se usa en las lenguas romances.

fenicio griego clásico latín

PRIMERAS IMPRESIONES

JUAN GUTENBERG fue un orfebre alemán del siglo XV, inventor europeo de los tipos móviles de imprenta, las letras reutilizables que se colocaban en hileras para imprimir libros hasta hace poco. Pero fue un inventor chino, Bi Sheng, quien inventó en realidad los tipos móviles en la década de 1040, para lo cual usó caracteres de cerámica. Sin embargo, su sistema fue desechado porque los libros chinos necesitan muchos miles de caracteres, y resultaba más sencillo imprimir cada página con el bloque de madera en que se tallaba el texto deseado, en vez de localizar y ordenar todas las piezas de cerámica de los tipos necesarios.

Es probable que Gutenberg no haya oído de los experimentos de Bi Sheng, por lo que puede acreditársele la invención de los tipos móviles. Hasta entonces, todos los libros europeos se copiaban a mano o se imprimían con bloques de madera, en que se tallaba el texto de cada página. Los dos métodos consumían mucho tiempo, de modo que los libros eran muy caros.

Gutenberg advirtió que en las lenguas europeas sólo se emplean las letras de nuestro alfabeto, relativamente contadas, de modo que podían formarse con rapidez páginas enteras de palabras con letras separadas (tipos), que podían emplearse una y otra vez. Los tipos de madera se tallaban a mano y se desgastaban; pero si fuesen de metal, cada letra podría vaciarse en moldes muchas veces y durarían indefinidamente.

Fue para esto que Gutenberg recurrió a sus aptitudes de orfebre. Descubrió una aleación resistente al desgaste y que permitía fundir cada letra con la precisión necesaria para lograr impresiones claras.

Además, convirtió la tradicional prensa de lagar en una prensa

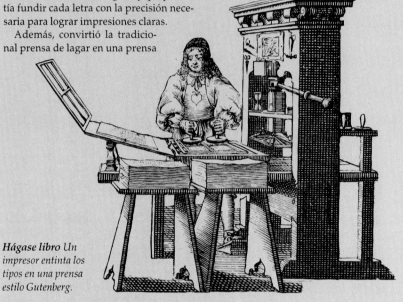

Hágase libro Un impresor entinta los tipos en una prensa estilo Gutenberg.

de imprenta, de modo que se pudiera aplicar presión uniforme sobre la página completa. El efecto del método de Gutenberg fue revolucionario: se podían imprimir libros a bajo costo y en grandes tirajes. A fines del siglo XV se habían impreso en Europa 40 000 ediciones distintas de libros.

GLORIOSOS RESTOS DE UN PUEBLO DERROTADO

Cómo un misionero, sin saberlo, preservó el secreto de los jeroglíficos mayas

DIEGO DE LANDA, misionero español entre el pueblo maya, despreciaba la cultura y las creencias de los nativos. Llegado al Nuevo Mundo en 1549, ordenó quemar los libros mayas y azotó o encarceló a todo indígena que no abandonara el paganismo para abrazar la fe cristiana. Sin embargo, irónicamen-

Ritual maya Los jeroglíficos de esta estela describen el acicalamiento ceremonial de un señor, "Garra de Jaguar", tal vez en preparación del sacrificio.

te preservó la única clave para el desciframiento de los jeroglíficos mayas.

De Landa fue un hombre cruel. De hecho, su manera de suprimir la fe de los mayas fue tan violenta que lo hicieron volver a España y lo sometieron a juicio. Resuelto a convencer al tribunal de que, a pesar de sus medidas represivas, en realidad sentía cierto respeto por el modo de vida de los mayas, publicó en 1566 sus observaciones detalladas sobre las costumbres y la cultura de este pueblo, incluida su forma de escritura, los jeroglíficos. Su obra es hoy la única fuente para traducirlos: aunque todavía hablan maya unos cuatro millones de personas, la tradición escrita se ha extinguido.

De Landa suponía que los jeroglíficos eran un alfabeto y pidió a un informante maya que los hiciera corresponder con las letras españolas. Estudiosos posteriores pronto se dieron cuenta de que el maya no tiene alfabeto. Pero en la década de 1950, Yuri Knorozov, un joven erudito ruso, revisó la desacreditada obra de De Landa. Presentía que, como éste debió pronunciar cada letra en español ("a", "be", "ce", etc.), los jeroglíficos mayas de su texto representaban en realidad sílabas enteras. Al aplicar esta teoría, logró descifrar muchas palabras reconocibles aún en la lengua maya que se habla hoy.

Por desgracia, la escritura maya es muy compleja. Ciertos jeroglíficos no son sílabas, sino "logogramas", o sea imágenes estilizadas de palabras. Además, suele haber varias maneras de escribir una palabra, de modo que el significado de muchos jeroglíficos aún se desconoce. Pero al leer los ya descifrados se han descubierto muchos datos sobre los antiguos gobernantes mayas, sus conquistas y la cultura de su pueblo.

En 1573 De Landa regresó a México en calidad de obispo. Su libro no sólo le había valido la absolución, sino que además preservó para la posteridad la cultura que con tanto celo reprobaba.

AL DÍA CON LAS NOTICIAS

Cómo se apagó poco a poco la sed de información

POCOS relacionarían a Julio César con los periódicos. Pero él fue quien creó, en el año 59 a.C., el periódico oficial más antiguo. *Acta Diurna* ("Noticias del Día") era una hoja de novedades escrita a mano que se fijaba cada día en el Foro de Roma y otros lugares importantes de la ciudad.

El contenido del *Acta Diurna* no habría estado fuera de tono en un periódico moderno. Abarcaba relatos de batallas, nombramientos navales y militares, sucesos políticos e incluso una sección social, en que se anunciaban los más recientes nacimientos, fallecimientos y bodas. Se podía leer sobre el resultado de una contienda de gladiadores o la caída de un meteorito. Los ciudadanos de partes distantes del Imperio enviaban amanuenses a copiar las noticias y remitirlas luego por carta. Algunos se ganaban más dinero al comunicar las novedades a varios clientes. Muchos eran esclavos, y el dinero ganado con esta actividad les servía a algunos para comprar su libertad.

Periódicos de ayer

Cuando *Acta Diurna* dejó de publicarse, la difusión de noticias quedó en boca de los viajeros, y luego en la de trovadores y pregoneros. El periodismo escrito hubo de esperar hasta que Gutenberg inventara la imprenta de tipos móviles hacia 1450. Esto hizo que publicar fuese mucho más barato y rápido. Aun así, pasaron otros 150 años sin periódicos, hasta que aparecieron varios a la vez. Uno fue el *Aviso Relation oder Zeitung* ("Relación o Mensaje"), semanario

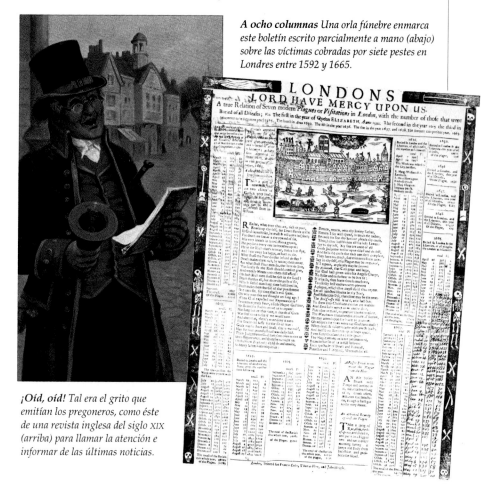

A ocho columnas Una orla fúnebre enmarca este boletín escrito parcialmente a mano (abajo) sobre las víctimas cobradas por siete pestes en Londres entre 1592 y 1665.

¡Oíd, oíd! Tal era el grito que emitían los pregoneros, como éste de una revista inglesa del siglo XIX (arriba) para llamar la atención e informar de las últimas noticias.

que publicó en 1609 el duque de Wolfenbüttel, Alemania. Casi al mismo tiempo surgieron otros con el mismo nombre en Estrasburgo y Augsburgo.

Estos periódicos reseñaban noticias locales y eran semanarios o diarios. Muchos de sus lectores eran comerciantes ansiosos por saber de sucesos en otras partes de Europa y de ultramar que pudieran afectar sus negocios. A fines del siglo XVII había en Alemania 30 diarios, lo que originó la tradición de que haya ahí muchos diarios locales.

Los primeros periódicos desaparecieron hace mucho, pero desde 1645 la Real Academia de Letras de Suecia no ha dejado de publicar el *Post och Inrikes Tidninger*, un periódico oficial del gobierno.

¿SABÍA USTED QUE...?

UN ASESINO fue atrapado gracias al telégrafo eléctrico el día de Año Nuevo de 1845. Una mujer apareció muerta en su casa del poblado de Slough, y al sospechoso John Tawell se le vio salir de la casa y abordar un tren hacia Londres. Por fortuna, en 1843 se había instalado entre Slough y Londres el primer servicio de telégrafo público del mundo, de modo que la policía local pudo alertar a la londinense. Ésta detuvo al hombre, que después fue juzgado, condenado y ejecutado.

DEBUT Y DESPEDIDA
Grandeza y decadencia del primer periódico de Estados Unidos

EL 25 DE septiembre de 1690, Boston se despertó con la novedad de que era cuna del primer periódico de EUA. Un periodista algo temerario, Benjamin Harris, pretendía publicar cada mes *Publick Occurrences Both Forreign and Domestick*, "o, con mayor frecuencia, si hay mucho que decir". Por desgracia, el primer número fue el último.

Harris había llevado una singular vida en Londres como librero vendedor de panfletos sediciosos y director de un periódico político. En 1678, ayudó a provocar la histeria anticatólica al publicar sobre un supuesto complot para masacrar protestantes y reducir Londres a cenizas. Esta temprana manifestación de periodismo amarillista causó su detención. Luego de que salió libre, las autoridades allanaron otra vez sus oficinas y Harris huyó con su familia a Boston, la ciudad más grande de EUA por ese entonces, donde abrió una cafetería, una librería y una editorial.

Noticias variadas

Publick Occurrences estaba bien escrito y era interesante, con noticias de una epidemia de varicela en Boston, un suicidio, dos incendios, atrocidades cometidas por los indios durante las guerras contra los colonizadores franceses y el desasosiego en Irlanda. Tenía cuatro páginas, una de las cuales estaba en blanco para que los lectores hicieran apuntes de actualidad antes de enviar el periódico a parientes y amigos lejanos. Por desgracia, al gobernador de Massachusetts no le hizo gracia el periódico, y los clérigos puritanos se horrorizaron con su picante relato de los amoríos del rey Luis XIV con la esposa de un príncipe. Cuatro días después le prohibieron a Harris publicar más números. Por esta razón, algunos niegan que haya sido el primer periódico, propiamente dicho, de Estados Unidos.

No apareció ningún sucesor hasta el 24 de abril de 1704, cuando el austero escocés John Campbell, administrador de correos, publicó el boletín semanal *Boston News-Letter*, primer periódico de EUA publicado sin interrupción y único que hubo en las Colonias durante 15 años. Al final desapareció con la Guerra de Independencia, en 1776. En cuanto a Harris, regresó a Inglaterra y se hundió en el anonimato como vendedor de dudosas curas medicinales.

Publicado y vedado *En sólo tres páginas impresas de 15 por 26 cm, el primer periódico de EUA llevó a los bostonianos interesantes noticias locales y del extranjero. Sin embargo, las revelaciones del editor, Benjamin Harris, molestaron a las autoridades locales, que prohibieron de inmediato la publicación mediante una proclama (recuadro) después del primer, y único, número.*

¿SABÍA USTED QUE...?

EL PERIÓDICO japonés Yomiuri Shimbun, lanzado en 1874, es el de mayor circulación en el mundo, con 14.5 millones de lectores por día, y llega a 38% de los 34 millones de hogares japoneses. Yomiuri significa "vender leyendo en voz alta", modo en que se pregonaban en el Japón del siglo XVII los primeros volantes.

✳ ✳ ✳

EL ORIGEN de la palabra "gaceta" para un periódico o una revista está en el italiano gazzetta, pequeña moneda de cobre que los venecianos pagaban en 1563 para oír la lectura pública de uno de los más antiguos boletines publicados con regularidad.

EL ÉXITO DEL SEMÁFORO DE CHAPPE

Una revolución francesa de las comunicaciones

LA GUERRA es madre del ingenio, y esto sin duda se comprobó durante las guerras que siguieron a la Revolución Francesa. En 1792, la nueva república hubo de enfrentarse a enemigos en todos los frentes, o sea los ejércitos de Inglaterra, Austria, Holanda, Prusia y España. El gobierno revolucionario francés necesitaba con urgencia un buen sistema de comunicación.

Claude Chappe, sacerdote e ingeniero francés, había inventado un sistema de telégrafo óptico en 1791, sin lograr probarlo a plenitud. Sin embargo, su hermano Ignace, que era miembro de la legislatura revolucionaria, gestionó que se probara el sistema de Claude, el cual resultó ser un gran adelanto en comunicaciones de alta velocidad.

Los hermanos Chappe construyeron una serie de atalayas, distantes entre sí de 5 a 10 km. Cada una tenía un mástil vertical coronado con una viga horizontal, llamada regulador, que también podía mantenerse vertical o inclinada 45 grados a la derecha o a la izquierda. En cada extremo del regulador había un brazo vertical o indicador. Era posible mover el regulador y los indicadores por medio de cuerdas para formar 49 posiciones fáciles de reconocer. Los Chappe dieron a su sistema el nombre de "semáforo", palabra de origen griego que significa "lo que lleva una señal".

A lo largo de las atalayas

Los operadores de cada atalaya observaban las torres vecinas mediante telesco-

Libro de códigos Los dibujos de Chappe muestran algunas posiciones de su sistema de señales. Cada una equivalía a una letra o a un símbolo en clave.

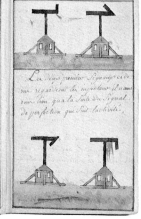

Signos del tiempo
Claude Chappe demuestra su sistema telegráfico de dos brazos en una atalaya fuera de París en 1793.

pios y transmitían el mensaje a la siguiente de la cadena. La primera línea se extendía 230 km, desde París hasta Lille, cerca del frente austriaco. En agosto de 1794, el sistema transmitió la triunfal noticia de que Napoleón había reconquistado Le Quesnoy, tras haber derrotado a los austriacos. A un promedio de tres señales por minuto, la buena nueva fue transmitida en 20 minutos, es decir, 90 veces más rápidamente que los correos a caballo.

El valor del invento quedó cimentado. Lo adoptaron países tan disímbolos como Rusia, la India y Egipto. Poco después, el almirantazgo británico instaló el primer telégrafo óptico entre Londres y la costa sur. Utilizó seis obturadores giratorios parecidos a persianas venecianas, situados en puntos altos que en los mapas modernos aún se nombran colinas del "telégrafo".

Cuando el telégrafo eléctrico volvió obsoleto el sistema óptico de Chappe, unos 60 años después, Francia sola tenía más de 550 estaciones de semáforos a lo largo de 4 800 km. Por desgracia, el sistema de Chappe tenía inconvenientes, como el de no poder emplearse en días de niebla ni por las noches. Los costos de personal y mantenimiento eran altos, además de que su empleo era engorroso. Las críticas y las pretensiones de otros ingenieros de haber inventado el semáforo deprimieron a Claude Chappe, quien se suicidó en 1805.

¿SABÍA USTED QUE...?

LA OCTOGENARIA doctora Martha Voegli de Thun, Suiza, se sorprendió cuando el cartero le entregó una carta en 1978, con más de 27 años de retraso. El documento era uno de 60 que estaban en una saca azul de correspondencia, descubierta por reclutas de la gendarmería francesa que estaban de prácticas militares a 1 200 msnm en el glaciar Bossons del Mont Blanc. La saca formaba parte de una valija que transportaba el Malabar Princess, avión de Air India que se estrelló contra dicha montaña en noviembre de 1950.

* * *

LA REVISTA MÁS PESADA que se haya publicado fue el número de septiembre de 1989 de Vogue, revista estadounidense de modas. Sus 808 páginas pesaron 1.51 kg.

LABOR PERIODÍSTICA

La pluma de William Howard Russell fue más poderosa que la espada

Testigo presencial *William Howard Russell observa una batalla durante la Guerra de Crimea. Reunió información para sus vívidos e inauditos despachos hablando con muchos soldados y oficiales.*

LA PROSA era amena: "El silencio es opresivo; entre las andanadas de cañonazos puede oírse a los caballos morder el freno y el tintineo de los sables abajo, en el valle." Así fue como William Howard Russell describió, para los lectores de *The Times* de Londres, la calma que precedió al pandemónium de la Carga de la Brigada Ligera en 1854. "Con un halo de centelleante acero sobre la cabeza, y con vítores que eran el grito de muerte de más de un corazón magnánimo, se lanzaron contra el humo de las baterías."

En la escena

Russell fue el primer corresponsal de guerra acreditado. Antes de que lo enviaran a cubrir la Guerra de Crimea de 1854-1856, los periódicos compilaban información bélica de cartas que enviaban jóvenes oficiales del ejército o de artículos de diarios extranjeros. Aunque en 1808 *The Times* envió un corresponsal a España para cubrir la guerra en dicho país, no estuvo allí por mucho tiempo. Russell no fue el único periodista en la Guerra de Crimea, pero conjuntó narraciones de confiable exactitud a partir de relatos de confundidos testigos.

Preguntaba a los lectores: "¿Cuál ha sido el costo para Inglaterra... en hombres que murieron en tiendas de campaña u hospitales por agotamiento, exceso de trabajo o desnutrición?" Sus despachos, en que criticaba las deficiencias evidentes de los mandos militares en cuanto a abastos, hospitales, alimentos y ropa, se publicaban siempre en las columnas editoriales de *The Times*, periódico que leían los gobernantes y las clases alta y media. Acusaba a los generales de preocuparse más de normas y reglamentos que del bienestar de los soldados.

En enero de 1855 cayó el gobierno inglés. ¿Fue por los artículos de Russell? Él no lo creía así, pero el nuevo secretario de Guerra hizo ver claramente que sí era el culpable, y el príncipe Alberto lanzó un furioso contraataque sobre el "miserable escritorzuelo" para restablecer la confianza en los gobernantes.

Regresa un héroe

Sin embargo, la verdad en los despachos de Russell era indiscutible, y al regresar a Inglaterra era todo un héroe popular. Sus vívidos reportes estaban respaldados por hechos confiables y descripciones detalladas. Nadie había narrado de modo tan completo una guerra. Incluso otro periodista que había estado en Crimea, Edwin Lawrence Godkin, lo elogió: "En sus manos, la correspondencia de guerra se convirtió realmente en un poder que acobardó a los generales." A consecuencia de sus informes, el ejército fue reorganizado ampliamente.

El corresponsal de guerra se había convertido en acompañante inevitable de todo conflicto militar. Al estallar la Guerra de Secesión (EUA) en 1861, justo cinco años después del fin de la Guerra de Crimea, acudieron no menos de 500 periodistas, incluido Russell, solamente del lado del Norte.

LA FESTIVA PROEZA DE FESSENDEN

EN LA VÍSPERA de Navidad de 1906, sentado ante su radio en pleno Atlántico, el telegrafista de un barco no daba crédito a sus oídos. En vez del código Morse, oyó los acordes de un violín, seguidos de una voz quebradiza que parecía no venir de ninguna parte: "Si alguien me escucha, haga el favor de escribir al señor Fessenden en Brant Rock." Sin saberlo, el telegrafista había sintonizado la primera emisión mundial de un programa radiotelefónico con voz y música.

Reginald Fessenden fue un canadiense, profesor de ingeniería eléctrica y prolífico inventor, con 500 patentes a su nombre. Inventó la radiotelefonía, con que podía transmitir voz y música mediante ondas sonoras continuas. Es muy distinta de la telegrafía inalámbrica de Marconi, demostrada con éxito en 1897, pero que en esa época sólo podía transmitir el código Morse. En 1902, Fessenden logró emplear las ondas de radio para transmitir la voz humana a una distancia de 1.6 km.

Sólo profesionales

Cuando Fessenden comenzó a difundir su "espectáculo", la idea de voces y diversión transmitidas por radio era desconocida para el público en general. Su auditorio se componía de radiooperadores profesionales a bordo de barcos o en estaciones costeras, que vigilaban la navegación o eran parte del servicio de inteligencia militar.

El concierto navideño de Fessenden se difundió desde un mástil de 128 m en Brant Rock, Massachusetts; tuvo un alcance de 320 km. Reprodujo en un fonógrafo el famoso *largo* de la ópera *Serse* de Handel, con lo que se convirtió en el primer presentador de discos en la radio; además, una mujer cantó algunos villancicos.

Fessenden y su transmisión se adelantaron a su tiempo. La fabricación masiva de radios empezó después de la Primera Guerra Mundial, y la primera estación radiofónica, KDKA de Pittsburgh, Pensilvania, salió al aire el 2 de noviembre de 1920. La financió Westinghouse, fabricante de radios, para promover la venta de aparatos, y difundía tanto noticias como diversión. Hoy sigue funcionando la KDKA.

Fessenden continuó trabajando e inventó el radiocompás, que es un localizador sonoro de profundidades, y unos dispositivos de señalización para submarinos, antes de morir en 1932, a la edad de 65 años.

SEÑALES DE ALERTA

El teléfono imaginado como instrumento para destruir el mundo

LA ESCENA es usual en películas de acción: en el Pentágono (EUA) hay un teléfono rojo sobre un escritorio, en una habitación muy custodiada. Suena el aparato, lo descuelga el presidente de EUA y conversa con el premier ruso de modo breve y al grano. El presidente cuelga el teléfono y oprime el botón nuclear. La civilización desaparece en una nube radiactiva.

Esta imagen cinematográfica de la famosa "línea de emergencia" entre la Casa Blanca y el Kremlin se halla tan arraigada que el mismo Ronald Reagan, cuando fue presidente, se refirió en una ocasión al "teléfono rojo". La realidad es muy distinta. Ni siquiera se trata de una conexión telefónica, sino de un doble enlace de satélite que transmite mensajes por teleimpresora y, desde 1984, también por fax.

Contacto en crisis

Establecido a raíz de la crisis de los misiles cubanos de 1962, se concibió para conjurar una guerra entre las dos superpotencias. Aunque es un secreto de Estado cuántas veces se ha usado desde su creación, se sabe que se empleó cuando las tropas soviéticas invadieron Afganistán en 1979.

Para excluir posibles deficiencias en la transmisión de mensajes, el equipo se prueba 24 veces al día. Estadounidenses y rusos se alternan en la emisión de transmisiones inocuas, no provocativas; por ejemplo, el reglamento de la Asociación Profesional de Golfistas por parte de EUA

Pruebas de precisión *Oficiales del Pentágono verifican con regularidad la línea de emergencia ruso-estadounidense para evitar posibles dificultades en las transmisiones.*

y una narración enciclopédica de los peinados que estuvieron de moda en Rusia durante el siglo XVII.

El mensaje que más desconcertó a los rusos y puso a trabajar horas extra a los expertos moscovitas en códigos fue el que enviaron los estadounidenses cuando se inauguró la línea en 1963: "The quick brown fox jumps over the lazy dog. 1234567890." (La frase contiene todo el alfabeto inglés y tan sólo significa: "El veloz zorro castaño brinca encima del perezoso perro.")

Teléfono rojo *En la película* Doctor Strangelove, *el presidente de EUA (Peter Sellers) habla con el premier soviético, mientras el embajador ruso (Peter Bull) escucha atentamente la conversación.*

SUSURROS SUBLIMINALES

¿TIENE MAYOR fuerza un mensaje cuando no se tiene conciencia de haberlo recibido? En vez de carteles donde se advierte que se enjuiciará a los ladrones, ciertas tiendas departamentales estadounidenses han dado en reproducir música ambiental mezclada con susurradas exhortaciones a la honradez. El volumen de las admoniciones es tan bajo que los clientes no las oyen conscientemente: son subliminales, están justo en el umbral de audición normal del ser humano. En algunos casos, la disminución de los robos ha sido sorprendente.

Desde principios de la década de 1950, los publicistas han intentado aprovechar que la gente absorbe mensajes subliminales. La teoría es que si el mensaje de venta llega al subconsciente, la persona no puede resistirse racionalmente a él.

Hasta ahora, los ejemplos más divulgados de la publicidad subliminal han sido visuales: se presenta, por una fracción de segundo, una imagen en la pantalla de cine o del televisor. Este tipo de publicidad atrajo la atención pública por primera vez en 1956, cuando se supo que en un cine de Nueva Jersey se habían mostrado anuncios subliminales de Coca-Cola.

Desde entonces, el tema ha dado de qué hablar periódicamente, provocando nuevos brotes de indignación moral, y luego ha vuelto a caer en el olvido. En 1971 se acusó a un fabricante de ginebra de ocultar mañosamente la palabra "sexo" en los cubitos de hielo que incluía su anuncio en una revista estadounidense. Se dice que es usual esta técnica, conocida como "posicionamiento", sin que se sepa cuántas personas responden a estos mensajes ocultos.

El temor al lavado cerebral y al adoctrinamiento político pernicioso ha hecho que en varios países se prohíba la publicidad subliminal en cine o televisión; pero las investigaciones sobre su efectividad distan mucho de ser concluyentes. En el caso de los mencionados anuncios de Coca-Cola, se informó que después de su exhibición aumentaron un poco las ventas de refrescos en general. Por lo visto, estimularon la sed del auditorio sin lograr la buscada lealtad a su marca.

LLAMADAS DE LARGA DISTANCIA
Cómo han trasladado los músicos africanos sus idiomas a las percusiones

EN MUCHOS lugares de África los tambores hablan en verdad. Dos ejecutantes, alejados hasta 32 km uno del otro, pueden sostener una conversación, en la que reproducen con toques de tambor palabras del lenguaje de su tribu. En Ghana, la tecnología moderna ha ampliado el alcance de esta tradicional forma de comunicación: los boletines informativos de radio se inician con el mensaje tamborileado "Ghana, escucha... Ghana, escucha".

En países del África occidental, como Ghana, Dahomey y Nigeria, es donde más se ha desarrollado el empleo de los tambores parlantes. Muchas lenguas que se hablan en dicha área son "tonales": a cada sílaba de una palabra le corresponde un tono musical, y el tamborilero repite en el instrumento los tonos y ritmos de cada palabra. Por esto es importante que el ejecutante sea de oído muy afinado. Sería imposible tamborilear un mensaje en idiomas no tonales, como el inglés, pues el oyente sólo percibiría el número de sílabas del mensaje y su ritmo.

Los tamborileros parlantes más celebrados del África occidental son los yorubas, cuyo principal instrumento es el *dondon*, tambor en forma de reloj de arena. Se sujeta bajo el brazo y se golpea con una baqueta en forma de martillo. Para

agudizar la tonalidad del toque del tambor, el músico ejerce presión sobre cuerdas de cuero que corren longitudinalmente por los lados, con lo que tensa la piel del tambor. Los bantú de Zaire y de Sudáfrica emplean, para fines telegráficos, tambores con una abertura, hechos de troncos ahuecados.

Los tambores desempeñan una función central en la vida cultural y social africana. En particular, los tambores parlantes tienen muchos usos, además del envío de mensajes a larga distancia. Por ejemplo, en rituales solemnes se tocan himnos a divinidades tribales o canciones en honor de un gran jefe, y en

Mensaje musical Los tambores parlantes, incluido el dondon *(a la derecha y extremo izquierdo), se usan para comentar el baile en las bodas de Tamale, Ghana.*

ocasiones más festivas sirven para hacer jocosos comentarios sobre la calidad del baile o incluso para alentar a los participantes de un certamen de lucha. En ciertas sociedades, entre las cuales resaltan los mossi del Alto Volta, los tambores parlantes son el medio para preservar la historia de la tribu, que se transmite de una generación de diestros músicos a otra, en la forma de épicas narraciones tamborileadas.

UN MITO HECHO HUMO

La decepcionante verdad sobre las señales de humo indias

Humareda distante *Este cuadro es obra del pintor del siglo XIX Frederic Remington (EUA), quien fue famoso por su precisión, aunque aquí exageró la complejidad de las señales de humo.*

MUCHAS PERSONAS, que de pequeñas vieron *westerns* (películas del Oeste norteamericano), crecieron pensando que los indios norteamericanos se comunicaban con señales de humo casi tan fácilmente como hoy se habla por teléfono. Lamentablemente, la idea de que el humo comunicaba mensajes complejos es una típica muestra de las exageraciones de Hollywood.

Las señales de humo sí recibieron uso, ante todo entre las tribus seminómadas de las Grandes Llanuras; pero su contenido se limitaba a unos cuantos mensajes, cuyo significado se acordaba de antemano. Por ejemplo, en Arizona los guerreros pima en retirada avisaban del

fin de un exitoso ataque mediante una columna de humo, y la aldea les respondía con dos.

Alimentaban el fuego con pasto húmedo o ramas de árboles de hojas perennes. Aunque hay relatos de que los indios usaban frazadas para puntuar las señales, normalmente se requerían sólo una o dos columnas de humo continuas para enviar un mensaje. El significado dependía del origen de la señal; por ejemplo, un valle o la cima de una colina. Cuando los apaches que salían a cazar divisaban otro grupo de indios a lo lejos, encendían fuego visible a la derecha de su propio grupo, con lo que querían decir "¿Quiénes son ustedes?". Si el otro grupo era de amigos, respondía según acuerdo previo. Las señales de humo se empleaban en especial para comunicar la victoria en una batalla, o para advertir sobre enfermedades en un campamento o peligros, como la proximidad de enemigos.

¿SABÍA USTED QUE...?

LAS PERSONAS acostumbradas a escuchar los tambores parlantes del África occidental reconocen al instante el matiz personal de un tamborilero, al igual que se identifica a quien habla por el timbre de voz.

MATICES DE SIGNIFICADO

¿Qué color tiene la felicidad?

EN LOS PAÍSES occidentales, el rojo significa peligro. Es también el color de la sangre, el fuego y la pasión. Asimismo, se emplea para señales de alto y semáforos. De igual modo, es el color de Marte, el dios romano de la guerra. Roja es la ira, y se cree que los pelirrojos tienen temperamento apasionado. Pero en China es el color de la felicidad.

Los colores tienen significados distintos para cada cultura. En Occidente, el negro va unido al luto, al tiempo que las novias tradicionalmente visten de blanco, mientras que en China éste es el color luctuoso. En Europa se dice que la realeza tiene sangre azul, mientras que en Malasia la sangre real es blanca.

Colores de los puntos cardinales

Entre los indios pueblo de Estados Unidos, los colores se relacionan con los puntos cardinales: el este con el blanco, el norte con el amarillo, el oeste con el azul y el sur con el rojo. Los cherokees vinculan propiedades abstractas, además de puntos cardinales, con los colores: el éxito viene del este y es rojo; las dificultades, del norte y son azules; la muerte, del oeste y es negra, y la felicidad, del sur y es blanca.

En Occidente, el azul es generalmente un color alegre, al que se relaciona con el cielo, la lealtad y la paz. En contraste, la peor maldición de los yesidíes del Cáucaso y Armenia, que detestan el azul, es: "¡Ojalá se muera vestido de azul!"

Marcha triste *Dolientes en una procesión en la isla Cheung Chau de Hong Kong visten de blanco, el color tradicional para los funerales en China.*

ENCENDIDAS MARAVILLAS DEL MUNDO

Los imponentes faros que alertan a los marineros acerca del peligro

DISEÑADOS PARA servir a los navegantes de punto de referencia o para advertirles de peñascos o corrientes peligrosas, antiguamente los faros eran simples fogatas en terrenos altos. Sin embargo, en la época de las grandes civilizaciones romana y griega, los faros fueron construcciones altísimas, en muchos casos relacionadas con grandes ciudades o aun imperios. Uno de ellos fue el enorme Faro de Alejandría, Egipto, a orillas del Mediterráneo. Considerado una de las Siete Maravillas del Mundo, se construyó hacia el año 280 a.C. y medía 120 m de alto. Se dice que el fuego que se mantenía encendido en su parte superior se apreciaba incluso a 55 km de distancia.

La luz del faro salía del fuego de una canasta de metal llena de leña, que se

Monumento a Colón *Faro a prueba de huracanes en la República Dominicana, que se planea inaugurar en 1992; será una gran atracción turística.*

subía a lomo de caballo por rampas en espiral, y después se izaba hasta la parte superior mediante poleas. La imagen del faro se grabó en monedas y medallas antiguas acuñadas en Alejandría. Aunque sobrevivió cuando menos un milenio, fue gravemente dañado por un terremoto en el año 796. Hoy sólo quedan los cimientos.

Hacia el siglo I, se inició el uso de cirios y lámparas de aceite para iluminar los faros. Hoy se alumbran con electricidad o gas. El color y la forma del centelleo los hacen distintivos para los navegantes.

Desde 1948, la República Dominicana comenzó la edificación de lo que se espera sea considerada una maravilla del mundo moderno: un faro monumento a Cristóbal Colón. A fin de que sobreviva a huracanes y temblores de tierra, frecuentes en el Caribe, no será una torre alta, sino una enorme cruz yacente, de 1 200 m de longitud y 35 m de

Mano amiga *Los faros, como éste de la isla Anacapa, California, son importantes para los marineros: iluminan peñascos peligrosos y sirven de puntos de referencia.*

altura. Los dirigentes de este país planean inaugurar la construcción en 1992, como parte de las celebraciones del quinto centenario del descubrimiento de la isla por Colón.

Muchos dominicanos creen que Colón tenía mala suerte o fucú, la que al parecer ya actuó en la construcción del monumento a Colón, diseñado por un arquitecto británico en 1929. En la ceremonia de inicio de la excavación, en 1948, el explosivo usado para remover la tierra detonó prematuramente y destruyó el automóvil de un funcionario. Luego quebró el banco estadounidense donde estaban depositados los honorarios del arquitecto, y años después su familia sólo recibió una parte mínima de los mismos, que totalizaban 10 000 dólares.

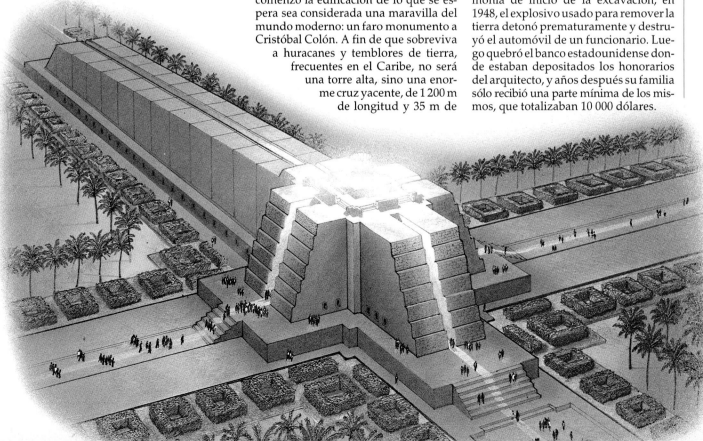

INTRIGA Y ENGAÑO

La verdadera vida de Sidney Reilly, experto espía

EN EL OSCURO MUNDO del espionaje, Sidney Reilly resalta por su singular ambición: aspiraba a derrocar por su propia cuenta al gobierno comunista de la URSS... y casi lo logra.

Reilly fue uno de sus múltiples seudónimos, como "camarada Relinsky", "Georg Bergmann" o "monsieur Massimo". Sigmund Rosenblum nació en Odessa, puerto del Mar Negro, en 1874. Tomó el apellido Reilly de su primera esposa, Margaret Reilly Callaghan. Aunque después afirmó ser hijo ilegítimo de un capitán naval irlandés, era mentira.

Inescrupuloso en los negocios y en el amor, durante la Primera Guerra Mundial fue traficante de armas en Nueva York, casado en bigamia con su segunda "esposa", Nadine. Después de la revolución bolchevique de noviembre de 1917, lo reclutó el servicio de inteligencia británico para que desestabilizara al gobierno de Lenin y Trotsky.

Una telaraña de mentiras

Llegó a Petrogrado en la primavera de 1918 y formó una compleja red de conspiración. Después de establecerse como simpatizante bolchevique, se las ingenió para obtener papeles de identidad como miembro de la *Cheka*, la policía secreta bolchevique. Al mismo tiempo, conspiró con disidentes de la guardia letona de Lenin para arrestar a los líderes bolcheviques, que marcharían sin pantalones por las calles de Petrogrado, y establecer otro gobierno. Creía que esta intriga podría haber funcionado fácilmente, y tiempo después escribió: "estuve a un paso de transformarme en el amo de Rusia".

El 31 de agosto de 1918, un atentado contra Lenin por una asesina antibolchevique, Dora Kaplan, provocó arrestos e investigaciones por parte de la *Cheka*. Reilly escapó por el Báltico a Suecia, a bordo de un barco mercante holandés. Un tribunal soviético lo sentenció a muerte en su ausencia.

Pese a que el servicio de inteligencia británico lo echó de sus filas, siguió obsesionado en derrocar al gobierno comunista. En la década de 1920 ingresó al "Trust", una organización antigubernamental formada en la entonces URSS. El 25 de septiembre de 1925 cruzó clandestinamente la frontera de Finlandia a la URSS para ponerse en contacto con los líderes de la organización en Moscú, sin saber que ya estaba infiltrada la policía secreta y vigilaban todos sus movimientos. Sin darse cuenta, habló abiertamente con dobles agentes soviéticos. Fue el final para Reilly: al poco tiempo de haber ingresado en el país lo arrestaron y fusilaron.

LA VERDADERA MATA-HARI

La realidad detrás de la leyenda de la gran espía

EN JULIO DE 1917, casi al final de la Primera Guerra Mundial, Margaretha Geertruida Zelle, alias Mata-Hari, fue procesada ante un tribunal militar en París. La acusaban de haber entregado secretos militares franceses a Alemania, tan vitales que habían costado la vida de no menos de 50 000 franceses. En las audiencias se reveló una historia sensacional de sexo y espionaje, de modo que las angustiadas declaraciones de inocencia de Margaretha cayeron en oídos sordos. El tribunal no vaciló en declararla culpable y sentenciarla a muerte ante un pelotón de fusilamiento.

Bailar en el peligro

Sin embargo, la vida real de Margaretha hace pensar que fue una inofensiva y desconcertada víctima de las circunstancias más que una peligrosa espía. Nacida en Holanda en 1876, se casó a los 19 años con un oficial del ejército holandés y vivió algún tiempo en Java y Sumatra. En 1905, de nuevo en Europa y ya divorciada, emprendió la carrera de bailarina oriental, primero bajo el nombre de Lady MacLeod y después como Mata-Hari, expresión malaya que significa "el ojo del día".

Pronto se hizo famosa en todo el continente, no tanto por la calidad de su danza como por su disposición a presentarse semidesnuda en el escenario. Tuvo una serie de amantes de varias nacionalidades en los más altos círculos políticos y militares, incluido el príncipe Guillermo, heredero al trono alemán.

Después de que estalló la guerra en 1914, sus contactos internacionales la hacían un blanco tentador para los jefes del alto espionaje en busca de agentes. En aquel entonces pasaba apuros, de modo que aceptó dinero de los servicios de inteligencia alemán y francés. Empero, resultó inútil como agente secreto. No hay pruebas de que uno u otro bandos hayan obtenido de ella información provechosa. Finalmente, cansados de pagar por nada, los alemanes permitieron deliberadamente que los franceses descubrieran su duplicidad.

Pese a que apelaron en su favor algunos de los franceses más influyentes, muchos de ellos ex amantes suyos, Mata-Hari fue ejecutada en Vincennes el 15 de octubre de 1917. Su comportamiento indiferente ante la muerte acrecentó la leyenda de Mata-Hari. Lascivos periodistas resaltaron las medias de seda negras y la capa de piel en cuyo uso insistió para la ejecución. Se rehusó a que le vendaran los ojos, por lo que se difundió el rumor de que creía que uno de sus amantes acaudalados había ordenado que se cargaran los rifles con cartuchos de salva.

INTRUSO PAGANO

El aventurero suizo que descubrió la ciudad perdida de Petra

EN 1809, Johann Ludwig Burckhardt, hijo de un oficial suizo al servicio del ejército imperial de Napoleón, se embarcó rumbo al Cercano Oriente para explorar el misterioso mundo islámico. Los desiertos y las ciudades santas de los árabes habían estado cerrados a los infieles cristianos por más de un milenio. La única manera de abrirlos era haciéndose pasar por musulmán. Burckhardt aprendió árabe y, al llegar a Alepo, se vistió a la usanza del lugar y se convirtió en el comerciante musulmán Ibrahim ibn Abdallah.

Justificaba su raro acento árabe diciendo que era hindú, y si le pedían que hablara indostaní, farfullaba en suizo alemán y satisfacía a sus oyentes árabes.

Ruinas del desierto

Burckhardt mantuvo su identidad ficticia durante ocho años, en los que vivió muchas aventuras. La más famosa fue el descubrimiento de la ciudad perdida de Petra, en algún tiempo próspera capital del reino árabe de los nabateos y que fue sometida por los romanos en el año 106. En Amán, hoy capital de Jordania, escuchó por primera vez acerca de una magnífica ciudad en ruinas en el desierto, de la que se rumoreaba que tenía escondido un tesoro. Las tribus del desierto no permitían que los extraños se acercaran. Pero Burckhardt o, más bien, Ibrahim ibn Abdallah, manifestó su deseo de inmolar en un lugar santo musulmán cercano, la tumba de Aarón. El permiso para tan sagrada peregrinación no podía negarse.

Avanzó a través del desierto y las montañas de arenisca, acompañado por guías recelosos. Guardaba sus notas furtivamente, escribiendo a hurtadillas bajo sus holgadas ropas árabes. Si sus guías hubieran descubierto su verdadera identidad, sin duda lo habrían matado. El 22 de agosto de 1812, el aventurero llegó a las impresionantes ruinas de Petra a través de una grieta en las montañas. Tallados en los acantilados de areniscas roja y ocre, había casi un millar de templos, tumbas y monumentos, con esculturas de águilas y extrañas bestias, y piedras negras consagradas al dios del Sol, Dushara. Burckhardt se convirtió en el primer europeo, desde la época del Imperio Romano, en disfrutar de este espectáculo asombroso.

Burckhardt regresó ileso del viaje a Petra y emprendió una peregrinación a La Meca en 1814. Fue el primer infiel que

Ciudad de arenisca En la antigua ciudad árabe de Petra (hoy Jordania), posteriormente a la conquista romana en 106, se construyó la Tesorería, uno de sus más bellos monumentos.

entró a la más sagrada ciudad del Islam. Su disfraz se había vuelto parte de él mismo, para entonces. Cuando murió de disentería en El Cairo, en 1817, su otra identidad ya se había apoderado de su vida. A petición suya, lo enterraron en un cementerio musulmán. En la lápida se inscribió el epitafio siguiente: "Peregrino Ibrahim ibn Abdallah."

¿SABÍA USTED QUE...?

SE DICE que la urna de la parte superior de la Tesorería de Petra contiene grandes riquezas. A través de los años, los buscadores de tesoros han fallado al intentar derribarla con balas y la han dejado marcada.

Como nativo En 1809, Johann Ludwig Burckhardt, un suizo vestido de musulmán, hizo un viaje notable a lugares santos árabes, hasta entonces no vistos por gente no musulmana.

capítulo siete

LA AVENTURA DE LA INVENCIÓN

NO PUEDE predecirse qué resultará de la libre imaginación de un inventor. Hace unos 250 años, los parisienses se maravillaron con un pato mecánico que se alzaba sobre las patas y hasta comía de la mano de la gente (*página 201*). Hoy, el robot Manny, lejano pariente de ese juguete, ejecuta una tarea mortal: probar la ropa contra armas químicas para el ejército de Estados Unidos (*página 202*). Así pues, incluso un invento en apariencia inservible o impráctico puede ser pionero de una importante y benéfica tecnología.

CORRIENTES DE PENSAMIENTO

Nikola Tesla —y no Thomas Edison— descubrió cómo desarrollar la electricidad

UNO DE los inventos más conocidos de Thomas Edison fue la bombilla eléctrica, y su participación en hacer de la electricidad la principal fuente de energía industrial y doméstica tiene merecida fama. Pero si se hubiera empleado su criterio de cómo debía distribuirse la nueva forma de energía, la industria eléctrica se habría retrasado muchos años. Edison fue adalid de la corriente continua, o sea el flujo de electrones en un solo sentido, como en una pila. La corriente alterna, forma en que la electricidad sale hoy de las redes abastecedoras, fluye fracciones de segundo en una dirección y luego en la otra. Su promotor principal fue el inventor croata-estadounidense Nikola Tesla.

Cuando Tesla llegó a EUA en 1884 admiraba a Edison e incluso le rediseñó los dínamos de corriente continua para su empresa; pero estaba convencido de las ventajas de la corriente alterna. Cuanto menor sea la tensión con que se transmite la electricidad, tanto

Batalla de corrientes Edison mostró a la prensa el electrocutamiento de perros y gatos con corriente alterna para comprobar que ésta era intrínsecamente peligrosa.

más energía se pierde en el cable que la conduce. La corriente continua se generaba a baja tensión, de modo que se perdía mucha energía al transmitirla a grandes distancias.

Según Tesla, la corriente alterna, a diferencia de la continua, se podía generar a baja tensión y ser intensificada con un transformador a voltaje alto para transmitirla eficazmente a puntos muy distantes, o se reducía en subestaciones a baja tensión, para uso doméstico. Al cabo de un año se enemistó con Edison, y en 1888 se asoció con el industrial George Westinghouse para aplicar su sistema de dínamos de corriente alterna. Así comenzó la "batalla de las corrientes".

En su campaña contra la corriente alterna, Edison explotó la ignorancia del público y su temor a la electricidad. Empeñado en probar que la corriente alterna era peligrosa e impropia para uso doméstico, hizo que uno de sus agentes comprara dínamos de Westinghouse y los vendiera a las autoridades carcelarias para las primeras sillas eléctricas. Esto fue contraproducente: en 1890, el primer condenado tardó ocho minutos en morir, pues los verdugos no suministraron electricidad suficiente: lo que mata es la potencia de la corriente, sea alterna o continua.

Pronto resultó evidente que la transmisión de corriente alterna de alta tensión sería inofensiva si se construían las líneas de energía lejos del alcance de la gente. Su superioridad se reconoció en 1893, cuando Westinghouse ganó el contrato para construir la primera planta hidroeléctrica a gran escala en las cataratas del Niágara, Nueva York.

Amigo y enemigo Tesla, sentado cerca de su máquina generadora de luz artificial, trabajó para Edison antes de ser su rival.

GENIO DE LAS PATENTES
Éxitos y fracasos de un gran inventor

THOMAS EDISON fue casi sin duda el inventor más prolífico de todos los tiempos. Se le recuerda ante todo por tres inventos: la lámpara incandescente, el cinetógrafo (antecesor del cinematógrafo) y el fonógrafo. Sin embargo, en su larga vida (1847-1931), patentó más de 1 300 inventos en EUA y otros países. En la cúspide de su carrera, en la década de 1880, registraba en promedio una patente cada cinco días.

Sobra decir que no todas sus invenciones tuvieron éxito. El primer invento que patentó, ideado en 1868, fue un sistema eléctrico para acelerar el engorroso proceso del registro de votos en el Congreso de EUA: cada uno de los congresistas tendría a su disposición botones de "sí" y "no", enlazados con un receptor central automático. Este sistema, evidentemente práctico, habría funcionado... pero el Congreso era hostil a la innovación y se negó a comprarlo.

La fuerza de las palabras

Una de las ideas más estrafalarias de Edison fue el fonomotor, derivación del fonógrafo. Esta "máquina vocal" usaría la energía de las vibraciones sonoras de la voz humana para propulsar maquinaria. De tal suerte, una máquina de coser sería accionada no con un pedal ni con electricidad, sino por la costurera al hablar en voz alta. Pero no resultó práctico.

También eran afines al fonógrafo las muñecas parlantes de hojalata que creó hacia 1880. Cada una contenía un pequeño cilindro fonográfico, que funcionaba al dar vueltas a una llave, con una grabación de rimas infantiles u otros textos.

La pluma eléctrica de Edison Imitado por muchos, este artefacto permitía producir hasta 3 000 copias de un manuscrito. Se accionaba con una pila de Bunsen (los frascos de vidrio). El estilete vibrador perforaba el texto en una hoja de papel resistente, que después se usaba como esténcil.

En 1908, cuando Edison centró su atención en la industria de la construcción fue, como siempre, muy innovador. Propuso sustituir las viviendas de los barrios pobres con casas nuevas y baratas de concreto. Cada casa se haría de una sola pieza. A tal efecto, se vertería el concreto en un molde de hierro, proceso que en total requeriría tres horas. Aunque se burlaron de su propuesta, Edison demostró que era factible al construir él mismo una casa. Si bien el uso del concreto en edificios fue en aumento en los primeros años del siglo XX, las casas de Edison de un solo molde no lograron arraigo.

Su curiosidad rebasó los límites del mundo material. En sus últimos años, alentado por los millones de personas que habían perdido familiares en la Primera Guerra Mundial, intentó comunicarse con los muertos. No creía en la ouija u otros equipos usuales de espiritistas, de modo que intentó crear una máquina que amplificara las débiles vibraciones provenientes de ultratumba. Por desgracia, esta última búsqueda del gran inventor resultó un fracaso.

UTILIDADES EN MOVIMIENTO

THOMAS ALVA Edison no sólo fue un gran inventor, sino también un inspirado hombre de negocios. Ya hacia los 12 años mostró talento empresarial al obtener la concesión para vender periódicos y dulces en el tren que circulaba entre Port Huron y Detroit, Michigan.

Sus ganancias como voceador dependían de igualar la oferta con la demanda. Así pues, con su resolución usual convenció a un amigo del *Detroit Free Press* de que le mostrara con anticipación las galeras de las noticias más importantes, para calcular el probable interés del público y, con esto, las ventas del día.

Su mayor triunfo como voceador ocurrió en abril de 1862, cuando los primeros relatos de la sangrienta batalla de Shiloh, de la Guerra de Secesión, acapararon los titulares. Edison vio la oportunidad de ganar dinero, compró a crédito 1 000 ejemplares y gestionó que telegrafiaran la noticia de la batalla a lo largo de la ruta, adelantándose al tren, y la fijaran en las paredes de las estaciones.

La voz se corrió con rapidez en cada pueblito de la ruta, y las multitudes abarrotaron las estaciones, frenéticas por leer más detalles de la lucha cuando llegaran los periódicos. Además de que logró vender todos los ejemplares, pudo aumentar mucho el precio mientras avanzaba.

No contento con vender periódicos, pasó al periodismo e instaló una prensa en el vagón de equipajes del tren, para producir su boletín local, el *Grand Trunk Herald*. Al precio de tres centavos de dólar, alcanzó una circulación de unos 700 ejemplares y fue el primer periódico impreso en un tren.

Sin embargo, Edison acabó por pasarse de listo al instalar un laboratorio químico en el mismo furgón, para experimentar en sus ratos de ocio. Cuando provocó un incendio, lo arrojaron del tren sin miramientos, con todo y sus equipos.

FOBIA A LOS GÉRMENES Y RAYOS MORTALES

EN EL MUNDO científico se recuerda a Nikola Tesla principalmente por su trabajo acerca del campo magnético rotatorio, que hizo posible fabricar los generadores de corriente alterna con que se abastece hoy de electricidad a gran parte del mundo. En honor de este logro se le dio su nombre a una unidad científica. Sin embargo, el tesla no se emplea en la conversación cotidiana, ya que sirve para calcular la fuerza de campos magnéticos. También existe la bobina Tesla, que permite al transformador generar corriente de alta frecuencia a muy alto voltaje y se utiliza todavía en televisores, radios y otros dispositivos electrónicos modernos. Inventó la bobina en 1891, mientras investigaba la corriente alterna.

En años posteriores Tesla fue una especie de solitario excéntrico, que a menudo iba a pie desde su hotel, donde su habitación le servía de laboratorio, hasta la Biblioteca Pública de la ciudad de Nueva York. Pese a que adquirió fobia a los gérmenes, al parecer no sospechaba que las palomas de la ciudad fuesen transmisoras de enfermedades; observarlas y darles de comer eran sus mayores placeres en la vida.

Arma pacificadora

A veces salía de su cuarto con anuncios de descubrimientos e invenciones que era cada vez más difícil tomar en serio. En 1934, por ejemplo, dijo a la prensa que había ideado un rayo mortal. Sería el factor definitivo que pusiera fin a las guerras. Consistía en un haz de partículas de alta velocidad que destruiría escuadrillas de aviones enemigos a distancias hasta de 400 km. Nunca se revelaron los detalles de esta mortífera arma.

NUEVA YORK SE ESTREMECE
Demostraciones del poder de la resonancia

LA TIERRA y todo lo que hay sobre ella vibran de modo natural, y cuando se aplica una fuerza externa ondulatoria con la misma frecuencia de esas vibraciones pueden acumularse poderosas resonancias concordantes, posiblemente riesgosas. A Nikola Tesla le fascinaba el extraordinario poder de todas las formas de energía invisible, y en 1898 realizó experimentos, básicamente por diversión, en los que aprovechaba la resonancia natural de la Tierra.

Cuando fijó un pequeño oscilador (aparato para generar vibraciones) a una de las columnas de hierro que sustentaban el edificio donde estaba su laboratorio en la ciudad de Nueva York, esperaba que la resonancia se transmitiera a objetos próximos en la habitación. Al principio, el oscilador pareció tener efecto mínimo. Bien ajeno estaba Tesla a que había provocado, en varias manzanas circundantes de Manhattan, lo que para sus habitantes pareció un fuerte terremoto, sin faltar las sacudidas de edificios, desprendimientos de yeso y ventanas hechas añicos.

Efecto de choque

Las vibraciones descendieron por la armadura de hierro del edificio hasta la capa de arena sobre la que está asentada Manhattan. La arena es muy buena transmisora de vibraciones, y se había desatado una intensa resonancia en otras construcciones antes de que se sintiera en la que habitaba Tesla.

Alteración del orden

Cuando Tesla sintió por fin que su laboratorio se sacudía, supo que era hora de parar. El oscilador estaba accionado por aire comprimido, y en vez de perder tiempo desconectando los tanques de alta presión, decidió que era mejor destruir la máquina a martillazos. Justo cuando lo hacía, llegó la policía, conocedora de sus excentricidades, para confirmar sus sospechas de que él había causado el pánico en las calles vecinas.

En otra ocasión el irresponsable inventor fijó un artefacto parecido en la armazón de un edificio en construcción en la zona financiera de la ciudad de Nueva York, sin dar aviso a los hombres que trabajaban arriba, en las vigas de acero. Los obreros bajaron aterrorizados, y una vez más hubo que pedir la intervención de la policía.

Tesla aseguraba que, si le daban la oportunidad, podría aplastar el puente de Brooklyn con su diminuto oscilador. También afirmó que, con tiempo y la dinamita necesaria, podría aprovechar las vibraciones naturales de la Tierra para partir el planeta en dos.

RADIOFONÍA MUNDIAL
Una estación de radio que se adelantó a su época

EL 12 DE DICIEMBRE de 1901, histórico día en que el inventor italiano Guglielmo Marconi transmitió la letra *S* en clave Morse de Cornualles a Terranova, Nikola Tesla trabajaba en una aplicación mucho más ambiciosa de la telegrafía inalámbrica. Su "sistema de difusión mundial" no se limitaría a enviar mensajes en clave Morse. Pretendía enlazar todos los sistemas telefónicos y telegráficos del mundo, y difundir las cotizaciones de las bolsas de valores y los informes meteorológicos por todo el orbe. Con su notable comprensión del potencial de las ondas de radio, previó el uso de la radio para entretenimiento y predijo maravillas futuristas, como la televisión, el correo electrónico (información enviada de una computadora a otra) y la transmisión por fax de imágenes fotográficas a través del aire.

Cuando escuchó la noticia del triunfo de Marconi se mostró indiferente y, restándole importancia, comentó a un amigo: "Marconi es un buen tipo. Déjenle hacer. Está empleando 17 de mis patentes." La emisora de Tesla se coordinaría desde una torre futurista que estaba construyendo en la costa de Long Island. Entre 1901 y 1903, gracias al generoso apoyo del financiero J. Pierpont Morgan, se edificó la torre: una estructura de madera de 57 m de altura, coronada con un ancho domo de cobre que le daba el aspecto de un hongo gigantesco. Pero se acabó el dinero, y la torre quedó como desolado monumento al genio de Tesla hasta la Primera Guerra Mundial, cuando fue derribada.

Planteamiento impráctico

Si Tesla se hubiera concentrado en una serie de aplicaciones en pequeña escala de sus inventos, en vez de concebir grandiosos proyectos que nunca maduraron, hoy sería tan conocido como Edison y Marconi. En 1943, al concluir un litigio sobre patentes, la Suprema Corte de Estados Unidos dictaminó que Tesla había descrito con detalles, desde 1893, los principios que permitieron a Marconi hacer su transmisión en diciembre de 1901. Sin embargo, este reconocimiento oficial fue tardío para el genial inventor croata-estadounidense: había muerto unos meses antes, a la edad de 86 años.

EL PRIMERO EN SU CAMPO

¿Quién inventó en realidad la primera computadora electrónica?

POCAS PERSONAS han oído hablar del Dr. John Vincent Atanasoff. Sin embargo, según el dictamen que emitió en 1973 un tribunal estadounidense, a él le corresponde haber inventado la computadora digital electrónica, el acontecimiento tecnológico más importante de la era contemporánea.

La invención de la primera computadora verdadera suele atribuirse a los decodificadores británicos que trabajaban durante la Segunda Guerra Mundial en Bletchley Park, Buckinghamshire, y que en 1943 crearon la máquina Colossus, o al grupo de John W. Mauchly y J. Presper Eckert, de la Universidad de Pensilvania, inventores de la computadora ENIAC entre 1942 y 1945.

Ayuda a la investigación

En realidad, se les adelantó el Dr. Atanasoff, profesor de física de la Universidad Estatal de Iowa, que trabajaba en cálculos matemáticos relacionados con la mecánica cuántica. Para ahorrar años de tediosos cálculos, decidió crear un dispositivo electrónico que sumara. En 1942, cuando la guerra interrumpió su trabajo, Atanasoff ya había producido una máquina primitiva que funcionaba con muchos elementos propios de las computadoras modernas, incluidas la lógica binaria (en que todos los números se reducen a un código de ceros y unos) y la memoria electrónica.

Primera memoria *Atanasoff sujeta el tambor de memoria de la computadora electrónica que inventó en 1942. Sólo podía almacenar la décima parte de la información para la que tienen cabida las modernas calculadoras de bolsillo.*

Esta labor de Atanasoff quedó en el olvido hasta 1971, cuando llamó la atención pública en un juicio sobre patentes. Después de seis años de litigio, un juez de EUA resolvió que la computadora ENIAC se había basado en los trabajos pioneros de Atanasoff y, por lo tanto, éste era el padre de la computación moderna. Aunque con un retraso de 35 años, Atanasoff recibió los honores que merecía.

GIROS EN EL TIEMPO

EN 1927, PEDRO FLORES, maletero filipino de un hotel de la ciudad de Los Ángeles, inició la fabricación de yoyos de madera y los vendía a los huéspedes. Dos años después, Donald F. Duncan, un visitante de Chicago, quedó tan encantado con el juguete que le compró la fábrica a Flores.

Duncan no tardó en convencer al magnate periodístico William Randolph Hearst de que ofreciera el yoyo como promoción para impulsar las ventas de sus periódicos. El resultado fue un furor por el juguete que se extendió por todo Estados Unidos y Europa, y que nunca ha desaparecido por completo.

Bing Crosby grabó una canción sobre el yoyo, y celebridades como los actores Douglas Fairbanks y Mary Pickford fueron fotografiadas jugándolo. La pasión por el juguete llegó hasta Irán, donde un periódico lo tachó de "novedad inmoral y derrochadora de tiempo", citando ejemplos de madres que descuidaban a los hijos por la manía del yoyo.

La conexión sinofrancesa

El juguete que Duncan promovió con tanto éxito no es una creación del siglo XX. Aunque no se conoce a ciencia cierta su origen, al parecer se remonta a la antigua China, al igual que la pólvora y el papel moneda. Se dice que unos misioneros provenientes de Pekín lo llevaron a Francia hacia fines del siglo XVIII. Sea esto cierto o no, fue juguete favorito de los nobles franceses y sus hijos, y se le puso el apodo de *l'émigrette* ("emigrante") por su relación con las familias aristocráticas que huían de la guillotina del París revolucionario. Incluso el rey Luis XVI y su esposa María Antonieta fueron entusiastas jugadores de yoyo.

Sin embargo, es igualmente probable que lo inventaran en la antigua Grecia. En un jarrón que se remonta al año 500 a.C., guardado en un museo de Berlín, aparece la imagen de un niño con un yoyo.

Juego sucio

No siempre ha sido el yoyo un juguete inofensivo. En el siglo XVI se empleaba en las Filipinas como arma. El atacante se escondía en la copa de un árbol, hacía girar un yoyo y lo arrojaba contra la cabeza de la víctima cuando ésta pasaba bajo el árbol. Algunos de estos yoyos eran tan pesados como este libro; si se manejaban con destreza, retornaban al atacante.

LAS GANANCIAS DE LAS INVENCIONES
A menudo el genio práctico se queda sin recompensa

HAY UNA fascinación irresistible en el momento mágico en que cristaliza una idea original en la mente y nace un nuevo invento. A veces llega después de meses o años de buscar la solución a un problema claramente definido; en otros casos se advierte una necesidad y se resuelve casi simultáneamente. Sin embargo, un destello de inspiración no siempre garantiza un futuro feliz o siquiera próspero a quien lo tiene. A muchos talentosos inventores se les amarga la alegría original de su descubrimiento con las disputas jurídicas sobre patentes; otros, como empleados de grandes compañías, jamás disfrutan siquiera una parte de las ganancias obtenidas por la explotación comercial de sus ideas. Algunos más amasan grandes fortunas con sus inventos, pero continúan su vida casi sin cambios.

varilla del péndulo

escala

contrapeso móvil

botón de arranque y término

mecanismo de cuerda

contrapeso fijo

En ritmo El metrónomo marca el ritmo por medio de un péndulo de reloj con un contrapeso fijo en el extremo inferior y uno móvil en la varilla. La posición del contrapeso móvil determina el número de golpes por minuto (normalmente, de 40 a 208), marcados en una escala. Cada vez que oscila el péndulo, el metrónomo produce un chasquido.

Alambrado

El creador de los ganchos de alambre para colgar ropa no obtuvo un centavo de su útil invención. En 1903, Albert J. Parkhouse trabajaba para una compañía en Jackson, Michigan, en la fabricación de bastidores de alambre para pantallas de lámpara. La empresa era muy tacaña para colocar perchas suficientes, a fin de que los empleados colgaran los sacos. Un día, en vez de arrojar el suyo al piso, Parkhouse dobló un trozo de alambre en la forma, tan conocida hoy, de un gancho de alambre. Su patrón lo observó, captó en seguida la utilidad de esta idea y la patentó. Parkhouse siguió trabajando en el taller de la fábrica.

Para llevar el compás

A principios del siglo XIX, muchos inventores competían por producir un metrónomo práctico y confiable, artefacto con que los músicos aprenden a tocar con ritmo constante. Dietrich Winkel, fabricante alemán de órganos que vivía en Amsterdam, resolvió el problema en 1814. En un péndulo accionado con un mecanismo de relojería colocó dos contrapesos, uno fijo y otro corredizo. El péndulo emite un chasquido cada vez que oscila. La posición del contrapeso móvil afecta la velocidad del péndulo, de modo que los músicos ajustan el metrónomo para que produzca chasquidos según el ritmo con que desean ejecutar un instrumento. Por desgracia, Winkel hizo una demostración de su invento a Johann Nepomuk Maelzel, también alemán y fabricante de órganos, como él.

Sin el menor escrúpulo, Maelzel patentó a su nombre el metrónomo y lo produjo en serie. El artefacto, que sigue utilizando el principio ideado por Winkel, se conoce desde entonces como metrónomo de Maelzel.

Para ver en la oscuridad

Una oscura y neblinosa noche de 1933, Percy Shaw, reparador de carreteras de Yorkshire, Inglaterra, se sorprendió al ver los ojos de un gato que fulguraban a la luz de los faros. Esto le movió a idear un método revolucionario de señalamiento en carreteras para la conducción nocturna: una lente convexa con un espejo de aluminio. Se insertan en un cojín de hule, que se monta a su vez en un soporte de hierro colado, empotrado en la carretera. La lente y el espejo tienen una posición tal que la luz reflejada de los faros delanteros regrese al conductor del vehículo. Un año después de tener la idea original, Shaw patentó su invento. En 1935 abrió una fábrica para producir sus "ojos de gato". Aunque obtuvo riqueza y fama, su modo de vida no se modificó. Siguió llevando una sencilla existencia en una casita de su nativo

Halifax, y sólo gastó una fracción de su enorme riqueza.

Para viajar sobre aire

En 1845, Robert W. Thomson, ingeniero londinense, inventó el neumático de caucho para usarlo en las ruedas de carruajes. Al principio no tuvo éxito. En aquel momento el hule era costoso, de modo que la idea de Thomson no era de fácil venta. En 1887, John Boyd Dunlop, veterinario escocés que tenía abundante clientela en Irlanda, reinventó el neumático. Dunlop observó cómo el triciclo de su hijo sacudía al niño cuando las llantas de hule sólido golpeaban contra el pavimento irregular de las calles de Belfast. Las sustituyó con neumáticos de caucho llenos de aire y al año siguiente patentó su invento. Los neumáticos de Dunlop tuvieron éxito inmediato entre los ciclistas de huesos adoloridos, y pudo haberse vuelto millonario. Pero en 1896 vendió su participación en la empresa y no ganó nada con los usos posteriores de su invento, como los neumáticos de automóvil, negocio de muchos millones de dólares que hizo famoso su apellido en todo el mundo.

INVENCIÓN DE LA HISTORIA

Cómo un nuevo tipo de alambre ayudó a causar millones de muertes

A FINALES de la década de 1860 los colonos inundaron las Grandes Llanuras estadounidenses y cultivaron lo que habían sido prados vírgenes. Aunque el gobierno apoyaba el desarrollo de la agricultura, los rebaños habían pastado durante lustros en las praderas sin vallas, y los ganaderos pronto tuvieron conflictos con los agricultores.

Las formas de cercado existentes eran impropias para mantener el ganado fuera de los campos cultivados; la madera era muy escasa y cara para usarla en vallas, mientras que los tipos de alambre disponibles se rompían en los helados inviernos. Las barreras más eficaces eran

Alambradas bélicas *En las trincheras de la Primera Guerra Mundial, el alambre de púas fue un eficaz obstáculo a los ataques. Ambos bandos lo usaron y esto los paralizó.*

Barrera de púas *En 1873, Joseph Glidden, agricultor de Illinois, patentó un nuevo tipo de alambre de púas para mantener el ganado lejos de los campos cultivados.*

setos de arbustos espinosos. Pero su crecimiento es lento, por lo que era necesario crear un alambre duradero que cumpliera el mismo cometido.

Ya se habían presentado varias solicitudes de patentes para alambres de púas cuando Joseph Glidden, agricultor de De Kalb, Illinois, creó en 1873 su versión, en la que unas púas se mantenían sujetas a lo largo de un alambre de dos cabos retorcidos. Aunque no consideraba suya la idea de usar púas, su alambre tenía suficientes características originales, y un año después le otorgaron la patente. Como la "cerca Glidden" fue la primera producida en serie, se atribuye a Glidden la invención del alambre de púas, el cual repercutió mucho más allá del interés de los agricultores y ganaderos vecinos. Sin él habría sido más difícil hacer cumplir la política del gobierno de EUA de alentar el asentamiento: un efecto inmediato fue ayudar a que se convirtieran en propiedad privada las praderas abiertas, hasta entonces tierra sin ley.

Aún mayor fue el efecto del alambre de púas en la guerra moderna. Los estrategas militares pronto se percataron de que un tipo de cerco capaz de frenar al ganado también podría detener el avance de caballos y hombres. Durante la Primera Guerra Mundial, en Flandes y el norte de Francia, las tropas atrincheradas tras marañas de alambre de púas resistieron casi cualquier ofensiva. Esta superioridad de la defensa sobre el ataque creó un estancamiento por demás inaceptable para ambos bandos, prolongó la guerra y costó la vida de millones de soldados. El alambre de púas había cambiado el curso de la historia.

¿SABÍA USTED QUE...?

EN 1830, *Edwin Budding, de Stroud, Inglaterra, solicitó la patente de "una nueva combinación y aplicación de maquinaria con el objeto de recortar o cizallar la superficie vegetal de prados, céspedes y terrenos de recreo". En otras palabras, se trataba de una segadora de pasto. Budding laboraba en la industria textil e intentó producir una máquina que diera el acabado de tela gruesa o "peludita". Pero los artesanos de la industria se opusieron a la nueva máquina, pues sentían temor de quedarse sin empleo. Así pues, Budding transformó su invento en una eficiente cortadora de pasto. En muchas segadoras modernas aún se ven cilindros de hojas cortantes, accionados por cadenas, como los de la segadora de Budding.*

LOCURA MECÁNICA

El extraño y maravilloso mundo de Heath Robinson

¿QUIÉN INVENTÓ un aparato para quitar manchas de grasa de un camino de grava? ¿Una máquina para abrir sorpresas? ¿Un sistema para comer chícharos sin cubiertos? Todos fueron productos de William Heath Robinson, y de ninguno se esperaba que funcionara.

Nacido en Londres en 1872, Robinson fue un inspirado caricaturista que satirizaba a las máquinas, no a las personas. Se especializó en trazar máquinas complejas e inútiles, con numerosas poleas y palancas conectadas mediante una cuerda de nudos. Estos grotescos artefactos eran en su mayor parte "ahorradores de trabajo", con los que se requería mucho más trabajo que con métodos directos para conseguir el mismo resultado. Eran tan ingeniosos como imprácticos.

Estilo de vida automatizado

Su obra maestra fue quizá la casa en miniatura que construyó en 1934 para la exposición Ideal Home en Londres. Sus ocupantes, una sosegada pareja de clase media, descendían para desayunar por unas cuerdas a través de puertas en el techo. Al aterrizar en las sillas, su peso sumía unos resortes, que activaban una radiogramola y extraían leche de una concertina para alimentar al gato. En el cuarto de los niños, una máquina polveaba el trasero del bebé.

Sólo por diversión *En este libro de 1934, Heath Robinson satirizó las máquinas inútiles; este telescopio, ingenioso, pero impráctico, requiere de unos binoculares para servir.*

ARTISTAS Y ESCLAVOS

Los robots no sólo divierten, también pueden realizar el trabajo de un día o una noche

EL PERSONAL del Instituto Franklin de Filadelfia, Pensilvania, estaba perplejo. El museo había adquirido lo que parecía ser una muñeca mecánica; pero nadie sabía qué antigüedad tenía, quién la había construido ni qué hacía. Sin embargo, una vez que fue reparada, la muñeca escribió un breve poema en francés y lo firmó con las palabras: "Escrito por el autómata de Maillardet."

Este robot y otros que fabricó a principios del siglo XIX Henri Maillardet no fueron los primeros artefactos mecánicos ideados para remedar acciones de seres vivos. Ya en el siglo II a.C., Herón de Alejandría escribió sobre un teatro cuyos actores eran intérpretes mecánicos, y se dice que Leonardo da Vinci construyó un león mecánico para recibir al rey de Francia en su visita a Milán de 1507. Para el siglo XVIII, el arte de armar autómatas había alcanzado nuevos niveles de refinamiento, ya que los inventores franceses y suizos crearon ingeniosas figuras que ejecutaban instrumentos musicales o trazaban complicados dibujos.

Fue en el siglo XX que se llamó "robots" a tales inventos. La palabra se mencionó por vez primera en 1921, en una obra checa sobre máquinas humanoides rebeldes, y se deriva de la palabra checa que significa "trabajo forzado". Sin embargo, es ante todo como ayudantes que los robots pasaron de la ficción al mundo real. Sirven para realizar tareas demasiado peligrosas, difíciles o tediosas para el ser humano.

Obreros incansables

Por ejemplo, hay robots que han explorado los restos del *Titanic*, y otros que ayudan a los médicos en la práctica de operaciones cerebrales. Pero su principal aplicación ha sido en la industria, donde —después de problemas iniciales, como los de pintarse unos a otros, no a los automóviles en la línea de montaje de la General Motors— se utilizan ampliamente en tareas como soldar, tornear y ensamblar partes electrónicas. En Japón, que ocupa el doble de robots que el resto del mundo, una empresa construyó una fábrica donde los robots trabajan totalmente solos en el turno de noche.

El sueño del futuro es de robots que construyan otros robots, lo que abriría posibilidades tan interesantes como la exploración del espacio exterior por máquinas que se renovaran infinitamente.

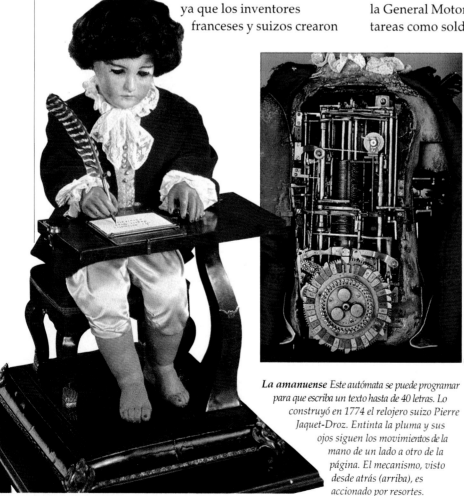

La amanuense *Este autómata se puede programar para que escriba un texto hasta de 40 letras. Lo construyó en 1774 el relojero suizo Pierre Jaquet-Droz. Entinta la pluma y sus ojos siguen los movimientos de la mano de un lado a otro de la página. El mecanismo, visto desde atrás (arriba), es accionado por resortes.*

¿SABÍA USTED QUE...?

LA UNIVERSIDAD del Occidente de Australia creó un robot que esquila ovejas. Compuesto de un brazo mecánico dotado de sensores y equipo de corte, ha de efectuar un millón de cálculos por segundo para seguir el contorno de la oveja sin rasgarle la piel. Aun así, según se sabe, el robot comete errores de vez en cuando. Los investigadores están encantados con la máquina: si bien tarda más en su trabajo que un esquilador humano, trabaja mucho más tiempo. No se han estudiado las reacciones de las ovejas.

EL PATO QUE ASOMBRÓ A PARÍS

EN 1738, Jacques de Vaucanson presentó un pato a la Real Academia de Ciencias de París. Al igual que cualquier otro, se paraba en sus patas, echaba el cuello a la derecha y a la izquierda, se limpiaba las alas, hacía gorjeos, jugaba en el agua con el pico, comía de la mano de la gente y de vez en cuando excretaba. Pero se diferenciaba de los demás en que era un pato completamente mecánico.

Por desgracia, el pato de Vaucanson desapareció y sólo quedan la descripción y los dibujos que publicó su inventor. El animal mecánico, de color de cobre dorado, "digería" la comida de cierta manera: disolvía los alimentos en el estómago, pero al hacerlo no absorbía energía, y había necesidad de darle cuerda.

Vaucanson debió ser un inventor genial. Ese mismo año, a la edad de 29, hizo una demostración de un autómata que ejecutaba sin error en la flauta 12 canciones. Además, produjo un pastor que con una mano tocaba 20 melodías en el caramillo y con la otra golpeaba un tambor.

Sin embargo, no limitó su talento a esos caprichosos proyectos. Aplicándose al reto de construir una máquina para hilar seda, acabó por diseñar un importante predecesor del moderno telar automático. Era guiado por tarjetas perforadas y accionado con tracción animal o caídas de agua.

AVE PREHISTÓRICA
Un pterosaurio emprende el último vuelo

ES DIFÍCIL imaginar cómo fue la vida en el Mesozoico, cuando por el cielo volaban los pterosaurios, los más grandes seres vivos que hayan volado jamás. El 17 de mayo de 1982, unos 65 millones de años después de su extinción, un pterosaurio voló. ¿Sería verdad?

Miles de espectadores reunidos en la Base Andrews de la Fuerza Aérea de EUA, en las afueras de Washington, D.C., observaron cómo un modelo robótico de pterosaurio se remontó hasta 120 m de altura, sólo para caer casi de inmediato en picada, decepcionante resultado de dos años de trabajo y una inversión de 700 000 dólares. Paul MacCready, ingeniero aeronáutico que lo diseñó, comentó irónico: "Ahora sabemos por qué se extinguieron."

El robot controlado por radio se llamó *QN*, por *Quetzalcoatlus northropi*, pterosaurio de 11 m de envergadura cuyos restos fósiles se hallaron en Texas en 1972. Este animal tenía cabeza enorme, pico esbelto y cuello largo, sin cola; en opinión de los expertos, una anatomía impropia para el vuelo.

Inicio en pequeño

Pese a ello, MacCready quería construir un pterosaurio mecánico que volara. Empezó con un modelo planeador de 2.4 m de envergadura, y luego ideó versio-

Dinosaurio robótico *El* QN, *modelo de plástico a escala 1:2 de pterosaurio, voló sin percances 21 veces seguidas, pero se estrelló durante la exhibición pública.*

nes más grandes, con sensores de viento, computadora, giroscopios y pilas para un vuelo de cinco minutos. Requerían un fuselaje secundario para estabilidad en el despegue, que se desecharía al entrar en acción la guía automática.

El *QN*, con 5.5 m de envergadura, demostró que los esfuerzos de MacCready no habían sido inútiles. El robot aleteador de 16 kg tuvo éxito en 21 vuelos de prueba sucesivos antes de sufrir la humillación ante la expectante muchedumbre de la Base Andrews.

BAILARINA INTRUSA EN LA COLMENA
Un robot creado para que hable con las abejas obreras

QUIZÁS ESTÉ próximo el día en que los apicultores se encaminen a las colmenas no sólo para recoger la miel, sino también para dar órdenes a sus industriosos insectos. Ya se descubrió cómo hablar con las abejas.

Las abejas se comunican entre sí mediante una compleja mezcla de canto y danza. La que descubre una fuente de alimento, como un campo de flores, ejecuta una danza para indicar a las demás su ubicación. Investigadores alemanes y daneses produjeron una abeja robot que puede remedar los sonidos y actos que realizan las abejas durante ese ritual.

Céreo disfraz

La impostora mecánica está hecha de latón recubierto de cera de abeja, y las alas, de un trozo de navaja de afeitar. No vuela (sólo se le coloca cerca de la entrada de una colmena), pero mueve las alas para emitir el sonido de las abejas. Los intrincados detalles de sus actos y canto se controlan por computadora. En experimentos realizados en 1988, en la entonces República Federal Alemana, las abejas verdaderas siguieron exitosamente las instrucciones del robot y llegaron a fuentes de alimento situadas incluso a un kilómetro de distancia.

¿SABÍA USTED QUE...?

CIENTÍFICOS *japoneses han diseñado un robot que cocina* sushi, *tradicional platillo japonés de arroz y pescado crudo. Trabajando a máxima velocidad, moldea 1 200 raciones de* sushi *por hora. Otro robot con habilidades culinarias es una mano robótica creada en Estados Unidos. Este artefacto rompe un huevo, lo vacía en un tazón y después lo bate con uno de sus dedos, que puede realizar hasta 65 movimientos por segundo.*

✳ ✳ ✳

EN UN BAR *de San Francisco las meseras se comunican con un cantinero robot activado por la voz mediante un radio auricular. El robot mezcla cualquiera de 150 bebidas, y además saca la cuenta.*

TRABAJO PELIGROSO

Los robots entran donde los humanos no se atreven a pisar

EN 1942 el bioquímico y escritor de ciencia ficción Isaac Asimov fijó las tres leyes morales de los robots:
1. Un robot no debe lesionar a ningún ser humano ni, por inacción, permitir que sufra daño.
2. Un robot debe obedecer las órdenes que le den los seres humanos, salvo cuando éstas infrinjan la primera ley.
3. Un robot debe proteger su propia existencia, siempre que al hacerlo no trasgreda la primera y segunda leyes.

Trabajo riesgoso

Los robots son aún demasiado primitivos para tener sentido de la moral, pero al realizar tareas demasiado peligrosas para el ser humano satisfacen de todos modos las exigentes leyes de Asimov.

Por ejemplo, en EUA e Inglaterra se usan robots dirigidos a control remoto para desactivar bombas. Están accionados por pilas o por la electricidad de una red abastecedora. Algunos caminan sobre orugas en vez de ruedas y pueden llegar casi a cualquier parte e incluso subir tramos de escaleras. Las bombas pueden diferir mucho en su diseño, por

lo que operadores humanos indican a los robots, paso por paso, lo que tienen que hacer.

Así pues, los robots portan cámaras de televisión, y un enlace de cable o de radio permite que los operadores, situados a distancia segura, vean la bomba e indiquen al robot cómo desactivarla. Es-

Objeto sospechoso La cámara de este robot desactivador de bombas permite que los operadores vean cómo manipula un portafolios. El robot recibe instrucciones a control remoto.

to puede lograrse al remover lo que cubra al detonador de la bomba, que se destruye con un disparo o por otros medios.

Asimismo, se emplean robots a control remoto en zonas de alta radiactividad de plantas nucleares, donde no pueden entrar las personas. Los autómatas transmiten imágenes televisivas del interior del reactor, mantienen las varillas de combustible, eliminan los desechos nucleares, limpian drenajes y sueldan o cortan metal para hacer reparaciones.

EL MANIQUÍ DE CÁLIDA PERSONALIDAD

CIENTÍFICOS que trabajan para el ejército de EUA crearon un robot del tamaño de un hombre, llamado "Manny", tan parecido a un ser humano que hasta suda con el ejercicio. Controlado por computadora, Manny camina, corre, se arrastra e incluso patea una pelota. Simula la respiración, con expansiones y contracciones del tórax al exhalar aire húmedo por nariz y boca. Al tacto, su cuerpo despide calor, gracias a 12 pequeños calentadores colocados bajo su piel de hule.

Cuanto más se mueve, más rápidamente respira y aumenta su temperatura. Tubos capilares inyectan agua a través de la piel para simular la transpiración.

¿El objetivo de todas estas funciones? Medir la eficacia de la vestimenta protectora en condiciones que quizá los soldados experimenten en combate.

Los movimientos de sus articulaciones (accionadas por bombas hidráulicas), además del sudor y el calor, someten su vestimenta a tensiones idénticas a las que la sometería una persona en movimiento.

Manny realiza sus ejercicios en un recinto cuidadosamente sellado, del tamaño de una habitación pequeña. Cuando este recinto se contamina con armas químicas o biológicas, sensores especiales del cuerpo de Manny detectan cualquier sustancia dañina que escurra por la vestimenta que lleva puesta.

En descanso El ejército de EUA creó al robot "Manny" para probar vestimenta de protección.

¿SABÍA USTED QUE...?

LOS ROBOTS japoneses han entrado al mundo de las artes. "Wasubot" puede leer a primera vista una partitura y ejecutarla en el órgano eléctrico con el teclado y los pedales. Otro robot puede bosquejar el retrato de una cara humana después de examinarla mediante una cámara de video durante apenas 20 segundos.

✳ ✳ ✳

INVESTIGADORES de EUA construyeron un robot, llamado "Cubot", que puede desentrañar el cubo de Rubik. El robot sostiene el cubo en las manos, lee e interpreta el orden de los colores, y manipula las caras para resolver el rompecabezas. Puede solucionar en menos de tres minutos aun las combinaciones más complicadas.

AYUDANTES QUE NO SE QUEJAN

Los robots pueden ayudar a satisfacer las necesidades de personas con impedimentos

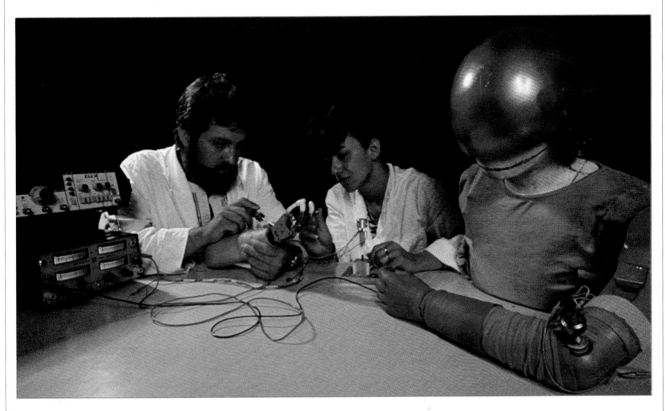

LOS ROBOTS pueden ayudar a que las personas con impedimentos lleven una vida más independiente y cómoda. Por ejemplo, inventores japoneses están creando un robot que podrá sustituir al lazarillo. Llamado "Meldog", "ve" los obstáculos mediante sonar, o sea la misma técnica que emplean los murciélagos para orientarse y cazar: emite sonidos muy agudos y distingue formas por los ecos. Se le programa con un detallado mapa de las inmediaciones del hogar de su dueño, e identifica los sitios con base en los muros, postes y letreros que "ve"

Meldog avanza sobre ruedas y, dado que percibe la rapidez con que camina su dueño, siempre puede ir un poco adelante de él. Se comunican mediante un enlace radiofónico con un cinturón especial, que el dueño lleva puesto. Emite una clave en forma de impulsos eléctricos leves que se sienten por electrodos colocados sobre la piel. El ciego tiene que aprender cuál serie de impulsos significa, por ejemplo, detenerse o dar vuelta a la derecha o a la izquierda.

En EUA, una estación de trabajo robótica ayuda a que los cuadripléjicos trabajen como operadores de computadora. Responde a instrucciones verbales y ejecuta ta-

Ayuda mecánica *Un robot que descuelgue y cuelgue el auricular del teléfono puede dar a una persona impedida más independencia en el trabajo o el hogar.*

Sentido del tacto *Los miembros artificiales convencionales son torpes; pero uno de robot, como el mostrado, podría tener sensores táctiles que "sentirían" un objeto.*

reas como volver páginas, manipular discos o preparar una taza de café. Hay una que incluso da un pañuelo desechable al dueño cuando estornuda.

En hospitales estadounidenses se emplean robots para afeitar a los pacientes y cepillarles los dientes. También están en creación extremidades artificiales robóticas para casos de amputación.

En un hospital de Connecticut, un robot lleva la comida hasta los cuartos de los enfermos, se orienta por los pasillos e incluso usa elevadores. Llamado "Roscoe", tiene en la memoria de su computadora el mapa completo del hospital. Si se topa con un objeto que no encaja en el mapa, como una silla de ruedas en un pasillo, rectifica el camino para evitar el choque o espera hasta que el objeto pase.

Es indudable que los robots nunca sustituirán a la ayuda humana, pero servirán para que médicos y enfermeras se dediquen a tareas que exijan mayor juicio y compasión, lo cual elevará la calidad de vida tanto de los profesionales de la salud como la de los pacientes.

PATENTEMENTE LOCOS

Algunos maravillosos inventos que la humanidad nunca apreció

EN TODO el mundo, las oficinas de patentes están llenas de descripciones y planos de inventos que no se fabricaron comercialmente. Aunque de algunos se hizo un prototipo, muchos se quedaron en la etapa de diseño. Numerosas invenciones del siglo XIX que hoy parecen ridículas atendían a propósitos serios. Sus orgullosos inventores solicitaron y recibieron patentes de artefactos que, según esperaban, serían invaluables para la humanidad. En cambio, durante el siglo XX el diseño de máquinas ridículas se ha vuelto un pasatiempo. Algunos ingleses excéntricos gustan en especial de forjar máquinas fantásticas sólo para satisfacción propia, sin pensar en ganancia alguna.

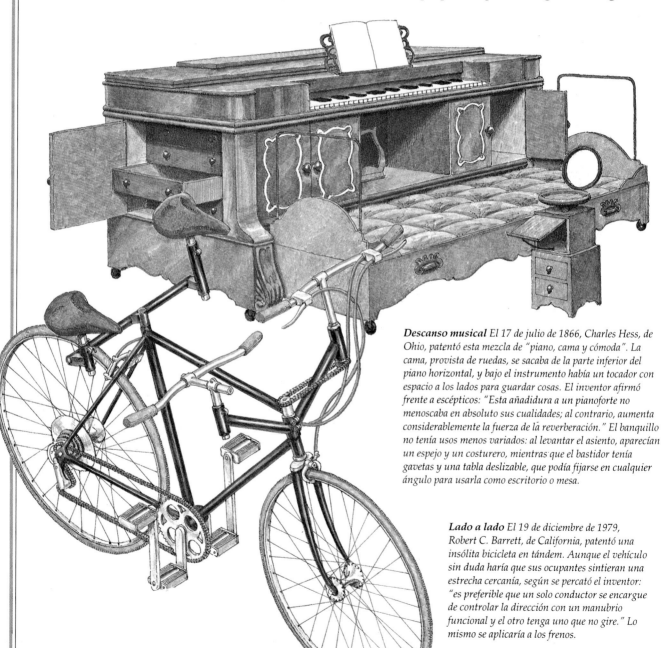

Descanso musical *El 17 de julio de 1866, Charles Hess, de Ohio, patentó esta mezcla de "piano, cama y cómoda". La cama, provista de ruedas, se sacaba de la parte inferior del piano horizontal, y bajo el instrumento había un tocador con espacio a los lados para guardar cosas. El inventor afirmó frente a escépticos: "Esta añadidura a un pianoforte no menoscaba en absoluto sus cualidades; al contrario, aumenta considerablemente la fuerza de la reverberación." El banquillo no tenía usos menos variados: al levantar el asiento, aparecían un espejo y un costurero, mientras que el bastidor tenía gavetas y una tabla deslizable, que podía fijarse en cualquier ángulo para usarla como escritorio o mesa.*

Lado a lado *El 19 de diciembre de 1979, Robert C. Barrett, de California, patentó una insólita bicicleta en tándem. Aunque el vehículo sin duda haría que sus ocupantes sintieran una estrecha cercanía, según se percató el inventor: "es preferible que un solo conductor se encargue de controlar la dirección con un manubrio funcional y el otro tenga uno que no gire." Lo mismo se aplicaría a los frenos.*

Caliente y cómoda En 1896, Quimby Backus, de Massachusetts, patentó su cama chimenea. La madera labrada que rodea a la chimenea se baja para formar la cama. El artefacto estaba forrado de asbesto y, según Backus, se podía dejar ardiendo el fuego aunque la cama estuviera hecha encima de él.

Disparo fotográfico En 1882, el profesor E. J. Marey, de París, creó este rifle fotográfico para estudiar el vuelo de las aves. Al tirar del gatillo, los discos giratorios del tambor exponían hasta 12 placas fotográficas en rápida sucesión mientras se rastreaba a un ave con el "arma".

Cronómetro espacial En 1987, Chris Coles y Alan Jefferson diseñaron este enorme reloj espacial de energía solar, con tres manecillas de aluminio y sin carátula. Pese a que en todo el mundo se vería siete veces cada día mientras orbitara la Tierra, por ser británico sólo marcaría la hora del meridiano de Greenwich.

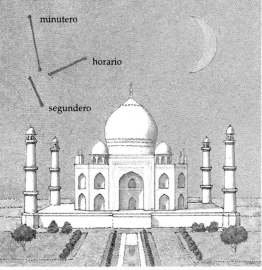

minutero

horario

segundero

Fuera del tee Arthur Paul Pedrick, de Surrey, Inglaterra, patentó en 1974 un tee de golf que se conectaba a un generador Van de Graaf accionado con el pie. La carga electrostática del generador hacía flotar la pelota encima del tee y disminuía el riesgo de pegar a éste con el palo. Pero, al igual que otras propuestas de Pedrick para mejorar el golf, ésta tampoco estaba acorde con las reglas del juego.

ATISBANDO EL FUTURO

Científicos y novelistas por igual dan rienda suelta a la imaginación

PARA MUCHOS, la ciencia muestra la realidad, la ciencia ficción produce quimeras, y una brecha insalvable las separa. No obstante, los escritores de ciencia ficción suelen apropiarse de ideas de los científicos, y viceversa, además de que algunos combinan ambas profesiones. Por ejemplo, Konstantin Tsiolkovsky, cuyas teorías de astronáutica y cohetes espaciales fueron base de los programas espaciales soviéticos de las décadas de 1950 y 1960, era también escritor de ciencia ficción. En su novela *Más allá del planeta Tierra* (1920), avizoró el panorama de inmensas estaciones espaciales para numerosas personas.

Al ritmo de los tiempos

Otros escritores quizá no hayan hecho grandes aportaciones a la ciencia; pero muchos se han basado en una aguda percepción de los adelantos científicos más recientes de su época. Por ejemplo, cuando Julio Verne escribió en 1870 su novela *Veinte mil leguas de viaje submarino* sabía, a diferencia de muchas personas, que los últimos adelantos en tecnología submarina hacían factible lo narrado en la obra.

No es de sorprender, pues, que a menudo la ciencia ficción haya predicho inventos con muchos años, y a veces siglos, de anticipación. Considérese la novela más famosa de Aldous Huxley, *Un mundo feliz*. Escrita en 1932, la predicción sobre bebés de probeta pareció entonces una extravagante fantasía. Sin embargo, medio siglo después se volvió realidad. Huxley también planteó la clonación de personas a partir de una célula. Aunque todavía no es factible en seres humanos, la ingeniería genética de plantas y animales ya es una ciencia aplicada.

Otros inventos también nacieron en páginas literarias. H. G. Wells fue especialmente visionario. En su novela *The World Set Free*, escrita en 1914, narra un cuadro de inquietante exactitud sobre los efectos de la contaminación radiactiva después de una guerra nuclear. Y en 1895, un año antes de que Henri

Fantasía y realidad en contacto *Las obras de ciencia ficción de Julio Verne sacaron a la luz muchas ideas científicas, como el submarino y el aqualung de este timbre de la República de Guinea.*

Becquerel descubriera la radiactividad, Robert Cromie predijo las bombas atómicas en su novela *The Crack of Doom*.

Hay otros muchos ejemplos de interesante presciencia. En el cuento *Hartmann the Anarchist* (1893), de E. Douglas Fawcett, se menciona el bombardeo aéreo de Londres, mientras que Edgar Allan Poe narró en 1835 el primer vuelo a la Luna en *The Unparalleled Adventure of One Hans Phaall*. Dados estos aciertos, ¿qué otras predicciones de la ciencia ficción se harán realidad? Se necesitaría la máquina del tiempo de Wells para conocer la respuesta.

REGALOS DEL MAR

Los científicos encuentran inverosímiles fuentes para restaurar huesos humanos

LOS ERIZOS DE MAR, el coral y las algas se utilizan ya para ayudar a la gente que tiene lesiones o enfermedades óseas. Los esqueletos de estos animales y plantas marinos han resultado mejores sustitutos del hueso humano que cualquier material sintético.

Nuestro cuerpo posee capacidad limitada para la regeneración de huesos dañados o perdidos, y siempre necesita tener algo de tejido óseo sano, a partir del cual pueda crecer hueso nuevo. Así pues, cuando el maxilar se consume, los cirujanos deben implantar un material sintético como la cerámica de hidroxilapatita, sobre la que crece el hueso natural, por citar un ejemplo.

Aunque el hueso y esta cerámica son fosfatos de calcio, hay una importante diferencia entre ambos: el hueso es muy poroso y la cerámica no. El tejido óseo crece mejor y con más resistencia cuando las células sanguíneas penetran en el hueso; pero en el caso de los implantes de cerámica el hueso nuevo crece alrededor del implante, no dentro de él.

Estructura ósea

Ahora ya se tiene un mejor tejido óseo artificial. Se descubrió que el esqueleto de ciertos erizos de mar, corales y algas posee estructura porosa que guarda si-

Regeneración ósea Su porosidad hace que el esqueleto de algas (es decir, la planta desecada) sea ideal para implantes óseos. Aquí, el tejido óseo nuevo cruza diminutos poros en un implante de maxilar (en color rosa), con lo que se forma un enlace resistente y durable.

militud estrecha con la del hueso humano. Aunque se compone de carbonato de calcio, que se desintegraría en el organismo de una persona, es posible aprovecharlo para crear un molde en el que se vacíe un material más adecuado, o convertirlo químicamente en fosfato cálcico. En ambos casos, el resultado es un material estable y poroso que constituye un implante ideal para la reposición de hueso.

EL CAUCHO, ¿AISLANTE O CONDUCTOR?

EL CAUCHO es un excelente aislante eléctrico; pero Minal Thakur, científico estadounidense de AT&T Bell Laboratories, ideó un método para convertirlo en conductor eléctrico. Es la impurificación dosificada o cambio de la estructura atómica de una sustancia al añadirle una impureza, en este caso el yodo. Esta mezcla conduce la electricidad 10 000 millones de veces mejor que el hule normal.

Sustituto del cobre

El caucho es uno de los polímeros cuyo potencial como conductor se comprobó en fecha más reciente. Los polímeros son sustancias, como el concreto, el vidrio y el plástico, con moléculas muy grandes, compuestas de unidades químicas mucho más sencillas. Desde principios de la década de 1970 se ha estado trabajando en la creación de nuevos plásticos que funcionen como conductores eléctricos. En 1987, en la entonces República Federal

Alemana, se creó un polímero que conduce la electricidad dos veces mejor que el volumen equivalente de cobre, uno de los mejores conductores naturales.

El cobre es pesado y caro, de modo que muchas industrias recibirían con agrado sustitutos baratos y ligeros, para usarlos en circuitos eléctricos. También se han utilizado polímeros conductores para un nuevo tipo de baterías recargables, más ligeras y durables que las tradicionales, idóneas para automóviles eléctricos.

Una importante característica de ciertos polímeros es que sólo conducen la electricidad a determinadas temperaturas. Se pueden acoplar a un ohmiómetro, que mide el flujo de electricidad, para vigilar los cambios de temperatura durante el transporte de medicamentos o alimentos congelados. Algún día incluso será posible implantar polímeros en el cuerpo humano, donde podrían funcionar como nervios artificiales.

¿SABÍA USTED QUE...?

UNA COMPAÑÍA francesa creó un nuevo tipo de concreto hecho de sangre deshidratada y pulverizada que, mezclada con ciertos químicos, introduce en el concreto burbujas de aire a espacios uniformes. En torno de cada burbuja se forma una envoltura de silicato, cuya dureza y uniformidad le dan al concreto resistencia superior a la del tradicional.

＊ ＊ ＊

EN LOS COCHES se puede sustituir el aceite con Coca-Cola. En 1989, el científico británico Jack Schofield demostró esta inverosímil teoría al realizar un viaje redondo de 115 km entre Liverpool y Manchester con un automóvil cuyo motor fue lubricado con Coca-Cola y un aditivo especial. El Dr. Schofield creó un producto que reacciona con estas bebidas, o aun con té, con lo que se genera un lubricante que, según afirma, hace que los motores duren más que si usan aceite.

＊ ＊ ＊

EN POCOS años la gente tal vez estará dispuesta a pagar mucho por "baterías planas" o al menos de aspecto plano. Investigadores japoneses inventaron un papel flexible que funciona como acumulador. En vez de contener líquido o gelatina, como las actuales baterías, las de papel consisten en un emparedado seco de plástico impregnado con cobre entre láminas de estaño, todo esto sellado con plástico.

EL AUTOMÓVIL QUE RECUPERA SU FORMA
Ya no sólo los coches de juguete son de plástico

LOS AUTOMÓVILES del siglo XXI tendrán una ventaja decisiva sobre los actuales: gracias a su carrocería de plástico, ésta recuperará su forma original después de colisiones leves.

La elasticidad del plástico es sólo una de sus ventajas sobre el acero. Hoy, más del 80% de los automóviles europeos tienen defensas de plástico, con lo que son más ligeros y, por lo tanto, tienen mayor rendimiento de combustible. En todo el mundo es creciente el número de piezas de plástico en estos vehículos. Una empresa francesa ya produce automóviles económicos con carrocería de plástico para tráfico citadino. Hay uno con velocidad máxima de 65 km/h, además de prototipos para vehículos de plástico más grandes y veloces.

A diferencia del acero, que requiere el laborioso prensado y la soldadura por puntos (a veces en miles de ellos) para lograr la forma deseada, el plástico se fabrica con moldes.

Libertad de diseño

Además de menor costo, se suprimen las restricciones a los caprichos en el diseño de automóviles. Los de poco peso deben diseñarse con especial atención a los principios de la aerodinámica, para que no se salgan del camino por efecto de vientos fuertes. La libertad que da utilizar plástico moldeado permitirá que los

automóviles del futuro no sólo sean aerodinámicamente mejores, sino también más agradables a la vista.

La mayor dificultad que se presenta a los fabricantes es puramente superficial: si bien el plástico se produce en cualquier tono de color, no brilla mucho ni resiste la pintura a altas temperaturas requerida para conseguir el lustroso acabado de los autos de hoy. Sin embargo, los científicos están próximos a conseguir que los plásticos brillen más.

Las carrocerías de plástico no requerirán hojalatería, además de que no deja-

Especial urbano La carrocería de plástico de este automóvil urbano está unida con pegamento, remaches y tornillos. Un modelo, que no corre a más de 50 km/h, se puede conducir sin licencia en Francia.

rán de ser útiles: algunos de los plásticos que se utilicen en ellas podrán reciclarse para vehículos nuevos.

Pese a estas ventajas, quizá nunca se vean anuncios de "automóviles de plástico": sonaría a barato y de baja calidad. Pero hay que prepararse para automóviles con "materiales de la era espacial"

EL ALIMENTO DEL FLAMENCO ROSADO
Modestas algas dan a la humanidad una pequeña gran ayuda

UNA SENCILLA planta desempeña una función importante en la lucha contra la hambruna mundial y la contaminación atmosférica, sirve como colorante de alimentos y algún día producirá oxígeno en el espacio para los astronautas. Esta maravillosa obrera es la *Spirulina*, un alga azul verdosa de ciertos lagos africanos y americanos.

Un grupo de ecologistas suizos ha abogado por la *Spirulina*, que es un alimento tradicional en Chad y quizá lo fue entre los aztecas. El grupo se llama "Flamenco Verde" porque el beta-caroteno, pigmento que confiere su color al flamenco rosado, proviene de la *Spirulina* que come esta ave. El grupo ha ideado un sistema para cultivar el alga en artesas de agua levemente salada, alimen-

tándola con los subproductos de los generadores de biogás que producen gas metano como combustible a partir de desechos orgánicos, tales como maleza o estiércol en descomposición.

Estos generadores son una importante fuente de energía en China y otras partes del Tercer Mundo. Pero tienen un grave inconveniente: la gran cantidad de bióxido de carbono que producen contribuye al efecto de invernadero, o sea el calentamiento paulatino y potencialmente riesgoso del planeta. La *Spirulina* consume grandes cantidades de bióxido de carbono, de modo que es ideal su cultivo al lado de un generador de biogás.

En Israel se usa para purificar aguas de desecho, y se confía en poder cultivarla en naves espaciales y submarinos

como fuente eficaz de oxígeno. Ya se produce comercialmente en Francia y EUA para cosméticos y como colorante de alimentos.

Además, es alimento excelente para peces y seres humanos. Contiene proteína de alta calidad, ácidos grasos esenciales, vitaminas A y B, y poca grasa saturada. Como es un organismo primitivo, es fácil de digerir, y ha salvado a bebés próximos a la inanición que no pueden digerir otros alimentos. Aunque se cultiva en agua, es adecuada como alimento para zonas desérticas: con una pequeña inversión en agua, rinde más nutrimentos que ningún otro cultivo. La dieta que vuelve rosados a los flamencos podría llegar a nutrir a los hambrientos del mundo.

UN DIAMANTE ES ETERNO

El revestimiento de diamante es para siempre, según los científicos, y se le podría dar usos cotidianos

UN DÍA quizá se usen navajas de afeitar que no pierdan el filo, anteojos que no se rayen y máquinas-herramienta que duren muchísimo. La razón de la durabilidad es la misma: todos estos productos tendrán recubrimiento de diamante sintético.

Desde 1798, cuando se descubrió que era una variante del carbono, los científicos han intentado fabricar diamante, el material más duro de la naturaleza. Creían que se producía en las profundidades de la Tierra a temperaturas y presiones muy altas. Aunque científicos de fines del siglo XIX afirmaron haber producido esta piedra preciosa, el primer éxito indiscutible tuvo lugar en 1955, cuando investigadores estadounidenses de la General Electric Company sometieron el grafito a una presión 550 000 veces mayor que la atmosférica y a una temperatura de 2000°C.

Fragmentación de un gas

Apenas un año después, en lo que era la Academia Soviética de Ciencias se logró producir diamantes a bajas presiones y temperatura de sólo 1000°C. Este proceso, conocido con el nombre de sedimentación química de vapor, abarca la fragmentación de moléculas de gas metano, de manera tal que los átomos de carbono formen una película de diamante sobre un trozo ya existente de éste, acero u otro material. Algunos geoquímicos han corregido sus teorías sobre los orígenes de los diamantes naturales: ahora creen que podrían haber resultado de la sedimentación química de vapores en el interior del planeta.

¿SABÍA USTED QUE...?

EL MOTOR de los automóviles del futuro podría ser en parte de plástico. Una empresa canadiense que ya produce uno con esta característica afirma que es más eficaz y duradero que los tradicionales. Además, en EUA, un automóvil de carreras funciona con un motor que tiene de plástico las bielas, los engranajes de distribución y los anillos de los pistones. También se está experimentando con motores diesel de cerámica, que no necesitan sistema de enfriamiento.

ELECTRICIDAD IMPRESA

AUTOMÓVILES eléctricos, aviones silenciosos y refrigeradores que se levanten con una mano son sólo algunos de los productos que se volverían realidad si resultan ciertas las afirmaciones de un científico estadounidense.

Kenneth Wilson, físico de Florida, es inventor de un proceso por el que se generaría electricidad en paneles de papel. La teoría de esta técnica se remonta a principios del siglo XIX, cuando se descubrió que se genera electricidad a través de la unión de dos metales al calentar uno.

En el pasado, éste ha sido un método ineficaz de generar electricidad, ya que se necesita una termopila de miles de alambres a fin de producir la corriente requerida para impulsar un vehículo grande, como un avión. En contraste, con el proceso de Wilson se pretende simular la termopila al imprimir los alambres sobre papel tratado con una tinta metálica especial. Al ser expuestas al calor, las delgadas capas de "alambres de papel" generarían corriente eléctrica.

Esos termopaneles se usarían de muchas maneras. Por ejemplo, en automóviles o aviones el calor del motor podría servir de fuente de energía. De igual modo, el petróleo crudo desprende calor durante su extracción, lo cual se aplicaría a los termopaneles para suministrar energía a las plataformas petroleras marítimas. También se los enrollaría en torno a las tuberías de desechos de las estaciones eléctricas existentes, lo que proporcionaría un medio nuevo y barato de generación de electricidad.

Investigadores de la Universidad Industrial del Japón han llevado el proceso un paso más adelante. Con otros gases que contienen carbono, como el vapor de alcohol, han establecido la plusmarca mundial en el "cultivo" de la película de diamante: 30 micrómetros por hora. Además, en la ex Unión Soviética se creó recientemente una nueva forma de carbono, todavía más dura.

Una compañía japonesa ya aplica en altavoces un recubrimiento de diamante, sensible a frecuencias sumamente altas, con objeto de mejorar su funcionamiento con sonidos agudos.

Tal vez no estén lejanos otros usos comerciales. Las ventanas con recubrimiento de diamante no se rayarían. Se puede hacer que los diamantes conduzcan la electricidad y, dado que no les afectan las radiaciones, se emplearían en los circuitos de reactores nucleares o en el espacio exterior. También son muy buenos conductores del calor, de modo que serían excelentes contra el calentamiento de equipo electrónico.

Sedimentación química de vapor Para formar un delgado recubrimiento de diamante sobre una oblea de silicio, primero se bombean metano e hidrógeno a muy baja presión en una campana de vidrio de silicio. Las radiaciones de microondas bombardean y excitan los gases, generando una esfera de plasma azul, y calientan la oblea a unos 900°C. Los átomos de carbono se separan de las moléculas de metano y forman una capa de diamante de un átomo de espesor sobre la oblea. El proceso se repite una y otra vez para aumentar el grosor de la capa.

radiaciones de microondas

campana de vidrio de silicio

esfera de plasma

oblea de silicio

entrada de gases

FOTOGRAFÍAS EN UN ABRIR Y CERRAR DE OJOS

¿**N**O SERÍA divertido tomar una fotografía, ver el resultado en el televisor y, si se está satisfecho, imprimir copias en el hogar? Varios fabricantes de cámaras llevan años trabajando en el desarrollo de esta tecnología. Diseñan cámaras que, en vez de usar película fotosensible, almacenen electrónicamente imágenes fijas, de modo similar a como las videocámaras registran imágenes en movimiento.

La dificultad estriba en lograr la misma calidad que en fotografías convencionales. En tanto que las cintas de video generan imágenes de calidad basadas en 25 cuadros imperfectos por segundo, que el ojo y el cerebro combinan en una imagen en movimiento nítida, con una videocámara fija debe haber una imagen perfecta en cada cuadro. Hasta ahora se han diseñado cámaras que perciben y almacenan 800 000 pixeles (la unidad de información digital que compone una imagen electrónica), pero un cuadro de película convencional de color tiene una densidad de 20 millones de pixeles.

Para ciertos fotógrafos, la diferencia quizá no importe tanto. Las videocámaras fijas, aun con sus imágenes de menor calidad, implican ventajas evidentes. Fotógrafos aficionados podrían reunir con rapidez un "álbum de fotografías" en la pantalla de su televisor y agregarle comentarios. Algunas de estas cámaras graban hasta 10 s de sonido por cuadro. Además, la "película" se puede reproducir muchas veces.

Para los periodistas también sería excelente. En seguida de un suceso noticioso, las imágenes de la cámara, almacenadas electrónicamente, se transmitirían por teléfono al periódico, donde se recortarían o retocarían por computadora de inmediato, antes de publicarlas.

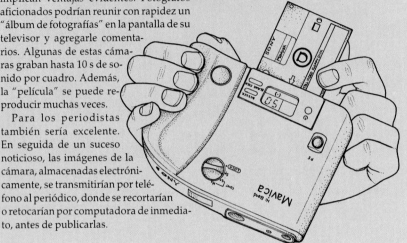

Cámara con diskette Las fotografías tomadas con esta videocámara fija Sony se almacenan digitalmente en un diskette, lo que permite verlas instantáneamente en un televisor sin necesidad de revelado.

VOLAR AL TRABAJO

Pequeñas aeronaves podrían ser el transporte urbano del mañana

DURANTE AÑOS, los ovnis han simbolizado lo desconocido y evocado imágenes de seres extraterrestres y de mundos situados más allá de la imaginación. Pero están a punto de formar parte del mundo real, y quizás algún día sean tan comunes como los automóviles.

Una compañía californiana, Moller International, que desarrolla aeronaves de despegue y aterrizaje vertical (VTOL, por las siglas en inglés de *vertical takeoff and landing*), creó un prototipo muy parecido a la imagen popular del platillo volador. El vehículo, que aloja dos personas y ocupa el espacio de un automóvil, es impulsado por ocho motores de hélice, rotatorios, dispuestos alrededor de su borde. El flujo de aire de las hélices se dirige hacia abajo para darle la fuerza de ascenso durante el despegue o mantenerlo en el aire. Con ayuda de una computadora, cada hélice se maneja independientemente para controlar la velocidad, altura, equilibrio y dirección de la aeronave. Cuando viaja hacia adelante, su forma lo sustenta de igual manera que las alas de un avión mantienen a éste en el aire.

Mientras se demuestra la factibilidad de esta forma futurista de viaje aéreo, la compañía está desarrollando un vehículo para cuatro personas, con motores horizontales, que tendría velocidad máxima de 645 km/h y podría volar incluso a una altitud de 9 500 msnm. Este modelo parece un híbrido de aeronave ligera y automóvil de carreras, con diseño aerodinámico para que no se desvíe fácilmente de su curso por ráfagas de viento. A velocidad óptima de crucero, su rendimiento de combustible debe ser razonablemente eficaz, de 100 km por cada 15 litros de gasolina.

El cielo es el límite

De momento, el costo de uno de estos "volantores" de alta velocidad sería tan alto como el de un helicóptero. Pero Paul Moller, su inventor, espera que si hay suficiente demanda el costo sea igual al de un automóvil de lujo. De ser así, la aeronave personal sería un modo atractivo de ir y venir al trabajo. Ahora bien, su futuro depende mucho de que las autoridades de aviación civil permitan hacer uso o no del espacio aéreo.

Varios fabricantes británicos están ideando rivales para los VTOL de Moller. Si la aeronave alcanza la popularidad que esperan sus productores, plantearía novedosos problemas de control de tráfico. Sólo hay que imaginar los cielos de las grandes metrópolis llenos cada mañana de platillos voladores.

Vuelos de prueba *Si los VTOL se convierten en el transporte del futuro, tal vez no se parezcan al Moller 200X. Pero deberán mucho a los vuelos pioneros de éste.*

MÁQUINAS PENSANTES

La cada vez más rápida revolución de las computadoras

LA PRIMERA MÁQUINA creada para trabajo intelectual fue el ábaco, probablemente en la antigua Babilonia hacia el año 5000 a.C. La humanidad tardó casi siete milenios en pasar de este ingenioso a la vez que primitivo artefacto a lo que se considera el prototipo de las computadoras modernas: la máquina analítica de Babbage, accionada por vapor. El matemático e inventor inglés Charles Babbage creó en 1834 los primeros diseños de su calculadora. Aunque nunca se construyó, sus fundamentos mecánicos, con información alimentada mediante tarjetas perforadas, sirvieron de base para los pioneros de las computadoras, un siglo después.

Tamaño y velocidad

Al llegar 1946, la tecnología había avanzado hasta la creación de la Electronic Numerical Integrator and Calculator (ENIAC) en la Universidad de Pensilvania. En esta computadora electrónica es posible almacenar y procesar cifras y datos en forma de impulsos eléctricos, lo que es un gran adelanto respecto de antiguos dispositivos mecánicos con miles de piezas móviles. Aunque no fue la primera computadora electrónica, la ENIAC era muy potente en comparación con sus predecesoras y ejecutaba varios miles de cálculos por segundo. Sin embargo, para esto se requería que fuera enorme: tenía 18 000 válvulas y ocupaba 150 m^2, más que una casa mediana.

Desde 1946, los avances en computación se han acelerado de modo asombroso. En 1976, sólo 30 años después, la computadora más rápida del mundo era la Cray 1, que efectuaba 100 millones de cálculos por segundo. Y fue rebasada pronto. La Cray 4, que se

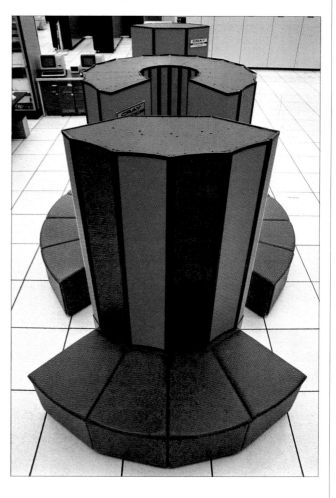

Fina escultura *Las manejables dimensiones de las computadoras modernas, como esta Cray X-MP/48 de un centro de investigaciones físicas cerca de Ginebra, permiten albergarlas en gabinetes elegantes.*

espera tener en funcionamiento para 1993, será 1 000 veces más rápida que la Cray 1.

Además, las computadoras son más pequeñas y baratas. Los microchips, introducidos en la década de 1970, permiten tener circuitos electrónicos completos en una oblea de silicio de 6.35 mm^2, tan pequeña que se balancea sobre la yema del dedo. Esto ha hecho posible fabricar computadoras tan potentes como la ENIAC, pero 16 000 veces más pequeñas. La disminución de precio ha sido tan espectacular como la de tamaño. La capacidad de cómputo que habría costado 100 000 dólares en 1960 había bajado hasta 1 000 dólares en 1985.

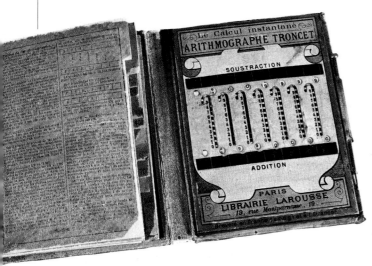

Calculadora de bolsillo *Los dueños de este aritmógrafo, patentado en Francia en 1889, sumaban y restaban al insertar el punzón en orificios frente a los números y jalar hacia arriba o hacia abajo.*

ALLANAMIENTO Y ACCESO

Cómo logran los piratas de la computación entrar en registros secretos

EN 1988, UN portavoz del Departamento de Defensa de EUA reveló que un estudiante alemán había entrado varias veces en archivos ultrasecretos de defensa de bases militares estadounidenses y de otros países. Y lo había conseguido sin salir de su casa. Sentado ante una computadora conectada al sistema telefónico, había logrado enlazarse al menos con 30 restringidas redes de cómputo internacionales y tener acceso a información confidencial.

Lo que parecía un inquietante caso de espionaje fue un primer ejemplo de "allanamiento". El allanador o pirata es un aficionado a las computadoras que dedica su tiempo libre a explorar archivos confidenciales. Resultó que la ciudad de Hamburgo es un semillero de piratas que además de leer archivos secretos pueden alterarlos o borrarlos.

Toda red de computadoras conectada a líneas telefónicas es vulnerable. El allanador sólo tiene que descubrir la contraseña codificada que le dé acceso a la red. Mediante inteligentes conjeturas y un poco de perseverancia, puede descifrarla por simple tanteo.

La mayoría lo hace sólo por diversión (como los ingleses Robert Schifreen y Steve Gold, quienes en 1984 intervinieron el sistema de cómputo Prestel de British

Club Caos de Computadoras Estos dos miembros de un club de Hamburgo entraron en las computadoras de la NASA, pero sin alterar datos, pues así lo ordena la "ética del allanador".

Telecom y leyeron todo el material del correo electrónico del príncipe Felipe), pero el allanamiento puede constituirse en delito.

Se cree que las instituciones financieras de EUA pierden hasta 5 000 millones de dólares anuales en fraudes por computadora. Dicho de manera sencilla, una vez que el allanador logra el acceso al sistema de archivos de la computadora de un banco, puede ordenar la transferencia de grandes sumas de dinero a una cuenta en otro país: lo que haría un tradicional ladrón bancario, pero con riesgo mucho menor que en un robo a mano armada.

PRODUCCIÓN DE UN CEREBRO

AUNQUE LAS COMPUTADORAS efectúan en segundos cálculos matemáticos de increíble complejidad, en otras áreas su estupidez resulta frustrante. Son muy lentas para reconocer un rostro humano, tomar parte en una conversación, leer una escritura poco legible o entender un chiste, tareas que el ser humano realiza sin necesidad de concentrarse en ellas.

Respuesta flexible

Es muy fácil confundir a una computadora si se suministra información engañosa o incompleta, ya que sólo puede responder con inflexibilidad, según las instrucciones de su programa. En contraste, el cerebro humano aprende de la experiencia: en vez de responder con rigidez según un conjunto de reglas, interpreta todo lo que la persona ve u oye a la luz de la amplia gama de conocimientos acumulados con los años. Puede hacer conjeturas fundamentadas acerca de la mejor respuesta, incluso ante

una situación totalmente desconocida o inesperada.

Muchos expertos creen que los avances tecnológicos dependerán de computadoras y programas que funcionen de manera parecida al cerebro humano. En lugar de realizar una secuencia de operaciones regidas por un programa estricto, estas "neurocomputadoras" pueden ser adiestradas. Cada vez que emprendan una tarea, la experiencia será almacenada en una "red neuronal". Se pretende que puedan aprovechar tal experiencia en cada nuevo problema que hayan de resolver.

Establecer conexiones

Las dificultades prácticas para fabricar esas computadoras son pavorosas. El cerebro humano es el sistema más complejo que se conoce, con más de 10 000 millones de neuronas (células nerviosas), cada una conectada a otras 10 000. Las conexiones de un duplicado electrónico de semejante red

neuronal serían demasiado complejas; pero se confía en lograrlas empleando rayos láser en vez de alambres.

Las neurocomputadoras ya no son parte del mundo de la ciencia ficción: a fines de la década de 1980 ya estaban en funcionamiento algunos prototipos. Han sido probados en aeropuertos de California como detectores de explosivos ocultos en el equipaje. Los explosivos plásticos contienen grandes cantidades de nitrógeno, de modo que se enlazó a las neurocomputadoras con sensores que detectan la cantidad y ubicación del nitrógeno dentro de una bolsa. Después se les "enseñó", con el método de ensayo y error, cómo distinguir entre una probable bomba y un objeto inofensivo que emita señales parecidas. Aunque el índice de aciertos mejoró con cada prueba sucesiva, todavía falta mucho por recorrer antes de que las computadoras empiecen a igualar la capacidad del cerebro humano en todas sus facetas.

UNA COMPUTADORA EN EL OÍDO

LAS PERSONAS que padecen sordera total no tenían esperanzas de oír, hasta hace poco. Los aparatos para sordos no les resolvían el problema, sin importar cuánto amplificaran el sonido.

No obstante, en años recientes la tecnología de los microchips de computadora ha generado una oportunidad de oír para los sordos. El elemento clave de este nuevo sistema, un chip o pastilla de silicio con envoltura de titanio que lo protege de la corrosión por los líquidos del cuerpo, se implanta quirúrgicamente en el hueso temporal, detrás de la oreja.

Un procesador del habla, que la persona porta como un estéreo personal y se conecta a una diminuta "bobina transmisora" situada detrás de la oreja, capta los sonidos, que son vibraciones. El procesador los convierte en una clave digital, que se transmite de la bobina al chip de silicio implantado. Éste descifra el mensaje digital y lo retransmite a uno o varios electrodos conectados con el caracol, parte del oído interno que analiza las diversas frecuencias de sonidos complejos y transforma las vi-

Sonido electrónico
Este moderno aparato para sordos transmite el sonido en forma digital a un chip de silicio implantado detrás de la oreja. Éste convierte la clave en vibraciones que estimulan el caracol, en el oído interno.

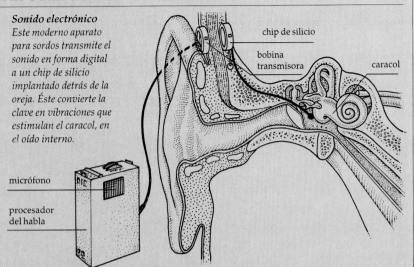

braciones en impulsos nerviosos, que se envían al cerebro. Algunos modelos tienen hasta 16 electrodos.

Los electrodos estimulan las terminales nerviosas del caracol, al igual que lo hace el sonido cuando la audición es normal.

Aunque los aparatos más sencillos no restauran la audición normal, ayudan a que los sordos controlen y mejoren su dicción. En versiones más complejas, la persona oye algo parecido a la voz de computadoras de ciertas películas de ciencia ficción.

GUSANOS Y VIRUS
El siniestro mundo de las infecciones de las computadoras

EN 1972, EL ESCRITOR estadounidense de ciencia ficción David Gerrold escribió un relato sobre un programa maligno, que se diseminaba de una computadora a otra como una infección, y lo llamó "Virus". Como es frecuente en la historia de la computación, la ficción es ya una realidad. Desde la década de 1980, los virus de computadoras se han vuelto reales, hacen perder horas de trabajo y generan pánico entre los usuarios de dichas máquinas en todo el orbe.

Los virus de computadora son programas ideados por mentes malévolas para

que se adhieran subrepticiamente a otro programa. Se propagan cada vez que se copia el programa huésped en un diskette y se graba en otra computadora. Muchos permanecen en estado latente hasta que se activan de alguna manera; por ejemplo, con el reloj de la computadora. Una cepa, el virus *Italian* o *Ping-Pong*, hace rebotar una pelotita en la pantalla a determinada hora. El virus *Friday the 13th* ("viernes 13") recibe este nombre porque se activa siempre que un día 13 cae en viernes.

Aunque son diversas las variantes de infecciones de computadora, a todas se las llama vagamente virus. Cada una funciona de manera algo diferente. Una plaga terrible es el *Worm* ("gusano"), programa ideado para infiltrarse en toda una red de computadoras y reproducirse una y otra vez. Algunos de estos "gusanos" proliferan con tal velocidad que ocupan rápidamente casi todo el espacio operativo de la red y la dejan inservible. El 2 de noviembre de 1988, una gran red estadounidense, la Internet, que enlaza computadoras de universidades, del Pentágono y otras dependencias del gobierno, se infectó con un "gusano" que bloqueó gran parte del sistema durante 36 horas.

Peor aún es el *Trojan* ("troyano"), llamado así por el caballo de madera que, según *La Ilíada,* sirvió para introducir guerreros griegos en la ciudad de Troya. Este programa aparenta realizar una función, cuando en realidad efectúa otra. En cuanto se le carga en una computadora, se adueña de la máquina.

¿Inocente travesura?

En ocasiones, lo que motiva a una persona a fastidiar con virus a inocentes víctimas es el simple deseo de demostrar que se puede hacer. Muchos virus sólo muestran un mensaje de paz y buena voluntad en la pantalla; pero se ha sabido de "troyanos" que hacen desaparecer toda la información almacenada en una computadora.

Algunas empresas, aterradas al pensar en los estragos que un virus destructor pudiera hacerles en sus cuentas o registros, invierten mucho en programas de "vacunación" para proteger las computadoras contra las infecciones. Sin embargo, al igual que los virus de la naturaleza experimentan mutaciones que contrarrestan los adelantos médicos, sin duda los decididos creadores de virus de computadoras idearán maneras de evadir tales precauciones.

¿SABÍA USTED QUE...?

EN 1988, *Roland Zapp y Galen Brown, investigadores de la Universidad de Michigan, produjeron la primera computadora con forma y tamaño de una manzana. Técnicamente la describieron como "aparato detector de impactos". Instalada en un camión con un cargamento de frutas verdaderas, la aparente manzana registra el impacto de los brincos y las sacudidas que ocurren durante un viaje, con lo que se obtiene información detallada sobre cuándo y dónde se estropea la fruta durante su transporte.*

COMPUTADORAS CON SENTIDOS HUMANOS

La carrera por producir máquinas que vean, oigan y entiendan

ODO MUNDO ha visto películas en que los cosmonautas platican con computadoras y éstas les responden. De momento, semejante tecnología no es sino un sueño lejano. Las computadoras tienen enormes dificultades para distinguir las sílabas y palabras que componen el habla, no se diga para entender su significado.

Es relativamente fácil que una computadora hable mediante la síntesis de sonidos reconocibles como palabras: que diga "por favor" y "gracias" cuando viene al caso no es ningún prodigio. Pero reconocer las palabras que componen el habla humana normal y continua es otro asunto. Las computadoras no distinguen, por ejemplo, entre las frases "Ana y Lin hablando votan" y "Anilina ablanda botas". No obstante, ya tienen eficacia razonable para descifrar palabras que se pronuncian por separado.

Algunas computadoras futuras que respondan a la voz se programarán para que reaccionen ante una diversidad de instrucciones verbales. Además, muchas compañías esperan fabricarlas con capacidad para producir textos impresos a partir de un dictado. Hasta hace poco se creía que esas "secretarias cibernéticas" deberían adaptarse al acento idiosincrásico y a los hábitos lingüísticos del usuario para que respondieran con precisión a la voz de éste. Según parece,

Vista y sonido En este laboratorio se estudian computadoras que reconocen el habla humana y realizan la tarea aún más difícil de imitar: la vista humana.

Como usted diga Un investigador de IBM trabaja en el prototipo de una computadora que interpreta y funciona según instrucciones verbales, impartidas mediante un micrófono.

esto no hará falta: se han logrado con rapidez adelantos en sistemas programados para que se adapten con facilidad a cada nuevo interlocutor.

El sistema Tangora de IBM, en desarrollo a fines de la década de 1980, supuestamente reconoce un vocabulario hablado de 20 000 palabras con 95% de exactitud. Todavía debe hacerse una breve pausa entre palabras, pero como parte de este sistema se incluye un procesador que le permite intentar la identificación de una posible frase. El sistema Tangora se programó con reglas grama-ticales y se sometieron grandes cantidades de correspondencia comercial a análisis estadístico. Con base en esta información, la computadora calcula las probabilidades de que determinada palabra vaya después de otra.

Se necesita una aplicación similar de la probabilidades estadísticas para que las computadoras interpreten datos visuales. Las usadas en sistemas de seguridad distinguen las caras que se les ha enseñado a reconocer; pero hasta ahora ninguna computadora iguala la aptitud del hombre para dar sentido a una escena tridimensional e identificar todos los objetos que ésta contiene.

¿SABÍA USTED QUE...?

HASTA HACE POCO, la mayor cantidad de información que podía almacenarse en una pastilla o chip de silicio era un millón de bits (un megabyte), equivalente a 20 000 palabras. Aunque esto ya era sorprendente, en 1988 la compañía japonesa Toshiba inició la producción de chips con capacidad de 4 megabytes: del tamaño de la yema de un dedo, permiten almacenar el contenido de un libro de bolsillo de 160 páginas.

capítulo ocho

CIUDADES Y CIVILIZACIONES

CADA AÑO, millones de recién casadas cruzan el umbral de su nuevo hogar en brazos de su flamante marido. Poco importa que esta costumbre haya surgido para alejar espíritus malignos (*página 243*) o para evitar que la novia tropiece en un momento tan importante; cargar a la novia es simplemente una costumbre que ayuda a marcar un evento en la vida. Rituales, hábitos, creencias, modos de vida, formas de gobierno, viviendas... Un vistazo al mundo, desde los tiempos antiguos hasta la actualidad, revela la enorme riqueza de la vida humana.

LAS PRIMERAS CIUDADES

¿Por qué los primeros agricultores fundaron ciudades?

HACIA EL AÑO 10 000 a.C. el clima del mundo cambió drásticamente para bien. Las capas de hielo que por milenios habían cubierto el hemisferio norte empezaron a derretirse. En la zona del Oriente Medio llamada Mesopotamia, una consecuencia de este calentamiento fue algo nunca visto: la fundación de verdaderas ciudades.

Durante milenios, el hombre vivió de la caza, la pesca y la recolección de frutos. Pero en Mesopotamia, los cambios climáticos, con inviernos fríos y lluviosos seguidos de calurosos veranos, ayudaron a modificar este antiguo modo de vida. Plantas como el trigo y la cebada resultaron muy útiles: florecían en primavera y sus semillas se esparcían y arraigaban antes de que el frío resecara otra vez la tierra.

Los cavernícolas de la región pronto advirtieron que mudar sus hogares a los campos de granos era más fácil que arrastrar las mieses a las cuevas. Para agilizar la cosecha, grupos de familias habitaron y trabajaron juntos. Con el tiempo, aumentaron sus provisiones de alimentos al sembrar los granos.

Se requería otro cambio para que las aldeas agrícolas se convirtieran en ciudades. Cuando se descubrió cómo irrigar el suelo, hacia el año 9000 a.C., el abasto de comida quedó garantizado. De hecho, hubo excedentes. Tan inaudito era esto, que quienes controlaron estos excedentes recibieron el tratamiento de dioses. Además, la gente buscaba las aldeas donde había alimento almacenado. Éstas se transformaron en pueblos, donde surgió el comercio especializado para servir a la población. Hacia el año 3500 a.C., en las áreas fértiles del Oriente Medio había muchos asentamientos que por su organización y economía deben considerarse ciudades.

EL DON DE LA INMORTALIDAD

Por qué se inventó la escritura en una tierra de bonanza

MUCHO MÁS que el automóvil, la computadora, la energía nuclear o la máquina de vapor, la escritura es la más valiosa de las invenciones humanas. Ha permitido al hombre preservar sus ideas, cultura y técnicas, y desafiar al tiempo, e incluso a la muerte, al transmitir conocimientos con exactitud de una generación a otra.

Pero, ¿cómo y cuándo se originó la escritura? ¿Quién inventó este incomparable método de comunicación?

Hace unos 5 500 años, los sumerios se establecieron entre los ríos Éufrates y Tigris, en la parte sur de Mesopotamia. No se sabe de dónde llegaron, pero irrigaron la tierra fértil y la labraron con pericia, al grado de producir más alimentos de los que podían consumir. Almacenaban el excedente de granos en depósitos, donde también guardaban sus objetos más sagrados. Los almacenes se volvieron centros de comercio y también

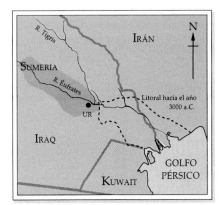

Pioneros urbanos La llanura aluvial que hay entre los ríos Tigris y Éufrates fue la cuna de los sumerios. Su sistema de canales de irrigación garantizó la provisión de alimentos.

de peregrinaciones religiosas, y grandes asentamientos se desarrollaron alrededor de ellos. Por ejemplo, la ciudad de Ur llegó a tener más de 20 000 habitantes en el año 1750 a.C.

El rey de Sumeria era dueño absoluto de la tierra que el pueblo labraba. Además, lo consideraban un dios, al igual que a sus sirvientes. Una numerosa clase religiosa servía a esta corte divina y administraba la tierra. Aportar el excedente de las cosechas a los graneros reales se convirtió en una forma de impuesto, el diezmo. Al crecer las ciudades, lo hicieron también los problemas para contro-

lar la recaudación del impuesto y llevar las cuentas de las existencias en los graneros reales.

Fue entonces que los sacerdotes crearon un sistema de marcas para contar y registrar las riquezas del rey-dios. Si los sumerios no hubieran creado una compleja sociedad urbana, con diferencias abismales entre la vida del campo y la de la ciudad, quizá no hubieran necesitado la escritura. Pero al hacerlo, avanzaron de los números y signos para las existencias en los almacenes reales a la representación escrita de nombres, fechas y otros datos. Escribían en tabletas de arcilla húmeda con varas de punta cuneiforme y después las secaban al sol.

A partir de sus comienzos humildes, la escritura sumeria se desarrolló hasta que los mitos y las leyes de sus ciudades, así como sus interminables inventarios, se preservaron para la posteridad. Su lenguaje escrito tuvo tanta importancia que todavía se entendía en el siglo I a.C., más de 1 600 años después de que la civilización sumeria fue destruida.

¿SABÍA USTED QUE...?

LOS SUMERIOS inventaron la rueda y la escritura, y edificaron las primeras ciudades hacia el año 3000 a.C.

LA CIUDAD MÁS ANTIGUA

Como ave fénix, Jericó ha resurgido una y otra vez

DICE UNA CANCIÓN: "Josué libró la batalla de Jericó, y las murallas se derrumbaron." El pasaje bíblico es más explícito: describe cómo los israelitas clamaron cuando los sacerdotes tocaron las trompetas y "las murallas se derrumbaron... Consagraron al anatema todo lo que había en la ciudad, hombres y mujeres, jóvenes y viejos, bueyes, ovejas y asnos, a filo de espada."

Esta masacre realmente se llevó a cabo, según los arqueólogos, hacia el año 1400 a.C. Pero la ciudad que Josué conquistó era muy antigua: las murallas que "se derrumbaron" tenían cimientos de casi 7 000 años de antigüedad.

No fue ésa la primera ni la última vez que Jericó fue sitiada y saqueada. Pero también en repetidas ocasiones la excelencia de su ubicación hizo que la reconstruyeran.

Tiempo de sembrar

Lo atractivo de Jericó es que queda a orillas de la Media Luna, una gran extensión de terreno que incluye el valle del Nilo, la costa oriental del Mediterráneo y las cuencas de los ríos Tigris y Éufrates. Las plantas crecen fácilmente y hace 11 milenios fue cuna de la agricultura.

La gente había recogido y molido durante generaciones granos silvestres, antecesores del trigo y la cebada modernos, hasta que a alguien se le ocurrió sembrar las espigas y nutrirlas para que maduraran. Esta brillante idea, aunada a la domesticación de animales como las ovejas, cerdos y cabras, gradualmente transformó la vida de los pueblos de los "antiguos" cazadores y recolectores del Paleolítico en los "nuevos" agricultores del Neolítico.

Aunque estos pueblos no tenían conocimientos de cómo usar los metales, sabían reconocer un lugar apropiado para vivir. La ciudad que se conoció como Jericó fue uno de estos sitios, y atrajo más y más gente. Finalmente, hacia el año 8000 a.C. el pueblo fue lo suficientemente rico como para construir una alta muralla alrededor de la próspera ciudad, además de una gran torre de piedra, para facilitar su defensa.

Si bien Jericó fue pequeña en la antigüedad, ya que su población raras veces

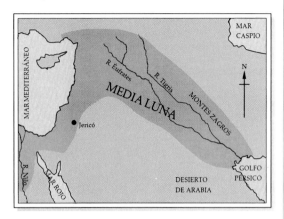

Pueblo limítrofe Por su ubicación a orillas de la Media Luna, Jericó fue escenario de conflictos frecuentes entre civilizaciones urbanas avanzadas y tribus nómadas del desierto.

excedía de 3 000 habitantes, puede considerarse la ciudad más antigua del mundo y antecedió a las metrópolis sumerias, más grandes y avanzadas, en unos 5 500 años.

Esta primera ciudad fue saqueada y destruida hacia el año 7000 a.C. Se establecieron en ella sus conquistadores, que después fueron expulsados. A veces, la ciudad quedó deshabitada por espacio de siglos: durante casi todo el sexto milenio a.C. sólo la hierba creció en las ruinas de Jericó.

Sangre fresca

Fue hacia el año 2000 a.C. que una cultura totalmente nueva descubrió Jericó. Los nuevos inmigrantes, que llegaron de Mesopotamia, traían consigo avanzadas técnicas de construcción de viviendas y fabricación de utensilios y armas de bronce. Eran los cananeos, antepasados del pueblo que Josué atacó con éxito usando el sonido como arma.

Sin embargo, ni siquiera la ocupación israelita duró. La más antigua ciudad había caído y se había levantado muchas veces sobre sus viejas piedras o en las cercanías; su ubicación ha cambiado en repetidas ocasiones. ¿Cuántas seguirán en el futuro a la actual Jericó, un bullicioso poblado de más de 10 000 habitantes situado 1.6 km al sur de donde se asentó la ciudad del Antiguo Testamento?

Resonar de trompetas Josué y los israelitas tenían razones para alegrarse ante la caída de las murallas de Jericó: al capturar esta ciudad oasis, lograron el control del manantial que daba de beber a sus habitantes.

CIUDADES SECRETAS DEL INDO

Una civilización desaparecida hasta de la leyenda

HASTA en ruinas, las antiguas ciudades del valle del Indo en Paquistán están mejor planificadas que muchas urbes modernas del subcontinente indio. De hecho, recuerdan la simetría de algunas ciudades modernas, con una cuadrícula regular de calles, edificios de ladrillo y alcantarillas para drenaje.

Los arqueólogos que descubrieron las ruinas del valle del Indo a comienzos de siglo se toparon con una cultura original, contemporánea de los sumerios y egipcios antiguos, que se remonta al año 2400 a.C. Pero en ciertos aspectos, como las instalaciones sanitarias y planificación urbana, era más avanzada. Tenía su propio sistema de escritura, hasta hoy indescifrada; relaciones comerciales con Mesopotamia, y puestos fronterizos cerca de la moderna Bombay, a más de 1 000 km de distancia.

¿De dónde provenían los creadores de esta civilización? ¿Qué lengua hablaban? ¿Tenían un mismo gobierno las más de 100 ciudades descubiertas, de construcción sorprendentemente similar y que se localizan en un área mayor que Egipto o Sumeria? ¿Por qué desapareció esta civilización hacia el año 1700 a.C.? Éstos son misterios que todavía no pueden resolverse.

Planificadores de ciudades

Las principales ciudades, incluidas Harappa y Mohenjo Daro, tenían ciudadelas provistas de muros altísimos y torres a intervalos regulares, asentadas sobre

Hecha a la medida Grandes distancias separaban a las ciudades de la antigua civilización del Indo, en lo que hoy es Paquistán e India (derecha). No obstante, eran muy parecidas, e incluso los ladrillos tenían igual tamaño. Además, muchas se dominaban desde su ciudadela, centro religioso y administrativo, como ésta en las ruinas de Mohenjo Daro (arriba) en Paquistán.

montículos de 12 m de alto. También se han encontrado restos de gigantescos graneros y baños públicos.

Se supone que la idea de edificar ciudades provino de Mesopotamia, gracias a las rutas comerciales. El intercambio con Sumeria llegó a ser tan estrecho que había traductores sumerios oficiales de la lengua del Indo. Pero los pocos ejem-plos sobrevivientes de la escritura en dicho idioma están muy fragmentados para formarse una idea de cómo era.

¿Por qué se derrumbó totalmente esta cultura? Quizá se modificó el curso del río Indo y las ciudades sufrieron inundaciones o sequía; el desierto fue producto del hombre, consecuencia de la excesiva tala de árboles usados como combustible para cocer los ladrillos, o hubo epidemias y hambrunas.

Clave espantosa

Sin embargo, el final pudo haber sido más violento. En Mohenjo Daro se encontraron 13 esqueletos, algunos con golpes de hacha o de espada en la cabeza, tal vez asestados por los invasores arios, antepasados de los modernos hindúes, que dominaron la India después de la civilización del Indo.

Esta misteriosa y efímera civilización ha desaparecido casi sin dejar huella, excepto en mitos hindúes (como el Rig-Veda, que habla de un próspero pueblo moreno vencido por los arios) y en el culto a Shiva, deidad hindú que en su aspecto de Señor de las Bestias es muy parecido al dios de la religión del Indo.

¿QUÉ ES UNA CIUDAD?

TODO MUNDO CREE saber qué significa la palabra "ciudad", pero, ¿realmente es así? En el Reino Unido, su equivalente inglés (*city*) se refiere a una población, de cualquier tamaño, con catedral. Es por esto que Londres abarca dos ciudades: Londres y Westminster. Pero St. Asaph, Gales del Norte, con menos de 4 000 habitantes, es una ciudad con catedral. Por su tamaño, en 1889 Birmingham se convirtió en ciudad, pese a no tener catedral.

En Australia, una *city* es un distrito administrativo. En dicho país está la "ciudad" de Mount Isa, la más grande del mundo con sus 40 978 km^2 de extensión.

En EUA *city* es sólo un término legal, sin importar cuán grande o insignificante sea el municipio. Sin embargo, en los cen-sos de EUA, una *city* es todo poblado con más de 2 500 habitantes, sin contar cuán rural sea. En contraste, Kidlington, Reino Unido, con 17 500 habitantes, es oficialmente un pueblo (*village*), porque lo rige un concejo municipal. La ciudad más populosa es el Área Metropolitana de Keihin, que abarca Tokio y Yokohama, con población calculada en 29 272 000 habitantes hacia 1985. Tokio también es la primera en otro aspecto: es la ciudad más cara. Un hombre de negocios visitante requería 362 dólares diarios de viáticos en 1989. En comparación, en Londres precisaba 318 dólares, y en Johannesburgo, sólo 88 dólares.

Entonces, ¿qué es una ciudad? Al parecer, todo depende de dónde se vive.

EL SIGLO DE ORO DE ATENAS

Época de incomparables logros políticos y culturales

HAN TRANSCURRIDO casi 25 siglos desde que el Partenón, templo de la diosa Atenea, se elevó majestuoso por primera vez sobre la Acrópolis de Atenas. Hoy, miles de turistas se congregan cada año para maravillarse ante la arquitectura ateniense. Sin duda, una sociedad que produjo tal perfección debería perdurar cientos o aun miles de años. Aunque parezca increíble, el "Siglo de Oro de Atenas" duró menos de medio siglo.

El Partenón, templo construido sólo con mármol

La construcción del Partenón fue en esencia una expresión del orgullo de los atenienses. A mediados del siglo V a.C. tenían razón de sentirse así, pues su democracia alcanzó logros políticos y culturales inigualados en el mundo antiguo.

El estadista Pericles expresó los sentimientos de los atenienses respecto de su ciudad. En un famoso discurso del año 431 a.C. alabó a Atenas por ser la "escuela de Grecia", el pináculo de la civilización y la democracia. Debido a este enorme orgullo, los atenienses creían que era su obligación unirse y embellecer la ciudad.

El Partenón, construido entre los años 447 y 432 a.C., se pagó con fondos públicos, y se concedieron miles de contratos a ciudadanos. Cada uno se responsabilizó de una parte del trabajo, como transportar bloques de mármol o acanalar una columna. Con tal espíritu comunitario, la construcción se terminó, salvo algunos detalles, en sólo nueve años. Pero el Siglo de Oro de Atenas era demasiado bueno para perdurar. La peste atacó la ciudad en el año 430 a.C. y produjo miles de muertes. La invasión espartana del año 404 a.C. echó por tierra otros proyectos de edificación atenienses. Atenas jamás reconquistó la breve y deslumbrante gloria de su Siglo de Oro.

Pilares del saber *Grandes filósofos, como Platón (centro a la izquierda) y Aristóteles (centro a la derecha), plasmados aquí en la* Escuela de Atenas, *de Rafael, hicieron de la ciudad un centro de actividad intelectual.*

LA CUNA DE LA DEMOCRACIA
Ciudadanos unidos para manejar con éxito su Estado

ES USUAL que se hable de Atenas como la "cuna de la democracia". Pero el concepto actual de democracia es muy diferente al de los atenienses de la antigüedad. Ellos no tenían partidos políticos, como tales, sólo ciertos derechos de voto muy restringidos.

Todos los ciudadanos participaban en el manejo del Estado. Cada uno tenía un sitio en la Asamblea, el cuerpo principal de toma de decisiones, y el derecho a hacer preguntas y plantear problemas importantes. Sin embargo, las mujeres, los esclavos y los de padres extranjeros no podían aspirar a la ciudadanía. De casi 350 000 personas que vivían en la antigua Atenas, solamente unos 40 000 varones adultos (mayores de 18 años) eran ciudadanos.

La administración ateniense

Los ciudadanos designaban un consejo o *boule* de 500 miembros que se encargaba de la administración. La participación se limitaba a un año. Los miembros de mayor edad formaban un consejo interno, los prítanos, y se turnaban para presidir la Asamblea.

Además de sus actividades políticas, todos los ciudadanos sanos tenían que servir en el ejército o la armada durante una parte del año. A diferencia de los soldados modernos, los atenienses tenían que proveerse de su propio equipo.

Democracia sobre ruedas Los ciudadanos atenienses estaban orgullosos de sus deberes cívicos, como votar en asuntos judiciales y administrativos. Estas pequeñas ruedas de bronce eran las "papeletas" de voto.

Para la mayoría esto significaba pagar por una armadura y una espada; pero los ricos debían mantener activo un buque de guerra por un año.

Los atenienses extendieron sus ideales democráticos a las fuerzas armadas. De hecho, los jefes superiores militares y navales eran elegidos anualmente. Y era hasta cierto punto usual que un jefe impopular o fracasado se viera degradado al año siguiente.

Vivir en la democracia ateniense era como ser parte de una enorme familia en que cada quien es responsable de sí mismo y de otras personas. Los atenienses tenían verdadera pasión por la vida pública; de no ser así, nunca hubiera funcionado su sistema de gobierno. Sin duda, no habrían sabido qué hacer con las llamadas democracias modernas: la idea de elegir a alguien para que tome decisiones importantes les habría parecido una tiranía.

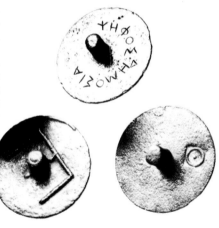

¡FUERA DE LA CIUDAD!
Cómo controlar a políticos que causan problemas

LOS CIUDADANOS, o sea los hombres libres de la antigua Atenas, estaban orgullosos de su igualdad. ¿Qué sucedía cuando algunos intentaban sacar ventaja sobre los demás?

Muchas veces la democracia ateniense estuvo en peligro, al crearse facciones y *vendettas* en la Asamblea. Los políticos profesionales (llamados oradores o demagogos) eran hombres carismáticos que generalmente inspiraban una gran lealtad personal. Por lo tanto, a veces se suscitaban amargas discusiones entre partidarios rivales. Si se volvían muy encarnizadas o un político impopular adquiría mucha fuerza, los asuntos de gobierno podían dificultarse, lo que dañaría la democracia ateniense. Así pues, crearon el sistema del ostracismo.

El destierro

Todo ciudadano prominente que se volviera impopular podía sufrir el ostracismo de sus conciudadanos, o sea el exilio de la ciudad por diez años. El sistema funcionaba así: sin especificar nombre alguno, cualquier ciudadano podía proponer que se celebrara una votación de ostracismo. Si la Asamblea aceptaba la propuesta, se cercaba el Ágora, mercado que también fungía como centro cívico. Cada una de las diez tribus de Atenas tenía su propia puerta, a través de la cual pasaban sus miembros a votar. Emitían su voto al escribir un nombre en un trozo de cerámica llamado *ostrakon*.

Debían reunirse cuando menos 6 000 votos para que fuera desterrado un ciudadano, el que recibiera la votación más alta. Sin embargo, una vez cumplidos los diez años del exilio, podía regresar y continuar su vida como si nada hubiera pasado, sin sufrir deshonor ni pérdida de sus derechos o propiedades.

Votar por el rival Un voto escrito en un trozo de cerámica (ostrakon) elige al extravagante escritor Arístides para condenarlo al ostracismo, o sea el destierro de Atenas por diez años.

¿QUÉ HAY EN UN NOMBRE?

ES DIFÍCIL imaginar como capital de Grecia a otra ciudad que no sea Atenas. Pero, según la mitología, bien podría no haber llevado el nombre de Atenea, sino el del dios del mar, Poseidón.

Una vez, hace miles de años, Poseidón y Atenea fueron rivales a muerte; cada uno intentaba constantemente apoderarse de lo mejor del otro. Ambos reclamaban la posesión de la provincia de Ática, que incluía la ciudad que luego se llamó Atenas. Para poner fin al pleito, los dioses decidieron que podría quedarse con ella el que diera a la provincia el obsequio más valioso. Poseidón golpeó la tierra

con su tridente y creó un manantial de agua salada. Atenea hizo nacer el primer olivo, que brotó junto al manantial.

Los dioses decidieron que el olivo era mejor obsequio; pero sólo por un voto de diferencia. Le concedieron la provincia a Atenea y se dio su nombre a la ciudad. Poseidón se enfureció tanto que para vengarse hizo que todos los ríos se secaran en el verano. En la actualidad aún puede verse la fuente salina, y los ríos todavía se secan en verano. Atenas obtiene su aprovisionamiento de agua de colinas situadas en las afueras de la ciudad. Después de todo, Poseidón sí se vengó.

CUANDO LOS CUERVOS ERAN BLANCOS

LOS CUERVOS son reconocibles de inmediato por su brillante plumaje de color negro. Sin embargo, en la mitología griega hubo una época en que fueron blancos.

El dios Hefesto sentía una encendida pasión por la diosa Atenea y, tras haber conseguido que fuera a su fragua, se lanzó sobre ella enloquecido de deseo. Pero su intento de violación fracasó estrepitosamente. Su semen cayó en el suelo y fue Gea (la Tierra) quien concibió y dio a luz al hijo de Hefesto.

Aunque la criatura, Erictonio, era horripilante y tenía cola de serpiente en vez de piernas, Atenea se sintió obligada a velar por ella. Les pidió a las hijas del rey Cécrope que criaran a Erictonio, pero antes lo puso en una canasta cubierta y dio órdenes estrictas a las jóvenes de que nunca se asomaran a su interior.

Por supuesto, las princesas no pudieron resistir la tentación de levantar la tapa. Al ver a Erictonio, mitad niño y mitad serpiente, enloquecieron y salieron corriendo a la cima de la Acrópolis.

Es en este punto que entran los cuervos, en algún tiempo aves preferidas de Atenea. Creyendo hacerle un favor, un cuervo voló hacia la diosa para llevarle la triste nueva. A la sazón, Atenea construía la Acrópolis, y la noticia la impactó tanto que dejó caer la enorme roca que sostenía en ese momento, la cual dio forma a lo que hoy es el monte Licabeto. La deidad volcó su ira sobre el portador de tan desagradable mensaje, el infortunado cuervo. Expulsó para siempre a todos los cuervos de la Acrópolis y transformó sus bellas plumas blancas en negras. Como reminiscencia de esta leyenda, se ven actualmente en Grecia los cuervos capuchinos. Aunque sus alas, cabeza y cola son negras, el resto del plumaje es blanco: remembranza del aspecto que deben de haber tenido antes del día en que desquiciaron a la diosa Atenea.

UN DÍA EN LA ANTIGUA ATENAS
La vida de un ateniense común y corriente

LOS TURISTAS de hoy, al contemplar el esplendor de la Acrópolis, podrían pensar que los antiguos atenienses llevaban una vida de grandes lujos. Nada está más lejos de la verdad. El ateniense común del siglo V a.C. vivía en casas sencillas de adobe, sin baño ni cocina y apenas algún mobiliario.

Tómese el *andrón* o comedor a manera de ejemplo. No había tapetes sobre los pisos de mosaico, los sillones eran duros y el resto de la habitación estaba vacío, excepto por unas pocas mesas bajas. Una comida típica consistía simplemente de pan casero servido con huevos y carne de aves de corral o pescado preparado con aceite de oliva.

Esclavos expertos

Los esclavos eran considerados miembros valiosos de la casa y se les pagaba un sueldo, que podían ahorrar para comprar su libertad y transformarse en ciudadanos. Algunos eran griegos, capturados en guerras con otras ciudades-Estado; la mayoría venía del mercado de esclavos del Oriente. Generalmente eran bien educados y muchos trabajaban como expertos secretarios, animadores o maestros.

El máximo lujo que podía darse un ateniense era el tiempo de ocio, y tener esclavos permitía a los ciudadanos disponer de tiempo para dedicarse a sus intereses personales.

Respiro *Esta pieza del siglo V a.C. muestra a un joven que ejecuta música para su amo, la parte menos seria de un simposio ateniense. Asuntos más urgentes, como la política, también se trataban en estos "clubes sociales".*

El día de un ciudadano comenzaba al alba, cuando se levantaba de la cama dura y se vestía con el manto, que también usaba como sábana. Después salía a trabajar: como picapedrero, alfarero, administrador de una mina de plata estatal o terrateniente en la supervisión de viñas y olivares. Con excepción de las minas de plata, la "industria" de la antigua Atenas era en pequeña escala: la fábrica más grande, de escudos para el ejército, no empleaba más de 120 trabajadores.

Por la tarde, tenía tiempo para dedicarse a lo que más disfrutaba, participar en deportes, filosofía y, ante todo, política. Muchos ciudadanos trataban de reservar unas horas diarias para asistir al gimnasio, mezcla de centro deportivo y sociedad de debates, donde discutían los asuntos del día. Animadas polémicas sobre acontecimientos públicos así como poesía, canto y jolgorio continuaban hasta bien entrada la noche en el simposio o banquete. Participar en la administración de la ciudad era lo que más importaba a los atenienses. Y sin su modo de vida sencillo y ordenado no habrían tenido tiempo de gobernar con tanto éxito su ciudad.

¿SABÍA USTED QUE?

EN LOS TRIBUNALES atenienses no había jueces ni abogados. Tanto los demandantes como los acusados exponían su caso ante un jurado, constituido por sus propios conciudadanos, cuyo número variaba entre 101 y 1 001 personas, según la importancia del problema. Cuando el acusado era declarado culpable, el querellante proponía un castigo. Sin embargo, el acusado podía sugerir una alternativa de castigo, y era el jurado el que elegía. No había apelación.

* * *

PLATÓN afirma en su obra filosófica La República, *que una ciudad-Estado democrática ideal debía tener no más de 5 000 ciudadanos. Por otra parte, Aristóteles opinaba que cada ciudadano debía conocer de vista a los demás.*

* * *

LOS ATENIENSES aplicaban una forma de impuesto para conservar la ciudad, pagar servidores públicos y mantener el ejército y la armada. Todo hombre cuya riqueza excediera cierta suma debía realizar determinadas tareas o "liturgias". Podía elegir entre mantener un buque de guerra en servicio activo por un año, financiar la producción de obras de teatro o equipar una procesión religiosa.

LA GRAN MANZANA

Cómo creció la ciudad de Nueva York a partir de una bolsa de cuentas

L A MÁS famosa ganga en la historia de EUA es la venta de la isla de Manhattan, que hicieron los indios nativos en 1626 a Peter Minuit, de la Compañía Holandesa de las Indias Occidentales, supuestamente a cambio de una canción; en realidad les pagó con un saco de cuentas, telas y artículos de ferretería con valor de 60 florines o 24 dólares. La isla, hoy parte de la ciudad más populosa de EUA, costó 41 centavos de dólar por kilómetro cuadrado. Hoy, los 58 km^2 construidos de Manhattan valen más de 945 000 millones de dólares.

Aunque los holandeses fueron los primeros europeos que gobernaron la isla, no lo fueron en verla o aun en reclamarla. El explorador italiano Giovanni da Verrazano, que la descubrió en 1524, trabajaba para el rey Francisco I de Francia, en cuyo nombre la reclamó. Un siglo después, junto con el área circundante, Manhattan pasó a manos de los holandeses, aliados a los mohicanos para derrotar a los franceses, hasta que los ingleses se la arrebataron en 1664.

Según se cuenta, se debió a los holandeses que la ciudad se conozca como *Big Apple* ("Gran Manzana"). En 1647, el gobernador de la colonia holandesa, Peter Stuyvesant, inició el cultivo de manzanos. Con el tiempo, Nueva York se volvió famosa por la calidad de sus frutos. En la década de 1920, los músicos de jazz identificaron a Nueva York, con su abundante variedad de vida, como el mayor y más jugoso de todos los frutos, y acuñaron la expresión.

Nueva Amsterdam En 1626, en la punta sur de Manhattan, los colonizadores holandeses edificaron un fuerte para protegerse de los indios, y le dieron el nombre de la capital de su patria.

Orígenes antiguos Al llegar por primera vez a Manhattan, los europeos sólo hallaron un antiguo campamento indio en sus llanos pantanosos.

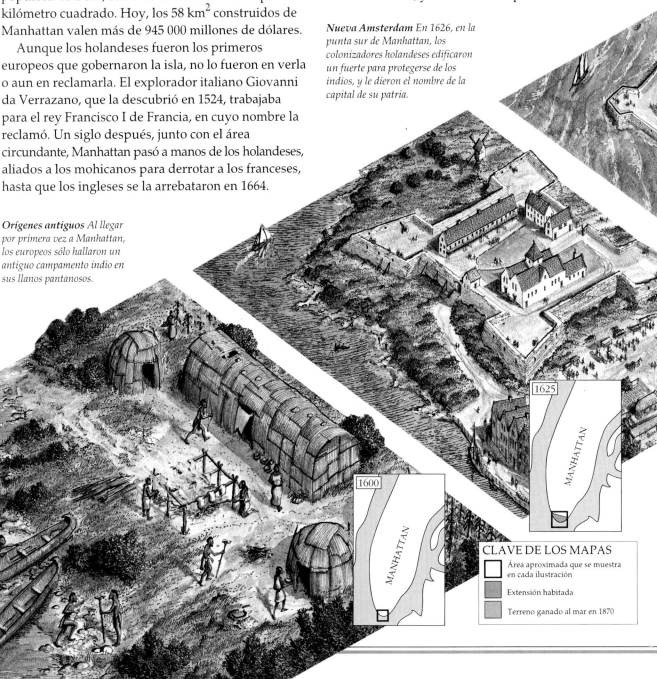

1600

1625

MANHATTAN

CLAVE DE LOS MAPAS

Área aproximada que se muestra en cada ilustración

Extensión habitada

Terreno ganado al mar en 1870

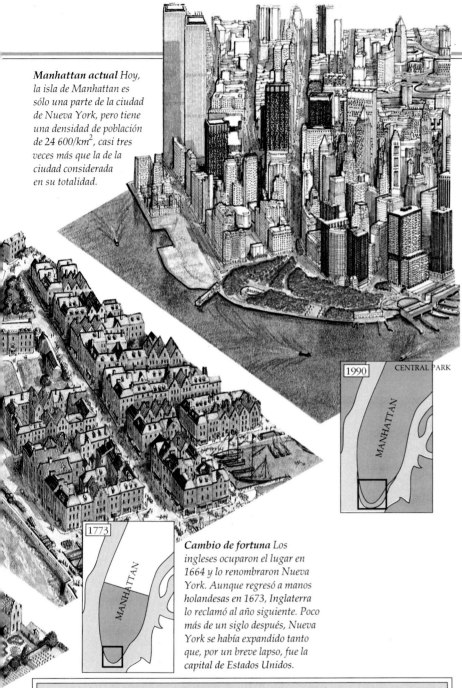

Manhattan actual Hoy, la isla de Manhattan es sólo una parte de la ciudad de Nueva York, pero tiene una densidad de población de 24 600/km², casi tres veces más que la de la ciudad considerada en su totalidad.

1990 CENTRAL PARK

MANHATTAN

1773

MANHATTAN

Cambio de fortuna Los ingleses ocuparon el lugar en 1664 y lo renombraron Nueva York. Aunque regresó a manos holandesas en 1673, Inglaterra lo reclamó al año siguiente. Poco más de un siglo después, Nueva York se había expandido tanto que, por un breve lapso, fue la capital de Estados Unidos.

COSMÓPOLIS
El gran crisol de razas

DURANTE SIGLOS, el puerto de Nueva York ha sido el punto de acceso a América para millones de inmigrantes de muchos países. Ya en el siglo XVII, cuando sólo había unos pocos colonizadores, se hablaban allí 18 idiomas. El primer gran grupo de inmigrantes después de holandeses e ingleses fue el de los italianos, quienes empezaron a llegar en 1800. Les siguió gente de toda Europa, que huía de la pobreza o de persecuciones religiosas y políticas. Los irlandeses arribaron por cientos de miles; huían de la hambruna que sobrevino cuando la cosecha de papas se malogró en su país, en la década de 1840. Hacia 1910, en la ciudad de Nueva York había el doble de irlandeses que en Dublín y más italianos que en Nápoles.

Hoy, casi la quinta parte de los siete millones de residentes neoyorquinos nacieron fuera de EUA. Habitan la ciudad italianos, rusos, irlandeses, griegos, canadienses y puertorriqueños. Más griegos viven en Astoria, en el barrio de Queens, que en cualquier otra ciudad fuera de Grecia; en las escuelas secundarias de esa zona estudian niños de más de 20 países.

El ingreso

En 1892, el gobierno federal de EUA abrió una oficina de inmigración en la isla Ellis, Nueva York. Durante 64 años, fue la primera parada en América para 12 millones de personas. El año de mayor flujo de inmigrantes fue 1907, cuando 1 004 756 individuos cruzaron sus puertas. De éstos, sólo a 2% no se le permitió establecerse. Entre las razones para negar la entrada estaban profesar ideas anarquistas o favorecer la poligamia.

Cambio de residencia

No todos los inmigrantes de Nueva York venían del extranjero. Harlem, una parte de Manhattan que colonizaron primero los holandeses en 1658 y luego otros europeos hacia 1880, fue el destino de los negros de los estados del sur en la década de 1890. Liberados de la esclavitud tras la Guerra de Secesión, también llegaron en busca de una vida mejor. En la década de 1920, la población negra se incrementó de 83 000 a 204 000 habitantes, y Harlem se volvió el centro de un movimiento artístico, el Harlem Renaissance. Hoy su población es de casi un cuarto de millón de negros.

LA RAZA DESAPARECIDA

CASI 14 000 INDIOS de todo EUA viven en la ciudad de Nueva York. Pero, ¿dónde están los pueblos cuyos ancestros fueron los primeros en habitarla?

Dos grupos sobrevivientes guardan relación con Manhattan: los indios delaware, que ahora viven, tras una migración impuesta, a más de 2 000 km, en Oklahoma, Wisconsin y Ontario; y los ramapough, que habitan en los límites de Nueva York con Nueva Jersey y son descendientes directos de los primeros pobladores de la isla. Cuando los holandeses la colonizaron, los indios canarsee y

los wickquaasgeek vivían por temporadas en el sur y en el norte, respectivamente, para cazar, pescar, sembrar y cosechar.

En la década de 1740, las enfermedades, la expansión de los colonos europeos y la guerra acabaron con los indios de la isla. Sin embargo, los indios y la fisonomía moderna de Nueva York están firmemente vinculados. Cuando se inició la construcción de rascacielos en Manhattan, los descendientes de los iroqueses del estado de Nueva York se hicieron célebres por su habilidad como herreros en la industria de la construcción.

LA CAPITAL DEL LEJANO ORIENTE

Japón marcó su apertura a Occidente nombrando una nueva capital

UN DÍA de 1873, el dramaturgo Hasegawa Shigure se impresionó cuando su madre apareció "con un rostro distinto". No tenía depiladas las cejas, llevaba el cabello suelto y lucían blancos sus dientes, que siempre había ennegrecido como toda mujer japonesa.

Lo que Shigure observó es un ejemplo de los muchos cambios acontecidos en Japón. Éste, compendio del tradicionalismo oriental, había decidido abrir sus puertas a Occidente, dar fin a la secular política de aislamiento y modernizarse lo antes posible.

Apariencia En la década de 1860, al iniciar los japoneses su modernización, un grupo de jóvenes de Satsuma se preparó para estudiar en el exterior al vestirse con atuendo formal occidental.

En 1868, la sede del gobierno se mudó de Kioto a Edo, a la que se dio el nombre de Tokio ("capital oriental"). Ubicada en el corazón de una bahía, Edo era la puerta para el Pacífico y Occidente. Incluso en 1800 la ciudad ya era un centro urbano de importancia y, con más de un millón de habitantes, quizás el más poblado del mundo.

Siguió un programa de modernización, que a menudo fue una servil imitación del modo de vida occidental. Adoptaron todo con entusiasmo, desde las sillas, usadas en oficinas de gobierno desde 1871, hasta el chaqué y el cuello alto. En la década de 1880, se alentó al cuerpo diplomático y a la élite política a aprender los bailes de salón como labor patriótica. Un baile de máscaras en 1887 puso fin a tales extremos: los japoneses conservadores se irritaron al ver cómo sus conciudadanos bailoteaban vestidos de insectos. Una intensa reacción pública hizo que el programa de occidentalización se moderara rápidamente.

Patrimonio lingüístico

La palabra para moda en japonés es *haikaru* ("cuello alto"), y muchas expresiones occidentales similares se han incorporado al idioma japonés. Las oficinistas son las *O-eru* (de las iniciales de *office lady*, o sea "oficinista"), mientras que sus colegas varones son los *sararimen* (del inglés *salary men*, "asalariados"). Estos trabajadores quizá no llamen Edo a su ciudad. Pero la moderna Tokio tiene una cosa en común con su antecesora: con casi 25 millones de habitantes, es de nueva cuenta la ciudad más populosa del mundo.

ENTRETENIMIENTO CON UN TOQUE DE DISTINCIÓN

MUCHOS OCCIDENTALES piensan en la palabra *geisha* como un eufemismo de prostituta; pero en realidad significa "artista". Es el término que los japoneses emplean para describir a una mujer especializada en el arte de cantar, danzar y tocar el *samisen*, guitarra japonesa de tres cuerdas. Las geishas disfrutan de una alta posición social en Japón.

Su función original era brindar a los hombres entretenimiento al atardecer, antes de que pasaran la noche con una prostituta autorizada. Después de prohibida la prostitución en 1958, las geishas continuaron en existencia, brindando un tipo de espectáculo exótico y muy caro. Es usual que los hombres se agrupen para pagar y mantener a una, pues sus exclusivos servicios están fuera del alcance de la mayoría, excepto los muy ricos.

Actualmente una geisha inicia de adolescente su carrera como *maiko* o bailarina, cuyo trabajo es ocuparse de grupos de hombres ricos. Además de cantar y bailar para ellos, se sienta a la mesa, les sirve bebidas y alimentos, y permanece en silencio mientras ellos conversan.

Si a algún cliente le gusta una *maiko*, y él a ella, los días de ésta como tal terminan. El hombre tiene que darle regalos caros, en comestibles y ropa, además de proporcionarle un lugar para vivir. Al aceptar a un hombre, la *maiko* renuncia a la posibilidad de ser geisha.

Cada vez es más raro encontrar geishas. Muchas jóvenes optan por las discotecas, los novios y la moda occidental, en vez de la perspectiva de dedicar muchos años al aprendizaje de las artes del arreglo floral, la caligrafía, la música y las danzas antiguas; dormir inmóviles sobre almohadas de madera, para mantener sus elaborados peinados; vestirse con los restrictivos kimonos, y pasar el tiempo en compañía de hombres maduros o ancianos.

UN FUNERAL DE 80 MILLONES DE DÓLARES PARA UN EMPERADOR

EL 24 DE FEBRERO DE 1989, Hirohito, el emperador de Japón, fue inhumado ante dignatarios de 163 países. Fue enterrado cerca de la tumba de su padre en los Jardines Imperiales de Shinjuku Gyoen, al este de Tokio. Su funeral es el más caro que se haya celebrado, con costo aproximado de 80 millones de dólares. Fue también el último acto de un largo y traumático periodo de la historia japonesa y mundial.

Cuando accedió al trono del Imperio del Sol Naciente en 1926, la divinidad de Hirohito fue reconocida plenamente por el pueblo japonés. Se decía que era descendiente del mitológico primer emperador, Jimmu Tenno, quien gobernó desde el año 660 a.C. y, según la leyenda, fue descendiente de la diosa del Sol, Amaterasu Omikami. Por tanto, todos los emperadores eran de origen divino, y cuando los japoneses elaboraron

Restos mortales
Una guardia de honor escolta la procesión funeraria del palanquín con los restos de Hirohito.

su primera constitución, en 1889, en su primer principio se estableció: "El emperador es sagrado e inviolable."

Sin embargo, exactamente 100 años después, fue un simple mortal a quien enterraron en los Jardines Imperiales. La constitución de 1947, que impuso Estados Unidos después de la Segunda Guerra Mundial, puso fin a la divinidad del emperador, que se transformó en "el símbolo del Estado y de la unidad del pueblo". Los estadounidenses fueron sagaces al establecer una clara separación entre la religión y el Estado, con el propósito de socavar la anterior influencia militar del culto sintoísta al emperador-dios.

Este objetivo no se logró del todo. Muchos japoneses se aferraron a sus viejas costumbres y, de hecho, hubo dos funerales de Hirohito. Uno fue el evento civil o de estado, y el otro, una tradicional ceremonia sintoísta. Además, en respuesta a la muerte de Hirohito, cuando menos dos viejos soldados se suicidaron para demostrar su devoción al que fuera emperador-dios.

¿TODO EL TÉ EN... JAPÓN?

La importancia cultural de la bebida nacional de los nipones

PARA LOS JAPONESES, el té es mucho más que una simple bebida agradable. Es una religión, una forma de vida; servirlo y tomarlo es una elaborada práctica cultural. La ceremonia del té es tan compleja que incluso muchos japoneses no comprenden los rituales de que consta.

El té llegó a Japón en el siglo XII con el budismo zen. Los monjes acostumbraban beberlo para poder mantenerse despiertos durante largos periodos de meditación. Después, la costumbre de tomar té se extendió a las clases altas, entre las que rápidamente se puso de moda. Se servía en una casa especialmente construida, de 3 m², entre complicados rituales creados para inducir una sensación de paz y tranquilidad entre los invitados, elegidos con cuidado para la ocasión.

En la actualidad, ya no sólo lo beben las clases altas, sino también las demás. Sin embargo, permanece en el corazón de la sociedad japonesa, y los maestros del té profesionales que condu-

cen la ceremonia son muy respetados. Se pone especial cuidado en todos los aspectos de esta ceremonia de cuatro horas: el ambiente, la decoración, los utensilios, la textura de los alimentos, el tipo de té, la conversación adecuada. Nada debe dejarse al azar.

La importancia del té es tanta que muchas

jóvenes japonesas no se consideran listas para el matrimonio en tanto no aprenden todas las complejidades de la ceremonia en que la bebida se sirve.

Cultura del té *Las geishas lucen su destreza en el sutil y complejo arte de la ceremonia del té.*

SACUDIDA HASTA LAS RAÍCES

*Los japoneses han aprendido a vivir con el constante temor
a los terremotos*

SON POCOS los sobrevivientes del gran terremoto de la llanura de Kanto del 1 de septiembre de 1923 que aún siguen con vida. Nunca olvidarán el día en que 5 000 edificios de Tokio se derrumbaron y muchos más se incendiaron. Al día siguiente, dos tercios de la ciudad estaban en ruinas y 99 331 personas yacían muertas.

Los sismos son frecuentes en Japón. Las islas están sobre tres placas geológicas movedizas, cuya actividad hace de Tokio una de las ciudades con más temblores de tierra: en promedio, tres movimientos evidentes al mes. Los incendios que a menudo les siguen se conocen como "flores de Edo".

Construyendo confianza

Luego de 1923, salvo el terremoto del 8 de agosto de 1983, que provocó la muerte de una persona, no ha habido daños graves. Aunque dicho temblor dejó sin electricidad a casi 844 000 hogares, en cuestión de horas se restableció el servicio eléctrico.

Japón es líder en materia de protección contra terremotos. Si ocurre un fuerte temblor, los sismólogos confían en que podrán predecirlo a tiempo para alertar a los servicios de emergencia.

Se pone especial cuidado en el diseño de edificios a prueba de temblores. Desde el desastre de 1923, muchas torres se han edificado sobre cimientos de roca, con pilotes profundos para dar firmeza adicional. Entre los efectos posteriores a un terremoto a menudo se incluye una serie de devastadoras olas gigantescas, o tsunamis, por lo que se han construido y reforzado rompeolas y muelles.

No se puede saber cómo enfrentaría la ciudad de Tokio otro sismo tan devastador como el de 1923. Mientras no suceda otro terremoto de magnitud semejante, los planificadores no sabrán qué tan adecuadas han sido sus precauciones.

Ciudad flamable *Las casas de madera de Tokio, con paredes de papel y esteras de paja, fueron presa fácil de los incendios que siguieron al terremoto de 1923.*

CIMIENTOS MACABROS

CUANDO LOS hombres que reparaban el castillo de Edo, después del terremoto de 1923, levantaron los cimientos, hallaron un conjunto de esqueletos humanos aplastados. Estaban tendidos, con las manos en actitud de oración y tenían monedas de oro dispersas sobre la cabeza y los hombros.

Las osamentas eran de sirvientes de los shogunes de Tokugawa, la familia más poderosa de Japón. Cuando se cimentó el castillo (terminado en 1640), los sirvientes se ofrecieron como voluntarios para ser enterrados vivos, en la creencia de que un edificio construido sobre carne viva sería inexpugnable.

Un francés, François Caron, escribió en el siglo XVII: "Iban con gusto al sitio designado y, recostados allí, dejaban que les pusieran encima los cimientos de piedra." Muchas piedras similares pueden verse aún hoy en la puerta del castillo de Hirakawa. Pero no se sabe cuántos cuerpos hay bajo los cimientos de éste y otros castillos y templos de Japón.

PROBLEMAS EN TOKIO

Una ciudad de ensueño con problemas crecientes de sobrepoblación

EN TOKIO, la ciudad más rica de la Tierra, el terreno es tan caro que, según la revista inglesa *The Economist*, durante el auge de bienes raíces de 1987 habría costado más comprar el área metropolitana de Tokio que todo el territorio de Estados Unidos. Por ende, es también una de las ciudades más sobrepobladas del mundo, cuenta con la décima parte de las áreas verdes que tiene Londres por residente y padece graves problemas de contaminación.

El problema del transporte colectivo es tan apremiante que hay "empujadores", distinguibles de los guardias por sus guantes blancos, cuya labor es abarrotar de gente los trenes. La sobrepoblación se ha vuelto tan grave que se habla seriamente de mudar la capital a otra parte para aliviar la tensión.

Centro económico

El problema radica en que Tokio es la sede de todas las principales compañías industriales de Japón y de las universidades más prestigiadas del país. Todos los japoneses con ambiciones quieren vivir en la capital.

La mayoría aún trabaja la semana laboral de seis días y, como hay de 12 a 14 días festivos al año, consideran un signo de deslealtad al patrón tomarse más de cinco días adicionales de vacaciones. La jornada típica de un hombre de negocios comienza con un largo viaje desde los suburbios, seguido de muchas horas ante el escritorio. Por la tarde suele ir con algunos colegas a uno del medio millón de restaurantes para continuar hablando de negocios. Pasan poco tiempo en sus hogares. Pero son felices viviendo así, si ello les significa progresar.

Disfrutar del tiempo libre en Tokio es difícil. Por ejemplo, aunque los japoneses son fanáticos del golf, hay pocos campos en el país y el ingreso a un club es prohibitivo por su alto costo. Una opción más económica es la de los campos de práctica en pisos, cada vez más populares en la capital. Esto es lo más cercano a un partido de golf que muchos habitantes de Tokio pueden disfrutar.

Buen negocio *El alto costo de ciertos lujos occidentales ha hecho que los japoneses busquen opciones. Producen un whisky de alta calidad y, con sus "campos" de golf de varios pisos, también han encontrado una solución a la falta de espacio para la práctica de este deporte.*

¿SABÍA USTED QUE...?

EL JAPONÉS es el pueblo más longevo de la Tierra. Los hombres viven hasta los 75 años, mientras que las mujeres alcanzan una edad promedio de 81 años.

VIVIR CON LÍMITES

Un vistazo al interior de los hogares japoneses

JAPÓN CUENTA con una de las economías más ricas y poderosas del mundo, pero su densidad de población hace que el japonés ordinario viva en condiciones de hacinamiento. La demanda habitacional excede la oferta, especialmente en Tokio, donde vive uno de cada cuatro japoneses. Como resultado las viviendas tienden a ser pequeñas y 90% de las casas mide menos de 100 m² construidos.

Tradicionalmente, las paredes interiores de las casas japonesas están hechas de papel montado sobre marcos de madera. Las casas son frescas en verano y pueden ser muy frías en invierno. Aunque están diseñadas para durar no más de 40 años, tienen una gran ventaja: pueden reconstruirse rápida y fácilmente en caso de daños por terremoto.

Hoy muchas casas japonesas lucen el estilo occidental en los interiores; pero en casi todos los hogares una o dos habitaciones tienen los típicos tatamis sobre el piso. Estas esteras miden 1.8 por 1 m y tienen 7.5 cm de grosor. Están hechas de paja y carrizo, ribeteadas con algodón o seda. Los cuartos se miden por el número de esteras que pueden contener: por ejemplo, los de seis u ocho sirven de sala durante el día y de dormitorio para una familia de seis (incluidos muchas veces los abuelos) por la noche.

Cuando alguien va a construir una casa nueva es usual que invite a un sacerdote sintoísta para que purifique el terreno antes de iniciar la obra. Los propietarios ruegan al dios de la tierra que permita el avance de la construcción sin contratiempos. También se acostumbra colocar pequeños conos de sal alrededor del lugar, cada uno con una vara de incienso encendida.

Más de uno de cada tres hogares en el área metropolitana de Tokio nunca reciben luz solar directa. Y en muchos las medidas sanitarias resultan primitivas, respecto a las normas occidentales.

VIVIR UN IDEAL

Grandes pensadores que imaginaron ciudades perfectas

IMAGINE UN LUGAR donde todos reciben cuidados y cuentan con alimento, vestido, casa y servicios médicos, además de que nadie tiene que trabajar más de seis horas diarias.

Tomás Moro, estadista inglés del siglo XVI que desafió al rey Enrique VIII y fue decapitado, ideó una sociedad que llamó Utopía (en griego, "en ninguna parte"), la cual, como intento de sociedad ideal, también tenía sus inconvenientes.

Quien no fuera diestro jardinero no la disfrutaría: todos debían trabajar en huertos. Serían obligatorios dos años de "vida en el campo" para todos los ciudadanos. El tiempo libre habría que dedicarlo al aprendizaje privado y en conferencias públicas. No habría mercancías en tiendas y todos vestirían de negro. Una vez al mes, las esposas deberían arrodillarse ante sus maridos y pedirles perdón. El castigo de las relaciones premaritales era el celibato de por vida, y el del adulterio, la esclavitud. Además, como en *1984*, de George Orwell, siempre alguien vigilaba que la gente se portara bien.

Una propuesta más antigua de sociedad ideal, descrita en *La República*, de Platón, no es más atractiva. En ésta, quienes Platón llamó los "reyes filósofos" formaban la élite, seguidos del ejército y, por último, los ciudadanos comunes. No había movilidad social. Quien usaba la mente, no empleaba las manos. Un picapedrero (oficio del cual fue aprendiz Sócrates) se quedaba como tal. Había una rígida censura de la literatura, y la música y la poesía de hecho estarían proscritas. La familia sería abolida y reemplazada por guarderías del Estado. La gente no se casaría, sino que simplemente

Isla paraíso *En la Utopía de Tomás Moro entre las ciudades no había distancias mayores de un día de camino a pie.*

engendraría hijos cuando fuera necesario.

¿Esperaban Moro o Platón que la gente viviera así? La Utopía de Moro fue, más que nada, una crítica a la moral de los Tudor, un ataque a los reyes codiciosos y la hipocresía religiosa. En cambio, la sociedad ideal de Platón fue una fría abstracción, que de hecho negaba los sentimientos humanos.

Por lo general, los proyectos de sociedades ideales han incluido también un entorno adecuado. Moro describió las ciudades de su Utopía: serían 54, todas iguales, con sólidas murallas protectoras, casas con terrazas y grandes jardines, almacenes, comedores comunales e iglesias. Platón fue más discreto: su plan de ciudad más cercano a la república ideal fue la descripción de la Atlántida, circular y rodeada por un foso; pero la incluyó en otra obra. Sin embargo, ni uno ni otro fueron los últimos en imaginar la vida perfecta o el sitio ideal para vivirla.

CIUDADES DE RIMA Y RAZÓN

DICEN QUE los poetas son soñadores. Pero al menos dos, primero Samuel Taylor Coleridge y más de un siglo después D.H. Lawrence, hicieron planes prácticos para establecer comunidades que respondieran a sus ideales.

Coleridge fue tan práctico que propuso cobrar una cuota de 125 libras esterlinas a quien se uniera a su *pantisocracy*, una sociedad en que todos tendrían iguales poderes. Coleridge pensó en 12 hombres liberales y educados, que emigrarían a EUA con sus esposas para establecer la comunidad que llamó Susquehanna.

Coleridge hablaba en serio respecto del plan, hasta que su colaborador, el laureado poeta Robert Southey, le dijo que ir a EUA era demasiado drástico como primer paso. Los idealistas debían empezar

más modestamente, con una cooperativa en Gales. Disgustado por esto, y por la intención de Southey de agregar sirvientes a la comunidad, Coleridge abandonó el proyecto.

Lawrence tuvo planes un poco más grandiosos: irse con 12 almas gemelas a fundar una colonia, también en EUA, a la que bautizó Rananim. Sus anhelos eran quizás excesivos: en una etapa se decidió por Fort Myers, Florida, como el sitio para Rananim. Pero un centro de pesca para millonarios difícilmente era el lugar ideal.

Finalmente se afincó cerca de Taos, Nuevo México, donde vivió feliz un breve periodo, construyendo, labrando la tierra, pintando y escribiendo. Pero su "comunidad" ideal en Taos sólo consistió en él, su esposa Frieda y visitantes ocasionales.

FORJANDO UN NUEVO ORDEN

Un arquitecto enfrenta el máximo desafío en el diseño: reorganizar la vida cotidiana

A FINES DE la década de 1920, un fugitivo de la justicia en quiebra, un arquitecto sin hogar, comenzó los planos para una ciudad perfecta.

La nueva comunidad, que se llamaría Broadacre City, consistía de innumerables granjas. Las casas iban a ser sencillas y funcionales, en armonía con el ambiente. Pero Broadacre sería más que un modelo de buena arquitectura: sería también un nuevo modo de vida.

La buena vida

Para quienes vivieran en esa ciudad no habría trabajos pesados ni abismos entre el trabajo y el ocio. Las granjas —cada finca era una granja— serían grandes terrenos con jardines. Las fábricas serían centros de artesanías. El gobierno sólo existiría para resolver lo esencial de la administración. Así imaginó que sería la vida en Broadacre City el arquitecto estadounidense Frank Lloyd Wright, quien había alcanzado renombre mundial por construir casas que combinaban perfectamente con el escenario natural pese a su diseño ultramoderno. Pero cuando empezó a trabajar en su ciudad de ensueño ya le habían ocurrido excesivas desgracias.

Wright había tenido rupturas matrimoniales y complicados divorcios, además de que su amante murió en un incendio que destruyó por completo la casa de sus sueños, Taliesin, cerca de Spring Green, Wisconsin. Después de la Primera Guerra Mundial su reputación se había venido abajo y le fue difícil encontrar trabajo. La máxima afrenta fue su arresto por adulterio a los 60 años. Broadacre era su respuesta al maltrato con que el destino y el mundo moderno le habían pagado.

En una palabra resumió su sentir respecto de los problemas de las ciudades modernas: lucro. Había que pagar por las ideas, el terreno e incluso por el dinero (cuando es prestado). Para Wright, un sistema así era inherentemente explotador. Creía que los habitantes de las ciudades modernas no se concebían a sí mismos como individuos productivos, por lo que eran esclavos del lucro.

Economía de trueque

En Broadacre City tal esclavitud sería imposible. Todos tendrían terreno donde cultivar alimentos suficientes para sus familias. No habría oportunidad para los forasteros de interponerse entre el ciudadano y lo que éste produjera ni de explotarlo por dinero. Los bienes y servicios serían intercambiables, en vez de comprarse o venderse por lucro.

¿Se ha construido algo semejante a Broadacre City? No. Pero las casas sorprendentemente originales que Wright edificó y los elaborados bocetos que hizo de Broadacre City permanecen como muestra de lo que el gran arquitecto imaginó y lo que pudo haber sido.

Constructor de un sueño Trazado en la década de 1930, el boceto de Frank Lloyd Wright para Broadacre City incluye edificios tomados de principios de su carrera y helicópteros en forma de trompo para el transporte urbano.

> ## ¿SABÍA USTED QUE...?
>
> *LAS PAPAS, por ser perecederas, gradualmente pierden valor después de cosechadas: lo que no le ocurre al dinero, salvo en épocas de inflación. Frank Lloyd Wright consideraba que esto daba a los propietarios del dinero una injusta ventaja sobre los dueños de mercancías. Para impedir la acumulación de capital, propuso que éste también fuera perecedero, es decir, que perdiera una parte de su valor nominal conforme avanzara el tiempo.*

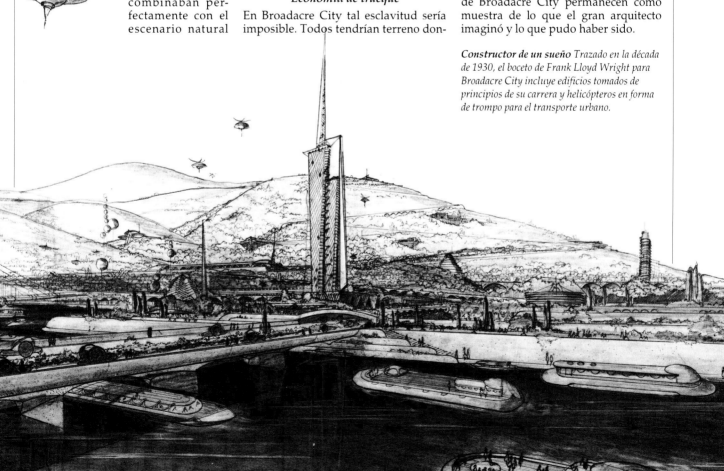

EL LONDRES QUE NO PUDO SER

¿Por qué se rechazó el plan de Christopher Wren para reconstruir Londres?

"**S**I BUSCA su monumento, vea a su alrededor", reza la traducción del epitafio de Christopher Wren en la catedral de San Pablo en Londres. Tras el gran incendio de 1666, Wren construyó una nueva catedral, más 51 de las 84 iglesias que el fuego había destruido. Pero éstos eran trabajos menores en comparación con los que hubiera querido hacer: recrear Londres de la nada. El 11 de septiembre de 1666, justo nueve días después del incendio, Wren presentó ante el rey Carlos II el proyecto para una nueva metrópoli.

Oportunidad perdida

Aunque el plan de Wren fue rechazado, 200 años después, cuando hubo una epidemia de cólera en Londres, expertos en salud afirmaron que si lo hubiera aceptado el rey Carlos II, se habría suprimido el laberinto de callejones sobrepoblados, y el índice de mortalidad se habría reducido en la tercera parte. Después de la muerte de Wren, acaecida en 1723, su

hijo lamentó que se hubiera perdido la oportunidad de hacer de la ciudad de Londres "la mejor y más espaciosa para la salud y el comercio en toda Europa".

El plan de Wren sólo implicaba expansión. Todas las calles nuevas se ajustarían a una de tres anchuras: 27, 18 o 9 m. Desaparecerían los callejones estrechos, típicos del viejo Londres. Un gran muelle público abierto embellecería la ribera, entre la Torre y el Colegio de Abogados de Londres.

Su amplio alcance, más que nada, hizo del plan un imposible. Los cambios propuestos habrían sido muy costosos. En una época en que había familias sin hogar y muchos luchaban simplemente por sobrevivir, era vital la rápida reconstrucción de la ciudad.

Sueños olvidados

El rey Carlos II tenía otras propuestas para elegir. John Evelyn le presentó un plan semejante al de Wren, en menor escala y más encaminado a preservar el carácter tradicional de Londres. El doctor Robert Hooke propuso un proyecto austero para convertir las calles de Londres en un dibujo reticular. Valentine Knight ideó un canal en forma de arco, que iría de Billingsgate a Fleet River. El Rey rechazó todas las propuestas.

Pese a todo, en 1675 se inició la reconstrucción de la catedral de San Pablo según el diseño de Wren. Se requirieron más de 86 000 ton de piedra y 500 de cascotes, mucho mármol, ladrillos, 750 000 libras esterlinas y 35 años para terminarla. Aunque no haya sido toda una ciudad, esta magnífica construcción es en verdad un monumento al genio de Wren.

UNA LEGENDARIA CIUDAD DE ORO

EL ORO es el sudor del Sol. O al menos eso creían los indios chibchas de Sudamérica, y los conquistadores españoles del siglo XVI sacaron en conclusión que la tribu tenía fuentes ilimitadas del metal precioso. Después de descubrir la enorme riqueza de los aztecas e incas, se convencieron de que encontrarían más tesoros en tierras del interior de Sudamérica, donde ciudades y países enteros llenos de oro sólo esperaban ser saqueados. Llamaron El Dorado a un mítico lugar lleno de oro que, de hecho, nunca fue una ciudad o un país, sino el nombre de los soberanos de un pueblo indígena de las cercanías de Bogotá.

Ritual de coronación

Según la tradición, cuando un rey chibcha ascendía al trono, los miembros de la tribu lo untaban de pies a cabeza con una mezcla de resina pegajosa y polvo de oro, hasta que relucía magníficamente, reflejando los rayos del Sol, dios que la tribu adoraba. Después lo llevaban a remo hasta la mitad del cercano lago Guatavita. Él se quitaba lentamente el oro del cuerpo y lo arrojaba al agua. Después se sumergía para quitarse todo el metal que seguía adherido a la piel. Entonces los miembros de la tribu arrojaban más oro al agua. Han fracasado inten-

tos posteriores de drenar el río y extraer el preciado metal. Hasta donde se sabe, el tesoro permanece en el lago, como un legado de El Dorado, el hombre de oro.

No sólo los españoles realizaron muchos viajes infructuosos a la selva sudamericana en busca de oro, sino también alemanes, portugueses y hasta el cortesano de la reina Isabel I, Sir Walter Raleigh. A pesar de su fracaso en la búsqueda de riquezas, estos exploradores sirvieron para incluir el continente americano en el mapa, al llevar a sus países valiosa información sobre la geografía de los territorios que recorrían.

En 1667, el poeta inglés John Milton empleó el mito de El Dorado en su obra *Paraíso perdido;* un siglo después, el filósofo francés Voltaire lo hizo en *Candide.* Para enton-

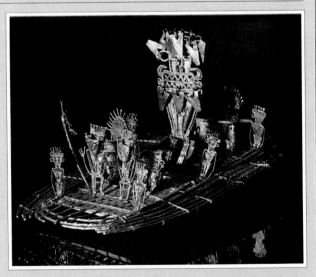

Adornos reales *En este modelo en oro de una balsa, descubierto en una cueva cerca de Bogotá en 1969, aparece El Dorado, cuyos remeros le dan la espalda por respeto.*

ces, la leyenda de la ciudad dorada que nunca existió estaba tan arraigada en la tradición europea como el oro en el fondo del lago colombiano.

UN EXTRAÑO LUGAR PARA VIVIR

Con la "raza espacial" la respuesta puede estar abajo, no arriba

TODO MUNDO necesita un sitio donde vivir y trabajar, y el ser humano se singulariza por adaptarse a las circunstancias. Vive en iglúes, chozas de adobe, tiendas de campaña o en hacinadas casas flotantes, si es lo mejor que puede conseguir.

En el mundo industrializado, el problema no son los materiales de construcción, sino el espacio y los precios prohibitivos del terreno. La solución en muchas ciudades radica en los rascacielos, o sea en construir hacia *arriba*, no hacia los *lados*. Pero, ¿qué puede hacerse en una ciudad sobrepoblada como Tokio, donde los terremotos frecuentes impiden usar rentablemente los terrenos más caros del planeta para construir rascacielos?

Los japoneses están pensando poner el mundo al revés. El gobierno financia a dos compañías, Taisei y Shimizu, para planificar enormes ciudades subterráneas que den cabida a 100 000 personas y que cuenten además con oficinas, teatros, bibliotecas, hoteles, centros deportivos y una red de transporte. La empresa Taisei bautizó su proyecto con el nombre de Ciudad Alicia, por el personaje de Lewis Carroll que encontró un "país de las maravillas" en una conejera. Se planea edificarla en el siglo XXI.

Aunque estas ciudades sean técnicamente factibles, hay una importante barrera psicológica que vencer. ¿Podrá la gente vivir sin ver el Sol ni el cielo? Se propone que las casas estén sobre la superficie y se descienda a centros de trabajo y esparcimiento subterráneos. Pero trabajar bajo tierra tampoco parece una idea atractiva.

Se resuelve con espejos

No obstante lo anterior, en Mineápolis, EUA, la Universidad de Minnesota ya construyó su Civil and Mineral Engineering Building, subterráneo en 95%, a 35 m de profundidad. Los pisos subterráneos tienen

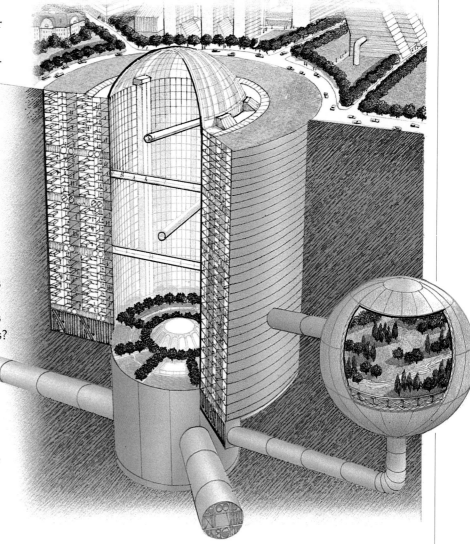

A prueba de terremotos Una gran ventaja de las ciudades subterráneas, especialmente en Japón, es que los efectos de los terremotos son mucho menores a 30 m de profundidad que en la superficie terrestre.

un poco de luz solar y una vista tras la ventana gracias a un sistema de espejos. En EUA y Canadá no sólo los edificios comerciales están bajo tierra. También hay más de 6 000 casas subterráneas, que son hogares cómodos, seguros y ahorran energía.

Quizá los problemas psicológicos de la vida subterránea sean más evidentes en los esfuerzos por imitar la vida a la intemperie. El centro de televisión Asahi de Tokio, a 20 m bajo la superficie, incluye dispositivos de imitación del clima. En noches lluviosas, un sistema, aislado de la instalación eléctrica, crea la impresión de lluvia en el estudio.

VIDA CELESTIAL

Un edificio cuyos ocupantes pueden pasar gran parte de su vida sin bajar a la calle

SI EL LECTOR desea vivir en las alturas, un departamento en el piso 92 del rascacielos John Hancock Center, en Chicago, podría ser el lugar idóneo. Un residente que guste de vivir con todas las comodidades difícilmente tiene que poner un pie fuera del edificio. Un descenso en el elevador lo lleva a su oficina o al centro comercial adjunto del piso 44, que incluye banco, oficina de correos, lavandería y tienda de abarrotes con servicio a domicilio. Después, ¿por qué no darse un chapuzón en la piscina del mismo piso? Y para cenar puede subir hasta el piso 95 y regalarse una vista panorámica sin obstáculos que alcanza 100 km más allá de Chicago, hasta el lago Michigan.

Torre de poder

En Chicago se ha bautizado al Hancock Center como "Big John", y los datos de construcción del edificio sin duda explican por qué. Con sus 344 m de altura, esta torre negra fue el primer edificio de 100 pisos en la ciudad. Hasta 1968, cuando quedó terminado, había consumido cinco millones de horas-hombre de mano de obra y acero suficiente para 33 000 automóviles. Además, tiene 2 000 km de cables eléctricos y 11 459 cristales de ventana, que cubren cerca de 3.2 hectáreas de la superficie de la torre.

La seguridad de las 2 000 personas que viven en el Hancock Center y de otras 5 000 que trabajan en él es un asunto de máxima prioridad (el edificio inspiró la película *Infierno en la Torre*). Sin importar que oscile y cruja con los vientos tormentosos, su novedoso diseño, con armaduras reticuladas en forma de X, apiladas una sobre otra, le confiere la resistencia necesaria.

Sea como fuere, nadie podría pasar toda su existencia en el edificio Hancock: allí no hay iglesia, sala de maternidad ni agencia funeraria.

¿SABÍA USTED QUE...?

LOS TRES elevadores que dan servicio al observatorio del piso 94 del John Hancock Center son los más rápidos del mundo. El recorrido desde la planta baja dura apenas 39 segundos, a una velocidad de 30 km/h. Medio millón de visitantes realizan cada año el ascenso a alta velocidad.

UNA MODA RADICAL

LOS PARISIENSES elegantes se meten bajo tierra. No al tren subterráneo ni a la Resistencia, sino a las cuevas de sus antepasados. En busca de sitios de descanso, viajan a atrayentes pueblecitos situados al norte del valle del Loira, cuyos habitantes han vivido muchos siglos como cavernícolas en sus *caforts* (abreviatura de *caves fortes*, o sea fortalezas cavernarias), talladas en la suave toba volcánica blanca.

El centro de esta región es la hermosa y extraña aldea de Trôo. Las casas de cuevas se alzan allí en hileras, con terrazas llenas de flores, y están unidas por angostos pasadizos, escalones y túneles secretos. Cada casa tiene una habitación principal con chimenea. Otras piezas más chicas dan al salón principal o a un pasillo lateral. En años recientes se han añadido techos interiores, pero los muros son en general la piedra desnuda.

Las cuevas son muy recomendables como residencias vacacionales. Los cavernícolas modernos les han agregado cuartos de baño y calefacción central, además de que abundan las antenas de televisión en el exterior. La piedra mantiene constante la temperatura todo el año... y una vez cerrada la casa, es casi a prueba de ladrones.

HOMBRES DEL PALEOLÍTICO

¿Fueron los cavernícolas de Filipinas un fraude que engañó al mundo?

TODO MUNDO SABE que el hombre prehistórico vivió en cavernas. Pero, ¿hay todavía personas, en alguna apartada región del mundo, con los hábitos y las costumbres que tenían los cavernícolas hacia el año 35 000 a.C., no modificados por la civilización? Sin duda, a los científicos les gustaría que así fuera. La oportunidad de estudiar a hombres prehistóricos actuales ayudaría a contestar muchas preguntas sobre la condición humana. Por ejemplo, ¿era pacífico por naturaleza el hombre antes de que la civilización lo corrompiera?

Nobles salvajes

Así pues, en 1971 hubo gran interés cuando un cazador filipino llamado Dafal anunció el descubrimiento de la tribu tasaday, en la selva de la isla de Mindanao. Allí vivían 27 personas aisladas, sin conocimientos de agricultura o ganadería. Habitaban en cuevas, sabían hacer fuego y no poseían armas, sólo primitivas herramientas de piedra. No tenían jefes ni jerarquías sociales, llevaban una sencilla vida de total igualdad y compartían sus escasos bienes materiales en un ambiente de paz y felicidad.

Manda Elizalde, ministro de Asuntos Indígenas del gobierno de Ferdinand Marcos, intervino para salvar a los tasaday de los taladores, que estaban destruyendo el bosque tropical de su territorio. Antropólogos, periodistas y camarógrafos de televisión de todo el mundo acudieron a presenciar y registrar el espectáculo paleolítico. En 1972, la selva de los tasaday fue declarada reserva natural, de la que se expulsó a muchos forasteros. Así quedaron las cosas por 14 años.

En 1986, después de la caída del gobierno de Marcos, un periodista suizo, llamado Oswald Iten, publicó un sensacional reportaje, en que denunciaba el caso de los tasaday como fraudulento. Según afirmó, los supuestos cavernícolas le habían dicho que eran miembros de una tribu local, a quienes Elizalde convenció de hacerse pasar por cavernícolas. Supuestamente, Elizalde se embolsó el presupuesto que el gobierno asignó a la tribu recién descubierta. Según Iten, en realidad los supuestos cavernícolas vivían en casas, y bajo sus primitivas faldas de hojas llevaban ropa interior moderna.

¿Actuación convincente?

Los científicos, muchos de los cuales habían certificado la autenticidad de los tasaday, discutieron públicamente, por ejemplo, acerca de las herramientas de piedra. Algunos dijeron que su acabado era tan deficiente que resultaban inútiles y que sin duda eran fraudulentas. Y, sobre el lenguaje, ¿era antiguo o inventado? En caso de ser inventado, ¿cómo habían actuado tan convincentemente los niños? También se discutieron técnicas de investigación: ¿es posible que la gente dé las respuestas deseadas si se manipulan las preguntas que se le hacen?

Entretanto los tasaday se mudaron de sus cuevas selváticas a la mansión de Elizalde en Manila, la capital de Filipinas, y se vieron envueltos en un complicado litigio sobre las afirmaciones y refutaciones de su identidad. Incluso si su vida de la Edad de Piedra había sido real, es indudable que jamás podrán regresar a esa primitiva existencia.

EL IMPERIO QUE SURGIÓ DEL LODO

Venecia surgió del pantano hasta convertirse en uno de los Estados más importantes de Europa

NINGUNA CIUDAD evoca imágenes más románticas que Venecia: góndolas que se deslizan por el Gran Canal, palacios del Renacimiento reflejados en las tranquilas aguas, plazas llenas de paz que besan las aguas de una callada laguna. Pero no hubo nada de romántico en su fundación. Venecia na-

ció del miedo. Hace unos 1 500 años, la actual Italia vivía tiempos muy difíciles. El Imperio Romano se derrumbaba ante la arrasadora marcha de feroces invasores bárbaros del norte, que asolaban todo a su paso. El área sobre la cual actualmente se levanta la ciudad de Venecia, en aquel entonces consistía en un con-

junto de isletas y marismas en una laguna de forma de media luna, una zona estéril, cenagosa y palúdica.

Pero el área tenía un atractivo vital: ofrecía seguridad. En el año 452, cuando Atila y los hunos saquearon la ciudad de Aquilea en tierra firme, los habitantes huyeron a los pantanos. Y un siglo más tarde, la invasión de los lombardos empujó a los asustados moradores de las ciudades en llamas a buscar refugio en las isletas de la laguna.

Los recién llegados aprendieron pronto a enfrentarse con su entorno acuático. Protegieron con estacas las isletas de lodo, construyeron palafitos y unieron las isletas entre sí al rellenar los canales.

Situada cerca del centro de la laguna, Venecia fue adquiriendo pujanza sobre las demás colonias menores, y para el siglo VIII era una república aristocrática independiente con un gobernante electo, el Dux. Habrían de seguir varios siglos de prosperidad comercial, política y cultural.

Venecia es hoy un imán turístico. Extraño destino para la que en otros tiempos habría parecido una de las zonas más desoladas de la Tierra.

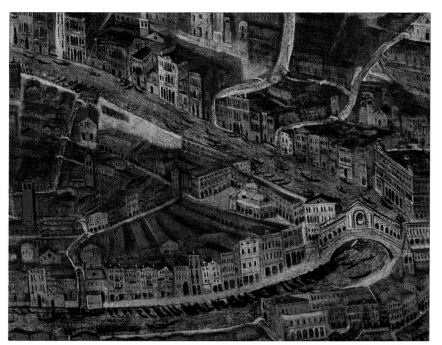

Ciudad pantanosa *Hacia fines del siglo XVIII, en el archipiélago de bancos de lodo e isletas que componen la histórica ciudad de Venecia se habían construido unos 200 palacios.*

CÁPSULAS PARA DORMIR

SI SE ES varón y se busca un lugar barato y limpio donde pasar la noche en Tokio, podría considerarse la idea de registrarse en uno de los hoteles cápsula que han surgido durante los últimos diez años en Tokio y otras ciudades japonesas. Con capacidad para alojar hasta cuatro veces el número de clientes que caben en un hotel tradicional, son la respuesta del Japón a la sobrepoblación.

Pero ¿qué se siente pasar la noche en uno de esos hoteles? Al ser conducido a su cuarto, el huésped encuentra largos pasillos con dos hileras de cápsulas de plástico a cada lado. Los cubículos tienen aire acondicionado, pero son minúsculos, de 1.5 m de altura y anchura, y 2 m de longitud.

Una vez que el huésped se mete a gatas, no puede ponerse de pie; pero al menos le es posible dormir estirado sobre el colchón en el piso. Para su tamaño, estos minicuar-

tos están muy bien equipados, con radio, televisión, escritorio plegadizo, reloj despertador y teléfono. Sin embargo, hay que dejar casi todo el equipaje en la recepción.

Los hoteles cápsula han tenido gran éxito entre los clientes gracias a sus bajas tarifas. (El astronómico valor del terreno ha disparado el costo de los servicios hoteleros, y con ello el precio de un cuarto normal de hotel.)

¿Se extenderán los hoteles con cápsulas pa-

ra dormir a otros países con modo de vida más espacioso? Algunos empresarios estadounidenses han empezado a interesarse en la idea, y opinan que ésta podría tener futuro fuera de Japón.

Lujo estrecho *Un joven japonés disfruta de la pulcritud y las comodidades del Capsule Inn de Osaka.*

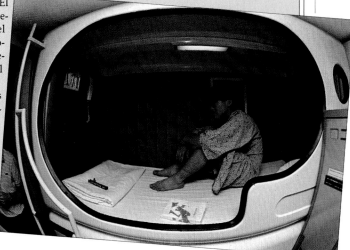

LA VIDA EN EL CEMENTERIO

De todos los panteones del mundo, el de El Cairo es el más "vivo"

AL IR del aeropuerto al centro de El Cairo, el visitante atraviesa lo que parece un enorme cinturón de miseria en la periferia oriental de la ciudad. Las casas de adobes son pardas y polvosas, y las estrechas calles son un hervidero de gente, con la típica vida de un distrito pobre de El Cairo: el ajetreo de niños que juegan, mujeres que balancean el mandado sobre la cabeza y hombres que fuman narguiles en cafés.

Sin embargo, no es lo que parece. Sobre el caos y la miseria se alzan cúpulas y minaretes de las magníficas tumbas de los fatimíes y mamelucos, dinastías que gobernaron Egipto entre los siglos XII y XVIII. Esta animada y populosa parte de la urbe es la famosa Ciudad de los Muertos, un inmenso panteón.

Los mausoleos históricos más importantes están cuidadosamente protegidos como monumentos religiosos. Pero las tumbas comunes y corrientes, por lo general sólidas estructuras del tamaño de una casa pequeña, han sido desde hace tiempo excelente alojamiento para los muertos... y los vivos. A veces, las familias habitan su tumba, a la que añaden un patio y una terraza techada para que parezca casa de campo. Otras se apoderan de tumbas abandonadas o arriendan una cámara mortuoria de dos o tres piezas, usualmente en el entendido de que la dejarán durante el día cuando el casero vaya a honrar a sus muertos. Y después de un entierro han de mudarse por varias semanas mientras termina de descomponerse el cadáver bajo el intenso calor de El Cairo.

Aunque el hábito de vivir entre tumbas es casi tan antiguo como el mismo cementerio, de 800 años, la explosión demográfica en Egipto ha empujado a más y más personas a vivir en la necrópolis. Se calcula que ésta tiene 300 000 habitantes vivos, cuyo número sigue creciendo (si bien muchos viven en casas de adobe, construidas entre las tumbas).

Si se cuenta con electricidad y agua potable, un panteón puede ser un lugar muy cómodo para vivir.

LOS MILAGROSOS SANTOS DE SAL DE POLONIA

A MÁS DE 100 m bajo tierra, en las profundidades de una mina de sal en Polonia, está la magnífica capilla de la beata Kinga, cuyo altar se remonta al siglo XVII. En el laberinto de túneles que la circundan hay otras capillas subterráneas, estatuas de santos y escenas religiosas por demás conmovedoras. La ubicación de estos objetos sagrados es de por sí sorprendente. Sin embargo, más extraña aún es la manera de crearlos: las capillas y estatuas fueron esculpidas en sal gema. Se trata de la famosa mina Wieliczka, en las cercanías de la histórica ciudad de Cracovia, con 150 km de túneles excavados por generaciones de mineros desde el siglo XI. Las magníficas tallas en sal expresan su devoción religiosa y son un modo de implorar la protección divina en sus peligrosas labores cotidianas.

En la actualidad, la mina es una popular atracción turística que sirve de centro de recreo subterráneo. La madriguera humana de Wieliczka incluye cafetería, salón de baile, cancha de tenis y hasta un sanatorio, donde se trata eficazmente a los enfermos de asma gracias al benéfico microclima de la mina de sal.

Ermita bajo tierra *La nave subterránea de la capilla de la beata Kinga, monja que llegó a Polonia desde Hungría en el siglo XIII, se localiza en las cercanías de la ciudad de Cracovia; mide 54 m de largo y está esculpida en sal.*

MADRIGUERAS HUMANAS
¿Por qué habría de escoger alguien la vida bajo tierra?

LOS HUÉSPEDES de ciertos hoteles de Coober Pedy, en el sur de Australia, encuentran alojamiento de buen gusto, con alfombrado de pared a pared, cómodos muebles, cuadros en las paredes y modernos aparatos electrónicos. Pero no tiene caso que pidan un cuarto con panorámica: no hay ventanas, todo es *subterráneo.*

Coober Pedy es un remoto pueblo minero que produce casi 90% de los ópalos en el mundo. Desde que se descubrió la gema en la zona, en 1915, numerosos mineros han vivido en "refugios" bajo el desierto. Los divertidos aborígenes llamaron al lugar *kupa piti,* que significa "hombre blanco en un agujero".

Ventajas de la vida de las cavernas

Talladas en suave arenisca rosada, estas viviendas son mucho más que simples agujeros en el suelo. Además de las comodidades modernas habituales, tienen varias ventajas. Por ejemplo, los jugadores de billar pueden poner tiza al taco girándolo contra el techo, y para ensanchar una habitación basta golpear la pared con un zapapico.

La falta de madera para construcción podría haber sido una razón para las viviendas subterráneas, ya que el último árbol de Coober Pedy desapareció en 1971. Pero el motivo principal es huir del calor. Las temperaturas veraniegas pueden llegar a 50°C en la superficie del desierto, mientras que en los hogares subterráneos se mantienen a 25°C. De los casi 4 000 habitantes de Coober Pedy, la tercera parte vive bajo tierra.

En otros lugares calurosos también se ha optado por esta solución, con menos lujos. En los límites del desierto del Sáhara, por ejemplo, el área de Matmata en el sur de Túnez, los bereberes han cavado viviendas subterráneas para huir del intenso calor. Sus casas de dos y tres pisos, talladas en la suave roca, forman un círculo

alrededor de un patio central, donde se desarrolla la vida aldeana en comunidad. En total hay unos 700 de estos hoyos que, según una teoría, se edificaron porque el material de construcción escaseaba y la roca era blanda. Así pues, se les hizo más fácil construir hacia abajo que hacia arriba.

Túneles tunecinos
En Matmata, los bereberes escapan del calor y del frío en sus viviendas subterráneas.

LOS TÚNELES DE CU CHI
La resistencia subterránea del Vietcong

PARA LOS SOLDADOS de EUA, uno de los aspectos más frustrantes de la guerra de Vietnam fue la elusividad de su enemigo comunista. Por ejemplo, en enero de 1966 se envió por vía aérea a 8 000 soldados al distrito de Cu Chi, situado a 30 km de Saigón (hoy Ho Chi Minh), lleno de guerrilleros del Vietcong. Pese a la rapidez y magnitud de la operación, no hallaron milicias enemigas: aunque literalmente parecían capaces de esfumarse en el aire, en realidad se habían desvanecido en la densa tierra.

Fortaleza guerrillera

En el subsuelo de Cu Chi, los guerrilleros habían cavado una compleja red de túneles de unos 320 km de largo, extraordinaria proeza de ingeniería militar. La horrible vida en esta fortaleza subterránea es fácil de imaginar. Pero algunos

guerrilleros la soportaron durante varios años ininterrumpidos.

Muchos túneles apenas daban cabida al paso de un hombre: raras veces tenían más de 1 m de anchura y otro tanto de altura. Desembocaban en cámaras, generalmente de 3 m², donde se fabricaban o reparaban armas, imprimían periódicos y panfletos o celebraban reuniones. La atmósfera subterránea era calurosa, sofocante y maloliente, en especial cuando se estaba en el cuarto piso tierra abajo. La comida solía escasear y los guerrilleros tenían que comer lo que hubiera. Uno de ellos comentó: "Descubrí que las ratas a la parrilla tenían mejor sabor que los pollos o los patos."

Mientras la guerra continuaba arriba, se hacía todo lo posible para que los soldados del Vietcong se sintieran como en casa. Incluso había un grupo teatral,

que recorría los túneles dando funciones para levantarles la moral. Los túneles de Cu Chi fueron el complejo más grande de una enorme red subterránea que rodeaba a Saigón, desde la costa hasta la frontera con Camboya.

Defensa eficaz

Por diez años, los túneles de Cu Chi desafiaron a grandes fuerzas de EUA. Aunque numerosos guerrilleros murieron bajo tierra, la red sobrevivió a ataques con bombas y gases y a la penetración de soldados estadounidenses con adiestramiento especial, llamados "ratas de túnel". Después de la victoria comunista en 1975, el distrito entero fue honrado formalmente con el nombre de "Tierra de Hierro de Cu Chi". Irónicamente, los túneles fueron restaurados para mostrarlos a turistas extranjeros.

BIENVENIDOS AL MUNDO

Las extrañas costumbres y supersticiones relacionadas con el embarazo y el parto

LOS PARTIDARIOS del parto "natural" en los países occidentales hacen que la partera ponga a la criatura, tan pronto nace, en brazos de la madre. Tal idea aterraría a los miembros de la tribu akha de Tailandia, cuyos recién nacidos deben llorar tres veces antes de que alguien los toque. Se cree que los tres chillidos son peticiones al dios Apoe Miyeh por un alma, una bendición y una larga vida.

Una vez que el bebé ha llorado, la partera lo recoge y le da un nombre provisional para alejar a los malos espíritus, quienes supondrían que un niño sin nombre es rechazado e intentarían llevárselo. Se le da el nombre definitivo en ceremonia posterior, cuando esté claro que tiene salud suficiente para sobrevivir.

En todo el mundo la gente ha acostumbrado complicadas precauciones para mantener al recién nacido y a la madre a salvo de males sobrenaturales. En países europeos, la partera deshacía los nudos en la casa para ayudar al relajamiento de la embarazada y garantizar un parto suave, además de echar cerrojo a puertas y ventanas para que no entraran los malos espíritus.

Facilitamiento del parto

Una singular costumbre británica del siglo XIX consistía en colgar arriba de la cama, durante el parto, la *Carta de Nuestro Salvador*, documento supuestamente escrito por Jesús a un tal Agbarus de Edesa, y que quizá fue un invento de la Edad Media. Se pensaba que era eficaz contra la brujería y útil para lograr partos sin dificultades.

Aunque todas esas precauciones facilitaban el parto, en opinión de muchos el momento en que nacía la persona influía en la clase de vida que llevaría. En la India, nacer durante eclipses era de mal agüero, y sólo después de ciertos ritos se permitía que el padre viera a su hijo. Según una tradición alemana, si las nubes parecen ovejas cuando nace el bebé, éste gozará de buena suerte. En muchas culturas se creía que nacer en domingo implicaba una vida feliz, y una antigua creencia inglesa era la de que nacer cuando suenan las 3:00, 6:00, 9:00 o 12:00 h permite ver fantasmas, dudoso privilegio compensado con la insensibilidad a hechizos.

En muchas culturas había ceremonias de purificación de madre e hijo en seguida del parto; pero tal vez la más insólita sea la filipina de "asar a la madre", la que permanece acostada por una semana cerca de una hoguera especial. Luego se vierte agua sobre piedras ardientes y el vapor la purifica.

¡Fuera, demonios! En una serie galesa de leyendas del siglo XIX se narraban las penas de Jennet Francis quien, tras desesperada lucha, rescató a su hijo recién nacido de las garras de duendes y espíritus.

VÍRGENES Y MILAGROS

¿Qué tienen en común Jesús, Buda y Zoroastro?

PARA LOS CRISTIANOS la concepción de Jesús tiene tanta importancia como su nacimiento. Que su madre María fuera virgen cuando lo concibió es señal cierta de que Jesús tenía origen divino, de que en verdad es el hijo de Dios. Pero la creencia en una concepción milagrosa no es exclusiva del cristianismo, que de hecho la comparte con religiones del mundo entero.

Se dice que Buda pasó por miles de encarnaciones antes de adoptar la forma de un pequeño elefante blanco y entrar en la matriz de su madre por el costado derecho. El evento fue acompañado de otros milagros: instrumentos musicales que tocaban solos, ríos que dejaron de fluir y el repentino florecimiento de árboles y flores fuera de temporada.

Radiante luz

Zoroastro, el profeta del mazdeísmo reformado, también existió en espíritu antes de nacer en el siglo VII a.C. Se creía que su padre era Ahura Mazda, el supremo dios, y su madre, una doncella de 15 años llamada Dughda. Durante el embarazo, ella deslumbró a quienes la observaban con una luz divina que irradiaba de su cuerpo, y sus padres la casaron

Divinidad naciente Al nacimiento del dios hindú Krishna asisten astrólogos, que consultan sus almanaques para prever la buenaventura de la deidad. Krishna significa "oscuro cual nube", como muestra esta pintura.

rápidamente con un hombre de una aldea cercana, para evitar el escándalo consecuente.

También ardió una luz divina en la doncella india Devaki después de que el dios hindú Vishnú entró en su matriz. Éste nació en forma terrenal como Krishna, destinado a vivir como guerrero y filósofo antes de regresar a su reino espiritual como dios hindú por derecho propio.

En México, la madre del dios Quetzalcóatl era virgen cuando una deidad adoptó la forma de la mañana, exhaló su aliento sobre ella y la embarazó para que el dios serpiente pudiera tomar aspecto humano.

El antiguo dios supremo de la mitología griega, Zeus, se convirtió en lluvia de oro a fin de copular con Dánae (la madre de Perseo, quien mató a la Gorgona), y en cisne para seducir a Leda. Uno de los gemelos nacidos de esta última fue Helena, que fue el origen de la guerra entre Grecia y Troya. Tal vez la mayor aventura de Zeus haya sido encarnar en el guerrero Anfitrión en la misma noche que éste por fin se disponía a consumar su matrimonio con Alcmena (la cual había negado su lecho a Anfitrión mientras

Precioso amor El dios griego Zeus se transforma en lluvia de monedas de oro para insinuar sus intenciones amorosas a Dánae, virgen y símbolo de castidad, cuya acompañante recoge las monedas.

éste no vengara la muerte de los hermanos de ella).

Zeus observó la batalla y, encarnado en la figura de Anfitrión, divirtió a Alcmena con relatos de "sus" hazañas. Al mismo tiempo ordenó a Apolo, dios del Sol, que se tomara un día de descanso, con lo que alargó la noche, y su estancia con Alcmena, a 36 horas en vez de 12.

Cuando Anfitrión llegó victorioso a casa, le desconcertó en grado sumo la frialdad de Alcmena, que a su vez lo encontró fastidiosamente repetitivo en el relato de sus proezas. Pero el adivino Tiresias no tardó en arreglárselas para reconciliar a la pareja explicando lo que había sucedido realmente.

En realidad, era costumbre entre los griegos atribuir paternidad divina a toda persona de elevada distinción. Se decía, por ejemplo, que el filósofo Platón y el matemático Pitágoras eran hijos del dios Apolo.

Flor milagrosa

Algunas civilizaciones antiguas crearon mitos de concepción milagrosa en los que no intervenían poderes divinos y que tenían significado político en vez de religioso. En tales casos era muy frecuente asignar la paternidad a algún objeto mágico. Por ejemplo, la concepción de Fo-hi, legendario emperador de China, ocurrió cuando su madre se tragó una flor que se había adherido a su ropa mientras se bañaba.

EL SALVADOR DE MADRES

La sencillez asombrosa de la solución al problema de la fiebre puerperal

EN LA EUROPA de mediados del siglo XIX, toda mujer que ingresaba a un hospital para dar a luz tenía 25% de probabilidades de morir en la institución a causa de la fiebre puerperal. Pero el hombre que prácticamente logró erradicar la enfermedad en su nosocomio fue ridiculizado y murió loco.

Ignaz Semmelweis hizo su descubrimiento en una clínica obstétrica de Viena, donde empezó a trabajar en 1844. Al igual que en otros hospitales, allí hacía estragos la fiebre puerperal. Ésta surge cuando una infección bacteriana ataca el canal de parto, invariablemente vulnerable después de nacido el niño.

Semmelweis advirtió que la mortal fiebre era dos o tres veces más frecuente en una sección de la clínica dedicada a la docencia de la medicina (los estudiantes llegaban allí, para ayudar en el parto, directamente del anfiteatro). Dedujo que, de algún modo, los estudiantes acarreaban algo del cuerpo de las mujeres recién muertas de fiebre puerperal al de las que estaban pariendo. Ese "algo" desconocido causaba la fiebre.

Un limpio rompimiento

Su solución fue de una sencillez asombrosa. Ordenó a los estudiantes lavarse las manos con un desinfectante de cloruro de cal diluido antes de examinar a las mujeres de la sala de maternidad. Esto disminuyó los fallecimientos en la sala de maternidad, de una de cada cinco a una de cada cien pacientes.

Asombrosamente, sus superiores en la clínica se quedaron impávidos, no entendieron las ideas de Semmelweis (todavía no se descubrirían las bacterias) y se aferraron a la creencia de que la enfermedad era inevitable. Además, como se juzgaban sospechosas las opiniones políticas liberales de Semmelweis, se hizo creciente el rechazo a su trabajo. En 1850, frustrado y desilusionado, regresó a su Hungría natal.

Aunque su país le brindó respaldo incondicional, la opinión médica en el resto de Europa permaneció en su contra. Semmelweis pasó otros 15 años combatiendo al gremio médico, hasta que su ánimo se quebrantó. En julio de 1865 ingresó en un hospital para enfermos mentales y al cabo de un mes murió.

Semmelweis estuvo realmente a la vanguardia del pensamiento médico de la época. Más o menos cuando murió, Joseph Lister establecía en Inglaterra los principios de la cirugía antiséptica y Louis Pasteur descubría en Francia las bacterias. Si Semmelweis hubiera vivido sólo unos cuantos años más, habría recibido lauros como genio pionero.

En su vida hubo una última ironía. Antes de ingresar en el manicomio, Semmelweis había sufrido una cortada en la mano mientras disecaba el cuerpo de una mujer fallecida de fiebre puerperal. La herida se infectó y Semmelweis murió, por cosas del destino, de la misma enfermedad por cuya erradicación tanto había hecho en vida.

¿SABÍA USTED QUE...?

NACER CON el amnios (una de las membranas fetales, que a veces cubre la cabeza del recién nacido como capucha) se consideró alguna vez signo de buena suerte. Además, en el siglo XIX esta envoltura era apreciada por los marineros como protección para no ahogarse, y se compraba y vendía en grandes sumas de dinero.

CUANDO LOS VARONES SE EMBARAZAN

MUCHO ANTES del advenimiento de la anestesia moderna, las parturientas de Dumfries, Escocia, tenían la buena suerte de vivir un parto totalmente indoloro. Según un relato de 1772, las parteras de la localidad tenían la facultad de transferir al marido los dolores de parto. Ha quedado en el misterio cómo lo lograban. Pero los bebés "llegaban al mundo suavemente, sin molestar a la madre en lo más mínimo, mientras el pobre marido bramaba de angustia con dolor insoportable y sobrenatural".

El extraordinario espectáculo del marido que sufre con el embarazo y el parto en mayor medida que la esposa no se limita a una ciudad de Escocia. Conocido como *couvade* (en francés "incubar" o "empollar"), el fenómeno ocurre de diversas maneras en el mundo entero.

En ciertas tribus africanas, el hombre guarda cama durante todo el embarazo. La mujer sigue trabajando como de costumbre hasta pocas horas antes de dar a luz. Según sus creencias, el hombre tiene más inteligencia y mayor fortaleza física que la mujer, lo que lo hace más apto para defender al niño que está por nacer contra los espíritus malignos y aciagos; por ello le corresponde cumplir con esta labor durante el embarazo.

No siempre llega a tales extremos la actividad simbólica del padre. En ciertas islas del Pacífico no hacen más que separar a los cónyuges durante el parto y varios días más. En este lapso, el hombre evita determinados alimentos y tareas que los isleños consideran "tareas propias del hombre".

En la Europa medieval, la mujer se ponía la ropa del marido al empezar el parto, con la esperanza de transferirle los dolores del caso. La creencia de que todo padre experimenta estos dolores tenía además un uso práctico: en el norte de Inglaterra los aldeanos descubrían al padre de un hijo ilegítimo al esperar el inicio del trabajo de parto de la madre y luego recorrer la aldea en busca de algún varón enfermo en cama.

Embarazo ritual Esta cabecera de Zaire muestra a un hombre acostado junto a su esposa, que está pariendo; representación del curioso síndrome llamado couvade.

TIEMPOS DIFÍCILES

Para ganarse un sitio en la sociedad

OCA GENTE anuncia su posición social tanto como los guerreros masai del África oriental. Se cubren la cara y el cuerpo de rojo ocre; el cabello, teñido de color similar, lleva un trenzado especial. Visten un sencillo paño rojo y un enorme colgante de cuentas brillantes. Pertenecen a la élite. Su labor es defender la aldea contra el enemigo y al ganado de los leones merodeadores.

Todos los masai pertenecen a algún "clan generacional" de su aldea. El chamán anuncia periódicamente la formación de un clan, de modo que los jóvenes ingresan a él entre los 13 y 17 años. Para

Futuro guerrero Un joven masai se sienta paciente mientras le afeitan el cabello. Es uno de los rituales a que ha de someterse para ser guerrero.

volverse *moran* o guerrero, a cada joven se le afeita la cabeza, se le da un baño ritual y se le circuncida en público con una afilada piedra. Aunque debe estar callado, sus padres pueden gritar y gemir por él.

Una vez pasada la prueba, los masai se dejan crecer el cabello de nuevo y lo tiñen de ocre, al igual que el cuerpo. En este periodo se permite al clan tener conducta desordenada, poco respetuosa de sus mayores y de las tradiciones. Después, el grupo construye su recinto, donde los nuevos guerreros, ya defensores de la aldea, viven con muchachas de su clan. Los guerreros mayores, de unos 25 años, pasan por una nueva ceremonia y se vuelven miembros maduros de la tribu, que deciden sobre asuntos de negocios y tierras de pastoreo, a la vez que pertenecen a la reserva de las fuerzas de defensa.

Cambio de posición social

El clan de nuevos guerreros deja su distintivo aspecto rojizo y su recinto de *moran*, y se les autoriza casarse. Estos ex guerreros son "mayores jóvenes"; su principal misión es preparar a los niños para la iniciación. Con el tiempo serán "mayores jefes", que fungirán como abogados, jueces y consejeros. Al final se retirarán de sus deberes públicos y serán "mayores venerables".

Pocas sociedades están estructuradas tan rígidamente como la masai, donde hay muy pocas fricciones internas. Parte de su éxito en este sentido quizá se deba a ritos como el de la iniciación pública de la edad adulta, que todos los varones deben pasar. Dicha ceremonia marca el fin de la niñez y los ata irreversiblemente a la vida de sus compañeros. Y ésta es la finalidad de los ritos de iniciación: desligar del pasado al aspirante y marcarle el inicio de una nueva y prometedora vida como miembro del grupo.

¿SABÍA USTED QUE...?

LOS JÓVENES de la tribu kukata de Australia cumplen por tradición el ritual de caminar sobre fuego para tornarse valientes. En otras tribus aborígenes, las mujeres empujan a los jóvenes al fuego o les lanzan antorchas a la cabeza.

A PIQUETES Y RASGUÑOS
Los indios taulipang tienen al dolor por tónico

L A ADOLESCENCIA es bastante difícil si en su inicio no es recibida con azotes, cortes en la barbilla, los brazos y el pecho, y opresión del cuerpo contra una canasta llena de hormigas picadoras.

Así es como los indios taulipang de la Guayana sudamericana inician a los niños en la edad adulta. Además, si dan señales de miedo o de dolor, se repite la dura prueba. Cada parte de esta ceremonia tiene significado especial: la azotaina purifica al niño y le da fortaleza, mientras que los cortes de la barbilla lo ayudan a adquirir pericia con la cerbatana, y los de los brazos, mayor destreza con el arco. Se supone que el dolor de los piquetes de hormiga lo "refresca", manteniéndolo activo y bien despierto.

Los taulipang no reservan estos dolorosos encuentros con los insectos para los ritos de la pubertad. Muchos los practican voluntariamente siempre que necesitan un tónico. Una vez, toda una aldea se sometió a la ceremonia antes de la llegada de una visita importante. Por añadidura, afirman que ayuda a prevenir enfermedades y mejora su estado de ánimo y su habilidad para cazar.

Doloroso rito Las hormigas picadoras recorrerán el pecho de este niño taulipang. Es el último de los tormentos a que se somete en la ceremonia para convertirse en adulto.

EDUCACIÓN "PREESCOLAR"
Novatadas para poder estudiar

L OS ESTUDIANTES de nuevo ingreso que llegaban a universidades germanas entre el siglo XIV y fines del XVIII podían esperar razonablemente que se pusieran a prueba sus facultades intelectuales. Pero primero debían ser admitidos por el estudiantado... y esto implicaba un ritual que no ponía a prueba sus conocimientos ni su inteligencia.

Tenían que sufrir una humillante ceremonia, llamada *depositio beani* o "muda del pico amarillo" (el *beanus* o "pico amarillo" era el apodo para el no iniciado). Se les obligaba a vestirse como animal, ponerse un sombrero con cuernos y colocarse grandes dientes de madera. Luego los estudiantes mayores cazaban al "animal", lo golpeaban, le aserraban los cuernos y le arrancaban los dientes con pinzas. Después le embadurnaban el cuerpo con un ungüento dañino y le hacían tragar a la fuerza píldoras de estiércol de vaca.

Para cerrar con broche de oro

A continuación, lo acusaban de ladrón y pervertido sexual. Otro compañero, ataviado como sacerdote, escuchaba la confesión del iniciado y lo absolvía.

Los actos terminaban con solemnidad. Al estudiante le ponían en la lengua un grano de sal como símbolo de sabiduría y le derramaban vino sobre la cabeza como signo del gozo que da la sabiduría. El antiguo *beanus* era ya miembro del estudiantado con pleno derecho. Sin embargo, faltaba el toque final: para confirmar su nueva posición social, el iniciado debía invitar una cena a sus torturadores.

¿SABÍA USTED QUE...?

ANTES DE CASARSE, los jóvenes de la tribu maue sudamericana han de ejecutar siete danzas con un brazo metido en una manga rebosante de hormigas, ceremonia a la que se someten varias veces.

✳ ✳ ✳

AL LLEGAR a la pubertad las jóvenes indias omagua del Perú, era tradición encerrarlas en hamacas cosidas y suspendidas del techo de la cabaña. Debían permanecer inmóviles ocho días, en que sólo recibían un poco de comida y agua una vez al día.

MISTERIOS Y PRIVILEGIOS

Las extravagancias que se deben soportar para convertirse en masón

A LA PUERTA del templo, un hombre maduro le quita el dinero, el reloj y cualquier objeto metálico. Luego le vendan los ojos y le ponen en el cuello un lazo corredizo. Se le dejan sólo los pantalones y la camisa, con el pecho izquierdo al descubierto, la manga derecha de la camisa enrollada hasta más arriba del codo y la pernera izquierda subida sobre la rodilla. En el pie izquierdo se le calza un zapato y en el derecho una zapatilla, por lo que cojea al caminar.

Cruza el umbral del templo conducido por su guardián exterior, el *Tyler*, quien lo anuncia como "un pobre candidato en la oscuridad" que pide ser admitido en los "misterios y privilegios de la masonería".

Formación del carácter

Los masones son una sociedad secreta, descendiente de los gremios de albañiles europeos que edificaron los grandes castillos y catedrales durante la Edad Media. Aunque afirman pretender el engrandecimiento moral de sus miembros y fomentar buenas obras en la sociedad,

sus complicadas ceremonias de iniciación hacen casi imposible creerles.

Una vez en el templo, el candidato es llevado del lazo corredizo a una habitación sin ventanas, iluminada por velas, y se le hace desfilar, con un puñal contra el pecho desnudo, frente a los miembros de la logia.

Luego jura "en presencia del Gran Arquitecto del Universo no escribir esos secretos, tallarlos, marcarlos ni delinearlos en manera alguna... so pena no menor... de que, después de que me sea cortada la garganta, se me arranque la lengua de raíz y la entierren en la arena, en el área de bajamar..."

Entonces el candidato es aceptado como Aprendiz Ingresado, el primer grado de la masonería. La mayoría asciende en cuestión de meses a Compañero y después a Maestro. Se dice que la ceremonia para alcanzar este último grado es tan horrible —al parecer comprende el ahorcamiento simbólico en un cadalso y el salir de un ataúd como resucitado—, que dio origen al popular término "tercer grado", que significa tortura.

Ceremonia solemne Como se muestra en este cuadro de comienzos del siglo XIX, se venda a los novicios para simbolizar el estado de oscuridad espiritual que la masonería iluminará.

¿SABÍA USTED QUE...?

ENTRE LOS INDIOS hopi de América del Norte, una joven adquiere la condición de mujer sólo después de que pasa cuatro días en aislamiento moliendo maíz en casa de una tía. Durante este encierro se le prohíbe rascarse el cuerpo o la cabeza con la mano, en vez de la cual debe usar un palo. Cuando finalmente sale, lleva un peinado diferente, indicativo de que está lista para casarse.

✳ ✳ ✳

ERA CREENCIA generalizada en Inglaterra que si una criatura no lloraba durante el bautizo, el rito no había logrado expulsar de ella al demonio. Por otra parte, en Alemania se decía que si lloraba en la ceremonia, moriría joven.

"TE ACEPTO COMO ESPOSA..."

La importancia de la Luna al escoger fecha para contraer matrimonio

PARA LA MAYORÍA de las personas el día que se casan es la fecha planeada más importante de su vida. No es de extrañar, pues, que por siglos haya sido primordial decidirla adecuadamente. Los antiguos griegos y romanos acostumbraban casarse en luna llena, por la creencia de que ésta influía en la fecundidad. Hoy, en zonas rurales de Alemania y algunos lugares de EUA siguen buscando en ella una bendición. De igual modo, en zonas costeras de Holanda y del oriente de Escocia, las bodas se concertaban para que coincidieran con la marea alta, símbolo de la buena fortuna que se esperaba fluiría hacia la pareja en su vida marital.

A veces coincidían los intereses místicos con los prácticos. Los romanos preferían las bodas en junio. Además de ser el mes dedicado a Juno, diosa protectora de las novias, permitía que la novia ayudara en la cosecha antes de estar muy avanzado su embarazo. Por lo general daba a luz a su primer hijo al comienzo de la primavera del año siguiente, de modo que tenía tiempo suficiente para reponerse y ayudar de nuevo en la cosecha.

El hombre ha buscado siempre en las estaciones la inspiración para el día de la boda. En los Alpes suizos y la Irlanda rural aún es usual celebrar esponsales antes de la cosecha, mientras que en el sur de Finlandia se casan después de ella, cuando el mal tiempo hace imposible el trabajo. La primavera, renovadora de la vida, alentó a los antiguos chinos, irlandeses y escoceses, que tienen el verso: "Cásate con el año naciente, siempre fiel, siempre amante."

Se afirma que el día de la semana también influye en la dicha de la pareja, no sólo la época del año. En Occidente se ha vuelto costumbre casarse en sábado; pero según un viejo verso inglés era día malhadado y presagiaba la muerte prematura de uno de los contrayentes, y se recomendaban el lunes, martes y miércoles. En cambio, en Italia tenían la superstición de que los hijos de parejas casadas en lunes podrían resultar idiotas, mientras que los de una unión en martes tendrían los pies torcidos. Y era impensable casarse el 28 de diciembre, día de los Santos Inocentes, aniversario de la matanza de niños por Herodes. Es más, el día de la semana en que caía esta fecha era de mal agüero para todo el año siguiente.

Alegría para todos *En la Alemania rural del siglo XIX, toda la aldea solía unirse a la celebración de las bodas.*

"ALGO VIEJO, ALGO NUEVO..."

CADA AÑO, muchas novias de EUA y el Reino Unido van al altar portando, según antiguo verso, "Algo viejo, algo nuevo, algo prestado, algo azul". Pero ¿cuántas conocen el significado de cada uno de estos "algos"?

"Algo viejo" recuerda la felicidad de la etapa de cortejo y simboliza la transferencia de este sentimiento al matrimonio. El encaje es el tradicional artículo "viejo", por lo general un adorno decorativo, como un pañuelo o un velo. El "algo nuevo" es quizás el símbolo más importante, pues representa el esperado éxito del matrimonio. El uso de vestuario nuevo en el día de la boda es una costumbre universal, seguida muchas veces también por el novio. Por tradición, unas cuantas agujas enhebradas del vestido de la novia se dejan colgando hasta el último momento, para que sea lo más nuevo posible.

Un velo de una mujer felizmente casada es una selección favorita para "algo prestado". Es un símbolo de la lealtad de amistades que continúan en la nueva vida de la novia. Por último, el azul es el color que simboliza la constancia y la fidelidad, y suele representarse con una liga de ese color. Ésta con frecuencia era prestada, pues se creía que las perspectivas de matrimonio de una soltera mejorarían si prestaba a la novia una de sus ligas. En consecuencia, las novias de mayor popularidad llegaban a la iglesia con las piernas tapizadas de ligas de la buena suerte de sus amigas.

Los pueblos escandinavos no adoptaron la costumbre de la argolla de matrimonio hasta fines del siglo XVII. Los contrayentes preferían partir una moneda de oro o de plata y cada uno se quedaba con la mitad.

¡AHÍ VIENE LA NOVIA!
Hay que casarse con el estado de ánimo adecuado

CUANDO LA NOVIA sale de casa el día de su boda, literalmente debe dar el primer paso con el pie derecho: hacerlo con el pie izquierdo le trae mala suerte. El viaje al sitio del casorio puede estar salpicado de presagios buenos y malos. Es buena señal que brille el Sol; pero la mala suerte que pronostica la lluvia se suprime si la novia ve un arco iris. Los caballos (o el vehículo) deben arrancar sin problemas, o el matrimonio será un fracaso. En el camino, es favorable que se atraviesen un gato negro, un deshollinador o un elefante delante de la novia —si bien en estos días los dos últimos son improbables—, y una decidida señal de mal agüero sería que se encontrara con un cerdo. Pero si ve un entierro, más le valdría cancelar la boda, pues es el peor de todos los augurios.

La novia ruborizada

Según una vieja costumbre, imperante en el Reino Unido y parte de Estados Unidos, el marido no tenía que responder de las deudas que la esposa hubiese contraído en un matrimonio anterior, siempre y cuando ella se casara esta vez vestida sólo con una saya. Se razonaba que si no aportaba (prácticamente) nada al nuevo matrimonio, sus acreedores no podían quitarle nada. Algunas novias llevaron esto al extremo de casarse desnudas. En un caso ocurrido durante 1789 en Vermont, EUA, la novia se ocultó desnuda en un ropero y tuvo que sacar la mano por un agujero en la puerta del mueble para aceptar el anillo; terminada la ceremonia, se vistió con todas sus galas nupciales y salió de la iglesia como mujer solvente.

Cuidado con el escalón

Desde tiempo atrás se ha tenido el umbral de la casa por lugar infausto, muy apropiado para que acechen los malos espíritus, lo que explicaría la añeja tradición de que el flamante marido lo cruce cargando a la novia. Una explicación más práctica de esta costumbre es que así se evita que la novia sufra un traspié en el escalón y entre al nuevo hogar tropezando, lo que podría parecer ominoso incluso a quienes no son supersticiosos.

Matrimonios con fantasmas

Si un miembro de la tribu zulú está comprometido para casarse y fallece antes de la boda, la novia se casa con un pariente de él, que le dará un hijo en nombre del muerto. De manera análoga, cuando en la antigua China el presunto novio moría intempestivamente, la novia seguía adelante con la ceremonia nupcial, se casaba con el fantasma y luego se iba a vivir con los padres de su difunto marido. Los indios hopi del suroeste de EUA creen que el matrimonio y la muerte están fundamentalmente ligados. La novia guarda el traje nupcial para usarlo de mortaja, ya que sin él su espíritu no podría entrar al otro mundo.

"TOMA ESTE ANILLO COMO..."
La sortija de matrimonio: ¿símbolo de amor o de posesión?

EL ANILLO DE BODA es más bien moderno como símbolo de amor. En el principio se consideró un anticipo a la novia y un aviso a otros hombres de que ya no estaba disponible. De hecho, era un letrero de "propiedad vendida". Incluso el inglés *wed* (casarse) se deriva de un término que denota la prenda que se da en garantía de una promesa.

Los antiguos hindúes se cuentan entre los primeros en usar estos anillos, tradición que llegó a Occidente por intermediación de griegos y romanos. La sortija fue señal de "propiedad vendida" hasta el siglo IX, cuando la iglesia católica la adoptó como símbolo de fidelidad.

No es de sorprender que se le atribuyeran funestas consecuencias a la pérdida, rotura o eliminación de este símbolo. En ciertos lugares de Escocia, se cree que si una mujer pierde la sortija también perderá a su hombre. Que en la ceremonia nupcial el anillo caiga y se aleje del altar es un augurio espantoso. Y si cae sobre la lápida de una cripta, uno de los desposados sufrirá muerte prematura; la víctima depende del sexo de la persona enterrada en la cripta.

La elección del dedo anular también se relaciona con diversos mitos. Los antiguos griegos y romanos escogieron el cuarto dedo de la mano izquierda porque tenían la creencia errónea de que una vena lo comunicaba directamente con el corazón. Que la esposa lo use por lo general en la mano izquierda proviene de la creencia de que es la mano débil, para simbolizar el sometimiento de la mujer al hombre.

¿SABÍA USTED QUE...?

LOS TIWI de la isla Melville, situada frente a Australia, casan a las hijas incluso antes de concebirlas. El contrato del futuro matrimonio de la primera hija se concierta en la boda de la madre. Si los primeros hijos son varones, el cumplimiento del convenio simplemente se aplaza.

* * *

EN CIERTAS BODAS rurales alemanas todavía se acostumbra que el novio y la novia aserren todo un tronco para demostrar que pueden trabajar bien en equipo.

LA MÁXIMA DICHA CONYUGAL

UNA DE LAS ceremonias nupciales más insólitas jamás celebradas fue la boda masiva que se realizó en un vuelo entre Tokio y Bangkok en 1972. Fue un truco publicitario organizado por la aerolínea germana Lufthansa para lanzar el primer vuelo comercial de una compañía europea con aviones tipo jumbo.

Cuando invitó a parejas japonesas a participar en la "boda jumbo", la línea aérea se vio asediada por entusiastas aspirantes. Optó por seleccionar sólo a 20 parejas, que

el día designado cruzaron la pista del aeropuerto de Tokio encabezadas por un sacerdote sintoísta.

El evento fue una curiosa mezcla de costumbre antigua y empresa comercial. Después del despegue, una a una se fueron casando las parejas, vestidas a la usanza tradicional, ante un altar sintoísta erigido en el interior de la cabina. Siguiendo el ejemplo de los capitanes de marina, quienes pueden efectuar matrimonios en altamar, el piloto tomó parte en la ceremonia

por medio del intercomunicador. El brindis ritual de vino de arroz fue servido en copas decoradas con una grulla, que es el símbolo japonés de la felicidad y el logotipo de Lufthansa.

Luego de una escala en Bangkok, donde fueron bendecidos por un monje budista, los recién casados siguieron a Alemania y a una luna de miel gratis en la Selva Negra. Al parecer, una pareja quedó tan agradecida que a su primogénito, nacido nueve meses después, lo llamó "Lufthansa".

UNA LLUVIA DE BUENOS DESEOS
Si se acaba el arroz, aviente zapatos

DURANTE una ceremonia nupcial anglosajona el padre de la novia pasará al novio uno de los zapatos de la hija para simbolizar la transmisión de "bienes". Después, el novio la golpea en la cabeza para demostrar que es su nuevo dueño. Entonces los padres de la novia lanzan un zapato viejo ante la recién casada, acto con el que indican haber renunciado a su responsabilidad en relación con ella.

Los inuit (esquimales) de América del Norte también arrojan zapatos ante la novia. Pero la costumbre tiene un significado distinto. Consideran el zapato un símbolo de fertilidad, y las mujeres que desean tener muchos hijos usan un trozo de zapato viejo.

Más común es el hábito de aventar confeti policromo recortado en forma de herraduras, babuchas o corazones. La palabra confeti proviene del término para dulce en italiano, y la costumbre se remonta a la tradición romana de arrojar almendras y nueces como símbolo de fertilidad. En muchos países los invitados avientan granos de cereales, por lo general arroz (aunque cada vez se emplea más el confeti): la pareja nupcial representa un nuevo campo del cual crecerán nuevas generaciones, y la dispersión de los granos o semillas estimula un matrimonio fructífero.

Una variante de estas tradiciones es partir el pastel sobre la cabeza de la novia: en el occidente de Irlanda emplean pastel de avena, mientras que los escoceses prefieren uno preparado con abundante mantequilla. Sin embargo,

en otras partes del mundo hay razones para arrojar cosas dulces. Por ejemplo, en Marruecos se esparcen pasas, higos y dátiles para "endulzar" la reunión y, al mismo tiempo, para que la novia sea más dulce con el novio y su familia.

Miles de trozos *Grandes pliegos de papel pasan por una desfibradora en esta fábrica de confeti de finales del siglo XIX.*

CONTRA EL MAL DE OJO

Por qué algunos hombres se casan con árboles y ciertas novias se esconden en cajas

MUCHOS RITOS y costumbres todavía hoy practicados en ceremonias nupciales fueron concebidos originalmente para proteger a los novios de influencias malignas.

Quizás el talismán más universalmente empleado aún es el velo. Se usaba como disfraz para esconder a la novia de los espíritus diabólicos, y también como manto protector contra el mal de ojo. Los chinos tienen particular cuidado con las presencias malignas durante lo que ellos consideran el "periodo del limbo". Éste es el lapso que transcurre desde que la novia abandona el hogar paterno hasta que llega a la ceremonia, recorrido que hace en una silla de manos cerrada. Si está demasiado temerosa, viaja al estilo "muñeca rusa", dentro de una caja inserta en la silla. Los espíritus del mal también se evitan en algunas ceremonias rusas al sellar las puertas, ventanas y chimeneas para impedir que las brujas entren a la boda.

Actuación

Una manera más sutil de rechazar a los espíritus del mal es desviar su atención por medio de "novias falsas". Esto implica sustituir a la novia por su hermano, un truco muy socorrido en el país báltico de Estonia, lo cual también ha engañado a muchos novios y motiva la hilaridad en la familia de la novia. Por otra parte,

en el sur de la India la novia se viste de muchacho, al tiempo que en Fez, Marruecos, el novio se disfraza de mujer. Pero el tipo más raro de engaño es uno que se practica en el norte de la India, donde la gente realiza matrimonios simulados con árboles u objetos. Esto normalmente ocurre sólo cuando los presagios son especialmente adversos. Por ejemplo, si un viudo desea casarse por tercera vez, la nueva novia puede estar maldecida por los espíritus celosos de las esposas difuntas; con el propósito de impedirlo, el novio se "casa" primero con un árbol, para que los espíritus ataquen a la planta. De igual manera, si el horóscopo de la novia predice su temprana viudez, ella realizará una ceremonia simulada con un gran cántaro ataviado con ropa del futuro marido. Después se efectúa la boda verdadera.

Hay quienes prefieren adoptar una postura más ofensiva contra los espíritus del mal. Un antídoto favorito es el ruido de un tiroteo. Escuchado ya raras veces en bodas rurales de toda Europa, aún se practica con entusiasmo en Marruecos, donde seguramente la pobre novia queda traumada al final del día de la boda. Primero se disparan salvas de mosquetes a lo largo del camino que recorre la novia, despúes junto a ésta, y finalmente en la cámara nupcial. Se cree que el humo purifica a la novia, mientras que el ruido ensordecedor aterra a los espíritus malignos. El tiroteo no cesa ni siquiera cuando la novia está a solas con el novio. En este punto, él golpea la frente y los hombros

Escondite portátil
Una novia china vestida
de rojo se protege del "mal de ojo".

de la novia con la superficie plana de su espada y oculta una pistola bajo la almohada, por si acaso algunos espíritus decididos todavía andan merodeando.

Al menos en este caso la novia no tiene que soportar una tradición eslava, en que los invitados se reúnen fuera del dormitorio y hacen el mayor ruido posible mientras se consuma el matrimonio.

¿SABÍA USTED QUE...?

COMO DEFENSA contra el "mal de ojo", las novias marroquíes deben mantener los ojos fuertemente cerrados durante la ceremonia nupcial.

LA NOVIA EN FLOR

EL AZAHAR de naranjo ha sido durante muchos siglos la flor tradicional para las bodas en los países mediterráneos. Simboliza las anticuadas virtudes y cualidades que el hombre esperaría encontrar en su esposa: pureza, belleza y maternidad. Mientras que las bellas flores blancas significan inocencia y virginidad, el naranjo produce una abundante cantidad de frutos, lo cual representa la fertilidad. Por añadidura, este árbol es una de las pocas plantas que produce al mismo tiempo flo-

res y frutos, con lo cual representa la perfecta y simultánea combinación de belleza y utilidad.

Dice la leyenda que la primera novia que usó azahares fue una española humilde, hija del jardinero del rey de España. Aunque estaba enamorada, su padre era demasiado pobre para darle una dote, por lo que no podía casarse. Entretanto, el rey acababa de recibir el primer naranjo que llegaba al país, apreciada rareza de la que estaba orgulloso y a la que protegía celosamente.

El embajador francés expresó su admiración por el árbol, pero cuando pidió que le podaran un vástago, el rey se negó.

La hija del jardinero escuchó la negativa; una noche se deslizó por el jardín y en secreto tomó un brote del árbol. Al día siguiente se lo vendió al embajador y así consiguió la dote. El día de la boda, no olvidó que su felicidad se la debía al naranjo. Para manifestar su gratitud se arregló el cabello con los azahares, sin saber que crearía una nueva moda.

VIVOS Y MUERTOS

Cómo se enfrenta la gente con la muerte

VESTIR ROPA que no sea negra en un funeral parece irrespetuoso hacia el muerto. El negro refleja el luctuoso sentimiento de dolor y la seriedad de tan sombría ocasión. Pero la costumbre empezó por una razón muy diferente: no por respeto al difunto, sino por puro temor a éste.

En el pasado, muchos creían que el fantasma del recién fallecido vagaba cerca del cadáver y, dado que se sentía tan solo, estaba presto a buscar compañía en uno de los vivos cuando se presentara la oportunidad. Poca gente quería correr ese riesgo, y se vestían del mismo color monótono para no llamar la atención.

Acción evasiva

El temor a las apariciones ha inspirado diversas costumbres curiosas. En los funerales de los indios menomini de Norteamérica, el pariente más cercano se escapaba prematuramente, mientras el fantasma aún observaba la ceremonia, para evitar que lo agarrara. Entre los indios sacs o fox, los parientes debían arrojar un artículo de comida o de vestir en la tumba, ya que de lo contrario el espíritu llegaría por la noche a exigir dichas ofrendas.

En ciertas partes del mundo, la gente saca de la casa los cadáveres por una ventana, no por la puerta. Así intentan engañar al fantasma e impedir

Respeto a los muertos
Aunque la ropa negra en un funeral es en lo esencial signo de respeto, también protege a los dolientes de llamar inoportunamente la atención del espíritu del difunto.

¿SABÍA USTED QUE...?

EN 1805, CUANDO *murió el almirante Horacio Nelson en la batalla de Trafalgar, el cuerpo del héroe naval inglés fue enviado a Inglaterra para enterrarlo, muy bien conservado en un gran barril de brandy.*

---

que encuentre el camino de vuelta al hogar. En China, era tradición estallar petardos al regreso del funeral para confundir al espíritu del difunto.

El temor a los muertos fue llevado al extremo por los yakutos de Siberia. Ofrecían al moribundo la mejor comida y el mejor asiento en su propia velada funeraria, antes de sacarlo y sepultarlo vivo. Lo enterraban con alimentos y sus posesiones —incluido un caballo para facilitar el viaje al otro mundo—, de modo que no tuviera pretexto para regresar al hogar.

La ropa negra de luto de la Europa y América modernas no es la única reminiscencia de este antiguo y profundo temor a la muerte. Las monedas que el empresario de pompas fúnebres colocaba sobre los ojos de los cadáveres servían para otro propósito, además de mantenerle los ojos cerrados: eran el pasaje del espíritu al otro mundo. Las oraciones fúnebres modernas a veces parecen demasiado elogiosas, tal vez porque implican algo más que un deseo de honrar al muerto. Quizás aún persista el temor semiinconsciente a que en algún sitio cercano oídos invisibles y atentos escuchen cada palabra.

EL PAÍS DE LAS CATACUMBAS
Los muchos fantasmas que rodean Roma

ALREDEDOR del perímetro original de Roma yace un secreto país extranjero de la muerte. Es un laberinto de catacumbas de 250 km de longitud, donde están enterradas casi 750 000 personas. Y es tierra extranjera porque desde 1929 las catacumbas han sido un puesto fronterizo de un estado soberano: Ciudad del Vaticano.

La mayor parte de las catacumbas data de los siglos II a IV d.C. ¿Por qué se construyeron, y por qué fuera de las murallas de la antigua Roma?

Causa de fuerza mayor

Casi todos los romanos ricos incineraban a sus muertos, práctica que los primeros cristianos, quienes creían en una posible resurrección del cuerpo, veían con horror. Al mismo tiempo, eran ilegales los entierros en la ciudad, y el terreno que circundaba Roma era caro. Por eso, los cristianos cavaron túneles subterráneos. Comenzaron excavando desde pozos, canteras y a veces tumbas subterráneas, hacia la suave roca volcánica que yace bajo Roma.

Se abrían en la roca, a cada lado de la galería, cámaras de tamaño suficiente para guardar los restos de los difuntos. Según era necesario, se multiplicaban las galerías y cámaras bifurcadas de las originales o se excavaban otras a mayor profundidad. Algunas catacumbas tienen hasta seis pisos hacia abajo.

Las catacumbas no son exclusivas de Roma ni de los cristianos. Las hay en todos los países mediterráneos. Algunas datan desde mucho antes de la era cristiana, por ejemplo, las que hay en Túnez, Líbano, Egipto y Malta, así como en la antigua Etruria y en la ciudad italiana de Nápoles. Las más populosas están bajo las calles de París.

En la Ciudad Luz, los turistas curiosos pueden recorrer, con un guía, la macabra sucesión de cámaras y galerías, revestidas de calaveras y huesos, hasta un vasto osario, donde yacen los esqueletos

Muertos de miedo A principios del siglo XIX, los millones de huesos de las catacumbas de París fueron acomodados para exhibirlos a los curiosos, como lo ilustra el caricaturista inglés George Cruikshank.

de casi tres millones de personas. Las catacumbas de París no fueron originalmente un cementerio, sino canteras subterráneas, y se transformaron en osario al correr 1787. Durante la Segunda Guerra Mundial tuvieron otro uso: refugio para los miembros de la Resistencia francesa.

LAS TORRES DEL SILENCIO

LOS MAZDEÍSTAS —seguidores del mazdeísmo reformado, la religión de Zoroastro y de la antigua Persia— creen que los cadáveres no deben profanar la tierra, que es sagrada, ni el fuego, que es símbolo de Dios. Pero estas creencias les significan un problema: cómo deshacerse de sus muertos sin enterrarlos ni incinerarlos. La solución radica en las "torres del silencio".

En cuanto alguien muere, los portacadáveres (los únicos autorizados para tocar al muerto) lavan y visten el cuerpo. Luego hacen entrar un perro —animal que les es sagrado— para que lo vea de frente y aparte los espíritus malignos. Después, en un féretro que más tarde rompen y entierran, los portacadáveres conducen al muerto a la torre del silencio.

Las torres son enormes estructuras circulares, de 90 m de circunferencia, hechas

de piedra o ladrillo, sin techo y de gruesa pared exterior que rodea a un pozo central, cubierto con mampostería.

Las torres permanecen cerradas a todos excepto a los portacadáveres, quienes llevan el cuerpo a la torre y lo depositan sobre alguna de las tres plataformas circulares concéntricas: la exterior para hombres, la interior para mujeres y la central para menores. Ahí el cuerpo es expuesto al purificador y calcinante Sol... y a los buitres. En cuestión de ho-

Antiguo contra nuevo Torre fúnebre de los mazdeístas en Yazd, Irán (arriba, izquierda), sobre una tumba moderna, erigida durante el reinado del último Sha.

ras, las aves devoran toda la carne del difunto. Meses después, los portacadáveres arrojan los restos al pozo central y los cubren con arena y carbón ardiente. De este modo se cumple el objetivo: el cuerpo se ha ido sin tocar la tierra ni el fuego.

TRAJE DE GALA

Cómo se preparaban los antiguos egipcios para el más allá

PARA DISFRUTAR la nueva vida que según sus creencias seguía a la muerte, los antiguos egipcios necesitaban sobre todo su cuerpo, que era una parte inseparable de la personalidad. A los egipcios les atemorizaba la idea de que pudiera descomponerse, por lo que con meticulosidad embalsamaban (momificaban) a los muertos, sin importar que fueran ricos o pobres.

Los embalsamadores tenían un trabajo desagradable. Quitaban los órganos internos —como cerebro, corazón, pulmones y estómago—, los embalsamaban y almacenaban en recipientes aparte. Llenaban el cuerpo con especias y betún (el término "momia" proviene de la palabra árabe para betún). Esto oscurecía el cuerpo y lo hacía más pesado e indestructible. Después lo lavaban y lo envolvían con vendas de lino, que pegaban al cadáver mismo.

Colgado para secarlo

La momificación se practicó desde el siglo XXIV a.C. hasta el siglo IV de la era actual. Pero los egipcios no fueron los únicos en conservar a sus muertos. Por ejemplo, los indios peruanos los embalsamaban y veneraban, al igual que los guanches de las islas Canarias, con métodos similares a los usados en Egipto. Por su parte, los aleutianos de Norteamérica los secaban colgados de palos o colocándolos en cuevas secas.

En Egipto, el muerto llevaba consigo a la tumba todo lo necesario para la otra vida, desde ropa hasta riquezas materiales. Mucho de esto fue presa de ladrones de sepulturas a lo largo del tiempo. Incluso las momias se volvieron un artículo comercial: en la Edad Media sus restos se reducían a polvo, que luego se vendía como cicatrizante.

¿SABÍA USTED QUE...?

GRAN PARTE DE los conocimientos sobre el antiguo mobiliario egipcio se debe a una costumbre que practicaban los ricos: para garantizar su comodidad en la otra vida, eran enterrados con parte de sus muebles.

* * *

EN EL CONGO, pintores profesionales de cadáveres decoran a los muertos con elaborados y llamativos dibujos e invitan a la gente a contemplarlos.

DÍA DE MUERTOS EN MÉXICO

LOS NIÑOS reciben de regalo ataúdes de chocolate con su nombre escrito y calaveras de azúcar que sonríen divertidas, y las familias se reúnen en el cementerio a merendar, cantar y platicar con los difuntos. Esto es parte de la sorprendente festividad que acontece el Día de Muertos en México.

Los mexicanos creen que en este día el muerto regresa brevemente a la tierra de los vivos y, como su visita es breve, se merece una alegre recepción.

El Día de Muertos —o de los Santos Difuntos, según el país— no es más que un recordatorio alegre de la brevedad e insignificancia de la vida. El escritor mexicano y premio Nobel de literatura, Octavio Paz, dice al hablar de la muerte: "El mexicano [...] la frecuenta, la burla, la acaricia, duerme con ella, la festeja..."

Esta actitud tiene profundas raíces en la historia de México. Entre los siglos III y VIII, mucho antes del surgimiento del Imperio Azteca, los totonacas creían que el "mundo de los muertos" era paralelo al de los vivos. Al morir una persona, se repetía su vida anterior e inclusive se casaba con la misma persona. La muerte no era de temer y, para confirmarlo, al dios totonaca de la muerte siempre se le representaba como un esqueleto con sonrisa de oreja a oreja.

UN DIFÍCIL DEBER

Alguna vez, las viudas siguieron a sus maridos a la tumba

EN TODA LA INDIA hay monumentos que testimonian la devoción de las viudas hindúes hacia sus maridos. Cada mujer virtuosa debía realizar un acto supremo para borrar sus pecados y los del marido, y asegurar la dicha eterna de ambos, al arrojarse a las llamas de la pira funeraria del esposo.

Es discutible si se sacrificaban voluntariamente o no. Si acaso se cuestionaban este deber, quizá decidían que la muerte era preferible a vivir como la paria segregada en que se convertirían si se rehusaban. En el supuesto de que al final les faltara valor, cerca había hombres con palos para mantenerlas a la fuerza entre las llamas.

Esta terrible costumbre data al menos del siglo IV a.C. Una secta hindú progresista, los brahmánicos samaj, fue la primera en protestar contra esta costumbre, y convenció a los ingleses de que la prohibieran, pese a la oposición de los hindúes ortodoxos. En 1829, la inmolación de las viudas fue proscrita en la India británica, pero continuó siendo legal en ciertos estados principescos por 30 años más, y hay informes no confirmados de que aún ocurre secretamente.

Fuego ritual La práctica hindú de inmolar a la mujer que sobrevive al marido comenzó por lo menos hace 23 siglos... y quizá persista en la actualidad.

MUERTOS EN VIDA

Encerrados bajo llave, tapiados con ladrillos o enterrados vivos como castigo o hazaña

LA TARDE del 20 de junio de 1756 quizá precedió a la noche más bochornosa de ese año en Calcuta. El monzón se había retrasado y el calor era sofocante. Para los pocos soldados ingleses que estaban en la ciudad, tal vez el clima era la menor de sus preocupaciones ese día: con otros 500 reclutas locales, estaban en el Fuerte William de Calcuta, sitiados por una fuerza de 30 000 hombres de infantería, 20 000 de caballería, 400 elefantes y 80 cañones al mando del nabab bengalí Siraj-ud-Dawlah.

Cuando los soldados del nabab tomaron por asalto el fuerte, se abstuvieron de matar a los europeos; en cambio, los metieron en la celda de castigo del fuerte, una horrible caseta de 5.5 por 4.6 m y

sólo dos pequeñas ventanas con barrotes. La guarnición la había apodado el "Hoyo Negro". No menos de 64 personas fueron apiñadas en ese sitio sofocante y abandonadas, sin agua, en la noche más calurosa del año. Al sonar las 6:00 horas del día siguiente, únicamente 21 seguían vivas.

Este caso, muchas veces citado como ejemplo del heroísmo inglés y la brutalidad de los nativos, bien pudo haber resultado del descuido y la estupidez, más que de la barbarie deliberada del nabab.

Un antiguo castigo

Si acaso el Hoyo Negro de Calcuta se volvió leyenda por la negligencia en los encierros, fue un caso raro en la historia de tales tormentos. En la Europa de la Edad Media, ser enterrado vivo era un castigo común y legal. Monjes, monjas y muchachas de noble alcurnia preferían sufrir al ser encerradas hasta morir de hambre en privado antes que enfrentarse a la vergüenza de una ejecución pública. Pero esta práctica no era nueva. En la antigua

Roma se aplicaba contra cualquiera de las seis vírgenes vestales (quienes vigilaban el fuego sagrado de la diosa Vesta) que rompiera su voto de castidad.

En México, Alemania y China, en varias épocas las esposas de nobles fueron muy desafortunadas en sobrevivir a sus esposos, pues las enterraban vivas en la misma fosa de su cónyuge.

Pese a que parezca increíble, se puede sobrevivir a un entierro total. Hay informes que describen cómo faquires hindúes, en una demostración suprema del poder de la mente sobre el cuerpo, reducen los latidos y la respiración hasta que son apenas detectables. En este estado de animación suspendida, han permanecido bajo tierra a lo largo de días.

Cebada y diamantes

En 1835, en el palacio del maharajá de Lahore, el faquir Haridas estuvo 40 días enterrado en un féretro cerrado y sellado. Según el *Calcutta Medical Times*, antes de su entierro ayunó varios días, en que tragó y vomitó una tira de lino de 27 m para limpiar el estómago. Después de sellarse la nariz y los oídos con cera para protegerlos de insectos, se enrolló la lengua —cuyos músculos había cortado especialmente— para ocluir la garganta y se relajó. En segundos, dijo un testigo, "estaba físicamente muerto".

Varias semillas de cebada diseminadas sobre la tierra que cubría el féretro germinaron antes de que Haridas volviera a ver la luz. Al sacarlo, su cuerpo estaba encogido y rígido; pero, después de una hora de masaje y manipulación, recuperó completamente la normalidad y recibió como premio un obsequio de diamantes del maharajá.

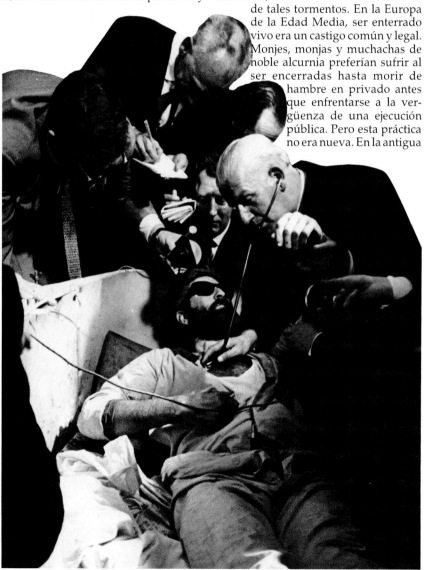

Una prueba de sobrevivencia *El irlandés Mike Meaney es examinado por los médicos después de haber estado enterrado vivo en un ataúd por 61 días en Londres en 1968. Durante la prueba le suministraron aire, comida y agua.*

LA VOZ DEL PUEBLO

El espíritu revolucionario crea órganos democráticos

EL REY Jacobo I de Inglaterra declaró irónico en 1614: "Me sorprende que mis ancestros hayan permitido la existencia de tal institución." Esa "institución" era el Parlamento inglés, que a menudo frustraba los proyectos del monarca, quien creía que los reyes eran designados por Dios y tenían "derecho divino" para gobernar.

¿Cómo surgió la democracia occidental moderna ante dicha creencia? La respuesta se ubica en la Inglaterra del siglo XVII, que vio al rey Carlos I decapitado por intentar la usurpación de los poderes del Parlamento. Este periodo turbulento terminó en 1689, con el principio de que el monarca gobernaba en sociedad con dicha institución y no podía imponer gravámenes sin el consentimiento de ésta.

"No hay impuestos sin representación" fue el grito de guerra revolucionario del futuro Estados Unidos, país en cierne que declaró simultáneamente su independencia y la igualdad del hombre en 1776, e incluyó elecciones populares en su constitución de 1787. Dos años después, el rey Luis XVI convocó a los Estados Generales, la asamblea legislativa de la Francia prerrevolucionaria, por primera vez desde 1614, con la esperanza de aumentar los impuestos y prevenir la bancarrota, y terminó guillotinado bajo los gritos de "libertad, igualdad y fraternidad".

Los principios y lemas de estas revoluciones en el Viejo y el Nuevo Mundo motivaron exigencias de democracia en toda Europa, a las que a fines del siglo XIX pocos gobernantes pudieron o quisieron resistirse. Las monarquías que ignoraron el deseo del pueblo de elegir a sus gobernantes no sobrevivieron la Primera Guerra Mundial, ante todo las de la parte derrotada. Algunos soberanos conservaron sus tronos, pero sólo con la cesión de poder al pueblo y sus representantes. Tan fuerte es el ideal democrático, que aún los regímenes más opresivos realizan elecciones, aunque corruptas, para dar una apariencia de apoyo popular.

EL QUE CUENTA, GANA

El poder absoluto corrompe absolutamente

EL GENERAL Alfredo Stroessner, dictador de Paraguay durante 34 años —hasta que lo derrocó un golpe de estado en 1989—, era conocido como encubridor de criminales de guerra nazis, torturador de disidentes y probable narcotraficante. Pero insistía en llevar a cabo elecciones presidenciales cada cinco años para dar alguna legitimidad a su régimen autoritario.

Mayorías mágicas

Las elecciones eran puro teatro. El registro de electores era un secreto de estado celosamente guardado que, según se descubrió luego del derrocamiento, incluía nombres de muchas personas que mágicamente seguían votando (por Stroessner) después de muertas. Incluso los niños votaban por el dictador. Los partidos de "oposición" regularmente ganaban la tercera parte de los escaños en ambas cámaras del Parlamento paraguayo, sin tener en cuenta el número de votos que recibieran, y Stroessner les pagaba sus gastos de campaña y cuantiosos salarios a los diputados elegidos.

Los paraguayos solían decir sarcásticamente en aquella época: "Nuestras elecciones son más avanzadas que las de Estados Unidos. Allá las computadoras saben los resultados de una elección dos horas después de cerrada la votación. En Paraguay, los conocemos dos horas antes de iniciar la votación."

Era grotesca la afirmación de Stroessner de su supuesta elección democrática. Pero no está solo en los anales de la corrupción política. Inglaterra, madre de los parlamentos, estuvo lejos de tener un sistema de representación democrática hasta que en 1832 ciertas reformas suprimieron sus aspectos más raros.

El menor de los males fue una serie de "distritos de bolsillo", donde acaudalados propietarios, a menudo pares del reino que ya tenían escaños en la Cámara de los Lores, podían designar a sus propios candidatos sin oposición. Algunos de estos distritos eran tan valiosos por su influencia política que se compraban y vendían como naipes en un juego de baraja.

Corrupto hasta el tuétano

Más inconcebibles fueron los distritos "corruptos", donde los electores sumaban un puñado. Un ejemplo notable fue Old Sarum, Wiltshire, donde por cientos de años una población de cero había fielmente votado siempre por un miembro del Parlamento elegido por el terrateniente, que vivía en otra parte.

Aunque sucesivas leyes de reforma después de 1832 mejoraron la situación, fue en 1918 cuando todos los varones mayores de 21 años y todas las mujeres mayores de 30 tuvieron derecho a votar.

Ciertos sistemas electorales han sido absurdos, pero ninguno logró la asombrosa eficacia del organizado por Charles D. B. King de Liberia en las elecciones presidenciales de 1927, quien venció a su oponente por 234 000 votos. Lo insólito de este margen radica en que el total de votantes era de 15 000. El señor King fue debidamente elegido.

> **¿SABÍA USTED QUE...?**
>
> LA ELECCIÓN más inequívoca de todos los tiempos se celebró en Corea del Norte el 8 de octubre de 1962. Participó el 100% de los electores y todos votaron por el Partido Coreano de los Trabajadores.

LA LARGA LUCHA POR LOS DERECHOS DE LA MUJER

Millones de mujeres siguen sin tener voz política

EL MUNDO se sorprendió cuando en el pequeño principado de Liechtenstein se otorgó a todas las ciudadanas mayores de 20 años el derecho a votar. Esta importante concesión ocurrió apenas en 1984. Muchos se preguntarán cómo se negó por tanto tiempo un derecho tan elemental. Sin embargo, todavía no termina en el mundo la lucha por dar a la mujer esta forma de participación fundamental en la política.

Una añeja tradición de representación popular en un país nunca ha sido garantía de que las mujeres estén incluidas entre los representados. Grecia, la cuna de la democracia, les otorgó el derecho a votar en 1952. En el Reino Unido, cuyo Parlamento data de 1265, no pudieron votar antes de 1918. Incluso entonces

(hasta 1928) debían ser mayores de 30 años, mientras que los hombres podían votar desde los 21 años. En 1776, en el futuro Estados Unidos se declaró que "todos los hombres son creados iguales"; pero tuvieron que transcurrir 144 años para que las mujeres tuvieran derecho a votar en elecciones federales.

En Islandia, cuyo cuerpo legislativo, el Althing —el más antiguo del mundo—, se remonta al año 930, las mujeres obtuvieron el derecho a votar apenas en 1915. En la década de 1980, este país se convirtió en el único con un partido político de mujeres y el primero con una presidenta democráticamente elegida.

Líderes de hombres

Este hacer caso omiso de la capacidad política de las mujeres parece no tener fundamento en datos lógicos o históricos. Cleopatra en Egipto, Isabel I en Inglaterra y Catalina la Grande en Rusia fueron monarcas sagaces y aun implacables, que no tuvieron problema en superar a sus rivales del sexo opuesto.

Entre las lideresas fuertes de tiempos modernos se cuentan Indira Gandhi en la India, Golda Meir en Israel y Margaret Thatcher en el Reino Unido. Corazón Aquino, de Filipinas, y Benazir Bhutto, de Paquistán, son dos mujeres cuyo carisma popular ayudó a derribar regímenes autoritarios. Bhutto fue la primera mujer primera ministro de un país musulmán; pese a que en muchas partes del mundo islámico a las mujeres todavía se les impide votar, pueden ocupar puestos políticos. En Bután, la constitución estipula un voto "por familia", disposición que deja

Alimentación forzada Un cartel de las sufragistas, de 1909, muestra la cruel reacción de las autoridades británicas hacia las mujeres dispuestas a morir por su derecho a votar.

la expresión de la opinión política básicamente en manos de los hombres.

Otras naciones, entre las cuales resalta Sudáfrica, niegan el voto con base en el color de la piel y la raza, además de que hay países donde todavía nadie tiene derecho a voto. Algunos, como Guinea en África occidental, son ex colonias que han sido víctimas de golpes de Estado antidemocráticos. Además, unos cuantos, como los Estados del golfo Pérsico, están regidos por familias reales y no tienen sistema electoral alguno.

¿SABÍA USTED QUE...?

ALEXANDRA KOLLONTAI, de la antigua Unión de Repúblicas Socialistas Soviéticas, fue pionera en la participación política de la mujer. En 1917, fue la primera ministro de Estado del mundo como comisaria de bienestar social en el recién establecido gobierno bolchevique de Lenin. Siete años después, en 1924, se convirtió en la primera embajadora, al representar a su país ante Noruega.

Duro camino *Las mujeres de EUA tuvieron que pelear mucho su derecho a votar. Apenas en 1920 fue incluido en la constitución de EUA.*

EL PRIMERO CON LAS NOTICIAS

CADA CUATRO años, al final del martes que sigue al primer lunes de noviembre, los estadounidenses sintonizan los noticiarios de televisión y radio para saber quién será su próximo presidente. Pero los resultados de las elecciones que escuchan, de cada región y estado, no son las cifras oficiales.

El conteo oficial de votos raras veces termina antes de que transcurran dos o tres semanas después de las elecciones. Esto se debe a que los votos de los ausentes del país (aunque casi no afectan el resultado final) se deben incluir en el escrutinio total y cotejar cuidadosamente.

¿Cómo, entonces, es que el público escucha un dato preciso horas después de terminada la votación? Este escrutinio se lleva a cabo en cuanto la votación se cierra en las 181 000 casillas electorales. En 1964, las tres cadenas televisivas más importantes de EUA (ABC, CBS y NBC) crearon el News Election Service (NES) para reunir estos resultados individuales apenas se conocieran en cada casilla, región por región y estado por estado, para difundirlos.

Es una tarea prodigiosa, que implica el uso masivo de teléfonos y computadoras. En las elecciones realizadas en 1988, el NES contó más de 90 millones de votos para presidente, otro tanto para la Cámara de Representantes, 50 millones para el Senado y millones más para los 12 estados en que se celebraba la elección de gobernador.

EL ESTILO ESTADOUNIDENSE
El complicado proceso de elección del presidente de EUA

AL PRESIDENTE de Estados Unidos no lo elige su pueblo, sino el colegio electoral. Esto se debe a que los autores de la constitución de ese país querían que el presidente y el vicepresidente fueran elegidos por el sector más "juicioso" de la sociedad. Los votantes eligen en primer término a un cierto número de electores, que forman el colegio electoral. Los 538 votos de este organismo deciden quién será presidente. Por otra parte, los 435 escaños de la Cámara de Representantes se asignan a cada estado según su población, mientras que cada uno de los 50 estados tiene dos senadores, sin tener en cuenta la cantidad de habitantes. (La ciudad de Washington, Distrito de Columbia, tiene tres electores y es un caso especial.)

Entonces, ¿dónde entra el voto popular? Lo que sucede es que el ciudadano común no vota directamente por los candidatos a presidente o vicepresidente, sino por un miembro del colegio electoral que ya ha comprometido su voto por un candidato a la presidencia en particular y vota en nombre de su estado. Para ser presidente, un candidato debe lograr la mayoría de los votos del colegio electoral.

Todos los votos del colegio electoral de un estado van al candidato con mayor número de votos populares dentro del estado, y sólo una decena de los estados más densamente poblados controla la mayoría de votos en el colegio electoral, de modo que pueden darse ciertos resultados que se antojarían más bien raros. Por ejemplo, si el ganador obtiene sólo una ligera mayoría en los estados clave, puede resultar que a nivel nacional tenga menos votos populares que su oponente. Sin embargo, éste pierde las elecciones, porque no logró la mayoría de votos en el colegio electoral. Únicamente en tres ocasiones el ganador ha recibido menos votos populares que su oponente; la última vez fue en 1888, cuando el candidato republicano, Benjamin Harrison, conquistó la Presidencia de EUA tras derrotar a su opositor del Partido Demócrata, Grover Cleveland.

George Bush El 41° presidente de EUA celebra su victoria de 1988, durante la que obtuvo 426 de los 538 votos del colegio electoral y 54% del voto popular, además de ganar en 38 estados.

¡VOTE! O SI NO...
Vote ahora o pague después

EN MUCHAS democracias occidentales, los partidos políticos tienen dos problemas que resolver en época de elecciones: ganar más votos que su rival, para alcanzar poder, y persuadir al pueblo de que votar vale la pena. Sin embargo, en algunas naciones no votar en una elección va contra la ley, y como tal se castiga.

En Austria y Australia, no votar es motivo de una multa automática. En ambas naciones concurre al menos el 92% de los votantes, proporción que ha llegado al 98% en Australia.

La penalización en algunos países adquiere una forma práctica. En Grecia, los pasaportes se retiran o no se otorgan a los abstencionistas. En Bolivia se les prohíbe usar bancos o asistir a escuelas hasta por tres meses. Este país sufrió 191 golpes de Estado desde su independencia en 1825 hasta 1984 —en promedio, uno cada diez meses—, de modo que los ciudadanos quizá consideren esta ley, y posiblemente las elecciones mismas, con cierto dejo de ironía.

Hasta la reciente revolución, apenas un estado comunista de un solo partido tenía votación coercitiva: Rumania. La participación electoral era de 99%, y las proporciones por las cuales los candidatos ganaban sus escaños eran muy similares. El presidente Nicolae Ceausescu obtuvo mayoría de 100% en las elecciones de 1985... no había otro candidato.

¿SABÍA USTED QUE...?

EL PRIMER país que otorgó el voto a la mujer fue Nueva Zelandia, en 1893.

✳ ✳ ✳

A LOS INDIOS de EUA no se les consideraba ciudadanos y, no obstante haber servido en el ejército durante la Primera Guerra Mundial, no pudieron votar hasta 1924.

✳ ✳ ✳

EN BOLIVIA hay que tener 21 años para votar, salvo que se esté casado; en tal caso se obtiene este derecho desde los 18 años. En la República Dominicana, incluso los menores de 18 años, edad mínima para votar, pueden hacerlo si están casados.

✳ ✳ ✳

ANDORRA tiene el requisito de mayor edad para votar en todo el mundo: 25 años.

PLAGADO DE EXTRAÑAS TRADICIONES

Peculiares costumbres del Parlamento británico

LAS SESIONES del Parlamento británico están llenas de complejos rituales y extrañas costumbres. Quizá la más impresionante sucede en la Apertura Oficial del Parlamento, cuando ambas Cámaras, de los Lores y de los Comunes, se reúnen ante la soberana. Los Lores envían a un mensajero —Cetro Negro *(Black Rod),* así llamado por el símbolo de su cargo— a convocar a los Comunes para escoltar a la soberana a la Cámara de los Lores. Pero antes de que pueda entrar en la Cámara de los Comunes, el ujier le da con la puerta en las narices. Luego ha de tocar tres veces y ser visto a través de una mirilla por el ujier, antes de ser admitido. Ésta es una afirmación simbólica de la independencia de la Cámara de los Comunes respecto de los Lores.

¿Compartir un barco?

Cuando se levanta la sesión de la Cámara de los Comunes al final del día, un funcionario pregunta: "¿Quién va a casa?" Esto lo repite el policía en torno al edificio. La práctica se inició para que los miembros se juntaran para cruzar lo que

¿SABÍA USTED QUE...?

LA CÁMARA de los Comunes inglesa consistió originalmente en dos caballeros por condado, dos ciudadanos de cada ciudad y dos burgueses por barrio.

en otros tiempos eran peligrosos terrenos no iluminados entre Westminster y la ciudad de Londres o para compartir el pasaje de un barco en el Támesis.

Mantenga su distancia

Dos líneas rojas corren por el pasillo de la Cámara de los Comunes, entre los bancos del gobierno y la oposición. Entre ellas, los miembros no pueden tomar la palabra en el Parlamento. Es por su propia seguridad, pues las líneas son recuerdo de épocas más violentas: las separa la longitud de dos espadas.

El truco del sombrero

Si un miembro de la Cámara de los Comunes quiere hacer una moción de or-

den mientras se lleva a cabo la votación después de un debate, debe hacerlo con un sombrero puesto. Esto indica que no pretende reiniciar el debate, pues a los miembros no se les permite hablar en los debates con el sombrero puesto. Pocos usan hoy esta prenda, de modo que en la Cámara se tienen a la mano sombreros de copa para quienes lo necesiten.

¿Quién se dirige a la reina?

El representante oficial de la Cámara de los Comunes ante la soberana no es el primer ministro (quien representa sólo al gobierno en turno), sino el presidente de la Cámara. De aquí su título, y como se dirige a la soberana en nombre de los Comunes, funciona como "jefe" de debates en la Cámara. Lo eligen los miembros de ésta.

El rey contra los Comunes *La Cámara de los Comunes impuso sus derechos contra la monarquía cuando Carlos I personalmente trató de arrestar a cinco de sus miembros en 1642. La ceremonia del Cetro Negro (Black Rod) data de esta reafirmación del poder parlamentario.*

¡AL ATAQUE!

Los pueblos van a la guerra por las más extrañas razones

MUCHAS PERSONAS concordarían en que la guerra es el infierno; pero a veces se recurre a las razones más extrañas para trabar hostilidades. Por ejemplo, la oreja de un marinero inglés fue pretexto para un conflicto entre Inglaterra y España en el siglo XVIII. Empezó en 1731, cuando supuestamente un capitán español, llamado Fandino, cortó una oreja a Robert Jenkins en La Habana. Los ingleses declararon la guerra en 1739, cuando Jenkins narró su historia al Parlamento, y se extendió hasta 1748, como parte de la guerra de la Sucesión austriaca, en la que pelearon Inglaterra y España.

Los cerdos han motivado dos guerras. La "Guerra de los Cerdos" (1906-1909) fue una disputa comercial entre Austria-Hungría y Serbia por la importación de cerdos serbios; pero alimentó el antagonismo entre sus respectivos aliados (Alemania y Rusia) y contribuyó, aunque poco, al estallido de la Primera Guerra Mundial. En menor escala, en 1974 una disputa tribal sobre un cerdo —símbolo de riqueza y prestigio— causó en Papúa-Nueva Guinea una encarnizada batalla de cuatro días, con saldo de cuatro muertos, 60 heridos, 70 arrestados y 200 casas destruidas.

En 1969, la famosa pasión latina por el futbol estalló cuando El Salvador y Honduras compitieron en un partido de eliminatoria para la Copa Mundial. Los disturbios subsecuentes provocaron una guerra de cinco días entre los ejércitos de ambos países, 2 000 muertos y la destrucción de gran parte de la fuerza aérea hondureña.

Todo por una oreja Inglaterra declaró la guerra a España en 1739 cuando Robert Jenkins narró ante el Parlamento cómo los españoles abordaron su barco, le cortaron una oreja y hablaron mal del rey inglés.

¿SABÍA USTED QUE...?

SE DICE QUE las antiguas guerreras llamadas amazonas vivían totalmente apartadas de los hombres, a los que sólo visitaban por unos cuantos días, cuando deseaban embarazarse. Los hijos varones eran estrangulados al nacer o entregados al padre, mientras que las niñas permanecían con la madre y perpetuaban la raza.

MUJERES GUERRERAS

Las valientes soldados que aterraron a sus enemigos

AUNQUE NADIE recuerda haber visto a las amazonas, esta raza de guerreras sembró el pánico entre los antiguos griegos. Su nombre mismo inspiraba terror, pues significa "sin seno". Según la leyenda, estas valientes guerreras se cortaban un seno para arrojar la lanza o usar el arco y la flecha más eficazmente.

Siempre fuera del alcance

Más mito que realidad, las amazonas son mencionadas por Homero —su reina se había aliado con Troya y ayudado a destruir al gran héroe griego Aquiles—, pero fueron siempre escurridizas. A medida que los griegos exploraron los territorios que había a su alrededor, la supuesta tierra de las amazonas retrocedió más allá del mundo conocido.

Los arqueólogos e historiadores creen ahora que los sármatas, quienes llevaban una dura vida en lo que hoy es Polonia, quizás inspiraron las historias griegas de valientes guerreras, pues las mujeres sí peleaban en los ejércitos sármatas y se las enterraba con sus armas.

Un grupo de amazonas de verdad fue el ejército femenino de Dahomey (hoy Benín) en África occidental. A mediados del siglo XIX, Gezo, soberano de Dahomey, ordenó que a cierta edad (se cree que a los 18 años) las jóvenes del reino se presentaran para su posible reclutamiento en el ejército.

Las que tenían físico adecuado pasaban por un riguroso curso de entrenamiento. La prueba más difícil era cruzar desnudas una barrera de cinco metros de espinas y un foso de madera ardiente. El rey Gezo constituyó esta fuerza femenina especial por una simple razón, que resultaría irritante para la opinión moderna: las mujeres no conocían la independencia y, por lo tanto, siempre obedecían órdenes. Además fueron incluidas oficialmente entre las esposas del rey, para protegerlas de las atenciones de otros hombres. Pero no era ése el único motivo. Dahomey siempre había tenido guerreras, y el soberano

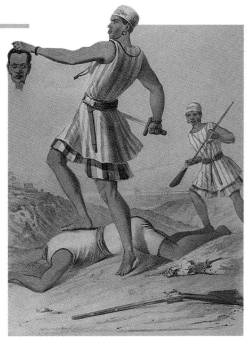

Amazonas africanas El ejército femenino de Dahomey fue famoso por sus intrépidas guerreras, que defendían a su rey hasta el fin.

advirtió que peleaban por más tiempo y con mayor fuerza que la mayoría de los soldados varones de su ejército.

Su mayor triunfo bélico fue también el último. En 1851, Gezo atacó a sus rivales, los egba, en Abeokuta. En cierto momento, una división de unos pocos cientos de mujeres derrotó a 3 000 guerreros egbas. Pero después, superadas en proporción de más de 15 a 1, se enfrentaron a otra fuerza de defensores, quienes tuvieron que gatear sobre sus propios muertos antes de poder vencer a estas formidables mujeres.

El conflicto final

En total, casi 5 000 "amazonas" murieron en la batalla. Aunque las pérdidas del enemigo fueron cinco veces mayores, el cuerpo militar femenino disminuyó drásticamente y comenzó a decaer en importancia. Esto se vio acelerado por el resentimiento de los hombres de Dahomey, a quienes se les prohibía casarse con las mejores mujeres del país hasta que éstas dejaban el ejército a los 35 años.

Las amazonas aparecieron por última vez en el campo de batalla durante la guerra de los bóers, en Sudáfrica, a comienzos de siglo. Una unión de mujeres, llamada Amazonas Bóer, peleó codo a codo con los varones contra el ejército británico de 1899 a 1902, con mayor eficacia en acciones guerrilleras. Desde entonces, el nombre tradicional de "amazonas" para las mujeres combatientes, aunque no su valentía, ha desaparecido de la historia militar.

LA DONCELLA DE ZARAGOZA

EN LA CONTIENDA entre España y el ejército de Napoleón, éste sitió y bombardeó la ciudad de Zaragoza. Cuando los desmoralizados soldados empezaban a abandonar sus puestos, una joven española de 22 años, Agustina Doménech, tomó un cañón y empezó a disparar a los franceses, jurando no abandonar la lucha mientras estuviera viva.

Su acción heroica hizo que los soldados regresaran a sus posiciones y la batalla se encarnizó. Ocho meses después, en febrero de 1809, Zaragoza finalmente se rindió, aplastada por la fuerza y la persistencia enemigas. Pero Agustina huyó de la asolada ciudad para continuar luchando por España.

En su poema *Childe Harold*, Lord Byron celebró a la muchacha zaragozana, cuya valentía la hizo ganarse el amor y respeto de quienes la conocieron.

Las hazañas de Agustina continuaron durante la guerra de guerrillas contra los invasores franceses. En 1813, atacada por tres bandidos, mató a dos y escapó con una herida en la mejilla. Según sus propias palabras, no fue más que "una dura riña".

Heroína española Agustina Doménech recibió tres medallas y un salario de soldado por sus actos valerosos.

LAS GRANDES GUERRERAS DE MIN TOP

EL EJÉRCITO de Mujeres de Vietnam del Sur fue una parte notable y poco conocida de la guerra de Vietnam. Este cuerpo de 3 000 elementos, formado en los primeros años de la contienda, luchó con la ferocidad común a todo el conflicto. Eran mujeres fuertes y bien entrenadas que, sabedoras de lo que las esperaba como prisioneras, peleaban hasta morir. Un ejemplo de sus acciones fue la de Hoc Nom, en 1962, cuando 15 de ellas aniquilaron a 25 soldados del Vietcong.

Quizá los elementos más formidables de este ejército femenino fueron las llamadas "grandes guerreras de Min Top". Más altas y de piel más clara que otras vietnamitas, eran descendientes de una raza mestiza, resultante de la llegada a Min Top de una compañía minera sueca tres generaciones atrás. Estas mujeres fueron excelentes soldados. Por ejemplo, en Kong Loc mataron a 22 reclutas del Vietcong y tuvieron una sola baja. Se dice que una de ellas, Dho Minde, corrió 70 km por la densa selva para no ser capturada. Su dureza iba a la par de su crueldad: jamás tomaban prisioneros, pues siempre aniquilaban a sus enemigos.

TODO LO QUE SE PUEDA HACER...
¿Cuál es el secreto más difícil de guardar para un soldado?

EL GENERAL inglés Lord Marlborough, con su inigualable estilo, iba ganando la batalla de Ramillies contra los franceses; pero para uno de sus soldados de caballería, malherido, el combate ya había terminado. Los cirujanos, que se esforzaban febrilmente en restañar la sangre de la cabeza, le rasgaron el uniforme para facilitar la tarea. Entonces fue evidente que el dragón Cavanagh de los Scots Greys no volvería a su regimiento. Los médicos habían descubierto su gran secreto: "él" era mujer.

En busca del marido

El secreto de Kit Cavanagh fue descubierto en 1706. Se había disfrazado de hombre y convertido en soldado en 1693, a fin de encontrar a su marido que la había abandonado para unirse al ejército británico. En el transcurso de su carrera armada la hirieron dos veces y fue prisionera de guerra en una ocasión. Dos años antes de pelear en Ramillies había encontrado al marido y no le había revelado su verdadera identidad.

Una vez recuperada de la herida sufrida en Ramillies, se volvió a casar con su esposo y le dieron trabajo como cocinera de un oficial. Pero ello le resultaba muy monótono y volvió a la batalla, esta vez con ropa de mujer, lo cual salvó su vida en la batalla de Malplaquet en 1709, cuando su corsé detuvo una bala en el camino. Después vivió 30 años más, tuvo una muerte tranquila y la enterraron en Inglaterra con honores militares.

Cavanagh no es la única mujer que ha ido a la guerra disfrazada de hombre, ni la única que lo hizo para buscar al marido. Hannah Snell, la esposa inglesa de un marinero holandés, la imitó en 1744, con el nombre de James Gray. Peleó contra los rebeldes escoceses en 1745, y después como marinero inglés contra los franceses en Pondicherry, India.

En esta batalla fue herida, pero ella misma se extrajo la bala para no correr el riesgo de ser descubierta. Después de cinco años de guerra y sabedora de que su esposo había muerto, abandonó el mar en 1750, vendió sus memorias y se volvió a casar siete años antes de morir en 1792.

Sarah Edmonds, por otro lado, se unió al Gran Ejército de la República para huir de su tiránico padre. Con el nombre de Franklin Thompson peleó en la Guerra de Secesión por los unionistas contra los confederados. La inspiración para hacerlo aparentemente surgió de una novela romántica. Al cabo de dos años Sarah encontró la vida del ejército lo bastante desencantadora como para desertar. Su historia tuvo un final de cuento de hadas, pues en 1867, al terminar la guerra, se casó con su amor de la infancia.

Doble agente

El ejército confederado tuvo también su heroína secreta. Cuando el esposo de Loreta Velásquez se unió a los confederados, al principio de la guerra, ella adoptó la identidad de Harry T. Buford, creó su propio regimiento, combatió en varias batallas, fue herida y, finalmente, trabajó como espía. En cierto momento asombró a su esposo, cuando se presentó en el campamento de éste con el nombre de Harry Buford.

En nuestros días son contadas las historias de mujeres tan intrépidas, quizá porque las fuerzas armadas de muchos países incluyen unidades femeninas. ¿O será acaso que estas soldados con un secreto especial que guardar son más expertas en disfrazarse?

GUERRA TONTA
La guerra más duradera fue extraordinariamente pacífica

EN ABRIL de 1986 los holandeses pusieron fin a la guerra más prolongada en la historia de esa nación y quizá del mundo. Su embajador en Londres voló a St. Mary, en las islas Scilly, frente a la costa sudoeste de Inglaterra, con una declaración de paz que terminó formalmente un conflicto que, en teoría, había durado 335 años entre Holanda y el plácido archipiélago.

Durante todo ese tiempo no se lanzó un solo tiro ni se derramó una gota de sangre. Comenzó como un extraño resultado de la primera revolución inglesa. En un intento de llenar sus arcas vacías, los monárquicos otorgaron a los isleños de Scilly (quienes apoyaron al rey contra el Parlamento) el derecho de practicar "expediciones legítimas", o sea actos de piratería.

Una presencia amenazante

Esta piratería afectó sobre todo a los holandeses, pues sus barcos pasaban cerca de las islas, de camino a las Indias Orientales. En 1651, el almirante holandés Maarten Tromp ordenó a los isleños que desistieran. Éstos se negaron y él les declaró la guerra. Poco después, fue Tromp quien recibió, de la marina británica, la orden de no interferir, ya que los ingleses podían resolver sus propios problemas.

Hasta 1985, nadie se percató de que la "guerra" nunca había terminado oficialmente. Según los irónicos, se acabó porque los isleños esperaban atraer turistas holandeses, ya que desde hacía tiempo habían dejado de aparecer buques de guerra holandeses en el horizonte.

¿SABÍA USTED QUE...?

DURANTE LA *Guerra de los Cien Años* —sucesión de conflictos entre Inglaterra y Francia que en realidad duró 116 años, de 1337 a 1453—, Flandes, que estaba bajo dominio francés, se rebeló contra el rey galo y apoyó a Inglaterra. Sus habitantes, los flamencos, dependían de la lana inglesa para su industria textil.

✳ ✳ ✳

LA BATALLA más breve ocurrió el 27 de agosto de 1896, entre Inglaterra y Zanzíbar (hoy parte de Tanzania). Enfrentada a un sultán rebelde, la flota inglesa bombardeó su palacio hasta que el sultán se rindió después de 38 minutos.

UN EJÉRCITO DE HOMBRES SIN NADA QUE PERDER

La Legión Extranjera se creó para albergar a refugiados sin hogar

ROMÁNTICA y bravucona, leal en grado sumo, aterradora para sus enemigos e intrépida ante la muerte. Tal es la imagen popular de la Legión Extranjera francesa. Pero, ¿hasta dónde iguala la realidad a la leyenda?

El nacimiento de la Legión Extranjera en 1831 distó mucho de ser romántico, y como fuerza de combate resultó desastrosa. El rey Luis Felipe fundó la Legión por dos cínicas razones. En primer lugar, el soberano confiaba en que una fuerza compuesta ante todo de extranjeros absorbería la masa de refugiados que había inundado Francia en años precedentes. En segundo lugar, y más importante, podía enviar este cuerpo militar a librar la guerra de conquista de Argelia, con lo que el ejército regular quedaría libre para proteger el precario dominio del rey en el trono francés.

Mal comienzo

Cuando desembarcó en Argelia el primer batallón de esta fuerza sin par, más parecía un elenco circense que un cuerpo militar. Los soldados eran de edad muy variable, desde los 16 hasta los 60 años, e iban ataviados con un variado surtido de anticuados uniformes.

Unos meses después llegó a Argelia un segundo batallón, del cual 35 hom-

"La Legión es nuestra patria" Fundada hace más de 160 años, la Legión Extranjera francesa cuenta hoy con unos 8 500 hombres, cada uno de los cuales ha jurado servir no a Francia, sino a la propia Legión.

bres desertaron de inmediato y una compañía se amotinó; los cabecillas fueron ajusticiados con rapidez. En el primer combate que enfrentó la Legión, tan sólo sobrevivió uno de 28 legionarios que trataron de defender una posición en las afueras de Argel, la capital de Argelia.

Sin embargo, fue de este desesperanzador comienzo de donde surgió la mística de la Legión Extranjera francesa. Las autoridades loaron como héroes a los ineficaces legionarios muertos. Al mismo tiempo, enviaron oficiales y sargentos del ejército francés para infundir disciplina y verdadera pujanza de combate en la Legión.

Sin lugar adonde ir

A lo largo de su historia, los hombres se han enrolado en la Legión, en muchos de los casos, por no tener otro lugar adonde ir. Ingresaron a ella delincuentes, nobles caídos en desgracia, soldados profesionales que preferían combatir a "estarse en paz". En una ocasión, hasta se les ofreció una lista oficial de nuevas identidades para que escogieran una. Aunque la mayoría conservó su propio nombre, incluso hoy es cuestión de honor no hacer pesquisas sobre el pasado de un compañero de legión.

Una vez en la Legión aprendían, de la disciplina y de las batallas libradas, que durante los cinco años de su contrato inicial sólo podían contar con ellos mis-

mos. Los legionarios se encargaban de todas las misiones imposibles del ejército francés; eran sacrificables y lo sabían. En consecuencia, sin lugar adonde ir y sin nada que perder, los legionarios *sí* libraban sus batallas hasta el último hombre.

En 1954, el gobierno francés envió tropas de la Legión a defender la aldea de Dien Bien Phu en el noreste de Vietnam, entonces colonia francesa, contra los comunistas, que luchaban por la independencia. De casi 16 500 hombres de la guarnición, 10 000 eran legionarios. Cercados por los vietnamitas, soportaron ocho semanas de bombardeos de artillería antes del asalto final. En un encuentro de esas últimas y terribles horas, 400 legionarios hubieron de luchar a bayoneta calada contra los comunistas, y sólo 70 sobrevivieron.

Una derrota triunfal

Para el ejército francés, la derrota de Dien Bien Phu fue un desastre que costó perder la guerra, mientras que para la Legión fue una victoria. La realidad había igualado a la leyenda: los legionarios eran hombres que preferían la muerte a la rendición. Pero la realidad también es que los legionarios eran hombres que sólo tenían un motivo de orgullo en la vida: saber morir con valentía.

La excesiva confianza en sí misma estuvo a punto de destruir a la Legión. En 1961, tras encarnizada lucha contra los nacionalistas argelinos, el primer regimiento de paracaidistas de la Legión se rebeló contra la decisión del gobierno francés de retirarse de aquella colonia del norte de África, donde había estado el cuartel general de la Legión durante más de un siglo. Llamada a Francia con ignominia, la Legión tardó años en recuperar su estado de ánimo habitual.

Hoy, la Legión es de nuevo una orgullosa y selecta unidad combativa, en cuyas filas hay representantes de más de 100 nacionalidades (todos los miembros tienen derecho a la ciudadanía francesa cuando se jubilan). Aunque la leyenda perdura, para los desamparados la Legión es un refugio dotado de más templanza, mayor profesionalismo y menor temeridad que antaño.

CRIMEN Y CASTIGO

Un sistema de justicia de cuatro milenios de antigüedad

"**O**JO POR OJO, diente por diente, mano por mano..." Este concepto del Antiguo Testamento, de un castigo proporcional al mal causado, era medular tanto en la ley hebraica transmitida a Moisés como en el código de Hammurabi, rey de Babilonia desde 1792 hasta 1750 a.C. Los babilonios tenían toda una gama de castigos que, si bien hoy parecen draconianos, servían para limitar la venganza personal. Cortaban los dedos al hijo que golpeaba a su padre y sacaban los ojos al culpable de dejar ciego a otro. Los pueblos de la antigüedad no creían en el castigo impuesto por el hombre.

Sin embargo, hubo una excepción. Hacia el año 2050 a.C., 300 y tal vez 750 años antes de Hammurabi y Moisés, respectivamente, el rey sumerio

Código antiguo Se cree que esta tablilla de piedra, que data del siglo XVIII a.C., es el cuerpo de leyes más antiguo que existe. Se muestra al rey babilonio Hammurabi (de pie), que recibe consejos jurídicos del dios Marduk.

Ur-Nammu promulgó leyes con preceptos muy modernos en relación con los delitos y castigos.

Estas leyes imponían una escala de las indemnizaciones que debían pagar a sus víctimas los perpetradores de delitos violentos. Así pues, quien hubiera cortado un pie a alguien tendría que pagarle 10 siclos de plata; la multa era de un siclo por romper un hueso, dos tercios de mina de plata por rebanar la nariz, etc. El código de Ur-Nammu es el primer ejemplo conocido de una multa en dinero impuesta en vez de un castigo físico.

DE PECADORES A MARINOS

LA ESCLAVITUD en galeras fue frecuente castigo para delincuentes europeos desde la época de los romanos hasta el siglo XVIII. Y por todo el mundo también era práctica común el que a los prisioneros de guerra se les enviara a galeras.

En 1602, la reina Isabel I de Inglaterra formó una comisión y le encargó que perdonara la vida a los reos condenados a muerte, "salvo a los convictos de asesinato premeditado, violación y robo", y se les enviara a galeras, "donde, como en todo, es nuestro deseo que la justicia sea moderada por la clemencia y la misericordia... y los reos sean corregidos y castigados de manera que aun en su castigo rindan provechoso servicio a la Nación".

Pero las condiciones a bordo de las galeras distaban mucho de ser misericordiosas. Los galeotes permanecían junto al remo bajo cualquier clima, y estaban encadenados unos a otros hasta seis meses ininterrumpidos. Su esperanza de vida no solía ser mayor de tres años. Cuando morían, simplemente los lanzaban por la borda.

Trabajos forzados Por siglos, los delincuentes y los prisioneros de guerra europeos eran condenados a la esclavitud, la mayoría como remeros.

¿SABÍA USTED QUE...?

DOS TERCERAS PARTES de los abogados del mundo viven en EUA. En la ciudad de Los Ángeles hay más jueces que en toda Francia, mientras que en Washington, D.C., hay un abogado por cada 25 hombres, mujeres y niños de la población.

* * *

LA PICOTA y el cepo eran frecuentes en las plazas de los mercados de toda Europa. A quienes cometían delitos menores les aventaban frutas y verduras, al tiempo que a reos de faltas mayores —como los editores de folletos subversivos— los clavaban de las orejas, que luego les cortaban y dejaban colgando en la picota. Cuando el inglés William Prynne escribió un polémico libro en 1633, le impusieron una multa de 5 000 libras esterlinas, le prohibieron ejercer su profesión y perdió ambas orejas. Un famoso escritor enviado a la picota fue Daniel Defoe, autor de Robinson Crusoe. Se ordenó que fuera empicotado tres veces por haber escrito un panfleto a favor de los derechos de disidentes religiosos. La muchedumbre estaba de su parte, de modo que le arrojaron flores en vez de frutas.

ESCALERA AL INFIERNO

La rueda de molino victoriana servía para quebrantar el cuerpo y el espíritu

UNO, DOS, TRES... cuatrocientos, quinientos, seiscientos pasos. Las ruedas de las norias de la Inglaterra victoriana parecían no tener fin para los presos —debían andar sobre ellas hasta ocho horas diarias, con 5 minutos de descanso cada cuarto de hora y 60 minutos para comer— y acababan exactamente donde habían empezado.

La rueda de noria era un gigantesco cilindro de 2 m de altura, con peldaños externos que giraban bajo el peso de los presos. Según su anchura, daban cabida hasta a 36 personas a la vez, separadas por divisiones de madera; cada uno de los compartimientos medía no más de 60 cm de anchura.

Esfuerzo inútil

En 1818, William Cubitt diseñó la primera "escalera perpetua". Debía ser un trabajo forzado tan agotador y monótono que quebrantara a los presos en cuerpo y espíritu y les hiciera pensarlo dos veces antes de volver a transgredir la ley. Nadie que hubiera delinquido podría salvarse de este tormento: aun las embarazadas y los niños pequeños debían caminar en la susodicha escalera.

Los presos estaban a merced de los carceleros, quienes podían dificultar más el trabajo al ajustar las aspas de un enorme ventilador que era accionado por la rueda. Al cambiar el ángulo de las aspas, aumentaba o disminuía la resistencia del viento. Si les parecía que la rueda giraba demasiado aprisa, les bastaba aumentar la resistencia.

Todavía peor que la rueda fue la manivela, inventada en la cárcel de Pentonville en 1846 e ideada para usarse en encierro incomunicado. A diferencia de la rueda, que a veces se empleaba para moler maíz o bombear agua, la manivela sólo servía como castigo. Al manubrio

Rueda del infortunio *Cuando los jueces ingleses del siglo XIX condenaban a un preso a trabajos forzados hablaban en serio. Este grabado francés ilustra la barbarie del sistema penitenciario británico de entonces.*

tenían que darle vuelta, adultos y niños por igual, 1 800 veces para ganarse el desayuno, 4 500 para la comida, 5 400 para la cena (los adultos tenían que darle otras 2 700 vueltas después). Un hombre que en repetidas ocasiones no logró cumplir su cuota sólo tuvo nueve comidas en tres semanas. El contador de revoluciones de la manivela solía estar defectuoso; hacía casi imposible la tarea de completar el número exigido de vueltas. Muchos reos enloquecían, y algunos hasta se suicidaron.

A fines del siglo XIX, los reformadores del sistema penitenciario lograron proscribir ambas torturas.

HÁBITOS PELIGROSOS

Por qué fumar era dañino para los pies

ES DEL DOMINIO público que fumar y beber son malos hábitos, y que debe evitarse la quiebra económica, si es posible. Pero en Occidente son pocos los que consideran delincuentes a los fumadores o a los bebedores, así como tampoco esperarían ver humillado en público a quien está en bancarrota.

No siempre fue así. Por ejemplo, en la Inglaterra del siglo XVII, quienes no pagaban por estar en quiebra estaban obligados a usar una vestimenta característica, de colores café y amarillo, en tanto no saldaran sus deudas. El propósito era impedir que obtuvieran crédito de confiados comerciantes, si bien la ley normalmente sólo se aplicaba cuando el insolvente también cometía fraude.

No les iba mejor a los borrachos. En el siglo XVII, en Inglaterra y otras partes del norte de Europa, a veces se les hacía caminar metidos en un barril de madera, que tenía un agujero arriba para la cabeza y dos a los lados para las manos. La idea que inspiró la llamada capa de borracho era avergonzar al bebedor para que volviera a la sobriedad.

Los fumadores del siglo XVII padecían a veces el peor castigo. El zar Miguel de Rusia tenía tal aversión a este hábito que decretó una tunda (en que se golpeaban las plantas de los pies con un bastón) para la primera infracción, un corte en la nariz para la segunda y la pena de muerte para la tercera. En la misma época, el hábito del tabaquismo era tan desagradable para el sultán de Turquía que mandó cortar los labios a los inhaladores de rapé y ahorcar a los fumadores... con una pipa insertada en la nariz.

¿SABÍA USTED QUE...?

HACIA 1685, la campana de la iglesia de los hugonotes en La Rochela, durante mucho tiempo reducto protestante en la costa oeste de Francia, fue azotada por el delito de haber ayudado a los herejes. Se la declaró culpable conforme a una ley francesa, que consideraba capaces de conducta delictiva a los objetos inanimados y a los animales. La enterraron y después la desenterraron para simbolizar su retorno a los ritos de la Iglesia Católica Romana.

LA CAPTURA DE UNA LOCOMOTORA

CUANDO DOS locomotoras chocaron en 1838 y murió uno de los maquinistas, el sistema jurídico inglés no tuvo dudas sobre el culpable. La locomotora causante fue apresada y se ordenó su confiscación según la vieja ley sajona del *deodand*.

El *Deo dandum* (donación a Dios) era un precepto que dictaba que todo bien mueble causante de la muerte de un ser humano debía entregarse al rey para que le diera buen uso. Por ejemplo, la viuda de

un hombre atropellado por una carreta recibía ésta como compensación monetaria. Si un agricultor caía encima de su hoz y moría, a veces la hoz pasaba a la beneficencia, como ocurrió en 1218.

Sin embargo, en la época victoriana la ley fue invocada por los opositores del novedoso ferrocarril. Después de la colisión citada y de un incidente similar por una explosión en un barco, el Parlamento finalmente abolió la ley en 1846.

LOS CASOS DEL TORO Y EL GALLO
Enjuiciamiento de animales ante un tribunal

NUNCA HUBO la menor duda sobre la culpabilidad del acusado. En 1314, en la comarca francesa de Valois, había matado deliberadamente a un hombre. Varias personas habían sido testigos del ataque sanguinario y feroz. El reo fue condenado a muerte y ahorcado poco después por orden del parlamento provincial. Se trataba de un toro.

Las leyes modernas no admiten la idea de que los animales cometan un crimen. Pero en la Europa medieval era muy común hacerlos comparecer bajo toda clase de acusaciones, como brujería, hechicería y asesinato.

Aunque los bovinos y cerdos eran las víctimas más frecuentes, también se enjuiciaba a otros animales. Por ejemplo, solían procesar a los gusanos por destruir cosechas, y en 1487 las autoridades

del ducado francés de Saboya entablaron pleito contra ciertos escarabajos que devastaban los viñedos del lugar. Casi un siglo después, las ratas de Autun, en el centro de Francia, fueron citadas ante el tribunal, acusadas de infestar las casas y los graneros. Como no se presentaron, su defensor explicó que su vida peligraba por la abundancia de gatos en los alrededores. Añadió que el tribunal tendría que garantizar la vida de todos y cada uno de sus defendidos a la ida y al regreso del juicio. El caso fue aplazado indefinidamente.

En el siglo XV, un gallo de Basilea, Suiza, no fue tan afortunado. Se le acusó de haber puesto un huevo, en lo cual los supersticiosos vecinos vieron un indudable signo de hechicería. Tras el debido proceso, lo amarraron a una estaca y lo quemaron junto con el huevo. Y en Lavegny, Francia, en 1457, una puerca que había matado y devorado parcialmente a un niño fue ahorcada por asesinato. Por el contrario, a los seis cochinitos de su camada les perdonaron su complicidad con el argumento de que eran demasiado chicos para ser responsables de lo acontecido.

Marranito culpable En la Europa medieval también se enjuiciaba a los animales. Aunque los abogados tomaban en serio estos casos, era evidente su exposición al ridículo, como ilustra este aguafuerte del siglo XIX sobre el juicio de una puerca y sus cerditos.

PARA CORONARLO
Por qué perdonó un rey al hombre que le aplastó la corona

A LAS SIETE de la mañana del 9 de mayo de 1671, cuatro hombres hicieron una visita formal a Talbot Edwards, custodio de las joyas de la corona en la Torre de Londres. Como los conocía y supuso que iban a concertar el matrimonio de su hija, no dudó en dejarlos pasar. Pero pronto descubrió que estaban ahí por una razón menos agradable. Su plan era robar las joyas.

Apenas se cerraron las puertas tras ellos, los bandidos le echaron una capa encima a Edwards y le metieron una mordaza en la boca. Como seguía tratando de pedir auxilio, le dieron un golpe en la cabeza con un mazo y lo apuñalaron.

Con las manos en la masa

El jefe de la pandilla era un malhechor irlandés, el coronel Thomas Blood. Dando por muerto a Edwards, agarró la corona del rey y la aplastó para que cupiera bajo su capa. Uno de sus compañeros se metió en los pantalones el orbe real, mientras otro tomó el cetro. Trataban de aserrarlo en dos cuando llegó inesperadamente el hijo de Edwards, encontró a su padre herido y dio la alarma.

Blood salió huyendo con la corona, y habría escapado si su caballo no hubiese tropezado. Después de un forcejeo fue capturado por el joven Edwards y sus hombres. Al ser detenido, Blood dijo: "Fue una tentativa audaz, pero fue por una corona."

Intrépido ladrón

Blood fue encerrado en la Torre, y al ser interrogado se negó a contestar a nadie que no fuera al rey. Intrigado, Carlos II hizo que lo llevaran ante él. Blood explicó que había combatido contra el rey en la guerra civil (primera revolución inglesa) y en premio había recibido fincas irlandesas, que luego le habían confiscado tras la restauración de Carlos II en el trono. Para vengarse, había resuelto robar las joyas de la corona. Se disfrazó de clérigo y entabló amistad con el custodio de las joyas. La idea del matrimonio entre la hija de Edwards y un "sobrino" de Blood sólo fue una treta para hacer posible el robo.

Al rey le hizo tanta gracia la atrevida explicación de Blood que lo puso en libertad e hizo que le restituyeran plenamente sus propiedades.

EL SANGUINARIO JUEZ JEFFREYS

El despiadado juez cuya lealtad al rey nubló su sentido de la justicia

L A SEÑORA Alice Lisle era una bonda-
dosa y dulce viuda de 70 años, esti-
mada y respetada por todos los que
la conocían. Sin embargo, en 1685 la de-
capitaron por el delito de dar refugio a
un rebelde herido, después de que fracasó la rebelión del duque de Mon-
mouth contra el rey inglés Jacobo II.

De hecho, las pruebas en su contra no
eran contundentes; pero fue víctima del
odioso juez George Jeffreys, quien había
sido nombrado por el rey católico para
juzgar a los rebeldes protestantes que
habían apoyado al duque de Mon-
mouth, en la parodia de justicia conocida como *Bloody Assizes* ("Audiencias
Sangrientas"). Jeffreys intimidó a los testigos de la defensa y alteró la ley para
acomodarla a las intenciones del rey. Al
concluir las sesiones había condenado a
200 rebeldes a la horca, a 800 a ser ven-
didos como esclavos y a muchísimos
más a flagelación y encarcelamiento.

Pagar o ser colgado

No todas las sentencias llegaron a ejecu-
tarse, pues Jeffreys hizo una fortuna con
la venta de indultos. No es de sorprender que sea recordado como el juez más
odiado en la historia de Inglaterra.

Aunque fue sin duda cruel y corrupto
en su persecución de protestantes, entre
sus colegas era reconocido como hombre muy capaz. Tenía inteligencia sobresaliente y conocimientos inigualados de
la ley, además de que sabía conducirse
con gran dignidad y buen humor.

Empero, su falta más grave fue la devoción al monarca. Se entregó en cuerpo
y alma a Jacobo II y fue despiadado en
la causa de su amo. Pero esa lealtad no

era del todo desinteresada. Seguramente se vio acicateado por la perspectiva de
ser nombrado Lord Canciller como recompensa por su apoyo. Aunque esta
esperanza se cristalizó, su buena fortuna
no duró mucho. Cuando Jacobo fue des-
tronado en 1688, también cayó Jeffreys.
Se afeitó las espesas cejas y se disfrazó
de marinero para huir a Francia. Pero lo
reconocieron en una calle de Londres, lo
detuvieron y lo llevaron a la Torre de

*Una dura sentencia El juez Jeffreys aplicó la
pena de muerte a 200 rebeldes después de una
fallida insurrección contra el rey Jacobo II en
1685. Y condenó a cientos más a la esclavitud
en las Colonias.*

Londres, seguido todo el camino por
una multitud iracunda y burlona. Murió
en prisión cuatro meses más tarde, recordado más por su crueldad que por su
capacidad.

ORGULLO Y PREJUICIO

E L JUEZ ROY BEAN, de Langtry, Texas, no
dudó sobre qué resolución dar al caso
de un hombre que le llevaron por el asesinato de un jornalero chino. Tronó, agitan-
do su libro de leyes: "No hay aquí en ninguna parte una maldita línea que declare
ilegal matar a un chino. El acusado queda
absuelto."

No les iba mejor a los mexicanos: "Bien
merecido se lo tuvo el muerto por ponerse
delante de una pistola." O a las felices
parejas que acudían a él para casarse: "Que
Dios se apiade de sus almas."

Bean, según puede verse, distaba mucho de ser un juez ortodoxo. Nacido hacia
1825, en su juventud asesinó a varios y se
dedicó a la trata de esclavos antes de combatir con los confederados en la Guerra de
Secesión. Organizó una banda de guerrilleros, los *Free Rovers* ("Vagabundos Libres"), más conocida como los *Forty Thie-
ves* ("Cuarenta Ladrones"), y se dedicó al
contrabando de algodón, y a combatir indios, y fue carnicero, lechero y estafador
en pequeño, antes de ir a parar al pueble-
cito texano de Langtry.

Éste debía su nombre a un ferroviario,
pero Bean, muy aficionado a las mujeres,
construyó un tribunal-cantina al que llamó
The Jersey Lily por una famosa actriz, Lillie
Langtry. (El nombre mal escrito se debió a
la ignorancia del borracho rotulador a
quien se condenó a pintarlo.)

Por años Bean despachó whisky y justicia por igual desde su silla en el porche.
Había conseguido que lo eligieran juez al
afirmar que, por haber entrado y salido de
la cárcel tan a menudo, se sabía el sistema
jurídico al derecho y al revés.

ÉCHAME A MÍ LA CULPA

Utilizar un chivo expiatorio fue antaño privilegio de príncipes

CUANDO LOS yoruba del África occidental querían librarse de sus problemas, practicaban un sacrificio humano para complacer a los dioses. Según explica James Frazer en *La rama dorada*, cada vez que los habitantes de una aldea escogían a la víctima u *oluwo* procuraban darle todo lo que quisiera antes de su ejecución.

El día señalado, se ocultaba a los aldeanos la identidad del *oluwo* rociándolo con tiza y cenizas. Luego lo hacían desfilar por las calles, y todos los aldeanos acudían presurosos a tocarlo, en la creencia de que así le trasladarían sus problemas y pecados. Por último, le cortaban la cabeza, y con él morían todas las tribulaciones de la comunidad.

La idea de un chivo expiatorio que cargue con las culpas de todos los demás probablemente sea tan antigua como la civilización. La expresión tiene su origen en una vieja práctica judaica: todos los años, en la fiesta del Yom Kippur (día de la expiación), un alto sacerdote ponía las manos en la cabeza de una cabra viva y confesaba sobre ella los pecados de los hijos de Israel. Luego el animal era abandonado en el desierto, donde debía valerse por sí mismo.

En Europa, los príncipes en edad escolar que se habían portado mal tenían una idea distinta: utilizaban los "niños de los azotes", que recibían el castigo en lugar de ellos. Por ejemplo, cuando Eduardo VI de Inglaterra era estudiante, su cabeza de turco fue Barnaby Fitzpatrick. En contraste, cuando el futuro rey Jacobo I se equivocaba en la clase de latín, su maestro, George Buchanan, perdonaba al niño de los azotes y en su lugar castigaba al príncipe... y juraba que volvería a hacerlo si éste no se aplicaba más al estudio.

El rey Enrique IV de Francia utilizó este tipo de víctimas incluso siendo adulto. En 1593, cuando se convirtió del protestantismo al catolicismo, mandó a Roma dos embajadores para que el Santo Padre los azotara simbólicamente y lo

Ruda justicia El cabeza de turco de Eduardo VI se desabrocha la túnica para que lo castiguen por los errores del joven príncipe en sus lecciones escolares.

eximiera así de su anterior herejía. Poco después, se confirió a estos embajadores la dignidad de cardenales, como demostración de que no había resquemor contra ellos.

¿SABÍA USTED QUE...?

CADA AÑO, los antiguos griegos de la isla de Leucas despeñaban desde un enorme acantilado a un criminal condenado a muerte, como sacrificio a los dioses. En señal de misericordia, le ataban plumas y aves vivas para "aligerar" la caída. Si sobrevivía, lo rescataban y le daban la libertad, siempre y cuando abandonara la isla.

CULPABLE POR PARECIDO

OTTILIE MEISSONIER caminaba por una calle de Londres una noche a mediados de la década de 1890 cuando avistó a la luz de los faroles a un hombre de mediana edad. En seguida lo reconoció como un embustero que semanas antes le había estafado dos relojes y ciertas joyas de valor.

El hombre rechazó la acusación. Insistió en que era un noruego llamado Adolph Beck y que jamás había visto a la señora. Pero las pruebas en su contra eran abrumadoras. Otras diez mujeres también lo identificaron, y la policía pronto decidió que se trataba de John Smith, un famoso delincuente. Lo juzgaron en el tribunal de la Old Bailey y lo condenaron a siete años de encarcelamiento.

En prisión protestó continuamente su inocencia, sin que tuviera éxito ninguna de sus peticiones de exculpación al secretario del Interior. Y tres años después de cumplir su condena, otra mujer le imputó el robo de dinero y joyas, y Beck se halló de nuevo ante el tribunal, acusado de los mismos delitos que antes.

Fue mientras esperaba la sentencia cuando ocurrió una extraordinaria coincidencia. Otro hombre fue arrestado al tratar de empeñar unos anillos robados. Era Wilhelm Meyer, un austriaco que se parecía mucho a Beck y que a veces usaba el seudónimo "John Smith". Había robado los anillos a varias mujeres utilizando exactamente la misma técnica empleada en los robos anteriores.

Y eso no era todo. Meyer era judío y, como todos los varones judíos, estaba circuncidado. Según los expedientes de la policía, también lo estaba John Smith. Pero Beck no lo estaba, según había señalado durante su proceso. Es más, la letra de Beck no coincidía con muestras supuestamente escritas por Smith. Los peritos no habían aceptado esto, pues creyeron que era una argucia del acusado. Sin embargo, era evidente que se había cometido un error judicial. Al final, Meyer acabó por confesarse culpable de todos los cargos y Beck fue exculpado oficialmente en 1904. Bajó del banquillo de los acusados convertido en hombre libre y con una compensación de 5 000 libras esterlinas por sus largos años de encarcelamiento.

Por desgracia, lo vivido había quebrantado su espíritu. Derrochó el dinero imprudentemente y no tardó en morir, casi en la miseria. No obstante, algo bueno salió del asunto: se fundó el Tribunal de Apelación Penal, para que jamás volvieran a ocurrir equivocaciones semejantes.

SALVADOS COMO POR ENCANTO

Mágicos objetos de los que la gente espera que faciliten la vida

OS EQUIPOS DE FUTBOL tienen mascotas. Los viajeros, soldados y amantes usan talismanes. En las casas se clavan herraduras arriba de la puerta de entrada. Todos esos objetos son mascotas, del vocablo provenzal *masco*, que significa hechicero, pues es brujería lo que se requiere para combatir el mal y traer buena suerte.

Originalmente hubo dos clases de mascotas. Los talismanes (del griego *telesma*, que significa misterio) que atraían la buena suerte, y los amuletos que se llevaban puestos para protegerse del mal de ojo, un demonio que, según se decía, ejercía influencia maligna sobre los que se exponían a su mirada. (El vocablo proviene quizá del latín *amuletum*, nombre familiar del ciclamino, planta que se usaba como antídoto contra veneno.) En la Europa medieval, al mal de ojo se le culpaba de muchas desgracias.

La fuerza de la fe

Ambos tipos de mascotas son comunes a todas las sociedades; lo que cambia son los objetos y símbolos escogidos. Algunos son de aspecto repugnante, para desviar la mirada de los demonios. Otros, ante todo cuentas y joyas, pueden ser hermosos, y su poder proviene de los símbolos que los adornan.

Un símbolo usual es el gato, que en el antiguo Egipto era sagrado y venerado. Sin embargo, en la Europa medieval se creía que las brujas podían convertirse en gatos. Que este símbolo se interprete de varios modos indica que su poder no depende del talismán, sino de la creencia de su propietario.

Los talismanes también han servido de señal en clave para religiones. Por ejemplo, el pez es símbolo de Cristo, y fue signo secreto de los cristianos cuando su iglesia sufrió la persecución romana.

Estos objetos mágicos no siempre son adornos grabados. También pueden ser extremidades u órganos de animales. Por ejemplo, los esquimales de Groenlandia solían coser a la ropa de un niño la cabeza de un halcón, con lo que sería mejor cazador.

Con el tiempo, los símbolos pueden cambiar de significado e incluso adquirir una connotación opuesta. Un ejemplo es la suástica (del sánscrito que significa "portador de buena suerte"), que en muchas culturas ha representado la felicidad. Sin embargo, desde su adopción como emblema nazi, ya no simboliza una protección contra el mal de ojo, sino el mal de ojo en persona.

Evita el daño Los egipcios creían que este objeto de marfil, que data de 3 500 años, protegía contra animales peligrosos.

LA SUERTE DE LOS IRLANDESES

OS VISITANTES del castillo Blarney en Irlanda solían emprender algo irracional y peligroso: trepaban por el torreón de 37 metros de altura y luego se deslizaban hacia abajo por fuera del parapeto con la cabeza por delante. Mientras un amigo los sujetaba de los tobillos, besaban una piedra empotrada que, según creían, les concedía tener mucha locuacidad.

Varias leyendas explican cómo esa piedra quedó dotada de poderes mágicos. Una dice que a Cormac MacCarthy, quien edificó el castillo en el siglo XV, le preocupaba un inminente proceso judicial. Soñó que si besaba la primera piedra que viese por la mañana, fluirían de su boca las palabras, con lo que fácilmente saldría airoso del pleito jurídico. Al despertar, Cormac se topó con una piedra y la besó. Efectivamente le brotaron las palabras, y ganó el pleito. Temeroso de que toda Irlanda empezara a besar la piedra, la empotró en el parapeto de su castillo, muy lejos del alcance de cualquier intruso.

Poco más o menos un siglo después, la reina Isabel I de Inglaterra quería que Dermot MacCarthy, descendiente de Cormac, le entregara el castillo en prueba de lealtad. Dermot, que obviamente tenía mucha locuacidad, siempre lograba darle largas a la soberana, con pretextos cada vez más estudiados. Cansada al fin de tanta palabrería, la reina comentó: "Esto es típico de Blarney. Nunca cumple lo que dice", y *blarney* entró en el idioma inglés como sinónimo de embuste.

Hoy día, los aspirantes a embusteros pueden alcanzar la piedra del castillo Blarney sin arriesgar la vida ni los huesos. Aunque ya no es peligroso, besarla todavía resulta difícil, ya que el visitante se tiene que acostar boca arriba, agarrarse de una manija de hierro y flexionar la cabeza hacia atrás, hasta que sus labios toquen la piedra del orador.

ALIMENTOS PROHIBIDOS

La comida de un hombre es veneno para otro

UNA ESPECIALIDAD de un restaurante muy antiguo y famoso de Londres es el pastel de carne de res y ostión, que por tradición se acompaña de un vaso de cerveza negra. Pero los miembros de al menos cuatro de las religiones principales del mundo hallarían repugnante este manjar aparentemente inocuo. Los hindúes no comen carne de res; los judíos ortodoxos, mariscos, y los budistas, carne en general, mientras que los musulmanes no beben alcohol. Por otra parte, en ese restaurante no servirían carne de caballo, que en Gran Bretaña se reserva para perros, al tiempo que en Francia es parte de la dieta humana.

Si se ofrece a un francés o inglés la mejor carne de perro asado, se ofende y

Gusto adquirido En el sureste asiático se machacan los ditiscos para hacer una pasta para un platillo.

siente asco. Sin embargo, en China los perros son un manjar, como lo fueron entre los antiguos fenicios, griegos, romanos, aztecas y, hasta hace poco, entre pobladores de islas del sur del Pacífico. Los tahitianos crían una raza especial para la mesa, que al capitán Cook, marino inglés del siglo XVIII, le pareció tan sabrosa como el cordero inglés.

Todas las sociedades consideran intocables ciertos alimentos. Pocos estadounidenses o europeos paladearían platillos que se comen en otras partes: hormigas en América Latina, Asia y África; orugas entre los aborígenes australianos; chapulines entre los indios navajos de América del Norte y en el norte de África; patas crudas de pato en China, y larvas de libélula en Laos.

Insecto saborizante Para que pique, al licor casero de arroz tailandés se le agrega un enorme ciempiés.

A SALVO DEL CARNICERO

Las vacas son demasiado valiosas para que los hindúes las coman

LA TERCERA PARTE de las vacas del mundo están en la India, uno de los países más pobres, donde las hambrunas son frecuentes. Sin embargo, nadie se atreve a causarles el menor daño, no se diga a matarlas y a comerlas. Las vacas son sagradas para la población hindú de la India, y como tales cuentan con la protección de la ley.

Para los hindúes, las vacas son símbolo de fecundidad y maternidad, y las veneran, aman y protegen. Las vacas vagan en libertad, e incluso se ha sabido de trenes detenidos por horas, mientras los pasajeros esperan a que los bovinos desalojen la vía férrea. En las festividades les cuelgan guirnaldas en el cuello, y cuando se enferman rezan por ellas.

Si esto parece extraño a los no hindúes, es todavía más raro si se recuerda que inicialmente los brahmanes, la casta sacerdotal hindú, supervisaban la matanza del ganado. Pero eso fue antes de que el enorme crecimiento poblacional y

la consecuente escasez de pastizales convirtiera la agricultura en fuente alimentaria mucho más económica.

Este radical cambio en la economía india ocurrió en el siglo VI a.C. Ahora bien, unos 100 años después empezó a extenderse por la India el budismo, entre cuyos principios figuraba una profunda aversión a matar para comer. Sin duda su atractivo fue creciendo con la escasez de carne de res y la despótica exigencia de los brahmanes de reservar para ellos la poca que había. Tras nueve siglos de lucha por el dominio religioso en la India, los hindúes modificaron su postura. En el siglo IV de nuestra era se declaró animales sagrados a las vacas.

Especie protegida Miembros de una tribu india llevan su colorida vaca a un festival.

No escapó a la sensatez de los hindúes que las vacas son más provechosas vivas que muertas. Dan leche, a sus terneros los aprovechan para vender, a los bueyes para jalar del arado (en las pequeñas granjas indias son más eficientes que los tractores), el estiércol se utiliza como abono, combustible y material de construcción, y una vez que las vacas mueren de viejas también se aprovecha su cuero. ¿Quién no sentiría agradecimiento y veneración por un animal tan útil?

LOS CERDOS PAPÚES Y LA POLÍTICA

Donde los puercos permiten distinguir a amigos de enemigos

EN MUCHOS lugares de Papúa-Nueva Guinea gobiernan los cerdos, no directamente, sino como símbolo de riqueza y poder. Los miembros de ciertas tribus, como los ebei, crían cerdos tan grandes como los ponis y los miman como mascotas, para exhibir su fortuna. En las montañas del oeste y del sur de la isla los cerdos cimientan alianzas políticas, si bien, para hacerlo, primero han de ser guisados y comidos.

Los festivales montañeses de cerdos son reuniones de tribus amigas, que los celebran para demostrarse su recíproca lealtad y advertir a los posibles enemigos sobre las nutridas filas a que habrán de enfrentarse si desencadenan un conflicto. Como implican una intensa planeación, una tribu dada sólo los celebra cada diez años, poco más o menos.

Prolongada organización

El festival comienza cuando el clan anfitrión edifica varias casas enormes para albergar a los huéspedes. La construcción puede llevar varios años. Una vez terminada, envían invitaciones a las comunidades vecinas. Mientras tanto, los miembros del clan anfitrión reúnen madreperlas y dinero para obsequiar a sus invitados, además de preparar adornos de plumas, pintura y conchas para el cuerpo.

Una vez listos los presentes del festival, se engorda a los cerdos. Si no se tienen suficientes, se compran a crédito los necesarios a vecinos. Cuando ya están preparados todos los animales, llegan los invitados.

El festival se compone de tres etapas. Primero, los anfitriones exhiben sus regalos de dinero y conchas, y sus cerdos, para que todos los vean. Después, sacrifican hasta 2 000 puercos, los destazan y

Símbolo de paz *Se destaza cerdos para cocerlos en comunidad y compartirlos entre tribus de las montañas de Papúa-Nueva Guinea que buscan vivir amistosamente.*

Puerco al horno *En los festivales de cerdos, en las montañas del sur de Papúa-Nueva Guinea, los puercos se cuecen en hornos de tierra, que son zanjas llenas de piedras ardientes. Sobre éstas se pone la carne, que se cubre con capas de hojas y tierra.*

los cuelgan en estacas para contarlos. Por último los cocinan y comen.

Los cerdos se cuecen colectivamente durante varias horas en grandes hornos excavados en la tierra. Luego, cada anfitrión varón divide el suyo entre sus parientes e invitados, cuidando de servir generosas raciones a quienes en anteriores festivales le hayan obsequiado puerco.

Los huéspedes se llevan la carne a casa, la recalientan y la distribuyen en porciones más pequeñas entre parientes y amigos. Después, las aldeas vecinas suelen montar festivales menores para reflejar sus simpatías políticas con el clan anfitrión.

Fortalecidos así, todos esperan el próximo festival de cerdos, convencidos de que tan excelentes anfitriones necesariamente son los mejores aliados. A su vez, los anfitriones tienen la satisfacción de saber que su generosidad no será olvidada en tiempos de tribulaciones. En cuanto a los enemigos en potencia, sin duda debe hacérseles agua la boca entre un festival y el siguiente.

¿SABÍA USTED QUE...?

LOS CERDOS, con la dieta adecuada, convierten su alimento en carne más eficazmente que ningún otro animal.

✳ ✳ ✳

PESE A la abundancia de cerdos en la antigua China, en algún tiempo sólo el emperador podía comer su carne.

LA IMPOPULARIDAD DEL PUERCO

¿Por qué son los cerdos alimento prohibido para algunos?

AL COMER en un restaurante francés o cantonés, se degustan algunos de los platillos más refinados del mundo. En el menú se incluye por lo menos un platillo de cerdo, y con frecuencia muchos. En Francia, hasta las aldeas tienen su propia *charcuterie,* carnicería especializada en cortes de carne de puerco guisada y en embutidos. En China hay cerdos por doquier, y todos los comen. Sin embargo, el judaísmo y el islamismo tienen por "inmundo" a este animal, y sus creyentes no deben comerlo. ¿Cómo sucedió esto?

El libro del Levítico, en el Antiguo Testamento, establece que los animales "limpios" son los que rumian y tienen la pezuña hendida. El cerdo es de pezuña hendida pero no rumia y, por lo tanto, es "inmundo" y no debe comerse. Entre otros animales "inmundos" están las aves que no vuelan, como el avestruz, y los animales acuáticos que no nadan, entre éstos los mariscos.

Además de abstenerse de la carne de cerdo, los musulmanes no comen animales carnívoros, aves que capturen su presa con las garras, ni carne de burro doméstico. El islamismo y el judaísmo tienen en común numerosos preceptos y ritos, y es razonable suponer que el Islam tomó algunos directamente de la religión vecina, más antigua. Sin embargo, esto no explica la razón original subyacente de la prohibición de comer puerco.

Hábitos antihigiénicos

Una teoría sugiere que el tabú nació de que el cerdo es literalmente un animal sucio, además de que es arriesgado comerlo. Se revuelca en el lodo y come toda clase de basura, fuente de lombrices parasitarias que pueden provocar enfermedades en el hombre si la carne no se cuece correctamente. Pero en el Cercano Oriente la gente había domesticado el cerdo, cuya carne comía, casi 45 siglos antes de que se escribiera el Levítico, hacia el año 450 a.C. Como advertencia sanitaria se antoja un poco tardía.

Según ciertos antropólogos, la verdadera explicación se relaciona con los hábitos alimentarios del cerdo y su afición a revolcarse en el lodo. Los animales que rumian, como el ganado vacuno, caprino y ovino, lo hacen como parte de un complicado proceso digestivo adaptado a una dieta rica en celulosa, o sea pastos. El cerdo no vive de hierba; tiende a comer las mismas verduras que la gente. Los hebreos itinerantes no podían mantener animales que, de hecho, les disputaban el alimento.

Además, los cerdos necesitan mucha agua si no pueden darse un satisfactorio baño de lodo, ya que no sudan. El lodo les ayuda a disipar el calor corporal: de hecho, es un medio más efectivo para eliminar calor que un baño normal en agua. Los hebreos, que vivían en áridos pastizales, tenían pocos recursos para complacer a animales que requieren mucha agua, como los cerdos.

El islamismo surgió en un ambiente muy similar. Ambas religiones tenían buenas razones económicas para desaprobar la cría del cerdo, y excelentes motivos religiosos para mantener a sus seguidores separados de sus vecinos. Para las dos, las estrictas leyes dietéticas fueron un método sencillo y eficaz de recordar a sus creyentes las diferencias que tenían con los demás, de una manera que no les causara grandes molestias.

¿SABÍA USTED QUE...?

CARIBES y zulúes compartieron antaño la aversión de judíos y musulmanes a la carne de puerco, por otras razones. Los caribes temían que los ojos se les hicieran chicos y porcinos, mientras que las zulúes creían que sus futuros hijos parecerían cerdos.

DOS MUNDOS APARTE

LOS INUIT (esquimales) de Alaska cazan caribúes en primavera y ballenas en invierno. Además, creen que los animales terrestres repelen a los marinos. Sea por respeto a los supuestos prejuicios de los animales o para no ser descubiertos en la caza, los esquimales borran toda huella de su persecución de un tipo de animal cuando salen a cazar al otro.

Por lo tanto, el cazador, antes de emprender la búsqueda de caribúes en la primavera, se limpia del cuerpo todo rastro de la grasa de ballena acumulada en el invierno. En abril, antes de ir a cazar cetáceos, se quita todo el olor a caribú.

También evita llevar consigo al mar las armas que emplea para cazar caribúes. En cambio, puede usar en tierra sus armas navegantes; pero a manera de ritual

debe limpiarlas entre una y otra estación. Los esquimales creen que violar esas reglas pone en peligro la caza.

De la misma manera en que las estaciones dictan lo que caza este pueblo, hay otros importantes momentos que rigen la dieta. Por ejemplo, después del parto la mujer tiene prohibido comer carne cruda. Sólo debe ingerir alimentos que se consideren adecuados para el bebé en crecimiento, como las alas de pato que, dicen, ayudan a que el niño llegue a ser un buen corredor o remero.

Mortífero disfraz En las inmensidades del noroeste de Groenlandia, un esquimal se desliza por el hielo con su rifle colocado en un utoq o trineo-pantalla, esperando pillar desprevenida a su presa.

LA CUENTA DEL TIEMPO

Las diversas maneras de contar el cambio de las estaciones

EL MUNDO tiene razones para estar agradecido a la Revolución Francesa. Además del triunfo de los principios de igualdad por los que es famosa, entre sus beneficios estuvo la adopción del sistema métrico decimal, utilizado hoy por científicos de todo el orbe y, en muchos países, en la vida cotidiana. Este sistema es decimal porque está basado en el número 10 y, por lo tanto, es congruente y fácil de entender. Los revolucionarios franceses, empeñados en destruir todos los lazos con el antiguo régimen, encontraron tan atractivo el principio decimal que incluso lo aplicaron, en lo posible, a la medición del tiempo.

El 22 de septiembre de 1792, fecha en que Francia fue declarada república, fue el primer día del año 1 en el nuevo calendario republicano. Aunque el año todavía era de 12 meses, éstos duraban 30 días, además de que había 10 días en cada semana o *década*.

El último día de la *década* se dedicaba al descanso, y eran festivos otros cinco (seis en el año bisiesto), esparcidos en el curso del año, pero sin formar parte de mes alguno. También hubo un proyecto de dividir el día en 10 horas, sin que llegara a cobrar fuerza.

Pese a que el calendario republicano funcionó muy bien en Francia, cayó en desuso luego de 13 años. Su año bisiesto no coincidía con el del calendario tradicional, lo que dificultaba la conversión de un sistema a otro y provocaba confusiones en los tratos diplomáticos y comerciales con otros países.

Tiempos cambiantes Esta tabla francesa, impresa luego de que se introdujo el calendario republicano, ayudaba a la conversión entre éste y el gregoriano, utilizado en el resto de Europa.

En el siglo XVI, el papa Gregorio XIII implantó el calendario actual adaptando un sistema que había introducido Julio César. Un calendario totalmente decimal es imposible, ya que se mide el tiempo con una combinación de dos unidades muy distintas: el año y el día. El año es el número de días que la Tierra tarda en dar una vuelta completa al Sol. El día es el tiempo que la Tierra necesita para girar sobre su propio eje, y cada año lo hace 365.24219878 veces, número no divisible entre 10. El día adicional de los años bisiestos ayuda a corregir el error de los años normales de 365 días; pero la semana dura siete días, de modo que cada fecha cae en distinto día de la semana cada año.

Hay varias propuestas para volver más lógico este sistema. El Calendario Internacional Fijo dividiría el año en 13 meses de 28 días, con un "día anual" final. Los meses empezarían en domingo y terminarían en sábado. Los años bisiestos tendrían un "día bisiesto" adicional.

El Calendario Mundial dividiría el año en trimestres de 91 días, con un día más al final del año y un "día bisiesto" no numerado a mediados de año, cada cuatro años. Los trimestres empezarían en domingo, y el primer mes de cada trimestre tendría 31 días.

Ninguna de las dos propuestas ha progresado. El Calendario Gregoriano funciona satisfactoriamente, y es probable que continúe como norma mundial. Sea como fuere, el año no sólo se basa en números, sino también en estaciones, solsticios y equinoccios, marcados por costumbres y festividades.

UNA COSECHA SIMBÓLICA

La festividad judía del Sucot recuerda una época de migración

CON LOS materiales más sencillos, algunos judíos practicantes edifican en otoño, afuera de su casa o cerca de la sinagoga, una cabañita o *sucá*, que es una escueta choza hecha de ramas, vástagos y hojas, adornada con frutas y flores. Los que carecen de espacio para construirla en el exterior, decoran a veces en su hogar un enrejado simbólico. Esto es parte de la celebración del Sucot, la fiesta de los tabernáculos.

Celebración fructífera

Ésta es la última de las tres grandes festividades del año judío, después de la Pascua y Sabuot. La fiesta, que empieza cinco días después del Yom Kippur (la fecha más solemne del año), dura siete días y es no sólo ocasión de gozo, sino también de contemplación. Tiene lugar en la época de la cosecha y conmemora un próspero año agrícola.

Es en la larga y dramática historia de Israel donde hay un significado más profundo del Sucot. Se trata de un momento en que los judíos rememoran a sus ancestros en su vagar por el desierto, alojados en sencillas tiendas, sacando esperanzas sólo de su devota creencia en su Dios y en su misericordia.

Por eso, el Sucot es expresión de acción de gracias por la preservación de los israelitas, así como tiempo de recordar a quienes siguen sin hogar y sin abrigo. En épocas pasadas, sobre todo en sitios de clima templado, muchas familias judías vivían los siete días en la *sucá*, donde rezaban, comían y celebraban. Aún hoy, durante la festividad algunas toman al aire libre parte de sus alimentos.

Hay mucho simbolismo en los eventos que componen la fiesta de los tabernáculos. Las humildes cabañitas se construyen de tal manera que a través de sus endebles techumbres puedan verse las estrellas en el cielo nocturno, como recordatorio de la fragilidad del hombre y la inmensidad de la creación.

Tienen también especial significado cuatro plantas: el cidro, la palma, el mirto y el sauce, cuyas diferentes características sirven para recordar la diversidad y fraternidad humanas. Por ejemplo, el cidro, al tener sabor y aroma, simboliza a la gente sabia y que realiza buenas obras. Los que hacen el bien pero carecen de sabiduría están representados por el mirto, que tiene fragancia pero es insípido.

Continuidad de la fe

Inmediatamente después del Sucot viene otra fiesta de guardar, el *Simjat Torá* o "júbilo de la ley". Cada sábado del año judío, los adeptos de esta religión leen ciertos versículos de los libros de Moisés. En un año los habrán leído todos, de principio a fin.

Las lecturas se disponen de manera que los últimos versos, tomados del Deuteronomio, y los primeros, del Génesis, se lean juntos el día del *Simjat Torá*. Esto es en sí un símbolo de la fe judía en Dios y en que la ley de Dios no tiene principio ni fin.

LO INDEFINIBLE DE LA PASCUA DE RESURRECCIÓN

La dificultad de hallar una fecha para la Pascua de Resurrección

LA PASCUA de Resurrección, que conmemora la resurrección de Cristo al tercer día después de la crucifixión, una de las fechas más importantes en el calendario cristiano, puede caer en cualquier fin de semana desde el 22 de marzo hasta el 25 de abril. El cálculo del día preciso ha causado polémica, incluso en círculos religiosos.

La fecha se basa en el calendario lunar, y originalmente podía caer en cualquier día de la semana. Los primeros cristianos la celebraban durante la Pascua, la más solemne fiesta de los hebreos, que la celebran en marzo como conmemoración de la liberación del cautiverio en Egipto; dura ocho días y empieza el día del primer plenilunio siguiente al equinoccio de primavera (21 de marzo).

Siempre en domingo

Fue durante la Pascua cuando Cristo fue crucificado. Sin embargo, al paso de los años ciertos dirigentes cristianos, para distinguir sus días de guardar de los judaicos, decidieron que la Pascua de Resurrección cayera siempre en domingo, día de la Resurrección, y que se celebrara después de la judía. Esta regla fue

Fuego sagrado *Peregrinos israelíes llevan cirios pascuales hechos de cera de abeja.*

convenida por el Concilio de Nicea en el año 325.

Así pues, en los países donde la iglesia cristiana ha aceptado el calendario gregoriano, la Pascua de Resurrección se celebra el primer domingo después del primer plenilunio que sigue al 21 de marzo. Si éste ocurre en domingo, la fiesta se pospone al próximo. Las iglesias ortodoxas orientales griega y rumana lo calculan con el antiguo calendario juliano, aunque reconocen el gregoriano para las fiestas fijas. La diferencia entre ambos es de 13 días.

En este siglo se ha intentado definir una sola fecha para la Pascua de Resurrección, trátese de una fiesta fija, como la Navidad, o mediante un nuevo calendario. En 1963 la Iglesia Católica Romana recomendó asignarla a una fecha fija, siempre que las demás iglesias cristianas accedieran, lo cual no ha ocurrido.

Tampoco ha avanzado la propuesta, más radical, de un calendario mundial fijo, en que cada fecha caería todos los años en el mismo día de la semana y la Pascua de Resurrección siempre se celebraría el domingo 8 de abril.

De tal suerte, hay pocas probabilidades de establecer una fecha para esta celebración. Además de observar las fases de la Luna, una buena agenda es aún el único modo de saber cuándo hay que prepararse para la Pascua.

EL NEWTON DE ORIENTE

Los observatorios de piedra del maharajá Sawai Jai Singh

EN LOS JARDINES del palacio real de Jaipur, capital del estado indio de Rajastán, los turistas se pasean por lo que parece la escenografía abandonada de un espectáculo de ciencia ficción: un desperdigamiento de enormes estructuras de piedra de extrañas y variadas formas geométricas. Un visitante no informado difícilmente adivinaría que las construcciones son instrumentos astronómicos de precisión para el estudio del Sol, la Luna y las estrellas

En el hinduismo, como en muchas otras religiones, el calendario de ceremonias y fiestas religiosas se basa en los conocimientos de astronomía. Por ejemplo, muchos hindúes devotos visitan los lugares sagrados del Ganges siempre que hay un eclipse de Sol, por lo que necesitan saber cuándo acaecerá. A principios del siglo XVIII, a un príncipe indio, el maharajá Sawai Jai Singh, le preocupó que en muchos siglos los hindúes no hubieran hecho observaciones astronómicas precisas.

La importancia de la astronomía

Jai Singh se propuso reavivar la astronomía hindú y perfeccionar el calendario y las tablas oficiales que mostraban los movimientos de los cuerpos celestes. Fue un hombre excepcionalmente capaz. Su segundo título, *Sawai*, significa "uno más un cuarto", pues en todos aspectos era "más" que sus contemporáneos. Pero tenía sus excentricidades; en particular, desconfiaba profundamente de los pequeños instrumentos de latón que empleaban los astrónomos de la época. Creía que las mediciones más exactas se lograrían a una escala más grande, y ordenó construir en piedra gigantescos instrumentos astronómicos.

Conforme a sus instrucciones se edificaron cinco observatorios, los más importantes en Delhi, Jaipur y Ujjain. En Jaipur, las monumentales estructuras comprendían el reloj de sol más grande del mundo, con nomon (indicador vertical de las horas) de 27 m de altura, que señala la hora local con aproximación de minutos (no es más preciso porque la enorme sombra se difumina en los bor-

Volver al futuro Este modernista reloj de sol en Delhi, primero de los observatorios del maharajá Sawai Jai Singh, data de 1724. La hora del día se calcula observando la sombra que arrojan los muros rectos del centro sobre unas marcas graduadas en los muros curvos interiores.

des). El observatorio climatológico de Jai Singh, precursor de los modernos servicios meteorológicos, todavía funciona y emite pronósticos del clima a largo plazo, que se incluyen en los calendarios y almanaques hindúes.

Trascendente experiencia

Aunque inexactos conforme a las normas modernas, esos observatorios registraban los movimientos de los cuerpos celestes con precisión suficiente y muy aceptable para la época. Jai Singh publicó los resultados en su tabla astronómica, la *Zij Muhammad Shahi*, compilada en persa y en sánscrito.

Al menos en una ocasión, Jai Singh logró mejorar las observaciones que de la Luna y los planetas hacían sus contemporáneos europeos, cuyo trabajo conocía a fondo. Los hindúes ortodoxos aún consideran que Ujjain es el "Greenwich de la India", al tiempo que a Jai Singh se le recuerda como el "Newton de Oriente".

DINERO EXTRAÑO

Donde una lengua de tigre salda las cuentas

EN 1642, la Asamblea General de Virginia promulgó una ley que declaraba al tabaco única moneda válida en la colonia. Para que la gente no tuviera que cargar grandes manojos de hojas, pronto se pusieron en circulación los llamados "billetes de tabaco", los que por más de un siglo fueron la base de su divisa. Ésta no fue una extraña aberración, como pudiera parecer. La historia muestra que puede usarse como dinero casi todo lo que sea escaso, duradero y deseable.

En la prehistoria, las cabezas de hacha pulidas sirvieron de moneda al hombre del Paleolítico, algo comprensible porque eran quizás el objeto más útil. Los antiguos chinos tuvieron una mejor idea: en vez de intercambiar los artículos verdaderos, los sustituían con imitaciones. Fundían piezas de bronce en forma de camisa, cuchillo, pala o azada, y les daban el valor de los objetos que representaban. Así, con una camisa de bronce en miniatura se compraba una de verdad, ¡o cualquier otra cosa de ese valor!

Tan raro como dientes de ballena

En épocas más recientes, se han usado como dinero los objetos más diversos: dientes de perro en Nueva Guinea y de ballena en islas del Pacífico, puntas de lanza en África, y tambores en Myanmar y en la isla Alor de Indonesia. En Tailandia se utilizaron partes

Todo lo que brilla *Hay partes de África donde todo tipo de cuentas y brazaletes se permutan como dinero en transacciones locales.*

del tigre: garras, cola, dientes y lengua. Con el tiempo, al igual que en China, se sustituyeron con imitaciones. Hace apenas unos años se empleaban en Tailandia piezas de plata en forma de lengua de tigre.

En China y Tíbet, el té fue dinero durante 900 años. El "ladrillo de té", hecho de té y virutas de madera prensados en un bloque de 1 kg, en 1800 equivalía casi a una rupia india y se partía para dar cambio. Los bancos asiáticos emitieron estos ladrillos hasta hace poco más de un siglo.

Sin embargo, la historia de mayor éxito entre las monedas raras fue sin duda la de la concha de cauri. Por muchos siglos fue aceptada como pago en gran parte de África y Asia. Cincuenta cauris equivalían a un penique británico. En el Sudán francés, estas conchas fueron moneda aceptable para el pago de impuestos hasta 1907, año en que sucumbieron ante el implacable avance del papel moneda y las monedas de metales.

Valor simbólico *Esta palita china de bronce, que se remonta a los años 450 a 400 a.C., era un sustituto para el trueque de mercancías.*

Una pesada deuda *Las monedas más grandes que se hayan conocido son los discos de piedra utilizados en las islas Yap en el Pacífico: había desde la moneda fraccionaria, de 23 cm de diámetro, hasta otras colosales, que medían el doble de la altura de un hombre.*

COSTOSAS PIELES

CIEN AÑOS antes del nacimiento de Cristo, gobernaba en China el emperador Wu Ti, de la dinastía Han. Para su infortunio, tuvo apuros de dinero y se vio en la necesidad de buscar un ingenioso artificio para exprimir la riqueza que les sobraba a sus nobles.

Fue su astuto primer ministro quien ideó el ingenioso plan que salvó las finanzas imperiales. El primer paso fue que el emperador confiscara todos los ciervos blancos del imperio y los encerrara en el parque real. Luego, decretó que todo príncipe y cortesano deseoso de aparecer ante su imperial presencia debía, como requisito indispensable de protocolo, vestir un traje de piel de ciervo blanco. Por supuesto, la piel sólo podrían comprarla al propio emperador, a un precio exorbitante.

Para salir del empobrecimiento por el nuevo decreto imperial, un noble que había comprado una de las costosas pieles ofreció transferirla a uno de sus iguales, a cambio de bienes o servicios. De esta manera, la gamuza se fue convirtiendo en moneda, uno de los ejemplos mundiales de dinero curtido.

EL MARCO QUE SE ESFUMA
El tiempo es oro cuando la inflación galopa

A PRINCIPIOS de la década de 1920, un berlinés entró en una cafetería de la ciudad y pidió un café que costaba 5 000 marcos. Al ir a pagar, ya costaba 8 000 marcos. ¡Los precios subían 60% por hora!

El desplome de la moneda alemana después de la Primera Guerra Mundial es el ejemplo más famoso de hiperinflación en el mundo. En el clímax de la crisis, la moneda no valía ni el papel en que estaba impresa. Los alemanes consideraban grave la inflación a fines de 1922, cuando el dólar estadounidense se cotizó en 18 000 marcos. Para agosto de 1923 un solo dólar se cambiaba por un millón de marcos, y en noviembre del mismo año, por 130 000 millones.

En la práctica, dejó de circular el metálico. La gente atesoraba cuanta moneda tradicional tuviera, porque el valor del metal era muy superior al valor nominal de la moneda. Por su parte, el gobierno acuñó monedas de porcelana barata. Al final imprimió billetes en casi cualquier material disponible: cuero de zapatos, trapo, cartón, e incluso papel periódico viejo.

Los problemas en la vida cotidiana eran enormes. A los obreros se les pagaba a diario con grandes manojos de billetes, que debían gastar de inmediato, antes de que el pago se volviera virtualmente inservible, y los consumidores empujaban por las calles carretillas con montones de dinero.

Si bien la de Alemania es la más famosa historia del terror inflacionario, no es la peor. Después de la Segunda Guerra Mundial, en 1946, circulaban billetes del banco de Hungría con una denominación de 100 000 000 000 000 000 000 pengos. Cuando se introdujo una nueva unidad monetaria, el florín, se le dio el valor astronómico de 200 000 000 000 000 000 000 000 000 000 pengos.

Problema de morralla *En la Alemania de la década de 1920, la inflación galopante alcanzó tal magnitud, que en un puesto de periódicos se requería una canasta para guardar el dinero del día.*

UNA CUENTA DE GANADO
Cobrar intereses razonables no es nada nuevo

LOS MODERNOS bancos se llaman así por el mueble en que un prestamista italiano se sentaba en el mercado de una ciudad renacentista. Sin embargo, algunos historiadores afirman que los primeros bancos se remontan mucho tiempo atrás, al Egipto de hace seis milenios. En aquel entonces, las cuentas no se llevaban en monedas ni billetes, sino en cabezas de ganado, y como dinero local se usaban vacas y bueyes.

Los prestatarios tal vez hayan acusado siempre a los bancos de cobrar intereses excesivos. Una tablilla de barro de la antigua Babilonia, fechada hacia el año 700 a.C., registra un préstamo hecho por los banqueros Egibi e Hijo, de "dos tercios de maná de plata, con interés de un siclo mensual sobre el maná". Como éste valía 60 siclos, la tasa de interés era de un 20% anual... parecida a la que cobran los bancos actuales.

¿SABÍA USTED QUE...?

EL "PENIQUE GIZZI", *fina varilla de fierro casi tan larga como un brazo, sirvió de moneda en partes del África occidental hasta la década de 1930. Solían llamarla "penique con alma", pues se creía que si se dañaba es que la había perdido. Entonces se llamaba a un chamán para que la "reencarnara" y de tal suerte recuperara su valor. Con dos varillas se compraban 20 naranjas o una penca de plátanos. Por otra parte, tenía un valor práctico: si alguien reunía "peniques" suficientes, podía llevarlos al herrero local para que le forjara con ellos una lanza o una herramienta de fierro.*

* * *

EN 1810, *el "Banco de la Oveja Negra" de Gales (Aberystwyth and Tregaron Bank) emitió billetes con imágenes de ovejas, para que los pastores analfabetos reconocieran fácilmente su valor. El de 10 chelines tenía un cordero, el de una libra esterlina una oveja, y el de dos libras, dos ovejas. Sin embargo, los billetes no tuvieron éxito y sólo circularon unos cuantos años.*

* * *

RUSIA FUE *el primer Estado moderno que usó el sistema decimal, en 1700. El rublo valía 100 kopeks. Gran Bretaña adoptó el sistema monetario decimal en 1971.*

VALORES DE PAPEL
¿Cuándo se imprimió el dinero en cartas de baraja?
¿Dónde hubo dinero comestible?

LA INVENCIÓN del papel se ha atribuido tradicionalmente a un ministro del gobierno chino, Tsai Lun, en el año 105. No debe sorprender que también fuera China el país introductor del primer papel moneda, hacia el año 650.

Los chinos llamaron a sus billetes de papel "dinero volante", por la facilidad con que se transportaba. En el siglo XII circulaban billetes en cantidad suficiente para provocar una grave inflación. Cuando Marco Polo visitó China, de 1275 a 1292, durante el reinado del gran Kublai Kan, se asombró del refinado uso del papel moneda en los dominios del emperador.

Europa tardó en adquirir los avanzados métodos financieros de China. Hacia el año 1400, en Barcelona, Génova y Florencia había banqueros que aceptaban "letras de cambio", que en realidad eran una especie de papel moneda privado. Pero en general se reconoce a los suecos como los emisores de los primeros billetes de banco, propiamente dichos, en Europa. En 1661, empezó a imprimirlos en Estocolmo un banquero privado, Johan Palmstruch. Lamentablemente, su novedosa empresa quebró en seis años.

Fue hasta 1695 cuando el Banco de Inglaterra, recién establecido, lo hizo adecuadamente. Con el respaldo del gobierno, se emitieron billetes de banco con denominaciones de 10 y 100 libras esterlinas. Desde entonces se han impreso de manera ininterrumpida.

Legal y tierno

El papel no es el único material en que se ha impreso dinero. Mucho antes del papel moneda chino, los antiguos egipcios, los romanos y los propios chinos produjeron pagarés monetarios en papiro y en pieles de animales.

En 1685 ocurrió una de las más extrañas emisiones de pagarés en el Canadá francés. Ante la escasez de efectivo para pagar a sus tropas, el administrador de la guarnición de Quebec, Jacques de Meulles, decidió redactar promesas de pago al reverso de barajas. Este recurso tuvo tanto éxito que todavía circulaban como dinero de curso legal en Canadá más de un siglo después. Tampoco es ése el único lugar donde las barajas se hayan convertido en moneda: el gobierno de la Francia revolucionaria repitió la estratagema en 1790.

Cambio efímero

Hubo que esperar a que llegara el siglo XX para tener el primer billete de banco comestible: el *srang* tibetano, impreso a mano en papel de arroz. Pero pudiera no ser grato al paladar de todo gastrónomo, ya que se imprimía con tintas en que mezclaban materia vegetal con estiércol de yak.

Por último, la emisión de billetes de banco de más corta vida aconteció en Panamá. La moneda de curso legal en este país ha sido el dólar estadounidense. Pero en octubre de 1941 el presidente Arnulfo Arias decidió imprimir sus propios billetes en diversas denominaciones de balboas. Por desgracia, no bien echó a andar este audaz experimento, el presidente fue derrocado y se restableció el dólar. Los billetes de balboas duraron sólo una semana.

¿SABÍA USTED QUE...?

LA PRIMERA MONEDA *acuñada en Estados Unidos fue el centavo* fugio *de 1787. El metal para hacerlas provino de las asas de cobre de los barriles de pólvora utilizados en la Guerra de Independencia. La palabra latina* fugio *en una de las caras significa "vuelo", en referencia al tiempo. En la otra cara decía* Mind your business *("ocúpate de tus asuntos"). El texto se atribuye a Benjamin Franklin, por lo que también se conocen como "centavos Franklin". Hoy valen casi 30 dólares para coleccionistas.*

❋ ❋ ❋

EL PRIMER FLORÍN *inglés de plata, que fue una moneda de dos chelines, se acuñó en 1849 y se conoció como florín "sin gracia" o "sin Dios", pues le faltaban las tradicionales inscripciones "D.G." (Dei Gratia, o sea "por la gracia de Dios") y "F.D." (Fidei Defensor, "defensor de la fe"). Se lo culpó de una virulenta epidemia de cólera en ese año, y fue retirado de la circulación. El director de la Casa de Moneda (Master of the Mint), de creencias católicas romanas, renunció por presión pública.*

❋ ❋ ❋

A MEDIADOS *del siglo XIX, los tailandeses empezaron a usar las fichas de porcelana de los casinos de juego como dinero. Estas fichas pronto sustituyeron virtualmente al dinero de curso legal y permanecieron en circulación por varios años.*

Juego limpio En 1685, el dinero de baraja se utilizó en Canadá. Luego, se usaron tarjetas en blanco (izquierda). En Francia, los naipes tuvieron también este uso (abajo, izquierda y derecha) después de la Revolución de 1789.

capítulo nueve

MODOS DE VIAJAR

DURANTE LA SEGUNDA GUERRA MUNDIAL, el joven marinero chino Poon Lim, único sobreviviente de un barco británico torpedeado, flotó a la deriva en una balsa durante 133 días, en el océano Atlántico (*página 278*). Sobrevivió a base de carne cruda de gaviotas y peces, y agua de lluvia. No obstante su seguridad en sí mismo y su evidente ingenio, más tarde la marina estadounidense lo rechazó por tener pies planos. Su caso ilustra los atributos de muchos grandes viajes del hombre: enfrentar cualquier circunstancia, llegar a un destino inesperado y adquirir aptitudes y rasgos de carácter que van mucho más allá de las exigencias de la vida cotidiana.

CUESTIÓN DE NUDOS

Por qué el té hizo que los barcos navegaran con mayor celeridad

A PRINCIPIOS DE OCTUBRE DE 1869, el elegante clíper *Sir Lancelot* se avistó desde Falmouth. Llegó a aguas británicas dos semanas antes de lo esperado, luego de recorrer 26 000 km desde Fouchou, China, en un lapso récord de 85 días. El *Sir Lancelot* había ganado la gran carrera para traer a Occidente la primera cosecha de té del año.

La velocidad era indispensable en el comercio del té: los comerciantes pagaban altos precios por tener el primer té de la temporada. Algunos propietarios de barcos pagaban el costo total de construcción de un buque con las ganancias de un solo viaje.

Los clípers se crearon para cargamentos valiosos que debían transportarse con rapidez, fuesen legales, como el té, o ilegales, como el opio. A tal efecto, su diseño era muy distinto al de los barcos tradicionales.

Hechos para volar

Durante siglos, los buques mercantes fueron pesados y redondeados, y flotaban sobre las olas, mientras que los clípers eran ligeros, alargados y angostos, con proa afilada y casco cóncavo para cortar el agua. Y tenían hasta 5 500 m^2 de velas en sus altos mástiles, con las que avanzaban en vientos con los que otros navíos habrían quedado inmóviles en el agua.

Los nuevos clípers se hicieron famosos después de la fiebre del oro de California, en 1849, cuando el viaje por mar de Nueva York a San Francisco solía ser

Unido a la fiebre *En 1849, durante la fiebre del oro, clípers como el* Flying Cloud *llevaron exploradores, maquinaria, alimentos y hasta bailarinas de salón desde la costa oriental de EUA, por el Cabo de Hornos, hasta California. De regreso transportaban té chino y especias.*

más rápido y seguro que el terrestre. El nombre clíper (del inglés *clipper*, "tijeras") se debe a que "recortaban" el tiempo de las travesías. Promediaban 20 nudos (37 km/h), el doble que los veleros convencionales.

Batían marcas dondequiera que iban. En 1851, el *Flying Cloud* completó el trayecto Nueva York-San Francisco en 89 días. En 1868, el viaje inaugural del *Thermopylae* de Londres a Melbourne tardó 59 días, marca que aún no ha superado ningún buque de vela.

Irónicamente, cuatro años antes del triunfo del *Sir Lancelot* a su regreso de China, se había introducido un motor a vapor para barcos, de gran eficiencia, que marcó el fin de la navegación a vela. En 1865, los primeros buques a vapor viajaron de China a Gran Bretaña en sólo 64 días, con el triple de carga.

En 1869 se abrió el canal de Suez, con lo que se recortaron 8 000 km a la ruta entre China y Gran Bretaña. Aunque en 1875 ya no se construían barcos de velas cuadradas, continuaron navegando 50 años más.

Esfuerzo conjunto *Durante una tormenta, los marineros del* Garthsnaid *recogen el papahígo delantero, la vela más baja del clíper.*

EL VIAJE DE LOS "PADRES PEREGRINOS"

La vida bajo cubierta en el Mayflower

IMAGÍNESE a casi cien hombres, mujeres y niños apretujados en una pieza, con apenas espacio para sentarse. El techo es tan bajo que ha de agacharse quien mida más de 1.50 m. Y deben pasar en ese sitio un día tras otro, sin higiene ni luz natural y con mala ventilación. Eso sucedía bajo cubierta en el *Mayflower*, el barco en que viajaron en 1620 los primeros colonizadores ingleses desde Plymouth a Norteamérica.

Los colonizadores, llamados "padres peregrinos", eran un grupo de puritanos que abandonaron Inglaterra en 1609 para huir de la persecución por sus creencias religiosas. Se establecieron en Leiden, Holanda, y volvieron a Inglaterra 11 años después, sólo para emigrar definitivamente de Europa en busca de un mundo libre, según ellos, de la influencia corruptora de otros modos de vida y religiones.

Navegación peligrosa

El *Mayflower* era minúsculo si se juzga según las normas actuales. Medía 27 m de eslora y pesaba poco más de 180 ton. Sin embargo, cruzó el Atlántico del Norte durante la peor estación para hacerse a la mar.

En 1620 no era fácil la navegación oceánica. Aunque las brújulas, de las que el *Mayflower* llevaba dos, estaban razonablemente desarrolladas, las cartas de navegación no eran confiables, de modo que si un barco se desviaba del rumbo, los tripulantes no tenían modo de saber con exactitud dónde estaban.

El 16 de septiembre de 1620 el *Mayflower* zarpó de Plymouth para América con buen clima. Pero mudó éste y pronto se hallaron en medio de violentas tormentas y embravecidos mares. Se cerraron las escotillas, y los emigrantes se amontonaron, helados, mojados y mareados en su maloliente refugio, donde comieron, rezaron e intentaron dormir.

El *Mayflower* surcó los mares durante 55 días, hasta que el vigía gritó: "¡Tierra a la vista!" Habían llegado a la punta norte de Cabo Cod, Massachusetts. Al día siguiente rodearon el cabo y anclaron en un amplio puerto, frente a lo que hoy es Provincetown.

Sus desdichas no habían de terminar aún, pues tardaron más de un mes en encontrar un sitio adecuado para establecerse. Por fin lo hicieron en un lugar al que llamaron Plymouth, y fundaron allí una colonia bajo la guía de John Carver y William Bradford.

Una fría bienvenida

Lo trágico fue que, si bien en el arriesgado viaje hubo una sola muerte, durante los primeros cuatro meses en tierra perecieron 44 colonos. Estaban débiles y agotados al desembarcar y, con el invierno ya próximo, América parecía un lugar frío y hostil.

El resumen de William Bradford sobre su llegada es muy elocuente: "No tenían amigos que los recibieran ni posadas donde abrigarse o recuperar las fuerzas, deterioradas por la intemperie; ni casas ni mucho menos ciudades adonde encaminarse a pedir socorro... Además, qué podían ver sino un espantoso y desolado yermo, lleno de bestias salvajes... toda la región, llena de bosques y matorrales, tenía aspecto violento y cruel." Y los "padres peregrinos" eran habitantes de la ciudad, no acostumbrados a trabajar la tierra. Sólo con la ayuda de indios amistosos, que les enseñaron a pescar y a sembrar maíz, lograron sobrevivir. Después de su primera cosecha, indios y peregrinos celebraron conjuntamente la Acción de Gracias, festividad del cuarto jueves de noviembre que los estadounidenses observan desde entonces.

EL MARINO MAREADO

EL ALMIRANTE Horacio Nelson pagó un alto precio por su valor y determinación. Perdió un ojo, un brazo y, finalmente, la vida al servicio de su país. Sin embargo, tal vez lo más sorprendente es que el más grande marino británico padeció toda su vida de mareo.

En su primer viaje soportó cinco meses de mareo. Y todavía en 1801, casi 30 años después, escribía: "un mar embravecido, me he mareado hasta morir... Nunca me repondré". Sin embargo, no desistió de la carrera naval.

Los marinos padecían frecuentemente privaciones, desnutrición y enfermedades. Y Nelson era tan propenso a ellas como los demás. Durante un viaje al Caribe, en 1780, Nelson y 87 de sus tripulantes enfermaron de fiebre amarilla; hubo menos de diez sobrevivientes.

Entre otros males, Nelson sufrió paludismo recurrente, escorbuto, parálisis temporal y quizá tuberculosis. También experimentaba depresión frecuente, lo que no debe sorprender a la luz de su historial médico.

Héroe caído Horacio Nelson sufrió una herida mortal en su mejor momento: la batalla naval en que derrotó a la flota combinada de Francia y España frente al cabo Trafalgar, en 1805.

UN PUERTO DE ALTURA
La búsqueda del destino montañoso del arca de Noé

"**L**OS VIENTOS SOPLARON seis días con sus noches, y el diluvio y la tempestad agobiaron al mundo." Estas palabras no son de la Biblia, aunque se parezcan al relato del Diluvio en el Génesis. Proceden de la leyenda escrita más antigua del mundo, la épica sumeria de Gilgamés, hacia el año 3000 a.C. Muchas culturas antiguas tienen leyendas similares: cuando un diluvio amenaza borrar la vida de la faz de la Tierra en castigo a la perversidad humana, la catástrofe se evita con la construcción heroica de una inmensa arca por un solo hombre, llamado Noé en la Biblia.

Monte árido

Durante siglos se ha buscado el arca de Noé donde, según la Biblia, terminó su epopeya: el monte Ararat, en la actual Turquía. En 1876, el inglés James Bryce afirmó haber encontrado un gran trozo de madera del arca. Pero el Ararat llevaba siglos sin árboles, y la madera que pudieran hallar los pastores habría servido de combustible.

Hoy prosigue la búsqueda, especialmente de parte de los fundamentalistas cristianos, quienes creen que descubrirla ayudaría a demostrar la veracidad literal de la Biblia.

¿Un adelanto?

En agosto de 1984, el explorador estadounidense Marvin Steffins anunció que había encontrado el arca a 1 500 metros de altura en el monte Ararat. Según afirmó, los restos del casco son claramente visibles desde el aire y corresponden con exactitud a las dimensiones bíblicas del navío. Visitó el lugar y recogió fragmentos de una sustancia parecida al cemento, con la que Noé habría envuelto la armazón de madera del barco. Aunque los análisis científicos indican que las muestras de Steffins son de piedra caliza, éste aún confía en que la excavación del lugar confirmará algún día que el arca está allí.

Por otra parte, ciertos historiadores creen que Noé no habría encontrado suficiente madera en la zona como para construir la gran nave del relato bíblico. Sugieren que el arca fue una balsa de cañas de papiro, sobre la que se armaron refugios de madera. Concluyeron que semejante balsa no habría sobrevivido al paso de los siglos.

LOS VELEROS DEL FUTURO
Una inyección de aire fresco para la industria naviera

Con el viento en contra *Las tres alas de 14 m en lo alto del carguero* Ashington *funcionan como velas. Están cubiertas del material sintético empleado en las alas de aviones ligeros.*

EL AUMENTO DE LOS PRECIOS del petróleo y la creciente preocupación ecológica quizás inyecten aire en las velas de la navegación carguera. En 1984 se botó en Gran Bretaña el *Atlantic Clipper*, velero de carga de dos mástiles y 33 m de eslora. Sus 420 m² de velas le dan potencia suficiente para promediar ocho nudos en viajes trasatlánticos.

Esta velocidad es menor que los 12 a 23 nudos en promedio de navíos impulsados por diesel. Empero, si el petróleo vuelve a ser tan caro como a principios de la década de 1980, el uso de veleros como éste, cuyos motores diesel sólo trabajan 15 a 18% del tiempo de navegación, puede resultar mucho más barato que el de navíos tradicionales. El ahorro de combustible sería enorme y compensaría con creces el mayor gasto en sueldos de la tripulación con el viaje más lento y, por lo tanto, más prolongado.

Entretanto, la empresa británica Walker Wingsail proyecta construir alas verticales que funcionen como velas, pero con mayor eficiencia. Las velas estarían operadas por computadora. Un solo tripulante se encargaría del procesamiento de datos sobre la velocidad y dirección del viento y del propio barco, para ajustar el ángulo de los alerones de las alas y lograr la potencia máxima.

Ya se han instalado alas Walker en el carguero *Ashington*. Son tres, de 14 m de altura, diseñadas según complicados principios aerodinámicos con materiales sintéticos, ligeros a la vez que muy durables (como el plástico reforzado con vidrio), que también se emplean en la industria aeronáutica.

GOLPES DE SUERTE

Hasta un mal viento puede soplar favorablemente

AFUERA DE LA IGLESIA de una aldea en la costa de Cornualles, Inglaterra, se oyó el grito: "¡Naufragio!" En el templo, el sermón del vicario llegó a término abruptamente. Los feligreses, nada ajenos a los naufragios, se levantaron ante el grito de alarma. Quizá los desventurados marineros requerían auxilio. Sin embargo, el vicario les suplicó que esperaran. Según dijo, la salvación de los marinos debía demorarse no por los rezos, sino por el tiempo que le llevaría a él cambiarse de ropa. Como todo nativo de Cornualles, sabía que el cargamento de un buque hundido podía incluir metales preciosos y toda clase de joyas, y quería su buena tajada del saqueo.

Litoral traicionero

Eso cuenta la leyenda, y es probable que ese mercenario párroco no haya existido jamás. Pero antes de la invención de los modernos aparatos de navegación, la traicionera costa de Cornualles fue testigo de incontables naufragios, y sus nativos, desde los empobrecidos mineros del estaño hasta la pequeña aristocracia, eran célebres por sus mañas para saquear buques hundidos. Un rezo del siglo XVIII de las vecinas islas Scilly decía: "Te rogamos, Señor, no que ocurran los naufragios, sino que, si han de suceder, los guíes a las islas Scilly para beneficio de sus habitantes."

Una vez que se avistaba un barco en apuros, se reunían multitudes de hombres y mujeres con hachas, palancas, sacos y carretillas, y lo seguían a veces días enteros por toda la costa. Esto indujo a algunos marineros a creer que la gente de Cornualles en realidad dirigía los barcos contra las rocas al encender luces falsas o apagar faros conocidos. Sin embargo, son contadas las pruebas que respaldan tales suposiciones; como en muchos casos similares, es factible que se hayan exagerado al transmitirse de boca en boca.

La prueba más convincente de un naufragio deliberado se dio en diciembre de 1680. Un barco mercante de Virginia, EUA, encalló en las rocas porque un farero no encendió el fuego en el faro. Después saqueó el cargamento, y luego lo echaron de su empleo.

Tan pronto los saqueadores llegaban al barco, bajaban el botín sin pérdida de tiempo. Se llevaban todos los objetos de valor: oro, plata, joyas, toneles de vino. Incluso se supo de algunos que arrancaban el maderamen del casco del barco. Escondían el botín en minas, cuevas, represas de molinos y norias.

Aunque los saqueadores cometieran tales actos, también es cierto que muchas veces la gente de Cornualles arriesgó su vida por salvar a los náufragos. Gracias a su frecuente práctica, eran diestros en maniobrar pequeños botes en la costa rocosa, y tenían fama por el heroísmo de sus rescates y su posterior generosidad con los sobrevivientes.

Cosecha de la marea Los saqueadores no tienen escrúpulo en arrancar la ropa al cadáver de Sir Clowdisley Shovell, después de que su barco naufragó en 1707.

El enemigo de los saqueadores era el aduanero. En 1739, poco después de que naufragó el barco holandés *Lady Lucy* frente a Porthleven, la aduana encontró cuatro grandes barricas de fino coñac del cargamento en una cava cercana. Lo curioso es que era la de un vicario.

VESTIGIOS DE LA PRIMERA EMBARCACIÓN

LA EMBARCACIÓN MÁS ANTIGUA que se conozca es un tronco ahuecado que data de los años 6590 a 6040 a.C. Los troncos son ideales para hacer botes: flotan con facilidad y se pueden tallar en la forma deseada o moldear con calor. En ciertas culturas antiguas se les añadían costados, proa y popa, además de equiparlos con escálamos y asientos. Algunos tenían mascarones de proa, usualmente en forma de cabeza de animal con agujeros por ojos.

Otras perforaciones en los costados eran tal vez para amarrar pértigas o un sedal.

Incógnita Este tronco de pino ahuecado, de 3 m de largo, encontrado en una turbera en Holanda en 1955, quizá sea la embarcación más antigua del mundo.

Un refinamiento algo más sofisticado era el pozo para peces, pequeño compartimiento con una serie de agujeros perforados bajo la línea de flotación en que se podían conservar vivos los pescados.

La embarcación más antigua, hallada en 1955 en Pesse, Holanda, y que ahora está en el Assen Museum, no tiene ninguno de estos añadidos y es muy angosta, de modo que los expertos dudan que se trate de un bote. Podría ser simplemente un ataúd, una artesa o un trineo.

AGUA, AGUA POR DOQUIER...

POON LIM, joven marinero chino al servicio de la marina mercante británica, sobrevivió en una balsa durante 133 días. El 23 de noviembre de 1942, su barco, el *Benlomond*, había sido torpedeado por un submarino alemán en el Atlántico. Poon Lim agarró un cinturón salvavidas y buscó más sobrevivientes: no había ninguno.

De milagro, topó con una balsa salvavidas abastecida de provisiones: comida y agua suficiente para 50 días. Sobrevivió los otros 83 días gracias a su inventiva y a su infalible instinto de autoconservación. Encontró un trozo de escombros que flotaba y le arrancó un clavo, al que le dio forma de anzuelo con los dientes. Durante algún tiempo usó pasta de galleta como cebo para atrapar peces chicos, con los que a su vez pescó otros más grandes. Cuando se le acabó la pasta, usó el resorte de una lámpara para atraer a los peces. Por espacio de casi tres meses sólo comió pescado crudo

y algunas gaviotas, y bebió agua de lluvia que recogía en latas.

De alguna manera logró mantenerse vivo y sano casi cuatro meses y medio. Varias veces estuvo a punto de ser rescatado cuando avistaba barcos o aeroplanos. Pero ninguno lo vio, hasta que el 5 de abril de 1943 lo recogió un pesquero frente a la costa de Brasil, cerca de Salinópolis. Aunque muy débil, podía caminar y sólo tenía el estómago revuelto, según dijo un médico. Ese mismo año le concedieron la Medalla del Imperio Británico.

Tiempo después, Poon Lim intentó alistarse en la marina de EUA, pero lo rechazaron por tener los pies planos.

Sagaz náufrago Poon Lim sobrevivió 133 días en el Atlántico en una balsa, a base de pescado y aves cuya carne desecaba para hacer más agradable su sabor.

FRACASO ATÓMICO
Cómo fue que un éxito nuclear no logró impresionar

EL CARGUERO estadounidense *Savannah*, botado en 1959, fue el primer navío mercante que usó energía nuclear en la generación de vapor para la propulsión por turbina. Antes de ser dado de baja en 1970, había navegado más de 800 000 km. Su planta de energía estuvo en pleno funcionamiento 99.9 %

del tiempo en alta mar. Sólo requería reabastecimiento cada dos años. El futuro de los barcos nucleares parecía prometedor. Así pues, ¿por qué hay en la actualidad tan pocos navíos no militares de propulsión nuclear?

A raíz del éxito del *Savannah*, numerosos armadores de barcos se interesaron

por la energía nuclear. La antigua República Federal Alemana construyó el *Otto Hahn* en 1968 y los japoneses el *Mutsu* en 1973. El magnate naviero griego Aristóteles Onassis había proyectado instalar un reactor nuclear en su petrolero gigantesco *Manhattan;* pero cambió de idea y se instalaron calderas tradicionales. En 1982 todos los países, excepto la antigua URSS y Japón, habían convertido sus barcos nucleares a diesel.

Las razones fueron sobre todo económicas, pues los costos de desarrollo eran muy altos y, en el caso del *Manhattan*, entonces el barco más grande del mundo, la investigación demostró que la energía tradicional sería más barata. En la década de 1980, los adelantos tecnológicos abatieron los costos. Pero la creciente conciencia de los peligros de la energía nuclear y las medidas de seguridad más estrictas hicieron poco prácticos los barcos de propulsión nuclear.

Sin embargo, los aspectos económicos influyen poco en círculos militares. Muchos submarinos actuales funcionan con energía nuclear y pueden recorrer más de 600 000 km sin reabastecerse.

Poderoso ancestro *El primer carguero de propulsión nuclear, mostrado durante su construcción en un astillero de Nueva Jersey en 1959, es el segundo* Savannah. *Su anterior homónimo fue, en 1819, el primer barco a vapor que cruzó el Atlántico.*

RECONSTRUCCIÓN DE LA TRIPLE AMENAZA

*El trirreme volvió invencible a la antigua armada ateniense. Ahora dos
británicos han resuelto los acertijos de su diseño*

CERCA DEL PUERTO de El Pireo, en Atenas, se lanzó al mar un elegante barco de madera de 37 m de eslora, impulsado por 170 sudorosos remeros. Podían estar seguros de la navegabilidad de su embarcación, el *Olympias*. Sabían que otras idénticas derrotaron abrumadoramente a la poderosa marina persa en Salamina y salvaron a Atenas de la invasión. Sentados en tres hileras, una sobre otra, alcanzaron la velocidad de siete nudos, con gran esfuerzo físico y diestra coordinación de movimientos.

Si un observador casual de este suceso acaecido en 1987 no hubiera sabido de la existencia del *Olympias*, se le podría haber perdonado que creyera estar en el túnel del tiempo. Este barco era una reconstrucción exacta de un trirreme ateniense del siglo V a.C., basada en imágenes de la época de antiguas vasijas, monedas y monumentos.

Discusión sobre el modelo

Fue diseñado por dos británicos, el profesor John Morrison, clasicista de Cambridge, y John Coates, arquitecto naval. Los motivó una discusión sobre el diseño y las características del trirreme publicada en la página de "cartas" del periódico londinense *The Times,* en 1975.

La historia registra que en el año 480 a.C. una flota griega de 380 trirremes derrotó en Salamina a una flota persa quizá tres veces mayor. Morrison y Coates aceptaron el reto de diseñar un trirreme para la marina griega y, con una

tripulación británica y griega, hacerlo funcionar.

En el siglo V a.C., las batallas navales se ganaban al embestir a los buques enemigos y, con esto, desmantelarlos o hundirlos. Las tripulaciones de los trirremes requerían una inmensa fuerza muscular y sincronización precisa: el ataque demasiado rápido implicaba el riesgo de encajar el espolón de bronce en el casco enemigo, y el excesivamente lento le daba tiempo para huir.

Mucho se ha debatido la disposición de los remos y remeros en el trirreme. Según algunos, sólo había un banco con tres hombres por remo. Morrison demostró que había tres grupos, que cada remo era manejado por un remero y que los remos de los tres bancos tenían igual longitud.

Economía de espacio Coordinar los tres grupos de remeros para que los remos no chocaran requirió gran práctica, en especial porque sólo los del banco superior del trirreme podían ver sus remos tocar el agua.

Navegación descansada Navegando a toda vela por el Egeo, los 170 remeros del Olympias *descansan sus remos. En la antigüedad, velas y mástiles se dejaban a menudo en tierra antes de la batalla: la fuerza muscular daba mayor velocidad y maniobrabilidad que el viento, y los palos y las cuerdas sobre cubierta habrían obstaculizado el esfuerzo de los combatientes.*

Sin embargo, la tripulación del *Olympias* pronto se percató de que impulsar los pesados remos era una tarea agotadora, y lograr mover los tres bancos de remos sin que chocaran, toda una hazaña. Los 62 remeros del banco superior tenían la palada más fuerte y en la antigüedad eran los mejor pagados. A pesar de ello, todos descansaban a veces: cuando el viento era favorable, se izaban las dos velas del trirreme para tener mayor potencia.

Después de algunos intentos con resultados desalentadores, prevaleció el trabajo en equipo y el *Olympias* se deslizó por el agua con la misma facilidad del antiguo trirreme.

EL ÚLTIMO SOS

*Las señales de auxilio por radio han superado a los
puntos y rayas de la clave Morse*

EN MARZO DE 1899, el barco de vapor *Elbe* encalló frente a la costa sureste de Inglaterra. Al no estar a la vista de otros navíos, su tripulación podía haberla pasado mal; pero un buque faro cercano estaba dotado del nuevo equipo de radio de Guglielmo Marconi y pudo enviar un mensaje pidiendo socorro. En respuesta se mandó un bote salvavidas, y los tripulantes fueron rescatados.

Al crear esta tecnología pocos años antes del incidente del *Elbe*, Marconi revolucionó la seguridad en el mar. Hasta entonces, la comunicación entre navíos había sido muy limitada: señales con banderas, linternas o sirenas de niebla dentro del área visual o auditiva de las embarcaciones. Pero a veces los barcos surcan el mar por largos periodos sin toparse unos con otros y, antes del advenimiento de la radio, podían estar incomunicados días o semanas enteras.

El alfabeto Morse

Todo eso cambió con la radio, unida a un sistema de señales, consistente en puntos y rayas equivalentes a las diversas letras del alfabeto, que inventó en 1838 Samuel Morse. Hacia fines de siglo se demostró que la clave Morse era fácilmente adaptable a la radio.

Aunque la radio permanece como salvavidas, la era de la clave Morse está a punto de terminar. La Organización Marítima Internacional ha introducido el Sistema Marítimo Mundial de Socorro y Seguridad (SMMSS; GMDSS en inglés). En vez de puntos y rayas, los barcos equipados adecuadamente pueden comunicarse con radio télex, que se transmite vía satélite a otros barcos y a estaciones costeras. Actualmente es posible, al oprimir un botón o marcar una clave abreviada, el envío de mensajes de socorro en codificación digital, que indican la posición del navío, la índole del peligro y el momento en que surgió éste. El último mensaje oficial marítimo en clave Morse se enviará en 1999, año en que será obligatorio el SMMSS.

Muchos barcos ya cuentan con radiofaros de emergencia indicadores de posición que, en caso de hundirse el navío, flotan y envían automáticamente una señal de alarma. Los satélites que están en órbita polar reciben estas señales de cualquier parte del mundo, y desde 1982 han ayudado a salvar más de mil vidas.

Barco a tierra Los satélites INMARSAT permiten a los barcos comunicarse entre sí o con estaciones de radio terrestres. Los dos satélites COSPAS-SARSAT, que están en órbita polar, recogen mensajes de los radiofaros de emergencia, que flotan automáticamente al hundirse un barco.

CENTELLEANTE

*Cómo una noticia de última hora
recorrió Inglaterra en 1588*

LA LARGA rivalidad entre la reina Isabel I de Inglaterra y el rey Felipe II de España culminó en 1588 cuando éste envió hacia Inglaterra 130 barcos con órdenes de invadir. La Armada Invencible estaba en camino.

Desde 1586 los ingleses sabían de la posibilidad de una invasión española y estaban bien preparados. Pero los españoles podían atacar en cualquier punto de la costa sur y, evidentemente, era imposible desplegar fuerzas defensivas en todas partes. En caso de ataque, todo dependería de la velocidad con que se pudiera transmitir la información y movilizar la defensa.

Probado y comprobado

El método habitual de comunicación, los mensajeros a caballo, era demasiado lento. De tal suerte, se recurrió a uno más antiguo y más rápido, que a menudo había dado buen servicio a Inglaterra en tiempos de peligro: una red de faros en cabos y colinas, que se extendía por todo el país.

El 29 de julio, cuando se avistó a la Armada Invencible en el Canal de la Mancha, se encendió el primer faro en la costa de Cornualles. Tan pronto era visto, se encendía el próximo. Un faro contestaba a otro, conforme la señal centelleaba hacia el norte y el oriente, y servía a la vez de orden para que se tañeran las campanas de las iglesias. Por la mañana, la noticia del arribo de los españoles había llegado hasta Durham, población situada a 450 km de la costa sur, y las milicias locales estaban en campaña. La Armada fue derrotada en el mar, y ningún soldado español pisó suelo inglés.

En julio de 1981 se encendieron faros en muchos de los mismos lugares, por razones más festivas: celebrar la boda de Carlos, príncipe de Gales, con Lady Diana Spencer.

¿SABÍA USTED QUE...?

EL FAMOSO *mensaje de auxilio SOS no tiene significado alguno, como pudiera pensarse. Tan sólo es un mensaje en clave Morse, fácil de recordar y reconocer aunque se distorsione por condiciones adversas: "...---...". De igual modo, Mayday, llamada de socorro utilizada en mensajes radiotelefónicos, es una corrupción del francés m'aidez, o sea "ayúdeme".*

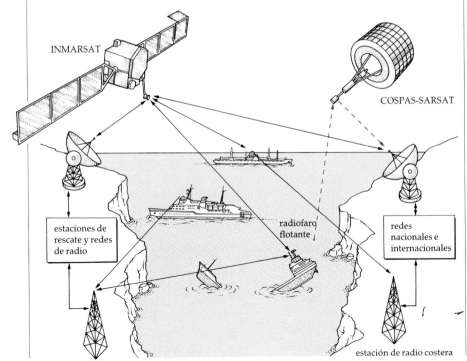

INMARSAT

COSPAS-SARSAT

estaciones de rescate y redes de radio

radiofaro flotante

redes nacionales e internacionales

estación de radio costera

PLANOS DE ACCIÓN

Los mapas han ayudado a cambiar el curso de la historia

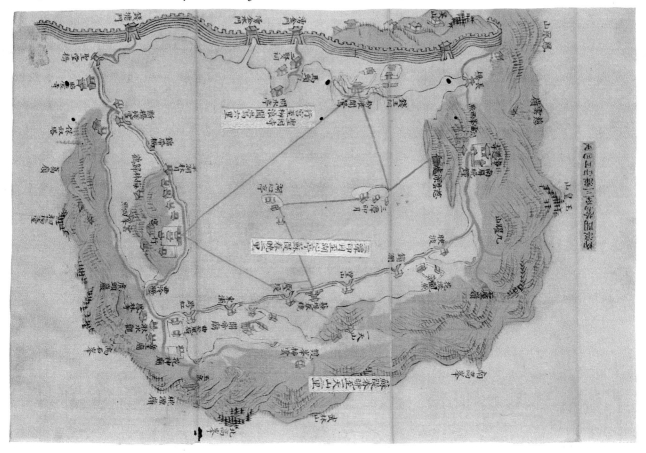

Finos detalles *Este mapa chino de seda, del siglo XVIII, reproducido casi a tamaño natural, muestra ciudades del distrito de Hangzhou. También se ven la Gran Muralla y algunas de sus atalayas.*

EN EL AÑO 227 a.C., un hombre entró en los aposentos de Cheng, rey del estado de Ch'in en el noroeste de China, con un valioso obsequio: un mapa de seda. Empero, el visitante tenía una misión secreta. Se trataba de un asesino, con una daga envenenada oculta en el mapa.

El intento de asesinato no prosperó, y el rey Cheng procedió, en el año 221 a.C., a unificar media docena de estados bajo su mando. Adoptó el nombre de Shih Huang Ti, que significa "primer emperador", pues Cheng fue el primer gobernante imperial de un país al que llamó China por su pueblo Ch'in.

Aunque no subsisten mapas chinos de la época de Shih, en 1973 se encontraron en una tumba en la provincia de Hunan tres mapas de seda trazados hacia el año 168 a.C. Sólo dos se han restaurado debidamente: uno muestra accidentes topográficos, como ríos y montañas, y el otro, la ubicación y magnitud de las guarniciones militares.

Aun después de la invención del papel, hacia el año 100, siguió el uso de la seda, o a veces el bambú,

para los mapas chinos. Todavía en la dinastía Ch'ing (1644-1911) fue preferida la seda por resistente y apropiada para trabajos detallados. Además, podía tejerse sin costuras en casi cualquier longitud.

Los europeos conocieron la seda y el papel mucho después que los chinos, y en su lugar usaban pergamino (de pieles de animales) para sus mapas. El fragmento más antiguo preservado se remonta al año 260, mide 18 por 45 cm y muestra claramente la costa norte del mar Negro y el río Danubio, con las ciudades indicadas por muros de ladrillo estilizados.

Las distancias en los mapas primitivos suelen estar fuera de toda proporción con el terreno que pretenden representar. Aunque parezcan rudimentarios en comparación con los modernos, fueron esos mapas los que ayudaron a romanos y chinos en la administración de dos de los más grandes imperios que el mundo haya conocido.

CÓMO LOGRAR UNA MEJOR PERSPECTIVA

¿CÓMO ES POSIBLE trazar mapas exactos de las regiones más inaccesibles del globo, jamás pisadas por el hombre? La respuesta está en la fotogrametría, o sea la ciencia de dibujar mapas a partir de fotografías aéreas, actualmente el método más conveniente y preciso para hacerlo.

La fotogrametría funciona de manera muy similar a la vista humana. Como los ojos están separados en la cara, cada uno ve el mismo objeto desde un ángulo levemente distinto, por lo cual transmite al cerebro una imagen diferente de su forma. Cuanto más cerca de los ojos esté el objeto, tanto más distinta será una imagen de la otra. Al compararlas, el cerebro se forma una impresión de profundidad, con lo que se percibe una sola imagen tridimensional.

En la fotogrametría, los ojos se sustituyen con una cámara que toma una serie de fotografías aéreas de determinado accidente geográfico o extensión de terreno. La cámara está montada en un avión o satélite en movimiento, de modo que cada fotografía que toma del mismo accidente será desde un lugar un poco distinto y, por lo tanto, en otro ángulo. Estas tomas diversas se combinan después para crear una imagen tridimensional, que permite al cartógrafo evaluar la altura de los accidentes topográficos. De este modo se puede trazar un mapa topográfico, en que se usan curvas de nivel para representar la altitud de cada accidente.

En un principio este proceso requería cálculos matemáticos detallados y laboriosos, así como complejos equipos ópticos. Sin embargo, gran parte de este trabajo se realiza hoy por computadora.

La fotogrametría sirve no sólo para diagramar territorios desconocidos. También se usa para marcar los cambios de la superficie terrestre al paso del tiempo, por ejemplo, las modificaciones del paisaje después de un terremoto.

SIRENAS Y MONSTRUOS
En los mapas antiguos se expresaba la imaginación del hombre

HASTA EL SIGLO XIX, cuando los barcos de vapor y las vías férreas transcontinentales pusieron al alcance de mucha gente los viajes al extranjero, sólo unos cuantos intrépidos aventureros, en especial marineros y comerciantes, viajaban a sitios distantes. El "extranjero" era un lugar misterioso, del que la mayoría sabía poco. Por esto, los primeros cartógrafos no temían que pudieran acusarlos de inexactitud, y dieron rienda suelta a la imaginación en la compilación de mapas.

Lo señalado es más evidente en mapas antiguos, ilustrados con míticos animales y extrañas formas humanas. Por ejemplo, en 1493 el cartógrafo alemán Hartmann Schedel pobló a Asia con hombres provistos de cuernos, hombres-pájaro y mujeres calvas pero barbudas.

Fuentes antiguas

Una importante obra de referencia para los cartógrafos del Renacimiento fue la *Geografía* de Ptolomeo (siglo II), que incluía la ubicación de 8 000 localidades e instrucciones para preparar mapas. A fines del siglo XV se publicaron varias ediciones en latín de esta obra de ocho volúmenes.

Pero también se consultaban otras fuentes más imaginativas. Por ejemplo, el cartógrafo alemán Sebastian Münster,

Creatividad artística En el siglo XVI, el cartógrafo alemán Sebastian Münster trazó fantásticas criaturas en este mapa de Asia.

nacido en 1489, redondeó la obra de Ptolomeo con caprichosos seres que describió Plinio el Viejo, escritor romano del siglo I. En las cercanías de la India dibujó individuos con un solo pie; pero éste era de tamaño suficiente para servir como sombrilla si lo levantaban encima de la cabeza. En otras partes, una raza de hombres tenía cabeza de perro y ladraba en vez de hablar.

Algunas ilustraciones de mapas antiguos eran tan fantásticas que es dudoso que alguien las creyera. ¿Acaso los chinos del año 350 de nuestra era tenían la creencia, como lo muestra un mapa de la época, de que compartían el mundo con personas que tenían agujeros en el estómago, para llevarlas de un sitio a otro mediante palos introducidos en el cuerpo y sostenidos por dos soportes a la altura de los hombros? Y los cartógrafos europeos del siglo XVII, ¿en realidad pensaban que en el océano Pacífico había sirenas que retozaban entre las olas del mar? Münster disipaba las dudas de sus lectores con el comentario: "Dios es maravilloso en su obra."

Sin embargo, otros caprichos y fantasías no eran totalmente obra de la imaginación. En muchos mapas de los siglos XVI y XVII aparece un animal con extraños cuernos, a veces uno y en otros dos, que hoy conocemos como rinoceronte. Entre los primeros naturalistas hubo discusiones en las que unos afirmaban y otros negaban que el de un cuerno fuera en realidad el unicornio, debate que se resolvió a fines del siglo XVIII, cuando se descubrió que hay especies de rinocerontes con dos cuernos y otras con uno.

Este tipo de equívoco era frecuente en los días en que muy pocos europeos habían visto un rinoceronte, no se diga haber visitado su hábitat. Era tal la ignorancia de muchas personas acerca del mundo en que vivían, que fueron muchas las que creyeron a un cartógrafo que escribió en una parte de un mapa "aquí hay dragones".

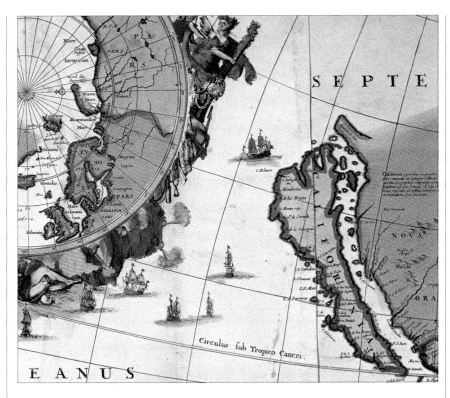

LA BAJA CALIFORNIA

Los primeros exploradores confundieron la península con una isla

EN 1533, una flota de barcos españoles navegó hacia el norte por la costa de California, desde su recién adquirido imperio en México, y sus tripulantes fueron los primeros europeos en explorar la costa occidental de lo que hoy es México y el sur de California. Supusieron que el contorno que registraban en un mapa correspondía a una isla, pues anteriormente habían descubierto, al oriente de esta nueva tierra, una extensión de agua que continuaba rumbo al norte y, según pensaron, debía comunicarse nuevamente con el mar en algún punto.

Siete años después, se hizo a la vela otra flota española por las aguas no asentadas en el mapa, con la intención de circunnavegar la isla. Pero tras recorrer 1 100 km, la flota llegó a un punto donde no había salida al mar. Por lo tanto, lo que habían navegado era una ensenada, y lo que habían considerado una isla en realidad es la enorme península de Baja California.

Error frecuente

El error se registró en los mapas de la época. No fue la primera ni la última vez que se confundieron penínsulas con islas. De hecho, se pensó que Florida era una isla antes de descubrirse su unión con el subcontinente norteamericano.

Fuente engañosa Un mapa holandés, que publicó en 1686 Gerard Valck, muestra a Baja California como isla, repetición de un error que había cometido 61 años antes un cartógrafo inglés.

Sin embargo, en el caso de Baja California la cartografía dio sin duda un paso atrás. En 1625, el cartógrafo inglés Henry Briggs publicó un mapa que la mostraba separada de la masa continental, con la explicación: "aunque a veces se supuso que era parte del continente occidental, gracias a una Carta Española... se sabe que es una gran isla".

Errores combinados

Reincidieron en este error cartógrafos como Pieter Goos, de Amsterdam, en cuyo *Zee Atlas*, publicado en la década de 1660, aparecía Baja California como una enorme isla en forma de cuña. Tan convencido estaba del carácter insular de Baja California, que dibujó varias docenas de minúsculas islas entre ésta y la costa de lo que entonces era la provincia virreinal española de Nueva Granada.

No fue sino a principios del siglo XVIII cuando se corrigió el error. Se terminó por descartar como inexistentes las islitas de Goos, y la "gran isla", conocida como California, fue reintegrada a su legítimo lugar como parte del subcontinente norteamericano.

CARTOGRAFÍA MEDIEVAL

El mapamundi y su visión del Viejo Mundo

EN 1988, el deán y el cabildo de la Catedral de Hereford en Inglaterra anunciaron sus planes de subastar un mapamundi. El mapa en cuestión dista mucho de ser exacto; por ejemplo, ni siquiera incluye América o Australia. No obstante, esperaban venderlo en siete millones de libras esterlinas.

Este mapamundi no es un plano cualquiera. Se creó hacia 1290, cuando los europeos aún creían que el mundo era plano y no sabían de la existencia de América o de Australia. Está trazado en tinta negra, coloreado en rojo y azul y con relieves en hoja de oro, sobre una vitela de 1.63 por 1.37 m.

Prioridades de peregrinos

De conformidad con el punto de vista de la iglesia cristiana medieval, Jerusalén aparece en el centro del mundo habitado y se incluye a otros pueblos y ciudades de Europa y el Cercano Oriente situados en las rutas de los peregrinos hacia Tierra Santa. Pero el amanuense del mapamundi tuvo el descuido de confundir Europa con África y rotularlas al revés.

Geografía aparte, el mapa da una visión fascinante de la mentalidad medieval. Dibujos y breves leyendas relatan la historia de la raza humana y las maravillas del mundo natural. Y en la parte superior aparecen los bienaventurados que suben al cielo, mientras los condenados bajan al infierno. En los extremos del planeta hay extraños seres de grandes orejas y patihendidos, que habitan islas solitarias, mientras los noruegos aparentemente comparten su territorio con una raza de simios.

No se sabe cómo llegó el mapamundi a poder de la Catedral de Hereford, en la que ha sido bien conservado. Por otra parte, la catedral no ha subsistido en tan buen estado, y en noviembre de 1988 sus autoridades decidieron vender el mapa a fin de reunir los fondos necesarios para la restauración y conservación del edificio. Sin embargo, muchos británicos se alarmaron ante la posibilidad de que saliera del país una parte de su patrimonio cultural. Al final, se logró persuadir a las autoridades catedralicias de que no vendieran el mapamundi y buscaran reunir por otros medios los siete millones de libras esterlinas que necesitaban para cubrir sus necesidades.

TIERRAS QUE NUNCA EXISTIERON

UNA NOCHE del verano de 1726, dejaron un paquete al pie de la puerta del editor londinense Benjamin Motte. Dentro venía el manuscrito de un libro escrito por un tal Lemuel Gulliver, intitulado *Travels Into Several Remote Nations of the World* ("Viajes a varias apartadas naciones del mundo"). Gulliver se autodescribía como "primero cirujano y después capitán de varios barcos". Pero, fuera de unos breves detalles biográficos mencionados en el prólogo del libro, nada se sabía del misterioso marino ni de los viajes que decía haber realizado.

El relato era extraordinario. Describía a los habitantes de países hasta entonces desconocidos, como Brobdingnag que, según decía, estaba unido a Norteamérica por un estrecho, y Lilliput, isla al parecer cercana a Sumatra.

Motte disfrutó tanto del libro que decidió publicarlo incluso sin conocer personalmente al autor, si bien éste exigió, por conducto de un intermediario, la entonces exorbitante suma de 200 libras esterlinas. *Los viajes de Gulliver* se agotó a la semana de publicado.

Pronto surgieron especulaciones sobre la identidad y el paradero de Lemuel Gulliver. Pero fue imposible recurrir al autor, pues había regresado a su casa en Irlanda, temeroso de la acogida que pudiera tener el libro. Esta inquietud se debía a que *Los viajes de Gulliver* no era un inocente relato de aventuras, sino una crítica frecuente-

mente mordaz, pero disfrazada, del clima político y social imperante en la Gran Bretaña a principios del siglo XVIII. Su autor era Jonathan Swift, el escritor satírico político más destacado de la época.

Swift no fue el único escritor inglés dotado de viva imaginación geográfica. En 1687, el capitán William Hack inventó la isla de Pepys, supuestamente ubicada en el Atlántico sur, en honor de Samuel Pepys, entonces secretario de Marina británico. En su *Description of the Coast & Islands in the South Sea of America*, aun bautizó partes de esa isla: bahía del Almirantazgo y punta del Secretario. Barcos de la marina británica buscaron en vano, todavía en 1764, la "muy agradable" isla.

DESCUBRIMIENTO DE LAS PROFUNDIDADES MARINAS

El Seasat-A *subió al espacio para explorar el fondo del océano*

A LO LARGO de los siglos, el hombre ha intentado trazar el mapa del mundo entero, registrar cuidadosamente cada colina y montaña, y medir cada río y camino. Sin embargo, parecía imposible llegar a conocer en su totalidad una parte: los océanos. Esto cambió el 26 de junio de 1978.

En tal fecha, la NASA (*National Aeronautics and Space Administration*) estadounidense lanzó el satélite *Seasat-A*, ideado para estudiar los océanos. La nave orbitó alrededor de la Tierra a una altura de 800 km y, al describir trayectorias entrecruzadas sobre el planeta, de manera que regresaba a la misma órbita cada tres días, armó un cuadro de la altura de la superficie del mar y del perfil del lecho marino.

La superficie del mar no es uniforme, sino que su altura varía según la fuerza del campo gravitacional de la Tierra. Aun sin contar con las olas, mareas, fuertes vientos y corrientes, la superficie marina es más alta en ciertos lugares y lo es menos en otros.

El *Seasat-A* midió esas diferencias. Tomó millones de lecturas de la altura del mar, espaciadas a intervalos de 3 km, cada una con margen de error de 10 cm. Esta información sirvió para que se compilara un mapa mundial de la superficie marina.

Además, los científicos han utilizado los datos del *Seasat-A* para investigar el fondo marino. Descubrieron que los accidentes que presenta, como las fallas y cordilleras resultantes de los movimientos de la corteza terrestre, producen efectos gravitacionales distintos en la altura de la superficie marina. Donde hay fallas del fondo oceánico se sume la superficie del mar. A la inversa, las cordilleras del fondo de los mares hacen que se eleve la superficie de éstos. Así pues, esta información ha permitido a los científicos entender con detalle los movimientos de la corteza terrestre.

Por desgracia, el sistema de suministro eléctrico del *Seasat-A* falló al cabo de 100 días en órbita, lo cual puso fin a sus observaciones. Sin embargo, su labor pionera ha permitido investigar plenamente, por primera vez, qué ocurre en el fondo del mar.

Orientándose Una estación rastreadora (diagrama de la izquierda) ayudó a precisar la altitud del Seasat-A. *Sólo entonces pudo el satélite (abajo) tomar lecturas certeras de diminutas variaciones en la altura de la superficie marina, indicativas de fallas y cordilleras en el fondo del océano.*

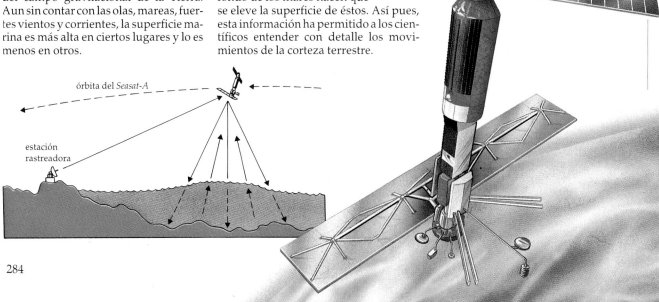

órbita del *Seasat-A*

estación rastreadora

CAMINOS DEL PASADO

Encuentro con rutas prehistóricas

DURANTE SIGLOS se ha extraído turba de los llanos de Somerset, cerca de Glastonbury en el suroeste de Inglaterra. Pero en 1970 se desenterró mucho más de lo esperado: los restos bien conservados de una red caminera que data del año 3800 a.C., la más antigua del mundo.

Son caminos de maleza y troncos, tendidos sobre pantanos para formar "puentes" entre asentamientos aislados en islas de terreno seco. Hay muchos otros ejemplos de tales obras, como los pavimentos prehistóricos de madera en Suiza y un camino medieval de troncos que cruza las ciénagas húngaras de Pamgola.

Estos caminos podrían parecer primitivos si se comparan con los modernos; pero una técnica similar se usó en 1942 para construir partes de la autopista de Alaska, que une ese estado con el noroeste de EUA. Los puentes de troncos fueron un medio rápido y eficaz de "poner a flote" tramos en terreno pantanoso.

Los caminos de madera fueron ejemplos sobresalientes de la construcción de los caminos antiguos. Muchos de éstos ni siquiera se crearon a propósito. Fueron tan sólo la huella terrestre del paso

Camino fortificado *A lo largo de la Ruta de la Seda hubo fortalezas que protegían a los antiguos viajeros. Se ilustra el tramo de la ruta que está frente a las ruinas de la ciudadela de Jiaohe, al este de Turpan, China.*

Tala forestal *El hombre prehistórico derribó miles de árboles para construir caminos en los llanos de Somerset hace 45 siglos.*

de animales y hombres a lo largo de los siglos. Al aumentar el intercambio con sitios distantes, algunos se convirtieron en rutas de comercio internacional.

La más importante fue la Ruta de la Seda, que iba de Shangai a Estambul y enlazaba al imperio chino con el mundo occidental a través de los desiertos del Asia central. Desde el siglo I a.C., cuando llegó a Europa la primera seda china, hasta fines de la Edad Media, durante casi 15 siglos, las caravanas que recorrían esta azarosa ruta tuvieron que enfrentar con frecuencia obstáculos como las ventiscas, las quemantes arenas del desierto y los salteadores de caminos.

Sobra decir que la Ruta de la Seda, uno de los caminos más largos, con casi 10 000 km de longitud, se creó sin que interviniera un solo ingeniero.

¿SABÍA USTED QUE...?

CUANDO LLEGÓ la seda por primera vez a Occidente desde China, durante el siglo I a.C., causó tal furor que el emperador romano Augusto promulgó edictos en que restringía su uso por los varones: se consideraba afeminado.

LA TELARAÑA DE PODER DE LOS INCAS

Una red de caminos por la que no pasaron ruedas

A LOS 180 conquistadores españoles que invadieron en 1531 el Imperio inca, en Sudamérica, les parecieron primitivos en muchos sentidos el pueblo y los gobernantes nativos. Carecían de escritura, caballos, ruedas y pólvora. No obstante ser tecnológicamente atrasado, este pueblo había construido un refinado sistema de caminos, comparable con los mayores logros de los romanos.

La red de caminos corría a lo largo del imperio, desde el norte del actual Perú hasta Chile. Las dos rutas principales eran una costera de 4 000 km de longitud y el Camino Real, en verdad imponente, de 5 200 km, el camino troncal más largo que se haya construido hasta fines de la década de 1800.

Milagros de ingeniería

El Camino Real no sólo era largo, sino que se construyó en uno de los terrenos más difíciles del mundo, ya que cruzaba el corazón de la cordillera de los Andes. Los problemas que planteó su construcción intimidarían a un ingeniero moderno. Los incas abrieron túneles en la roca a hachazos. En vez de rodear las pendientes más empinadas, tallaron escalinatas en las escarpadas laderas, por las que subían cómodamente sus bestias de carga, las llamas. Y crearon extraordinarios puentes colgantes sobre barrancas profundas y torrentes montañosos. El más espectacular es el puente de San Luis Rey, que no habría desentonado en un cuento de hadas. Hecho de cuerdas de fibra y tablas de madera de 45 m de largo, se balanceaba peligrosamente a unos 90 m arriba del río Apurimac.

Muchos usuarios de los caminos eran soldados y *chasquis*, mensajeros del gobierno. Éstos, corredores muy bien entrenados, estaban apostados a intervalos de 3 km a lo largo de los caminos principales, y llevaban mensajes en relevos desde la corte de Cuzco y hacia ésta. Los incas no tenían escritura, de modo que los mensajes se transmitían en *quipus*, sartas de hilos anudados con claves de colores. Los equipos de relevos podían cubrir hasta 320 km diarios. A esta velocidad, era posible que llevaran pescado en menos de dos días desde la costa hasta la corte incaica, situada 400 km tierra adentro en lo alto de las montañas, para servirlo fresco en la mesa real.

Sin embargo, no fue sólo para transportar alimentos que crearon buenas carreteras, sino también para los soldados que mantenían a los pueblos del imperio bajo control. Era como una inmensa telaraña de poder esparcida sobre Sudamérica, que con el tiempo ayudó a los conquistadores españoles cuando se apoderaron del Imperio inca.

Sin ruedas Una moderna procesión religiosa de los incas, en que un hombre representa a un santo cristiano que es transportado en litera, lo cual testimonia que este pueblo sudamericano no conocía la rueda.

¿SABÍA USTED QUE...?

EL REY SANHERIB de Asiria estaba orgulloso de su camino procesional. Construido hacia el año 700 a.C., era seis veces más ancho que una carretera actual de tres carriles, empedrado y bordeado por altas columnas. Tan ansioso estaba de conservar la grandeza de su obra que decretó el empalamiento, en los remates de su propio techo, para quien construyera incluso un balcón saledizo sobre ese camino.

TRAS LA PISTA DE LOS PERROS DEMONIO

EL FOLKLORE británico habla de muchos senderos en los que rondan perros demonio negros, a veces sin cabeza. Son afectos a las "sendas verdes", antiguas veredas cubiertas de hierba que fueron linderos de iglesias o de fincas. Estos espectros caninos suelen desaparecer en un seto vivo, un puente o un portón, tradicionales puntos de transición entre este mundo y el sobrenatural. También se dice que espantan en los cementerios, por la antigua costumbre de enterrar un perro sacrificado para que custodie panteones recién consagrados.

Estos animales reciben diversos nombres regionales: Trash, Skriker, Barghest, Black Shuck, Moddey Dhoo o Padfoot. Siempre son del tamaño de un becerro, oscuros, peludos y con ojos llameantes. Los condados de Suffolk y Norfolk, en el este de Inglaterra, son muy propensos a la aparición de estos perros. Según la leyenda, una vez, en la década de 1800, caminaba Finch, un hombre de Neatishead, por una senda verde en Norfolk, cuando confundió a un perro negro con el de un amigo, que lo había mordido. Le asestó una patada... y su pie pasó a través del animal.

Marcas fantasmagóricas Se dice que los grandes arañazos en esta puerta lateral de una iglesia de Suffolk fueron hechos por las garras de un perro demonio negro.

Según descripción de un folleto de la época, otro perro negro visitó la iglesia de St. Mary, en Bungay, Suffolk durante una terrible tormenta, el domingo 4 de agosto de 1577. Esta aparición maligna "retorció el cuello" a dos feligreses y dejó a un tercero "tan arrugado como un trozo de cuero abrasado en fuego ardiente". Otro (¿quizás el mismo?) interrumpió un servicio religioso en la cercana Blythburgh durante la misma tormenta; mató a tres personas y dejó la marca de sus garras en la puerta de la iglesia, donde todavía pueden verse.

Hay quienes dicen que el perro demonio es el fantasma de un mastín prehistórico, al que pusieron a cuidar lugares sagrados y santuarios ubicados al borde del camino, comunes en las rutas de todo el mundo.

Otros afirman que es el mismo diablo, quizás al acecho de viajeros solitarios y vulnerables. Según la tradición de Norfolk, nadie puede verlo a los ojos y vivir. Cuando alguien agonizaba, se decía: "Tiene al perro demonio en los talones." Pero en Essex se creía que protegía a viajeros perdidos.

MISTERIO MALTÉS

Extrañas huellas estriadas marcan el paisaje de la isla de Malta

LA PEQUEÑA isla mediterránea de Malta está surcada por estrías con profundidad hasta de 60 cm, talladas en la roca desnuda. Corren a pares por todo el paisaje y terminan en campos, caminos o casas, sobre acantilados e incluso en el mar. Son frecuentes al lado de carreteras modernas. En un lugar, apodado "entronque Clapham" en alusión a una estación ferroviaria londinense de mucho tráfico, las hay por decenas y se bifurcan y entrecruzan como complejas vías muertas de ferrocarril. Así pues, ¿sería posible que las extrañas estrías sean los restos del sistema de transporte de una antigua civilización?

Una pista de este intrigante acertijo es que muchos de los surcos llegan hasta la entrada de aldeas de la Edad de Bronce. Esto ha hecho que los arqueólogos lleguen a la conclusión de

Tierra estriada De conformidad con una teoría, los profundos surcos que marcan el paisaje maltés fueron hechos por las pértigas de arrastre de trineos primitivos.

que las huellas fueron hechas por los habitantes de la isla en la Edad de Bronce, hacia el año 2000 a.C. Sin embargo, no saben cómo ni por qué.

Según una teoría, los surcos servían para el desagüe; pero se ha descartado porque no hay señales de erosión por agua. Aunque el transporte parece ser más factible, no habrían podido pasar vehículos rodantes, pues los pares de surcos no son exactamente paralelos: la anchura que los separa es variable, de modo que trabaría las ruedas o las arrancaría. Además, un trineo con patines fijos no funcionaría en curvas cerradas.

La respuesta al enigma podría estar en un "carro deslizante", una especie de trineo primitivo compuesto de dos pértigas, con la carga colgada en medio. Las pértigas se apoyarían en un extremo y se arrastrarían por el suelo en el otro, dejando hondas huellas en la roca. Pero, ¿qué movía a estos carros deslizantes? Los cascos o pezuñas de animales habrían desgastado la roca, e incluso los pies descalzos habrían alisado la superficie, y además de los surcos no hay otras marcas. Persiste el misterio, que fascina por igual a arqueólogos y turistas.

LAS RUTAS DE PIEDRA DEL IMPERIO ROMANO

Todavía se usan los caminos que sirvieron para forjar un imperio

LA MANÍA de los romanos por los caminos comenzó en el año 312 a.C. con la construcción de la Vía Apia entre Roma y la población de Capua, situada unos 210 km al sur. Al extenderse el Imperio por toda Europa, el norte de África y el Cercano Oriente, también lo hizo el sistema caminero. Hacia el año 200 de nuestra era, se habían construido casi 85 000 km de carreteras.

Los constructores eran profesionales capaces: el *architectus* (ingeniero civil), el *agrimensor* (topógrafo) y el *librator* (nivelador), y los soldados se encargaban del trabajo manual. Los emperadores pensaban que la construcción de caminos mantendría a las legiones ocupadas entre una y otra campaña; pero los soldados no siempre realizaban este trabajo de buena gana, y hubo varios motines.

Cimientos de un imperio

Los cimientos variaban según el suelo y las características del terreno, así como la intensidad del tráfico calculado. Para una vía importante, la técnica usual consistía en excavar hasta topar con roca firme y luego rellenar la zanja con cascajo, apisonado con arena o grava. Después se ponían piedras pequeñas, más grava y una última capa de grandes piedras poligonales. Lejos de las grandes ciudades, los caminos sólo se empedraban al aproximarse a un pueblo o en las encrucijadas; por lo demás, la superficie era de grava, troncos o simple terracería. También variaban en anchura, de 1.5 a 7.5 m. Aunque los romanos se distinguieron por lo recto de sus caminos (hay varios tramos de hasta 40 km en línea recta), solían adaptarlos al contorno de una colina o desviarlos para cruzar un río en el lugar más adecuado.

Llevaban la cuenta

Con herramientas sencillas, entre éstas zapapicos, martillos y palas, los romanos lograron singulares proezas de ingeniería. Cortaron macizas peñas, drenaron pantanos y excavaron túneles. En la

localidad de Terracina, al sur de Roma, se quitó una peña de 38 m (120 pies romanos) de altura de un promontorio, para que la Vía Apia continuara su trayecto recto a lo largo de la costa. Los obreros grababan cifras en la pared del risco cada 10 pies romanos, para registrar su avance desde la cima hacia abajo. El camino pasa frente a la marca del nivel CXX (120).

El fin del camino

Los caminos romanos se construyeron para perdurar, y duraron más que el propio Imperio. Pero no resistieron a una sencilla innovación: la collera de caballo. Este invento de la Edad Media

Recubrimiento poligonal Muchas de las grandes piedras negras de la Vía Apia no se han desgastado, aunque fueron colocadas hace más de dos milenios.

hizo que los caballos pudieran tirar de cargamentos mucho más pesados que antes e impuso a los caminos cargas para las que no estaban diseñados. El pesado tráfico con ruedas despedazó poco a poco la superficie de las vías romanas.

Pese a todo, muchas autopistas de la Europa actual siguen todavía las viejas rutas romanas. Por ejemplo, en la moderna carretera entre Roma y Rímini, en el centro de Italia, se usa un túnel excavado en el año 77, hace más de 19 siglos.

EMOCIONES Y VUELCOS

Los peligros del viaje en diligencia no disuadían a los viajeros con prisa

UNA DILIGENCIA que iba de Pittsfield a Albany, en el este de EUA, se despeñó por un desfiladero. El carruaje se volcó en un recodo, y sólo un tocón impidió que cayera al vacío por un escarpado precipicio. Los temblorosos pasajeros treparon a lugar seguro mientras el equipaje se desplomaba hacia el abismo.

Esta aterrorizante historia de la década de 1830 no era insólita en los viajes en diligencia. Los vuelcos y desbocamientos de caballos eran muy frecuentes; pero también el mal tiempo y las inundaciones causaban problemas. En 1829, se perdieron tres pasajeros y cuatro caballos en Inglaterra, cuando la diligencia postal de Liverpool fue arrastrada río abajo desde un puente inundado.

Para el viajero también había peligros humanos: no sólo se exponía a la amenaza de los salteadores de caminos, sino al riesgo de compartir un largo viaje con compañeros fuera de lo común. Hay relatos de pasajeros que viajaron en diligencias con presidiarios encadenados, cadáveres y, al parecer, incluso un oso de feria.

Pese a los peligros e incomodidades, este medio de transporte tenía la gran ventaja de ofrecer la insólita velocidad promedio de hasta 16 km/h. Al competir las compañías por pasajeros, la velocidad se volvió una obsesión. Las paradas para cambiar caballos

¡Vaaaámonos! Durante una parada en una posada inglesa, los pasajeros comunican las últimas noticias antes de abordar nuevamente la diligencia.

se minimizaron y las diligencias viajaban toda la noche. A lo largo del siglo XVIII, la duración de los viajes se redujo 10 veces o más, sin que se considerara la seguridad. En una ocasión resultaron lesionados cinco pasajeros cuando el conductor de la diligencia postal de Albany jugó carreras con el de una diligencia rival.

Conductores expertos

Aunque a veces eran irresponsables, los conductores de diligencias eran bien respetados. Por su salario y destreza eran la élite de los hombres de a caballo. El folklore del Oeste de EUA está cuajado de pintorescos personajes, como Sage Brush Bill y Cherokee Bill, que transportaban pasajeros y correspondencia.

La era de la diligencia duró poco más de dos siglos. El primer servicio regular quizá comenzó en Inglaterra durante la década de 1630, y en EUA un siglo después, y se incrementó hasta su apogeo en los primeros decenios del siglo XIX. Aunque la llegada del ferrocarril hacia 1830 originó el rápido declive de la diligencia, ésta permaneció como medio de transporte en el Lejano Oeste de EUA hasta que se concluyó el ferrocarril del Pacífico en 1869.

Corrida diaria A mediados del siglo XIX los carruajes "concord" proporcionaban un eficiente servicio postal y de transporte de pasajeros a fincas particulares en el Oeste de Estados Unidos.

MAGIA PARA ANIMALES

El arte de parar en seco a un caballo inquieto

LA PUERTA de la caballeriza estaba cerrada. Todos habían sido arrojados por un frenético caballo, que estaba encabritado y daba coces. Entonces llegó el viejo granjero. Ignoró toda advertencia sobre su seguridad personal, abrió la puerta, aventó su gorra y susurró *sic iubeo* (en latín, "así lo ordeno"). El animal se acercó tranquilamente y dejó que el granjero le pusiera la brida.

Escenas similares se han registrado muchas veces en diversas partes de Gran Bretaña, cuando menos desde el siglo VI. Se denomina *horse-whisperers* ("susurradores de caballos") a estos hombres que dominan caballos, miembros de una fraternidad secreta cuyas aptitudes estaban bien comprobadas, pero eran muy difíciles de explicar.

Hoy se cree que su poder estribaba en "hechizos" que aprovechaban el agudo sentido del olfato de los caballos. La gorra del granjero debió de estar impregnada con una de estas sustancias, y así dominó el espíritu del equino.

Un algo especial

Mientras que una sustancia olorosa atraía al animal, otra lo repelía. La sustancia más atrayente era la *milt*, cuña esponjosa de tejido que aparece en la boca del potrillo recién nacido. Impregnada con los aceites aromáticos de plan-

tas como el tanaceto, el romero y la canela, resultaba irresistible para los caballos.

El rechazo precisaba "hechizos" igualmente misteriosos, como los huesos de rana o de sapo arrojados a un arroyo a medianoche en luna llena; el que flotara se convertía en amuleto. Lo llevaba el *horse-whisperer* en la axila o en una bolsa de cuero con un trozo de carne cruda. Si no se conseguía un hueso adecuado, bastaban unos cuantos hígados de armiño o de conejo y algo de orina asentada. Al parecer, mediante estos hechizos se podía parar en seco a un caballo y mantenerlo inmóvil, como si estuviera embrujado.

Hechizante murmullo Las ferias anuales del caballo, como ésta de Skirling, Escocia, eran un escenario natural para los horse-whisperers. En estas fiestas se reunían para hacer alarde de sus misteriosas habilidades.

El temor a ser acusados de brujería fue una de las razones por las que estos personajes disimulaban sus métodos en el secreto y se reconocían mediante un apretón especial de manos y una contraseña. Sin embargo, el motivo principal era proteger los trucos del oficio. Esto lo lograron a tal punto que tal vez no quede vivo nadie que realmente entienda este arte antiguo.

EL SEÑUELO DEL ORO

CUANDO SE CONQUISTÓ el Lejano Oeste, durante la segunda mitad del siglo XIX, la llegada de la ley y el orden iba a la zaga del aumento de la riqueza y la población. Los atracos eran un serio problema para la compañía de diligencias Wells Fargo, que transportaba oro en polvo y en pepitas desde las minas de California hasta los bancos del este. Entre 1870 y 1884 le fue robada mercancía por más de 400 000 dólares y murieron 16 conductores o guardias en los viajes.

La compañía no escatimó medios para atrapar a los salteadores. Contrató a detectives como J.B. Hume, cuyo caso más famoso fue el rastreo de "Barba Negra", el azote de la Wells Fargo, por quien se ofrecían 800 dólares de recompensa. Para encontrarlo, Hume se valió de un pañuelo que encontró en el lugar donde había ocurrido un asalto. Visitó 90 lavanderías para seguir la pista de la etiqueta de lavandería en el pañuelo y finalmente identificó al malhechor como un próspero minero, C.E. Bolton, quien acabó en prisión.

Pero éxitos como éste fueron escasos y muy espaciados, de modo que los comerciantes recurrieron a métodos ingeniosos para proteger su oro. Uno metió víboras de cascabel vivas en el baúl que contenía oro en polvo y el embarque llegó a salvo.

Autodefensa Para disuadir a posibles atacantes, los conductores y guardias de diligencias tenían sus armas a la vista.

CARRERA CONTRA RELOJ

El efímero éxito del Pony Express

"HE RESUELTO establecer un *Pony Express* a Sacramento, California, a partir del 3 de abril. Tiempo: 10 días." Así decía el lacónico telegrama con que William Russell anunció el 27 de enero de 1860 su servicio postal rápido de ponis, de 240 horas (10 días), entre St. Joseph, Missouri, y Sacramento, California: 3 165 km de recorrido a través de algunas de las partes más salvajes del territorio estadounidense. En poco más de dos meses se instalaron a lo largo de la ruta estaciones para el relevo de caballos y jinetes a intervalos regulares.

El correo debe pasar

Osados jóvenes se alistaron para montar los famosos ponis, atraídos por la oportunidad de aventuras y la buena paga: 50 dólares al mes, más cuarto y comida. Tenían que ser jinetes diestros, que pudieran cabalgar hasta 160 km diarios, deteniéndose sólo por momentos cada 25 km poco más o menos para un rápido cambio de caballos. En este selecto grupo se incluyeron figuras legendarias, como "Buffalo Bill" Cody y "Wild Bill" Hickok. Su lema era "El correo debe pasar" y, pese a los obstáculos, pocas veces dejaron de cumplir el agotador plazo de 240 horas para la entrega.

Apenas un mes después de inaugurado, el *Pony Express* tuvo su prueba más dura, cuando los indios paiutes de Nevada atacaron e incendiaron algunas estaciones y hostigaron a los jinetes. En total, destruyeron 7 estaciones, se perdieron 150 caballos y murieron

Hombres decididos *Una férrea resolución y una valentía rayana a veces en la temeridad caracterizaron a los conductores del* Pony Express, *que dos veces por semana daba servicio postal de St. Joseph, Missouri, a Sacramento, California.*

16 hombres. Sin embargo, el correo pasó de todos modos.

No fueron los indios ni el riguroso clima del invierno de 1860-1861 los que pusieron fin al *Pony Express* 18 meses después de su lanzamiento. Requería más de 80 jinetes y 500 caballos, de modo que resultaba demasiado costoso.

Con todo, el *Pony Express* fue digno de su leyenda. En su breve periodo de operación, sus jinetes corrieron 985 000 km, equivalentes a dar 24 vueltas alrededor de la Tierra. Y sólo se perdió una valija postal.

FIN DEL VIAJE

Arduos recorridos acercan más a los peregrinos a su dios

EN LA EDAD MEDIA, viajar era lento y peligroso. Pero muchos cristianos, ricos y pobres, emprendían viajes de seis meses o hasta un año para visitar los lugares santos en remotas tierras. En primavera los caminos se atestaban de peregrinos, muchos a pie, que iban al Santo Sepulcro (Jerusalén) o a las basílicas de San Pedro (Roma) y de Santiago de Compostela (España).

Al igual que el turismo moderno, las romerías medievales originaron negocios organizados, con guías, recuerdos, alojamientos y transportes. Aunque las condiciones eran rudas, los romeros no buscaban comodidades: las penalidades del viaje les hacían obtener indulgencias para la vida eterna.

Además de los tres lugares citados, hubo muchos otros. El más extraño quizá fue el Purgatorio de San Patricio, del noroeste de Irlanda, en el límite del mundo entonces conocido. Es una cueva en una desolada isla de la bahía de Donegal, donde en el siglo V, según se dice, San Patricio ayunó 40 días para expulsar al diablo de Irlanda. Los peregrinos ayunaban y rezaban antes de entrar. Se les prometía que si permanecían en la angosta cueva durante 24 horas tendrían visiones del

Búsqueda común *Se calcula que para fin de siglo llegará a cuatro millones el número de peregrinos musulmanes que oren cada año en la mezquita de la Kaaba, ante la Piedra Negra, en La Meca.*

purgatorio y el infierno. Aunque muchos decían no haber visto nada, otros tantos narraban sus visiones, y de todas partes llegaban peregrinos. Aunque aún hoy van romeros a la cueva, ya no buscan visiones.

El santuario de Lourdes, al pie de los Pirineos, se convirtió en sitio de romería durante el siglo XIX, cuando Bernadette Soubirous, hija de un molinero, vio a la Virgen María. Cada año hay más visitantes en Lourdes; pero, en general, en los últimos 500 años ha decaído mucho el número de peregrinos cristianos.

Movimientos de masas

En cambio, fuera del mundo cristiano la costumbre de peregrinar ha prosperado. Casi dos millones de musulmanes de todo el orbe se reúnen anualmente en la ciudad santa de La Meca, Arabia Saudita, para orar en el santuario de la Kaaba, el lugar más sagrado del Islam. En la India, los hindúes viajan grandes distancias en autobús, ferrocarril, carreta de bueyes o a pie para visitar sus sagrados altares, en la creencia de que tendrán una visión del paraíso antes de su próxima encarnación en la Tierra. Y todo hindú devoto desea lavarse en las aguas sagradas del río Ganges.

Hasta hace poco, quizás el sitio más insólito de peregrinaciones se ubicaba en un Estado ateo. Todos los días, sin importar el clima, los fieles comunistas de la antigua URSS hacían fila en la Plaza Roja de Moscú para visitar la tumba de Vladimir Ilich Lenin, fundador del Estado soviético.

Ascenso al Himalaya
Cada año, miles de peregrinos hindúes con ropa ligera rezan a Siva en la cueva de Amarnath, a 3 800 m de altitud.

LA GRAN EXPEDICIÓN

El descubrimiento de Australia por viajeros del Paleolítico

CUANDO el capitán James Cook, explorador inglés, condujo a sus hombres a la bahía Botany en 1770, fueron los primeros europeos en pisar suelo australiano. Pero 60 000 años antes, la enorme isla continente había sido descubierta por un grupo aún más extraordinario de exploradores: los antepasados de los actuales aborígenes.

Australia no siempre fue una isla. Hace 200 millones de años formó, con la India, la Antártida, África y Sudamérica, el enorme continente de Gondwana.

Ruptura

El movimiento gradual de las placas tectónicas que componen la corteza terrestre rompió esa gran masa de tierra. Para la época en que el hombre evolucionó en África y se iba expandiendo por el planeta, Australia había sido arrastrada, separada y aislada por el océano. Empero, hace 60 000 años ciertos intrépidos aventureros de la Edad de Piedra emigraron hacia el sur desde Asia y empezaron a poblar esta isla por demás inhóspita y desierta.

Los primeros inmigrantes son los más antiguos navegantes de que se tenga noticia, y debieron llegar desde China por Filipinas, o del sudeste asiático por In-

donesia, navegando de isla en isla hasta la costa norte de Nueva Guinea o de Australia. Tuvieron que salvar tramos de océano de hasta 400 km de largo.

Todavía no se sabe cómo un pueblo provisto solamente de las herramientas de piedra más sencillas pudo construir canoas o balsas adecuadas para navegar por el océano. Tampoco se ha diluido qué lo motivó a aventurarse en una ries-

Embarcación Aborígenes australianos unen los extremos de una canoa con bramante grueso. Hace 60 000 años, sus ancestros realizaron una espectacular travesía oceánica, navegando de isla en isla desde Asia hasta Nueva Guinea.

gosa travesía más allá de los estrechos límites del mundo que conocía.

Una vez en Nueva Guinea, los aborígenes ya no requerían botes. El nivel del mar era entonces mucho más bajo que hoy, de modo que Nueva Guinea estaba unida a Australia en una sola masa de tierra, que los geólogos denominan Sahul. A lo largo de decenas de milenios, los aborígenes se distribuyeron por toda Australia, en migraciones durante las cuales recorrían enormes distancias a pie, hasta que hubo casi medio millón de ellos en los amplios espacios de la isla, ocupando incluso la costa del sur.

VIAJE A LA MECA

CADA AÑO, al empezar el último mes del calendario musulmán, casi dos millones de personas viajan a la costa oriental de Arabia Saudita para el *hadj*, la santa peregrinación a La Meca que todo musulmán devoto debe realizar, si puede, una vez en la vida. Esta multitud de visitantes procede de todos los rincones del orbe donde se practica el islamismo.

Fue en la ciudad de La Meca donde, en el año 570 de la era cristiana, nació el profeta Mahoma, fundador del Islam, quien ordenó convertirla en lugar de peregrinación musulmana. El centro de devoción es el santuario de la Kaaba, edificio de forma cúbica situado en La Meca que, según la tradición musulmana, fue construido por Abraham. (Es a la Kaaba hacia donde todos los musulmanes se vuelven para rezar cinco veces al día, sin importar dónde estén.) Es particularmente sagrada la Piedra Negra, que engastó Mahoma en un muro del edificio. Como primero y último actos de la peregrina-

ción, los musulmanes visitan la Kaaba y le dan siete vueltas. Quienes logran acercarse a la Piedra Negra la besan o la tocan al pasar; pero, debido al gentío, la mayoría ha de conformarse con agitar la mano en dirección a la Piedra. Los principales días de ceremonia, oración y meditación son del 7 al 10 del mes, y en gran parte de ese tiempo todos los peregrinos deben estar en el mismo sitio al mismo tiempo.

El *hadj* anual es una notable proeza de organización. La sola cantidad de participantes plantea enormes problemas de salubridad, transporte y mantenimiento del orden. Se levanta una inmensa ciudad de tiendas de campaña para albergar a los visitantes, que exceden en número de tres a uno a los habitantes de La Meca.

A pesar de todos estos inconvenientes, la peregrinación se vuelve cada vez más popular. El peregrino regresa a su país con renovado orgullo, después de haber cumplido con una de las más sagradas obligaciones de su religión.

¿SABÍA USTED QUE...?

LA HÉGIRA o era de los mahometanos comienza el 16 de julio del año 622 de la era cristiana, año de la huida de Mahoma de La Meca a Medina. Para los musulmanes, el actual es el siglo XV. El año musulmán se divide en 12 meses de 29 o 30 días, por lo que sólo tiene 354 días o, en ocasiones, 355.

En consecuencia, si bien los peregrinos siempre viajan a La Meca en el último mes del año musulmán, dicho mes no siempre corresponde a la misma estación. Si un año la peregrinación se realiza a mediados del invierno, 16 años después se efectuará a mediados del verano.

LA FIEBRE DEL ORO

La fiebre que llevó más a la ruina que a la riqueza

EL 24 DE ENERO de 1848, James Marshall descubrió oro en el Sutter's Mill en el valle de Sacramento, California, y desencadenó la fiebre del oro más grande de la historia. Al divulgarse la noticia, los aspirantes a gambusinos viajaron por decenas de millares de todo el orbe hacia la tierra dorada.

Estadounidenses de ciudades de la costa del Atlántico y el Golfo de México atiborraron embarcaciones muchas veces innavegables, que ofrecían el viaje por el Cabo de Hornos. Otros abordaron destartalados vagones que atravesaban con dificultad las Montañas Rocosas o los desiertos de Arizona. Muchos fallecieron en el trayecto, perdidos durante tormentas en el mar, fulminados por enfermedades, o aniquilados por la sed en el camino por tierra. Sin embargo, en 1849 habían llegado a California 80 000 gambusinos, que se desparramaron por los valles montañosos, cavaron minas y tamizaron ríos en busca de oro.

¿SABÍA USTED QUE...?

LA PEPITA de oro más grande que se ha descubierto es la Welcome Stranger, con peso de 78.4 kg. Fue hallada en el estado de Victoria, Australia, en 1869, tirada en un surco de rueda de carreta.

Brillo anhelado Los gambusinos tamizaban lodo en bateas. Si tenían suerte, aparecían unas cuantas pepitas de oro.

Si bien los primeros *fortyniners* ("cuarenta y nueves", clara referencia a 1849) se hicieron ricos, muchos de los que llegaron después apenas tuvieron para comer, no se diga para hacer fortuna. Gastaban de inmediato sus ganancias en provisiones básicas, que les vendían a precios desmesurados: por ejemplo, cada huevo costaba un dólar. Quienes amasaron verdaderas fortunas fueron los comerciantes de estos productos.

Sin embargo, la seducción que ejercía el oro no disminuyó. Los gambusinos se lanzaron en sucesivas y febriles avalanchas por Norteamérica, que continuaron hasta fines de siglo. Las más espectaculares fueron las de Pike's Peak, Colorado, en 1859; Deadwood, Dakota del Sur, en 1876; y Klondike, en el territorio canadiense de Yukón, en 1897.

Donde había fiebre del oro, brotaban de la noche a la mañana pueblos prósperos y broncos, donde rudos aventureros de muy distintas razas y nacionalidades bebían, jugaban y peleaban duro, sin gran intromisión de la civilizadora influencia de las mujeres o la ley. Uno de estos sitios fue San Francisco, que se transformó en poco tiempo de la pequeña aldea de Yerba Buena en una ciudad de 55 000 habitantes, donde hubo 1 400 asesinatos entre 1850 y 1856. Deadwood fue otra ciudad de auge, famosa por su violencia. Allí, el 2 de agosto de 1876, Jack McCall asesinó por la espalda al legendario explorador y alguacil federal "Wild Bill" Hickok, mientras éste jugaba al póker en una cantina.

Al decaer la fiebre del oro, Deadwood quedó abandonada y convertida en pueblo fantasma en cuestión de semanas. Sin embargo, en otros casos, los valerosos (aunque ilusos) empeños de los primeros gambusinos hicieron posible la colonización humana de muchas zonas inhóspitas. No sólo en Norteamérica, sino también en Australia, donde se descubrió oro en 1851, y en Sudáfrica, donde se hallaron ricos depósitos en 1884. La búsqueda de oro fundó ciudades importantes, como Denver, hoy capital de Colorado, y Johannesburgo, la más grande de Sudáfrica. Pero sólo una exigua minoría de los intrépidos cazafortunas encontró la dorada veta de sus sueños.

El imperio del revólver En 1876, "Wild Bill" Hickok, el pistolero más rápido del Oeste, fue baleado a mansalva cuando jugaba póker por Jack McCall, quien pagó su crimen en la horca.

SE CORRE LA VOZ

El misterio prehistórico de los indoeuropeos

LOS ITALIANOS llaman a su progenitora *madre;* los alemanes, *Mutter;* los polacos, *matka,* y los iranios, *madar,* tal como se dice en hindi. ¿Por qué tal similitud en idiomas muy diferentes de países distribuidos en la mitad del orbe?

A fines del siglo XVIII, esta pregunta intrigó a los eruditos europeos, sorprendidos por el parecido entre el sánscrito (antiguo idioma de la India), el griego y el latín clásicos. Según ellos, en la época prehistórica debió de existir un pueblo, el indoeuropeo, de cuyo lenguaje se desarrollaron idiomas tan variados como ruso, persa, hindi e inglés. Desde que se planteó la existencia de este pueblo, lingüistas y arqueólogos han dedicado sus empeños e investigaciones a tratar de rastrearlo.

Al comparar el vocabulario de distintos idiomas, los lingüistas identificaron las raíces comunes de muchas palabras. Dedujeron que esas raíces provenían de la lengua original indoeuropea y dieron varias pistas sobre la identidad del pueblo que las empleó. Los indoeuropeos tenían términos para nieve, árbol, lobo y oso; pero, al parecer, no para mar. Esto hizo suponer que debieron de vivir en los espesos bosques de la Europa o el Asia centrales. Datos lingüísticos similares indican que eran una raza guerrera, que utilizaban en la guerra carromatos jalados por caballos.

Se han barajado muchas hipótesis en cuanto a quiénes fueron los primitivos indoeuropeos. La opinión actual de la mayoría de los eruditos es que fueron un pueblo seminómada que vivió en la región de Kurgán, al norte del Mar Negro. Hacia el año 3000 a.C. empezaron la migración hacia Europa. También se considera posible que se encaminaran al Oriente, hacia Irán y luego a la India, y diseminaran su lengua conforme sometían a otras tribus.

Por convincente que parezca Kurgán como origen de la lengua madre, no hay suficientes pruebas arqueológicas para demostrar fuera de toda duda que ahí estuvieron los primitivos indoeuropeos. En 1987, el erudito británico Colin Renfrew expuso que el concepto de una raza guerrera indoeuropea era un mito. Afirmó que el punto de partida del idioma indoeuropeo fue Turquía, de donde se diseminó poco a poco mediante el contacto pacífico entre las comunidades agrícolas.

Por fortuna, puede que la ciencia esté pronto en condiciones de proporcionar nuevas y valiosas pruebas en relación con esta polémica. Las modernas técnicas genéticas permiten establecer y escudriñar las relaciones históricas entre pueblos que hoy están diseminados por todo el planeta. Además, se espera que sea posible analizar la composición genética de restos humanos encontrados en antiguos cementerios. Si no se encuentran indicadores genéticos que apunten a una ascendencia indoeuropea común, entonces es probable que el idioma, y no los pueblos, haya sido el que viajara a Europa desde Asia, gracias al contacto pacífico entre los pueblos.

ORO AZUL

EN 1850 LLEGÓ a San Francisco un inmigrante bávaro de 21 años, Levi Strauss, para sacar provecho de la fiebre del oro mediante la venta de tiendas de campaña de lona y toldos para carretas a los gambusinos. Pero al darse cuenta de que entre los mineros escaseaban los pantalones resistentes, decidió que obtendría más ganancias de la lona si la utilizaba para confeccionar pantalones y otras prendas de vestir. Pronto "los pantalones *Levi's* (de Levi)" fueron sinónimo de durabilidad en uso rudo.

Unos años después, Strauss cambió la lona por algodón. Sus primeros pantalones fueron de color café; al teñirlos con añil produjo los *blue jeans* originales. Ahora bien, el modelo que es tan conocido hoy se debe a Jacob Davis, sastre de Carson City, Nevada, quien tuvo la feliz idea de reforzar los pantalones de mezclilla con remaches de cobre. Según se dice, estaba harto de remendar una y otra vez pantalones de mineros, pues éstos se llenaban los bolsillos de pesadas muestras de rocas. Davis y Strauss patentaron en 1874 un método para "sujetar las esquinas de los bolsillos en las prendas de vestir y evitar que se desgarren".

Cuando murió Strauss en 1902, los *Levi's jeans* habían vuelto millonario a su inventor. Pero difícilmente habría imaginado que hacia 1970 su ropa de trabajo pesado iba a ser una prenda de moda para todo tipo de personas, desde estudiantes hasta princesas.

Levi's originales Los primeros fueron los "overoles a la cintura", no los pantalones de mezclilla.

¿SABÍA USTED QUE...?

ENTRE los años 500 y 250 a.C., el pueblo indoeuropeo más numeroso y de mayor dispersión en Europa no fue el griego, el romano ni el germánico, sino el celta. Aunque sólo las emparentaba el idioma y la cultura, las comunidades celtas se extendieron en un vasto territorio, desde Irlanda del Norte hasta Turquía. La influencia que este pueblo ejerció en el desarrollo de la cultura europea fue inmensa, especialmente en la difusión de la herrería y el uso de carretas de cuatro ruedas con aros de hierro.

EN LOS CONFINES DE LA TIERRA

Una bula papal dividió hábilmente el mundo en dos

¿SE HA PREGUNTADO el lector alguna vez por qué los brasileños hablan portugués y los demás latinoamericanos español? ¿Acaso fue España una potencia colonial mucho más activa?

No hay tal. En el siglo XV, Portugal iba a la cabeza en viajes de descubrimiento. Los portugueses bordearon la costa occidental de África, llegaron al cabo de Buena Esperanza en 1488 y abrieron el océano Índico a la navegación. Bajo la bandera de España, en 1492, Cristóbal Colón navegó hacia el oeste creyendo que llegaría a la India y descubrió el Nuevo Mundo. A su regreso, el mal tiempo lo obligó a ir a Lisboa, donde el rey Juan II de Portugal se enteró de su descubrimiento antes que los mecenas españoles de Colón. El rey Juan reclamó de inmediato derechos sobre toda tierra situada al oeste de África.

España pidió la intervención del papa Alejandro VI. Éste era ambicioso, codicioso y, por fortuna para España, español. Expidió dos decretos papales o bulas, llamadas *Inter caetera*, que otorgaban a España todas las tierras no reclamadas que estuvieran 100 leguas (500 km) al oeste de las islas Azores.

Esferas de influencia *La línea de demarcación, indicada con una línea punteada vertical en esta carta portuguesa que data de 1535, separaba los territorios españoles de los portugueses en el Nuevo Mundo. Según esta división, Portugal tendría sólo la parte noreste de Sudamérica, lo que se compensaba con el derecho a colonizar África.*

La llamada línea alejandrina provocó protestas de Portugal, y el rey Juan II se preparó para la guerra. La amenaza hizo que España reconsiderara su posición, y en 1494 ambas naciones firmaron el Tratado de Tordesillas, que movió la línea de demarcación 370 leguas más hacia el oeste, con lo que se incrementó la porción de Portugal al este de la línea.

Pero la línea de demarcación corregida apenas corta Sudamérica. Vista en retrospectiva, la división parece injusta para Portugal, ya que sólo le permitía colonizar lo que hoy es la costa noreste de Brasil. Sin embargo, en aquel momento no se sabía hasta dónde se extendía América en todas direcciones. Y mucho más al este de la línea, como sabían los portugueses, estaba África, que en teoría les pertenecía. Esto explica por qué hubo colonias portuguesas en África y en la India a partir del siglo XVI.

La autoridad del Papa para repartir el mundo provenía de un documento del siglo VIII, llamado *Donación de Constantino*. Irónicamente, más tarde se demostró que era una falsificación. En todo caso, la división del mundo por Alejandro VI no impidió que ingleses, holandeses y franceses navegaran durante los 100 años siguientes y reclamaran partes de América, África y Asia.

TIERRA DE MARAVILLAS

El sensacional relato de Marco Polo sobre la China del siglo XIII

BAJO LA LÓBREGA luz del comedor del emperador chino, Marco Polo observaba asombrado, mientras los hechiceros murmuraban sortilegios sobre una hilera de fabulosas copas doradas dispuestas sobre el piso. A 10 pasos, sobre una elevada plataforma, estaba sentado el emperador Kublai Kan, supremo gobernante de China y de casi todo el resto de Asia. Las copas se elevaron mágicamente, cruzaron la mesa del Kan y se posaron suavemente frente a éste. Ni una gota de líquido se derramó. Los hechiceros lograron de este modo que ningún ser inferior tocara la copa de la que bebería el emperador.

Viaje de familia

Ésta es sólo una de las maravillas que narra el viajero veneciano del siglo XIII en su libro *Il milione*, conocido como *Los viajes de Marco Polo*. Hasta donde se sabe, el veneciano no fue el primer europeo en llegar a China: su padre Niccolo y su tío Maffeo tuvieron ese privilegio. La fama de Marco Polo radica en haber sido el hombre que reveló a Occidente las maravillas de Catay, nombre con que se conocía entonces a China. Acompañó a su padre y a su tío en el segundo viaje de éstos a la legendaria corte de Kublai Kan y viajó por todo el imperio como emisario del Kan.

El espectáculo de las copas voladoras era, sin duda alguna, un elaborado acto de ilusionismo, que tal vez resultaba más plausible a los espectadores por el consumo de *kumis*, embriagante fermentación de leche de yegua o camella. Sin embargo, no era el único acto de magia que practicaban los hechiceros. Según Marco Polo, también controlaban el clima y alejaban las nubes del palacio imperial, aunque en las cercanías lloviera torrencialmente.

Modelo de eficiencia

Kublai Kan disfrutaría de las magias de sus hechiceros cortesanos; pero también dirigía un Estado asombrosamente moderno. Por ejemplo, el papel moneda existió en China desde el siglo VII. Lo hacían de corteza de morera, que machacaban hasta aplanarla y pegaban para formar hojas, a las que les imprimían una serie de complicados sellos para garantizar su autenticidad. Las tentativas de falsificación merecían la pena de muerte, no sólo para el falsificador sino para sus hijos y nietos.

El Kan se mantenía al tanto de los sucesos de su vasto imperio por un sistema postal que pocos Estados modernos, si acaso, podrían igualar. Según Marco Polo, en todos los principales caminos del imperio el Kan mantenía en

Obsequios para el soberano En su segunda visita a Kublai Kan (en túnica azul oscuro forrada de armiño), los hermanos Polo llevaron consigo aceite consagrado, una carta del Papa, solicitada 10 años antes, y al joven Marco, de 17 años (arrodillado, de túnica verde).

suntuosos albergues y establos hasta 400 caballos para sus mensajeros, en paraderos separados por no más de 50 km. Unos 10 000 paraderos y más de 200 000 caballos atendían este sólido sistema de comunicaciones, complementado con corredores a pie.

Marco Polo calculó que con esos recursos Kublai Kan recibía las noticias en menos de la sexta parte del tiempo que un viajero normal emplearía en tales distancias, y que en épocas de una emergencia nacional un jinete podía galopar hasta 400 km diarios, velocidad de comunicación difícilmente igualada hasta el advenimiento del ferrocarril.

¿Exageraba Marco Polo? No hay razones para creer que lo hiciera deliberadamente. Dictó su relato siendo prisionero de guerra (lo habían capturado los genoveses, grandes rivales de los venecianos, durante una batalla en el Mediterráneo), con pocas esperanzas de vivir para ver su hogar o alcanzar la libertad de nuevo. No habría ganado nada al decir algo que no fuera cierto.

"¿EL DOCTOR LIVINGSTONE, SUPONGO?"

¿Qué ocurrió después de que Stanley encontró a Livingstone?

Jubilosa bienvenida En 1871, Stanley y sus ayudantes llevaron alimentos y medicinas vitales al campamento de Livingstone, a orillas del lago Tanganica. La bandera estadounidense simboliza el apoyo económico que dio este país a la expedición de Stanley.

HENRY MORTON Stanley miró fijamente al viejo enfermo que estaba parado entre el gentío de la tribu en la aldea de Ujiji, en lo que hoy es Tanzania. Indispuesto él mismo, se quedó de momento sin habla. Luego se quitó el sombrero y dijo con sosiego: "¿El doctor Livingstone, supongo?"

El anciano dudó y al fin pronunció, con una sonrisa, la única palabra que importaba a Stanley: "Sí."

Este famoso diálogo del 10 de noviembre de 1871 enmarcó el fin de la ardua búsqueda de David Livingstone. El misionero y explorador escocés se había lanzado cinco años antes a buscar las fuentes del Nilo y había desaparecido en la región del lago Tanganica. En octubre de 1869, Stanley, reportero del *New York Herald*, fue enviado a localizarlo y llevar de vuelta la crónica en exclusiva. En enero de 1871 llegó a Zanzíbar, isla cercana a la costa oriental de África, y empezó a organizar la expedición. Dos meses después, con un pequeño ejército de cargadores, soldados y bestias de carga, partió del puerto de Bagamoyo, frente a Zanzíbar, rumbo al oeste. La marcha era difícil, a través de una campiña perturbada por guerras tribales. Muchos de los hombres desertaron; otros fueron asesinados o perecieron por enfermedades. Stanley, quien también enfermó, estaba a punto de regresar cuando la noticia de un hombre blanco en Ujiji lo acicateó.

Pocos días después, terminó el rastreo. Stanley, deseoso de hacer notar a los aldeanos que su destacamento no se acercaba a ellos furtivamente ni con intenciones de invadirlos, entró en la aldea con un estruendo de trompas y salvas de fusilería. Livingstone se alegró de conocerlo y se mostró ávido de noticias de su patria.

Cada quien por su camino

Los dos hombres pasaron cuatro meses juntos, explorando las márgenes septentrionales del lago Tanganica. Cuando Stanley partió, en marzo de 1872, suplicó a Livingstone, ya muy enfermo, que regresara con él. Pero el misionero se negó. Stanley fue el último hombre blanco que lo vio con vida.

Antes de volver a Estados Unidos, Stanley tuvo en Inglaterra una recepción variada. Aunque hubo quienes lo alabaron, la prensa lo satirizó y la Royal Geographical Society lo ridiculizó. Muchos dudaron de la veracidad de su extraordinario relato. Se llegó a decir que no había encontrado a Livingstone, sino que éste había rescatado a Stanley. Algunos insinuaron que ni siquiera había estado en África.

Sin embargo, Stanley fue reivindicado cuando la familia de Livingstone verificó cartas y documentos que había traído de África. La reina Victoria le agradeció personalmente sus servicios y le regaló una tabaquera de oro. Y finalmente, también la Royal Geographical Society reconoció sus logros.

Cuando Stanley supo de la muerte de Livingstone en 1873, regresó a África para continuar la búsqueda de las fuentes del Nilo. Aunque en esto no tuvo éxito, entre 1874 y 1884 descubrió el río Congo y lo siguió a lo largo de 2 400 km hasta su desembocadura.

UNA EXPLORADORA ORIGINAL

La aventurera victoriana que dejó su tarjeta de visita en la cima del monte Camerún

ÁFRICA OCCIDENTAL en 1893 era "tumba del hombre blanco": inmensa región, en gran parte inexplorada, de pantanosos manglares y selvas tropicales. Algunas enfermedades mortales, como paludismo, fiebre hemoglobinúrica (de tipo palúdico) y fiebre amarilla, eran endémicas. Los europeos casi no se adentraban en la zona, y quienes lo hacían se enfrentaban a caníbales y feroces animales salvajes. Un tropel de cargadores nativos y abundante equipo acompañaban a los pocos exploradores con la suficiente valentía para aventurarse en esa atemorizante región.

Sin embargo, Mary Henrietta Kingsley, viajera inglesa de 30 años, penetró a machetazos en esa selva insalubre y hostil, a pie o en canoa, con un pequeño grupo de ayudantes africanos.

Hizo dos expediciones al África, en 1893 y 1894. La primera a lo que hoy son Angola, Nigeria y la isla Fernando Poo. Con su larga falda victoriana, vadeó una fétida ciénaga negra infestada de cocodrilos, hundiéndose a menudo hasta el cuello. Se vio acosada casi sin cesar por sanguijuelas y mosquitos.

Cada día tuvo alarmantes encuentros con peligrosas fieras. Cuando los cocodrilos amenazaron volcar su canoa, los rechazó con el remo. Y ahuyentó a un leopardo que entró en su tienda, arrojándole una jarra de agua.

En su segunda expedición, la de 1894, exploró el Congo francés y fue la prime-

Partida Mary Kingsley (sentada a la izquierda de la bandera) navega el río Congo.

ra persona europea que entró en partes de Gabón. Aprendió a manejar sola la canoa y fue la primera en navegar el río Ogooué: una peligrosa excursión, con largos trechos de rápidos y remolinos.

Mary Kingsley había tenido obsesión por África desde niña; pero sus viajes tuvieron fines científicos. Muchos de los ejemplares de plantas y animales que recolectó no habían sido clasificados hasta entonces. Llevan su nombre tres especies de peces que descubrió.

Apurada huida

Su primordial objetivo era estudiar la religión y las costumbres de los fang, tribu de caníbales, de los cuales pocos habían visto a una persona de piel blanca. Un día, cuando bordeaba cautelosa una aldea fang, tropezó en un acantilado y cayó por el techo de una choza. Temerosa de acabar en un perol, apaciguó a los sorprendidos ocupantes al darles tabaco, pañuelos y su cuchillo. Escapó con sólo una desolladura en el codo.

Pronto tuvo contactos más convencionales con los fang. Intercambió mercancías occidentales por información, comida y alojamiento. Comió valerosamente los agusanados platillos que le servían. En una ocasión le dieron caracol machacado en una hoja de llantén, que calificó de "viscosa abominación gris".

Sus aposentos eran aún más perturbadores. Una noche sintió que era insoportable el hedor de una choza fang, que provenía de unos saquitos colgados del techo. Vació el contenido en su sombrero y, para

Sentido del vestir Aunque hacía caso omiso de otros convencionalismos de la época, Mary Kingsley nunca cambió su falda victoriana por ropa de hombre. Y con justificada razón, pues en una ocasión la salvó de verse clavada al caer en una trampa para animales.

su horror, halló "una mano, tres dedos gordos del pie, cuatro ojos, dos orejas y otras partes del cuerpo humano".

A pesar de los repulsivos hábitos de los fang, Mary Kingsley pasó mucho tiempo entre ellos y realizó el primer estudio detallado de su modo de vida. Al final de su segundo viaje, fue la primera mujer blanca, y quizá la primera en general, que ascendió a la cima del monte Camerún. Como era típico en ella, gran parte lo escaló sola y dejó en la cumbre su tarjeta de visita.

De vuelta en Gran Bretaña, escribió dos relatos de sus experiencias, *Travels in West Africa* (1897) y *West African Studies* (1899), que fueron éxitos de librería inmediatos. Además, las conferencias que dio por todo su país fueron recibidas calurosamente.

En una época en que se suponía que la mujer debía permanecer en el hogar, Mary Kingsley se aventuró donde pocos hombres se atrevían. Murió de fiebre tifoidea el 3 de junio de 1900, mientras cuidaba de unos bóers prisioneros de guerra en la localidad de Simonstown, Sudáfrica.

HISTORIAS DE MUERTOS

Lo que revelaron sobre antibióticos los cuerpos de tres marinos sepultados tiempo atrás

EN AGOSTO DE 1984, con temperaturas congelantes y viento de 15 nudos, un pequeño grupo de científicos canadienses, dirigido por el doctor Owen Beattie de la Universidad de Alberta, exhumaron cuidadosamente los restos del suboficial de marina John Torrington, fallecido a los 20 años de edad, de su tumba en la isla Beechey, Canadá, en el Círculo Polar Ártico.

El marino yacía en su tumba desde 1846, pero el frío del hielo permanente había conservado su cuerpo casi en perfecto estado. Los científicos pudieron realizar una concienzuda autopsia 138 años después de muerto Torrington. Y luego volvieron a enterrarlo, dejando la tumba como la habían encontrado.

Dos años después, Beattie regresó a la isla Beechey y descubrió los restos de los marinos John Hartnell y William Braine, también fallecidos en 1846. Los tres marineros se contaron entre las primeras víctimas del fallido intento del explorador británico John Franklin de hallar el paso del noroeste, que enlazaría el Atlántico con el Pacífico. El buen juicio hacía pensar que dicho paso debía de estar en algún lugar entre el desolado casquete glacial ártico y la árida e inhóspita costa del norte de Canadá.

¿SABÍA USTED QUE...?

JOHN ROSS, británico que viajó al Ártico en 1818, tuvo que enfrentar la incredulidad a su regreso, cuando habló de grandes zonas de "nieve roja". Sin embargo, hay una planta unicelular (Protococcus) que en las regiones árticas y alpinas cubre grandes trechos de nieve y confiere a ésta un brillante matiz carmesí.

✳ ✳ ✳

LA MAYORÍA DE las personas que viajan al Polo Norte lo hace en avión. Algunos han sido menos convencionales. En 1987, el japonés Fukashi Kazami lo hizo en una motocicleta de 250 cc. En 1989, el explorador inglés Robert Swan se convirtió en el primer hombre que llegó a pie hasta ambos polos.

✳ ✳ ✳

ENTRE 1903 Y 1906, el explorador noruego Roald Amundsen navegó por primera vez con éxito a través del paso del noroeste, objetivo de numerosas expediciones desde fines del siglo XV.

El 18 de mayo de 1845, Franklin zarpó en dos barcos, el *Erebus* y el *Terror*, desde Greenhithe, Inglaterra, a orillas del río Támesis. Se aprovisionaron las naves para un viaje de tres años. Jamás regresaron Franklin ni los tripulantes. Tal vez nunca se sepa por qué fracasó la expedición y qué ocurrió con las tripulaciones de los dos barcos.

Cepas resistentes

Las autopsias de los tres marinos quizás ayuden a resolver un enigma de la medicina moderna: por qué en personas y animales surge resistencia a los antibióticos. La explicación usual es que ciertos antibióticos sólo matan los gérmenes más débiles, con lo que proliferan las bacterias más fuertes. Por ejemplo, se ha afirmado que el extenso uso de antibióticos en la industria ganadera hace que surjan cepas bacterianas más resistentes.

La doctora Kinga Kowalewska-Grochowska, de la Universidad de Alberta, encontró que ciertas bacterias obtenidas de células de los marineros eran resistentes a antibióticos. Los microbios llevaban 140 años en estado latente, mientras que los antibióticos apenas se han usado desde la Segunda Guerra Mundial.

Además, Beattie y su equipo encontraron concentraciones muy altas de plomo en los cadáveres. Dedujeron que las muertes tal vez se debieron a envenenamiento por plomo procedente de la soldadura utilizada en latas de alimentos. (Antes de descubrir los cadáveres, se creía que muchos de los fallecimientos, si no es que todos, habían resultado de escorbuto e inanición.)

Las investigaciones de la doctora Kowalewska-Grochowska la indujeron a pensar que las altas concentraciones de plomo pudieron haber causado que en las bacterias surgiera resistencia a la acción de los antibióticos.

Contaminación y antibióticos

La doctora citada llegó a la conclusión de que la resistencia actual de las bacterias a los antibióticos quizá resulte de los altos valores de plomo y otros metales pesados en el ambiente, no de la exposición excesiva a los antibióticos. Sin embargo, a la fecha no se ha comprobado esta teoría.

Gran parte del plomo presente en la atmósfera procede de los motores de vehículos que utilizan gasolina con plomo como combustible. Así pues, de los blancos y congelados yermos del Ártico llega un mensaje del pasado en favor de un planeta verde: si se reduce el consumo de gasolina con plomo, tal vez disminuya la resistencia de las bacterias a los antibióticos modernos.

Expedición funesta Los tres marinos ingleses cuyos cuerpos fueron descubiertos en 1984 en la isla Beechey habían fallecido durante el primer invierno de la expedición de John Franklin, en 1846. Los 106 expedicionarios restantes buscaron el paso del noroeste hasta que los dos barcos quedaron atrapados en el hielo. Aunque continuaron a pie, perecieron por las condiciones adversas del Ártico.

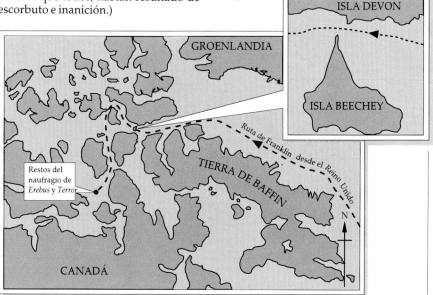

LA FRÍA SOMBRA DE LA DUDA

Para Robert Peary, llegar al Polo Norte fue sólo la mitad de la batalla

HABÍA SIDO una velada fascinante. Los invitados al banquete del Tívoli en Copenhague habían escuchado un emocionante relato de aventuras y exploración de Frederick Cook, que describió el viaje con que se convirtió el 21 de abril de 1908 en la primera persona en pisar el Polo Norte. Pero entonces llegó un telegrama: el comandante Robert Peary, de la marina estadounidense, antiguo colega de Cook, reclamaba el Polo como suyo, y en consecuencia llamaba embustero a su rival.

Peary era un distinguido explorador polar, con 20 años de experiencia. Cook era un hombre carismático, héroe popular que en 1906 había dirigido una expedición de ascenso al monte McKinley, el pico más alto de Norteamérica. Pero sólo contaba con dos años y medio de viajes árticos. Peary lo retó a presentar pruebas de su afirmación.

Se enfrentan los rivales

La agria polémica que sobrevino dividió a Estados Unidos. La causa de Cook empezó a desplomarse en octubre de 1909, cuando sus dos acompañantes esquimales de la expedición polar declararon que en ningún momento del viaje habían dejado de tener tierra a la vista. (La capa de hielo que rodea al Polo Norte cubre un océano, no tierra firme, y está en movimiento constante.) Aunque Cook los rebatió, no pudo comprobarlo con su bitácora, pues la había dejado en el Ártico. Su credibilidad se dañó aún más cuando Ed Barrille, su guía en la expedición al McKinley, firmó una declaración bajo juramento. En ésta afirmaba que Cook no se había acercado más de 23 km a la cima. Se probó que las fotografías presentadas por Cook como prueba de ambas conquistas se tomaron a modo de engañar a quienes las vieran.

Peary triunfaba. Con Cook deshonrado, su reclamación fue apoyada. Recibió 22 medallas de oro de sociedades geográficas del mundo entero y fue ascendido a vicealmirante en reconocimiento a su proeza de haber llegado al Polo Norte.

Así quedaron las cosas hasta 1985, cuando Wally Herbert, explorador británico que también llegó al Polo Norte, analizó la bitácora de Peary. La bitácora de un explorador, con sus observaciones diarias de navegación y el registro instantáneo de los avances, es la prueba vital del éxito en toda expedición polar. En la de Peary, la parte que hablaba del tiempo que pasó cerca del Polo y en él tenía nueve páginas en blanco, con sólo una hoja suelta escrita, añadida quizá más tarde, donde relataba su triunfo. No menos inquietante era la navegación, evidentemente descuidada. La única manera de saber hacia dónde se desliza la capa de hielo que cubre el Polo (y qué dirección se debe tomar para compensarla) es practicar con regularidad cuidadosas observaciones del Sol, para determinar la latitud y la longitud.

¿Fuera de rumbo?

Peary no tomó en cuenta el movimiento del hielo. Realizó una lectura de la brújula y luego avanzó en línea recta hacia el Polo, hasta cubrir la distancia requerida. En el camino sólo hizo tres anotaciones de latitud y ninguna de longitud, por lo que no tenía modo de saber con exactitud dónde se hallaba.

Cuando calculó que el grupo había recorrido la distancia correcta, se estableció el campamento y Peary salió a

Dudas que corroen *Nunca se puso en tela de juicio que Peary hubiera avanzado hasta el Círculo Ártico. Pero, ¿llegó al Polo Norte?*

Pelea por el título *En esta caricatura francesa de 1909, Cook y Peary disputan el título de primer hombre en llegar al Polo Norte. El público estaba dividido en su apoyo a las declaraciones de ambos exploradores.*

observar el Sol, para confirmar que verdaderamente estaban en el Polo Norte. Según Herbert, las observaciones mostraron a Peary que la distancia era correcta, pero habían viajado en dirección equivocada, y de hecho estaban a unos 80 km al oeste del Polo. Además, Herbert supone que Peary no se atrevió a decir la dolorosa verdad a sus agotados compañeros y falsificó la bitácora a fin de respaldar su afirmación.

Pero la controversia no termina aquí. Un informe de la National Geographic Society, publicado en diciembre de 1989, presenta nuevas pruebas a favor de Peary. Un escrupuloso examen de sus fotografías ha convencido a los expertos de que en verdad llegó al Polo Norte. Otra prueba son las mediciones que hizo de la profundidad del océano cerca del Polo, que parecen adecuadas en comparación con las cartas modernas. Más de 80 años después de la reclamación de Peary sobre el Polo Norte, la suerte parece haber cambiado otra vez a su favor.

A TODO VAPOR

El récord de Stephenson se levantó sobre los cimientos de otros inventores

ENTRE EL 6 Y EL 14 de octubre de 1829, se reunieron en Rainhill, Inglaterra, cinco máquinas de aspecto poco atrayente en una competencia que haría historia ferroviaria, a fin de escoger la mejor locomotora para el nuevo ferrocarril Liverpool-Manchester. Concursaron grandes talentos de la ingeniería de la época.

Entre ellos estaban George y Robert Stephenson, padre e hijo. Al tercer día de pruebas, su nueva locomotora, *Rocket*, cuya revolucionaria caldera marcó la pauta para locomotoras ulteriores, se lanzó a todo vapor hacia la victoria, con velocidad máxima de 47 km/h. Esto hizo del diseñador, George Stephenson, el "padre de la locomotora". Pese a su originalidad, en realidad la *Rocket* fue sólo un desarrollo de la obra de inventores precedentes.

Fracaso por rieles endebles

El hombre a quien debería otorgarse esa paternidad es Richard Trevithick, ingeniero de Cornualles. Un cuarto de siglo antes, descubrió los principios básicos para una locomotora de vapor de alta presión, con el rendimiento y la potencia suficientes para jalar de un tren, y la construyó. En 1804, mostró una locomotora que podía mover una carga de 20 ton a 8 km/h. Aunque era mecánicamente adecuada, la endeble vía de la época se destrozó bajo su peso. Desilusionado, Trevithick abandonó el diseño de locomotoras.

Lograr el equilibrio entre la locomotora y los rieles fue crucial para el éxito de los Stephenson, en 1829. La de Trevithick tenía ruedas de cerco plano para una vía con reborde en forma de 'L'. El peso de la locomotora creaba la fricción que las ruedas necesitaban para girar sobre los rieles, pero éstos eran muy débiles para resistir la carga, de modo que debía buscarse otro método. En 1812, John Blenkinsop, ingeniero de Yorkshire, encontró una solución al problema: una máquina ligera, con rueda dentada que engranaba en un riel de cremallera instalado a lo largo de la vía.

A todo vapor *Una réplica de la* Rocket *de Stephenson, tal como concursó en las pruebas de Rainhill en 1829, donde alcanzó una velocidad máxima de 47 km/h.*

Sin embargo, este método no permitía mover cargas pesadas a muy alta velocidad. En 1813, William Hedley construyó la locomotora *Puffing Billy,* con ruedas motrices lisas que no implicaban desgaste excesivo para los rieles. Pero fue Stephenson quien puso la ceja en el interior de las ruedas, para que éstas absorbieran parte de la tensión que antes soportaban los rieles, y patentó un riel "de filo", de fierro colado y remate plano, cuya forma le ayudaba a soportar cargas pesadas. Además, abandonó los sistemas de engranajes dentados, que se habían empleado para accionar las ruedas motrices, y usó varillas motrices, mucho más eficientes.

La locomotora fue su gran obra maestra. Stephenson fue el primero que hizo pasar "tubos de fuego" (la *Rocket* tenía 25) por el agua de la caldera para calentarla, a fin de que la presión del vapor se mantuviera en valores más constantes y altos que nunca. Este principio básico de diseño ha permanecido inalterable en las locomotoras de vapor desde entonces.

VOLANDO SOBRE RIELES

Trenes que viajan tan rápidamente como aviones

¿RECUPERARÁ EL FERROCARRIL alguna vez los pasajeros y la carga que ha dejado en poder del transporte en vehículos automotores y aéreos? Tal vez, si pudiera viajar de un centro urbano a otro a 500 km/h. Y quizá se logre pronto, si fructifican las investigaciones que se realizan en Europa occidental, Japón y EUA. Los trenes ultramodernos alcanzarán estas velocidades increíbles porque no tocarán los rieles en absoluto, sino que literalmente volarán.

Uno, el *Aérotrain* francés, ya ha alcanzado 400 km/h en corridas de prueba. Este tren monorriel de alta velocidad, accionado por reactores, circula sobre un colchón de aire, casi sin fricción, como un *hovercraft* (aerodeslizador).

Elevación magnética

Un método aún más radical de levantar un tren y eliminar así la fricción de los rieles tradicionales es la levitación magnética. El sistema actúa según el sencillo principio de que los imanes se repelen o atraen mutuamente. Si los imanes tienen suficiente potencia, elevan incluso los

Tren ultramoderno El tren de elevación magnética japonés HSST ha alcanzado en pruebas los 500 km/h.

centenares de toneladas de un tren cargado de pasajeros.

Los trenes japoneses de elevación magnética funcionan por repulsión. La vía tiene un juego de imanes, y el tren lleva otro juego. Cada uno genera un campo magnético idéntico, que los separa y alza el tren en el aire. El tren japonés corre sobre ruedas hasta alcanzar una velocidad de 100 km/h, punto en que genera suficiente potencia para elevarse.

Ahorro de energía

El tren se eleva 10 cm en el aire y alcanza velocidades de hasta 500 km/h. Asciende a esa altura para que su desplazamiento ocurra sin saltos, dados los frecuentes temblores de tierra japoneses, que pueden desplazar las vías hasta 2 cm hacia arriba o hacia abajo. Los diseñadores del tren afirman que podrá llevar pasajeros de una ciudad a otra con tanta rapidez como un avión a reacción in-

terurbano, con consumo de energía de menos de la mitad que éste.

El *Transrapid* alemán flota por "atracción". Se instala un conjunto de electroimanes en las "alas" del tren, que cuelgan por debajo de la vía. Cuando se activan los imanes, las alas se levantan hacia la vía, con lo que al mismo tiempo elevan el tren de los rieles. El *Transrapid* ha logrado velocidades de hasta 400 km/h en pruebas. Tanto los trenes de elevación magnética de repulsión como los de atracción funcionan con motores eléctricos. Éstos poseen varias ventajas: son silenciosos, funcionan con uniformidad y no emiten humos tóxicos.

VELOCIDAD SACADA DEL VACÍO

Los ferrocarriles "atmosféricos", silenciosos y sin humo, de 1840

EL GRAN ingeniero victoriano Isambard Kingdom Brunel declaró en una ocasión: "No tengo duda alguna en responsabilizarme plena y totalmente de recomendar la adopción del Sistema Atmosférico en el Ferrocarril del Sur de Devon." Ésta quizá no haya sido su más sabia decisión.

La idea de los ferrocarriles "atmosféricos", con los que se tendrían viajes rápidos, tranquilos y sin humo, se puso de moda en la década de 1840. El principio era sencillo. Entre los rieles se colocaba un tramo continuo de tubería de fierro, con una ranura en toda la parte de arriba. Del fondo del primer vagón salía un brazo que pasaba por la ranura y se conectaba con un émbolo en el tubo, y por encima de la ranura se ajustaba un faldón de cuero para volverla hermética. Bombas de vapor, ubicadas en la vía a intervalos, expulsaban el aire del tubo delante del tren; la presión del aire que quedaba detrás del émbolo impulsaba a éste y al tren hacia delante.

Sin embargo, desde la introducción misma del sistema surgieron problemas

prácticos. Las locomotoras eran poco confiables, y a veces los pasajeros tenían que bajarse a empujar. Nunca se resolvió el problema de mantener el vacío en los entronques y cruces, y las bombas de vapor se averiaron muchas veces.

Pero lo peor de todo era que los faldones de cuero se estropeaban rápidamente en tiempo muy caluroso o muy frío, además de que se volvieron alimento favorito de las ratas. Bastaba que uno solo se dañara para debilitar el vacío que requería el desplazamiento del tren. En 1848 se descubrió que era preciso reponer todos los faldones a lo largo del recorrido del ferrocarril, y Brunel tuvo que abandonar el proyecto.

George Stephenson, pionero de los ferrocarriles, calificó al tren atmosférico de "gran patraña". Pero quizás era simplemente una idea adelantada a la época. De haberse introducido este sistema una década después, se habría contado con hule vulcanizado para sustituir los faldones de cuero y se habría resuelto, cuando menos, el problema de las fugas en el sellado.

RENACE UNA LEYENDA

Volver al pasado en el tren más lujoso del mundo

DESDE QUE el Expreso de Oriente partió de París por primera vez en 1883, su gran opulencia lo convirtió en tema de leyenda e inspiración de libros como *El Expreso de Oriente* (1932), de Graham Greene, y *Muerte en el Expreso de Oriente* (1934), de Agatha Christie.

Pero difícilmente la ficción podría igualar una realidad que incluyó a la seductora bailarina Mata-Hari en una misión de espionaje alemán durante la Primera Guerra Mundial; al general británico Baden-Powell trazando, disimulada con dibujos de alas de mariposa, la defensa naval de Turquía previa a la misma contienda, y, en la Segunda Guerra Mundial, a los depuestos reyes Carol y María de Rumania, que huyeron con dos vagones llenos de objetos de valor.

Los informes sobre la inigualable comodidad del tren, sus espléndidos interiores, el carro comedor de alta cocina y su solícito personal le dieron la reputación de expreso de lujo excelso. En los primeros años, los pasajeros tenían que bajar del tren en la localidad de Giurgiu, Rumania. Cruzaban el Danubio en barco y luego tomaban otro tren hasta el puerto búlgaro de Varna, en el mar Negro. Un corto viaje en vapor hasta Estambul concluía la travesía a Oriente y daba fin a la aventura.

La ampliación del túnel Simplón, entre Italia y Suiza, terminado en 1921, permitió hacer todo el viaje por tierra con una ruta más meridional. Ésta incluía Venecia, Trieste, Zagreb, Belgrado y Estambul. Había comenzado la era del Expreso de Oriente-Simplón, que duró casi 20 años.

Al llegar la Segunda Guerra Mundial, la opulencia del tren empezó a menguar, pues los coches de lujo fueron sustituidos por vagones comunes. Hacia la década de 1970 apenas subsistía el Expreso de Oriente, con servicio de trenes locales mediante enlaces.

Pero en 1982 renació la leyenda con el Expreso de Oriente-Simplón de Venecia. Durante cinco años, el magnate naviero James Sherwood compró más de 30 vagones originales, muchos de la década de 1920, y los restauró con detalles, desde el color de la pintura hasta el revestimiento de madera de las paredes.

Se hace el viaje en tres etapas: se toma el tren de Londres a Folkestone, se llega por el Canal de la Mancha en transbordador hasta Boulogne, y en ésta se aborda el tren, que llega a Venecia en 27 horas.

TRENES QUE SE MANEJAN SOLOS

EN 1910 SE inauguró en Munich el primer tren que funcionó sin conductor. Aunque no llevaba pasajeros, sólo correspondencia, fue alabado por las consecuencias revolucionarias que tendría en los viajes ferroviarios en general.

Decenios más tarde, y a pesar del uso de tecnología moderna —circuitos cerrados de televisión para vigilar el movimiento de pasajeros en el tren y los andenes, y microprocesadores que efectúan todas las tareas de una tripulación humana en un tren convencional—, sólo hay en el mundo 20 ferrocarriles automáticos de pasajeros, y nada más unos pocos de éstos funcionan automáticamente en su totalidad. En general se halla a bordo un encargado de controlar las puertas, arrancar el tren y resolver situaciones de emergencia.

¿Por qué han tenido tan poco éxito estos sistemas, que ahorran mano de obra y, por lo tanto, son económicos? Según encuestas, los usuarios están renuentes a viajar en trenes sin conductor porque sienten que no son seguros. Pero desde que se introdujo en 1983 el primer sistema totalmente automático en Lille, Francia, todo indica que esos trenes son tan seguros o más que los operados por conductores. Por ejemplo, cuando un sistema automático computarizado detecta un objeto en la línea, hace funcionar el freno de emergencia mucho más rápidamente que el conductor más hábil.

Sin maquinista Inaugurado en 1987, el tren ligero de Londres recorre 12 km sin conductor, aunque hay guardias a bordo para vigilar las paradas en las estaciones.

MODELADOS A LA PERFECCIÓN

La increíble exactitud de detalles de los trenes en miniatura

LOS FABRICANTES de trenes a escala han buscado siempre que éstos parezcan de verdad. Por ejemplo, durante la guerra de los bóers la empresa alemana Märklin produjo no sólo un modelo blindado con cañón de tiro rápido y morteros automáticos con mecanismo de descarga de fulminantes, sino también un vagón ambulancia con quirófano y soldados heridos en camillas.

En la década de 1890, una compañía francesa creó un furgón de equipaje que se destrozaba al salirse de la vía, y en 1901 Märklin fue más allá con un tren en el que resortes comprimidos lo hacían explotar en pedacitos. El folleto de la empresa aseguraba que armarlo de nuevo sería "una agradable tarea" para los niños. Por fortuna, también incluía grúas y vagones especiales que podían llegar al sitio del "accidente".

Si toma, no maneje

Este mundo en miniatura incluye detalles artesanales, como un pasajero que saluda con un pañuelo desde un vagón. En una ocasión, se exigió ajustarse a la realidad y las leyes de EUA, y suprimir la palabra "cerveza" de vagoncitos cerveceros durante la Prohibición. Las locomotoras de la década de 1890 echaban humo de verdad, de un cigarro oculto en la chimenea, o emitían convincentes silbidos, y una modelo eléctrico de American Flyer, de 1936, producía un silbido continuo, accionado por un cuarto riel.

El tamaño de los modelos no es ningún obstáculo para la autenticidad. El parisino Jean Damery construyó después de la Segunda Guerra Mundial el tren a escala más pequeño que funciona, accionado por una locomotora de 8 mm que cabe en la uña del meñique.

Viajes que rompen marcas

Ciertos modelos recorren distancias equiparables a las de trenes de tamaño natural. El récord para una locomotora de vapor, de 232 km en 27:18 horas, corresponde a la *Winifred*, de combustión a carbón, con entrevía de 18.4 cm, que creó en 1974 Wilf Grove, de Surrey, Inglaterra. Los modelos eléctricos recorren mayores distancias. En 1978, el dueño de una juguetería de Yorkshire hizo funcionar ininterrumpidamente, a lo largo de 1 091 km durante 37 días, una locomotora con seis vagones.

La conexión Este-Oeste

El ferrocarril que abrió camino hacia lo que era la Unión Soviética

EL FERROCARRIL Transiberiano, que recorre 9 297 km desde Moscú, en el oeste, hasta Najodka, cerca del puerto de Vladivostok sobre el Pacífico, en el este, es el de mayor longitud en el mundo. La ferrovía es una vital arteria comercial que atraviesa lo que era la Unión Soviética, además de que sirve de enlace con Japón por la ruta marítima Najodka-Yokohama, y con Pekín en China por un ramal principal que cruza Mongolia. Asimismo, hoy es una popular atracción turística para muchos viajeros nacionales y extranjeros, que en ocho días cruzan siete husos horarios.

El ferrocarril recorre vastas tierras inhóspitas, bordea las desnudas colinas y montañas de la Manchuria china y cruza las torrenciales aguas de ríos como el Amur y el Obi. Costea parte del lago Baikal, el más profundo del mundo, y atraviesa las áridas márgenes del desierto de Gobi y de la taiga, o sea los extensos bosques siberianos. Pasa por grandes ciudades industriales, como Irkutsk y Novosibirsk, y estaciones siberianas hechas de madera, con curiosas vislumbres de la vida rural.

En 1891, cuando el futuro zar Nicolás II extrajo simbólicamente la primera turba como inicio del ferrocarril planeado, Siberia todavía era una tierra distante y sin desarrollo. Entonces el viaje desde Europa occidental hasta Vladivostok (y Japón) tardaba por lo menos seis semanas en barco de vapor postal.

Antes del ferrocarril Transiberiano, los rusos que viajaban por su inmenso país tenían que ir sentados sobre su equipaje en destartaladas carretas de correo por caminos en mal estado o, durante el invierno, arrostrar fuertes vientos mientras avanzaban con lentitud en trineos abiertos. A lo largo del año se veían presidiarios y deportados, que avanzaban penosamente por la ruta para iniciar su periodo de exilio.

Tigres, salteadores y enfermedades

El ferrocarril se construyó en ocho grandes etapas, a menudo contra terribles fuerzas de la naturaleza. Requirió una encarnizada lucha contra la selva virgen pantanosa, los hielos eternos, los insectos y las enfermedades. Los obreros rusos (en especial reos), chinos, turcos, italianos, persas y coreanos se vieron diezmados por la peste bubónica y el cólera, además de que varias veces sufrieron a manos de salteadores, tigres de Manchuria y catastróficas inundaciones. También causó estragos la artillería pesada durante la rebelión de los bóxers en China y la guerra ruso-japonesa.

Rieles en el hielo *En 1904, durante la guerra ruso-japonesa, las tropas rusas tendieron 40 km de vía para transportar, a través del congelado lago Baikal, trenes cargados de soldados y municiones.*

Un obstáculo muy difícil fue la inmensa extensión del lago Baikal, en el sureste de Siberia. Para construir el tramo de ferrovía que la rodeó, cuyo punto más elevado estaba a 1 025 m, los trabajadores tuvieron que laborar en acantilados que caían directamente al agua. Se precisaron cinco años para concluir esa vuelta. Mientras esto sucedía, se puso en funcionamiento un servicio de transbordador de trenes, que cruzaba el lago. El transbordador *Baikal* fue armado en Inglaterra, luego desmantelado y transportado a través de Rusia en tren, barcaza y trineos. Las 7 000 piezas se ensamblaron de nuevo, y en 1900 se inició el servicio regular del transbordador, con tren completo y pasajeros.

En 1916 se terminó un último tramo de 1 930 km, que seguía el curso del río Amur en Rusia. El ferrocarril Transiberiano costó el equivalente de 585 millones de dólares, más del triple del cálculo original. El costo en vidas humanas durante los 25 años de construcción no podrá medirse nunca.

UNA CIUDAD EN MINIATURA

La estación de ferrocarril más grande del mundo

LA ESTACIÓN CENTRAL de Nueva York fue proyectada como una ciudad dentro de otra ciudad. Se dice que es posible estar días enteros sin salir de sus 20 hectáreas: es un laberinto de muchos pisos donde hay boleros, peluquerías, baños, vestidores, decenas de tiendas, restaurantes, oficina de correos, sala de cine, clínica de urgencias y hasta una comisaría.

Cubrir una necesidad

En 1871, el magnate ferroviario Cornelius Vanderbilt abrió una estación de ferrocarril en la calle 42, que requirió ampliaciones. En 1903 la demolieron y se construyeron los cimientos de la actual Estación Central, que fue inaugurada en 1913.

Una inmensa caverna, que se abrió al dinamitar roca firme, contenía 60 vías en dos niveles que conducían al vestíbulo principal. Este amplio y elegante salón mide 114 m de largo, con un techo abovedado de 38 m de altura. Se calcula que puede albergar hasta 30 000 personas a la vez. En varias ocasiones se ha utiliza-

do como auditorio, sala de exposiciones o de conciertos y hasta de gigantesco salón de baile.

Bajo el área principal e inferior del vestíbulo, complejos y múltiples niveles de túneles, vías y tréboles sirven para el movimiento de trenes suburbanos, el metro y pasajeros. La estación fue una gran maravilla de la ingeniería en su época, y se dice que entonces atrajo más el interés profesional que su contemporáneo, el Canal de Panamá. Asas de vía permiten a los trenes dar la vuelta sin salir de la estación en reversa. Y la posición exacta de cada tren se registra electrónicamente en la torre de control de la estación, desde que entran en el túnel de la calle 96.

Lo que la mueve

En esta parte también está la gigantesca central eléctrica que mueve los trenes y suministra el alumbrado y la calefacción del edificio y de la inmensa red de túneles de servicio.

En el edificio principal de la terminal, de seis pisos, ha habido una estación de radio, gimnasios, canchas de tenis, un

Vestíbulo cavernoso *En la década de 1950, pasaban cada año 54 millones de personas por la Estación Central de Nueva York, con un promedio de 500 trenes diarios.*

estudio fotográfico, una galería de arte, y apartamentos con cuartos privados, donde pasajeros de los suburbios podían cambiarse de ropa antes de ir al centro de Nueva York o al famoso Oyster Bar de la terminal, que aún hoy sirve unos 12 000 ostiones diarios. Cuando la Estación Central era el destino de dos ferrocarriles importantes, el nivel superior estaba reservado para lujosos trenes de larga distancia como el *20th Century Limited*, y el nivel inferior, para el pasaje interurbano y la carga.

Ahora la estación es una terminal suburbana que da servicio a casi 180 000 pasajeros diarios. Pero al contemplar el enorme techo azul abovedado con figuras de las constelaciones, o los inmensos candelabros, se percibe el sentido de grandeza imperial de éste que es un monumento arquitectónico a los violentos días de los ferrocarriles estadounidenses.

PALACIOS SOBRE RUEDAS
Viajes de lujo en la época de oro de los ferrocarriles

A MEDIADOS del siglo XIX, los monarcas estaban tan fascinados con los trenes como el hombre común. Sin embargo, cuando la realeza viajaba, lo hacía en vagones igual de cómodos que sus palacios.

Los fastuosos interiores reflejaban el gusto personal del real viajero: el rey Luis de Baviera creó una versión en movimiento de sus famosos castillos de ensueño, y de continuo agregaba nuevos toques de lujo (hasta los asientos de los excusados tenían acojinamiento de plumas de cisne auténticas). Tan orgulloso estaba del tren que, según se dice, lo hacía circular vacío por el reino para que sus súbditos pudieran admirarlo. Y aún más ostentoso fue el que se mandó construir Said-Bajá, virrey turco de Egipto. El coche salón albergaba sus aposentos en un extremo y los de su harén en el otro; la locomotora estaba decorada en púrpura y plata con elaborados adornos en rojo y dorado.

Decoro y decoración

La reina Victoria hizo su primer viaje en tren en 1842, en medio de una enorme pompa y ceremonia. Uno de los vagones tenía cortinas de seda en carmesí y blanco, y sofás bellamente labrados al estilo Luis XIV. El viaje fue bastante lento, pues la soberana exigió que el tren no corriera a más de 70 km/h.

Suntuoso salón En el esplendor de su vagón privado, la reina Victoria y su esposo, el príncipe Alberto (izquierda), reciben a Luis Felipe de Francia (derecha).

Muchos otros jefes de Estado gozaron de opulencia semejante. El emperador austrohúngaro Francisco José I tuvo un tren con comedor de gala de 16 asientos, antecomedor y un vagón cocina con literas para los jefes cocineros. El último de los grandes trenes reales, armado para el rey Víctor Manuel III de Italia en la década de 1930, era un palacio renacentista en miniatura, con un salón para banquetes en rojo y dorado y otras habitaciones acabadas en cuero dorado, sedas, tapicería y maderas exóticas.

Sin embargo, los vagones privados amueblados con fausto no eran sólo para los miembros de la realeza. El que se construyó para el papa Pío IX en 1859 tenía una sala interior del trono, forrada de terciopelo blanco, y una cúpula apoyada en pilares cincelados, con estatuas de tamaño natural de la Fe, la Esperanza y la Caridad al frente. En América, a fines del siglo XIX, poseer al menos un vagón suntuoso, con baños de mármol, plomería de oro, vajilla de plata, órganos, cuadros invaluables y murales hechos por encargo especial, se volvió un símbolo de posición social muy importante para los estadounidenses más ricos.

TODO EMPAÑADO
Los extraordinarios cálculos del doctor Lardner

EL INNOVADOR ingeniero ferroviario y naval Isambard Kingdom Brunel se vio atormentado por un popular escritor científico de su época, el reverendo Dionysius Lardner, quien era precavido en extremo y no muy profundo en sus pensamientos, además de que padecía de un leve exceso de autoestima, todo lo cual resultó ser muy incómodo para Brunel. Intercambiaron mordaces observaciones en 1834, después de que Lardner aseguró haber comprobado, mediante complejos cálculos, que si fallaban los frenos de un tren que entrara en el túnel propuesto por Brunel en Box, cerca de Bath, en la pendiente cuesta abajo, el tren saldría por el otro lado a 215 km/h. A esa velocidad, según Lardner, los pasajeros no podrían respirar y se asfixiarían.

Falsa alarma

Brunel señaló que Lardner había olvidado tomar en cuenta los factores de fricción y resistencia del aire, que reducirían la velocidad a 100 km/h. Brunel procedió a construir el túnel, que todavía está en servicio.

En 1836, cuando Brunel ya había puesto la quilla de su buque trasatlántico *Great Western*, Lardner presentó a la British Association pruebas matemáticas "irrefutables" de que un viaje trasatlántico de unos 5 000 km era imposible porque el alcance máximo de un barco de vapor sin reabastecerse de carbón era de apenas 3 600 km. Otra vez tuvo que demostrar Brunel en la práctica lo que Lardner por capricho rechazó en teoría.

Docto, pero equivocado

La influencia de Lardner se basaba en antecedentes académicos que incluían dos doctorados, 15 premios educativos y una medalla de oro por un curso de conferencias sobre la máquina de vapor. Pero cuando Lardner se equivocaba, lo hacía en forma espectacular, y nunca tanto como en 1838, cuando expresó a la misma asociación: "Igual podría el hombre proyectar un viaje a la Luna que pretender el uso del vapor para cruzar el tormentoso Atlántico del norte." Aun así, la gente acudió en tropel a escucharlo durante su gira por Estados Unidos, a principios de la década de 1840, y su escepticismo fue compartido por muchas personas instruidas.

MEDIOS DE EVASIÓN

Emociones y delicias de formas poco ortodoxas de transporte

HAY QUIENES se quejan de los inconvenientes de viajar al trabajo. Pero, al llegar el fin de semana, se desesperan por viajar otra vez, no en automóvil ni en tren, sino en bicicletas de carreras, embarcaciones deportivas, alas delta o globos. Otros, más arrojados, escogen el yate terrestre o el paracaídas motorizado. Viajar en estos vehículos les da una sensación de regocijo y libertad ausentes en su cotidiano trayecto al trabajo. También los inventores disfrutan con sus diseños radicalmente nuevos de carros, máquinas voladoras y bicicletas; por ejemplo, al armar un coche de madera o un aeroplano en forma de tortilla. Aunque los medios de transporte alternos que se ilustran no han

revolucionado nuestro modo de vida, han dado a la gente un enorme placer y algunos de los mayores retos de su vida. Imagínese cruzar el Sáhara a vela en un yate terrestre o pedalear con furia, encerrado en una concha de fibra de vidrio, en busca de la marca mundial de velocidad en ciclismo. Ser llevado a las alturas por águilas podría superar todas las demás emociones; pero hasta ahora no se han encontrado águilas dispuestas a colaborar.

Manejo económico *El fotógrafo británico Anthony Howarth diseñó el* Africar, *vehículo barato y resistente, para usarlo en países con caminos escabrosos, clima extremoso y dificultades para obtener refacciones. La carrocería y gran parte del chasís son de madera reforzada con poliéster. No obstante un exitoso recorrido de prueba de 16 000 km del Ártico al ecuador en 1984, aún no se ha convencido a los países en vías de desarrollo de adoptarlo.*

Velero del desierto *Este triciclo francés a vela no es un invento moderno. Tuvieron la idea de carros empujados por el viento los antiguos egipcios, los chinos y Simon Stevin, matemático holandés del siglo XVI. Velear por tierra es mucho más eficaz que hacerlo sobre agua. En superficies firmes, los veleros terrestres alcanzan velocidades de hasta 130 km/h. Es un deporte que goza de popularidad en muchos países, y las "regatas" se celebran en playas o en desiertos.*

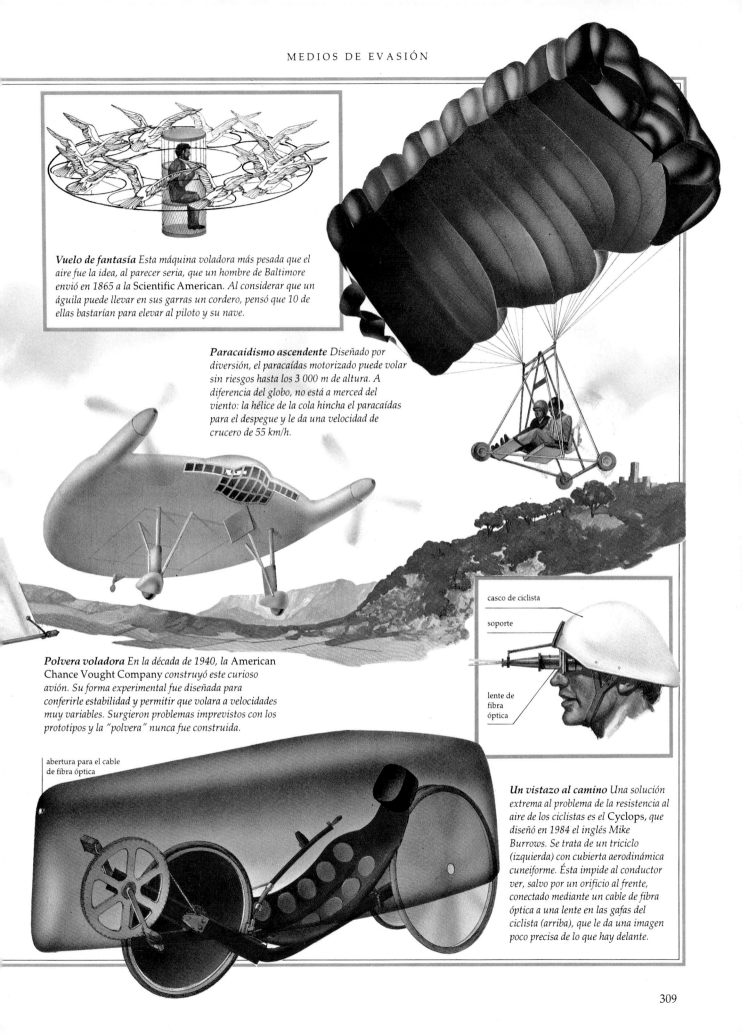

Vuelo de fantasía *Esta máquina voladora más pesada que el aire fue la idea, al parecer seria, que un hombre de Baltimore envió en 1865 a la* Scientific American. *Al considerar que un águila puede llevar en sus garras un cordero, pensó que 10 de ellas bastarían para elevar al piloto y su nave.*

Paracaidismo ascendente *Diseñado por diversión, el paracaídas motorizado puede volar sin riesgos hasta los 3 000 m de altura. A diferencia del globo, no está a merced del viento: la hélice de la cola hincha el paracaídas para el despegue y le da una velocidad de crucero de 55 km/h.*

Polvera voladora *En la década de 1940, la* American Chance Vought Company *construyó este curioso avión. Su forma experimental fue diseñada para conferirle estabilidad y permitir que volara a velocidades muy variables. Surgieron problemas imprevistos con los prototipos y la "polvera" nunca fue construida.*

casco de ciclista

soporte

lente de fibra óptica

abertura para el cable de fibra óptica

Un vistazo al camino *Una solución extrema al problema de la resistencia al aire de los ciclistas es el* Cyclops, *que diseñó en 1984 el inglés Mike Burrows. Se trata de un triciclo (izquierda) con cubierta aerodinámica cuneiforme. Ésta impide al conductor ver, salvo por un orificio al frente, conectado mediante un cable de fibra óptica a una lente en las gafas del ciclista (arriba), que le da una imagen poco precisa de lo que hay delante.*

VIVIR PELIGROSAMENTE

Gente que desafía a la muerte por dinero o por diversión

EL DANGEROUS SPORTS CLUB ("Club de deportes peligrosos") es un grupo de excéntricos fundado en Oxford, Reino Unido, que intenta "actuar con audacia en un mundo timorato y sobreprotegido". Esto significa, para muchas personas, comportarse como locos. ¿De qué modo se puede calificar a David Kirke, uno de los miembros fundadores del Club, que se lanzó en 1982 desde el puente Royal Gorge, a 320 m sobre el río Arkansas, Colorado? Estaba sujeto al puente por un tramo de soga elástica atada a los tobillos. A 260 m la soga se estiró al máximo, y Kirke con ella. Se quedó colgado y semiinconsciente más de dos horas, hasta que sus compañeros lograron subirlo.

Tomar el toro por los cuernos

La historia está llena de estos atrevidos. Por ejemplo, los saltadores de toros de la antigua Creta tomaban al toro por los cuernos y daban una maroma sobre su lomo. Fueron precursores de actuaciones circenses como la de Hugo Zacchini, famoso por su teatralidad y destreza acrobática. En 1929 se lanzó desde la boca de un cañón, impulsado por aire comprimido: recorrió más de 40 m en el aire a 130 km/h. En la década de 1870, el cirquero estadounidense John Holtum detenía con las manos balas de cañón disparadas a quemarropa.

Los actos que desafían a la muerte a veces fallan. El escapista Harry Houdini solía invitar a la gente a que le diera un fuerte puñetazo en el vientre y resistía el golpe al tensar los músculos. Pero el 22 de octubre de 1926 le pegaron antes de que se preparara, y murió de apendicitis seis días después.

Los cirqueros trabajan por dinero. Sin embargo, individuos como George Willig, que en 1977 trepó sin cuerda por el exterior del World Trade Center de Nueva York, o Jaromir Wagner, el checo que en 1980 voló sobre el Atlántico amarrado al poste de un avión ligero, no tienen otro motivo para sus hazañas que la pasión por el peligro.

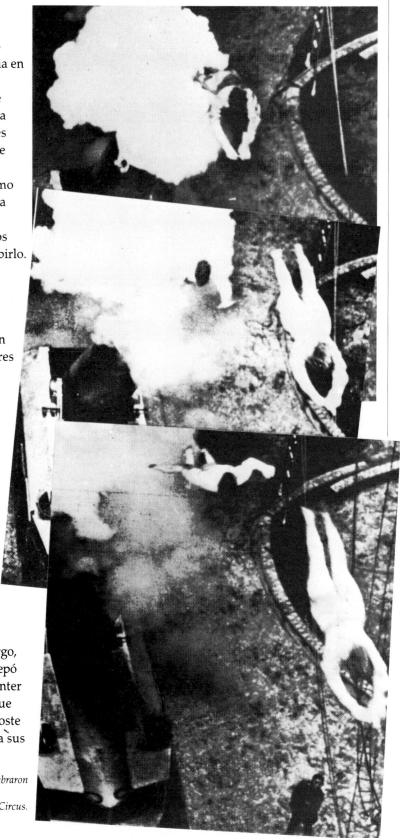

Dificultad doble *En 1934 Hugo Zacchini y su hermano asombraron al público de Nueva York, al ser lanzados de un cañón simultáneamente en el Ringling Bros and Barnum and Bailey Circus.*

EL LARGO Y SINUOSO CAMINO

Donde los cerdos son más peligrosos que los jaguares

UNA DE LAS expediciones más ambiciosas que haya emprendido el ejército británico en tiempos de paz concluyó triunfalmente el 9 de junio de 1972, cuando dos Range Rovers que transportaban a un agotado grupo llegaron al extremo meridional de Sudamérica, el Cabo de Hornos. Habían partido de la costa norte de Alaska 188 días antes, en un intento de ser los primeros en recorrer por tierra el continente en toda su longitud por la carretera Panamericana, de 22 000 km. El verdadero logro de la expedición fue cruzar los 400 km que hay entre Panamá y Colombia, en el tramo conocido como El Tapón o serranía del Darién: una mezcla de jungla, pantano y río que corta en dos la carretera Panamericana y es una barrera aparentemente insuperable. Según los constructores de la carretera, era imposible cruzar esta zona, y el equipo británico pronto iba a saber por qué.

Trabajo de equipo

Seis miembros del grupo expedicionario cubrieron en 40 días la primera etapa del viaje, desde Anchorage, Alaska, hasta Canitas, Panamá, donde acaba la porción septentrional de la carretera. Allí, en enero de 1972, los recibió un equipo de ingenieros, personal médico, expertos en la jungla y científicos, para estudiar la vida vegetal, animal y humana de la serranía. El equipo de apoyo viajaba independiente del destacamento que utilizó los Range Rovers, equipados con malacates de motor, tanques de agua, escaleras de aluminio para salvar ba-

Aguas profundas Ni pantanos ni ríos detuvieron al intrépido grupo. Hicieron flotar dos jeeps en una balsa provisional.

rrancas, "esnórqueles" de escape para vadear torrentes y una balsa inflable para aguas más profundas.

La lucha por cruzar la serranía se inició el 17 de enero; cuadrillas de gente a pie abrían a machetazos una vereda para los Range Rovers y los guiaban. La zona era peor de lo que se habían imaginado: ríos desbordados, jungla espesa, barrancas y pantanos hacían el avance muy lento. Los acosaron avispones, hormigas, alacranes, mosquitos y mortíferas serpientes, e incluso ciertas plantas venenosas. Todavía más temibles que los jaguares eran los cerdos salvajes, que erraban en desbocadas manadas de hasta 300 ejemplares. Los expedicionarios sufrieron mucho con el calor y, a veces, las enfermedades contraídas en el pantano o por picaduras de insectos.

El grupo expedicionario recibió provisiones lanzadas desde aviones y siguió su camino con una

Riesgo constante Vadear los ríos fue sólo uno de los problemas del equipo que cruzó la serranía del Darién en 1972. Insectos y cocodrilos eran un peligro incesante.

perseverancia rayana en la locura. En la conquista de ciertos obstáculos, como las cuestas de las bien llamadas colinas de las Angustias y las barrancas de la pendiente del Diablo, sólo el vehemente espíritu de grupo hizo que el estado de ánimo no decayera. Las averías mecánicas también fueron un problema constante. Tuvieron que usar el malacate para sacar uno de los Range Rovers de un torrencial río donde se había hundido hasta casi perderse de vista, y sólo pudieron cruzar el último de los pantanos después de dinamitar la vegetación.

La expedición finalmente llegó jubilosa al término de la serranía del Darién, en Barranquilla, el 23 de abril, tras 97 días en su verde prisión.

EN LA CUERDA FLOJA

El hombre que cocinó una tortilla de huevo en las cataratas del Niágara

EL 30 DE JUNIO de 1859, el francés Jean François Gravelet, de 35 años, más conocido como Blondin, recorrió los 335 m que separan las dos riberas del río Niágara sobre una cuerda, 50 m arriba de las rugientes aguas de las cataratas. La arriesgada caminata le tomó 20 minutos. Cuando por fin llegó a lugar seguro, recibió los aplausos de miles de entusiastas espectadores. Para Blondin debió ser un momento regocijante: se había entrenado desde que tenía cinco años de edad, cuando su padre, acróbata, empezó a enseñarle el arte de caminar sobre la cuerda floja.

Después de obtener este primer éxito, cruzar el Niágara se volvió para Blondin casi un paseo cotidiano. No contento con el simple recorrido a pie, ideó acrobacias cada vez más audaces, como caminar con los ojos vendados, empujando una carretilla o con los pies en un saco o en zancos. Una vez llevó en hombros a Harry Colcord, su representante. Según éste, la aventura fue una pesadilla de principio a fin: Blondin casi perdió el equilibrio en seis ocasiones. Como buen francés, la caminata más singular tuvo que ver con el arte culinario: cargó una pequeña estufa hasta la mitad del cruce, y con calma preparó y se comió una tortilla de huevo.

Blondin también realizó proezas no menos asombrosas en otros sitios. En 1861, en el Crystal Palace de Londres, una multitud observó atónita mientras Blondin, en zancos y sin red, daba saltos mortales sobre una cuerda floja colocada a 52 m del piso. A los 50 años, caminó sobre una cuerda floja entre los mástiles de dos barcos durante una tormenta en el mar. Su última actuación ocurrió en Belfast, Irlanda, en 1896, a los 72 años. Murió en Londres un año después, en un lugar de tan poco peligro como es la cama.

Viaje a cuestas El 19 de agosto de 1859, Blondin cruzó las cataratas del Niágara con su apoderado a cuestas.

¿SABÍA USTED QUE...?

CAMINAR SOBRE la cuerda floja es una de las diversiones más antiguas de la humanidad, ya que data por lo menos de la época del Imperio Romano y es casi seguro que haya nacido en la antigua Grecia. En Roma se conocía a quienes la practicaban como funambulus *(del latín* funis, *cuerda, y* ambulare, *caminar), de donde se deriva "funámbulo", sinónimo de equilibrista.*

SOLO EN EL EVEREST

La lucha de un hombre con la montaña más alta del mundo

EL 18 DE AGOSTO de 1980, un alpinista italiano de 35 años, Reinhold Messner, escaló solo la cara norte del Everest, situado en la frontera entre el Tíbet y Nepal. Acampó con tres compañeros a 6 500 m; pero a partir de allí no tuvo más ayuda. Estaba resuelto a lograr la primera ascensión en solitario al pico más alto del mundo: 8 848 m de altitud en la cumbre.

Aunque en la mochila llevaba provisiones para una semana, eran sólo las indispensables. No tendría cuerda para sujetarse si caía en una grieta, ni guías sherpa que armaran la tienda de campaña o transportaran cargas pesadas, ni radio para pedir ayuda. Y no llevaba oxígeno, pues lo tenía por indigna ayuda artificial. Dos bastones de esquí, un piolet ligero, bolsa de dormir, tienda de campaña, comida y una cámara fotográfica eran su equipo: 18 kg de carga en la debilitante y enrarecida atmósfera del también llamado Techo del Mundo.

Casi se pierde desde el principio toda la meticulosa preparación de Messner. Al iniciar la marcha en la oscuridad, resbaló y cayó en una grieta de 500 m de profundidad, y habría muerto si no lo hubiese detenido una pequeña saliente de nieve, apenas 8 m abajo. Desde allí logró subir a gatas y continuar el ascenso a la cumbre.

El deseo de triunfar

Durante los dos días siguientes, Messner escaló con dificultad en condiciones climáticas cada vez peores. En el aire enrarecido, el mínimo esfuerzo físico lo dejaba sin aliento. Incluso armar la tienda para pasar la noche fue una tarea hercúlea. El funcionamiento de su cerebro también se vio afectado por la escasez de oxígeno, y empezó a imaginar voces en la helada soledad. Pero la fuerza de voluntad lo hizo seguir. Limitado a veces a gatear, por fin llegó a la cumbre en la tarde del 20 de agosto. Un día más de angustioso esfuerzo lo llevó de vuelta al campamento y a la seguridad relativa.

En 1986, Messner ya había escalado todas las montañas de más de 8 000 m, sin poder explicar qué fuerza lo impulsaba a seguir arriesgando la vida en las cumbres nevadas. Lo más que pudo declarar fue: "lo inexplicable le da sentido a la vida".

SUPERVIVENCIA EN EL CIELO

El polizón que sobrevivió a una odisea que pudo matarlo

EL 4 DE JUNIO de 1969, Armando Socarrás Ramírez y un compañero de estudios volaron de Cuba a España. Pero, a diferencia de los demás 143 pasajeros del vuelo de nueve horas, los dos jóvenes no viajaron dentro del DC-8 de Iberia, sino abajo: Socarrás y Jorge Pérez Blanco se escondieron en el compartimiento del tren de aterrizaje.

Cuando los mecánicos del aeropuerto abrieron el compartimiento en Madrid, durante el servicio de rutina al avión después del vuelo, sólo un polizón, medio muerto de frío, cayó en la pista. Pérez había caído trágicamente del avión durante el acceso a Madrid; pero, de milagro, Socarrás seguía vivo. Lo llevaron de inmediato al hospital.

Vestido sólo con camisa y pantalón, Socarrás había soportado temperaturas de –40°C, presiones atmosféricas de un cuarto de la que hay al nivel del mar y la falta de oxígeno, que provocó su inconsciencia durante casi todo el viaje. Cualquiera de estos factores debería haberle causado la muerte.

Como polizón a 8 800 m de altitud, Socarrás había sufrido condiciones que sólo conocen los montañistas en los más altos picos del Himalaya. Pero cuando los alpinistas escalan esas cumbres, lo hacen poco a poco y pueden aclimatarse a la presión atmosférica decreciente. El avión en que viajó Socarrás se elevó a razón de 455 a 610 m/min.

Los desconcertados científicos sólo pudieron explicarse la sobrevivencia de Socarrás como un notable ejemplo de hibernación humana. Al descender la temperatura corporal, también disminuye el consumo de oxígeno. Al parecer, la de Socarrás se redujo justo lo adecuado. Sin congelarse, aminoró su consumo de oxígeno y sobrevivió.

Hombre milagroso *Los médicos se asombraron de que el polizón Socarrás, luego de volar a gran altitud en el compartimiento de ruedas de un avión, sólo presentara conmoción aguda.*

DESPEÑARSE DESDE LO ALTO

EN LA TARDE DEL 24 de octubre de 1901, varios millares de personas observaron cómo una gran barrica de madera se precipitaba por los violentos rápidos hacia las cataratas del Niágara. Arrastrada por la corriente, la barrica desapareció en la cascada y segundos después emergió en aguas más tranquilas, 54 m abajo: había resistido la caída. Además, por primera vez en la larga historia de los aventureros del Niágara, también sobrevivió milagrosamente su pasajera.

Atada y acojinada en el interior, la maestra Anna Edson Taylor celebró su cuadragesimotercer cumpleaños pasando a la historia con una zambullida mortal. Aunque sufrió conmoción, una fuerte sacudida y fractura del cráneo, estaba viva, consciente y en pocos días se recuperó del todo.

Sin embargo, su valentía no le dio la cascada de riquezas que esperaba, y murió sin dinero en 1921. Está enterrada en el lote de "acróbatas" del cementerio de Oakwood, en Niagara Falls, recordada aún como la primera persona y la única mujer en sobrevivir a la caída por las cataratas del Niágara. Siempre aconsejó a los posibles imitadores: "¡No lo intenten!"

Zambullida La maestra Anna Edson Taylor sufrió una fuerte sacudida al caer 54 m en un barril por las cataratas del Niágara el 24 de octubre de 1901.

ALCANZAR EL CIELO

El hombre ha soñado siempre en volar como ave

A LAS 18:03 h del 25 de abril de 1937, Clem Sohn, el "hombre pájaro" de Michigan, EUA, saltó de una avioneta a 3 000 m de altitud, sobre un aeródromo cercano a París. Sus alas de tela se extendían entre sus brazos y tronco, y entre las piernas, como las de un murciélago. Casi 200 000 espectadores observaban con el aliento contenido. Descendió hasta 300 m, planeando en amplios aleteos controlados. Pero entonces cayó a plomo como piedra, con el inútil paracaídas enredado: una víctima más del sueño de volar que ha tenido el hombre por siglos.

Antes de que se inventaran los globos y los aeroplanos, las alas artificiales parecían el modo único y evidente de volar. Los primeros científicos, como Leonardo da Vinci, observaron el vuelo de aves

Bosquejo de Da Vinci para un ala artificial

Ilusión mortal *El "hombre pájaro" Clem Sohn extiende confiado las alas que minutos después le fallaron al descender de 3 000 m de altitud sobre un aeródromo cercano a París, en abril de 1937.*

y murciélagos, y dedujeron que algún día el hombre remontaría el espacio batiendo alas. Por eso diseñaron raros mecanismos que requerían la fuerza de los brazos o de pedales para mover las alas, los cuales fallaron invariablemente.

La obsesión por las alas llevó a los inventores a un callejón sin salida. En época de Da Vinci ya se tenían los materiales y la tecnología necesarios para construir un exitoso deslizador de ala fija, sin que nadie pensara en armar semejante dispositivo.

No obstante, algo muy cercano al sueño de sentirse pájaro es posible ahora con el ala delta. Si Da Vinci se hubiera desentendido del aleteo de las aves y se hubiera concentrado en cómo aprovechan ellas las corrientes de aire para planear y volar, el sueño de volar del hombre probablemente se habría logrado mucho antes.

¿SABÍA USTED QUE...?

EN EL CRYSTAL PALACE de Londres, en 1875, el inventor Thomas Moy hizo una demostración de su Aerial Steamer, monoplano de dos grandes hélices impulsado por vapor. No tenía piloto, y la nave no llegó a volar realmente; pero sí se elevó más o menos a 15 cm del suelo, siguiendo una pista circular.

PROPULSIÓN A BASE DE AIRE

A velocidades muy superiores a la del sonido, el motor puede ser un estorbo

CUANDO SE vuela a velocidades subsónicas, los turborreactores funcionan inflamando el combustible, cuyos gases calientes salen por un escape para crear la propulsión. Pero cuando una aeronave vuela a velocidades supersónicas, el empuje propulsor no proviene del motor, sino más bien del flujo de aire que pasa por las tomas del motor y sale por la tobera del reactor en la parte trasera. Esto se conoce como estatorreactor.

Tómese el *Concorde* como ejemplo. Cuando despega, cada uno de sus motores desplaza casi 17 500 kg. Las tomas de aíre del motor y la tobera no aportan casi nada. Pero conforme el avión adquiere velocidad, también se acelera el flujo de aire a los motores. Para cuando viaja a mach 2 (el doble de la velocidad del sonido), sólo 30% de la propulsión procede del motor. El resto se deriva de la presión creada por el flujo de aire a alta velocidad en las tomas especiales del motor y la tobera.

Poseedor de marca

Otra aeronave supersónica es el *Blackbird SR-71* de la Fuerza Aérea de EUA, que ostenta la marca mundial de velocidad con 3 509 km/h. A la velocidad máxima (mach 3.2), sus dos motores generan sólo 17.6% de la propulsión, y a velocidad un poco mayor la aportación del motor sería nula, situación en que sería mucho más conveniente eliminarlo por completo.

De tal suerte, ¿sería posible construir una aeronave impulsada sólo por un estatorreactor, sin ningún motor complejo? La respuesta es un simple "no"... ya que en tal caso la aeronave jamás podría despegar.

Vista y sonido *Dado que vuela a más del triple de la velocidad del sonido, el oscuro contorno del* Blackbird SR-71 *quizá haya desaparecido del horizonte para cuando lleguen sus ondas sonoras a los oídos de un posible espectador.*

¿SABÍA USTED QUE...?

EL 14 DE DICIEMBRE de 1986 el monoplano Voyager, *que diseñaron y pilotearon Dick Rutan y Jeana Yeager, despegó de la Base Edwards de la Fuerza Aérea de EUA en California para el primer vuelo ininterrumpido alrededor del mundo sin reabastecimiento en vuelo. Para la enorme distancia de vuelo proyectada, llevaba 3 181 kg de combustible. Incluso con un motor adicional que dio potencia para el despegue y luego fue apagado, la aeronave recorrió 4.3 km de pista antes de elevarse del suelo, más de lo que requiere un jumbo. Completó el vuelo de 40 212 km el 23 de diciembre.*

CAÍDA TRANSFORMADA EN VUELO

AL FILÓSOFO, místico, teólogo y científico sueco del siglo XVIII Emanuel Swedenborg se le reconoce como el primero en intentar un diseño lógico para una máquina voladora más pesada que el aire, aunque consideró que no podría volar. Se inspiró en un incidente acaecido en la ciudad sueca de Skara, cuando un estudiante se cayó de la torre de una iglesia por el fuerte viento y flotó hasta el suelo sano y salvo gracias a su capa, que se hinchó como un paracaídas.

Esto indujo a Swedenborg a hacer los cálculos matemáticos del vuelo. Tras razonar que un área bastante grande de "vela" levantaría el peso de un hombre, en 1714 diseñó una aeronave. Imaginó una vela extendida sobre el techo del "carro" del piloto, y unas alas como remos que generarían movimiento mínimo. La máquina sería lanzada desde un tejado o levantada por un viento en popa.

Lo importante del diseño era que reconocía la importancia de materiales ligeros, como el corcho o la corteza de abedul, y la necesidad de equilibrar la máquina. Pero era un deslizador más que una aeronave, y además poco práctico: Swedenborg ni siquiera construyó un prototipo.

Rechazaba la idea de los vuelos en globo por considerarlos antinaturales, y no vivió la década de 1780 para verse refutado por los primeros globos tripulados. Pero ahora que la tecnología ha alcanzado a su imaginación nada práctica, puede perdonársele cualquier error de juicio.

EL COCHERO VOLADOR

Cómo el inventor del deslizador mantuvo los pies en la tierra

RESIDENTE de Brompton Hall, Yorkshire, en la primera mitad del siglo XIX, sir George Cayley era en muchos sentidos un típico caballero inglés. Al ser una persona muy influyente, atenta y respetada, nadie lo creía loco pese a su excéntrico interés por volar.

La obsesión le duró toda la vida. En 1804, a los 31 años, produjo el primer boceto de un aeroplano, muy parecido a los actuales, con una sola ala, un adecuado estabilizador direccional y un plano fijo horizontal.

Ya entrado en años, sus estudios de aerodinámica lo llevaron a todas las conclusiones acertadas para diseñar un aparato volador más pesado que el aire. Por desgracia no había motores que convirtieran sus planes en realidad: los mejores que se tenían eran los de vapor, y los cálculos del propio Cayley demostraban que un aeroplano de vapor sería demasiado pesado para volar.

Así pues, se limitó a construir el primer deslizador tripulado. Después de ensayar un pequeño modelo con que un muchacho planeó por un valle de Yorkshire, se animó a diseñar un monoplano

del tamaño de un adulto. Habría sido preferible que Cayley hubiera tripulado ese gran deslizador, construido en 1853, pero para entonces el erudito barón tenía 80 años. En su lugar metió a su aprensivo cochero, equipado con detalladas instrucciones.

Aunque el deslizador voló, no fue posible controlarlo realmente. Aterrizó completo, pero nunca más voló. Claramente atemorizado por la experiencia, el cochero renunció. Explicó, no sin razón: "Sir George me contrató para conducir un coche, no para volar."

PARÁSITOS DEL AIRE

Un avión a cuestas que hizo alentar grandes esperanzas

HOY, LOS AVIONES jumbo transportan sin escalas a cientos de personas desde Gran Bretaña hasta Australia. Pero antes de la Segunda Guerra Mundial ni siquiera los aviones más grandes cruzaban el Atlántico norte llevando a bordo una carga similar: el combustible necesario para hacerlo reducía mucho la capacidad de transporte.

A fin de solucionar el problema, el mayor británico Robert Mayo, experto en aviación, ideó colocar un pequeño hidroplano muy cargado encima de un hidroavión mucho más grande y de carga ligera. Éste tenía potentes motores y gran envergadura, que le permitían despegar con cargas enormes; pero consumía combustible con rapidez, de modo que no podía hacer viajes largos. La envergadura más corta y los motores menos potentes del hidroplano eran para que, una vez en vuelo, recorriera grandes distancias con poco combustible.

El militar bautizó a su invento como *Short-Mayo Composite Aircraft*. Voló por primera vez el 4 de enero de 1938. Lue-

go, sus componentes, el gran hidroavión *Maia* y el hidroplano *Mercury*, se separaron por primera vez en el aire el 6 de febrero de ese año. Tiempo después el hidroplano voló directo a Montreal, y luego impuso una marca mundial de distancia, con un vuelo sin escalas entre Escocia y Sudáfrica. Pero a pesar de ser un avance tecnológico, no se puso en servicio por ser demasiado costoso.

Otros intentos de una relación "parasitaria" entre aeronaves pequeñas y grandes resultaron en general imprácticos. Por ejemplo, después de la Segunda Guerra Mundial, la Fuerza Aérea de EUA experimentó con un minúsculo reactor de combate, el *Goblin XF-85*, diseñado para plegarse y encajar en el compartimiento de bombas de un pesado y gigantesco bombardero B-36. El Goblin, de sólo 4.6 m de largo, bajaría desde el compartimiento, desplegaría las alas y saldría zumbando. Intentaron que volviera a engancharse en el bombardero para el retorno a casa, pero el reenganche resultó imposible.

¿SABÍA USTED QUE...?

EN 1935, el ingeniero aeronáutico soviético Vladimir Vakhmistrov ideó un esquema para que el gigantesco bombardero TB-3 cargara cinco aviones más: dos cazas I-5 sobre los extremos laterales de las alas, dos cazas I-16 colgados bajo dichos extremos, y un I-Z en un trapecio bajo el fuselaje. Los cinco emprendían el vuelo simultáneamente.

Despegue gratuito Antes de la década de 1940, muchas pistas eran demasiado cortas para el despegue de otros aviones que no fueran hidroplanos. En el diseño de Robert Mayo, un hidroavión se eleva con un hidroplano a cuestas. Una vez en el aire, el hidroplano es lanzado del hidroavión y puede transportar una carga mucho más pesada que si tuviera que despegar por sí solo.

Una vez lanzado del todo, el hidroplano de largo alcance se va por su lado

El hidroplano (arriba) se separa luego de la nave "madre" en el aire

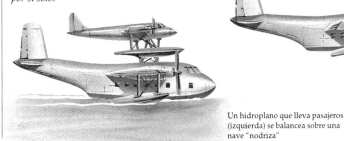

Un hidroplano que lleva pasajeros (izquierda) se balancea sobre una nave "nodriza"

DE COSTA A COSTA, POR LAS BUENAS O POR LAS MALAS

EL PRIMER avión que voló sobre Estados Unidos de costa a costa fue un biplano, en 1911. Pero se estrelló tantas veces en la ruta desde Nueva York que, para cuando llegó a California, las únicas piezas originales que quedaban de la aeronave eran el timón de dirección y la grasera de aceite bajo el motor.

El vuelo lo motivó el magnate del periodismo William Randolph Hearst, quien ofreció un premio de 50 000 dólares al primer hombre que cruzara el país volando en 30 días. El desafío lo aceptó Calbraith Rodgers, quien había corrido automóviles, caballos y yates. Compró un avión y despegó el 17 de septiembre de 1911, seguido de un tren especial, que facilitó su patrocinador, cargado de refacciones.

Estados Unidos debió parecer enorme a Rodgers cuando despegó con su frágil biplano de madera, alambre y tela. Además, no previó algunas dificultades mayores de su viaje. Una y otra vez, el aeroplano se volcó al aterrizar en campos llenos de irregularidades. Trocitos del avión terminaron en los hogares de cazadores de recuerdos. Repetidas veces Rodgers se desvió del rumbo o se perdió por su ineptitud para navegar. El vuelo se hizo lento por los intensos vientos, las tormentas dañaron el avión e incluso lo persiguió un águila. En las Montañas Rocosas por poco choca con un precipicio, y unos días después explotó el motor, llenando de esquirlas de acero el brazo derecho del piloto.

Tras muchas reconstrucciones, el avión aterrizó al fin en el lugar acordado: Pasadena, suburbio de Los Ángeles. Rodgers fue festejado, lo envolvieron en una gigantesca bandera y le dieron un ramo de flores... pero no recibió el cheque de 50 000 dólares. Su viaje había durado 50 días, mucho más que el límite convenido. Lo más triste fue que Rodgers se mató cinco meses después mientras realizaba un vuelo acrobático.

DONDE EL VIENTO SOPLA
La carrera de globos más grande del mundo

JAMES GORDON BENNETT fue un magnate del periodismo estadounidense, fundador de *The New York Herald*. Pero también se le recuerda por la gran carrera anual de globos que patrocinaba, la Gordon Bennett Cup. A partir de 1906, este trofeo se otorga cada año al globo que aterriza más lejos del punto de partida, que siempre se ubica en el país del triunfador del año previo. La falta de control de los aeronautas sobre la dirección del vuelo, que depende por completo del viento, hacía la competencia sumamente impredecible.

Inicio empapado

La primera competencia se inició en París el 30 de septiembre de 1906 con 16 globos, que fueron arrastrados rumbo al noroeste, hacia Inglaterra. El ganador fue el teniente Frank Lahm, del ejército de EUA, que llegó a Fylingdales Moor, Yorkshire, situado a 647 km. Pero fue uno de los tres que lograron cruzar el Canal de la Mancha. Por suerte para quienes prefieren no arriesgarse a un chapuzón, la carrera del año siguiente partió de St. Louis, Missouri, de donde era poco factible salirse de tierra firme.

Después de su interrupción por la Primera Guerra Mundial, la competencia se reanudó en 1920. Las veleidades climáticas produjeron algunas carreras memorables. En 1923 los globos despegaron en medio de una violenta tormenta: murieron cinco competidores y otros tantos se lesionaron. En 1925 un globo chocó contra un tren, y otro competidor logró aterrizar sobre el puente de un barco en alta mar. Y en la de 1935, que salió de Varsovia, el viento arrastró a los globos que iban a la cabeza hasta una región de la URSS tan distante que tardaron dos semanas en rescatarlos.

La última Gordon Bennett Cup se celebró en 1938 sin que se rompiera la marca del vuelo más largo, la del ganador de 1912, el francés A. Bienaimé, que recorrió 2 191 km desde Stuttgart hasta una aldea en las afueras de Moscú. Los actuales globos rompen marcas que exceden con mucho la citada: entre el 9 y el 12 de noviembre de 1981, el enorme

Vientos del destino *Durante la Gordon Bennett Cup de 1925, un globo chocó contra un tren cerca de Boulogne, Francia. Por fortuna, no hubo heridos graves.*

globo de gas *Double Eagle V* se desplazó 8 383 km desde Nagashima, Japón, hasta Covelo, California. Sin embargo, es dudoso que los aeronautas superen las grandes emociones que generaron sus espléndidos predecesores de 1906.

PEDALEO EN EL CIELO

Los espectaculares avances de las aeronaves de propulsión humana

EN 1960, el industrial británico Henry Kremer ofreció 5 000 libras esterlinas a cualquier aeronave de propulsión humana cuyo vuelo trazara un ocho alrededor de dos torres de señales separadas cuando menos 800 m. Durante 17 años nadie obtuvo el premio, actualizado con regularidad debido a la inflación. Pero estimuló la construcción de estas aeronaves.

El original premio Kremer correspondió finalmente el 23 de agosto de 1977 al *Gossamer Condor*, diseño de un equipo estadounidense que encabezaba Paul MacCready, ingeniero aeronáutico. Tenía un ala gigantesca, pero casi no pesaba y era impulsado por una hélice. El piloto, Bryan Allen, lo manejaba como bicicleta, pedaleando para hacer girar la hélice y crear así la propulsión.

A fin de seguir impulsando el desarrollo de las aeronaves de propulsión humana, Kremer ofreció entonces un premio mucho mayor, de 100 000 libras esterlinas, al primer vuelo de propulsión humana sobre el Canal de la Mancha. En esta ocasión lo obtuvo *Gossamer Albatross*, del mismo equipo que había diseñado el *Gossamer Condor*. Bryan Allen despegó de Folkestone, en la costa del sur de Inglaterra, y aterrizó en el cabo Gris-Nez, en el norte de Francia, trayecto de unos 36 km.

MacCready se concentró entonces en un posible medio de mejorar la velocidad y el alcance de sus aeronaves con una leve ayuda del Sol. Diseñó el *Solar Challenger*, avión de pedales cuyas alas estaban cubiertas de celdas solares en la cara superior. La electricidad proveniente de estas celdas era una energía complementaria que el 7 de julio de 1981 ayudó a Steve Ptacek a pedalear desde Cormeilles en Vexin, cerca de París, hasta Manston, Kent, en el sur de Inglaterra, luego de recorrer 262 km.

Hacia fines de la década de 1980, las aeronaves de propulsión humana con baterías eléctricas alcanzaban con regularidad velocidades de unos 50 km/h, y continuamente se logra mejorar su funcionamiento.

Ganador de premio *El 12 de junio de 1979, Bryan Allen sobrevoló el Canal de la Mancha pedaleando en el* **Gossamer Albatross** *durante casi tres horas, y obtuvo el segundo premio Kremer.*

EL MOTOR DE UNA MOSCA DE FUERZA

EL 24 DE JULIO de 1977, la aeronave más pequeña jamás construida despegó en un vuelo de demostración en Kirkland, Washington, en EUA. Con peso de apenas 0.1 g, máquina y piloto eran uno solo: una mosca doméstica.

El diseñador del *moscaplano*, Don Emmick, reconoció no haber sido el creador de la idea. El inventor croata-estadounidense Nikola Tesla ya había experimentado con la fuerza de los insectos desde el siglo XIX. Sin embargo, Emmick, ingeniero de una fábrica de aviones, aportó los conocimientos de aerodinámica de un experto a un campo de ingeniería aérea poco explorado antes. La armazón de la maquinita era de madera de balsa, con las dos alas, adelante y atrás del piloto-motor, cubiertas con película transparente.

Conseguir la cooperación de la mosca exigió cierto ingenio. Atrapada bajo un frasco de vidrio, se la aturdió con éter y luego se la encoló por el vientre a la armazón aeronáutica. Cuando la mosca volvió en sí, no necesitó mayor estímulo para agitar las alas y despegar.

Un insectonauta, el más exitoso de varios, voló al aire libre cinco minutos completos, describiendo círculos y maniobrando para evitar obstáculos. Consciente de que podían acusarlo de crueldad con la mosca, Emmick liberó con todo cuidado al piloto de pruebas de la aeronave inmediatamente después de haber concluido el experimento.

Motor vivo *Con su envergadura de tan sólo 7.6 cm, este aeroplano impulsado por una mosca tiene el actual récord del avión a escala más pequeño.*

EL HOMBRE PÁJARO DE CRETA

Cómo la tecnología moderna y el pedal recrearon el vuelo de Dédalo

SEGÚN una leyenda de la antigua Grecia, hace 3 500 años el genial inventor Dédalo realizó el primer vuelo humano. Preso en la isla mediterránea de Creta, ideó un audaz plan de fuga. Con alas de plumas de aves pegadas con cera, se elevó en el aire junto con su pobre hijo Ícaro. Al volar, éste se acercó demasiado al Sol y se le fundieron las alas; pero Dédalo logró escapar.

¿Dónde aterrizar?

En 1984, científicos del Massachusetts Institute of Technology (MIT) decidieron reproducir la huida de Dédalo de Creta en un avión de diseño especial impulsado por pedales. No se sabe dónde aterrizó Dédalo, de modo que el equipo del MIT optó por la isla volcánica de Santorini, situada 117 km al norte de Creta, como destino.

El plan de un vuelo con tracción humana a tal distancia requería un osado giro de imaginación. El anterior vuelo de este tipo de mayor longitud, que se realizó en 1979 sobre el Canal de la Mancha en el *Gossamer Albatross*, sólo había abarcado 36 km. Pedalear en el aire desde Creta hasta Santorini equivalía a correr dos maratones consecutivos.

El modelo de la aeronave se diseñó por computadora para lograr eficiencia aerodinámica máxima y se construyó con los materiales ligeros más avanza-

dos. *Daedalus 88* pesó 31 kg: menos de la mitad que su piloto. Pero su envergadura de 34 m era mayor que la de un jet Boeing 727.

Se requirieron cuatro años de trabajo y una inversión de un millón de dólares para que el equipo llegara por fin a Creta en la primavera de 1988 e intentara reproducir la huida de Dédalo. Poco después de las 7:00 horas de la mañana del 23 de abril, con el campeón griego de ciclismo Kanellos Kanellopoulos en los controles, la rara aeronave, como libélula rosa y plateada, se elevó silenciosa de una pista en el aeropuerto de Iraklion y puso rumbo al norte por el mar. El ciclista pedaleó a cinco metros sobre el mar de Creta, rastreado por una flota de embarcaciones de apoyo pequeñas y bebiendo continuamente solución de glucosa para reponer el litro de líquido perdido cada hora por el sudor.

Ayuda de la naturaleza

Se calculó que el vuelo duraría cinco horas en el mejor de los casos; pero con el viento a favor Kanellopoulos llegó a su destino en menos tiempo. A razón de 30 km/h se aproximó a la playa de Santorini 3:55 horas después de haber salido de Creta.

El único percance del viaje ocurrió al final. Cuando el *Daedalus 88* se disponía a aterrizar, una ráfaga de viento de fren-

Una leyenda hecha realidad Metido en la cabina del Daedalus 88, de frágil aspecto, Kanellos Kanellopoulos, de 30 años, pedalea al volar sobre el mar de Creta en abril de 1988, en una reproducción del mítico vuelo de Dédalo.

te desbarató la aeronave a siete metros de la costa. Kanellopoulos salió alborozado e ileso. El mito de Dédalo se había vuelto realidad.

¿SABÍA USTED QUE...?

EL PRIMER cazabombardero de propulsión a chorro diseñado para despegar de un portaaviones, el Phantom XFD-1 *estadounidense de la empresa McDonnell, no estaba listo para su primer vuelo de prueba el 25 de enero de 1945: le faltaba uno de sus dos motores. No obstante, el piloto de pruebas no quiso ver un problema en ello, y voló con un solo motor.*

✳ ✳ ✳

EL AVIÓN con mayor número de motores es el gigantesco hidroavión Dornier Do X *de 1929, que con sus 12 motores fue la aeronave más grande de su época. En aquel entonces, cuando pocos aviones llevaban más de 12 pasajeros, despegó una vez con 169 personas a bordo: 10 tripulantes, 150 pasajeros y 9 polizones.*

OBJETIVO: VELOCIDAD MÁXIMA

La competencia por las marcas de velocidad en vehículos terrestres

EN 1886, KARL Benz exhibió orgulloso al público de Mannheim, Alemania, su nueva creación: el primer automóvil con motor de gasolina exitoso. Traqueteó y rechinó a lo largo de 1 km con velocidad máxima de 15 km/h. ¿Cómo podía prever Benz que antes de un siglo un automóvil inglés establecería una marca mundial de velocidad de más de 1 019 km/h? Richard Noble logró esta marca el 4 de octubre de 1983 con el *Thrust 2* de motor de propulsión a chorro, en el Black Rock Desert de Nevada, Estados Unidos.

Quizás el más famoso conductor de alta velocidad haya sido Malcolm Campbell. Entre 1924 y 1935 rompió nueve veces la marca de velocidad por tierra, al elevarla, en sus automóviles *Bluebird*, de 235 a 485 km/h. Casi 30 años después, su hijo le siguió los pasos. El 17 de julio de 1964, Donald Campbell

El gran impulso El Thrust 2, *en el que Richard Noble rompió en 1983 la marca mundial de velocidad por tierra, fue diseñado por John Ackroyd en 1980. Este carro de la era espacial tiene un motor Rolls-Royce Avon 302, capaz de producir 7 700 kg de empuje.*

alcanzó 649 km/h en otro *Bluebird*, que aún es la mayor velocidad alcanzada en un automóvil de tracción normal. Todas las marcas ulteriores se han logrado en vehículos de propulsión a chorro.

La marca de velocidad terrestre se rompió seis veces en el segundo semestre de 1964 y otras cuatro más en 1965, cuando Craig Breedlove (EUA) la elevó a 966 km/h. Esta marca se mantuvo cinco años hasta que Gary Gabelich fue el primer hombre en romper la barrera de los 1 000 km/h. En octubre de 1970 condujo el *Blue Flame* a 1 002 km/h, récord que duró 13 años, lo que en sí es una marca.

POR EL CAMINO

El hombre que revolucionó la construcción de caminos

CUANDO John Loudon McAdam fue nombrado administrador de caminos en Ayrshire, Escocia, en 1783, el mal estado de las carreteras le causó tal horror que decidió buscar una manera de hacer mejores caminos. Al cabo de casi 30 años de experimentos, en su mayoría costeados por él mismo, propuso un sistema para construir los mejores caminos desde los tiempos de las antiguas vías romanas.

Su técnica consistía en colocar primero un cimiento de 25 cm de grueso hecho de piedras partidas, cada una de 5 cm de diámetro. Una segunda capa de piedras puntiagudas más pequeñas se trababa con las piedras del cimiento al presionar aquéllas. La capa final se componía de guijarros. El peso de los vehículos convertía los guijarros en polvo, que llenaba los intersticios entre las piedras. Luego el tráfico comprimía la superficie. El método de McAdam, que se empleó por

primera vez en Inglaterra en 1815, permitió aumentar el promedio de velocidad de las diligencias —eslabón de comunicaciones indispensable— en casi un 50%, de 8 a 13 km/h.

Pero no correspondió a McAdam crear el macadam o macadán, la superficie de caminos más usada del mundo. No se inventó hasta 1854, 18 años después de la muerte de McAdam. Además, según se dice, su descubrimiento fue obra de la casualidad.

El topógrafo británico E.P. Hooley observó que un poco de alquitrán, derramado accidentalmente sobre una superficie áspera, se había solidificado hasta formar un acabado liso y duro. Agregó una capa de alquitrán a los caminos de McAdam y resultó ser un medio eficaz para unir y sellar la superficie contra el agua. Hooley llamó macadamizado a su método, en honor del escocés pionero de la construcción de caminos.

¿SABÍA USTED QUE...?

EN 1979, Stan Barnet alcanzó 1 190 km/h en la Base Edwards de la Fuerza Aérea de EUA en California. Logró esta asombrosa velocidad en el vehículo terrestre Budweiser Rocket, *con la pequeña ayuda de un misil* Sidewinder, *que generó propulsión adicional de 2 700 kg. Sin embargo, el vehículo no mantuvo esa velocidad durante el tiempo suficiente para considerar la hazaña como récord.*

EL "CACHARRO DE HOJALATA"

La cruzada de un hombre para que cada familia tuviera un automóvil

"**N**O NECESITO un velocímetro para mi Ford: a 8 km/h traquetea la salpicadera, a 16 km/h me castañetean los dientes; a 24 km/h se cae la transmisión." Pese a numerosos chistes como éste, habituales cuando el Modelo T de Ford alcanzó popularidad máxima, nadie podía negar que Henry Ford había cumplido la promesa que hizo en 1908, al anunciar el nacimiento de este vehículo: "Voy a construir un automóvil para las grandes masas."

Es sorprendente el éxito que tuvo, pues era un vehículo de muy difícil conducción. En algunos estados de EUA se consideró tan difícil que se exigían licencias de conductor especiales para los automóviles de Ford. El vehículo sólo tenía dos velocidades de avance, pedales separados para embragar la primera y la reversa, freno de mano que también accionaba el embrague, y encendido de manivela, con la que se podía luxar la muñeca una persona.

Se hicieron pocas concesiones a la elegancia, y entre 1914 y 1925 no hubo siquiera colores para escoger. De ahí una frase famosa de Ford: "Puede tener uno en el color que guste, mientras sea ne-

Uno tras otro *En 1913 Ford introdujo la línea móvil de montaje en su fábrica del Modelo T. Aquí los obreros supervisan que baje la carrocería sobre el chasís: una vez atornillado éste, el coche estaba terminado.*

gro." Sin embargo, para 1927, año en que se fabricó el último Modelo T, el sueño de Ford llevaba mucho tiempo convertido en realidad. Se habían vendido más de 15 millones de unidades en EUA, y 1.5 millones en Canadá y Gran Bretaña. Al llevar el medio de transporte privado al hombre común, Ford transformó definitivamente el modo de vida de millones de personas.

Tin Lizzie ("Cacharro de hojalata"), como se apodó al Modelo T, contaba con muchos adelantos tecnológicos: la carrocería era de acero de vanadio, más fuerte y resistente a los choques que el acero ordinario; tenía un sistema de embrague bastante suave y que "no se atascaba", y la suspensión especial del motor permitía viajar por caminos accidentados sin

que el chasís padeciera graves daños. Y por si fuera poco, el Modelo T fue el primer vehículo estadounidense con el volante a la izquierda.

El secreto del éxito de Ford estuvo en la introducción de la línea de montaje móvil en sus fábricas. Redujo de 728 a 93 minutos el tiempo de producción del chasís del Modelo T: cada 24 segundos salía uno de la línea. En 1922 fabricó un millón de unidades, y en 1924 más de dos millones, cifra récord de producción anual que se mantuvo por 32 años.

¿SABÍA USTED QUE...?

EL SIR VIVAL fue un prototipo de seguridad armado en EUA (1960) con compartimientos separados para el motor y los pasajeros, defensas de hule, asiento elevado para el conductor y un tercer fanal giratorio.

DEFENSA CONTRA DEFENSA

¿**Q**UÉ PASARÍA si todos los automóviles de un país circularan al mismo tiempo? Basta dividir la longitud total de los caminos de una nación entre el número de vehículos registrados, y llegará a estadísticas aterradoras.

Italia tiene los caminos más congestionados del mundo. En dicha nación, los conductores sólo tendrían, en teoría, 13 m de camino despejado antes de toparse con otro automóvil. El país que ocupa el segundo lugar en congestionamiento es

la antigua República Federal Alemana, donde los automovilistas sólo dispondrían de 17 m.

Aun en los amplios espacios abiertos de Estados Unidos, las estadísticas no son muy alentadoras. Hay poco menos de 30 m de camino por cada vehículo. Uno de los pocos países occidentales donde todavía hay lugar de sobra en los caminos es Irlanda: cada afortunado conductor cuenta con 111 m de camino que puede llamar suyos.

EL AUTOMÓVIL DEL SIGLO

¿Qué hace tan especial al Rolls-Royce?

EL PRIMER automóvil Rolls-Royce, producido en 1904, tenía un motor de 2 cilindros y 1.8 litros. Apenas tres años después, la misma empresa produjo el *Silver Ghost,* con un motor de 6 cilindros y 7 litros. Se consideró a este modelo como lo máximo en seguridad y suavidad. En un truco publicitario diseñado para mostrar lo confiable del vehículo, logró una marca mundial de 23 127 km conducidos ininterrumpidamente sin descomposturas. En 1987, el *Phantom VI* de Rolls-Royce fue el automóvil de producción en serie más caro del mundo. Actualmente, el modelo "austero" vale 350 000 libras esterlinas.

La dama alada

El emblema de Rolls-Royce, una plateada estatuilla de una dama alada, el "espíritu del éxtasis", no ha sido nunca de plata maciza. El *Phantom* de 1910 tenía un emblema plateado; después se ha hecho de aleaciones de cobre, cinc y níquel, y más recientemente, de acero inoxidable. Se creó el emblema por una manía que empezó en 1910, cuando los propietarios de Rolls-Royce colocaban sobre sus venerables automóviles a sus mascotas, como un gato negro, un muñeco grotesco o un policía. Desde 1911, casi todos los vehículos Rolls-Royce han llevado la estatuilla alada. Una notable excepción es el automóvil ceremonial de la reina Isabel II, que tiene una figura de acero de San Jorge matando al dragón.

¿Está encendido el motor?

En la década de 1950, el anuncio más famoso de Rolls-Royce decía: "A 58 km/h el ruido más fuerte de este nuevo Rolls-Royce [el *Silver Cloud*] proviene del reloj eléctrico." Pero 40 años antes, en 1910, dos experimentos ya habían demostrado que los motores de esta marca funcionaban con notable suavidad. En el primero, se colocaron sobre una hoja de papel, encima del cofre de un Rolls-Royce, tres vasos llenos de tinta hasta el borde. El motor funcionó cuatro minutos a 1 150 rpm. Una cámara con el obturador abierto se enfocó en los vasos y se expuso la película durante todo ese lapso. No se derramó una sola gota de tinta, y

Una dama preocupada por la seguridad
Para evitar lesiones graves por accidente, los automóviles Silver Spirit *y* Silver Spur, *de la marca Rolls-Royce, tienen desde 1980 un mecanismo que tira de la estatuilla de la dama alada hacia la carrocería ante el menor impacto.*

una fotografía de gran nitidez atestiguó la total ausencia de vibraciones. En la segunda prueba se puso un penique de canto sobre el tapón del radiador de un Rolls-Royce. El motor estuvo encendido

durante dos minutos; pero la moneda, para asombro de todos los presentes, no se cayó.

La bella o la bestia

El más escandaloso "Rolls-Royce" fue el *Beast* ("Bestia"), que produjo el extravagante financiero inglés John Dodd a fines de la década de 1970. De hecho, no era un Rolls-Royce auténtico. Dodd justificó el uso de la marca de automóviles más codiciada del mundo al instalar un motor Rolls-Royce para avión *Merlin 61* de 27 litros bajo el cofre de 4.3 m de largo de su automóvil, fabricado bajo pedido. Además, agregó dos de los famosos sellos de fábrica de esa casa: la estatuilla alada y el radiador.

Aunque nunca se demostró, se tuvo al *Beast* por el automóvil más rápido que haya recorrido una vía pública, a velocidades superiores a 320 km/h. Su motor era igual al que se usó en los aviones *Spitfire,* que combatieron durante la Segunda Guerra Mundial.

La Rolls-Royce se enfureció y recurrió a sus abogados. El *Beast,* nada confiable en el tráfico, se descomponía frecuentemente camino a los tribunales, adonde Dodd, ávido de publicidad, llegó una vez a caballo. Sin embargo, Dodd finalmente perdió el litigio, y en 1983 huyó a España. El *Beast* se fue con él, pero sin el famoso emblema de la casa Rolls-Royce.

Rolls en un automóvil de Royce El fabricante de automóviles Charles Rolls sentado al volante de uno de los tres modelos que diseñó el ingeniero electricista Henry Royce en 1904. Tanto le impresionó la calidad del vehículo que acordó comprar toda la producción de Royce y venderla con la marca Rolls-Royce.

CENICIENTA DE CUATRO RUEDAS

El coche "feo" del que se han vendido 21 millones de unidades

El sueño de un dictador *En mayo de 1938, Hitler examinó uno de los primeros Volkswagen. Pero su "coche del pueblo" no se fabricó en serie hasta después de la guerra: durante ésta, la fábrica produjo vehículos militares.*

"EL VEHÍCULO no satisface los requisitos técnicos fundamentales... su rendimiento y sus cualidades no son atractivas al común de los compradores. Es feo y ruidoso. Este vehículo tendrá popularidad, si acaso, sólo dos o tres años, a lo sumo." Ésta fue la opinión de la comisión británica creada al final de la Segunda Guerra Mundial para informar sobre el futuro del principal producto de los fabricantes alemanes de automóviles: el Volkswagen.

Los estadounidenses coincidieron, con su propia conclusión despectiva: "No vale nada." Veintisiete años después, este automóvil, llamado *Beetle* ("Escarabajo") o Volkswagen sedán, rebasó la cifra de ventas de 15 millones de vehículos del legendario Ford Modelo T.

La idea del Volkswagen (en alemán "coche del pueblo") nació en mayo de 1934 de una reunión entre Adolfo Hitler y Ferdinand Porsche, un diseñador más conocido hoy por sus automóviles de lujo. Hitler concebía el "coche del pueblo" como objeto de propaganda. Estipuló que debía llevar a una pareja con tres hijos, rendir cuando menos 8.3 litros por 100 km, y alcanzar una velocidad de 100 km/h. Además debía venderse en 1 000 Reichsmarks, precio insostenible por lo bajo, pero factible gracias al fuerte subsidio a la industria automovilística ordenado por Hitler.

Sin embargo, el dictador nunca vio el Volkswagen convertido en el "coche del pueblo" que había soñado. Se alentaba a los ciudadanos alemanes a dar abonos para los vehículos; pero nunca los recibieron. Durante la guerra, la fábrica sólo produjo vehículos militares. El dinero iba a las arcas del gobierno. Para cuando terminó la guerra, Hitler había muerto y la planta Volkswagen estaba reducida prácticamente a escombros.

Éxito de posguerra

Aunque los Aliados reestablecieron inicialmente la producción del vehículo, desdeñaron la oportunidad de invertir en él, y la Volkswagen regresó a manos alemanas. Su éxito dentro del país contribuyó a la restauración de la economía alemana. Pero sus nexos con Hitler y su diseño poco convencional limitaban mucho su acceso a los mercados de exportación.

La brecha se abrió en 1959 cuando una agencia publicitaria estadounidense seleccionó el nombre *Beetle* e inició una campaña de gran éxito. Se recalcaron los beneficios que ofrecía al consumidor el tamaño pequeño del coche (anteriormente visto como desventaja en EUA) y el motor enfriado por aire, que lo hacía muy confiable. El *Beetle* fue el automóvil de mayor importación en EUA por muchos años, lo que suministró el capital para que la Volkswagen conquistara otros mercados.

Actualmente, más de 50 años y 21 millones de unidades después de producido el primer vehículo, el Volkswagen sedán todavía se fabrica en México.

ASES DEL CAMINO

EN UN AÑO, un camionero estadounidense recorre en su vehículo de 18 ruedas hasta 800 000 km, equivalentes a más de 20 vueltas al mundo.

El límite de velocidad máxima en EUA es de 88 km/h, y un recorrido de costa a costa suele ser de 5 000 km en cada dirección. Por esto, es frecuente que los camioneros trabajen en pareja: uno duerme mientras el otro conduce. Son usuales los equipos de marido y mujer.

Muchos camiones tienen un espacio habitable, especialmente diseñado, detrás de la cabina del conductor. Llega a medir 3 m de altura, con 2.4 m² de espacio. Incluye televisor, cocineta, regadera, excusado y cama. El consumo de combustible de los camiones es enorme: uno de 18 ruedas rinde 100 km por 30 litros de diesel.

Los camioneros son una raza aparte. Estar tanto tiempo en el camino, lejos de sus familias, les produce mucho estrés, por lo que han creado una especie de comunidad: platican por radio de banda civil y se reúnen en los numerosos paraderos que tachonan las autopistas estadounidenses. Incluso han creado su propia jerga. Por ejemplo, los policías son "osos"; los frenos, "anclas", y los autos pequeños, "patines de ruedas". Cuando un camión que lleva un cargamento peligroso rebasa a un automóvil pequeño, se habla de él como de "un jockey suicida volándole las puertas a un patín de ruedas".

LUJO EN SU MÁXIMA EXPRESIÓN
Limusinas de fabricación especial que nunca verán los caminos

SI TIENE dinero de sobra y desea un carro hecho bajo pedido en verdad lujoso, acérquese a uno de los negocios especializados en estirar limusinas que prosperan alrededor de Los Ángeles, y encargue una suite de hotel sobre ruedas, totalmente equipada, con alberca incluida.

El ansia de convertir un automóvil normal en otro personalizado, distinto de los demás, fue parte de la cultura estadounidense después de la Segunda Guerra Mundial. En general, el objetivo ha sido crear coches que parezcan rápidos, indicativos de malas intenciones y peligrosos. Pero ciertos acaudalados conductores han creado limusinas que vuelven realidad las más disparatadas fantasías de Hollywood.

Lancha de ensueño

La competencia por crear el coche más largo y absurdamente lujoso del mundo es intensa, aunque las leyes de EUA prohíben manejar en la vía pública automóviles de más de 13 m de largo. La pretensión a ese título la tuvo el bien llamado *American Dream*. Lo construyó la empresa Jay Ohrberg Show Cars, de Newport Beach, California. Es un Cadillac de 18 m de largo, con 50 asientos y alberca.

Incluso ese vehículo se quedó chico en comparación con el *Hollywood Dream*, otro Cadillac de 50 asientos, que compró de segunda mano en 1988 Kenji Kawamuda, dueño de un centro deportivo y curativo cercano a Osaka, Japón. Cuando se lo mostraron, durante su visita a Australia, Kawamuda se percató de que este centro de placer con 22 ruedas podría atraer nuevos clientes a su negocio. Así es que compró el coche en 750 000 dólares y lo mandó cortar en dos para llevárselo en barco a Japón. Ahora, nuevamente ensamblado, lo tiene en exhibición permanente en su centro; con lo que cobra a los visitantes ya ha recuperado gran parte del desembolso.

Impulsado por un motor de 8 litros, el *Hollywood Dream* mide 20 m de largo y tiene cinematógrafo, salón de televisor, bar y una recámara para cuatro personas. Entre sus impresionantes instalaciones exteriores se incluyen alberca, tina de agua caliente y un campo de golf de un hoyo sobre el techo.

Un automóvil para vivirlo Con helipuerto, antena parabólica, dormitorio, cantina, tina de hidromasaje y alberca, este Cadillac llamado American Dream *ofrece todas las comodidades de la vida moderna... excepto espacio.*

UNA VISIÓN DEL FUTURO

¿Por qué fracasó el automóvil estadounidense de ensueño?

EN JUNIO de 1947, Preston Tucker, antiguo ingeniero de automóviles de carreras de Ypsilanti, Michigan, se vanaglorió ante su país de estar a punto de fabricar el primer automóvil nuevo en 50 años, el *Tucker 48*.

Esta aseveración captó de inmediato la atención del público. Aún se consideran clásicas las esbeltas líneas de la carrocería del *Tucker 48*. Con sus 1.5 m de altura, tenía distancia entre ejes de 3.3 m y medía 3 cm más que el Cadillac más grande.

En su diseño se suprimieron componentes habituales, como el embrague, la transmisión y el diferencial. Las ruedas se impulsaban desde el motor, montado atrás, mediante una transmisión automática que hacía su desplazamiento mucho más suave que el de otros automóviles. También eran novedosas las características de seguridad del carro, con frenos de disco (que no eran usuales antes de la década de 1950), parabrisas curvo, tablero de instrumentos acojinado y compartimiento de pasajeros delanteros "inaplastable".

Además, tenía tres faros, con luz cuya intensidad disminuía automáticamente al acercarse otro carro, y motor que permitía conducirlo con velocidad sostenida de 160 km/h sin gastar más de 8.3 litros por 100 km. Todo esto por 1 800 dólares. No es de extrañar que, según se

afirmaba, Tucker tuviera 300 000 pedidos por adelantado.

Tucker era un vendedor nato. Rápidamente reunió más de 25 millones de dólares en financiamiento y patrocinios, y su apellido se volvió familiar.

Investigación gubernamental

Sin embargo, la situación se puso difícil cuando fue evidente que, pese a sus promesas, Tucker de hecho no había iniciado la fabricación del vehículo. Esto despertó las sospechas de la Comisión de Valores y Bolsa del gobierno de EUA,

Visión nocturna Mucho antes de que la seguridad fuera un punto de venta importante, el Tucker 48 *tuvo innovaciones al respecto, como un tercer faro dirigido desde el volante de la dirección, que mejoraba la visión nocturna.*

que abrió una investigación. A fines de 1948 quedaban apenas dos millones de dólares del dinero de los inversionistas. En la línea de producción había unos cuantos automóviles en diversas fases de avance. Pero lejos de ser originales, tenían carrocería de Oldsmobile y motor de Cord, vehículos que producían sus competidores.

El fin de un sueño

La Comisión llegó a la conclusión de que el producto terminado iba a discrepar considerablemente del descrito en el folleto de obtención de fondos (ante todo en lo referente al motor), de modo que Tucker estaba cometiendo un fraude, y lo obligó a liquidar la empresa.

Cuatro meses después de tomada esta decisión, Tucker interpuso una apelación y fue absuelto. Pero su sueño se había desvanecido. De las 50 unidades *Tucker 48* que se produjeron, sólo algunas siguen rodando. Todavía hacen que la gente vuelva la cabeza, y no es para menos: producir cada una costó 510 000 dólares en 1948.

EL AVE FÉNIX DE LA FÓRMULA 1

EN EL ESTADIO DE Kyalami, en marzo de 1977, el corredor austriaco de automóviles de carreras Niki Lauda ganó el Gran Premio de Fórmula 1 de Sudáfrica. Sin embargo, ocho meses antes, cuando era el campeón mundial defensor, tuvo que ser extraído de su automóvil en llamas en la pista de Nürburgring durante el Gran Premio de Alemania de 1976. Había sufrido múltiples lesiones, entre las cuales se incluían quemaduras graves. Nadie esperaba que sobreviviera, e incluso le administraron la extremaunción.

Si Lauda logró sobrevivir fue gracias a su voluntad indomable. Al cabo de sólo seis semanas, dejó atrás sus cicatrices físicas y mentales y se metió en un automóvil de Fórmula 1. Culminó una notable temporada al ganar, entre todas las carreras, el Gran Premio de Alemania, esta vez en el circuito de Hockenheim, y fue campeón mundial de 1977. Al año siguiente se retiró, sólo para volver a la pista en 1982. Remató su carrera majestuosamente en 1984, al ganar el campeonato mundial de pilotos por tercera ocasión.

LO QUE VENDRÁ

La búsqueda de una alternativa al petróleo

EL 1 DE NOVIEMBRE de 1987 circularon por Darwin, Australia, 25 de los vehículos más extraños que se hubieran visto allí, con motivo de la primera carrera transcontinental de automóviles de energía solar. Cuando el aerodinámico *Sunraycer* cruzó la meta en Adelaide, cinco días y 3 060 km después, se lo festejó como punto de viraje en la búsqueda de una alternativa al petróleo.

La inversión de 15 millones de dólares de la General Motors en el *Sunraycer* demuestra la seriedad de los esfuerzos de los fabricantes de automóviles al respecto. Al menguar las fuentes de energía naturales y crecer la preocupación por los efectos nocivos de los combustibles en el ambiente, ha comenzado la búsqueda seria de fuentes de energía menos contaminantes.

Bienvenida, luz solar

A primera vista, la energía solar parecería una opción barata, limpia e inagotable. Pero aún es muy costosa para el automovilista común: el acumulador del *Sunraycer* pesa 27 kg y cuesta 10 000 dólares. Es más, el rendimiento del vehículo dependió ante todo de la energía solar que captó el acumulador durante el periodo de carga de dos horas diarias; si hubiese habido mal tiempo, no habría funcionado tan bien.

Los vehículos eléctricos han tenido defensores desde que uno fue el primero en romper la barrera de los 100 km/h, en 1899. Está demostrado que son más silenciosos y contaminan menos. Pero pocos recorren más de 80 km sin recargar la batería, y pasarán muchos años antes de que se cuente con acumuladores más eficientes. Se intenta crear un automóvil que funcione con un acumulador y con electricidad generada por la energía solar. Pero un acumulador de plomo y ácido, necesario para recorrer distancias largas, pesaría casi la mitad de lo que pesa un automóvil compacto.

Reflexión sobre los costos

También se consideran otros combustibles. Por ejemplo, el hidrógeno, que no contamina y sí abunda, es de extracción costosa (de gas natural, carbón o agua) y, dado que es muy inflamable, difícil de controlar. En comparación con los combustibles fósiles, los oxigenados —como el etanol y el metanol— generan menor volumen de sustancias causantes de la lluvia ácida. Pero producen otros gases nocivos que contribuyen al efecto de invernadero, o sea el aumento paulatino de la temperatura de la Tierra, que hace peligrar los frágiles ecosistemas. Además, el metanol derrite las juntas soldadas en los tanques de combustible.

En resumen, parece que el mundo seguirá atado al petróleo; por lo menos en el futuro próximo.

Armazón superligera Con peso menor de 7 kg, el chasís de aluminio del Sunraycer *ayuda a incrementar el rendimiento, a la vez que tiene resistencia suficiente para sostener los casi 270 kg de peso del vehículo.*

Fuerza solar De diseño muy aerodinámico, el Sunraycer *funciona con la energía solar que acumula en 9 500 celdas solares, que cubren un área de 27 m^2.*

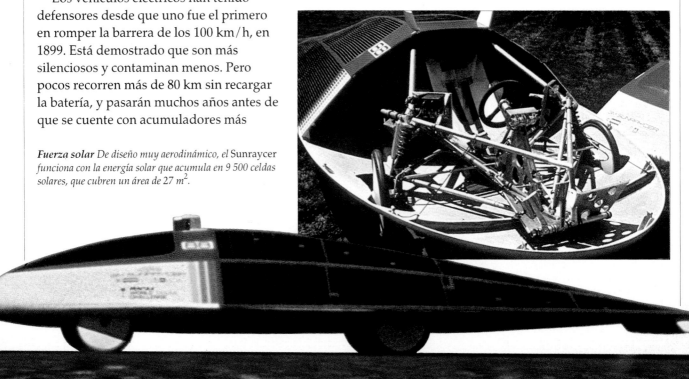

A TRAGOS Y SORBOS
Los vehículos más sedientos y los más frugales

EL TRASBORDADOR espacial estadounidense, mezcla revolucionaria de avión, plataforma de lanzamiento y nave espacial, es el vehículo más potente de la Tierra. Sus tres motores principales tienen propulsión suficiente para impulsar a 7.5 aviones jumbo. El combustible de hidrógeno y oxígeno líquidos de sus motores se localiza en un tanque exterior con capacidad de dos millones de litros. Cada uno de sus motores es más potente que todo el cohete *Atlas*, que en 1962 puso en el espacio a John Glenn, el primer astronauta de EUA que orbitó la Tierra. Aunados a los dos gigantescos cohetes aceleradores, los motores elevan el trasbordador a una altitud de 45 km dos minutos después de que despega. En ese punto, la nave espacial vuela a 4 800 km/h y devora cada minuto más de 234 000 litros de combustible. Al cabo de ocho minutos se ha consumido gran parte del suministro de combustible primario. Sin embargo, para entonces el trasbordador ya está en órbita. El tanque exterior se desprende y se destruye al reingresar en la atmósfera terrestre.

Aeronave frugal

En comparación con el trasbordador, el Boeing 747 (jumbo) es un modesto consumidor. Este avión, con peso de 340 ton cuando vuela a su capacidad máxima, de 500 pasajeros, tiene tamaño similar al orbitador del trasbordador. Pero sus tanques de combustible, con capacidad de 203 900 litros, sólo almacenan poco más de la décima parte que el trasbordador. El consumo de combustible del jumbo también es relativamente moderado, en comparación con el trasbordador: 207 litros por minuto a 920 km/h, su velocidad de crucero máxima.

Los menos sedientos

En tierra, incluso los vehículos más grandes, como los gigantescos camiones Peterbilt de EUA, son moderados respecto de sus congéneres del aire. Pese a llevar cargas hasta de un tercio del peso de un Boeing 747 lleno, consumen sólo 30 litros cada 100 km. En el límite inferior de la escala, el *Okopolo*, prototipo de la Volkswagen, de hecho toma la gasolina a sorbos. Para ahorrar combustible, el motor de este frugal cochecito se apaga cuando el conductor quita el pie del acelerador o el sistema de control del motor detecta que no se necesita más potencia, y vuelve a encenderlo si el conductor pisa otra vez el acelerador. El índice de consumo de diesel del *Okopolo* es de 1.7 litros por 100 km.

Estela de humo *Entre densos nubarrones de humo, el trasbordador espacial de EUA se eleva hacia su órbita tras despegar del Centro Espacial Kennedy, en Cabo Cañaveral, Florida.*

EL RALLY AUTOMOVILÍSTICO MÁS AGOTADOR

EL DÍA DE AÑO NUEVO DE 1988 se reunieron más de 600 coches, motocicletas y camiones en el palacio de Versalles, en las afueras de París, para el inicio del Rally París-Dakar, la carrera anual más difícil. Los competidores tenían ante sí 14 000 km de algunos de los terrenos más desolados del mundo, que los llevarían a través de Francia y España hasta Senegal en el noroeste de África, a través del ardiente desierto del Sáhara; para entonces habrían consumido más de 60 000 litros de diesel y otros 40 000 de gasolina.

Para el décimo rally anual, los organizadores decidieron que el ya célebre recorrido fuese más agotador que nunca. Lo lograron trágicamente. Cuando el vencedor, Juha Kankkunen, de Finlandia, cruzó tres semanas después la meta en la playa de Dakar, el evento había cobrado seis vidas entre competidores y espectadores, además de dejar a muchos otros heridos de gravedad.

Desafiando las dunas

Esto indujo a intensificar las medidas de seguridad. Sin embargo, el rally no dejará de ser traicionero. Podrán estar listos los equipos de rescate, pero los conductores seguirán batallando con obstáculos, como dunas de 18 m, cegadoras tempestades de arena y temperaturas diurnas de 27°C en promedio. Uno de los tramos más terribles es el de la *fech-fech*, dura costra de arena bajo la cual hay otra profunda capa de arena blanda; conducir sobre ella es como patinar sobre hielo delgado. En 1988, 150 participantes abandonaron el rally en el cuarto día, tras atascarse en la *fech-fech*.

Entre los innumerables peligros que enfrentan los conductores están el taponamiento del radiador con arena y el sobrecalentamiento del motor. O la dificultad de hallar puntos de referencia en los que pueda fijarse la vista, cuando se conduce por horas a través del desierto. Un competidor dijo haber conducido varios minutos a casi 190 km/h con los ojos cerrados.

Las medidas de seguridad del rally son mejores que nunca, con médicos aerotransportados y radios para emergencia instalados en los vehículos participantes. Pero el Rally París-Dakar aún merece su reputación de ser la carrera más agotadora.

LA *AUTOGUIDE*

Cómo se trasladarán de A a B los automovilistas del mañana

IMAGÍNESE el lector manejando su automóvil en el centro de una metrópolis. Cuando se acerca a un crucero importante, una pantalla del tablero del automóvil le indica hacia dónde debe dar vuelta para llegar a su destino; le advierte visualmente que hay un congestionamiento de tránsito adelante; le muestra un diagrama del camino y señala la mejor ruta para evadir el embotellamiento. Es la *Autoguide* ("Autoguía"), sistema de orientación para conductores del futuro, que se prueba en Berlín y en Londres, y a fin de siglo quizá se use regularmente en toda Europa.

Los vehículos de prueba están equipados con una computadora, que recibe información al minuto sobre rutas y condiciones de tránsito, de una red de balizas electrónicas situadas a lo largo del camino, que transmiten un "mapa" a la

computadora de la *Autoguide*. Ésta lo descifra y en una pantalla digital le exhibe al conductor la mejor ruta, con orientación detallada en cada cruce. Hay un prototipo de *Autoguide* que incluso da instrucciones habladas con voz de sintetizador. El conductor sólo tiene que indicar su destino al iniciar el viaje, y luego seguir las advertencias. El sistema también podría auxiliar al transporte público, por ejemplo, respecto de la ubicación de una terminal de camiones.

Los partidarios de la *Autoguide* afirman que ayudará a mejorar la seguridad en los caminos y reducirá el gasto de combustible, al evitar rodeos innecesarios en tramos desconocidos. Pero los más beneficiados serían los conductores suburbanos cotidianos, que estarían menos expuestos a congestionamientos e irritaciones y tendrían viajes más cortos.

Camino despejado *Para emplear la* Autoguide, *el conductor escribe en la unidad de control manual el sitio al que va. Un transceptor interno indica de continuo la ubicación del vehículo, mediante un sensor magnético, a las balizas que están al borde del*

camino. Éstas reciben, de un centro de control, información sobre el tránsito y la ruta, y envían los datos a una microcomputadora instalada en el coche, que los descifra y despliega en una pantalla, donde el conductor ve instrucciones detalladas de la ruta que debe seguir.

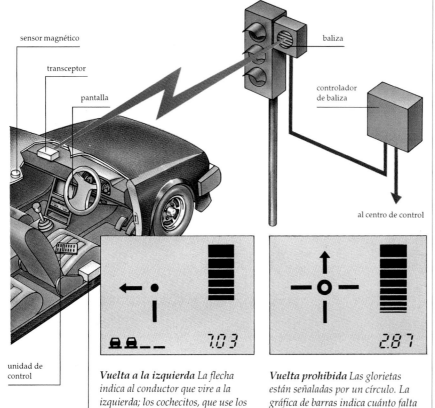

sensor magnético

transceptor

pantalla

baliza

controlador de baliza

al centro de control

unidad de control

procesador

Vuelta a la izquierda *La flecha indica al conductor que vire a la izquierda; los cochecitos, que use los carriles de la izquierda. La cifra es la distancia hasta su destino.*

Vuelta prohibida *Las glorietas están señaladas por un círculo. La gráfica de barras indica cuánto falta para la glorieta, donde el conductor deberá seguir de frente.*

CONSTRUCCIÓN DE PUENTES

Tramos de puentes que imponen marcas en el mundo

A LO LARGO de la historia, el hombre ha sido constructor de puentes. Del simple tronco para cruzar un torrente surgió el diseño fundamental de vigas, todavía muy utilizado. Además, el principio del arco de círculo, que desarrollaron los romanos, subsiste como base incluso de estructuras tan complejas como el puente del puerto de Sydney, Australia, cuya anchura de 49 m supera a la de cualquier otro de tramo largo.

El puente más largo del mundo es la segunda de las dos calzadas Lake Pontchartrain Causeways, terminada en 1969, de 38 km de longitud. Enlaza las localidades de Lewisburg y Metairie, en Louisiana, Estados Unidos.

El tramo central del puente Humber, en el noreste de Inglaterra, es el puente colgante más largo. Su estructura cuelga de dos torres de 162 m, separadas entre sí 1 410 m en la base y 3.6 cm adicionales en su extremo superior, para compensar la curvatura de la Tierra.

A fines de siglo, el proyectado puente Akashi-Kaikyo de Japón será más largo que el Humber. Se trata de un puente colgante, con tramo principal de 1 980 m de largo. También se han trazado planes para construir un puente sobre el estrecho de Mesina para enlazar Sicilia con la Italia continental. Este puente tendría un solo tramo de 3 320 m de longitud.

Enlazando continentes

Otro asombroso proyecto que está en boceto es un puente que enlazaría a Europa con África por la parte más angosta del estrecho de Gibraltar. Planeada por el ingeniero suizo Urs Meier, la estructura sería totalmente de plástico reforzado y tendría un tramo central de longitud colosal: 8 400 m.

¿SABÍA USTED QUE...?

EL TÚNEL de ferrocarril más largo del mundo es el Seikan, en Japón, que une las islas de Honshu y Hokkaido. Dicha estructura, de 54 km de longitud, se localiza 100 m bajo el lecho marino del estrecho de Tsugaru. El túnel de carretera más largo es el de San Gotardo, en Suiza, inaugurado en 1980 y que tiene un trayecto de 16 km bajo los Alpes suizos.

capítulo diez

MAESTROS DE SU ARTE

EL PINTOR DE la escuela cuatrocentista italiana Andrea Mantegna sin duda se habría asombrado al saber que en el siglo XX numerosos turistas hacen cola a diario para ver su habitación pintada de ilusiones, la *Camera degli Sposi,* en Mantua *(página 367)*. Esta obra maestra es típica del Renacimiento: una descarada celebración del mundo que lo imita con esmero. Las obras de Mantegna —y las de todos los pintores, escritores, músicos, bailarines, artesanos y grandes personajes que le precedieron y le siguieron— todavía son fuente de entretenimiento y asombro.

EL MUNDO COMO ESCENARIO

La magia del teatro en palabras y lienzos pintados

SE PIDE silencio al público y se alza el telón. Aparece un escenario resplandeciente: quizás una atestada calle de la Venecia renacentista o el salón de una casa de campo inglesa. Apenas comienza la acción, el auditorio se transporta a ese sitio, pues el escenario parece natural y crea la ilusión de que lo que sucede en el foro es real.

Aunque el teatro occidental se remonta a más de 25 siglos, la escenografía es una innovación hasta cierto punto reciente. Los actores griegos y romanos actuaban entre pilares y pórticos, con un escenario estilizado e inalterable. Los decorados especiales para cada obra se usaron por primera vez en las cortes de los príncipes renacentistas italianos. En la Italia del siglo XVI se puso de moda montar obras en interiores, en lo que se consideraría un escenario convencional: un cubo al que le falta un lado. Artistas y arquitectos creaban telones pintados y bastidores que daban la ilusión de un escenario tridimensional.

Sin embargo, en otros países el teatro continuó siendo un espectáculo al aire libre. Por ejemplo, el

Espectáculo al aire libre *El teatro de Dionisio, construido hacia el año 330 a.C. al pie de la Acrópolis, en Atenas, era una estructura al aire libre. El área semicircular para danza, conocida como orquesta, separaba al público del escenario.*

escenario del Teatro Globo de Shakespeare se extendía hacia las gradas. La escenografía habría obstruido la visión al público, de modo que sólo se usaban el vestuario y contados accesorios, y en los parlamentos se citaba el sitio de la acción. Fue en la segunda mitad del siglo XVII, décadas después de la muerte de Shakespeare, cuando el teatro inglés adoptó los decorados lujosos. Pero Shakespeare tuvo éxito en su época, con lo cual se comprueba que una obra y actores de calidad pueden atraer público al mundo del teatro con tanta eficacia como una escenografía impresionante.

Arte al descubierto *Una producción moderna en el teatro Young Vic de Londres pretende recrear el contacto íntimo que había entre los actores y el público en la época de Shakespeare.*

¿SABÍA USTED QUE...?

LA OBRA TEATRAL más antigua que se conoce es un drama religioso escrito en el antiguo Egipto hacia el año 3200 a.C., hace más de cinco milenios. Esta obra cuenta la terrible historia del asesinato del dios Osiris por su malvado hermano Set. El cuerpo de la divinidad es cortado en pedazos y luego es esparcido sobre un área extensa. Sin embargo, su esposa Isis y su hijo Horus juntan las partes y el dios muerto resucita. La obra termina con la coronación de Horus como rey de Egipto. En 1895, el texto de este drama se descubrió en un papiro en Luxor, antigua Tebas.

UNA OBRA DE *PUNCH*

El origen de las marionetas de Punch y Judy

L A VIOLENTA farsa de Punch y Judy deleita al niño que hay en todos, jóvenes o viejos. Pero un espectador adulto difícilmente deja de cuestionarse cómo se puede considerar infantil una obra en la que el héroe estrangula al hijo,

golpea a la esposa hasta matarla, ahorca al verdugo y a menudo hace migas con el diablo.

Aunque no se conoce el origen de Mr. Punch, su antepasado parece ser un títere italiano, *Pulcinella*, que creó el comediante Silvio Fiorillo hacia 1600. Fueron necesarios otros 60 años para que Pulcinella emigrara a Inglaterra como el jorobado títere de nariz ganchuda, Punchinello, que después se abrevió a Punch.

En 1662, el famoso diarista Samuel Pepys vio por primera vez la obra en el Covent Garden de Londres, y declaró su entusiasmo por el espectáculo de marionetas que, según dijo, era "el mejor que vi jamás". Mucha otra gente debió pensar igual, pues en ese mismo año la obra fue presentada en la corte, ante el rey Carlos II. Una vez establecida, su popularidad nunca ha decaído.

Violencia divertida

La búsqueda de significado a las explosiones violentas de Punch ha provocado algunas raras especulaciones. Por ejemplo, una vez se planteó que Punch representaba a Poncio Pilato y Judy a Judas Iscariote, en una alegoría cristiana.

Es probable que tan sólo sea una diversión violenta y anárquica, e irresistible como lo son muchas cosas del peor gusto posible. Naturalmente, pese a los millones de veces que Punch ha matado a su Judy en los últimos 300 años, no hay señal de que ella abandone al fantasma para siempre.

Figura graciosa *Pulcinella, de nariz aguileña y vestido aquí con su traje típico, era un personaje familiar en la* commedia dell'arte, *el teatro cómico italiano del siglo XVII.*

¿SABÍA USTED QUE...?

LA PALABRA "tragedia" significa "canto del macho cabrío" (del griego tragos, *macho cabrío, y* oda, *canción). Se refiere a la costumbre primitiva de sacrificar a este animal en el clímax de una representación, o a sus pieles, que vestían los sátiros en los ritos dionisiacos, predecesores éstos del drama en el teatro griego.*

UN ÉXITO SINGULAR

Lo que hay detrás de un actor que rompe marcas

E S EL 16 DE ENERO de 1967. En espacio de sólo tres horas, un barbilampiño de 44 años se transforma en un arrugado septuagenario, y el historiador y anticuario del siglo XVII John Aubrey revive. No es brujería; es la magia del maquillaje escénico moderno.

Es la primera noche del espectáculo para un solo actor *Brief Lives* de Roy Dotrice, adaptado de apuntes biográficos de Aubrey acerca de personajes eminentes, en el Hampstead Theatre Club de Londres. Dotrice soporta un doloroso proceso que implica grandes cantidades de látex, una falsa nariz, dientes tapados, coronilla calva y barba falsa. Estará en escena dos horas, seguidas de otra más para quitarse el maquillaje.

Una sesión de maquillaje de tres horas no es un récord según los estándares de la industria fílmica. Se requirieron 20 horas en la preparación de Rod Steiger para su papel principal en *El hombre ilustrado*, en 1969; tuvieron que cubrir todo su cuerpo con tatuajes simulados.

Sin embargo, Steiger no tuvo que aguantar la prueba noche tras noche. Dotrice sí: entre 1967 y 1974 representó la obra no menos de 1 700 veces, con funciones en el West End de Londres, Broadway y una gira mundial. Al hacerlo, rompió la marca del mayor número de representaciones de un espectáculo de un solo actor. Requería tanto tiempo para maquillarse para su papel, que estuvo en la silla el doble (casi 850 jornadas de ocho horas en total) del tiempo que pasó en escena.

APENAS TIEMPO PARA RESPIRAR

S I EL LECTOR FUERA a ver la obra más corta del mundo, apenas tendría tiempo para sentarse antes de emprender el regreso a casa. *Breath*, de Samuel Beckett, dura sólo 35 segundos.

En *Breath* se suprimen convenciones teatrales, como diálogo, argumento o actores. Las instrucciones para la escena son de sólo 120 palabras. Se levanta el telón del escenario cubierto de basura, y la única "acción" consiste en efectos de luz y una pista sonora que comienza con el llanto de un recién nacido, seguida de

una inspiración de 10 segundos y una espiración de 10 segundos, para terminar con el llanto de un moribundo.

Beckett la escribió en 1969, como contribución a la polémica revista musical de Kenneth Tynan ¡*Oh! Calcuta*. Pero Tynan modificó el guión de Beckett sin decírselo. Éste se molestó tanto que lo llamó "mentiroso" y "estafador". ¿Qué lo puso tan furioso? Beckett descubrió que Tynan había representado la obra con actores. Quizá nunca se sepa si además le disgustó que los actores salieran desnudos.

SER O NO SER...

¿Cuántas palabras declama el príncipe de Dinamarca?

LA PRÓXIMA vez que el lector vea una producción de *Hamlet,* de Shakespeare, piense en el príncipe. En esta obra, la más larga del bardo de Stratford, el protagonista de Hamlet debe declamar 1 530 líneas con un total de 11 610 palabras. En cambio, *La comedia de las equivocaciones,* la obra más corta del mismo autor, tiene sólo 1 778 líneas, menos de la mitad que *Hamlet* (3 931 líneas).

Entre 1590 y 1610, Shakespeare escribió más de 100 000 líneas teatrales y creó

Mano amiga *Esta caricatura de principios del siglo XX muestra a Shakespeare recibiendo ayuda de Francis Bacon, uno de los verdaderos autores de sus obras, según se ha afirmado.*

1 277 personajes, mayores y menores. Su vocabulario fue uno de los más ricos de la literatura inglesa. En sus obras utiliza más de 30 000 palabras, o sea el doble del léxico promedio de un individuo educado de fines del siglo actual.

Casi la mitad de sus obras fueron publicadas por separado en vida del autor, en el formato en cuarto, que consiste en doblar un pliego de papel en cuatro. El origen de estos textos se debió a menudo a ediciones piratas de argumentos o apuntes, escritos de prisa durante representaciones y sin corregir. En una edición en cuarto de *Hamlet* está la frase inmortal: "Ser o no ser, éste es el problema." Por fortuna, siete años después de la muerte de Shakespeare en 1616, dos de sus amigos produjeron una edición fiel de sus obras completas, el *Folio,* que ha servido de base para muchas ediciones subsecuentes.

Dudas sobre la autoría

Algunos críticos aún se niegan a creer que un simple actor, educado en una escuela de segunda enseñanza del centro de Inglaterra, con "poco latín y menos griego", pudiera escribir obras de tanta fuerza como las de Shakespeare. En distintas épocas, todas o algunas han sido atribuidas a toda una gama de posibles autores, como el conde de Oxford, el filósofo Francis Bacon y una monja isabelina.

En aras de ser realistas, debe admitirse que las obras de Shakespeare están lle-

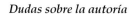

¡Ay, pobre Yorick! Hamlet, interpretado aquí por el actor británico Laurence Olivier en una película de 1948, medita en que la muerte convierte al hombre en polvo.

nas de anacronismos y pequeños absurdos. Por ejemplo, un reloj suena en la antigua Roma, 10 siglos antes de que se inventaran los relojes, y Cleopatra juega billar. En *Cuento de invierno,* un barco atraca en las costas de Bohemia, región que no tiene acceso al mar. Y en *El Rey Lear,* el duque de Gloucester, supuestamente un noble precristiano, habla de gafas, cuando los anteojos no se usaron en Inglaterra antes de 1400.

Sin embargo, todo esto no importa. Shakespeare es por lo visto indestructible: sus obras se representan más que las de cualquier autor teatral en la historia del mundo, y son tan populares hoy como durante los últimos 400 años. Él fue en realidad, como escribió su contemporáneo Ben Jonson, un autor "no de una época, ¡sino de siempre!"

LA ÚLTIMA VOLUNTAD

CUANDO SHAKESPEARE murió el 23 de abril de 1616, al cumplir 52 años, era un hombre próspero, como lo atestigua su testamento. Por ejemplo, el legado para su hija mayor, Susanna, incluyó "todos mis graneros, establos, huertos, jardines, terrenos, propiedades y bienes..."

No obstante, para su esposa Ana Hathaway hubo sólo una mención en el testamento: "Ítem: dejo a mi esposa la segunda mejor cama con el mobiliario." ¿Revelaba esto una falta de amor marital? Tal vez no. Como viuda de Shakespeare, Ana

recibiría una herencia considerable por derecho, lo cual no requería especificación. Y la "segunda mejor cama" había sido el tálamo conyugal de toda su vida, ya que la mejor cama estaba reservada para visitantes. De tal suerte, quizás hubo un detalle amoroso después de todo.

Ausente por completo del testamento está cualquier referencia al gran legado de obras y poemas que dejó Shakespeare. Al no haber leyes de derechos de autor, las obras no pertenecían a nadie ni tenían valor monetario alguno.

¿SABÍA USTED QUE...?

MACBETH *es considerada una obra de mala suerte, ya que por tradición se cree que el texto incluye un parlamento de verdadera magia negra. Los actores siempre evitan referirse a la obra por su nombre, en vez de lo cual la llaman "la obra escocesa", y nunca la citan en el camerino.*

EL ROSA Y EL GLOBO

El boyante escenario teatral en el Londres de Shakespeare

EN 1599, POCOS años antes de la muerte de la reina Isabel I, un alemán que visitaba Londres se percató de la floreciente actividad teatral y comentó: "Diariamente a las dos de la tarde, en Londres se representan dos y a veces tres obras en diferentes sitios, compitiendo entre sí, y las mejores tienen más espectadores." Había mucho público por el cual competir: en 1605, casi 21 000 londinenses apasionados del teatro iban a ver una obra cada semana, o sea uno de cada diez habitantes de la ciudad.

Como el auditorio televisivo de hoy, los isabelinos esperaban ver nuevas obras todo el tiempo, lo que generó una enorme demanda de autores que las crearan. William Shakespeare fue uno de los dramaturgos más exitosos de su época, además de consumado actor y copropietario del teatro más prestigiado de Londres, el Globo. Pero su producción de 37 obras en poco más de 20 años, impresionantemente prolífica según las pautas modernas, resulta insignificante junto a la de algunos de sus contemporáneos, como Thomas Heywood, quien afirmó haber participado en la redacción de por lo menos 220 obras.

Como las autoridades de la ciudad de Londres no aprobaban el teatro, los foros se construyeron fuera de los límites de la ciudad, y con el tiempo se congregaron cerca de Southwark, en la ribera sur del Támesis. En esta versión isabelina del Broadway neoyorquino, el Rosa fue fundado en 1587, y su famoso rival, el Globo, 12 años después.

De pie o sentado

Según las normas de la época, estos teatros eran estructuras imponentes. El Globo tenía capacidad para 2 000 personas; pero gran parte del escenario no estaba techado, de modo que la lluvia podía parar la obra. Los espectadores se sentaban en un círculo de galerías de tres pisos o se paraban frente al escenario. Como relató el alemán, lo que uno podía ver dependía de dónde se estuviera parado o sentado: "Si no le importa permanecer de pie abajo sólo paga un penique; pero si desea sentarse, entra por otra puerta y paga otro penique..." Los precios aumentaban a seis peniques para los asientos de galería más exclusivos en los "palcos de los lores".

El poder de las palabras

Con la masa de "mosqueteros" —los que pagaban sólo un penique— pululando frente al escenario y los sofisticados de gala parloteando en las galerías, el ambiente de un teatro shakespeariano era muy distinto al de uno actual. A fin de atraer la atención de esta multitud socialmente diversa, los actores usaban muy pocos accesorios o efectos especiales, aunque muy efectivos. El escenario no tenía escenografía en gran parte de la acción, y el éxito o fracaso de la obra dependían sobre todo de la magia de las palabras. Por fortuna, aunque muchos de los mosqueteros eran iletrados, también eran muy sensibles al ingenio verbal y la magnificencia del idioma.

Sin embargo, a veces sucedían imprevistos que conferían otro tipo de interés al teatro. En 1613, el Globo quedó reducido a cenizas cuando un cañón, disparado como efecto especial, incendió el techo de paja sobre el escenario. Sólo se lastimó un hombre al quemarse sus pantalones, que apagó al verterles cerveza.

¿SABÍA USTED QUE...?

EN 1787, *en el teatro Richmond, cerca de Londres,* Hamlet *se representó sin Hamlet, pues quien iba a actuar el papel del príncipe se puso demasiado nervioso. El novelista Walter Scott, que estaba entre el público, advirtió que en opinión de muchos espectadores la obra mejoró con la ausencia del melancólico héroe.*

* * *

EN LA *producción realista que hizo en 1900 el actor-director Herbert Beerbohm Tree de* Sueño de una noche de verano, *en Londres, había arbustos en flor, una alfombra de pasto verdadero y conejos que corrían por el escenario.*

Reconstrucción "global" Boceto del interior del Teatro Globo (que actualmente está en reconstrucción en el Bankside de Londres) en que se muestra el escenario parcialmente cubierto, el patio abierto y galerías techadas.

EL MUNDO EN UN ABANICO

Los secretos del teatro tradicional japonés

L A CULTURA japonesa ha producido dos formas de teatro interesantes y originales, el teatro No y el Kabuki. El primero, más antiguo, casi no se ha modificado en los últimos seis siglos. Los fundadores de esta tradición, Kannami Kiyotsugu y su hijo Zeami Motokiyo, depuraron su estilo teatral para halagar el gusto de la exigente aristocracia japonesa, que había transformado actividades cotidianas, como beber té y hacer arreglos florales, en actividades artísticas elegantes.

En consecuencia, el teatro No es un espectáculo mínimo, más un ritual que un drama, y cada movimiento y entonación tienen una forma establecida para siempre. Son pocos los diálogos hablados y no hay escenografía ni efectos especiales. Con la simple manipulación de un abanico en distintas maneras, el actor puede sugerir lluvia, agua ondulante o luna creciente. Todos los actores son hombres que usan máscaras para representar los papeles de mujeres, dioses, diablos o ancianos. A lo largo de casi toda la obra, un coro canta las líneas principales del actor, mientras éste ejecuta los solemnes movimientos rituales de una danza.

Hay cinco tipos de dramas en el teatro No: obras sobre dioses, guerreros y mujeres; obras diversas, en general sobre

Narración colorida En el teatro Kabuki tradicional se usa maquillaje en vez de máscaras para definir los caracteres como buenos o malos, masculinos o femeninos, serios o cómicos.

locos; y acerca de demonios, bestias extrañas u otros seres sobrenaturales. Tradicionalmente los programas incluían una obra de cada tipo; pero hoy es habitual que abarque sólo dos o tres.

El teatro Kabuki es de estilo muy diferente. Basado en el carácter melodramático de las marionetas, siempre ha atraído al pueblo más que a la aristocracia. Sus orígenes se remontan a 1603, cuando una bailarina, Okuni, organizó con éxito puestas teatrales y danzas eróticas en el lecho seco de un río de Kyoto. A esta forma teatral se la asoció con la prosti-

tución y en 1629 se prohibió que las mujeres aparecieran en escena. No obstante, quedó establecido como teatro popular y luego se desarrolló con reparto exclusivamente masculino.

Ser actor del teatro Kabuki es una profesión hereditaria, que se transmite de padre a hijo, y las familias de actores conservan la tradición. Con sus largas representaciones —al principio duraban 12 horas, y hoy 5—, actores muy maquillados y estilizada acción, el Kabuki está muy lejos del concepto de teatro occidental tradicional. Al igual que en el teatro No, la danza, el movimiento y el canto tienen más importancia que el diálogo.

Un programa de Kabuki consta de cuatro partes: un drama histórico seguido de una o dos danzas, un tema doméstico y un impresionante drama bailado.

En Occidente ha habido múltiples giras de teatro No y Kabuki, y su influencia es evidente en el teatro minimalista occidental moderno. El Kabuki ha perdido algo de su pureza por el contacto con la cultura occidental. Pero la tradición japonesa aún es tan exótica e impenetrable como siempre para los aficionados al teatro del Broadway neoyorquino o el West End londinense.

Minimalismo pródigo En el teatro No es violento el contraste entre el elaborado vestuario y la escasa escenografía.

UNA MEJOR RATONERA

¿Qué secreto guardan ocho millones de personas?

LA MILÉSIMA representación de la obra de Agatha Christie *La ratonera* en el teatro Ambassadors de Londres, el 22 de abril de 1955, sólo llamó la atención de un crítico, que escribió: "El mayor misterio de esta noche es por qué esta obra ha durado tanto." En diciembre de 1970, se convirtió en la producción que más tiempo había estado en cartelera, al alcanzar 7 511 funciones consecutivas. Y continúa hasta hoy; en 1988 llegó a la función 15 000. A la fecha, más de ocho millones de personas la han visto en el West End londinense.

Esta legendaria obra policiaca se estrenó en el teatro Royal en Nottingham, Inglaterra, en octubre de 1952, y se cambió en noviembre de ese año al teatro Ambassadors, en Londres, donde recibió buenas críticas. Sin embargo, no había indicios de lo que sucedería, y la propia Agatha Christie predijo una temporada no mayor de seis meses.

Se suman los años

Actores van y vienen, y el decorado se ve como el de 1952. Ha habido una sola renovación completa de escenografía, aunque los muebles y accesorios se reemplazan conforme se gastan. Dos objetos, un reloj y un sillón de cuero, son los mismos de la producción original.

En los primeros 36 años de la obra, las encargadas del vestuario plancharon más de 106 km de camisas, y los espectadores consumieron más de 269 ton de helado y 220 000 litros de bebidas no alcohólicas. En enero de 1985, el "arma asesina" original (un revólver .38 Colt New House, eliminado de la producción después de que en 1962 se prohibieron en el escenario armas de fuego verdaderas) se vendió en una subasta en casi 700 dólares, seis veces su valor normal.

El secreto del éxito

¿Por qué *La ratonera* continúa atrayendo público noche a noche? Quizá porque el empresario Peter Saunders tuvo cuidado de darle publicidad en los primeros años. En la fiesta del décimo aniversario, en el hotel Savoy, el pastel pesó más de media tonelada. Se convenció a una actriz del reparto de casarse bajo un arco de ratoneras. Y recibió atención inesperada después de su representación en la prisión de Wormwood Scrubs, cuando dos reos aprovecharon la ocasión para escapar. En cada aniversario, la publicidad dada a la obra atrae más público, lo cual conduce a otro aniversario, y así sucesivamente.

El mayor misterio es: ¿quién cometió el crimen? Aunque la obra se ha traducido a 22 idiomas y se ha representado en 21 países, los millones que la han visto se cuidan de no revelar el secreto. Sólo existe una excepción conocida: un enfurecido taxista cuyos pasajeros no le dieron propina. Al dejarlos en el teatro

Antepasados ilustres Desde los días del reparto original, que encabezaron Richard Attenborough y Sheila Sim, 230 actores y actrices han aparecido en La ratonera, *además de que ha habido 180 suplentes.*

donde se representaba *La ratonera*, les gritó: "¡El mayordomo lo hizo!" Sin embargo, no fue tan vengativo como parecería a primera vista: no hay mayordomo en la obra.

LLAMADA A ESCENA DE UN CONFEDERADO

Cómo un joven actor cambió el curso de la historia

ES EL 14 DE ABRIL DE 1865. En el Teatro Ford, de Washington, D.C., el joven actor John Wilkes Booth se preparaba para dar la mejor función de su vida. Estaba a punto de asesinar al presidente de Estados Unidos.

Sin problemas, Booth llegó hasta el palco donde Abraham Lincoln y su esposa disfrutaban el acto final de *Our American Cousin*. Esperó a oír una frase en la obra que siempre hacía que el teatro se viniera abajo en aplausos, y entonces, en silencio, abrió la puerta del palco, apuntó a la nuca del presidente y disparó. Después Booth saltó al escenario y escapó en un caballo que lo esperaba detrás del teatro.

El presidente Lincoln murió a la mañana siguiente: Booth había pasado a la historia. Mas, ¿quién era y por qué quiso matar al presidente? Booth era un exitoso actor que ganaba más de 20 000 dólares anuales. Sin embargo, también era un decidido opositor de la decimotercera enmienda de Lincoln, que pretendía abolir la esclavitud en los estados del sur (confederados).

Planes corregidos

El plan original de Booth, elaborado un mes antes, era secuestrar al presidente Lincoln y entregarlo al gobierno confederado, que podría intercambiarlo por prisioneros de guerra. Reclutó a varios cómplices para que le ayudaran. Realizaron su primer intento el 17 de marzo, cuando interceptaron el carruaje del presidente en el camino a una función de teatro en Washington. Sin embargo, Lincoln no iba en el carruaje. Entonces, Booth decidió secuestrar al presidente en el Teatro Ford. Pero cuando estuvo listo, el gobierno confederado había caído y Booth decidió que sólo medidas desesperadas podrían ayudar al Sur. Pensó que si mataba al presidente podría incitar una revolución en el norte que ayudara al Sur.

Al principio pareció que el asesino, luego de cruzar el río Potomac hacia Virginia, eludiría a sus perseguidores. Pero el 26 de abril de 1865 Booth fue rodeado por tropas de la Unión en un depósito de tabaco en Virginia. Como se negó a entregarse vivo, incendiaron el depósito y fue muerto a tiros cuando intentó escapar de las llamas.

LA CIUDAD DE LOS SUEÑOS

Cómo Hollywood pasó de naranjal a ciudad de oropel

SI UNA PALABRA simboliza al cine, es Hollywood. El lugar en el mundo más afecto a hacerse publicidad incluso tiene en las colinas cercanas un anuncio con su nombre en letras de cinco pisos de altura. Pero este glorificado centro de la industria fílmica antes fue una sucesión de polvorientos naranjales en las afueras de Los Ángeles. En la década de 1880, el constructor Horace H. Wilcox adquirió dichos terrenos. Su esposa Daeida los llamó Hollywood por la casa de un amigo en Chicago. Wilcox, ardiente partidario de la Prohibición, deseaba crear una comunidad religiosa abstemia; pero la realidad fue otra. En 1910 Hollywood quedó incorporado a la ciudad de Los Ángeles. Para entonces, los primeros realizadores de películas se habían mudado allí, pues reconocían que las condiciones del sur de California eran ideales para sus propósitos: los días soleados casi todo el año y la gran diversidad de paisajes —desierto, océano, montañas, bosques— eran escenarios perfectos.

Estrellato en una urbanización irregular

En 1913 se filmó *The Squaw Man,* de Cecil B. De Mille. Fue el primer largometraje de Hollywood y un éxito de taquilla. Con De Mille al frente, la recién formada Paramount Pictures Corporation prosperó. Pronto la siguieron Universal, Fox, MGM, Warner Brothers, United Artists y Columbia. Al llegar 1920, Hollywood ya era la indiscutible capital fílmica del mundo.

En las siguientes tres décadas, Hollywood atrajo a los mejores escritores, productores, directores y actores del mundo, seducidos por su encanto y las posibilidades económicas. Pero la fama de sus estelares habitantes no ha hecho que Hollywood —la ciudad— deje de ser una extensión de la vasta y contaminada zona urbana de Los Ángeles, y de tener, como escribió el autor de novelas policiacas Raymond Chandler, "la personalidad de un vaso de papel".

Estudio fílmico Cecil B. De Mille (sentado) produjo en 1913 The Squaw Man, *el primer largometraje de Hollywood y un éxito de taquilla, con lo que dicha población surgió como centro cinematográfico mundial.*

EN BUSCA DE RECUERDOS CINEMATOGRÁFICOS

EL DIRECTOR de documentales Peter Brosnan y el antropólogo Brian Fagan intentan actualmente conseguir fondos para una excavación arqueológica. Sin embargo, hay una diferencia en relación con empresas similares. No son ruinas antiguas lo que quieren descubrir, sino el proyecto de Hollywood de una ciudad antigua, hecha de madera, yeso, clavos, cable y alambre.

Si consiguen el dinero, peinarán las dunas de Guadalupe, California, 320 km al norte de Los Ángeles, donde esperan encontrar y examinar el imponente escenario de la épica película muda de Cecil B. De Mille *Los diez mandamientos* (1923).

Ese año, el director y 2 500 artesanos, extras y actores establecieron Camp De Mille, que sirvió como campamento base para edificar una réplica de la antigua ciudad egipcia de Ramsés. Un grupo de 1 000 trabajadores de la construcción hicieron cuatro estatuas de Ramsés de tres pisos de alto, además de numerosas esfinges, algunas de 30 m, que se imponían sobre una ancha avenida que conducía al palacio del faraón.

De Mille optó por una alternativa sencilla respecto de la difícil y costosa tarea de demoler la enorme ciudad después de filmar la película: enterrarla en la arena. Además, previó los esfuerzos de hombres como Brosnan y Fagan. El director escribió en su autobiografía: "Si dentro de 1 000 años a los arqueólogos se les ocurre excavar bajo la arena de Guadalupe, espero que no les dé por publicar la sorprendente noticia de que la civilización egipcia, lejos de limitarse al valle del Nilo, se extendió hasta la costa del Pacífico norteamericano."

ESCENOGRAFÍA Y ROBO DE CÁMARA

Cuando los decorados opacan a los actores

D E TODAS las epopeyas históricas que filmó Douglas Fairbanks, tal vez la más impresionante por su escenografía haya sido *Robin Hood* (1922). De ésta, la pieza central, erigida en Pasadena, California, fue una recreación del castillo de Nottingham, fiel en detalles históricos y de tamaño impresionante, que hasta la fecha es la mayor estructura de decorado que se ha hecho para una película. Diseñado por Wilfred Buckland, es un castillo de 140 m de longitud y 30 m de altura construido con yeso en sólo dos meses por 500 hombres que trabajaban día y noche.

Competencia por llamar la atención

Cuando lo vio terminado, Fairbanks se impresionó; pero su admiración le preocupó. El castillo era soberbio. Señaló: "No puedo competir con esto", y por poco anula el proyecto, hasta que el equipo de producción lo convenció de lo contrario. *Robin Hood* fue un éxito, memorable por sus osadas escenas de espadachines y desfiles majestuosos dentro del castillo.

Una película más reciente en que el héroe casi se ve disminuido por el decorado fue *Batman* (1989). El diseñador de producción, Anton Furst, se encargó de construir Ciudad Gótica —la metrópolis futurista de la película, basada en los peores aspectos de la ciudad de Nueva York—, enorme tarea que requirió más de 90 km de andamio tubular para reforzar la armazón del edificio. El decorado ocupó casi las 38 hectáreas de los Pinewood Studios, Reino Unido. Se armaron dos modelos de Ciudad Gótica: uno en miniatura de 1.5 m de altura, y el otro, con calles normales y edificios de cuatro pisos. Esto permitió al director pasar de fotografías en miniatura computarizadas que muestran la aeronave de Batman, el Batiavión, volando sobre la ciudad, a una secuencia en vivo, donde Batman sale de la nave, estrellada frente al edificio del ayuntamiento.

La escenografía más grande de todos los tiempos se creó en 1964 para *La caída del Imperio Romano*, de Samuel Bronston. Se recreó el Foro romano en un escenario de 9 hectáreas, armado en las afueras de

Grandiosidad inigualable El mayor escenario que se ha construido fue el Foro romano del diseñador Veniero Colosanti para La caída del Imperio Romano *(1964).*

Madrid. A lo largo de más de siete meses, 1 100 trabajadores erigieron 350 estatuas, colocaron 6 700 m de escaleras de concreto y construyeron 27 edificios.

LA PERSECUCIÓN QUE MARCÓ EL RITMO

DADA LA PASIÓN manifiesta de los estadounidenses por los automóviles, no sorprende que las persecuciones de autos sean lugar común de muchas películas de Hollywood. Carey Loftin es considerado uno de los grandes dobles de estas cacerías motorizadas, y fue su pericia, junto con la de Steve McQueen, lo que hizo de la persecución automovilística en *Bullitt* (1968) el modelo a seguir por otros directores.

Antes, la técnica para filmar viajes en coche era sentar a la estrella en un vehículo sujeto al piso del estudio, mientras una secuencia filmada se proyectaba contra una pantalla detrás del auto. *Bullitt* abrió un nuevo camino al ser filmada en exteriores con cámaras instaladas en los vehículos que participaban en la persecución.

Durante los 12 minutos que ésta dura, McQueen va tras unos hampones por las empinadas calles de San Francisco a casi 200 km/h. Los autos, que prácticamente volaban, fueron reforzados para resistir los terribles esfuerzos e impactos a que se veían sometidos. En el clímax, cuando los mafiosos chocan y desaparecen en una bola de fuego, se hizo explotar un vehículo sin conductor, a control remoto. Incluso si se compara con los efectos especiales de hoy, es una escena espectacular.

DESAFÍO A LA MUERTE
Desde los temerarios pioneros hasta los profesionales del riesgo

LAS ESCENAS DE ACCIÓN, que van desde peleas de cantina hasta las más espeluznantes hazañas en el aire, siempre han sido un ingrediente principal de las películas. Casi desde los inicios del cine se han usado los dobles, individuos capaces y dispuestos a realizar tareas de destreza y peligro, que a menudo reemplazan al protagonista.

En los inicios de la industria cinematográfica, luego de la Primera Guerra Mundial, los dobles eran conocidos en Hollywood como los "muchachos de las caídas", un grupo de antiguos vaqueros, pilotos del ejército, corredores de carreras y acróbatas, cada uno con una especialidad que se empleaba para efectos emocionantes en las películas.

Chichones y magulladuras

La fama de las estrellas cinematográficas aumentó en la década de 1920, de modo que cada vez fueron más solicitados los dobles para realizar escenas que se consideraban demasiado peligrosas para los protagonistas. Aunque las estrellas que gustaban más de la acción querían filmar sus escenas, no era lo usual; incluso el atlético Douglas Fairbanks a veces dependió de su grupo de dobles.

Chichones, magulladuras y huesos fracturados eran las peores lesiones que normalmente sufrían los dobles, ya que las muertes eran infrecuentes. Pronto desarrollaron formas de hacer que las escenas se vieran espectaculares dentro de la mayor seguridad posible. No obstante, aún ocurren accidentes, y actualmente los dobles son miembros muy respetados y bien remunerados de la industria fílmica.

En el mundo del cine, ciertas escenas filmadas por dobles son legendarias, como el extraordinario aterrizaje de emergencia de Paul Mantz a bordo de un bombardero B-17 para la producción de 1950, *Twelve O'Clock High*. En este filme Mantz dobló a Gregory Peck y le pagaron la con-siderable suma de 6 000 dólares. Pero la suerte de Mantz no iba a durar mucho, ya que murió al estrellar un avión en *The Flight of the Phoenix*, 15 años después.

Otra escena peligrosa de éxito fue la de Dar Robinson, cuando saltó de 360 m desde la Torre CN de Toronto para *Highpoint* en 1979. Recibió por ella 150 000 dólares. Robinson evaluó el riesgo que implicaba la escena al practicar la caída desde un avión de vuelo bajo, y calculó correctamente seis segundos de caída libre, tres para que se abriera el paracaídas y uno más para aterrizar ileso.

Vida precaria Los primeros actores, como Monty Banks, que cuelga del automóvil, no usaban dobles para las escenas peligrosas.

ÉXITO ARROLLADOR

El doble que se hizo famoso por su seguridad

U N AFAMADO doble que a menudo sustituyó a John Wayne, Yakima Canutt, dejó esta actividad en 1945 para dedicarse a montar y dirigir escenas de acción que luego se editaban con la película principal. En su función, que se conoce como "director de segunda unidad", organizó brillantes secuencias de actos de malabarismo.

Canutt, quien era un experto jinete, buscaba que estos actos se vieran osados y espectaculares sin ser excesivamente peligrosos. Para la película *Ivanhoe* (1952), enseñó al equipo de dobles cómo hacer caer los caballos sin que se lastimaran el equino ni el jinete. Su truco era sencillo, pero eficaz: excavar trampas de arena, donde ocurrían las caídas, cubiertas de pasto para disimularlas y para amortiguar el golpe.

Canutt fue nombrado director de segunda unidad para la nueva versión de *Ben Hur* (1959). En ésta se incluye una carrera de cuadrigas con duración de 12 min, y observada por 8 000 extras, que gana Charlton Heston en el papel protagónico. Canutt compró 78 caballos para la carrera e impartió lecciones del manejo de los caballos a Heston y demás jinetes. En el momento más espectacular de la carrera, cuando el carro de Heston tiene que saltar sobre los restos de dos carros chocados, el hijo de Canutt, Joe, dobló a la estrella. Aunque la escena no salió como se había planeado —Joe se cayó del carro y sufrió una herida en el mentón—, resultó asombrosa, se incorporó a la película y fue aclamada en todo el mundo. No hubo más lesionados en la filmación de esta secuencia.

En reconocimiento a su talento, Canutt recibió un *Oscar* honorífico en 1967, no sólo por sus logros en la pantalla, sino también por su labor en el diseño de dispositivos de seguridad para protección de los dobles.

Saber el oficio En Ben Hur, *Charlton Heston actuó en cada escena, salvo en un salto sobre dos carros chocados, que realizó Joe, el hijo de Yakima Canutt.*

¿SABÍA USTED QUE...?

LA PELÍCULA The Junkman, *de H.B. Halicki (1982), incluye la persecución de coches más destructiva jamás filmada: 150 vehículos terminaron en el cementerio de coches. Y a lo largo de la serie televisiva* Dukes of Hazzard *se destrozaron más de 300.*

* * *

EL PRIMER doble, el estadounidense Frank Hanaway, fue contratado en 1903 para The Great Train Robbery *sólo por su habilidad para caer del caballo sin lastimarse.*

DESASTRES MONETARIOS

De superproducciones a superfracasos

L O QUE HAY detrás de las estratosféricas sumas que se gastan en filmar una película costosa, en especial si culmina en un desastre de taquilla, puede ser tan fascinante como la película misma. *Cleopatra* se planeó como una producción de dos millones de dólares, con protagonistas de renombre, un reparto de miles y escenarios que hicieran honor a las maravillas de la antigüedad. Pero desde el principio los costos se elevaron vertiginosamente, en parte porque la protagonista, Elizabeth Taylor, exigió un millón de dólares de honorarios, dos *penthouses* y un Rolls-Royce. La cuenta de 130 000 dólares de vestuario sólo para los 65 trajes que utilizó Cleopatra tampoco ayudó mucho.

Éxito a toda costa

Se contrató y despidió a protagonistas y directores, o simplemente renunciaban; las locaciones se cambiaron de California a Roma y Londres, se desecharon escenas y hubo que reconstruir los escenarios, de modo que después de ocho meses sólo se habían rodado 10 minutos del largometraje definitivo. Cuando finalmente se exhibió, el costo de *Cleopatra* era cercano a 44 millones de dólares,

suma extraordinaria para principios de la década de 1960.

Por fortuna, se recuperó la inversión hecha en la película con su exhibición internacional, a diferencia del que se considera el mayor fracaso en la historia del cine, la película de vaqueros de Michael Cimino *Heaven's Gate* (1980). Desde su estreno ha sido el parámetro para medir otros desastres de la industria fílmica. La película costó 57 millones de dólares, mientras que recuperó 1.5 millones de dólares por venta de boletos en cines de Estados Unidos.

Esmerada autenticidad

El director Cimino decidió no escatimar gastos para que *Heaven's Gate* tuviera la mayor autenticidad visual posible, lo que implicó construir un pueblo del Oeste, investigar para que el vestuario fuera históricamente fiel, y enseñar a cientos de extras cómo patinar, bailar vals y usar armas de fuego de la época. Se filmaron 200 horas, o sea casi 400 000 m de cinta, y Cimino tuvo que reducirlos en la edición a las dos horas de una película comercial. Al principio la disminuyó a 5:25 horas, pero finalmente quedó en 2:30 horas.

Los esfuerzos del director no sirvieron de nada, ya que *Heaven's Gate* fue vapuleada por la crítica estadounidense, y los cinéfilos no acudieron a las salas. Durante años, Cimino fue conocido como "el hombre que mató a los *western*", y no se produjeron filmes de este género durante gran parte de la década de 1980.

Sin embargo, parece que no se ha aprendido la lección. *The Adventures of Baron Munchausen* (1989), del director Terry Gilliam, fue un intento de recrear las legendarias hazañas de un soldado alemán del siglo XVIII. Desacuerdos ajenos al rodaje estropearon su realización, al igual que costosos cambios de locación y la renuncia de actores clave justo antes de iniciarla. El director decía con sarcasmo que había costado: "menos de 40 millones de dólares, pero quizá sólo un dólar menos." Esto da una idea de las enormes sumas que aún se despilfarran en la producción de una película. La gran rapidez con que se comercializó en videocassettes indica la magnitud de su fracaso en las salas cinematográficas.

Derroche de recursos *El vestuario y las clases de baile para los extras en esta escena de* Heaven's Gate *elevaron el presupuesto.*

CINE ENVOLVENTE

En las películas IMAX, la pantalla cobra vida

AL SER HOLLYWOOD el centro de la industria cinematográfica, cabría esperar que también fuera el origen de innovaciones tecnológicas en la producción de películas. Lo sorprendente es que IMAX, el adelanto más apasionante del ramo en años, surgió en una pequeña compañía de Toronto, Canadá.

En las películas IMAX ("Imagen Máxima"), el público se sienta en butacas reclinables para ver impresionantes documentales de media hora, como *Nomads of the Deep* (1979), en que emprende un viaje submarino con yubartas, y *The Dream is Alive* (1985), que lo transporta a un extraordinario vuelo de órbita baja en el trasbordador espacial de EUA. Estas cintas se exhiben por proyección con gran angular en una pantalla plana conocida como IMAX, o por proyección con ojo de pescado en una pantalla con forma de cúpula, llamada OMNIMAX.

Pantalla vasta

La pantalla mide hasta siete pisos de alto, o sea diez veces más que la de muchas salas cinematográficas. La imagen es tan grande que casi abarca el campo visual del espectador y lo hace sentir que es parte de la película. Las películas IMAX y OMNIMAX son muy populares: en 1987 las vieron 25 millones de personas. Sin embargo, hasta ahora ninguno de los dos sistemas se ha empleado en la producción de largometrajes: el costo sería muchos millones de dólares mayor que el de películas convencionales.

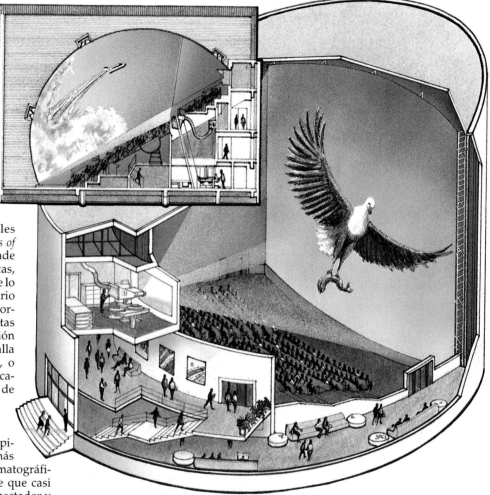

¿SABÍA USTED QUE... ?

LA SALA CINEMATOGRÁFICA más grande que se haya construido fue la Roxy, de la ciudad de Nueva York, que cerró sus puertas en 1960. Tenía capacidad de 6 214 butacas, y en su apogeo durante la década de 1930 dio empleo a 300 personas. En contraste, la más pequeña con funciones permanentes en esa época fue la Miramar, en Colón, Cuba, con capacidad para 25 espectadores.

En IMAX se utiliza el mayor formato de cámara existente, de 70 mm. Pero su área de encuadre es tres veces mayor que el de las películas normales y por eso proyecta una imagen mucho más grande. Un cuadro de película normal tiene cinco perforaciones —las que hay a ambos lados de la cinta, que encajan en un engranaje al avanzar la película por el proyector—; los de IMAX poseen 15, lo cual garantiza imágenes mucho más estables. Además, a su paso por el poderoso proyector IMAX, la cinta se mantiene contra el elemento posterior del objetivo del proyector mediante un dispositivo de vacío, lo que aumenta la claridad de la imagen. Un sistema digital de sonido de seis canales hace que la pista sonora sea especialmente vívida.

Los orígenes de IMAX se remontan a la Expo Montreal de 1967, donde tuvieron gran éxito las películas de pantalla múltiple. Algunos realizadores decidie-

Pantalla envolvente En un cine IMAX de 500 butacas (arriba), la pantalla plana se extiende de pared a pared y de piso a techo. En una sala OMNIMAX (recuadro), una gran pantalla semiesférica se cubre de imágenes proyectadas con una lente de ojo de pescado.

ron continuar el desarrollo de ideas en este campo y fueron comisionados por los organizadores de la Expo Osaka de 1970 para proponer un formato radicalmente distinto.

Las películas IMAX sólo pueden proyectarse en salas especiales. Hasta 1990, más de 90 cines IMAX se habían inaugurado en 14 países, incluidos Japón, el Reino Unido y EUA. Aunque es improbable que reemplace a los cines convencionales, el sistema IMAX ha traído una nueva experiencia a los cinéfilos, una que, según un periódico estadounidense: "ni siquiera el mayor genio de efectos especiales de Hollywood podría igualar".

EL ESPÍRITU DEPORTIVO

Fue un barón francés quien resucitó un antiguo espectáculo griego

EMPEZÓ EN el año 776 a.C., con una carrera de 200 m celebrada en Olimpia, en el suroeste de Grecia. Desde entonces, atletas, poetas y artistas se reunieron cada cuatro años para un festival en honor del dios Zeus. Ampliado a cinco días, además de la carrera pedestre incluía boxeo y pentatlón (carrera, salto, disco, jabalina y lucha). Los vencedores se convertían en héroes y el festival se incorporó al calendario griego y marcó un lapso de cuatro años llamado Olimpiada.

Los juegos duraron casi 12 siglos, hasta que en el año 393 el emperador romano Teodosio I, cristiano, prohibió esa celebración "pagana". Luego de 15 siglos, un barón francés lanzó una campaña para recrear ese espíritu de competencia amable, pero formal. A fuerza de persistir logró su objetivo.

La familia del barón Pierre de Coubertin quería hacer de él un oficial del ejército francés. No obstante, el barón pensaba que serviría mejor a la causa de la paz reunir con regularidad a deportistas aficionados de

¿SABÍA USTED QUE...?

LOS ANTIGUOS griegos concedían a los Juegos Olímpicos tanta importancia que las ciudades–Estado beligerantes acordaban treguas hasta de tres meses para que los atletas viajaran al estadio de Olimpia, en el Peloponeso, compitieran y regresaran a seguir combatiendo.

primera categoría, y se dedicó a realizar su sueño. En la década de 1890 pronunció muchos discursos ante asociaciones deportivas internacionales, y finalmente las convenció de revivir el nombre y el espíritu de los antiguos Juegos Olímpicos. En 1896, el rey Jorge I de Grecia inauguró la primera Olimpiada moderna, que se celebró en Atenas.

A diferencia de las originales, las nuevas Olimpiadas no superaron las enemistades entre países, y se suspendieron durante las dos guerras mundiales. La realidad económica también ha alterado el principio de que sólo participen deportistas aficionados o amateur. Y más de una vez la política ha dictado quiénes deben participar o no. Pero gracias a De Coubertin, ganar una medalla de oro en las Olimpiadas es de nuevo uno de los más altos logros deportivos.

Primer lugar *En la primera Olimpiada moderna, en 1896, el corredor griego Spiridon Louis ganó el maratón en menos de tres horas.*

PLUSMARQUISTAS OLÍMPICOS

¿Cómo les iría a los antiguos atletas griegos en Olimpiadas modernas?

HACE CASI 26 SIGLOS, dos atletas griegos implantaron en las Olimpiadas marcas deportivas que nadie superó hasta el siglo XX.

Estos plusmarquistas fueron Protiselaus, lanzador de disco, y Chionis, campeón de salto de longitud, en la misma Olimpiada, del año 656 a.C. Protiselaus habría ganado la medalla de oro en todos los Juegos Olímpicos modernos hasta 1928, cuando el lanzamiento de 47.32 m del estadounidense Clarence Houser rompió su asombrosa marca olímpica de 46.32 m. Otro estadounidense, Alvin C. Kraenzlein, rompió en 1900 la marca de salto de longitud de Chionis. Y Kraenzlein sólo rebasó en 11.5 cm el salto de Chionis de 7.05 m.

Las proezas de Protiselaus y Chionis debieron de ser en verdad notables, pues los antiguos griegos sólo acostumbraban llevar registros de los vencedores de las carreras pedestres en los Juegos Olímpicos. Lo único que interesaba a los atletas era el triunfo, no el haber opacado a algún competidor anterior de la misma prueba.

Los antiguos juegos abarcaban muy pocas pruebas atléticas. Había tres carreras de pista: una de un largo (o sea unos 200 m), llamada *agon;* otra de dos largos (*diaulos*) y una de resistencia, de poco menos de 5 km (*dolichos*), además del salto de longitud y los lanzamientos de disco y de jabalina.

Se adelantaron a su tiempo

Si una máquina del tiempo transportara hasta un estadio olímpico moderno a esos dos atletas de la antigüedad, ¿asombrarían a los espectadores de hoy? La respuesta en ambos casos probablemente sea afirmativa.

Protiselaus podría romper fácilmente su propia marca con un disco moderno, de diseño más eficaz en lo aerodinámico. Además, datos arqueológicos indican que los discos utilizados en aquel entonces quizás eran más pesados que los de 2 kg de las Olimpiadas modernas.

Cuando Protiselaus asombró a los antiguos griegos con su hazaña, seguramente lo hizo lanzando en una postura casi inmóvil. Con el moderno estilo de lanzamiento giratorio y un disco actual, sin duda haría añicos la marca que impuso hace tantos siglos. El caso de Chionis resulta más problemático. Es muy probable que al saltar tuviera en cada mano una pequeña pesa. Las hacía girar en el momento preciso para aumentar la inercia de su cuerpo en el aire. Sea cual fuere su método, el suyo fue sin duda un salto impresionante, y muchos saltadores de longitud del siglo XX lo verían como un competidor a vencer.

Sin embargo, hay dos plusmarquistas de las Olimpiadas modernas que probablemente no se dejarían impresionar por competidores de la antigüedad, en espe-

Plusmarquista En 1936, en la Olimpiada de Berlín, Jesse Owens saltó 8.05 m, estableciendo un nuevo récord olímpico y mundial oficial. Aún no había sido homologado su salto de 1935, más largo (8.13 m).

Salto gigantesco *Con su salto de 8.90 m, Bob Beamon rompió la marca mundial y olímpica de salto de longitud, en el aire enrarecido de la ciudad de México, a 2 240 m sobre el nivel del mar. Quizá sólo pueda mejorarse su hazaña con un salto a similar altitud.*

cial por Chionis, pues ambos consumados atletas fueron saltadores de longitud. El 25 de mayo de 1935, el legendario Jesse Owens impuso una marca que se mantuvo 33 años, 4 meses y 18 días, lo cual establece en sí el récord de tiempo en que una plusmarca deportiva moderna se mantiene sin ser superada.

El fenomenal salto de 8.13 m de Owens, primero en la historia que saltó más de 8 metros, fue superado por Bob Beamon el 13 de octubre de 1968. En el aire enrarecido de la ciudad de México, Beamon saltó mágicamente 8.90 m. Los expertos consideran que esta plusmarca olímpica y mundial es virtualmente imbatible.

Sea como fuere, si una máquina del tiempo transportara a todos estos sobresalientes deportistas a alguna Olimpiada futura, los resultados podrían ser muy interesantes.

¿DE DÓNDE PROVIENEN, A FIN DE CUENTAS?

Los dudosos orígenes de los deportes nacionales

DECIR QUE el beisbol es tan estadounidense como el pay de manzana es tomar demasiado en serio la afirmación de un país de haber creado un deporte. Por supuesto, tampoco inventaron el pay de manzana. Y lo mismo ocurre con los ingleses y el futbol o los escoceses y el golf. También hay otros deportes cuyo verdadero origen sigue siendo desconocido.

¿Creación escocesa?

La primera referencia al golf en Escocia se relaciona con su proscripción. En 1457, el Parlamento promulgó un edicto contra este deporte, ya que se descuidaba la práctica del tiro al arco, vital para la defensa del país, a favor del juego.

Sin embargo, es casi seguro que el golf no nació en Escocia. En China hay un deporte parecido, el *Ch'ui Wan*, que data del siglo III a.C. Cuando las legiones romanas llegaron a Gran Bretaña, dos siglos después, llevaron el juego de *paganica*, en que se empleaban un palo doblado y una pelota de cuero rellena de plumas, parecida a la que se usó inicialmente en el golf. El nombre mismo quizá provenga de Holanda, donde *kolf* significa "garrote"; pero los holandeses practicaban, en el siglo XVII, una versión con una pelota del tamaño de una toronja. Por último, los ingleses gustan de molestar a los escoceses diciendo que ellos inventaron el golf, por un vitral de la catedral de Gloucester, fechado en 1350, que muestra una figura parecida a un jugador de golf.

Postes altos

Se dice que el baloncesto es un deporte canadiense. Pero en el siglo X a.C., los olmecas de Mesoamérica practicaron el

Pasatiempo de reos Prisioneros de guerra de los unionistas juegan beisbol en un campo confederado de Carolina del Norte en 1862. Durante la Guerra de Secesión estadounidense el deporte decayó, excepto en los campamentos militares.

pok-ta-pok, la forma más antigua que se conoce entre las actividades parecidas al baloncesto, con otra finalidad. Era un rito de fecundidad que se efectuaba en festivales religiosos.

También los aztecas y los mayas tenían su versión. Jugaban al *tlachtli* o al *ollamalitzli* con una pelota de hule macizo, en un patio flanqueado por altos muros, con dos aros de piedra dispuestos perpendicularmente. El primer equipo que pasaba la pelota por uno de los aros ganaba el juego. Esto quizá sucedía raras veces. Los aros eran pequeños, se situaban a 6 m de altura y estaba prohibido tocar la pelota con las manos: la golpeaban con rodillas, codos y caderas para pasarla de un jugador a otro. Pero la recompensa por anotar un tanto era ele-

Simbolismo En la Alemania del siglo XVII, un grupo juega al Kegelspiel (boliche), que adoptó la Iglesia para simbolizar la lucha del bien contra el mal.

vada: el anotador podía quedarse con la ropa y las joyas de los espectadores.

¿Dónde queda entonces la pretensión de Canadá? En 1891, un canadiense, James A. Naismith, introdujo el baloncesto como se conoce hoy. Pero vivía en Springfield, Massachusetts, EUA, donde se celebró el primer partido.

¿Deporte proscrito?

El boliche de nueve pinos llegó a EUA desde Alemania en el siglo XVII. En la

¿SABÍA USTED QUE...?

EL BOLICHE de nueve pinos surgió en la Alemania medieval, donde la gente llevaba pinos a todas partes, incluso a la iglesia, para ejercitar brazos y muñecas, y como medio de defensa personal. Ahí fue quizá donde los clérigos se percataron de su valor propagandístico y los declararon símbolos del paganismo. Derribarlos representaba un golpe literal y metafórico a favor del bien y contra el mal. Los alemanes disfrutaban tanto del juego que, aun mucho después de que se olvidó su simbolismo religioso, persistió como parte importante de la vida social alemana. Hasta antes del siglo XVI, la cantidad de pinos era indistinta. Según la tradición, fue el reformador Martín Lutero el primero en afirmar que nueve era el número ideal de pinos a usar.

época de su primera mención en la literatura, en el cuento de Washington Irving *Rip Van Winkle* (1819), la gente lo jugaba en todo Estados Unidos. En la década de 1830 se apostaban grandes sumas al resultado de los partidos.

Como era previsible, el boliche pronto atrajo al bajo mundo, que arreglaba los juegos y las apuestas para su beneficio. En la década de 1840, varios estados de EUA proscribieron este deporte para erradicar las apuestas. Los promotores rápidamente agregaron un bolo más, con lo que crearon el "nuevo" boliche de 10 pinos y esquivaron la ley.

¿Agarrado fuera de base?

La búsqueda de los orígenes del beisbol condujo a uno de los mayores engaños de todos los tiempos. En 1907, el fabricante de artículos deportivos Albert Spalding formó una comisión para rastrear las raíces del juego. Se llegó a la conclusión inequívoca de que un gran soldado de la Guerra de Secesión, Abner Doubleday, lo había inventado en Cooperstown, Nueva York, en 1839, antes del conflicto. Cooperstown se convirtió en un centro turístico, donde se construyeron un estadio de beisbol y un museo con base en el informe de la comisión.

El desengaño vino en 1939, en vísperas de las celebraciones del centenario del beisbol, cuando un investigador descubrió que los hallazgos de la comisión Spalding eran invento de su presidente, Abraham G. Mills. Aunque había sido íntimo amigo de Doubleday, éste quizá nunca oyó hablar de beisbol ni visitó Cooperstown en 1839.

La primera referencia a un juego llamado *base-ball* proviene de un vicario de Kent, Inglaterra, que en 1700 censuró su práctica en domingo. Los ingleses, sobre todo los niños, habían gozado de un juego similar, llamado *rounders,* desde la Edad Media.

Contienda entre aldeas

Uno de los deportes nacionales de Inglaterra, el cricket, sí es inglés. La otra obsesión deportiva del país, el futbol, viene de mucho más lejos. Las legiones romanas lo llevaron a la antigua Britania. Y también tiene sus orígenes en China, donde se ha jugado por lo menos desde el año 200 a.C.

Los primeros partidos de futbol ingleses eran salvajes y desorganizadas contiendas entre aldeas y parroquias vecinas, en las cuales, equipos de hasta 500 jugadores intentaban patear la pelota o llevarla por otros medios a la meta de sus adversarios, que podía estar a 5 o 6 km de la suya. En algunas aldeas inglesas de nuestros días todavía practican juegos similares.

HOMBRES COMO MONTAÑAS
Ritual y recompensa para los luchadores de sumo

VER EL choque entre dos gigantescos luchadores japoneses de *sumo* hace que el espectador se pregunte cómo sobreviven a la contienda. De hecho, en sus orígenes la lucha era a muerte. Hoy, el objetivo último de los 800 o más luchadores profesionales (o *rikishi*) en Japón es alcanzar el grado de *yokozuna,* supremo campeón de *sumo,* ciertamente un honor reservado a unos cuantos.

Tan elevadas son las normas del *sumo* que sólo ha habido 62 *yokozunas* en la historia de este deporte, que se remonta a más de 2 000 años. A lo largo de los siglos han sido pocos los cambios del *sumo,* que fue el primer arte marcial. Sus orígenes están ligados a la creencia japonesa en el *sinto,* el "camino de los dioses", donde triunfar brinda el favor divino. De aquí el elaborado ritual que rodea a una contienda de *sumo.*

Combate de los puros

El ruedo de arcilla donde se pelea es en sí un sagrado santuario. Una vez dentro, el *rikishi* aplaude para llamar la atención de los dioses e indicar la pureza de su propio corazón; se sacude el taparrabo para arrojar a los malos espíritus, y alza los brazos para mostrar que no lleva armas. Después realiza su gesto más dramático, el *shiko.* Con la mano izquierda sobre el corazón y el brazo derecho extendido hacia el Este, levanta la pierna derecha lo más alto posible y la deja caer con toda su fuerza. Luego efectúa con la izquierda la misma patada poderosa. Después se purifica a sí mismo y al ruedo al verter sal, limpiarse y enjuagarse la boca con agua. Por último,

los adversarios dedican tres o cuatro minutos a intimidarse mutuamente con muecas y posturas amenazantes.

Fuera los ayudantes

La lucha es breve y brutal. Los luchadores no deben golpear con el puño cerrado, jalar del cabello, picar los ojos, patear el vientre, agarrar la parte del taparrabo que cubre los genitales ni asfixiar al adversario. Todo lo demás es válido. El resultado es un atronador choque que raras veces dura más de 10 segundos. Los *rikishi* se lanzan uno contra el otro, y la contienda termina cuando cualquiera de ellos cae al piso o sale fuera del círculo, que mide 4.60 m de diámetro.

Pese a su enorme talla, los luchadores de *sumo* deben ser veloces y flexibles. El peso es factor decisivo para triunfar, y los *rikishi* comen enormes raciones de guisados con alto contenido de proteínas para aumentar el peso en la parte inferior del cuerpo y bajar el centro de gravedad. En promedio, su peso es de 135 kg. En 1988, Konishiki, el luchador que más ha pesado, alcanzó 252 kg, equivalente al peso de cuatro hombres de talla y estatura normales.

Patada ritual *Un luchador de* sumo *da la patada alta, o* shiko, *para alejar a los malos espíritus.*

¿SABÍA USTED QUE...?

TODOS LOS luchadores de sumo *están obligados a ingresar en el* heya *o establo. Y viven juntos una vida de celibato en una especie de cuartel, con excepción de los* rikishi *de mayor éxito.*

✳ ✳ ✳

CUANDO concluye su carrera profesional, los luchadores de sumo *adelgazan rápidamente, bajando en unos cuantos meses al peso normal propio de su estatura y complexión. Ahora bien, los años de mucho sobrepeso tienen consecuencias: un ex* rikishi *vive en promedio 64 años.*

LA MAGIA DE LA DANZA

Celebrar al ritmo de los dioses atrae la lluvia o cura enfermedades

DONDE HAY GENTE, hay danza. Para muchas personas "civilizadas", bailar no es más que una diversión. Pero, lejos de salones de baile y discotecas, en muchas sociedades las danzas rituales aún marcan etapas de la vida y sirven para comunicarse con los dioses.

Algunos pueblos danzan para lograr buenas cosechas y cacerías o lluvia en sus secas tierras, o para vencer a enfermedades o enemigos. Estas danzas son una forma de rezo y tienen poderes mágicos.

Son típicas las danzas en que se imitan animales. Por ejemplo, para distraer al espíritu del canguro antes de cazarlo, y apaciguarlo luego, los jóvenes de la tribu de aborígenes australianos kemmirai dan saltos, se pintan y ponen las manos en el pecho, como el animal que están a punto de matar. Y los indios tewa en Nuevo México danzan, galopan y se detienen, tiemblan y sacuden la cabeza por miedo, como el venado al que cazan.

Despertar de los elementos

Los indios de las praderas centrales de EUA evocan a la lluvia: los sioux llenan una olla con agua y bailan a su alrededor cuatro veces antes de tirarse al suelo y beber el líquido. Algunas danzas ayudan a la supervivencia de individuos o aun de tribus. Los inuit y los indios del Amazonas tienen chamanes, que danzan hasta el éxtasis para entrar en el mundo espiritual y recuperar el alma de alguien que está enfermo. La tarea de los "bailarines del diablo" en Sri Lanka también es exorcizar espíritus malignos, al tiempo que los iroqueses del estado

Danza de la daga *Buscando el éxtasis, los bailarines de la isla de Bali llegan a un trance frenético al clavar sus filosas dagas, conocidas como* crises, *en su pecho.*

de Nueva York tienen un singular buen humor para procurar la curación: primero el chamán decide cuál es la causa de la enfermedad, que muchas veces es el espíritu de un animal, y después receta una danza ritual para aplacar al espíritu ofendido. Los bailarines imitan al animal, e incluso devoran el alimento favorito de éste; la danza termina cuando todos animan ruidosamente al paciente.

En tales sociedades, las danzas marcan las etapas de la vida: nacimiento, pubertad, matrimonio y muerte van acompañados de bailes. Lo impresionante de éstos para un occidental es que raras veces bailan parejas de hombre y mujer. Además, no cambian los pasos y gestos tradicionales. Tan estricto puede ser el código, según se dice, que los ancianos de la isla Gaua, en las Nuevas Hébridas, vigilan a los danzantes, listos para lanzar una flecha al desafortunado que cometa un error.

¿SABÍA USTED QUE...?

EN ITALIA, *entre los siglos* XIV y XVIII, *surgió la creencia de que la música "salvaje" podía contrarrestar los efectos del venenoso piquete de las tarántulas. Reducidas a un estado de letargo, la única esperanza de las víctimas para curarse era bailar y sacudirse el embotamiento. En la actualidad, esa música se conoce como una danza italiana típica: la tarantela.*

NOCHE Y DÍA

Cuando la histeria colectiva del baile arrasó las calles de la Europa medieval

LA GENTE había llegado a Aquisgrán desde toda Alemania, como siempre, para celebrar la fiesta de San Juan. Pero el festival del año 1374 fue distinto. De pronto, todos comenzaron a bailar. Sin ninguna razón evidente, continuaron la danza hasta caer echando espuma por la boca. Doquiera que iban por las calles, otros se unían al frenesí, hasta que la ciudad entera se llenó de gente que saltaba y giraba, y de otra que se quedaba tirada debido al agotamiento de la celebración.

Unidos todos

Un grupo de estos maniacos danzantes se fue a otras ciudades una vez terminado el festival. Una gavilla los siguió, para aprovecharse de ellos cuando se pudiera. Pero al igual que había ocurrido en Aquisgrán, donde iban los danzantes, espectadores por lo demás sensatos se contagiaban súbitamente de la misteriosa histeria y se unían a la multitud en sus contorsiones.

A comienzos del siglo XV, en ciudades de toda Europa surgieron brotes de la manía de bailar. En 1418, cuando bailarines compulsivos fueron llevados a la capilla de San Vito, mártir del siglo IV al que se atribuía la curación de enfermedades convulsivas, el padecimiento se conoció como "mal de San Vito". (Hoy el término se aplica a un trastorno nervioso.) La manía duró siglos: hubo brotes en Bélgica, Holanda, Italia, Francia y Escocia incluso en el siglo XVIII.

Historiadores y psicólogos han propuesto varias explicaciones a estas raras epidemias. La fiesta de San Juan era una versión poco cristianizada de una antigua festividad pagana veraniega; en 1374 ocurrió la última epidemia de la peste negra, que aniquiló a la tercera parte de la población europea. El festival quizá fue tan sólo el estímulo para que el pueblo de Aquisgrán expresara, hasta la locura, la tensión emocional y económica sufrida durante la peste. Esa "locura", y la liberación que trajo consigo, era contagiosa, ya que pocas partes de Europa habían escapado de la peste.

Pan enmohecido

Podría haber explicaciones más prosaicas. Por principio de cuentas, tal vez algunos de los danzantes padecían enfermedades convulsivas. Otros quizá contrajeron una grave intoxicación alimentaria. El cornezuelo es un hongo venenoso que crece en el centeno húmedo. Entre otros síntomas, causa espasmos y cólicos, que fueron habituales entre los danzantes maniáticos. Es casi indudable que durante el húmedo verano de 1374 se vendió en Aquisgrán pan hecho con centeno enmohecido. Pero ninguna de las propuestas explica por qué esta obsesión danzante duró tanto tiempo.

EL MEJOR BAILARÍN DEL MUNDO

El talento dancístico que parecía desafiar a la gravedad

VASLAV NIJINSKY literalmente saltó a la fama en San Petersburgo en 1907, cuando, a la edad de 16 años, bailó un *solo* por primera vez en público. El auditorio enloqueció y lo aclamó como "la octava maravilla del mundo".

Tuvo un éxito enorme en su vida. La ligereza y expresividad de su estilo, su belleza física, su virtuosismo y talento dramático asombraron a todos los que lo vieron bailar. Pero lo que volvía frenético al público era su extraordinaria habilidad para elevarse a gran altura y, en un aparente desafío a la fuerza de gravedad, permanecer en el aire antes de tocar el suelo. Como dijo un admirador, Nijinsky se elevaba "como un cohete... y descendía como una pluma".

A la medida de su personaje

Donde más se vio la superioridad de Nijinsky fue en la presentación en París de *El espectro de la rosa,* ballet creado especialmente para él en 1911. Vestido con un traje cubierto de pétalos de rosa, ejecutó un salto espectacular desde una ventana al escenario. Se dice que su ayuda de cámara hizo una fortuna vendiendo los pétalos a los admiradores del bailarín.

Nijinsky no era ajeno a la polémica. Por ejemplo, en 1912 su coreografía algo erótica para *La siesta de un fauno* disgustó a muchos y encantó a otros. Los críticos hablaron de "un fauno lascivo, obsceno, de movimientos vulgares"; no obstante, el espectáculo fue un éxito de taquilla. Y cuando se pidió a la policía de París que impidiera más funciones a causa de la supuesta obscenidad, se negó a hacerlo.

Un año después, *La consagración de la primavera,* para la cual Nijinsky creó la coreografía con un estilo de avanzada para la no menos revolucionaria música de Igor Stravinsky, provocó insultos, abucheos, silbidos y peleas entre el público parisino, que ahogó la música e hizo que varios bailarines lloraran. Sin embargo, hoy se considera uno de los clásicos del ballet moderno.

La carrera de Nijinsky como bailarín y coreógrafo fue efímera. En 1916 sufrió una depresión nerviosa, y antes de un año se le diagnosticó esquizofrenia. Tras una última presentación privada, en 1919, dejó el ballet. Aunque murió en Londres en 1950, la leyenda perdura.

Fantasma rosa *El gran Nijinsky baila* El espectro de la rosa *con la* prima ballerina *Tamara Karsavina.*

PRUEBA DE RESISTENCIA

Los maratones de baile eran una forma dolorosa y humillante de volverse rico con rapidez

EN 1932, UN JOVEN estadounidense cayó muerto luego de bailar 48 horas en un maratón de baile. En estas sesiones de competencia dancística, a varios concursantes les extrajeron muelas, otros se casaron y algunos hasta se volvieron locos. En 1923 se llevó a cabo el primer maratón en Inglaterra, que duró nueve horas. El mismo año, en Nueva York, Alma Cummings bailó durante 27 horas, en las que agotó a seis compañeros de baile. En la década de 1930, los maratones —que Hollywood llevó a la pantalla en 1969, en *They Shoot Horses, Don't They*— se volvieron un gran negocio. En plena Depresión, competir significaba la oportunidad de ganar un premio en efectivo y comidas gratuitas por un tiempo, hasta ocho diarias. Ganar o continuar casi hasta el final auguraba fama inminente; aunque el precio fuera la pérdida de la dignidad humana y, a menudo, lesiones físicas.

Las reglas eran estrictas: en cada hora, los concursantes debían estar 45 minutos en constante movimiento. Sólo se permitían 15 minutos para descansar

Bailar hasta flaquear *Una concursante se desploma de cansancio en un maratón de baile, evento que tenía el morboso atractivo de pagar para ver sufrir a los competidores.*

PHOTOS SOLD HERE MADE BY
Rdm Studio
OPEN DAY & NIGHT.

(pero sin dormir), recibir primeros auxilios e ir al sanitario. Y el programa duraba las 24 horas del día.

En los primeros días de un maratón, los concursantes verdaderamente bailaban tango, fox-trot y vals. A medida que avanzaba la prueba ya sólo mantenían los pies en movimiento.

El público, que a veces llegaba a 5 000 personas, pagaba de 25 a 30 centavos de dólar por boleto. Llevaba regalos para sus concursantes favoritos y apostaba. La concurrencia estaba atenta a todo lo que ocurría con los bailarines, incluido el vendaje de pies ampollados y tobillos rotos, que se hacía en la zona de "hospital".

Si el interés decaía, los "jueces de piso" —cuya labor era incitar a los concursantes y despertar las emociones del auditorio— aseguraban lleno total para el día siguiente al prometer eliminatorias, carreras, comedias cortas, bodas fingidas y hasta peleas con barro entre los ya exhaustos participantes. Los jueces torturaban sin piedad a los concursantes más débiles al acelerar el ritmo de la música o tirarles toallas húmedas a las piernas hinchadas.

Los profesionales

Pese a estas humillaciones, muchos participantes se volvieron profesionales. Un periodiquero y bailarín de tap, Stan West, "bailó" 2 000 horas en un concurso realizado en 1933.

Según el libro de récords de Guinness, el maratón más largo, efectuado en Pittsburgh, Pensilvania, en 1930, duró más de 30 semanas, con reducción progresiva de los periodos de descanso a 20, 10, 5 y 0 minutos por hora y premio de 2 000 dólares.

Estos maratones fueron una mezcla de competencia de gladiadores, deporte y melodrama. Aunque en 1933 se prohibieron en EUA, continuaron ilegalmente hasta fines de la década de 1940.

¿SABÍA USTED QUE...?

CUANDO LA POLICÍA de Nueva York emprendió una redada en el Roseland Ballroom, durante un campeonato mundial de maratón de baile, los promotores trasladaron a los participantes, que no dejaron de bailar, en una camioneta a un balandro, que salió de aguas territoriales y, por lo tanto, quedó fuera de la jurisdicción policiaca. La treta sirvió hasta que los concursantes se marearon.

BAILE POR COMPUTADORA

La coreografía da un salto hacia el futuro

¿**QUÉ PASOS** ejecutaron los bailarines en la primera producción de *El Lago de los Cisnes* de Chaikovski, en 1877? Por sorprendente que parezca, nadie lo sabe. No hay coreografía escrita de gran parte del repertorio mundial de la danza clásica o moderna; los bailarines aprenden sus rutinas de los coreógrafos o de otros bailarines que están familiarizados con la obra.

Aunque hay sistemas de notación, raras veces se utilizan. La danza incluye todo el cuerpo humano, de movimientos tridimensionales, por lo que la tarea de registrar incluso un ballet corto es muy compleja. Pueden requerirse seis horas para anotar un solo minuto de danza.

Pero el advenimiento de poderosos programas de gráficas computarizadas ha abierto el camino para que dicha tarea sea más sencilla y más rápida. Desde principios de la década de 1980 se han ido creando, en computadora, figuras animadas que simulan secuencias de pasos, movimientos corporales y hasta la posición del bailarín en el escenario, todo en el monitor. Además, la planeación y el aprendizaje de una coreografía de danza son más rápidos de esta manera que con meses de ensayos.

Sin embargo, los programas que se han desarrollado hasta la fecha exigen grandes computadoras, con costo de 100 000 dólares, que están fuera del alcance del presupuesto de muchas compañías de danza. Es por esto que los coreógrafos apenas empiezan a experimentar con la coreografía por computadora. No obstante, conforme los bailarines se familiaricen con el nuevo sistema y los costos de éste se reduzcan, será posible que las danzas de inspiración electrónica adquieran arraigo.

A toda velocidad En la computadora para baile se usa el principio de la cámara de cine: los movimientos se componen uno a uno en cuadros fijos que luego se reproducen a gran velocidad, y los coreógrafos pueden examinar el escenario y las figuras desde todos los ángulos.

RITMOS DE GUERRA

LOS TAMBORES RETUMBAN con un ritmo hipnótico, las voces entonan un extraño sortilegio, y las llamas proyectan grotescas sombras sobre un pilar totémico. En derredor, los enloquecidos guerreros, pintarrajeados y blandiendo sus hachas, giran sin cesar. Así pinta Hollywood la danza guerrera de los indios norteamericanos. Aunque evidentemente es una caricatura, tiene algo de verdad.

Las danzas guerreras son un acontecimiento hipnótico, frenético. Su finalidad es no sólo fortalecer los sentimientos de comunidad entre los guerreros, sino también incitar al arrojo frente al enemigo mediante una orgía de música y danzas salvajes antes de la batalla.

No se limitan a los indios norteamericanos dichos bailes, ni el cuerpo pintado, los tambores o la sanguinaria pantomima de la lucha que se avecina. Los cazadores de cabezas de la isla Príncipe de Gales, en el estrecho de Torres, entre Australia y Nueva Guinea, se pintan, bailan en torno al fuego con música de tambores, y concluyen al representar la decapitación de sus enemigos con cuchillos de bambú.

Desde Nueva Zelandia, la vigorosa danza guerrera de los maoríes, la *haka*, ha recorrido el mundo entero, pues el equipo nacional de rugby, los *All-Blacks*, la ejecuta antes de cada partido.

Aunque los jugadores no vayan a enfrentar una guerra sin cuartel, la danza y el espeluznante grito de guerra que la acompaña quizá tengan en el equipo un efecto similar. El rugby podrá ser una diversión para la multitud, pero para los neozelandeses es un deporte muy solemne.

Danza de guerra *Los maoríes del equipo nacional de rugby All-Black de Nueva Zelandia ejecutan su haka antes del juego.*

LOS SONIDOS DE LA TIERRA

El lenguaje universal de la música viaja al espacio

¿CÓMO HACER comprender a un habitante de un planeta lejano lo que son y cómo viven los seres humanos en la Tierra? Ésta fue la pregunta que se planteó a un comité de expertos en 1977, cuando las naves espaciales de EUA *Voyager 1* y *2* iban a ser lanzadas en un viaje al espacio con un saludo para cualquier forma de vida inteligente con que se toparan. Para sorpresa de muchos, los expertos coincidieron en que uno de los mejores modos de comunicarse con extraterrestres sería no con palabras o imágenes, sino con música. Dedicaron los 87 minutos del videodisco de los *Voyager* a una selección de los "grandes éxitos musicales de la Tierra".

¿Por qué la música? En primer lugar, porque su estructura —desde un blues de ocho compases hasta una compleja fuga de Bach— se basa en números, y la armonía es de fácil análisis matemático. Las matemáticas son el lenguaje más universal, por lo que era más probable que los extraterrestres comprendieran la estructura matemática de nuestra música más que cualquier otra cosa sobre nosotros. Además, expresa los sentimientos humanos mejor que otros medios y podría representar la variedad de culturas. No ha habido sociedades sin su música típica para expresar tristeza y dolor, alegría y tranquilidad.

Al seleccionar la música que representaría a la humanidad en el universo, la clave fue la variedad. Se eligieron canciones aborígenes de Australia, el *Night Chant* de los navajos y una canción de boda peruana; música de gamelán de Java, de zampoñas de las islas Salomón y de Perú, un raga de la India y música ch'in de China; piezas para gaitas de Azerbaiyán, flautas de bambú de Japón y percusiones del Senegal. También se incluyeron canciones de Georgia, Zaire, México, Nueva Guinea y Bulgaria; el blues *Dark Was the Night* con Blind Willie Johnson, *Melancholy Blues* con el trompetista de jazz Louis Armstrong y *Johnny B. Goode* con el cantante de rock Chuck Berry. De la tradición culta occidental se seleccionó música para flauta renacentista, tres obras de Bach y dos de Beethoven, un aria de *La flauta mágica* de Mozart y *La consagración de la primavera* de Stravinsky.

¿Son éstos los éxitos musicales de la Tierra? Al menos son hoy los que más podrían persistir. El videodisco, de cobre con chapa de oro, fue fabricado para que dure 1 000 millones de años.

Disco de oro The Sounds of Earth *(arriba), protegido por un estuche de aluminio con chapa de oro, es instalado en el* Voyager 2*. Con éste se envió al espacio exterior, donde los científicos esperan que lo reciba alguna forma de vida inteligente no humana.*

"UN RUISEÑOR CON DOLOR DE MUELAS"

Compositores con sentido del humor

LA MÚSICA seria en general no es asunto de risa. Pero algunos compositores han demostrado que un toque de humor no siempre está fuera de lugar en música de valor perdurable.

Uno de ellos fue el francés Erik Satie. Nacido en 1866, trabajó años como pianista en un cabaret parisino y componía en sus ratos libres. Tanto en su vida como en su música manifestó un inusual sentido del humor. Daba a sus obras extraños títulos, como *Tres piezas en forma de pera*, y llenaba las partituras con instrucciones estrafalarias para los intérpretes. En una obra pide al pianista que toque como si fuera "un ruiseñor con dolor de muelas".

La vida privada de Satie era igualmente excéntrica. Nunca se le vio sin paraguas, de los cuales tenía cientos, y vivió los últimos 30 años de su vida en un cuarto de un suburbio de París, donde no permitía entrar a nadie. Cuando al fin sus amigos entraron al cuarto después de su muerte, en 1925, sólo encontraron una cama, una silla, una mesa, un piano roto y 12 trajes de terciopelo gris comprados el mismo día y sin estrenar. Pero las

Erik Satie *Caricatura del excéntrico compositor francés con una página manuscrita de la partitura de una de sus obras más populares, la primera* Gymnopédie, *pieza para piano de belleza extraña y perturbadora.*

extravagancias de Satie no obstaron para que su música fuera apreciada por sus más talentosos contemporáneos; influyó en muchos compositores posteriores y aún goza de gran popularidad.

En contraste, Charles Ives, compositor estadounidense del siglo XX, fue mucho más estrafalario en su música que en su vida. Pese a haber estudiado música, decidió que la venta de seguros le ofrecía una mejor vida y, de hecho, se hizo millonario con dicha actividad. Pero dedicó a la composición casi cada momento libre a su atareada vida, y componía en los trenes y por las noches en casa. Poco pensó en la ejecución o la publicación de su obra, que en gran parte vio la luz pública sólo después de su muerte, acaecida en 1954.

Ives encontró la inspiración en los sonidos de la vida cotidiana. En su música se mezclan el tañer de las campanas de una iglesia con una banda militar, el silbido de vagabundos y el ritmo de un himno, en una gloriosa discordancia experimental. En otras palabras, como verdadero excéntrico, hizo exactamente lo que quiso cuando lo quiso, y el resultado fue una música que es única en su energía y originalidad.

¿SABÍA USTED QUE...?

UNA VEZ, durante un ensayo de Don Giovanni, *Mozart no lograba un grito convincente de la intérprete de Zerlina, cuando ésta se resiste a las insinuaciones de Giovanni. Entonces Mozart se acercó sigiloso por detrás, la tomó por la cintura en el momento crucial y ella pegó un grito. El genial compositor le dijo: "Así grita una doncella cuando su virtud se ve amenazada."*

* * *

CUANDO BRAHMS era apenas un adolescente que estudiaba música, solía tocar el piano en una taberna y salón de baile de marineros. Colocaba un libro de poesía frente a él para distraerse de la multitud escandalosa, ya que interpretaba todo de memoria.

* * *

SCHUBERT fue un compositor increíblemente creativo cuando era joven y no tenía dinero, ya que escribía hasta ocho canciones diarias. Incluso dormía con los anteojos puestos, por si acaso se le ocurría alguna idea para una canción en la noche y quisiera escribirla.

DESDE COPAS DE COÑAC HASTA BISAGRAS

La "serpiente" que suena como búfalo, y otros instrumentos raros

EN ALGÚN MOMENTO de la Edad de Piedra, un hombre amarró un hueso a un trozo de cordel y lo hizo girar sobre su cabeza: produjo así un excitante sonido y creó el primer "toro bramador" o "palo atronador". Desde entonces, el ser humano se ha percatado de que cualquier objeto que produzca ruidos o notas puede servir de instrumento musical.

Desde el sacabuche hasta el saxofón, los artesanos han creado una impresionante variedad de instrumentos, a menudo extraños, para percutir, soplar o rascar. Uno de los más raros es el serpentón del siglo XVI, objeto negro y curvado que estirado mediría 2 m.

Nada atractivo

El serpentón, según descripción de un aficionado, tiene aspecto de intestino de elefante y sonido de búfalo resoplante. Se dice que el compositor Handel comentó al escucharlo: "Vaya, ésta no es la serpiente que tentó a Eva." Sin embargo, lo incluyó en su *Música para los reales fuegos artificiales*.

En 1761, el inventor estadounidense Benjamin Franklin tuvo la idea de producir sonidos friccionando un dedo húmedo sobre el borde de un vaso, y la adaptó para crear una armónica de vidrio. Ésta pronto llamó la atención de famosos compositores, y Mozart escri-

Ofidio resoplante El serpentón debe su nombre al largo tubo en S. Este instrumento de sonido grave y como de sordina, que en un tiempo fue común, se usó en la música de lugares aislados hasta fines del siglo XIX.

bió un quinteto para dicho instrumento, con alientos de madera y cuerdas. En la década de 1980, el estadounidense Jim Turner emprendió un audaz esfuerzo por revivir el arte de tocar con vidrio, y ejecutó con 60 copas de coñac el quinteto de Mozart y otras piezas, incluidos algunos clásicos de jazz.

Los compositores del siglo XX han buscado con frecuencia inspiración en instrumentos no tradicionales, y han explo-

rado nuevos sonidos aun en objetos de uso cotidiano. Para su ballet *Parade*, Erik Satie utilizó máquinas de escribir, pistolas y sirenas de fábricas. El compositor estadounidense George Antheil instrumentó su *Ballet Méchanique* para ocho pianos, una pianola, ocho xilófonos, dos timbres y una hélice de avión. En su obra *Acustica*, Mauricio Kagel instrumentó los sonidos de un tablón cubierto de bisagras para puertas.

El uso de "instrumentos" novedosos siempre ha ejercido fascinación. A mediados de la década de 1950, en uno de los abarrotados conciertos del humorista Gerard Hoffnung en el Festival Hall de Londres, se ejecutó la obra intitulada *Gran, gran obertura para aspiradoras, rifles, cañón, órgano y orquesta completa*.

LOS SONIDOS DEL SILENCIO

EL 29 DE AGOSTO de 1952, el pianista David Tudor se sentó inmóvil y callado ante el piano de cola del Maverick Concert Hall, en Woodstock, Nueva York. No hizo el menor intento de pulsar el teclado. Al cabo de 4 minutos con 33 segundos se levantó y abandonó el escenario: había terminado el estreno mundial de 4' 33", obra del estrafalario compositor estadounidense John Cage.

Escribir una pieza musical totalmente silenciosa podría parecer una exageración, pero con John Cage sólo fue el principio. Por ejemplo, en *Fontana Mix*, estrenada en Nueva York, en 1959, la música nace de los sonidos cotidianos que emite la gente —toser, tragar, ponerse los anteojos, dejar caer ceniza en el cenicero—, amplificados en cinta. Como dijo el compositor: "Ahora, cuando voy a un coctel, no oigo ruidos: escucho música."

Las obras más famosas de Cage son quizá sus piezas para "piano preparado". Antes del concierto, se introducen en el piano toda clase de objetos: tuercas, tornillos, cucharas, ganchos de ropa, pedazos de papel, madera. Luego, el pianista pulsa el teclado normalmente, pero los sonidos que se producen distan mucho de ser normales. El efecto sorprende por lo atrayente y es parecido al de instrumentos orientales de percusión.

Cage ha hecho música con la estática de la radio, el ruido de agua que se vierte, el rugido de un león, y notas escogidas al azar echando dados. Su *0' 0"* es una invitación abierta a la improvisación. Sin embargo, de todos sus experimentos el que más aprecia es el silencioso 4' 33". Escribió una vez: "Mi pieza favorita es la que escuchamos a todas horas si estamos callados."

¿SABÍA USTED QUE...?

EL INSTRUMENTO musical más grande en todo el mundo es el órgano monumental del auditorio municipal de Atlantic City, en el litoral atlántico de Estados Unidos. Diseñado por el senador Emerson L. Richards y terminado en 1930, el órgano tiene 33 112 tubos, cuya longitud varía desde 6 mm hasta 19.40 m.

INSTRUMENTOS DE GUERRA

¿Cuán escocesas son las gaitas?

EL SONIDO estridente de las gaitas ha acompañado a los escoceses de las Tierras Altas en las batallas cuando menos durante los últimos 400 años, dando nuevos ánimos a los ardientes guerreros de las montañas y provocando miedo en el corazón de sus enemigos. Según registros, en la Batalla de Pinkie (1549), "los violentos escoceses se incitaban a la guerra con el sonido de las gaitas". Y éstas se escucharon también en 1942, cuando tropas de las Tierras Altas escocesas avanzaron por campos minados del desierto contra el Afrika Korps de Rommel, en la batalla de El-Alamein.

Desde Suecia hasta Túnez

Las gaitas simbolizan a Escocia tanto como el *haggis* y el whisky. Pero los escoceses no pretenden ser los inventores de la gaita. Es casi seguro que haya surgido en el Imperio Romano durante el siglo I. Se cree que el emperador Nerón la tocaba, y es más probable que estuviera practicando este instrumento, no el violín, mientras Roma ardía. Hacia 1300, gaitas de un tipo u otro zumbaban y chillaban desde Inglaterra hasta la India, y de Suecia a Túnez casi en cualquier parte, menos en Escocia. Fue un siglo después, cuando ya el resto del mundo había empezado a cansarse del instrumento, que los escoceses lo adoptaron.

Las gaitas fueron populares en parte porque podían fabricarse con materiales que se conseguían en la sociedad rural. Sólo se requería la piel de una oveja o el estómago de una vaca para hacer el odre, y unas pocas cañas perforadas para los canutos. El principio del instrumento es ingenioso, pero sencillo. El gaitero sopla en el odre, que actúa como depósito para mantener la circulación constante de aire a los canutos. Éstos son de dos tipos, caramillo y roncón. En una versión sencilla de dos canutos, el gaitero ejecuta la melodía en el caramillo, mientras el roncón produce el bajo continuo característico del sonido de la gaita. En algunas variantes, el aire para el odre proviene de un fuelle.

Las gaitas aún se emplean en la música folklórica de muchos países. Por ejemplo, acompañan las danzas tradicionales de los bretones, en el noroeste de Francia. Muchas personas relacionan con regimientos escoceses el sonido de las gaitas entremezclado con el estruendo de una batalla. Pero los escoceses no tienen exclusividad al respecto: durante siglos los irlandeses también las han usado para llamar a las armas.

Llamado a la gloria En 1915, el gaitero Laidlaw incitó a las tropas británicas para que continuaran el avance a través de una nube de gas de mostaza en el frente occidental. Su valentía lo hizo merecedor de la Cruz de Victoria.

JOYAS DE INSTRUMENTOS
El secreto de los mejores violines del mundo

UN VIOLÍN HECHO en el siglo XVIII por Antonio Stradivarius, de Cremona, Italia, puede costar hasta un millón de dólares. Los stradivarius se cotizan a tan altos precios porque todavía se los cataloga como los violines más finos que se hayan producido.

Stradivarius enseñó a sus dos hijos el arte de hacer instrumentos de cuerda y, aunque ellos no lograron alcanzar la misma calidad mágica del padre, su trabajo fue notable. Ha sido un misterio qué confiere a un stradivarius su calidad única; las conjeturas se han centrado en el barniz empleado en estos instrumentos. Stradivarius escribió su fórmula del barniz en la guarda de la Biblia familiar; mas, por desgracia, uno de sus descendientes la destruyó.

Madera veneciana

Pese a lo anterior, Joseph Nagyvary, profesor de bioquímica y biofísica en la Universidad de Agricultura y Mecánica de Texas, cree haber descubierto el secreto de Stradivarius: la madera de abeto que éste usó procedía de Venecia, donde se guardaba junto al mar. Esto producía diminutos agujeros en la madera, sólo visibles con un microscopio electrónico de 2 000 amplificaciones. La madera curada en seco de los violines modernos no tiene estos orificios. Según Nagyvary, esto confiere riqueza y resonancia especiales al sonido.

Nagyvary también descubrió, al examinar el barniz, que incluía diminutos cristales de mineral. Infirió que procedían de piedras preciosas molidas, que añadían los alquimistas al preparar el barniz en la creencia de que las piedras tenían propiedades mágicas. En un violín, estos cristales

Violín inimitable *Esta impresión de un artista de fines del siglo XIX del taller de Stradivarius en Cremona muestra al gran violero deleitando el oído de sus ayudantes al probar el sonido de un nuevo violín.*

filtran los armónicos agudos y producen un sonido más puro y terso.

Nagyvary puso a prueba su teoría al fabricar un violín con madera curada en la humedad y recubierta de un barniz que contenía polvo de piedras preciosas. Un experto calificó el resultado como "el mejor violín nuevo que jamás he escuchado". La famosa violinista Zina Schiff quedó tan impresionada que tocó el instrumento en conciertos públicos.

¿Se percataban Stradivarius u otros famosos violeros de Cremona —como los Amati y los Guarneri— de la singular calidad de los materiales que utilizaban? Al respecto, Nagyvary dice: "Sinceramente pienso que los antiguos violeros no sabían, acerca de la fabricación de violines, más de lo que saben los actuales artesanos... Solamente fueron los afortunados beneficiarios de una feliz coincidencia histórica."

Si los violeros actuales usaran los descubrimientos de Nagyvary, ¿disminuiría el valor de un stradivarius? Es casi indudable que no, pues no parece haber nadie capaz de revivir su ingrediente mágico: su genialidad.

LA BÚSQUEDA DE LO PÉSIMO

"LA MAYORÍA de nuestros miembros aún no sabe en qué extremo del violín soplar." Ésta es la orgullosa jactancia de la Portsmouth Sinfonía, orquesta del sur de Inglaterra que se precia de ser la peor del mundo. Fundada en 1969 por estudiantes de arte, ha basado una fructífera carrera en ser increíblemente mala. Algunos de sus músicos tienen calidad profesional, pero tratan de no mostrar sus aptitudes.

Hacia 1981 la orquesta sintió que su reputación se veía amenazada, pues las interpretaciones de ciertas orquestas británicas habían decaído desastrosamente. En ese año, cuando la Royal Philharmonic Orchestra grabó una selección de melodías populares con un fondo de ritmo de discoteca, la Portsmouth Sinfonía respondió con *Classic Muddly*, popurrí clásico con una grabación horrible, descuidada, que garantizó su jerarquía de ser la peor en muchos años. Esa vez, John Farley, el director, admitió sin empacho su propia incompetencia. Declaró a un reportero: "Soy un director muy malo; pero la orquesta tiene lo que se merece."

¿SABÍA USTED QUE...?

JEAN BAPTISTE LULLY se produjo una herida mortal cuando dirigía su Te Deum. *Llevaba el compás golpeando el suelo con un bastón. Por desgracia falló, y en vez de percutirlo contra el suelo se aplastó un dedo del pie. Murió de gangrena.*

* * *

EN SU JUVENTUD, Schumann se amarraba el dedo cordial para fortalecer los demás. El resultado fue una grave lesión en el dedo y el fin a sus esperanzas de convertirse en un intérprete de primera categoría. En cambio, se transformó en un brillante compositor.

ROMPIENDO LA BARRERA DEL SONIDO

Cuando los músicos de vanguardia pueden parecer anticuados

EL 15 DE MAYO de 1913, en un teatro de París se estrenó un nuevo ballet, *La consagración de la primavera*, con música de Igor Stravinsky. Apenas la orquesta empezó a tocar, la concurrencia comenzó a silbar y a gritar su desaprobación. Surgieron peleas, intervino la policía y la velada musical terminó casi en motín. La razón principal del alboroto era la naturaleza revolucionaria de la música de Stravinsky. Su intensa y dinámica partitura había roto los estrechos límites que delimitan lo que es "aceptable" como música nueva de lo que suena discordante e incluso ofensivo. En cambio, hoy es una obra habitual en los repertorios de compañías de danza. Parecería que la familiaridad ha producido la aceptación.

Quizá sea difícil para el hombre actual, confrontado con los experimentos frecuentemente enigmáticos de los músicos de vanguardia del siglo XX, creer que algún día estas obras también serán favoritas en conciertos. Dichos compositores han oscilado de la música "serial", en la que tono, ritmo y volumen se determinan matemáticamente, a la música "aleatoria", donde se supone que todo depende de la casualidad. A veces, los intérpretes se desconciertan tanto como el público. Así ocurrió cuando se les pidió tocar una obra en la que las líneas del papel pautado se trazaron sobre un lado de una pecera y el nado del pez tras el vidrio hacía las veces de notas.

Sin embargo, algunas técnicas experimentales modernas ya se han incorporado a la música popular. El compositor inglés David Bedford es, en cierto modo, un típico músico de vanguardia. Sus obras tienen extraños títulos, como *Los tentáculos de la oscura nebulosa* y *Un caballo, su nombre era Henry Fenceweaver*. En una de sus obras pide a los cantantes iniciar el canto cuando quieran y con el ritmo que les parezca. En otra, el público participa tocando el *kazoo*. Pero también ha trabajado con cantantes de rock, como Mike Oldfield, quien goza de gran popularidad. Muchos grupos pop emplean sonidos electrónicos, que alguna vez fueron exclusivos de músicos de vanguardia.

Por lo tanto, es posible que a la siguiente generación, educada con computadoras, le suene anticuada la música actual de vanguardia. Siempre hay nuevas barreras que romper.

EL CISNE MUSICAL

EN 1774 se exhibió en el Cox's Mechanical Museum de Londres el "Cisne de Plata", un modelo mecánico de tamaño natural. La graciosa ave curvaba el largo cuello para bajar la cabeza hasta el "lago" de vidrio y parecía coger un pez de plata con el pico. La elegante rutina se acompañaba de música de campanas. Elaborados autómatas como éste fueron el origen de una moda que recorrería el mundo durante el siglo siguiente: las cajas musicales.

Según se dice, el relojero suizo Aristide Janvier inventó en 1776 el mecanismo básico de estas cajas. Consiste de un cilindro giratorio con clavijas salientes de metal que pulsan los dientes afinados de un peine de acero. Las notas dependen del acomodo de las clavijas.

Cisne de plata *Esta ave mecánica se asienta sobre un lago de vidrio, donde un pez oscila. El acompañamiento musical de los graciosos movimientos del cisne servía en parte para opacar el ruido del mecanismo. La pieza está actualmente en el Museo Bowes del condado de Durham, en el norte de Inglaterra.*

En un principio, las cajas musicales fueron muy sencillas. Pero a fines del siglo XIX se produjeron complejos aparatos con diversas melodías, que se seleccionaban al girar un botón. Los modelos más lujosos eran de una complejidad fantástica. La gran caja musical de cilindro orquestal intercambiable, diseñada para un enviado del Sha de Persia en 1901, tenía 20 cilindros, cada uno con seis melodías. Además de dos peines de acero, incluía una sección de percusiones de tambores, címbalos y campanas, un armonio que funcionaba por medio de fuelles en miniatura y, por si fuera poco, dos aves canoras, que se posaban en una imitación de jardín.

Pese a estos despliegues de ingeniosidad, las cajas musicales no pudieron competir con el fonógrafo y para 1914 casi habían desaparecido. Los modelos más complejos quedaron en manos de los coleccionistas. En 1985, la gran caja musical de cilindro orquestal intercambiable se subastó en la galería Sotheby's de Londres en 19 000 libras esterlinas.

DON DIVINO

Las ejecuciones de Paganini eran algo sobrenatural

EN 1829, UN crítico musical escribió que las interpretaciones del virtuoso violinista de 47 años Niccolo Paganini abrieron un mundo nuevo, a través de sonidos sólo imaginables en sueños. Agregó: "...hay algo tan demoniaco en su aspecto, que en un momento buscamos las patas de cabra, y al siguiente, las alas de un ángel."

Jamás se habían escuchado interpretaciones como las de Paganini. Al igual que muchos compositores de la época, escribió obras para virtuosos, cuya dificultad técnica se ajustaba a sus prodigiosas habilidades. Aprovechaba todos los recursos técnicos concebibles para tocar con expresividad inigualable. Tan asombrosas eran sus interpretaciones que para muchos su talento se debía a fuerzas divinas o satánicas. El rumor popular de que Paganini había vendido su alma al diablo fue cada vez más creíble por su palidez y aspecto demacrado,

que al final de su vida se acentuaron por una enfermedad, y por su extraordinario magnetismo personal. Lejos de negar estos rumores, Paganini los fomentó con una vida francamente disoluta, de juego y de mujeres. Una vez acumuló tantas deudas que empeñó su violín.

Fue hasta que tenía más de 40 años cuando intentó lograr el justo reconocimiento a su genio y creatividad. Envió numerosas cartas a revistas musicales, en las que refutaba los rumores sobre un pacto con el diablo.

Pero fue demasiado tarde. En su lecho de muerte, en 1840, un Paganini de 58 años se rehusó repetidas veces a ver a un sacerdote. Cuando murió, la Iglesia se negó a autorizar su entierro en suelo consagrado. Su cadáver quedó depositado ignominiosamente en un sótano por cinco años, antes de ser sepultado con propiedad.

Violinista de fábula Las interpretaciones expresivas y técnicamente brillantes de Niccolo Paganini, aunadas a su raro aspecto, dieron pie al rumor de que tenía un pacto con el diablo.

EL MÁGICO PIANO MECÁNICO

TODAVÍA EN la década de 1920, las pianolas eran una de las formas de entretenimiento más populares en todo el mundo. Con teclas que subían y bajaban como si las tocaran dedos fantasmales, estas "pianolas" (en realidad este nombre fue la marca comercial de un fabricante) llenaban con su música tanto bares oscuros como salones respetables. Sólo en Estados Unidos, a

principio de la década citada fueron fabricados medio millón de estos instrumentos. Pero en la de 1930, con la creciente popularidad de la radio y el gramófono, prácticamente desaparecieron.

La primera pianola se patentó en Francia en 1863. Consistía en un gabinete con "dedos" de fieltro, que se colocaba en la parte delantera del piano, sobre las teclas. En su interior, una barra rastreadora "leía" los orificios de un rollo de papel giratorio, como los de las tarjetas perforadas de computadora. Entonces, la barra activaba el sistema de fuelles que hacía a los "dedos" pulsar las teclas adecuadas. En modelos posteriores, todo el mecanismo quedó incorporado al piano mismo.

En algunos modelos, el usuario tenía que pedalear los fue-

Diversión familiar En la década de 1920, la pianola fue el centro de distracción en el hogar.

lles para controlar el volumen y la velocidad, lo cual requería gran habilidad, de modo que pocas veces lograba éxito total al respecto. En modelos más avanzados, que se conocieron como pianos reproductores, los efectos expresivos de los pedales se incluyeron en una hoja perforada que reproducía cualquier matiz de un concierto, como un cambio de *tempo*.

Pianistas famosos de todos los tipos de música, desde Rachmaninoff y Debussy hasta George Gershwin y "Fats" Waller, hacían cola para grabar sus interpretaciones en rollos de pianola, que se reproducían para venderlos como los discos o los cassettes actuales. La enorme ventaja del rollo era que la música se escuchaba en un piano de verdad (incluso en los discos compactos de hoy día inevitablemente se pierde algo de la calidad de la música interpretada en vivo, pese a los complejos procesos de grabación).

La tecnología computarizada de finales del siglo XX ha alcanzado a las pianolas. En la década de 1970, la compañía japonesa Marantz desarrolló el *Pianocorder*, sistema de cinta magnética de computadora especialmente codificada, que se instala en un piano para que el pianista grabe mientras toca. Luego puede sentarse y escuchar, pues el instrumento reproduce la interpretación con todo y errores.

UNA RAZÓN PARA ESCRIBIR

¿Qué hace que los escritores tomen la pluma y el papel?

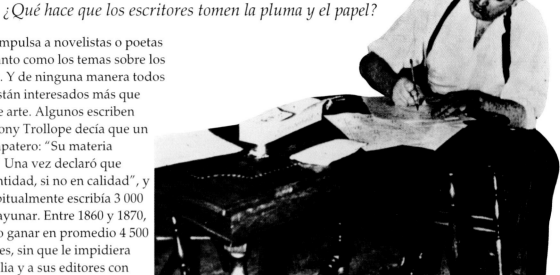

L A FUERZA que impulsa a novelistas o poetas puede variar tanto como los temas sobre los cuales escriben. Y de ninguna manera todos los escritores están interesados más que nada en crear obras de arte. Algunos escriben sólo por dinero. Anthony Trollope decía que un escritor es como un zapatero: "Su materia prima es un ser vivo." Una vez declaró que quería resaltar "en cantidad, si no en calidad", y lo consiguió, pues habitualmente escribía 3 000 palabras antes de desayunar. Entre 1860 y 1870, esta dedicación le hizo ganar en promedio 4 500 libras esterlinas anuales, sin que le impidiera bombardear a su familia y a sus editores con cartas sobre asuntos económicos insignificantes.

Harold Robbins siempre ha tenido talento para ganar dinero. En 1936, a los 20 años, se hizo millonario con sus negocios en la industria alimentaria; pero perdió todo tres años después. Su primera novela se publicó en 1948. Hoy gana por lo menos 500 000 dólares al año con obras que los críticos califican de "basura" y "asquerosas", pese a lo cual se venden en todo el mundo 30 000 ejemplares diarios. Por lo visto, el éxito comercial hace que Robbins se sienta justificado

Refugio de un escritor Para escribir sus novelas, Thomas Wolfe a menudo escapaba del agitado ambiente neoyorquino y se recluía en su cabaña de Oteen, Carolina del Norte.

en considerarse "el mejor novelista del mundo", y no entiende por qué no ha ganado premios literarios.

Hay autores que se inspiran en sí mismos. Thomas Wolfe describió su novela autobiográfica inconclusa de 500 000 palabras como "un mero bosquejo para un libro" y, cuando sus editores le pidieron abreviarla, le agregó más. Pese a la presión creciente a que lo sometieron, se negó a efectuar los cortes. Cuando le dijeron que no se vendería mucho por lo extensa, contestó con desdén que cualquier tonto notaría que no la había escrito por dinero.

El impulso creativo oculto

John Keats es un excelente ejemplo del escritor que trabaja sólo por la inspiración creativa. Garabateaba versos no muy legibles en pedazos de papel y luego los escondía. Un amigo con quien Keats vivía se dio cuenta de esta extraña conducta y logró salvar del posible olvido varios de los mejores poemas —entre ellos la *Oda a un ruiseñor*— al registrar la casa de arriba abajo. Pero aun Keats anhelaba el reconocimiento, y la hostilidad de los críticos hacia su poesía lo hirió profundamente. En 1821, a punto de morir de tuberculosis a los 25 años, ordenó que se grabaran en su lápida sepulcral las palabras: "Aquí yace uno cuyo nombre fue escrito en el agua."

En espera de la muerte Pocos días antes de morir John Keats a los 25 años, su amigo Joseph Severn lo pintó en su hotel en Roma. Keats había viajado a Italia con la esperanza de curarse la tuberculosis.

AL BORDE DEL PELIGRO
*El hombre al que le pareció más emocionante
escribir que jugar a la ruleta rusa*

"UN JUEGO con 16% de probabilidades de fracaso", así definió Graham Greene sus primeros experimentos con un revólver, cargado con una sola bala, que estaba en el armario de su hermano mayor. Greene no tenía ninguna razón aparente para jugar con la posibilidad de matarse: era un exitoso pasante de Oxford, editaba una revista estudiantil y llevaba una vida plena y muy activa. Pero, como dijo un amigo, Greene, al jugar a la ruleta rusa, "no intentaba matarse, trataba de encontrarle la gracia a la vida".

En busca de sitios peligrosos

A Graham Greene siempre le ha parecido insoportable el aburrimiento. El miedo al hastío y la fascinación por la muerte han sido los factores determinantes de su carrera. Cuando dejó de jugar con pistolas, sintió un atractivo irresistible por los lugares más peligrosos de la Tierra. Greene ha recorrido el mundo con el aburrimiento pisándole los talones, desde la España de la Guerra Civil hasta el conflicto en el Congo Belga, la guerra de Vietnam, la espantosa corrupción en Haití, la Cuba de Batista, la Nicaragua presandinista, el Canal de Suez durante la Guerra de los Seis Días y los conflictos en las calles de Belfast.

Pero Greene ha sido más que un viajero metido sin ton ni son en las aventuras de *Boy's Own*. Para ahuyentar el tedio se ha desplazado hasta llegar a lo que llama "el borde del peligro". Le atraen los regímenes inestables, y ha visto derrumbarse muchos. Pero no ha sido sólo un observador independiente, sino que también ha tendido a colaborar con "la causa". Esto lo ha hecho llevar ropa de invierno a revolucionarios cubanos ocultos en la Sierra Maestra y municiones a sandinistas de Nicaragua. Por ridiculizar al dictador François Duvalier (Papa Doc), el gobierno de Haití lo acusó de pervertidor y, lo que es más inverosímil, de torturador.

Decanta la experiencia

Con frecuencia, las obras de Greene son resultado de sus viajes. A veces viaja en busca de una novela. Por ejemplo, para escribir *A Burnt-out Case* estuvo tres meses en un leprosario del Congo. Sin embargo, así como necesita de los viajes, también requiere escribir: para él ambas actividades son formas de acción. Y siente que escribir es una manera de darle sentido a lo que considera "la locura y la melancolía" de la existencia humana. También afirma ser incapaz de comprender cómo pueden vivir las personas que no tratan de interpretar su vida a través de la escritura, la composición musical o la pintura.

Greene ve la vida así y teme el aburrimiento. Lo irónico es que ha entretenido, intrigado e ilustrado a millones de lectores a través de su inspirada pluma.

Gran aventurero Graham Greene, quien obtuvo el éxito a los 28 años con la novela Stamboul Train (1932), *ha tenido una vida llena de aventuras.*

UNA ESTACIÓN EN EL INFIERNO
El traficante de armas que fue un gran poeta

EN MARZO de 1891, un traficante de armas de 37 años, con una pierna cancerosa, era transportado por el desierto de la península arábiga rumbo a Adén. Arthur Rimbaud iba en su penoso regreso a Francia luego de una década en Arabia y África, donde trabajó como mercader, viajó en expediciones para buscar marfil y traficó con armas en guerras africanas. Como empresario tuvo éxito moderado, ya que acumuló el equivalente a 90 000 dólares.

Ninguno de los que lo acompañaban en el viaje, y mucho menos Rimbaud, habría supuesto que este aventurero y comerciante pronto iba a ser aclamado como uno de los grandes poetas de Francia. No había escrito un solo verso desde 1874. En Francia lo creían muerto.

Creatividad precoz

Rimbaud escribió todos sus poemas entre los 15 y los 20 años. Tras su llegada a París, proveniente de su nativa Charleville, vivió con el poeta Paul Verlaine. Juntos escandalizaron al medio literario, al beber ajenjo en abundancia, fumar hachís y ridiculizar a académicos prominentes. Ambos ganaron notoriedad, pero la poesía de Rimbaud pronto cayó en el olvido.

En 1873, durante una discusión, Verlaine baleó e hirió a Rimbaud, y fue enviado a prisión. Otros escritores culparon del encarcelamiento a Rimbaud, y lo condenaron al ostracismo. Reaccionó con la creación del poema visionario *Una estación en el infierno*, y luego renunció a la poesía para siempre.

Como confiesa en ese poema, Rimbaud intentó reinventar el idioma y "dar color a las vocales y hacer que las palabras funcionen en todos los sentidos". Mas sintió que su trabajo había sido un completo fracaso. Una noche, desesperado, Rimbaud quemó todos sus manuscritos y abandonó Francia para vagar por Europa y África.

Gracias en buena parte a su viejo amigo Verlaine, desde finales de la década de 1880 se empezó a publicar y apreciar la obra de Rimbaud. Dedicado al tráfico de armas en África, nunca saboreó este éxito tardío. Cuando por fin llegó a Francia, en mayo de 1891, le amputaron la pierna derecha; pero el cáncer ya se había diseminado por todo su cuerpo. Rimbaud murió tres meses después.

UN PERSONAJE EN BUSCA DE TRAMA

¿Quién mató al singular Kit Marlowe?

"**U**NA HERIDA sobre el ojo derecho, de dos pulgadas de profundidad y una de anchura." Según la investigación, esa lesión causó la muerte del dramaturgo Christopher Marlowe, de 29 años, en una posada cercana a Londres, el 30 de mayo de 1593. Pero hasta la fecha no se sabe por qué lo mataron.

Aparte de su fama por obras como *Doctor Fausto* y *Eduardo II*, superada sólo por la de Shakespeare, Marlowe fue bebedor, pendenciero, vagabundo e intrigante. También fue ateo, en una época en que las simpatías religiosas elevaban o hundían a un hombre. Cualquiera de estos desusados rasgos de carácter pudo causar su asesinato.

Nuevos testimonios

Durante casi 350 años, el sospechoso principal —sin que hubiera pruebas contundentes— fue un celoso amante homosexual. Después, en 1925, salió a luz un informe sobre la muerte de Marlowe, donde se describían sus últimas horas y se identificaba al asesino. Pero con ello surgieron nuevas preguntas.

Marlowe pasó el último día de su vida en la taberna de Eleanor Bull, acompañado de Robert Poley, Ingram Friser y Nicholas Skeres. Empezaron a beber a las 10:00 horas y continuaron el día entero. Después, Marlowe y Friser tuvieron una desavenencia sobre la cuenta. Marlowe tomó el puñal de Friser y lo golpeó con el mango. Friser le arrebató el cuchillo y lo atacó con él.

Sentimiento anticatólico

En apariencia, el homicidio fue el trágico fin de un día de borrachera. Mas Poley era agente del gobierno y acababa de regresar de una misión en el extranjero. Bajo la férula de la protestante reina Isabel I, todo católico era visto como enemigo en potencia para el estado. Friser era espía católico y estafador, y Skeres, un ladronzuelo. ¿Qué hacía Marlowe en semejante compañía?

El propio Marlowe había sido espía en otros tiempos. Esto obstaculizó sus estudios en Cambridge a tal punto que sólo la presión del gobierno hizo que la universidad le concediera el título. Para ser ateo, según él mismo confesaba, era de sorprender que en los últimos tiempos se hallase en compañía de destacados activistas católicos, y es factible que hubiera descubierto algo comprometedor acerca de ellos.

Discusión mortal Cuadro de un pintor victoriano sobre la muerte de Christopher Marlowe en una taberna. En realidad, fue asesinado con un puñal, no con una espada.

En el momento de su muerte, Marlowe estaba a punto de ser acusado de herejía. Sometido a tormento, el dramaturgo Thomas Kyd lo había acusado de generar propaganda antiprotestante. De ser aprehendido, Marlowe quizás hubiera estado dispuesto a dar informes a cambio de su libertad. O, al menos, alguien temió que fuera a hacerlo, y encargó a Friser silenciarlo.

Nada de esto explica realmente la participación de Poley en el incidente. Tal vez se hallaba en el lugar para oír lo que Marlowe pudiera revelar sobre los planes de los católicos, y Friser aprovechó la oportunidad para proteger a quienes le pagaban. Pero eso no aclara la inadecuada premura con que se perdonó a Friser por el asesinato.

¿Fue el de Marlowe un asesinato político o simplemente el resultado de un arrebato de ira después de beber en exceso? La respuesta tal vez se halle en algún otro informe oficial que esté por ahí arrumbado, llenándose de polvo.

POESÍA ETERNA
El poemario que regresó de ultratumba

CUANDO LIZZIE SIDDAL murió de una sobredosis accidental de láudano en 1862, estaba casada con el pintor y poeta Dante Gabriel Rossetti desde hacía dos años. A pesar de un largo noviazgo, el matrimonio había sido turbulento. Y en 1861, el único hijo de la pareja nació muerto. El nerviosismo que ya sufría Lizzie se agravó al punto de que tenía que tomar láudano para dormir y para tener apetito.

A la muerte de Lizzie, Rossetti quedó destrozado. Quemó todas las cartas que ella le había escrito y destruyó todas las fotografías que tenía de ella. Ninguna, afirmó, hacía justicia a la belleza de su mujer. En un conmovedor gesto final, arrojó el único manuscrito de sus poemas al ataúd.

Un medio de expresión más puro

Aunque Rossetti era pintor por encima de todo, llegó a creer que la poesía era un medio de expresión más puro. Algunos años después de enviudar, decidió publicar un volumen de su obra; pero muchos de sus mejores poemas estaban bajo tierra, en el ataúd de Lizzie.

El artista era también un gran excéntrico —tenía uombats y canguros en su casa de Londres— y le atraía mucho lo

sobrenatural, por lo cual mostró una marcada afición desde muchacho. En particular, después de la muerte de Lizzie experimentó con el espiritismo y la hipnosis. En 1869, cuando trabajaba intensamente en algunos poemas nuevos, al dar un paseo se tropezó con un raro

Belleza ahogada En 1852, Millais pidió a Elizabeth Siddal que modelara para su cuadro de Ofelia, la heroína que se ahogó creyendo que Hamlet no la amaba.

pinzón domesticado y se convenció al instante de que era el espíritu de su esposa. Al parecer, el incidente lo hizo decidirse a pedir la apertura de la tumba, en el Highgate Cemetery de Londres, y la exhumación de sus poemas.

Rossetti no estuvo presente cuando desenterraron a Lizzie Siddal. Sin embargo, un amigo le contó que el famoso cabello pelirrojo de Lizzie estaba más largo que nunca, y que ella se veía tan hermosa como el día que murió.

La noticia de la exhumación trascendió y un público morboso se abalanzó a comprar los poemas de "ultratumba" de Rossetti en cuanto éstos fueron publicados. Fue así como se convirtió en leyenda la historia de Lizzie Siddal, la mujer cuya belleza ni siquiera la muerte pudo alterar.

ESPEJO DE LA VIDA

CUANDO trabajaba en una novela, Charles Dickens con frecuencia corría hasta un espejo. Una vez frente a éste, torcía el rostro haciendo una serie de gestos y muecas. Después volvía de prisa al escritorio, para continuar escribiendo frenéticamente.

En esos momentos era como si las criaturas de su imaginación lo poseyeran temporalmente. Según Dickens, en realidad escuchaba cada palabra que decían los personajes de sus novelas. No inventaba las historias, las veía.

Dickens se hundía en las desgracias y los sufrimientos de sus personajes y se alegraba con su buena fortuna, como si los quisiera igual que a sus propios hijos. Sin embargo, también con frecuencia, los hombres y las mujeres que cristalizaba en el papel lo irritaban, pues no lo dejaban en paz.

Visitantes extraños Temeroso de perder su imaginación, Dickens soporta a diario la intrusión de sus personajes en su vida.

¿SABÍA USTED QUE...?

LA AUTORA de mayor éxito de ventas en el mundo es la escritora inglesa Barbara Cartland: 500 millones de ejemplares de sus 500 novelas románticas. Desde 1976, también ha batido el récord de escritura de libros anuales: 23 en promedio.

EL LARGO VIAJE DE ULISES

La obra maestra más censurada del mundo

AUNQUE la trama de su novela *Ulises* transcurre en un solo día, el 16 de junio de 1904, James Joyce calculó que había dedicado 20 000 horas a escribir este conjunto épico en Dublín. Esto equivale a 2 500 días de trabajo normal, o sea ocho años trabajando semanas de seis días sin vacaciones.

Más de 16 años transcurrieron desde que Joyce publicó la primera parte del libro, en marzo de 1918, hasta que fue asequible en su totalidad, en 1934. Esto no se debió a que Joyce fuera un escritor lento —terminó *Ulises* en 1922—, sino a que la mención explícita de la sexualidad hizo que la novela fuera censurada, prohibida y quemada antes de que llegara a las librerías.

Escrúpulos del servicio postal

Los primeros fascículos de *Ulises* se publicaron en la revista estadounidense *Little Review*, en 1918. En 1921, el servicio postal estadounidense ejerció su atribución de enjuiciar a quien enviara material obsceno por correo y presentó ese material ante los tribunales. Los editores recibieron una condena de encarcelamiento y multa de 50 dólares cada uno.

Otros escritores estaban a favor de la novela. Virginia Woolf, también novelista de vanguardia, y su marido Leonard habrían estado encantados de publicar *Ulises;* pero habrían tardado dos años en levantar la tipografía a mano en su antigua imprenta. Ningún editor reconocido quería publicar el libro a menos que Joyce le hiciera cambios, y él se negó.

Ediciones limitadas

Finalmente, en 1922, la pequeña editorial parisiense Shakespeare & Co. sacó una edición de 1 000 ejemplares. Ese mismo año, la empresa Egoist Press de Londres publicó una edición de 2 000 ejemplares, de los cuales el servicio postal de Nueva York confiscó 500. Egoist Press pronto sacó un tiraje más de 500 ejemplares, y la aduana británica incautó 499 y los quemó.

Además de lo anterior, un estadounidense sin escrúpulos, Samuel Roth, publicó ilícitamente una versión no autorizada del texto de Joyce en su revista *Two Worlds.* La categoría de Joyce era tal que

Ser inflexible *Luego de* Dublineses *y* El retrato del artista adolescente, Ulises *fue la tercera obra en prosa de Joyce que chocó contra la censura. Pero él se negó a aceptar modificaciones en sus obras.*

logró que una demanda contra Roth fuese firmada por 167 eminencias, desde el físico Albert Einstein hasta el novelista E.M. Forster.

No fue sino hasta diciembre de 1933, en un celebrado litigio, que *Ulises* quedó libre de los cargos de obscenidad. Esto allanó el camino para que Random House de Nueva York publicara una edición íntegra. Aun así, *Ulises* no se consiguió en Dublín hasta la década de 1960.

LA OBRA DE CONSULTA DEFINITIVA

Nació en Edimburgo, la inspiró un parisino, vive en Chicago y se dice británica

LA *ENCYCLOPAEDIA BRITANNICA* es reconocida en todo el mundo. Pero no es británica. Los derechos de esta obra pertenecen a una compañía estadounidense desde 1902, y la publica la Universidad de Chicago. La edición más reciente tiene 30 volúmenes y 43 millones de palabras, con un costo de planeación, redacción y edición de 32 millones de dólares, sin incluir la impresión.

Origen escocés

La *Encyclopaedia Britannica* tuvo un comienzo más bien modesto en Edimburgo, Escocia, en 1768, cuando se unieron Colin Macfarquhar, impresor y librero, y Andrew Bell, un grabador de collares finos para perros. Creían poder emular el éxito de la *Encyclopédie* francesa, que editó Denis Diderot y se publicó entre 1751 y 1765.

Anunciaron su futura obra como "Un Nuevo Diccionario de Artes y Ciencias", y contrataron como editor a un erudito y científico de 28 años, William Smellie, para su redacción.

En diciembre de 1768 apareció la primera parte de la nueva enciclopedia. Se publicó en 100 fascículos, y el conjunto de tres volúmenes se terminó en 1771. Las 2 659 páginas estaban ilustradas con 160 grabados de Andrew Bell.

Temas variados

El contenido de esa primera edición era en verdad muy completo. El dolor de muelas, decía el texto, se puede curar con "laxante de maná y casia disuelto en suero o leche de burra". Había una receta para falsificar esmeraldas. Se definía a la mujer como "la hembra del hombre", y al sexo como "algo en el cuerpo que distingue al macho de la hembra". Pero Smellie compensó estas dos breves entradas con un artículo ilustrado de 40 páginas sobre el parto. Muchos lectores exigieron que se eliminara.

Si se hacen a un lado la polémica que despertó la nueva enciclopedia y sus defectos, tuvo bastante éxito: se vendieron 3 000 ejemplares de la primera edición, suficientes para justificar la segunda, de 1776, y para inspirar varias ediciones estadounidenses "piratas".

BATALLA DE GIGANTES

¿Cuál es en verdad la estatua más alta del mundo?

A LA PREGUNTA de cuál es la estatua más alta del mundo, muchas personas contestarían que la Estatua de la Libertad o quizá la Esfinge de Gizeh, en Egipto. Si bien ambas son muy célebres, ninguna de ellas es la más alta del mundo. Por más de 1 250 años, esta distinción correspondió al Buda Dafo de Leshan, China. Desde su construcción en 713, dejó atrás a las demás estatuas, hasta que el título le fue arrebatado en 1967 por La Patria Llama, en la antigua URSS, que es con mucho la estatua más alta del mundo. La punta de la espada, que la figura sostiene en la mano, alcanza casi 12 m más que el Buda. El famoso faro de EUA le llega sólo a la mitad a la colosal escultura rusa, mientras que la Esfinge ni siquiera le llega a las rodillas.

La Estatua de la Libertad
Altura: 47 m
Visible a 95 km, la Estatua de la Libertad da la bienvenida a los visitantes del puerto de Nueva York. La estatua, que se asienta sobre un zócalo de 45 m, fue un regalo de Francia a EUA en 1884 por el centenario de su independencia. La armazón interna es obra de Gustave Eiffel, arquitecto de la Torre Eiffel.

El Monumento del Monte Rushmore
Altura, de la barba a la coronilla: 18 m
Si se añadiera el cuerpo a alguna de las cuatro cabezas talladas en el Monte Rushmore, en Dakota del Sur, EUA, la estatua mediría 152 m de alto. Se requirieron 15 años para esculpirlas y son los bustos de George Washington, Thomas Jefferson, Theodore Roosevelt y Abraham Lincoln. Casi estaban listas en 1941, cuando murió su escultor, Gutzon Borglum. Su hijo terminó los detalles finos.

El Cristo del Corcovado
Altura: 30 m
En la cima del monte Corcovado (que significa "jorobado"), la estatua de Cristo más grande en todo el mundo domina el puerto de Río de Janeiro, Brasil. La imponente figura del Redentor, con los brazos extendidos, se alza a casi 743 m sobre el nivel del mar. El escultor francés Paul Landowski construyó la figura de concreto en tan sólo cuatro años, y la terminó en 1931.

El Buda de Bamian
Altura: 53 m
En los riscos del valle del río Bamian, en la frontera de Afganistán con la India, se alza la segunda escultura budista más grande del mundo. Construida hacia el año 600, cuando la ciudad era un centro budista, esta enorme talla en la roca sobresale de una caverna labrada en la cara del risco. En el mismo valle hay otra estatua idéntica en todo, menos en el tamaño: es 15 m menos alta.

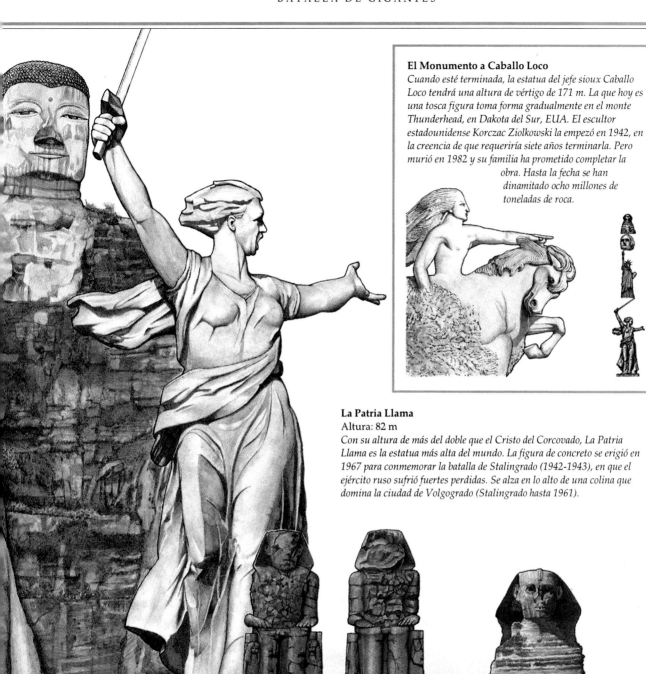

El Monumento a Caballo Loco

Cuando esté terminada, la estatua del jefe sioux Caballo Loco tendrá una altura de vértigo de 171 m. La que hoy es una tosca figura toma forma gradualmente en el monte Thunderhead, en Dakota del Sur, EUA. El escultor estadounidense Korczac Ziolkowski la empezó en 1942, en la creencia de que requeriría siete años terminarla. Pero murió en 1982 y su familia ha prometido completar la obra. Hasta la fecha se han dinamitado ocho millones de toneladas de roca.

La Patria Llama

Altura: 82 m

Con su altura de más del doble que el Cristo del Corcovado, La Patria Llama es la estatua más alta del mundo. La figura de concreto se erigió en 1967 para conmemorar la batalla de Stalingrado (1942-1943), en que el ejército ruso sufrió fuertes perdidas. Se alza en lo alto de una colina que domina la ciudad de Volgogrado (Stalingrado hasta 1961).

El Buda Dafo

Altura: 70 m

El dedo gordo del pie del Buda sedente Dafo ("grandioso") en Leshan, China, tiene más de 8 m de largo. De hecho, uno podría acostarse sobre una de las uñas de sus pies, de 1.80 m de anchura. La estatua, cuya construcción requirió 90 años, se asienta majestuosamente a orillas del río Min. Fue diseñada por Haitong, un monje budista, y se terminó en el año 713.

Los Colosos de Memnón

Altura: 21 m

En otros tiempos, la gente viajaba a Tebas desde todo Egipto para oír "el canto" de uno de los gigantescos Colosos al amanecer. Ambas estatuas fueron construidas en el año 1400 a.C. Una se dañó en el siglo I, y su "canto" quizás era el ruido de la piedra rajada, que se dilataba con el calor del sol matinal. Pero ha estado silenciosa desde que el emperador romano Severo la mandó reparar, hacia el año 200.

La Gran Esfinge

Altura: 20 m
Longitud: 73 m

Tallada en un crestón natural de roca, es la mayor de las esfinges egipcias y ha custodiado las pirámides de Gizeh durante casi 45 siglos. Durante gran parte de este lapso sólo fue visible la cabeza, que representa al faraón Kefrén: el resto estaba enterrado bajo las movedizas arenas del desierto. Pero en la década de 1920 el enorme cuerpo de león quedó de nuevo a la vista.

LA HISTORIA DEL ARTE

Las pinturas más antiguas que se conocen

UNA VEZ, en la antigua Grecia, dos enamorados estaban a punto de separarse. Anhelando algún recuerdo de su amado antes de la partida, la joven dibujó una línea en el muro, siguiendo la sombra que de él se formaba a la luz de la lámpara. El resultado fue el primer retrato: la silueta perfecta de un hombre.

Según el escritor romano Plinio el Viejo, esta historia romántica en realidad describe el origen del arte realista. Hay relatos similares en lugares tan lejanos como el Tíbet y la India, sin que ninguno parezca ser cierto. De tal suerte, ¿por qué, cuándo y dónde empezó el arte realista?

Las pinturas más antiguas que se conocen son las que hay en las paredes de las cuevas del hombre del Paleolítico en Francia y España. Se cree que tienen antigüedad de más de 20 000 años. En muchas se representan animales, lo cual ha dado a los expertos la clave de su significado.

Imagen mágica Las pinturas más antiguas que se conocen de objetos reales son bisontes pintados por cavernícolas. Este ejemplo, de la Grotte de Niaux en los Pirineos franceses, se remonta a más de 20 000 años. Quizás estas imágenes eran el punto central de ceremonias mágicas realizadas para lograr éxito en la cacería.

Estas imágenes tenían funciones simbólicas o mágicas. Se piensa que el hombre del Paleolítico creía que al pintar la figura de un bisonte atravesado por flechas lograría éxito en la cacería.

En estas imágenes se usaban rojo, café, amarillo y negro, y se pintaban con pinceles o con los dedos. Los pigmentos se hacían de materiales naturales, como el tizón o el hollín pulverizados y mezclados con agua, guardados en huesos y cráneos.

A medida que evolucionó la tradición de la pintura, cambió poco a poco su función y se creyó cada vez menos en las cualidades mágicas de una imagen. Con todo, incluso en este siglo persisten restos de esta creencia prehistórica en el poder mágico de las imágenes, como ocurre en la brujería y el uso popular de amuletos.

LAS VENUS DE LAS CAVERNAS

A FINALES del siglo pasado se descubrieron varias tallas en miniatura, enterradas en una cueva en los Pirineos franceses. Dado que son representaciones de mujeres, se las bautizó como "Venus", pese a que no son hermosas conforme al concepto moderno de belleza. Son figuras muy estilizadas, con cuerpos grandes y protuberantes, y rostros sin rasgos distintivos. La única excepción es la pequeña y delicada cabeza de una joven con cabello largo, más cercana a la idea convencional moderna de la belleza femenina.

Así pues, ¿quiénes eran estas mujeres? ¿Qué fin tenían estas pequeñas esculturas? Pronto se supo que habían sido talladas en marfil de col-millo de mamut por cavernícolas del Paleolítico. Se han encontrado muchas esculturas similares en cuevas de toda Europa. Se piensa que simbolizan a la Madre Naturaleza, que tal vez se les atribuían poderes mágicos, y que se usaban en ceremonias religiosas para propiciar la abundancia de alimentos y la fertilidad.

Se cree que fueron talladas hace más de 30 000 años. Si así fuera, las Venus se contarían entre las esculturas más antiguas que se conocen.

Madre Tierra Al igual que todas las Venus prehistóricas, esta talla en marfil de Lespugue, en el sudoeste francés, es muy pequeña (se reproduce a la mitad de su tamaño natural).

POBREZA Y RIQUEZA

¿Cuán cierta es la imagen popular del "artista pobre"?

Vida bohemia Este cuadro, de un artista acurrucado junto al escaso fuego, fue pintado por Octave Tassaert en 1845. En el siglo XIX se creía que eran incompatibles el genio artístico y el éxito material.

EN 1664, cuando el escultor y arquitecto barroco Giovanni Bernini viajó de Roma a París, lo hizo a todo lujo. Acompañado de uno de sus hijos, cuatro sirvientes, dos ayudantes y una cocinera, realizó una marcha digna de un mandatario, de ciudad en ciudad, acogido en todas partes por los dignatarios locales e invitado a las mansiones de la nobleza. Cuando se acercaba a París, el primer ministro del rey Luis XIV le envió el mejor carruaje de su hermano para

que lo condujera a la ciudad, donde el rey lo recibió con todos los honores. El genio artístico de Bernini le dio fama y fortuna.

Cualquier artista de éxito en la época de Bernini podía esperar lo mejor de la vida. El más rico de todos quizá fue el pintor Peter Paul Rubens, quien combinó su muy intensa carrera artística con una lucrativa actividad secundaria como diplomático. Al final de su vida poseía una espectacular mansión en Amberes, Bélgica, y un castillo en la campiña, además de que dejó a sus herederos la suma de 400 000 florines, suficiente para comprar cua-

Señor artista Cuando Rubens, el rico artista flamenco, pintó su autorretrato en 1609, se representó a sí mismo como un hombre de buen gusto, y a su esposa, ricamente ataviada a la última moda.

tro casas solariegas. Además de rico, Rubens era todo un caballero. No podía estar más lejos del estereotipo moderno del artista: el rebelde antisocial que vive hundido en la pobreza.

Sin embargo, hay algo de cierto en dicho estereotipo. Muchos artistas han sufrido épocas de miseria antes de alcanzar el éxito, que muchas veces ha llegado después de la muerte. Vincent van Gogh fue uno de ellos. Durante los últimos años de su vida, cuando pintó muchas de sus mejores obras, no hubiera tenido dinero para óleos y lienzos si no lo hubiera ayudado su hermano Theo. En vida, Van Gogh vendió sólo unos pocos cuadros, y se suicidó en la desesperación y soledad en 1890. Por supuesto, este gran pintor jamás habría imaginado que el 11 de noviembre de 1987 su cuadro *Lirios* se vendería en la enorme suma de 53 900 000 dólares.

Años de rechazo

No sólo pintores en lo individual han tenido que luchar por el reconocimiento. Algunos movimientos artísticos, hoy admirados, tuvieron que enfrentar el rechazo. En 1874 un grupo de pintores, entre los que estaba Pierre Auguste Renoir, exhibió sus trabajos por primera vez, y el mundo artístico se mofó de su estilo. Transcurrieron años de rechazo antes de que fueran apreciados y aclamados como impresionistas.

El éxito trae consigo riqueza extraordinaria para algunos artistas. Se dice que si Pablo Picasso hubiera querido una casa, le habría bastado pintarla en un cuadro: éste valdría más que la construcción.

RIVALES ARTÍSTICOS

La gran colaboración artística que terminó en desastre

EN 1503 SE pidió a dos de los más grandes artistas de todos los tiempos, Leonardo da Vinci y Miguel Ángel Buonarroti, que pintaran escenas de guerra para decorar los muros de una habitación en el Palazzo Vecchio de Florencia. Ésta podría haber sido una magnífica oportunidad para la cooperación artística, pero no lo fue: Leonardo y Miguel Ángel se detestaban.

Choque de titanes

Cuando Da Vinci tenía más de 50 años, era rico y famoso. Acostumbrado a las visitas de príncipes, tenía sirvientes, vestía las ropas más finas para adornar su larga y elegante figura, y era célebre por su encanto. Miguel Ángel, de apenas 29 años, era muy diferente: mal educado, desordenado, agresivo y solitario. Con su nariz rota y su cuerpo musculoso, tenía más aspecto de luchador que de artista.

Les fue imposible trabajar en armonía. Da Vinci era lento y metódico, y se comportaba siempre con elegancia. En cambio, Miguel Ángel pintaba y hacía rabietas con la misma intensidad. Los aires y la gracia de Leonardo lo enfurecían. Esta animadversión profesional llegó hasta las calles de Florencia, donde se vio a estos dos grandes hombres intercambiar insultos.

En una ocasión, Miguel Ángel se burló de Da Vinci porque éste no acabó el proyecto más famoso que jamás había emprendido: una estatua ecuestre del duque de Milán. Es cierto que Da Vinci solía dejar obras inconclusas. Su mente asombrosamente fecunda, siempre en busca de nuevos terrenos, pasaba de un proyecto a otro —de la escultura a la arquitectura o los inventos—, y a menudo no los concluía. Pero sus obras terminadas, como el retrato de *La Gioconda*, se cuentan entre las obras más bellas de la historia del arte.

Hombres renacentistas

Al igual que Leonardo da Vinci, Miguel Ángel fue un "hombre del Renacimiento", sobresaliente en numerosas disciplinas, como arquitectura, poesía, pintura y escultura. Sin embargo, a diferencia del primero, dejó numerosas obras maestras, de las cuales son ejemplos la enorme estatua de *David*, en Florencia, y la magnífica bóveda de la Capilla Sixtina, en el Vaticano.

¿Qué pasó con las pinturas del Palazzo Vecchio? Las de Miguel Ángel no pasaron de dibujos iniciales o bosquejos. Aunque Da Vinci sí las terminó, la técnica que empleó fue un desastroso fracaso. Los colores comenzaron a desvanecerse casi en cuanto estuvo acabada la obra, que desapareció hace tiempo.

Lección de anatomía *A Miguel Ángel y a Leonardo da Vinci les fascinaba el cuerpo humano, pero de distinta manera. Leonardo disecaba cadáveres en busca de conocimientos científicos, y creó dibujos anatómicos famosos por su precisión (izquierda). Miguel Ángel exageraba las figuras fuertes y musculosas para lograr efectos artísticos, como en su cuadro de* La Sagrada Familia *(abajo).*

EL ARTE DEL ENGAÑO

TROMPE L'OEIL (en francés, "engañar al ojo") es una técnica pictórica en que el artista emplea toda su habilidad para producir una ilusión exacta de la realidad, de modo que un espectador ingenuo confunda el objeto pintado con el real. Quizás el mejor ejemplo de *trompe l'oeil* es la *Camera degli Sposi* (cámara nupcial) del palacio ducal de Mantua, en el norte de Italia.

Hacia 1465, se encargó al pintor Andrea Mantegna que decorara esta habitación cuadrada de 8 m por lado en una torre del palacio. Trabajó durante 10 años para transformar el encerrado dormitorio en un ilusorio pabellón al aire libre.

A lo largo de los muros, pintó rieles que sostienen lo que semejan ser cortinas de cuero azul y dorado. Donde éstas se recogen, la habitación parece dar a una terraza soleada y a un amplio paisaje con montañas y árboles cítricos, poblado con miembros de la familia del duque y sus sirvientes. Arri-

ba, el techo fue transformado en un domo abierto al cielo. Algunas mujeres se asoman por una balaustrada, mientras que unos querubines alados juegan alrededor de ellas.

Cámara nupcial La decoración pictórica de Mantegna en la Camera degli Sposi, *en Mantua, es una obra maestra del ilusionismo. El duque de Mantua aparece en dos lienzos, a la derecha y a la izquierda de la ventana.*

LA PALETA ENVENENADA
Cómo algunos pintores sufrieron a causa de su arte

PIERRE AUGUSTE RENOIR es uno de los pintores más aclamados por su uso de colores excepcionalmente intensos. Todos sus lienzos vibran con brillantes rojos, amarillos y azules que son una delicia para la vista. Pero dos científicos daneses, Lisbet Pedersen y Henrik Permin, creen hoy que los mismos pigmentos brillantes que llenaron de vida el arte de Renoir gradualmente estropearon el cuerpo del artista.

Todos los colores brillantes de la paleta del artista contenían metales tóxicos, como cadmio, mercurio, plomo, cobalto y arsénico. Renoir tenía la costumbre de liar cigarros mientras trabajaba, una forma segura de transmitir rastros de esos metales de sus manos manchadas con pintura a la boca y la lengua, de donde los absorbía su cuerpo.

A consecuencia de esta intoxicación de metales, Renoir padeció artritis reumatoide crónica. Ya anciano, sus manos se volvieron rígidas como garras y sólo podía pintar con el pincel amarrado al

brazo. En los últimos años de su vida la enfermedad fue tan terrible que empleó a un joven ayudante para que hiciera su trabajo.

Según los científicos daneses, cuando menos otros tres artistas famosos por sus colores intensos —Peter Paul Rubens, Raoul Dufy y Paul Klee— padecieron reumatismo. En investigaciones futuras podrían descubrirse muchos más mártires del arte.

Colores dañinos Los óleos más brillantes pueden tener alto contenido de metales tóxicos. Por ejemplo, hay mercurio en el rojo, arsénico y cadmio en el amarillo, y cobalto y manganeso en el azul y el violeta.

TRABAJO ENVOLVENTE

Islas cubiertas de plástico rosa que se convierten en obra de arte

CUANDO EL artista búlgaro Christo Javacheff dio los toques finales a su obra de arte *Pont Neuf*, en septiembre de 1985, no utilizó pinceles, espátula ni cincel. La obra maestra de Javacheff fue el famoso puente parisino. El artista lo cubrió por completo con aproximadamente 41 000 m^2 de plástico color arena. Javacheff necesitó 10 años para convencer al gobierno francés de que aprobara su idea, en la que invirtió tres millones de dólares de su propio bolsillo, obtenidos de la venta de modelos a escala de su obra.

Pont Neuf no fue ni el primero ni el último de los proyectos extravagantes del búlgaro. Empezó a pequeña escala —al envolverse a sí mismo o envolver sillas o a mujeres desnudas—; mas pronto pasó a objetos más grandes. Ha envuelto edificios, acantilados y montañas.

En 1982, llegó a cubrir 11 islas situadas frente a Miami, Florida, con 1 660 000 km^2 de plástico rosa.

Javacheff también ha construido algunas "vallas" espectaculares. Su *Running Fence*, hecha en 1979, consistía de 40 km de cinta de nylon blanca desenrollada a lo largo de parte del norte de California.

Todos los proyectos que emprende el artista búlgaro están concebidos de manera que puedan desmantelarse sin dejar ningún daño permanente al medio ambiente. Javacheff también se asegura de que los materiales empleados sean reciclables.

Pensar en grande *Javacheff supervisa a los 300 trabajadores que construyen* Running Fence *(derecha). En 1970 envolvió el acantilado de Little Bay, al norte de Sydney, Australia, con 90 000 m^2 de polipropileno, amarrado con cuerdas anaranjadas (abajo).*

¿SABÍA USTED QUE...?

SE CREE QUE la pintura más grande que se ha subastado es Solsticio de invierno, del artista sueco Carl Larsson, que muestra una escena de la mitología escandinava y mide 6.4 por 13.5 m. Fue vendida en la galería Sotheby's de Londres, en 1987, a un japonés, en 880 000 libras esterlinas, equivalentes a más de 1.5 millones de dólares. Resulta irónico que cuando Larsson terminó el cuadro, en 1915, el Museo Nacional de Estocolmo lo haya rechazado por no ser histórico.

ARTE EN LOS TRIBUNALES

La mala crítica que terminó en litigio

EN UNA VISITA a la Grosvenor Gallery de Londres, en 1877, John Ruskin, el crítico de arte más influyente de la Inglaterra victoriana, enfureció al ver los cuadros impresionistas del estadounidense James McNeill Whistler, en especial *The Falling Rocket*. Este cuadro, en el que supuestamente se representaban fuegos artificiales de noche en el Támesis, consistía tan sólo en puntos dorados sobre un fondo azul oscuro.

Su enojo se debió al alto precio que se pedía por un cuadro que podía haber requerido muy poco tiempo para pintarlo. A fin de dar salida a su ira, escribió una crítica mordaz, en que acusaba al pintor de tener el descaro de "pedir 200 guineas por arrojar un bote de pintura a la cara del público".

Contrincante dispuesto a la lucha

Whistler era un extravagante dandy, esteta consumado y amigo de Oscar Wilde. Al ver la ocasión para un debate público, demandó a Ruskin por difamación, exigiendo 1 000 libras esterlinas por daños. Sin embargo, cuando el caso fue llevado a los tribunales en noviem-

Pago de daños El juez otorga a Whistler (izquierda) un cuarto de penique simbólico por daños en el litigio contra el crítico Ruskin (derecha). Whistler quebró por los costos del proceso judicial.

bre de 1878, los colegas de Whistler no acudieron en su defensa. Ante las circunstancias, tuvo que confiar en su propio ingenio para enfrentar a un juez y un jurado hostiles, escépticos respecto del valor de la rara pieza de arte "moderno". Cuando el abogado de Ruskin acusó a Whistler de cobrar 200 guineas —entonces una suma considerable— por los dos días que le tomaba terminar uno de sus lienzos, el pintor estadounidense contestó: "No, los pedí por los conocimientos de toda una vida."

Reconocidos artistas asistieron al juicio como testigos de ambas partes, entre ellos el pintor prerrafaelita Edward Coley Burne–Jones, quien apoyó a Ruskin. Aunque Whistler ganó el caso, fue Ruskin quien rio al último. A Whistler le

adjudicaron un cuarto de penique por daños. Los elevados gastos legales se dividieron —cada uno tuvo que pagar 385 libras esterlinas— y ambos abrieron listas de suscripciones, invitando al público a contribuir. Ruskin vendió todas sus suscripciones, de modo que el litigio no le costó nada. Pero nadie se presentó a pagar las de Whistler y, como de por sí tenía poco dinero, los gastos del juicio lo arruinaron.

TAN HERMOSO COMO UN CUADRO

CADA VERANO, en Laguna Beach, California, maquillistas, encargados de vestuario, técnicos en iluminación, diseñadores y escenógrafos generan magia artística. Su objetivo es recrear las obras de los grandes maestros con modelos en vivo.

El Laguna Festival of Arts ha montado la "Representación de los Clásicos" anualmente desde 1933, y atrae hoy a 140 000 visitantes cada año. Los asistentes presencian la reproducción increíblemente fiel de obras tan diversas como *La última cena* de

Da Vinci, un grabado japonés, una escultura de *art deco* o un antiguo friso etrusco.

Hombres, mujeres y niños posan, vestidos adecuadamente, para lucir como las figuras de la obra original. Cada detalle de escenografía, maquillaje, vestuario e iluminación se calcula para crear la ilusión de dos dimensiones. El efecto logrado es tan satisfactorio que a muchos espectadores les resulta casi imposible creer que están viendo un espectáculo viviente. Las representaciones del Laguna Festival of Arts en verdad vivifican el arte.

Arte vivo Actores del Laguna Festival of Arts recrean Snap the Whip *de Winslow Homer, para la que se emplearon maquillaje, telón e iluminación especiales.*

UNA HABITACIÓN A SU GUSTO

El presidente estadounidense que diseñó su casa y sus muebles

CUANDO FUE presentado a Thomas Jefferson, tercer presidente de EUA, el embajador inglés ante dicho país se escandalizó por la ropa informal de su anfitrión y la indiferencia de éste hacia algunos buenos modales de entonces. Jefferson, que fue el principal autor de la Declaración de Independencia de EUA, expresó su creencia en la igualdad y la sencillez al instalar una mesa circular en la casa presidencial, que después se conocería como Casa Blanca, para no tener que sentar a los invitados en las fiestas según su posición social.

Su interés por el mobiliario y la arquitectura lo llevaron a diseñar su propia casa, *Monticello*, en Virginia, por dentro y por fuera, con multitud de innovaciones prácticas. Instaló un pequeño elevador con repisas, o montaplatos, para llevar vino de la cava al comedor. Diseñó mesas de servicio portátiles para que los invitados se sirvieran sin que la servidumbre interrumpiera la conversación durante la cena. Para su despacho, diseñó una silla giratoria que le permitía alcanzar el

El espíritu práctico de un presidente *En la casa de Thomas Jefferson (Monticello) hay muchos objetos prácticos. Por ejemplo, el diván tiene portacandeleros en ambos brazos, para facilitar la lectura nocturna.*

escritorio y el atril de lectura. Encargó un reloj calendario que marcaba los días de la semana, e incluso creó un atril de música de cuatro lados, del que podían leer hasta cinco intérpretes, que se guardaba en una caja compacta. Quizás el más avanzado de sus objetos, sin ser un invento suyo, fue el polígrafo. Tenía dos plumas de ave conectadas por cañas. Al escribir con una pluma, la otra se movía a la par y generaba una copia para archivo.

En 1792, Jefferson —de manera anónima— presentó un diseño para la casa presidencial, que no fue aceptado. Desde luego, habría sido menos grandioso que la Casa Blanca, conforme a su estilo igualitario. Irónicamente describió la residencia presidencial como "suficiente para dos emperadores, un papa y el gran lama".

Diseño propio *Bajo la cúpula de su casa, que domina Charlottesville, Virginia, Jefferson diseñó una sala donde disfrutaba su gran amor por la música.*

LA PASIÓN DE UN ACRÓBATA

EN LOS ÚLTIMOS años del siglo XIX, el acróbata, payaso, inventor y compositor británico Albert Schafer se inició en un pasatiempo inusual: decorar objetos con timbres postales.

Schafer comenzó con objetos pequeños como tazas y platos, y luego pasó a otros más grandes. Cubrió con estampillas usadas una mesa y sillas de comedor, un piano, e incluso una chimenea y su contorno. No las aplicaba al azar. Las elegía cuidadosamente por tamaño y color. Por ejemplo, decidió que los timbres con la efigie del rey Jorge V, pegados en los lados, serían las escamas perfectas para un lucio disecado.

El pasatiempo fue la forma ideal para Schafer de ocuparse durante una larga convalecencia por un accidente en la cuerda floja. Creó retratos y paisajes con estampillas, cortándolas o arrugándolas lo necesario para que la imagen fuera más convincente. Sus compañeros de circo le enviaban timbres de todo el mundo. Su colección —todo un cuarto repleto de estos objetos decorados— se volvió un atractivo turístico y fue exhibida en el Festival of Britain de 1951.

A principios de la década de 1980, unos 30 años después de la muerte de Schafer, la colección sufrió dos desastres: al mudarla a un nuevo sitio, muchas estampillas se desprendieron y se las llevó el viento. Algunos años después, una tubería reventó y el agua arruinó varias piezas. Sin embargo, Schafer había pegado timbres bajo los objetos y en el interior de éstos, y los restauradores los usaron para reemplazar los que se habían perdido o dañado.

El extraordinario cuarto de los timbres está ahora en el Museo David Howkins de Great Yarmouth, Norfolk. Los filatelistas quizá pondrían mala cara al ver las estampillas hoy raras que Schafer empleó, que valdrían una fortuna en buen estado. Cubiertas de pegamento y barniz, son la pesadilla de los filatelistas.

SOBRIA ELEGANCIA
Los muebles shaker *hacen de la sencillez una virtud*

LA SECTA religiosa *shaker,* que floreció en Estados Unidos durante el siglo XIX, es famosa por la sobria belleza de los muebles que produjeron sus comunidades. Resulta paradójico que no haya sido su intención crear objetos hermosos. Uno de sus líderes, Elder Frederick Evans, declaró una vez: "La belleza es absurda y anormal." Su fe prohibía los "objetos de adorno", y los muebles debían ser sencillos, duraderos y estrictamente funcionales en todos sus diseños, ya fueran sillas, mesas o relojes.

Surgida en Inglaterra como una rama de los cuáqueros, la primera colonia *shaker* americana fue fundada en la década de 1770 por la madre Ann Lee, cuyos seguidores creían que encarnaba la segunda aparición sobre la Tierra del espíritu de Cristo. En su apogeo, hacia 1845, el movimiento contaba con unos 4 000 creyentes que vivían en comunidades aisladas, dispersas entre los estados de Maine y Kentucky.

Sentido de destino

Los *shaker* creían que su misión era establecer el reino de Dios en la Tierra y, por lo tanto, todo debía ser perfecto. Cada detalle de sus vidas estaba regido por esta creencia, desde el zapato que primero se ponían al levantarse (el derecho) hasta el material que empleaban para las perillas de las puertas (madera en vez de latón). Valoraban mucho la limpieza y la eficiencia. Sus casas, exageradamente ordenadas, tenían hileras de clavijas en las paredes, para colgar las sillas por el respaldo de listones cuando barrían los pisos.

El aspecto sencillo y escueto de los muebles *shaker* era del todo contrario al gusto del público de la época, que se inclinaba por complejos detalles en la decoración. Por ejemplo, al novelista estadounidense del siglo XIX Nathaniel Hawthorne le resultaba "doloroso e incómodo" ver este mobiliario.

Irónicamente, a finales del siglo XX, cuando sólo una docena de creyentes profesan aún la fe *shaker,* estos muebles son la última moda y se venden por miles de dólares cada uno en subastas de antigüedades. Conforme al gusto moderno, cada silla muestra una notable elegancia y armonía, como si la hubiera creado, en palabras del gran monje y escritor estadounidense Thomas Merton, alguien "capaz de creer que un ángel podría llegar y sentarse en ella".

Vida pura *El orden, la sencillez y la limpieza son los encantos de una típica habitación* shaker. *El sólido acabado de los muebles era una expresión directa de los estrictos principios religiosos de la secta.*

¿QUÉ HAY EN UN NOMBRE?

Thomas Sheraton y los muebles "sheraton"

DESPUÉS DE Chippendale, Sheraton es quizá el nombre más famoso de muebles ingleses del siglo XVIII, y muchas piezas *sheraton* se venden hoy a precios elevados en casas de antigüedades. Sin embargo, no se conoce un solo mueble hecho por Sheraton. De hecho, no hay pruebas de que tuviera un taller propio.

La enorme influencia de Sheraton en el mobiliario inglés se debe a sus muchos libros de diseño, especialmente *The Cabinet-Maker and Upholsterer's Drawing-Book,* publicado entre 1791 y 1794. En esta obra reunió numerosos diseños de muebles de lo que llamó "el más nuevo y más elegante estilo". No se sabe en realidad cuántos fueron ideas suyas. Pero es indudable que marcaron la tendencia en el diseño de la época.

Útiles y elegantes

Los aspectos distintivos de los diseños de Sheraton son una elegancia frágil, trabajada ornamentación de marquetería, patas esbeltas y adaptabilidad, ya que muchos diseños están pensados para varios usos. Además, cuando el rápido incremento en la población condujo a una escasez de espacio vital, sobre todo en las ciudades, que afectó por igual a ricos y a pobres, hubo mercado para mesas que se convertían en escaleras de biblioteca o se doblaban como escritorio, y en que se ponían al descubierto ingeniosos estantes ocultos, cajones y casilleros al girar una llave.

No obstante, algunos diseños de Sheraton, en opinión de sus contemporáneos, eran refinados en exceso y afeminados, y en pocos muebles se siguieron con exactitud. La etiqueta "Sheraton" en subastas de antigüedades se refiere meramente a un estilo y un periodo aproximados. Sheraton murió pobre en 1806 y, sin duda, le habría sorprendido la fama que tuvo después de muerto.

Ingenioso ahorrador de espacio Este secreter sheraton *del siglo XVIII es elegante y práctico.*

EL LENGUAJE DE LAS ALFOMBRAS MÁGICAS

EN LOS EXTRAÑOS y exóticos dibujos de las alfombras orientales a menudo hay un lenguaje secreto. Las imágenes de los tapetes chinos son particularmente ricas en significados. Muchas derivan de homónimos, palabras de igual sonido que se escriben diferente. Por ejemplo, la palabra china para murciélago (*fu*) suena igual que la usada para la alegría. Por eso lo dibujan para representar la dicha. Los chinos creen que ciertos números y colores son de buena suerte. Así pues, cinco murciélagos rojos indican las cinco formas de la máxima felicidad: salud, riqueza, longevidad, muerte natural y un amor sincero.

A veces combinan algunos símbolos para expresar un mensaje especial para el dueño del tapete. Un ciervo (símbolo de prosperidad) y una cigüeña (que simboliza la longevidad) entretejidos manifiestan el deseo de una vida larga y próspera. El número de garras de los dragones, típicos de los tapetes chinos, indica la posición social del propietario.

Numerosos motivos de los tapetes persas fueron tomados de la religión musulmana. Las alfombras de rezo presentan el *mihrab,* o arco de oración, a menudo con una lámpara sagrada. Dos árboles entrelazados indican matrimonio; si uno de los árboles tiene una rama recogida, indica segundas nupcias de alguno de los contrayentes. La presencia de cipreses en el borde de la alfombra simboliza la renovación y la vida eterna, y se tejen para cubrir el ataúd el día del funeral.

Sin embargo, muchos de estos significados tradicionales se han perdido. Los tejedores modernos emplean símbolos antiguos únicamente como efecto decorativo, sin conocer su lenguaje oculto.

Garras de prestigio Un dragón de cinco garras en un tapete chino indica que se diseñó exclusivamente para un emperador. La realeza subalterna tenía derecho a uno de cuatro garras, y los plebeyos debían conformarse con tres.

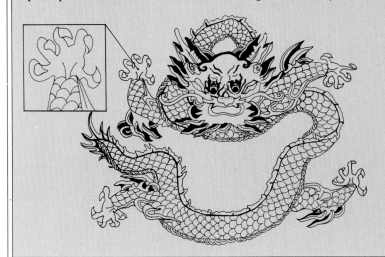

EL SALÓN QUE DESAPARECIÓ

Los invaluables paneles de ámbar que albergaron a un rey, un zar y un dictador

EL MAGNÍFICO Salón Ámbar del Palacio de Verano, en las afueras de San Petersburgo (antes Leningrado), es una de las joyas de la Rusia zarista. Un embajador inglés lo calificó de "octava maravilla del mundo". Doce toneladas de ámbar se insertaron en los invaluables lienzos que cubrían las paredes. Sin

embargo, esta maravilla decorativa desapareció en el caos de la Segunda Guerra Mundial, en 1945, y desde entonces no ha sido hallada.

Federico Guillermo I, rey de Prusia, encargó en 1701 el Salón Ámbar para su palacio de Königsberg (hoy Kaliningrado, en Rusia). En 1716, lo ofreció al zar Pedro el Grande de Rusia como regalo para sellar una alianza militar entre las dos potencias, y después de que lo trasladaran al Palacio de Invierno, Isabel, la hija de Pedro, lo hizo llevar al Palacio de Verano en 1755.

El Salón sobrevivió intacto a la agitación de la Revolución Rusa. Pero cuando las fuerzas invasoras nazis tomaron el Palacio de Verano en la Segunda Guerra Mundial, fue transportado de regreso a Königsberg, donde se volvió a montar, aparentemente por órdenes directas de

Esplendor recuperado *Un equipo de hábiles talladores de ámbar intenta recrear el esplendor del Salón Ámbar, trabajando a partir de fotografías, dibujos y acuarelas.*

Hitler. Cuando Alemania fue invadida por los Aliados, en 1945, el Salón había desaparecido.

Las autoridades rusas, decididas a recuperar su tesoro, han buscado el Salón desde entonces. También lo han hecho cazafortunas e historiadores de arte. En diferentes ocasiones, las pistas han conducido a un castillo en Sajonia, a una mina de sal en Polonia y a un naufragio en el Báltico. Incluso el Noveno Regimiento del ejército de EUA es sospechoso de robo. Sea como fuere, las pistas se han debilitado. Ahora, los artesanos rusos han emprendido la enorme tarea de reconstruir el Salón tal y como era.

ÍNDICE ALFABÉTICO

la obra más breve, 331
La Ratonera, **335**
maquillaje, 331
obras de Shakespeare, 332
Punch y Judy, 331
Tebas, 363
"Teléfono rojo", **187**
Telégrafo, 183, **185**
Telescopio espacial Hubble, **55**
Temperatura
medición, **33**
mínima, 34
superconductores, **34**
Temple, Stanley, 83
Tenias (solitarias), 170
Teodosio I, emperador, 342
Terciario, periodo, 58
Termitas (comejenes), **110**, 112
Termodinámica, leyes, 26, 35
Termómetros, **33**
Termopaneles, 209
Terracina, 288
Terremotos, **71**
predicción, 135
protección, 226, 231, 303
teorías antiguas, 10
tsunamis, 72
Terror, 300
Terrores nocturnos, 167
Tesla, Nikola, **194**, 196, 318
Thackeray, William Makepeace, 155
Thakur, Minal, 207
Thatcher, Margaret, 251
The Adventures of Baron Munchausen, 340
The Dream is Alive, 341
The Flight of the Phoenix, 338
The Great Train Robbery, 339
The Junkman, 339
Thermopylae, 274
The Squaw Man, **336**
The Times, 186
They Shoot Horses, Don't They?, 348
Thomas, Jeremy, 99
Thompson, Bradley, 99
Thomson, Robert W., 198
Thomson, William (Lord Kelvin), 34
Thrust 2, **320**
Thunderhead, monte, 363
Thylacinus, 132
Tibet, 272
Tiburones, 99, **126**
Tiempo, teorías, 12
Tierra de Adelia, 64
Tierra, la
agua, 36
atmósfera, **23-25**, 47
clima, 47
"efecto de invernadero", 67, 69, 81, 326
energía geotérmica, **78**, **79**
evolución de la vida, 80
fuerza de gravedad, 12
núcleo, 72
peso, 32
placas tectónicas, **73**, 74, 293
resonancia, 196
Tigres, 110
Tigris, río, **216-217**
Timbres postales, 371
Tiranosaurios, **97**
Titanic, 200
Tokio, 218, 224, 225, **226**, 227, 231, 233
Tokugawa, shogunes, 226
Tom, Blind, 152
Tomografía axial computarizada (TAC), **157**
Tomografía por emisión de positrones (TEP), **158**
Tomografía sísmica, 72
Topo marsupial, **129**
Tordesillas, Tratado de, 296
Tormentas eléctricas, 297
Tornados, **65**, 67
Tornillo de Arquímedes, **26**
Toronto, 338
Torre de Londres, La, 260, 261
"Torres del silencio", **247**
Torricelli, Evangelista, 25

Torrington, contramaestre John, 300
Toscanini, Arturo, 355
Toshiba, 214
Tot, **180**
Tourette, síndrome de Gilles de la, 152
Trafalgar, batalla de, 275
Tragafuegos, **165**
Tragasables, 165
Tragedias teatrales, 331
Transilvania, 169
Transplantes de nervios, 151
Transporte espacial, 45
Transrapid (tren), 303
Transvaal, 28
Trasbordador espacial, 45, 46, **327**
Tree, Herbert Beerbohm, 333
Trenes, *véase* Ferrocarril(es)
Trevithick, Robert, 302
Tribunales en la antigua Grecia, 221
Tribu(s)
aieri, 176
akha, 236
bantú, 188
dieri, 176
egba, 255
elgon, 169
fang, 299
kemmirai, 346
kukata, 239
maorí, **349**
masai, **239**
maue, 240
mossi, 188
tasaday, 232
tiwi, 243
yahi, 176
yoruba, 188, 262
zandés, 169
zulú, 243, 266
Triceratops, **97**
Triciclos a vela, **308**
Trirremes, **279**
Tritón (satélite), 48
Trollope, Anthony, 357
Trompe l'oeil ("engañar al ojo"), técnica artística, **367**
Tromp, Maarten, 256
Trôo, 232
Troya, 255
Troyano (virus de computadora), 213
Trufas, **91**
Tsiolkovsky, Konstantin, 206
Tsunamis, **72**
Tucanes, **107**
Tucker, Preston, 325
Tudor, David, 352
Tufa, **79**
Tundra, 69
Túneles, 235, 247, 328
Túnez, 235, 247
Tunnel Creek, parque nacional (Australia), **82**
Turkana, **110**
Turner, Jim, 352
Turquía
inhalación de rapé, 259
inoculaciones, 139
lenguas indoeuropeas y, 295
silbidos, 177
viviendas de tufa, **79**
Tutankamón, 164
Twain, Mark, **167**, 43
Twelve O'Clock High, 338
Tynan, Kenneth, 331

U

Ujiji, 298
Ujjain, 269
Ulises (novela), 361
Ultravioleta, luz, 123
Ulysses (sonda espacial), **43**
Unión Soviética, *véase* Rusia
United Artists, 336
Universal (estudio cinematográfico), 336
Universidad de Adelaide, 21

Universidad de California en Berkeley, 19
Universidad de Chicago, 24
Universidad de Harvard, 21, 72
Universidad Estatal de Florida, 17
Universo
creación de la vida y, 56
fin del, 62
fuerza de gravedad, 12
teorías, 12-13, 17, 56, **61-62**
Ur, 216
Urey, Harold, 24
Ur-Nammu, rey de Sumeria, 258
US Radium Corporation, 172
Utopía, 228

V

Vacas sagradas, **264**
Vakhmistrov, Vladimir, 316
Valck, Gerard, 283
Valois, 260
Vampiros, **114**
Vanderbilt, Cornelius, 306
Van Gogh, Vincent, 365
Vapor, motores de, 302
Vasca, lengua, 174
Vaticano, Ciudad del, 247
Vaucanson, Jacques de, 201
Velásquez, Loreta, 256
Vela, triciclos a, **56**
Veleros, 68, **274**, **276**
terrestres, **308**
Velocidad, marcas, 320
Velos, bodas y, 245
Venecia, 184, **233**, 304
Venenos
babosas de mar, **117**
cornezuelo del centeno, 347
en pigmentos, **367**
mamíferos y, 116
plomo, 171, 300
Venezuela, 76
Veniaminoff, Solomon, 144
Venus (planeta), 47, **56**
Venus prehistóricas, **364**
Verlaine, Paul, 358
Verne, Julio, 206
Verrazano, Giovanni da, 222
Versalles, Palacio de, 327
Vesta (asteroide), 50
Vía Apia, **288**
Viajes
automóviles, **320-328**
caminos, **285-288**, 320
camioneros, 324, 327
diligencias, **289-291**
embarcaciones, **274-280**
embarcaciones paleolíticas, **293**
espaciales, **45-46**
exploradores, **296-301**
ferrocarriles, **302-307**
fiebres del oro, **294**
mapas, **282-284**
métodos heterodoxos, **308-309**
peligrosos, **310-313**
peregrinaciones, **292**, 293
vuelos, **314-319**
Viajes de Gulliver, Los, 284
Vía Láctea, **57**
Víboras, **106**
Victoria, cataratas, 77
Victoria, reina de Inglaterra, 140, 155, 298, **307**
Víctor Manuel III, rey de Italia, 307
Vida
después de la vida, 248
orígenes, **15-18**, 24, 56, **80**
Videocámaras fijas, **210**
Vidrio, 29
Vientos
Australia, 69
föhn, 69
siroco, 68
tornados, **65**
Vietcong, 235, 256
Vietnam del Sur, Ejército de Mujeres, 256

Vietnam, Guerra de, 135, 235, 256, 257
Violines, **354**, 356
Vírgenes, Islas, **72**
Vírgen María, La, 237, 292
Virginia, 270
Viruela, 139
Viruela bovina, 139
Virus
de computadoras, 213
en cometas, 18
propiedades, **15**, 16, 17
resfriado común y, 172
Vishnú, 237
Visión, *véase* Ojos
Vitamina A, 146
Viviendas subterráneas, **231**, **235**
Vladivostok, 305
Voegli, Dra. Martha, 185
Vogue, 185
Volapuk, 175
Volcanes, **47**, 78, 94
Volgogrado, 363
Volkswagen, **323**, 327
Voltaire, 230
Voyager (monoplano), 315
Voyager (sondas espaciales), 48, 49, **51**, **350**
Vuelo(s)
a grandes distancias, cansancio por (*jet lag*), 169
de propulsión humana, **318**
globos, **317**
mamíferos, 101
planeadores, 316
planeo, 314
trasbordadores espaciales, **327**
véase también Aeronaves
Vulcan (sonda espacial), 43

W

Wagner, Jaromir, 310
Waitangi, bosque, 136
Walker Wingsail, **276**
Waller, "Fats", 356
Warner Brothers, 336
Washington, D.C., 252, 258, 335, 370
Washington, monte, 69
Washington, Universidad de, 158
Washoe (chimpancé), **120**
Waterman, Thomas T., 176
Wayne, John, 339
Welcome Stranger (pepita de oro), 294
Wells Fargo, 290
Wells, H.G., 206
Wells, Horace, 140
West, cometa, **48**
Westinghouse, 186
Westinghouse, George, 194
Whistler, James McNeill, **369**
Wieliczka, mina, 234
Wilcox, Horace H., 336
Wilde, Oscar, 369
Wilkins, John, 175
Wilson, Charles, 40
Wilson, Dr. Kenneth, 209
Wiltshire, Stephen, **153**
Willig, George, 310
Winifred, 304
Winkel, Dietrich, 198
Witherborne, Dr., 14
Wolfenbüttel, duque de, 183
Wolfe, Thomas, **357**
Woolf, Leonard, 361
Woolf, Virginia, 361
World Trade Center, Nueva York, 310
Wormwood Scrubs, 335
Wren, Christopher, 230
Wright, Frank Lloyd, **229**
Wu Ti, emperador, 271

X

X, rayos, **140**, 157

RECONOCIMIENTOS

ILUSTRADORES: Andrew Aloof, Stephen Conlin, Luciano Corbella, Andy Farmer, Giuliano Fornari, Will Giles, Nicholas Hall, Mark Ile, Janos Marfy, Richard Orr, Sandra Pond, Steve Spinks, Mark Thomas, Stephen Thomas.

Abreviaturas: i. = izquierda; d. = derecha; arr. = arriba; ab. = abajo. AAA = Colección de Arquitectura y Arte Antiguos; AFME = Archivo Fotográfico Mary Evans; AFRH = Archivo Fotográfico Robert Harding; BAB = Biblioteca de Arte Bridgeman; BB = Biblioteca Británica; BC = Bruce Coleman Ltd.; BH = Biblioteca Hutchison; BPK = Bildarchiv Preussischer Kulturbesitz; CK = Colección Kobal; CM = Colección Mansell; FSP = Frank Spooner Pictures; HD = Hulton-Deutsch; NHPA = Natural History Photographic Agency; OSF = Oxford Scientific Films; P = Popperfoto; PEP = Planet Earth Pictures; PNP = Peter Newark's Pictures; SPL = Science Photo Library; Z = Zefa.

FOTOGRAFIAS. **Portada** (hilera superior, de i. a d.) HD; Z/H. Sochurek; HD/Archivo Bettmann; Z/Dick Hanley; (hilera inferior, de i. a d.) P; BC/O. Langrand; AFME; **contraportada** (en sentido contrario a las manecillas del reloj) BC/Jen y Des Bartlett; Spectrum Colour Library; BPK; Rotherham Borough Council; FSP/Gamma; **2** PEP/Herwarth Voigtmann; **10** (arr.) AFME, (ab.) Jean-Loup Charmet; **11** Museo Victoria y Alberto; **12** P; **14** AFME; **15** (arr.) The Image Bank/Eddie Hironaka, (ab.) BC/Alfred Pasieka; **16** (arr.) BC/O, Langrand, (ab.) SPL/Dr. Tony Brain, David Parker; **18** (arr.) SPL/David Parker, (ab.) BC/Dr. Frieder Sauer; **19** Biblioteca Bodleiana, MS Douce 72 f.15v; **20** (arr.) BC/Hans Reinhard; **21** (arr.) NHPA/Haroldo Palo, (ab.) FSP/Gamma; **22** (i.) Agencia Fotográfica Frank Lane; **24** Archivo Fotográfico Ann Ronan; **25** (ab.) Z/A. y J. Verkaik; **28** (arr.) Spectrum Colour Library, (ab.) Camera Press/Cecil Beaton; **29** NHPA/Ivan Polunin; **30** (ab.) AAA; **31** J-L Charmet; **33** (i.) BC/Michael Freeman, (d.) Science Museum; **34** SPL/David Parker; **35** (arr.) SPL/NASA, (ab.) SPL/Adam Hart-Davis; **36** (d.) SPL/Doug Allen; **37** (ab.) SPL/Dr. Gary Settles; **38** OSF/Stephen Dalton; **39** (ab.) The Image Bank/Pete Turner; **40** SPL/Cern, P. Loiez; **42** FSP/Gamma; **44** FSP/Gamma; **45** SPL/NASA; **46** FSP/Gamma; **47** SPL/U.S. Geological Survey; **48** SPL/Ronald Royer; **49** SPL/NASA; **51** (ab.) SPL/NASA; **56** AFME; **57** (arr.) SPL/Ronald Royer, (ab.) David Hardy; **58** SPL/Dr. J. Bloemen; **59** (arr.) SPL/NOAO, (ab.) SPL/Ian Robson, Phil Appleton; **60** Prof. Lars Hernquist; **61** (arr.) SPL/NOAD, (ab.) SPL/David Parker; **62** Telegraph Color Library; **64** (arr.) Archivo Fotográfico Tony Stone/Don y Pat Valenti, (ab.) AFRH/Geoff Renner; **65** SPL/Stephen Krasemann; **66** (arr.) AFRH/Photri, (ab.) BC/M.P. Price; **67** Archivo Fotográfico Tony Stone; **68** (i.) SPL/Simon Fraser; **69** BC/Bob y Clara Calhoun; **71** Spectrum Colour Library; **72** CM; **73** (arr.) SPL/NASA, (ab.) SPL/Dr. Ken Macdonald; **74** Heather Angel; **75** (arr.) PEP/Peter Scoones, (ab.) BC/Keith Gunnar; **76** (arr.) AFRH/Ian Griffiths, (ab.) Z/R.J. Wilson; **80** (arr.) J-L Charmet, (ab.) SPL/Dr. Jeremy Burgess; **81** BC/C.B. Frith; **82** (arr.) BC/O. Langrand, (ab.) BC/Anthony Healy; **83** (arr.) BC/Jane Burton, (ab.) Heather Angel; **84** (arr.) P, (ab.) BC/Jeff Foott; **85** Richard Revels; **86** (arr.) OSF/Nick Woods, (ab.) OSF/David Thompson; **87** Heather Angel; **88** NHPA/John Shaw; **89** (arr.) BC/Kim Taylor, (ab.) OSF/Donald Specker; **90** BC/Gerald Cubitt; **91** (arr.) BC/Michael Viard, (ab.) OSF/Deni Brown; **94** (d.) FSP/Gamma; **96** (arr.) Martin Lockley, (ab.) FSP/Gamma; **98** (arr.) OSF/David Macdonald; **101** (arr.) NHPA ANT, (ab.) BC/Des Bartlett; **102** (arr.) Heather Angel; **103** AFME; **104** (arr.) OSF/Ronald Toms; **105** (ab.) Heather Angel; **108** (arr.) BC/Brian Coates, (ab.) BC/Frances Furlong; **110** (arr.) BC/Gerald Cubitt; **111** (arr.) BC/John Visser, (ab.) PEP/Herwarth Voigtmann; **112** (arr.) BC/Peter Davey, (ab.) BC/Alan Root; **113** (arr.) NHPA/K.H. Switak, (ab.) OSF/G. Bernard; **114** (arr.) NHPA/Stephen Dalton, (ab.) NHPA/Haroldo Palo; **115** (arr.) BC/Jeff Foott, (ab.) BC/Jen y Des Bartlett; **117** PEP Chris Prior; **118** PEP/Herwarth Voigtmann; **120** (arr.) Catedráticos Beatrix y Allen Gardner; **121** BC/Konrad Wothe; **125** NHPA/Stephen Dalton; **126** PEP/Herwarth Voigtmann; **127** BC/Jen y Des Bartlett; **129** (arr.) NHPA/ANT, (ab.) BC/Hans Reinhard; **130** BC/Masood Qureshi; **133** Spectrum Colour Library; **134** Marc Henrie; **136** BC/David Hughes; **138** (arr.) SPL/Dr. Tony Brain, (ab.) AFME; **139** (ab.) JL Charmet; **140** HD; **142** AFME; **143** AFME; **144** BC/Gary Retherford; **145** (ab.) SPL/Argentum; **149** AFME; **150** (arr.) Z/H. Sochurek, (ab.) SPL Astrid y Hans Frieder Michler; **152** CK; **153** (i.) Stephen Hyde, (d.) P; **154** (arr.) SPL/CNRI, (ab.) SPL/Eric Grave; **155** (arr.) The Image Bank/Robin Forbes, (ab.) AFME; **157** (arr.) Z/Teasy, (d.) Z/H. Sochurek; **158** (arr.) SPL/CEAORSAY, CNRI, (ab.) Archivo Fotográfico Ann Ronan; **159** (arr.) FSP/Gamma, (ab.) SPL/Alexander Tsiaras; **160** FSP/Gamma; **161** SPL Alexander Tsiaras; **164** AFME; **165** The Image Bank/Pete Turner; **166** Z; **167** HD; **169** BH/Andre Singer; **170** Rotherham Borough Council; **171** J-L Charmet; **172** Topham Picture Source; **174** BAB; **175** (i.) Museo de Antropología Lowie, Universidad de California en Berkeley, (d.) P; **177** CK; **180** (ab.) Michael Holford; **181** FSP/Hutt; **182** (arr.) AFME; **183** (i.) AFME, (d.) Archivo E.T.; **184** BB; **185** (arr.) AFME, (ab.) JL Charmet; **186** HD; **187** (arr.) FSP/Gamma, (ab.) CK; **188** BH/A. Tully; **189** (arr.) PNP, (ab.) BH/Christine Pemserton; **190** (arr.) BC/Frans Lanting; **192** (arr.) AFRH/Ian Griffiths, (ab.) Historisches Museum, Basel/M. Babey; **194** (arr.) AFME. (ab.) HD/Archivo Bettmann; **197** Servicio Fotográfico de la Universidad Estatal de Iowa; **199** (arr.) PNP, (c) HD, (ab.) AFME; **200** Museo de Arte e Historia, Neuchatel, Suiza; **201** Rex Features/SIPA; **202** (arr.) SPL/Labat, Lanceau, Jerrican, (ab.) TRH Pictures/Ejército de EUA; **203** (arr.) Photri; **206** AFME; **208** Aixam Automobiles; **211** (arr.) SPL/David Parker, (ab.) Michael Holford; **212** FSP/Gamma; **214** (arr.) SPL/Hank Morgan, (ab.) SPL/Philippe Plailly; **218** Z/Paolo Koch; **219** (arr.) Sonia Halliday, (ab.) BAB; **220** American School of Classical Studies, Atenas; **221** BPK; **224** Centro de Información de Japón, Londres; **225** (arr.) Reuters/Bettmann Newsphotos, (ab.) Z/R. Halin; **226** P; **227** (ab.) Z/D. Cattani; **228** AFME; **229** Cortesía de los Archivos Frank Lloyd Wright; **230** South American Pictures; **233** (arr.) Archivo E.T., (ab.) Z; **234** Instituto Cultural Polaco; **235** Photoresources; **236** Archivo Fotográfico Fortean; **237** (arr.) Scala, (ab.) Photographie Giraudon; **238** Archivo Werner Forman; **239** BC/Nadine Zuber; **240** Dominique Darbois; **241** Musée de Grand Orient de France/J-L Charmet; **242** Fine Art Photographic Library Ltd.; **244** AFME; **245** BH/J.G. Fuller; **246** AFME; **247** (arr.) JL Charmet, (ab.) AFRH/F. Jackson; **248** BB/India Office Library; **249** P; **251** PNP; **252** FSP/Gamma; **253** Department of the Environment; **254** CM; **255** (arr.) AFME; **257** John Robert Young; **258** (arr.) Photographie Giraudon, (ab.) CM; **259** AFME; **260** CM; **261** (arr.) Galerías de Arte de la Ciudad de Sheffield, (ab.) PNP; **262** AFME; **263** Michael Holford; **264** (arr., i. y d.) Michael Freeman, (ab.) BH; **265** BC/Brian Coates; **266** Bryan y Cherry Alexander; **267** J-L Charmet; **268** Z; **270** (i.) BH/David Simpson, (d.) Photoresources, (ab.) P; **271** CM; **272** Intercol London: Yasha Beresiner/Derrick Witty; **274** (arr.) The Mariners' Museum, Newport News, Virginia, (ab.) P; **275** Galería de Arte Walker; **276** Walker Wingsail Systems; **277** (arr.) PNP, (ab.) Archivo Fotográfico del Museo Drents, Assen; **278** (arr.) Grupo Ben Line, (ab.) P; **279** Trireme Trust/Paul Lipke; **280** BB; **283** BB; **285** (arr.) BH/Christina Dedwell, (ab.) Somerset Levels Project; **286** Z/Jan Oud; **287** Archivo Fotográfico Fortean, (ab.) Spectrum Colour Library; **288** Scala; **289** (arr.) AFME, (ab.) PNP; **290** (arr.) BAB, (ab.) PNP; **291** PNP; **292** (arr.) Z, (ab.) BC/Jaroslav Poncar; **293** (arr.) Archivo Axel Poignant; **294** PNP; **295** PNP; **296** Museo Marítimo Nacional; **297** Biblioteca Bodleian; **298** AFME; **299** CM; **301** (arr.) AFME, (ab.) CM; **302** Z/Hugh Ballantyne; **303** FSP; **304** Z; **305** AFME; **306** Z; **307** BAB; **310** AFME; **311** Operation Raleigh; **312** PNP; **313** (arr.) Associated Press, (ab.) Agencia Fotográfica Frank Lane/K. Ghani; **314** (arr.) AFME, (ab.) P; **315** FSP; **317** AFME; **318** (ab.) Don Emmick; **319** FSP; **320** FSP/Gamma; **321** (arr.) Camera Press, (ab.) Z/Dick Hanley; **322** FSP/Gamma; **323** National Motor Museum, Beaulieu/Nick Wright; **324** RollsRoyce Motor Cars; **325** P; **326** (arr.) Vauxhall Motors, Luton, (ab.) General Motors Corporation; **327** TRH Pictures; **330** (arr.) AFME, (ab.) Reg Wilson; **331** AFME; **332** (i.) CK, (d.) AFME; **333** International Shakespeare Globe Centre; **334** (arr.) The Imagen Bank/George Obremski, (ab.) Centro de Información de Japón, Londres; **335** Sir Peter Saunders; **336-340** CK; **342** AFME; **343** (arr.) All-Sport/Tony Duffy, (ab.) P; **344** (arr.) National Baseball Hall of Fame and Museum, (ab.) BPK; **345** FSP/Gamma; **346** (arr.) Z, (ab.) AFME; **347** AFME; **348** HD/Archivo Bettmann; **349** (arr.) Universidad Simon Fraser, (ab.) All-Sport; **350** Photri; **351** CM; **353** AFME; **354** PNP; **355** BAB; **356** Museo Bowes; **357** (arr.) Pack Memorial Library; National Portrait Gallery, Londres; **358** Camera Press; **359** CM; **360** (arr.) BAB, (ab.) AFME; **361** Irish Tourist Board, Dublín; **364** (arr.) Photoresources, (ab.) AAA; **365** (i.) Photographie Giraudon, (d.) AFME; **366** (i.) con autorización de la Reina de Inglaterra, Biblioteca Real de Windsor, (d.) Scala; **367** (arr.) Scala, (ab.) Service Photographique de la Reunion des Musées Nationaux; **368** (arr.) FSP/Gamma, (ab.) Camera Press/Roger Whitaker; **369** (arr.) AFME, (ab.) Festival Artístico de Laguna Beach; **370** (arr.) BAB, (ab.) BH/Dr. Nigel Smith; **371** Museo de EUA en Gran Bretaña, Bath; **372** (arr.) BAB; **373** FSP/Gamma.